国家电网有限公司设备类物资采购标准

（2018版）

组合电器卷

国家电网有限公司　颁布

中国电力出版社
CHINA ELECTRIC POWER PRESS

图书在版编目（CIP）数据

国家电网有限公司设备类物资采购标准：2018版. 组合电器卷 / 国家电网有限公司颁布. —北京：中国电力出版社，2019.8（2019.10重印）
ISBN 978-7-5198-3578-1

Ⅰ. ①国… Ⅱ. ①国… Ⅲ. ①组合电器–采购管理–标准–中国 Ⅳ. ①F426.61–65

中国版本图书馆CIP数据核字（2019）第171734号

出版发行：中国电力出版社
地　　址：北京市东城区北京站西街19号（邮政编码100005）
网　　址：http://www.cepp.sgcc.com.cn
责任编辑：刘丽平
责任校对：黄　蓓　郝军燕　李　楠
装帧设计：赵姗姗
责任印制：石　雷

印　　刷：三河市百盛印装有限公司
版　　次：2019年8月第一版
印　　次：2022年10月北京第八次印刷
开　　本：880毫米×1230毫米　16开本
印　　张：36.25
字　　数：1116千字
印　　数：2001—2500册
定　　价：180.00元

卷 目 次

ICS 29.240

Q/GDW

国家电网有限公司企业标准

Q/GDW 13096.1 — 2018
代替 Q/GDW 13096.1 — 2014

72.5kV 气体绝缘金属封闭开关设备
采 购 标 准
第 1 部分：通用技术规范

Purchasing standard of 72.5kV gas insulate metal-enclosed switchgear
Part 1: General technical specifiction

2019-06-28 发布　　2019-06-28 实施

国家电网有限公司　发 布

目　次

前　言

为规范 72.5kV 气体绝缘金属封闭开关设备的采购，制定本部分

《72.5kV 气体绝缘金属封闭开关设备采购标准》分为 7 个部分：

——第 1 部分：通用技术规范；

——第 2 部分：72.5kV/2000A～31.5kA 气体绝缘金属封闭开关设备专用技术规范；

——第 3 部分：72.5kV/3150A～40kA 气体绝缘金属封闭开关设备专用技术规范；

——第 4 部分：72.5kV/3150A～31.5kA 气体绝缘金属封闭开关设备专用技术规范；

——第 5 部分：72.5kV/1250A～31.5kA 气体绝缘金属封闭开关设备专用技术规范；

——第 6 部分：72.5kV/2000A～31.5kA 复合式气体绝缘金属封闭开关设备专用技术规范；

——第 7 部分：72.5kV/3150A～31.5kA 复合式气体绝缘金属封闭开关设备专用技术规范。

本部分为《72.5kV 气体绝缘金属封闭开关设备采购标准》的第 1 部分。

本部分代替 Q/GDW 13096.1—2014，与 Q/GDW 13096.1—2014 相比，主要技术性差异如下：

——增加了第 2 章规范性引用文件，第 4 章中卖方资料、运输方式，第 5 章中观察窗、伸缩节、绝缘子、汇控柜、金属件材料、二次绝缘材料、防水胶、防爆膜、设备安装、母线布置、防雨措施等方面的有关内容；

——修改了耐压试验、外壳内燃弧试验，机械操作试验等试验项目的要求，修改了汇控柜、控制信号回路、紧固接地螺栓、接地引线等的性能参数或配置要求；

——删除了现场交接试验协商条款。

本部分由国家电网有限公司物资部提出并解释。

本部分由国家电网有限公司科技部归口。

本部分起草单位：国网浙江省电力有限公司、中国电力科学研究院有限公司、国网江苏省电力有限公司。

本部分主要起草人：徐华、王绍安、和彦淼、王承玉、林一泓、庞先海、孙云生、肖国磊、陈珉、宋思齐、张志仁、赵欣、丁子轩、沈涛。

本部分 2014 年 9 月首次发布，2018 年 12 月第一次修订。

本部分在执行过程中的意见或建议反馈至国家电网有限公司科技部。

72.5kV 气体绝缘金属封闭开关设备
采 购 标 准
第 1 部分：通用技术规范

1 范围

本部分规定了 72.5kV 气体绝缘金属封闭开关设备（以下简称 GIS 或 HGIS）招标的总则、技术参数和性能要求、试验、包装、运输、交货及工厂检验和监造的一般要求。

本部分适用于 72.5kV GIS 或 HGIS 招标。

2 规范性引用文件

下列文件对于本文件的应用是必不可少的。凡是注日期的引用文件，仅注日期的版本适用于本文件。凡是不注日期的引用文件，其最新版本（包括所有的修改单）适用于本文件。

GB 1984 高压交流断路器

GB 1985 高压交流隔离开关和接地开关

GB 7674 额定电压 72.5kV 及以上气体绝缘金属封闭开关设备

GB 50150 电气装置安装工程 电气设备交接试验标准

GB/T 8287.1 标称电压高于 1000V 系统用户内和户外支柱绝缘子 第 1 部分：瓷或玻璃绝缘子的试验

GB/T 11022 高压开关设备和控制设备标准的共用技术要求

GB/T 12022 工业六氟化硫

GB/T 25096 交流电压高于 1000V 变电站用电站支柱复合绝缘子定义、试验方法及接收准则

DL/T 402 高压交流断路器订货技术条件

DL/T 486 高压交流隔离开关和接地开关

DL/T 593 高压开关设备和控制设备标准的共用技术要求

DL/T 617 气体绝缘金属封闭开关设备技术条件

Q/GDW 13001.1 高海拔外绝缘配置技术规范

Q/GDW 11716 气体绝缘金属封闭开关设备用伸缩节技术规范

3 术语和定义

下列术语和定义适用于本文件。

3.1

招标人 bidder

提出招标项目，进行招标的法人或其他组织。

3.2

投标人 tenderer

响应招标、参加投标竞争的法人或者其他组织。

3.3

卖方（供方） seller（supplier）

提供本部分货物和技术服务的法人或其他组织，包括其法定的承继者。

3.4

买方（需方） buyer（purchaser）

购买本部分货物和技术服务的法人或其他组织，包括其法定的承继者和经许可的受让人。

4 总则

4.1 一般规定

4.1.1 投标人应具备招标公告所要求的资质，具体资质要求详见招标文件的商务部分。

4.1.2 投标人须仔细阅读本部分（包括本部分通用和相关专用技术规范）的全部条款。

4.1.3 本部分提出的是最低限度的技术要求，并未对一切技术细节做出规定，也未充分引述有关标准的条文，投标人应提供符合本部分引用标准的最新版本部分和本部分技术要求的全新产品，如果所引用的标准之间不一致或本部分所使用的标准与投标人所执行的标准不一致，按要求较高的标准执行。

4.1.4 如果投标人没有以书面形式对本部分的条文提出异议，则意味着投标人提供的设备完全符合本部分的要求。如有与本部分要求不一致的地方，应逐项在技术差异表中列出。

4.1.5 本部分将作为订货合同的附件，与合同具有同等的法律效力。本部分未尽事宜，由合同签约双方在合同谈判时协商确定。

4.1.6 本部分中涉及有关商务方面的内容，如与招标文件的商务部分有矛盾，以商务部分为准。

4.1.7 本部分中各条款如与专用部分有冲突，以专用部分为准。

4.2 投标人应提供的资格文件

投标人应提供下列资格文件：

a） 投标人或制造商投标产品的销售记录及相应的最终用户的使用情况证明。

b） 投标人或制造商应提供权威机构颁发的 ISO 9000 系列认证证书或等同的质量保证体系认证证书。

c） 投标人或制造商应提供履行合同所需的技术和主要设备等生产能力的文件资料。

d） 投标人或制造商应提供履行合同设备维护保养、修理及其他服务义务的文件。

e） 投标人或制造商应提供投标设备产品全部有效的型式试验报告。

f） 投标人或制造商应提供一份详细的投标产品中重要外购或配套部件供应商清单及检验报告。

g） 投标人或制造商应提供投标产品中进口关键元件供应商的供货承诺函。

h） 投标人或制造商应提供投标产品中组部件的供应商及原产地。

4.3 适用范围

4.3.1 本部分的适用范围仅限于招标产品的设计、安装、试验、调试及现场服务和技术服务。

4.3.2 中标人不应晚于签约后 4 周内，向买方提出一份详尽的生产进度计划表（见表 1），包括设备设计、材料采购、设备制造、厂内测试以及运输等项的详情，以确定每部分工作及其进度。

表 1 生产进度计划表

合同号：＿＿＿＿＿＿＿＿；项目名称：＿＿＿＿＿＿＿＿；设备名称：＿＿＿＿＿＿＿＿；

型号规格：＿＿＿＿＿＿＿＿；工作日期＿＿＿＿至＿＿＿＿；制造商名称及地址：＿＿＿＿＿＿＿＿；

技术规范号：＿＿＿＿＿＿＿；工作号：＿＿＿＿＿＿＿；离岸日期：＿＿＿＿＿＿＿；到岸日期：＿＿＿＿＿＿＿；

到达交货地点日期：＿＿＿＿＿＿＿。

时间（年 月 日） 项 目				
工程制图				
图纸寄出				

表 1（续）

项目 \ 时间（年 月 日）					
图纸认可时间					
设计联络会	第一次				
	第二次				
材料及配套件采购					
材料及配套件进厂					
GIS 部件生产及试验	断路器				
	隔离开关				
	接地开关				
	电流互感器				
	电压互感器				
	避雷器				
	套管				
	盆式绝缘子				
	支撑绝缘子				
	母线				
	外壳				
	伸缩节				
	操动机构				
	其他部件				
工厂组装					
工厂试验					

4.3.3 工作进度如有延误，卖方应及时向买方说明原因、后果及采取的补救措施等。

4.4 设计图纸、说明书和试验报告要求

4.4.1 图纸及图纸的认可程序

4.4.1.1 所有需经买方确认的图纸和说明文件，均应由卖方在合同生效后的 4 周内提交给买方进行审定认可。这些资料包括 GIS 的外形图、隔室分布图、布置图、组装图、基础图、电气原理图、运输尺寸、运输质量、重心、总质量及二次线布置图等。买方审定时有权提出修改意见。

4.4.1.2 买方在收到需认可图纸 4 周后，将一套确认的或签有买方校定标记的图纸（买方负责人签字）返还给卖方。凡买方认为需要修改且经卖方认可的，不得对买方增加费用。在未经买方对图纸作最后认可前，任何采购或加工的材料损失应由卖方单独承担。

4.4.1.3 卖方在收到买方确认图纸（包括认可方修正意见）后，应于 2 周内向买方提供最终版的正式

图纸和一套供复制用的底图及正式的光盘，正式图纸应加盖工厂公章或签字。

4.4.1.4　完工后的产品应与最后确认的图纸一致。买方对图纸的认可并不减轻卖方关于其图纸的正确性的责任。设备在现场安装时，如卖方技术人员进一步修改图纸，卖方应对图纸重新收编成册，正式递交买方，并保证安装后的设备与图纸完全相符。

4.4.1.5　图纸的格式：所有图纸均应有标题栏、相应编号、全部符号和部件标志，文字均用中文，并使用 SI 国际单位制。对于进口设备以中文为主，当买方对英文局部有疑问时，卖方应进行书面解释。卖方免费提供给买方全部最终版的图纸、资料及说明书。其中图纸应包括 4.4.1.1 所涉及的图纸和卖方自带的电缆清册，并且应保证买方可按最终版的图纸资料对所供设备进行维护，并在运行中进行更换零部件等工作。

4.4.1.6　GIS 所需图纸：

a）总体装配图：应表示设备总的装配情况，该图纸表明设备组装后的正视图、侧视图和俯视图并同时标出安装完后的组件，包括外形尺寸、设备重心位置与总质量、受风面积、运输尺寸和质量、体积和总装体积、控制柜位置、电缆入口位置、固有频率、端子尺寸和材料及其他附件。

b）控制柜与设备间的相互连接图：应包括控制柜内全部端子情况，并标明电缆的识别编号及柜内设备的大致位置。

c）电气原理图：应包括设备控制柜及操动机构的内部接线和远方操作的控制、信号、照明等交流和直流回路。如有多张电气原理图，还应标明各图之间的有关线路与接点相互对应编号。必要时，应提供所有特殊装置或程序的概要操作说明。

d）基础图：应标注设备操作的动态负荷、静态负荷及其位置、进出线尺寸，基础螺栓的位置和尺寸，设备及其控制柜的尺寸、渠道排水沟等，应注明对基础的强度和水平度的要求。

e）SF_6 系统图：应标注每个单元中 SF_6 隔室的布置、仪表装设以及各隔室间的连接关系。

f）设备的 SF_6 气体及油管路图：应包括管路的尺寸、布置和压力等。

g）每台 SF_6 断路器控制柜上应附有 SF_6 气体压力与温度的关系曲线图的铭牌。

h）套管图：包括端子详图，图上应标出套管外形尺寸、端子的允许拉力、破坏拉力、爬电距离等。

i）操动机构系统图：对液压操动机构应标注管路尺寸、布置、压力等的详图。

j）系统连接图：应标注电气一、二次回路多个设备间的控制、继电器和联锁等。

k）铭牌图：应符合 GB 7674《额定电压 72.5kV 及以上气体绝缘金属封闭开关设备》的规定。

4.4.2　说明书的要求

应包括以下内容：

a）GIS 结构、安装、调整、运行、维护、检修和全部附件的完整说明和技术数据。

　1）安装说明书上至少包括：

　　● 开箱和起吊。运输单元的质量、起吊和开箱的注意事项及专用的起吊用具等。
　　● 组装。不是整体运输的 GIS，其运输单元应有清楚的标志和代号，并应提供注有运输单元号的组装示意图。
　　● 安装准备。基础施工的要求、外部接线端子的尺寸、电缆进入地点位置、接地以及各种管道的连接方式、尺寸和布置等资料。
　　● 最后的安装验收。合同要求的在现场进行的试验项目及试验方法。

　2）维护：至少包括按相关标准的规定，提供主要元件的维护说明以及 GIS 维修工作的分类、程序和范围。

　3）运行检修：提供运行中应注意的事项及控制指标，主要元件的检修周期和检修方案。

b）GIS 各个元件和所有附件的技术数据。

c）表示 GIS 和操动机构的结构图及对基础的技术要求的说明。

d）结构特征、设备及其元件的更详细的说明。

e） 操动机构特征的说明。

f） 备品备件、专用工具和专用仪器仪表的使用说明。

g） 说明书使用中文。

4.4.3 试验报告

卖方应提供下列试验报告：

a） GIS 的型式试验和出厂试验报告。

b） GIS 所有元件的型式试验和出厂试验报告。

c） 如果产品进行了局部改进或改变应补充提供相应的验证性试验报告。

4.4.4 图纸、说明书、试验报告等资料的交付时间、数量

4.4.4.1 卖方应向买方提供的资料、图纸、试验报告见表 2，但不限于表 2 的内容。

4.4.4.2 卖方应提供详细的装箱清单。

表 2 卖方向买方提供的资料、图纸和试验报告

序号	内 容	序号	内 容
1	图纸类	9）	低压电缆布置图纸
1）	GIS 土建、地基规定	10）	元件安装图纸（就地控制柜、操作箱）（包括接线板清单、布置等）
2）	GIS 安装、维护、运行规定	11）	SF_6/油套管交界面尺寸图
3）	GIS 通风规定	12）	变压器交界面尺寸图
4）	GIS 单线图	13）	电缆交界面尺寸图
5）	二次控制、测量、监控、信号回路、辅助设备回路主方案图	3	试验报告
6）	GIS 布置图（平面、断面）	1）	GIS 全套型式试验报告
7）	主要部件安装图，带外观尺寸、运输尺寸、质量	2）	GIS 全套出厂试验报告
8）	GIS 地基图	3）	合同要求的其他试验报告
9）	SF_6 气体隔室分布图	4）	关键零部件试验报告（盆式绝缘子、绝缘拉杆、套管等）
10）	安装、维修尺寸图	4	其他资料
11）	SF_6 气体监视系统图	1）	GIS 主要元件标准
2	安装使用说明书	2）	高压容器标准
1）	GIS 主要部件安装指南（断路器、隔离开关、接地开关、电流互感器等）	3）	GIS 焊接标准
2）	辅助设备安装指南（SF_6 气体系统，油系统，就地控制柜等）	4）	SF_6 气体标准
3）	特殊工具、仪表介绍	5）	GIS 所用材料标准
4）	运输和安装所需要专用设备的说明	6）	GIS 检查、调试规定
5）	现场试验和其他试验指南	7）	GIS 包装、装船、储存规定
6）	全套安装图纸	8）	现场高压试验规定和标准
7）	全套接地系统图纸	9）	维修指南
8）	全套地基图纸	10）	SF_6 气体质量证明

表 2（续）

序号	内容	序号	内容
11）	液压油质量证明	16）	包装说明
12）	过滤器材料（吸附剂）证明	17）	相对地稳态电压分布图
13）	GIS 外壳安全性证明	18）	设备中使用的润滑剂、油脂和液压油的清单
14）	GIS 高压气体释放装置证明	19）	带电显示装置的规格、型式、厂家（如果采用）
15）	装箱清单	20）	伸缩节配置方案

4.4.4.3 投标人在投标文件中应提供 GIS 外形尺寸及隔室分布图，供评标时参考。

4.5 标准

4.5.1 合同中所有设备、备品备件，包括卖方从第三方获得的所有附件和设备，除本部分中规定的技术参数和要求外，其余均应遵照最新版本的国家标准（GB）、电力行业标准（DL）和 IEC 标准及国际单位制（SI），这是对设备的最低要求。卖方如果采用自己的标准或规范，应向买方提供中文和英文（若有）复印件并经买方同意后方可采用，但不能低于 GB、DL 和 IEC 的有关规定。

4.5.2 所有螺栓、螺纹、管螺纹、螺栓夹及螺母均应遵守国际标准化组织（ISO）和国际单位制（SI）标准的规定。

4.6 卖方应提交的技术数据和信息

4.6.1 技术参数特性表、技术偏差表及相关技术资料。

4.6.2 投标产品的特性参数和特点。

4.6.3 与其他设备配合所需的相关技术文件和信息。

4.7 备品备件

4.7.1 卖方应提供必备和推荐的备品备件，并分别列出其单价（商务部分填写）。

4.7.2 所有备品备件应为全新产品，与已经安装同型号设备的相应部件能够互换。

4.7.3 所有备品备件应单独装箱，包装应能防尘、防潮、防止损坏等，与主设备一并发运，并标注“备品备件”以区别本体。

4.8 专用工具和仪器仪表

4.8.1 卖方应提供必备和推荐的专用工具和仪器仪表，并列出其单价（商务部分填写）。

4.8.2 所有专用工具与仪器仪表应是全新的，且须附详细使用说明资料。

4.8.3 专用工具与仪器仪表应单独装箱，注明“专用工具”“仪器仪表”，并标明防潮、防尘、易碎、向上、勿倒置等字样，同主设备一并发运。

4.9 安装、调试、性能试验、试运行和验收

4.9.1 合同设备的安装、调试，将由买方根据卖方提供的技术文件和说明书的规定，在卖方技术人员指导下进行。

4.9.2 合同设备的性能试验、试运行和验收，根据本部分的规定进行。

4.9.3 完成合同设备安装后，买方和卖方应检查和确认安装工作，并签署安装工作证明书，共两份，双方各执一份。

4.9.4 设备安装、调试和性能试验合格后方可投入试运行。试运行后买卖双方应签署合同设备的验收证明书（试运行时间在合同谈判中商定）。该证明书共两份，双方各执一份。

4.9.5 如果在安装、调试、性能试验、试运行及质保期内，技术指标一项或多项不能满足合同技术部分要求，买卖双方应共同分析原因、分清责任。如属制造方面的原因，或涉及索赔部分，按商务部分有关条款执行。

4.9.6 出厂包装运输应尽可能以完整的功能单元为基本运输单位，应在密封和充微正压（0.02～0.05MPa）干燥气体的情况下包装、运输和储存。应在断路器、隔离开关、电压互感器、避雷器和套管

运输单元上加装三维冲击记录仪（厂内运输时可仅加装震动指示器），其他运输单元加装震动指示器。运输中如出现冲击加速度大于 3g 或不满足产品技术文件要求的情况，产品运至现场后应打开相应隔室检查各部件是否完好，必要时可增加试验项目或返厂处理。

4.10 应满足的标准

气体绝缘金属封闭开关设备应满足 GB 1984、GB 1985、GB 7674、GB/T 11022、G/T 12022、GB 50150、DL/T 402、DL/T 486、DL/T 593、DL/T 617、Q/GDW 13001.1、Q/GDW 11716 最新版本的要求，但不限于所列标准。

4.11 应满足的文件

该类设备技术标准应满足国家电网有限公司标准化成果中相关条款要求。下列文件中相应的条款规定均适用于本文件，其最新版本（包括所有的修改单）适用于本文件。包括：

a）《国家电网有限公司十八项电网重大反事故措施（2018 修订版）》；

b）《国家电网有限公司输变电工程通用设备 35～750kV 变电站分册（2018 年版）》；

c）《国家电网有限公司输变电工程通用设计》。

5 技术参数和性能要求

5.1 GIS 技术参数

投标人应认真响应技术参数特性表中的要求。

5.2 通用要求

5.2.1 产品设计应能使设备安全地进行下述各项工作：正常运行、检查和维护性操作、引出电缆或其他设备的绝缘试验、消除危险的静电电荷、安装和（或）扩建后的相序校核、操作联锁和耐压试验等。

5.2.2 产品的设计应能在允许的基础误差和热胀冷缩的热效应下不致影响设备所保证的性能，并满足与其他设备连接的要求。

5.2.3 产品所有额定值和结构相同时，可更换的元件应具有互换性。

5.2.4 制造厂提供的产品维护手册中，应明确检修维护周期和内容。产品及其元部件应保证在检修维护周期内可靠运行。

5.2.5 各元件应符合各自的有关标准。

5.2.6 操动机构、盆式绝缘子、支撑绝缘子、绝缘拉杆、伸缩节等重要组部件具有唯一编号，并可追溯生产流程。

5.2.7 制造厂应对金属材料和部件材质进行质量检测，对罐体、传动杆、拐臂、轴承（销）等关键金属部件的材质按工程抽样进行金属成分检测、按批次进行金相试验抽检，并提供检测报告。

5.2.8 GIS 现场安装应在临时洁净间内进行。临时洁净间应根据产品的结构型式、主设备、主母线和分支母线的总体布置方式进行临时洁净间的设计。临时洁净间应便于现场拆装，移动灵活，防风、防雨、防尘。临时洁净间的长、宽、高应满足设备安装和调试工作的需求，对场地和基础的要求应提前告知施工单位。

5.2.9 用于严寒地区的设备应考虑 SF_6 防液化的措施。

5.3 具体要求

应包括以下内容：

a） 联锁要求。产品应设有机械或电气联锁装置，以防止带负荷拉、合隔离开关和带电误合接地开关。下列设备应有联锁，对于主回路应满足以下要求：

  1） 在维修时，用来保证隔离间隙的主回路上的高压隔离开关（断路器）应确保不自合。

  2） 接地开关合闸后应确保不自分。

  3） 隔离开关要与相关的断路器实现电气联锁；隔离开关与接地开关之间应有可靠的电气联锁。其联锁逻辑的设置应根据电气主接线进行设计，应用图表表示清楚，并取得买方同意。

4） 电气联锁应单独设置电源回路，且与其他回路独立。所有联锁回路的结点，不得采用拓展接点。

b） 接地，应满足以下要求：

1） 每个气体隔室的壳体应互连并可靠接地，接地回路应满足额定短路电流的动、热稳定要求。

2） 接地应防止外壳产生危险感应电压，外壳和支架上的感应电压，正常运行条件下不应大于 24V，故障条件下不应大于 100V。

3） 接地点的接触面和接地连线的截面积应能保证安全地通过故障接地电流。

4） 每相断路器的基座上应有一个不油漆的、表面镀锡的直接接地处，并有接地标志。铜接地材料时紧固接地螺栓的直径不得小于 12mm。钢接地材料时紧固接地螺栓的直径不得小于 16mm。

5） 外壳应能接地。凡不属主回路或辅助回路的预定要接地的所有金属部分都应接地。

6） 外壳、框架等部件的相互电气连接，应采用紧固连接（螺栓连接或焊接），并以跨接方式以保证电气连通。如采用跨接片，户外 GIS 罐体上应有专用跨接部位，禁止通过法兰螺栓直连。

7） 主回路应能接地，以保证维修工作的安全。另外在外壳打开后的维修期间，应能将主回路连接到接地极。

8） 电压互感器、避雷器、快速接地开关应各自独立设置引线接地。接地开关的接地端应通过绝缘套筒引至 GIS 外部接地，且应设置可拆卸接地连板。对温差较大地区接地引出端与接地引线线间应使用软铜叠片式导电带连接。

c） 外壳，应满足以下要求：

1） 为便于安装和安全运行，应装设外壳伸缩节。

2） 金属外壳应能承受在运行中出现的正常的和暂态的压力。

3） 外壳应符合 5.14 对壳体的要求，生产厂家应对 GIS 及罐式断路器罐体焊缝进行无损探伤检测，保证罐体焊缝 100%合格，并按设备投产后不能复查的条件要求进行设计、制造，以确保材料、结构、焊接工艺、检验等的安全可靠性。

4） 封闭外壳充以最低功能压力的气体时，能保证设备的绝缘水平。还应考虑振动和温度变化的作用以及气候条件的影响。

5） 外壳应能满足设计压力，并具备在规定时间内不产生电弧外部效应和不烧穿的能力，应符合 DL/T 617 的要求。

6） 不论焊接或铸造的外壳，其厚度和结构的计算方法应参照类似压力容器标准来选择。

7） 外壳的设计温度，通常是周围空气温度的上限加主回路导体流过额定电流时外壳的温升，并应考虑日照影响。

8） 外壳的设计压力，至少是在设计温度时外壳内能达到的压力上限。在确定外壳设计压力时，气体的温度应取通过额定电流时外壳温度上限和主回路导体温度上限平均值，对设计压力能从已有温升试验记录中确定的情况除外。

9） 外壳设计时应考虑如下因素：外壳充气前可能出现的真空度；外壳或绝缘隔板可能承受的全部压力差；相邻隔室具有不同运行压力的情况下，因隔室意外漏气时造成的压力升高；发生内部故障的可能性等。

10）外壳结构的材料性能，应具有已知的和经过鉴定的最低限度物理性能，这些性能是计算和/或验证试验的基础。制造商应对材料的选用负责，并根据材料合格证和进厂检验结果，对保持材料的最低性能负责。若外壳有设置观察窗，观察窗的透明板的机械强度应与外壳相当，确保气体不泄漏。同时应有足够的电气间隙或静电屏蔽等措施，防紫外线措施完备。

11）充气口保护封盖的材质应与充气口材质相同，以防发生电化学腐蚀。

12）户外 GIS 法兰对接面宜采用双密封，并在法兰接缝、安装螺孔、跨接片接触面周边、法兰对接面注胶孔、盆式绝缘子浇注孔等部位涂防水胶。

d） 绝缘隔板，应满足以下要求：

1） 产品应划分为若干隔室，以达到满足正常使用条件和限制隔室内部电弧影响的要求。因此绝缘隔板应能确保当相邻隔室内漏气或维修工作而使压力下降直至制造厂规定的负压时，本隔室的气体压力不发生任何变化。

2） 绝缘隔板通常由绝缘材料制成。为保证人身安全，应有接地及其他措施；应明示绝缘隔板机械安全性能数据，以验证可承受相邻隔室中仍然存在的正常气压能力。

3） 绝缘隔板应按照制造商技术条件逐只进行压力试验、工频耐压试验、局部放电试验和 X 射线探伤试验，以保证质量。

4） 所有断路器隔室的 SF_6 气体压力报警、闭锁均应有信号输出，其他隔室的 SF_6 气体压力降低，应有报警信号输出，并在控制柜上指示。

5） 对双母线结构的 GIS，同一出线间隔的不同母线隔离开关应各自设置独立隔室，252kV 及以上 GIS 母线隔离开关不宜采用与母线共隔室的设计结构。

6） 长母线应有适当的气室分割，最大气室的气体处理时间不超过 8h。单个气室长度不超过 15m，且单个主母线气室对应间隔不超过 3 个。

7） 制造商名称或商标、制造年月、出厂编号。

8） GIS 中各元件的铭牌参照相应标准。

9） 各隔室的吸附剂。投标人在投标阶段提交一份解释文件，包括吸附剂的位置、种类和质量，固定吸附剂的罩应选用不锈钢或其他高强度材料，结构应设计合理，吸附剂罩开孔直径应小于吸附剂颗粒直径；吸附剂罩边沿不应有尖角、毛刺；安装后的吸附剂罩与 GIS 端盖内表面之间的间隙距离应小于吸附剂颗粒直径。吸附剂应选用不易粉化的材料并装于专用袋中，绑扎牢固。

10）可采用外延带金属法兰的盆式绝缘子，但应预留窗口且满足不拆卸进行特高频局放检测的要求，预留窗口防护片寿命应与设备本体寿命一致。采用此结构的盆式绝缘子可取消罐体对接处的短接排（跨接片），制造厂应提供型式试验依据。如需采用跨接片，户外 GIS 罐体上应有专用跨接部位，禁止通过法兰螺栓直连。

11）盆式绝缘子应尽量避免水平布置。

e） 限制并避免内部故障电弧，应满足以下要求：

1） 应采用限制和避免内部故障电弧的措施，如开关设备的联锁、气体泄漏限制及控制绝缘配合、高速保护、短接电弧的快速装置、远距离操作（遥控）、内部或外部压力释放、安装现场的工作质量检查等；产品在结构布置上，应使内部故障电弧对其继续工作能力的影响降至最小。电弧影响应限制在起弧的隔室内或故障段的另一些隔室（若该段的隔室之间有压力释放设施时）之内。将故障隔室或故障段隔离以后，余下的设备应具有继续正常工作的能力。

2） 为了人身安全，应采取适当保护措施限制电弧的外部效应；发生电弧的外部效应时仅允许外壳出现穿孔或裂缝，不应发生任何固体材料不受控制地溅出。

3） 如装有压力释放装置，安装位置应保证气体逸出时不危及在现场执行正常运行任务人员的安全。

4） 卖方提供关于保护系统使用的完整资料及当短路电流不超过某一值时，在某一持续时间内不会发生电弧的外部效应的资料，并推荐故障定位的合适措施或建议。卖方应提供内部故障电弧试验数据和试验报告，并提供对内部电弧故障进行定位的适当措施和方法。

f） 分箱结构的断路器每相应设计成独立气室并安装独立的密度继电器。每一个独立的母线气室均应装设独立的密度继电器，不允许多个母线气室或不同相母线气室通过管路连通共用一个密度继电器。密度继电器与 GIS 本体间的连接方式应满足不拆卸校验要求。户外安装的密度继电器应设置防雨措施。密度继电器应装设在与被监测气室处于同一运行环境温度的位置。对于严寒地区的设备，其密度继电器应满足环境温度在－40℃～－25℃时准确度不低于 2.5 级的要求。密度继电器表计应朝向巡视通道。

g） 应有补偿因基础沉降及温度变化产生的膨胀和收缩的缓冲措施，主要用于装配调整、吸收基础间的相对位移和热胀冷缩的伸缩量等。采用压力平衡型伸缩节时，每两个伸缩节间的母线筒长度不宜超过 40m。制造厂应提供伸缩节配置方案，并经业主单位组织审核。伸缩节配置方案包括伸缩节的允许变化量和安装作业指导书、伸缩节配置计算书（X、Y、Z 三个方向的伸缩量、配置数量）、伸缩节配置图、伸缩节类型（普通安装型、压力平衡型和横向补偿型）、伸缩节（状态）伸缩量－环境温度对应明细表等相关材料。伸缩节配置应满足跨不均匀沉降部位（室外不同基础、室内伸缩缝等）的要求。用于轴向补偿的伸缩节应配备伸缩量计量尺，并在现场标明伸缩量、螺栓松紧情况等调整要求。伸缩节技术规范按照 Q/GDW 11716—2017《气体绝缘金属封闭开关设备用伸缩节技术规范》执行。

h） 对电缆的连接和绝缘试验的要求（对采用电缆连接的工程）：

1） 电缆终端箱与电缆终端的配合应符合相应标准的要求。

2） 进线电缆侧如装有带电显示装置，应在 A、B、C 三相分别装设。

3） 带电显示装置应结构设计合理，安装维护方便，性能可靠，具有自检功能；且应具有显示带电状态（灯光）和强制性闭锁的功能。带电显示装置应有联锁及信号输出接点，每相使用单独的放大器。

4） 应设置可取下的连接导体，以便电缆进行绝缘试验时使电缆和 GIS 隔离，并可根据要求提供对电缆和 GIS 进行绝缘试验的接口设备和试验套管。

5） GIS 电缆仓的结构和高度应设计成便于现场安装和拆卸的要求。

i） 隔离开关和接地开关，应满足以下要求：

1） 隔离开关和接地开关应有可靠的分、合闸位置指示装置。如需要可配制便于视察触头位置的观察窗。接地开关的接地触头应与本体外壳绝缘。对相间连杆采用转动传动方式设计的三相机械联动隔离开关，应在远离机构输出轴相安装分合闸指示器。

2） 隔离开关和接地开关不得因运行中可能出现的外力（包括短路而引起的力）而误分或误合。

3） 快速接地开关应具有开合感应电流的能力，隔离开关应具备开合母线充电电流以及小电容电流和小电感电流的能力。隔离开关开合母线充电电流时产生的特快瞬态过电压（VFTO）不得损坏设备，由此引起的外壳瞬态电压升高不应危及人身安全。

4） 双母线、单母线或桥形接线中，GIS 母线避雷器和电压互感器应设置独立的隔离开关。3/2 断路器接线中，GIS 母线避雷器和电压互感器不应装设隔离开关，宜设置可拆卸导体作为隔离装置。可拆卸导体应设置于独立的气室内。 架空进线的 GIS 线路间隔的避雷器和线路电压互感器宜采用外置结构。

j） 汇控柜，应满足以下要求：

1） 每个断路器间隔应装设独立汇控柜，汇控柜上应有一次设备的模拟接线图及断路器、隔离开关和接 地开关的位置指示。

2） 汇控柜应有驱湿、加热装置，维持柜内的绝缘水平，户外汇控柜还应有顶部隔热层，加热装置宜采用温湿度控制，避免采用长投方式，防止造成设备温度过高。包含合并单元、智能终端的断路器汇控柜内应装设空调或其他降温设备。另外还要配置小型断路器、插座、照明等辅助设备。

3）户外汇控柜、机构箱采用防锈性能不低于低碳 304 不锈钢材料，厚度不小于 2mm，内部应有隔热和保温措施，防护等级不低于 IP45W。

4）汇控柜除了实现就地控制、测量和信号显示外，还应有足够的辅助触点和试验端子，供用户远方测量、控制和信号使用。每面控制柜需设置"就地/远方"控制选择开关；对断路器、隔离开关和电动操作的接地开关，应实现就地和远方控制方式的切换。在选择远方控制时，就地控制无效；选就地控制时，远方控制（包括保护装置信息）无效。选择开关位置应能通过辅助触点送往远方控制中心。

5）汇控柜、端子箱等的内部照明装置应采用 LED 灯，并装设防护罩。

k）辅助电缆，应满足以下要求：

1）由汇控柜至操动机构箱 TA、TV 接线盒，以及机构箱和接线盒至各设备之间的辅助电缆均与 GIS 成套，由制造商供应并负责安装和连接。其截面积符合下列规定：

TA、TV 回路：大于或等于 $4mm^2$。

控制回路：大于或等于 $2.5mm^2$。

信号回路：大于或等于 $1.5mm^2$。

2）电缆应采用电解铜导体、PVC 绝缘、铠装、阻燃的屏蔽电缆。电缆两端有标示牌，标明电缆编号及对端连接单元名称。

3）沿本体敷设的二次电缆采用金属槽盒敷设，户外槽盒采用防锈性能不低于低碳 304 不锈钢的材料。垂直安装的二次电缆槽盒应从底部单独支撑固定，且通风良好，水平安装的二次电缆槽盒应有低位排水措施。GIS、HGIS 至各设备元件接线盒的电缆用非橡胶材质蛇形管加以过渡，蛇形管长度不宜超过 1m。电缆槽盒过渡接头应密封良好，避免进水受潮。

4）汇控柜至机构箱的交、直流回路不能共用同一根电缆，两套跳闸回路不能共用同一根电缆，控制和动力回路不能共用同一根电缆。

l）端子排及回路：

1）端子排上应有标明与制造商提供的回路图上一致的编号。

2）每个端子上只能压接一根导线。

3）汇控柜上 TA 回路的端子排，采用试验端子，应能满足运行状态下不断开电流回路串入或拆除测试仪表的要求。

4）一般端子应能可靠地接入 $1.5mm^2$～$4mm^2$ 截面的导线；特殊需要的接入大截面电缆的端子，另行商定。

m）对辅助和控制回路中二次配套元件的要求：卖方应明确标示辅助和控制回路中所采用的配套元件，如阀门、辅助和控制开关、压力表、密度继电器、保护继电器、接线端子、电动机、熔断器、接触器、低压开关、监视和测量仪表、二次电缆等元件的型号和制造商，或者按照买方要求的制造商和型号进行采购。断路器出厂试验应进行中间继电器、时间继电器、电压继电器动作特性校验。二次电缆及元件应采用阻燃材料，二次电缆阻燃等级应达到 C 级阻燃，二次元件阻燃等级应达到 V－0 等级。

n）断路器、隔离开关、接地开关等操动机构的外壳及汇控柜等，均应满足 IP45W 的防护等级和 IK10 的防护机械撞击水平的要求，潮湿多雨地区防护等级为 IP55。箱体应设置可使箱内空气流通的迷宫式通风口，并具有隔热、防腐、防雨、防潮、防尘和防小动物进入的性能。

o）安装在潮湿多雨、低温地区的 GIS，其机构箱、汇控柜应采用低功率常投加热器与手动投切加热器组合配置的方案，根据柜体容积合理设置通风孔，加热器电源和操作电源应分别独立设置，以保证切断操作电源后加热器仍能工作。

p） 出线连接。出线连接可以是架空线连接、电缆连接或与变压器直接连接，对于不同的出线连接方式由买方决定，技术要求与卖方商定。当采用和变压器直接连接方式时，由GIS制造商负责与变压器制造商协调。

q） 带电显示装置应结构设计合理，安装维护方便，性能可靠，具有显示带电状态（灯光）和强制性闭锁的功能，其传感器应为外置式。

r） 防锈。对户外使用设备的外壳、汇控柜、机构箱等，应采取有效的防腐、防锈措施，确保在使用寿命内不出现涂层剥落、表面锈蚀的现象；在户外的端子板、螺栓、螺母和垫圈应采取防腐措施，尤其应防止不同金属之间的电腐蚀，而且应防止水分进到螺纹中。

s） GIS应设有必要的方便运行人员对设备进行巡视和操作的通道及固定平台。

t） 铭牌。

1） GIS或HGIS及其辅助和控制设备、操动机构等主要元件均应有耐久和清晰易读的铭牌；

2） 对于户外设备的铭牌，应是不受气候影响和防腐的。

u） 机构箱内的所有二次元件的位置应便于拆装、接线、观察及操作，并有表明其用途的永久性标识。

v） 预留间隔的设备应装设密度继电器，并有气体压力报警和闭锁信号输出接点。

w） 温控器（加热器）、继电器等二次元件应取得3C认证（或3C认证同等性能试验），外壳绝缘材料阻燃等级应满足V－0等级，并提供第三方检测报告。

x） 装配前应检查并确认防爆膜是否受外力损伤，装配时应保证防爆膜泄压方向正确、定位准确，防爆膜泄压挡板的结构和方向应避免在运行中积水、结冰、误碰。防爆膜喷口不应朝向巡视通道。

5.4 断路器

断路器技术参数见专用部分技术参数特性表。

5.4.1 一般要求

a） SF_6气体或操动液第一次灌注。应随断路器供给第一次灌注用的SF_6气体和任何所规定的操动液。供第一次充气用的SF_6气体应符合GB/T 12022的规定。在气体交货之前，应向买方提交气体通过毒性试验的合格证书，所用气体应经买方复检合格后方可使用。操动液应符合相应标准的要求。

b） 气体抽样阀。为便于气体抽样和气体检测，每一气体隔室应有单独的气体密度继电器、压力表、充气阀，密度继电器、压力表应加装截门或双向快速自封阀门，便于表计的校验。

c） SF_6气体系统的要求。断路器的SF_6气体系统应便于安装和维修。

d） SF_6气体监测设备。断路器应装设SF_6气体监测设备（包括密度继电器、压力表），以及用来连接气体净化系统和其他设备的合适连接点。

e） SF_6断路器的吸附剂。投标人在投标阶段提交一份解释文件，包括吸附剂的位置、种类和重量。

5.4.2 操动机构

a） 断路器应能远方和就地操作，其间应可以转换。操动机构自身应具备防止跳跃、防止非全相合闸和保证合分时间的性能。操动机构应具备低压闭锁和高压保护装置。液压机构应具有防止失压后慢分慢合的装置。

b） 断路器操动机构的设计应满足“分—0.3s—合分—3min—合分”操作顺序的要求。

c） 对液压操动机构的要求（如果采用）。

1） 液压操动系统和检修周期。液压操动机构应装设全套的液压设备，包括泵，储压筒，必需的控制、管道和阀门，以及过压力释放装置（安全阀）。储压筒应有足够的容量，在最低操作压力下应能进行“分—0.3s—合分”或“合分—3min—合分”的操作。电动机和泵应能满足在5min内从零压充到额定压力和1min内从最低允许压力充到额定压力的要求。为维持正常的操作压力，液压泵应根据压力的变化实现自动控制。应有可靠的防止重新打压而慢分的机械和电气装置。液压操作系统的维修周期应与断路器相配合。

2） 电气布线和液压系统连接。油泵电动机电源电路及液压系统的报警和控制回路应接到控制柜端子排上，报警回路应包括两个电气上独立的接点。卖方应提供必需的导线、镀锌钢管、附件及其连接所需要的设备。卖方应提供操作系统所需要的全部控制设备、压力开关、压力调节器泵、电动机、操作计时器、阀门、管线和管道以及其他辅助设备及材料。全部液压系统的管线和管道应由制造商安装，需要在现场安装的管线和管道由制造商加工，应达到现场装配不需要剪切、涨管或套丝等操作的要求。

3） 应装设用于监测液压机构油泵打压次数和打压时间的装置。

d） 对弹簧操动机构的要求（如果采用）。当分闸操作完成后，合闸弹簧应在20s内完成储能。弹簧操动机构应能可靠防止发生空合操作，应设有方便观察的储能指示器。

5.4.3 控制和操作要求

a） 卖方应提供用于断路器分闸和合闸所有必需的中间继电器、闭锁继电器，以及液压油的控制阀。

b） 防跳装置、防慢分装置、防非全相合闸装置。操动机构应装设防跳装置，防止断路器反复分闸和合闸；液压机构应配有电气和机械的防慢分装置，保证机构泄压后重新打压时不发生慢分；断路器发生非全相合闸时，应可实现已合闸相自分闸。新投的分相弹簧机构断路器的防跳继电器、非全相继电器不应安装在机构箱内，应装在独立的汇控箱内。

c） 控制电压为DC 220V或DC 110V。合闸线圈在额定电压85%～110%时应可靠动作，分闸线圈在额定电压65%～110%时应可靠动作；分、合闸线圈在额定操作电压的30%及以下时均不应发生分、合闸动作。

5.4.4 附件

a） 必备的及推荐的附件。除卖方认为是对于可靠和安全运行所必备的附件之外，每台断路器宜配备推荐附件。

b） 位置指示器。分相操作的断路器每相均应装设一个机械式的分合闸位置指示器，三相机械联动的断路器可每相装设一个机械式的分合闸位置指示器，也可只装设一个位置指示器。机械式的分合闸位置指示器应动作准确、可靠，装设位置应清晰醒目，并便于运行人员观察。指示器的文字标示及颜色应如下：

文字	标示	颜色
开断位置	分（OPEN）	绿色
闭合位置	合（CLOSE）	红色

c） 计数器。分相操作的断路器每相均应装设不可复归的动作计数器，其位置应便于读数。

5.5 隔离开关

5.5.1 技术参数见专用部分技术参数特性表。

5.5.2 操动机构应满足如下要求：

5.5.3 配用手动操动机构的隔离开关，手柄总长度（包括横柄长度在内）不应大于400mm，操作轻便，其机构的终点位置应有足够强度的定位和限位装置，且在手动分、合闸时能可靠闭锁电动回路。

5.5.4 对于采配用电动操动机构的隔离开关和接地开关应能远方及就地操作，并应装设供就地操作用的手动分、合闸装置。

5.5.5 电动操动机构处于任何动作位置时均应能取下或打开操动机构的箱门，以便检查或修理辅助开关和接线端子。

5.5.6 汇控柜内应装设电动操动的小型断路器，用于控制分合闸操作回路。同一间隔内的多台隔离开关的电机电源，在端子（汇控柜）箱内必须分别设置独立的开断设备。

5.5.7 电动操动机构中所采用的电动机和仪表应符合相应的标准。

5.5.8 操动机构上应有能反映隔离开关分、合闸位置的指示器，并便于运行人员观察。指示器上应标明“分”“合”字样。

5.5.9 隔离开关转动和传动部位应采取润滑措施和密封措施，在寒冷地区应采用防冻润滑剂。

5.5.10 控制柜应配有足够的端子排，以供设备内配线及外部电缆端头连接用。端子排及终端板与夹头均安装在电缆进口上部，每块端子排应有10%～15%的备用端子，端子排应有防护措施。

5.5.11 所有辅助触点应在电气接线图上标明编号，并且连线至端子排，每只辅助开关及所有辅助触点的电气接线应编号。

5.5.12 分、合闸操作：动力操动机构，当其电压在下列范围内时，应保证隔离开关可靠的分闸和合闸：

a） 电动操动机构的电动机接线端子的电压在其额定值的85%～110%范围内时。

b） 二次控制线圈、电磁联锁装置，当其线圈接线端子的电压在其额定值的85%～110%范围内时（线圈温度不超过80℃）。

5.5.13 操动机构内接线端子应为铜质。

5.6 快速接地开关

5.6.1 技术参数见专用部分技术参数特性表。

5.6.2 接地开关的接地端子应与本体外壳绝缘。

5.6.3 操动机构：应能电动和手动操作；能就地操作和远方操作，就地操作和远方操作之间应装设联锁装置。

5.6.4 每组快速接地开关应装设一个机械式的分/合位置指示器，并便于运行人员观察，根据要求可以装设观察窗，以便操作人员检查触头的开合状态。

5.6.5 接地开关在接地端子打开后，保证接地开关主回路与壳体是绝缘的。

5.7 检修接地开关

5.7.1 技术参数见专用部分技术参数特性表。

5.7.2 操动机构：可手动和电动操作，每组接地开关应装设一个机械式的分/合位置指示器，并便于运行人员观察；根据要求可以装设观察窗，以便操作人员检查触头的开合状态。

5.7.3 接地开关的接地端子应与本体外壳绝缘。

5.8 电流互感器（TA）

5.8.1 技术参数见专用部分技术参数特性表。

5.8.2 所有从电流互感器引出的每一分接头的引线引到控制柜的端子排上，引线截面为不小于4mm^2的软线。每个端子均应有明确的标记并有接线图表明其接法、极性和变比。

5.8.3 对电流互感器应提供下列数据：励磁特性曲线、拐点电压、暂态特性、75℃时最大二次电阻值等。

5.8.4 对TPY型电流互感器的要求：

a） TPY型套管电流互感器应设计和制造得使其剩磁不超过拐点电压对应磁密的10%。

b） 在标准的一次系统时间常数和100%的直流分量偏移的条件下，K_{ssc}暂态误差不应超过10%。

5.8.5 所有电流互感器二次负载接线和信号线路应使用屏蔽的金属铠装电缆。

5.8.6 TA二次回路1min工频耐压3000V。

5.8.7 各组电流互感器相序排列应确保一致，电流互感器一次设计相位应与二次端子标示相符。

5.8.8 外置式电流互感器的二次线圈防护罩、二次接线端子盒应采取有效的防雨措施。

5.9 电压互感器（TV）

5.9.1 技术参数见专用部分技术参数特性表。

5.9.2 各组电压互感器相序排列应确保一致，电压互感器一次设计相位应与二次端子标示相符。电压互感器的一次绕组接地端应与二次分开。

5.10 避雷器

技术参数见专用部分技术参数特性表。

5.11 套管

5.11.1 技术参数见专用部分技术参数特性表。

5.11.2 套管的伞裙应为不等径的大小伞，伞型设计应符合标准要求，两裙伸出之差（P1–P2）≥15mm。

5.11.3 套管的相邻裙间距离（S）与裙伸出长度（P）之比不应小于 0.9。

5.11.4 套管的有效爬电距离应考虑伞裙直径的影响，当平均直径大于 300mm 时，爬电距离增加 10%，当平均直径大于 500mm 时，爬电距离增加 20%。

5.11.5 应在绝缘子金属法兰与瓷件的胶装部位涂以性能良好的防水密封胶。

5.11.6 支柱瓷绝缘子应符合 GB/T 8287.1 的要求，支柱复合绝缘子应符合 GB/T 25096 的要求。

5.12 绝缘子

5.12.1 技术参数见专用部分技术参数特性表。

5.12.2 GIS 内绝缘件应逐只进行 X 射线探伤试验、工频耐压试验和局部放电试验，局部放电量不大于 3pC。

5.12.3 热性能试验应按每批不少于 5 个绝缘子，且每个进行 10 次热循环验证。

5.13 母线

技术参数见专用部分技术参数特性表。

GIS 母线宜采用低位布置方式，不宜采用高位布置方式。

5.14 壳体

壳体承受压力，能承受运行中正常的和内部故障时的压力：

a） 对铸铝和铝合金外壳，型式试验压力为 5 倍的设计压力。

b） 对焊接的铝外壳和焊接的钢外壳，型式试验压力为 3 倍的设计压力。

c） 对隔板的型式试验压力应大于 3 倍的设计压力。

5.15 SF_6 气体

5.15.1 生物毒性试验：无毒。

5.15.2 其他项目应符合 GB/T 12022 标准的规定。

5.15.3 应提交 SF_6 气体生产厂的合格证书及分析报告。

5.15.4 应提供 110% SF_6 气体。

6 试验

6.1 GIS 中所用元件均应按各自的产品标准进行型式试验、出厂试验和现场交接试验，并应提供供货范围内各元件的型式试验和出厂试验报告。

6.2 型式试验

型式试验的目的在于验证 GIS 装置、控制回路、控制设备及辅助设备的各种性能是否符合设计的要求。

6.2.1 各功能元件均应根据各自的标准在有代表性的布置间隔上进行完整的单相或三相试验。三相共箱型应按相应标准要求进行三相试验。

6.2.2 如因条件限制，经卖方和买方协商同意，允许型式试验在具有代表性的总装或分装设备上进行。由于型式、参数及可能的组合方式的多样性，对所有布置方式都进行型式试验是不现实的。

6.2.3 任一种特定布置方式的性能试验数据，可用具有可比性的布置方式的试验数据来证实。

6.2.4 型式试验和验证的内容包括：

a） 验证设备绝缘水平的试验以及辅助回路的绝缘试验。

b） 验证无线电干扰电压（RIV）水平的试验（如果适用）。

c） 验证设备所有部件温升的试验以及主回路电阻测量。
d） 验证主回路和接地回路承载额定峰值耐受电流和额定短时耐受电流能力的试验。
e） 验证所包含的开关装置开断关合能力的试验。
f） 验证所包含的开关装置机械操作和行程－时间特性测量。
g） 验证外壳强度的试验。
h） 外壳防护等级的验证。
i） 气体密封性试验和气体状态测量。
j） 电磁兼容性试验（EMC）。
k） 辅助和控制回路的附加试验。
l） 隔板的试验。
m） 验证在极限温度下机械操作的试验。
n） 验证热循环下性能的试验以及绝缘子的气体密封性试验。
o） 接地连接的腐蚀试验
p） 评估内部故障电弧效应的试验
q） 噪声试验。
r） 地震试验：可由卖方提供产品抗震性能计算书，该计算书应由国家认可的机构完成。

6.2.5 以下元件按各自标准提供试验报告：
a） 绝缘件（绝缘隔板和支撑绝缘子）。
b） 并联电容器。
c） 合闸电阻。
d） 互感器。
e） 绝缘件。
f） 套管。
g） 避雷器。
h） 伸缩节。
i） 与变压器的连接（如需要）。

6.3 出厂试验

6.3.1 GIS 应在制造厂进行整体组装，对所有元件进行出厂试验。
6.3.2 某些试验可在元件运输单元或完整的设施上进行。
6.3.3 出厂试验应保证产品的性能与进行过型式试验的设备相符。
6.3.4 产品在拆前应对关键的连接部位和部件做好标记。
6.3.5 出厂试验项目包括：
a） 主回路的绝缘试验。
b） 辅助和控制回路绝缘试验。
c） 主回路电阻测量。
d） 局部放电试验。
e） 气体密封性试验。
f） 机械试验。断路器、隔离开关和接地开关出厂试验时应进行不少于 200 次的机械操作试验（其中断路器每 100 次操作试验的最后 20 次应为重合闸操作试验），以保证触头充分磨合。200 次操作完成后应彻底清洁壳体内部，再进行其他出厂试验。断路器机械特性试验项目应包括时间、速度、合－分时间、速度行程曲线、辅助开关切换与主触头动作时间配合。
g） 电气和其他辅助装置试验。
h） 接线检查。

i） SF_6气体湿度测量。

j） 外壳和绝缘隔板的压力试验。

6.4 现场交接试验

6.4.1 GIS 安装之后，应进行现场交接试验。

6.4.2 试验项目包括：

a） 主回路绝缘试验。交流耐压值应为出厂值的 100%。在工频耐压过程中进行局部放电测试，需要时可进行冲击耐压试验。

b） 辅助回路绝缘试验。

c） 主回路电阻测量。

d） 气体密封性试验。

e） 现场机械特性试验，卖方应提供断路器的速度定义和参考机械行程特性曲线，及检测用传感器和安装附件。

f） SF_6气体验收（充入电气设备前进行）。

g） SF_6气体湿度及纯度测量（充入电气设备后进行）。

h） 外观检查与核实。

i） 局部放电。

j） 各元件的现场试验。

k） 气体密度继电器及压力表、安全阀的校验。

l） 现场开合空载变压器试验（如果需要）。

m） 现场开合并联电抗器试验（如果需要）。

n） 现场开合空载线路充电电流试验（如果需要）。

o） 现场开合空载电缆充电电流试验（如果需要）。

7 技术服务、设计联络、工厂检验和监造

7.1 技术服务

7.1.1 概述

应包括以下内容：

a） 卖方应指定一名工地代表，配合买方及安装承包商的工作。卖方应指派有经验的安装指导人员和试验工程师，对合同设备的安装、调试和现场试验等进行技术指导。卖方指导人员应对所有安装工作的正确性负责，除非安装承包商的工作未按照卖方指导人员的意见执行，但是，卖方指导人员应立即以书面形式将此情况通知买方。

b） 合同设备的安装工期为____周，买卖双方据此共同确认一份详尽的安装工序和时间表，作为卖方指导安装的依据，并列出安装承包商应提供的人员和工具的类型及数量。

c） 买卖双方应根据施工的实际工作进展，通过协商决定卖方技术人员的专业、人员数量、服务持续时间以及到达和离开工地的日期。

7.1.2 任务和责任

a） 卖方指定的工地代表，应在合同范围内与买方工地代表充分合作与协商，以解决有关的技术和工作问题。双方的工地代表，未经双方授权，无权变更和修改合同。

b） 卖方技术人员应按合同规定完成有关设备的技术服务，指导、监督设备的安装、调试和验收试验。

c） 卖方技术人员应对买方人员详细地解释技术文件、图纸、运行和维护手册、设备特性、分析方法和有关的注意事项等，以及解答和解决买方在合同范围内提出的技术问题。

d） 卖方技术人员有义务对买方的运行和维护人员进行必要的培训。

e） 卖方技术人员的技术指导应是正确的，如因错误指导而引起设备和材料的损坏，卖方应负责修

复、更换和（或）补充，费用由卖方承担，该费用中还包括进行修补期间所发生的服务费。买方的有关技术人员应尊重卖方技术人员的技术指导。

f） 卖方代表应充分理解买方对安装、调试工作提出的技术和质量方面的意见和建议，使设备的安装、调试达到双方都满意的质量。如因卖方原因造成安装或试验工作拖期，买方有权要求卖方的安装监督人员或试验工程师继续留在工地服务，且费用由卖方自理。如因买方原因造成安装或试验拖期，买方根据需要有权要求卖方的安装监督人员或试验工程师继续留在工地服务，并承担有关费用。

7.2 设计联络会

7.2.1 为协调设计及其他方面的接口工作，根据需要买方与卖方应召开设计联络会。卖方应制定详细的设计联络会日程。签约后的 30 天内，卖方应向买方建议设计联络会方案，在设计联络会上买方有权对合同设备提出改进意见，卖方应按此意见作出改进。

7.2.2 联络会主要内容：

a） 决定最终布置尺寸，包括外形、套管引出方向、其他附属设备的布置；确定汇控柜内控制回路的接线逻辑方式、二次元件的选择及内部布置等。

b） 复核投标产品的主要性能和参数，并进行确认。

c） 检查总进度、质量保证程序及质控措施。

d） 决定土建要求/运输尺寸和质量，以及工程设计的各种接口的资料要求。

e） 讨论交货程序。

f） 解决遗留问题。

g） 讨论监造、工厂试验及检验问题。

h） 讨论运输、安装、调试及验收试验。

7.2.3 其他需讨论的内容，如地点、日期、人数等在合同谈判时商定。

7.2.4 除上述规定的联络会议外，若遇重要事宜需双方进行研究和讨论，经各方同意可另召开联络会议解决。

7.2.5 每次会议均应签署会议纪要，该纪要作为合同的组成部分。

7.3 工厂检验和监造

7.3.1 买方有权派遣其检验人员到卖方及其分包商的车间场所，对合同设备的加工制造进行检验和监造。买方应将为此目的而派遣的代表人员名单以书面形式通知卖方。

7.3.2 卖方应积极配合买方的监造工作，并指定 1 名代表负责监造联系工作，及时向监造人员提供监造工作相关资料（包括但不限于此）：

a） 重要的原材料的物理、化学特性和型号及必要的工厂检验报告。

b） 重要外协零部件和附件的验收试验报告及重要零部件和附件的全部出厂例行试验报告。

c） 设备出厂试验方案、试验报告、半成品试验报告。

d） 型式试验报告。

e） 产品改进和完善的技术报告。

f） 与分包方的技术协议和分包合同副本。

g） 设备的生产进度表。

h） 设备制造过程中出现的质量问题的备忘录。

i） 设备制造过程中出现有关设备质量和进度变更的文件。

7.3.3 设备的监造范围、监造方式、监造内容等监造具体内容由买方及其派遣的监造人员根据国家电网有限公司统一下发的设备监造大纲最终确定。

7.3.4 监造人员有权到生产合同设备的车间和部门了解生产信息，并提出监造中发现的问题（如有）。

7.3.5 卖方应在开始进行工厂试验前 2 周，通知买方及监造人员其试验方案（包括日程安排）。根据这个试验方案，买方有权确定对合同设备的哪些试验项目和阶段进行见证，并将在接到卖方关于安装、试验和检验的日程安排通知后 1 周内通知卖方。然后买方将派出技术人员前往卖方和（或）其制造商生产现场，以观察和了解该合同设备工厂试验的情况及其运输包装的情况。若发现任一货物的质量不符合合同规定的标准，或包装不满足要求，买方代表有权发表意见，卖方应认真考虑其意见，并采取必要措施以确保待运合同设备的质量，见证检验程序由双方代表共同协商决定。

7.3.6 若买方不派代表参加上述试验，卖方应在接到买方关于不派员到卖方和（或）其分包商工厂的通知后，或买方未按时派遣人员参加的情况下，自行组织检验。

7.3.7 监造人员将不签署任何质量证明文件，买方人员参加工厂检验既不能解除卖方按合同应承担的责任，也不替代到货后买方的检验。

7.3.8 买方有合同货物运到买方目的地以后进行检验、试验和拒收（如果必要时）的权利，卖方不得因该货物在原产地发运以前已经由买方或其代表进行过监造和检验并已通过作为理由而进行限制。

7.3.9 买方人员参加工厂试验，包括会签任何试验结果，既不免除卖方按合同规定应负的责任，也不能代替合同设备到达目的地后买方对其进行的检验。

7.3.10 如有合同设备经检验和试验不符合技术规范的要求，买方可以拒收，卖方应更换被拒收的货物，或进行必要的改造使之符合技术规范的要求，买方不承担上述的费用。

8 一次、二次及土建接口要求

8.1 电气一次接口

72.5kV 组合电器电气接口从结构型式、间隔中心距、套管中心距等进行了分类统一，并根据组合电器接线形式、应用场合的不同形成 4 种电气接口。其中，接口 1 对应户内 GIS（双母线接线）布置方案，接口 2 对应户内 GIS（线变组接线）布置方案，接口 3 对应户内 GIS（内桥接线）布置方案，接口 4 对应户外 HGIS（双母线接线）布置方案。

8.1.1 间隔外轮廓尺寸

户内 GIS 间隔宽度按 1m 考虑。对于线变组接线型式电缆进线间隔纵向长度≤8500mm，对于其他接线型式间隔纵向长度≤7000mm。

户外 HGIS 套管间距离为 6850mm 和 3350mm 两种。

瓷套颜色建议为棕色；外壳、支架等外表面均应涂漆，颜色建议为海灰 B05。

8.1.2 布置形式

GIS 厂房高度需考虑吊装要求，吊装点净高 6.5m，最大起吊重量不大于 5t。GIS 厂房宽度根据具体工程要求的间隔长度（≤7m～8.5m）加巡视通道要求而定。GIS 厂房长度根据具体工程间隔宽度（1.0m）和数量，加巡视通道要求而定。

在电缆出线间隔电缆出线处设置电缆隧道，隧道宽度和深度根据具体工程确定。

HGIS 采用架空进出线方式。间隔宽度为 12.5m/2 跨。电缆沟位置根据具体工程确定。

8.1.3 接地要求

应包括以下内容：

a） 每个气体隔室的壳体应互连并可靠接地，接地回路应满足短路电流的动、热稳定要求。外壳应能接地。凡不属主回路或辅助回路的需要接地的所有金属部分都应接地。外壳、框架等的相互电气联接宜用紧固联接，以保证电气上连通，接地点应标以接地符号。

b） 接地点的接触面和接地连线的截面积应能安全地通过故障接地电流。

c） 铜接地材料时紧固接地螺栓的直径不得小于 12mm。钢接地材料时紧固接地螺栓的直径不得小于 16mm。接地点应标有接地符号。

d） 主回路应能接地，以保证维修工作的安全。另外在外壳打开后的维修期间，应能将主回路连接到接地极。如不能预先确定回路不带电，应采用关合能力等于相应的额定峰值耐受电流的接地开关；如能预先确定回路不带电，可采用不具有关合能力或关合能力低于相应的额定峰值耐受电流的接地开关；仅在制造商和用户取得协议的情况下，才能采用可移动的接地装置。

e） 接地应防止外壳产生危险感应电压，应防止外壳环流造成局部过热。

f） 快速接地开关应采用专用接地线直接连接到地网，不应通过外壳和支架接地。

8.1.4 安装基础

底座建议采用焊接方式固定在支墩基础上的水平预埋钢板上。伸缩节要能够适应装配调整、吸收基础间的相对位移和热胀冷缩的伸缩量，底座必须能够适应如下土建施工误差：

a） 每间隔基础预埋件水平最高和最低差不超过 2mm；

b） 间隔之间所有尺寸允许偏差不超过 5mm；

c） 全部间隔所在区域尺寸允许偏差不超过 6mm。

d） 对于出线套管支架，其高度应能保证外绝缘体最低部位距离地面不小于 2500mm。

8.1.5 安装示意图

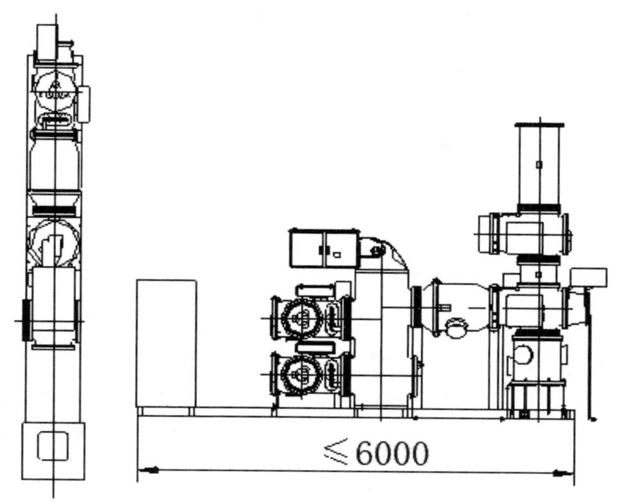

图 1 72.5kV 户内 GIS 线路、主变、电容器、站用变间隔布置图（双母线，电缆出线）（CGIS—3150/40、CGIS—3150/31.5）

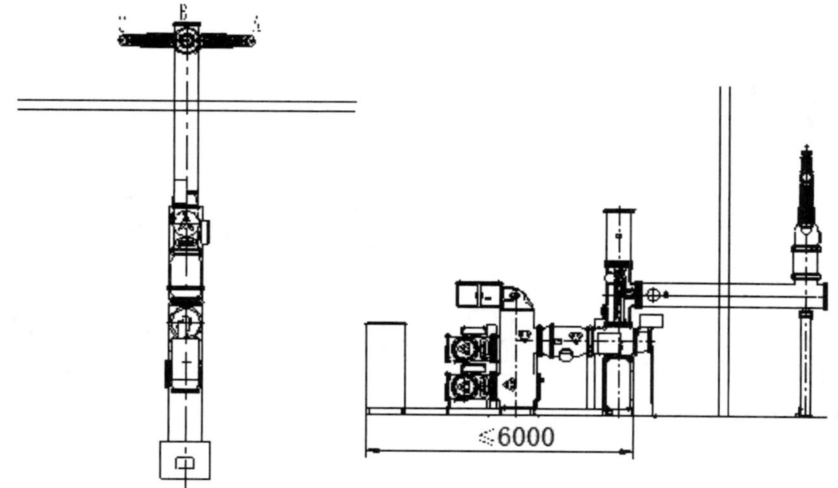

图 2 72.5kV 户内 GIS 线路、主变布置图（双母线，架空出线）（CGIS—3150/40、CGIS—3150/31.5）

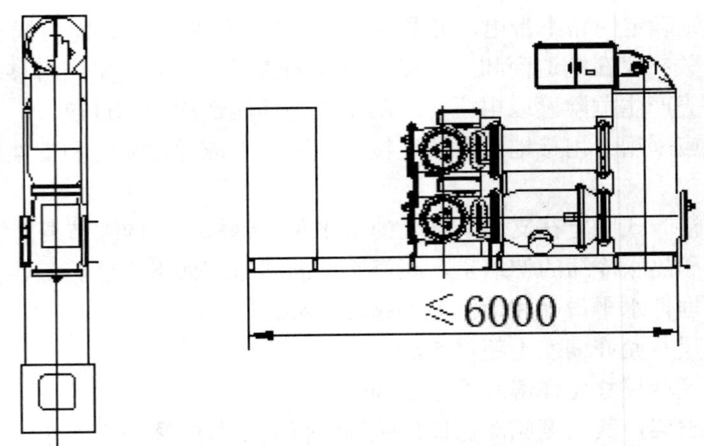

图 3　72.5kV 户内 GIS 母联间隔布置图（双母线）
（CGIS—3150/40、CGIS—3150/31.5）

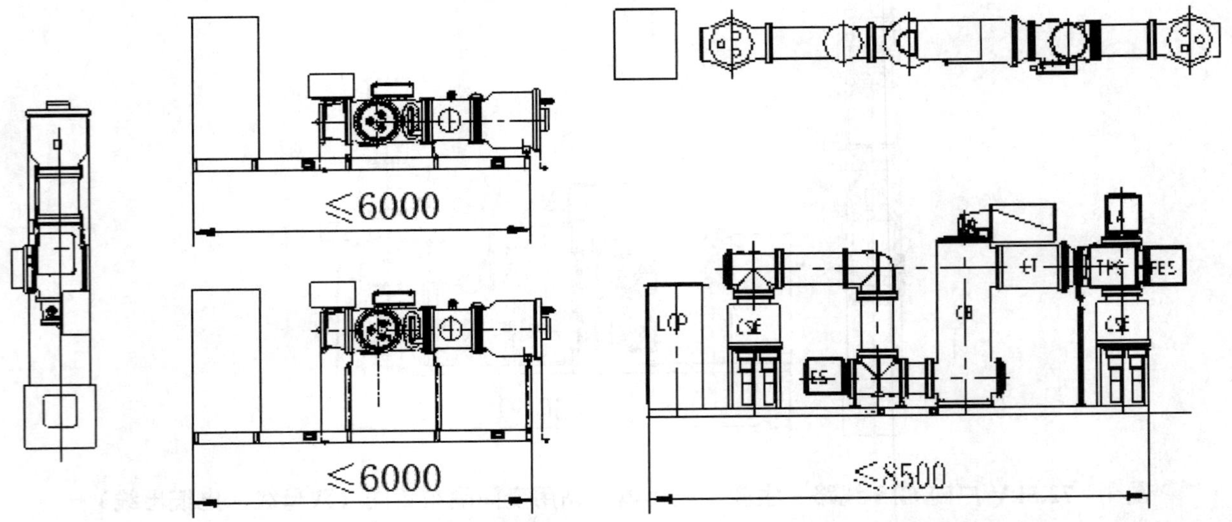

图 4　72.5kV 户内 GIS 母线设备间隔布置图
（CGIS—3150/40、CGIS—3150/31.5）

图 5　72.5kV 户内 GIS 线路变压器组间隔布置图
（电缆进线）（CGIS—3150/40、CGIS—3150/31.5）

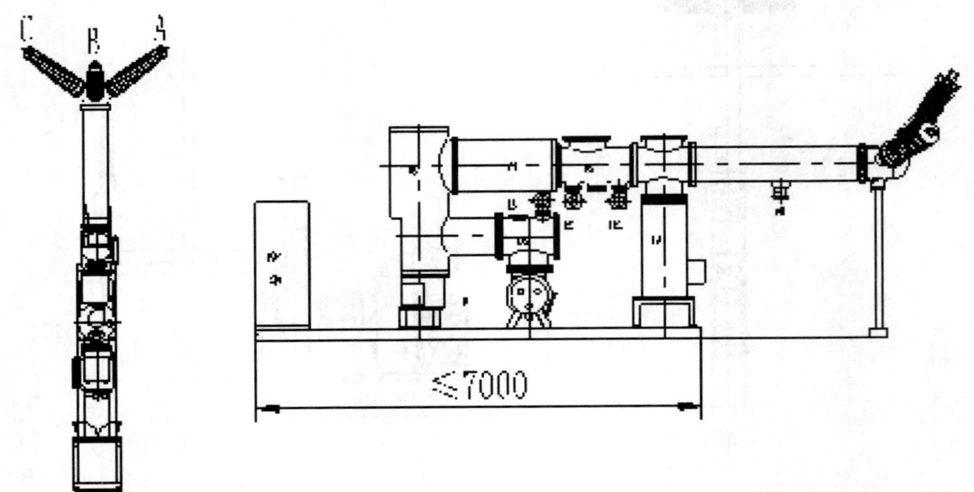

图 6　72.5kV 户内 GIS 线路变压器组/内桥接线间隔布置图（架空进线）
（CGIS—3150/40、CGIS—3150/31.5）

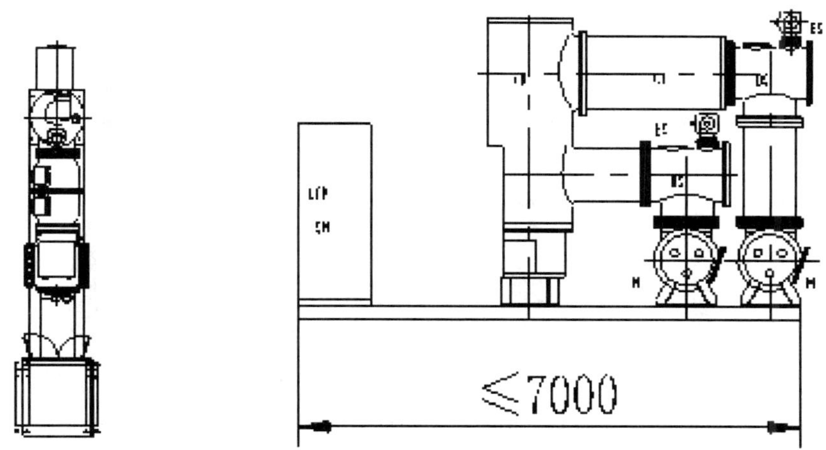

图 7　72.5kV 户内 GIS 内桥接线间隔布置图（母联间隔）
（通用设备编号 CGIS—3150/40、CGIS—3150/31.5）

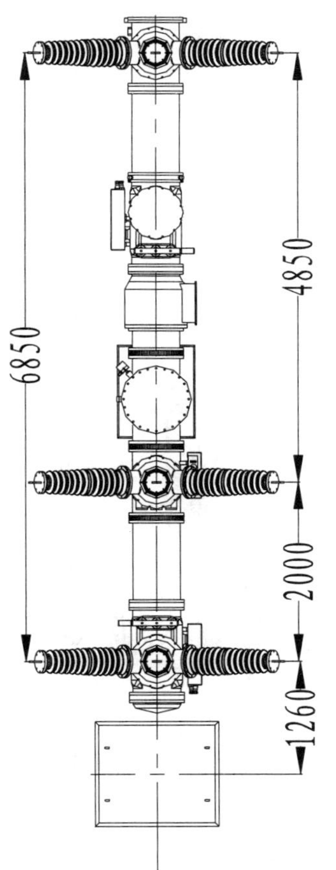

图 8　72.5kV 户外 HGIS 平面示意图－线路、主变、电容器、站用变间隔平面布置图（双母线）
（CHGIS—3150/31.5）

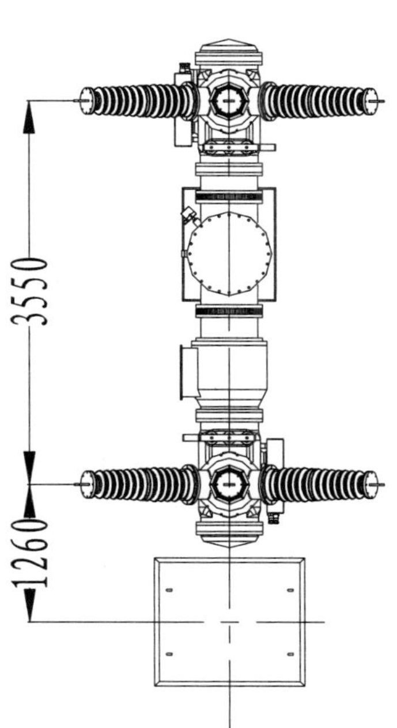

图 9　72.5kV 户外 HGIS 平面布置图－母联间隔（双母线）
（通用设备编号 CHGIS—3150/31.5）

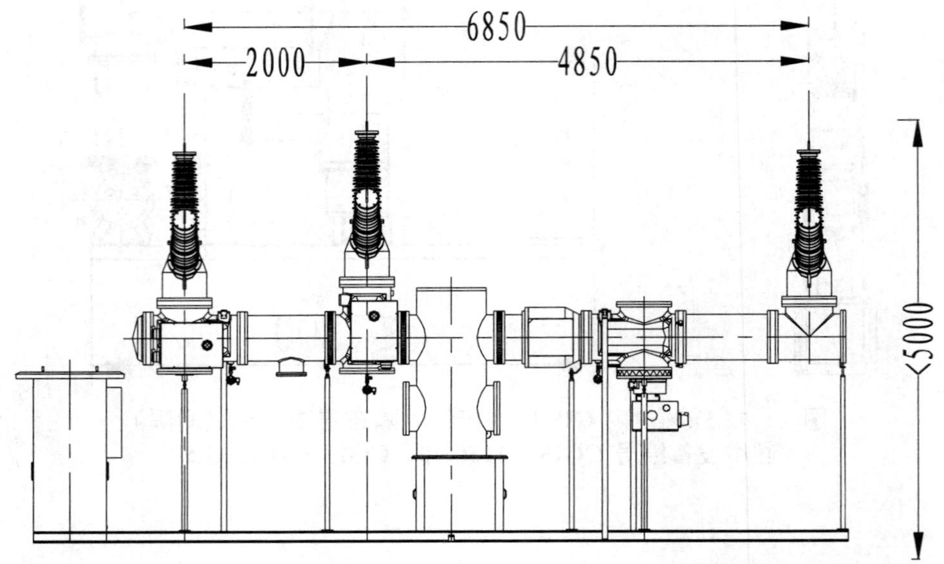

图 10　72.5kV 户外 HGIS 线路、主变、电容器、站用变间隔断面图（双母线）
（CHGIS—3150/31.5）

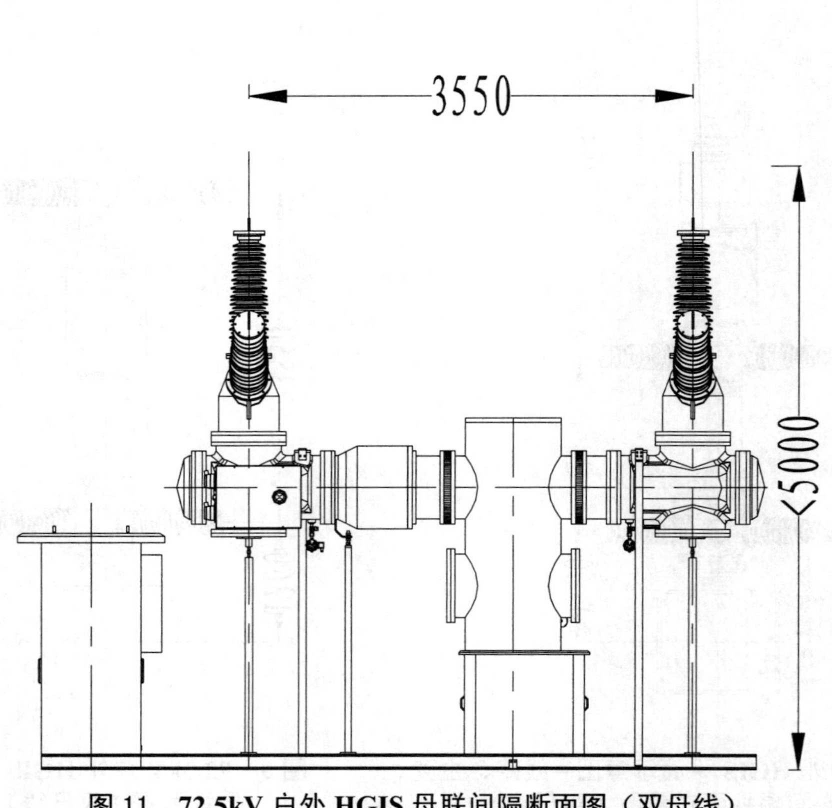

图 11　72.5kV 户外 HGIS 母联间隔断面图（双母线）
（CHGIS—3150/31.5）

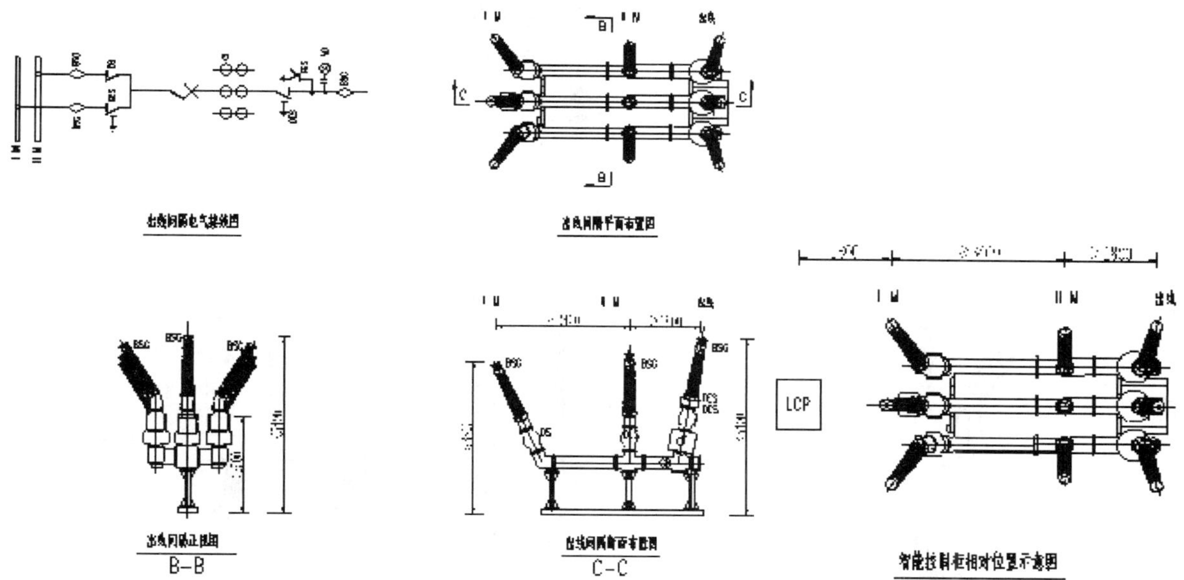

注：结合布置设计，IM 套管与出线套管间距不小于 5200mm，II 母套管位置可根据产品结构相应调整。

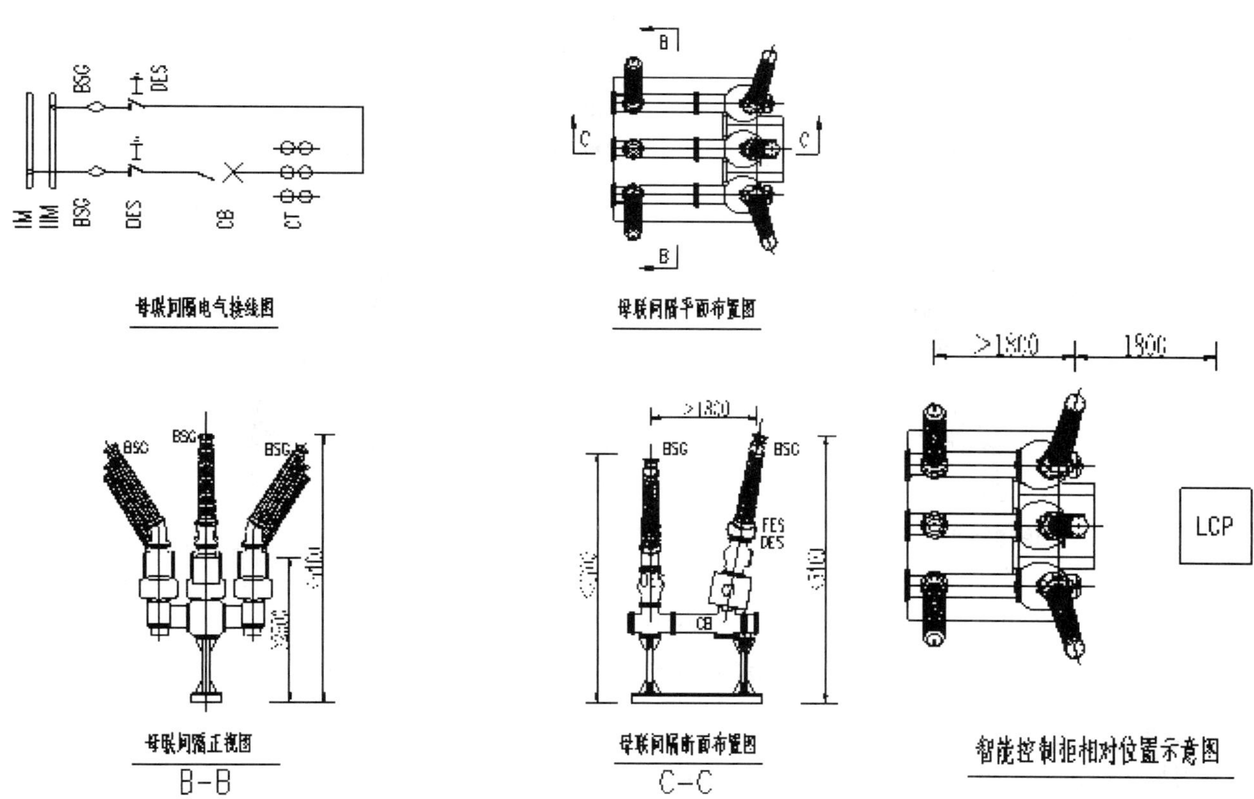

图 12　**72.5kV HGIS（T）**平断面示意图（双母线）

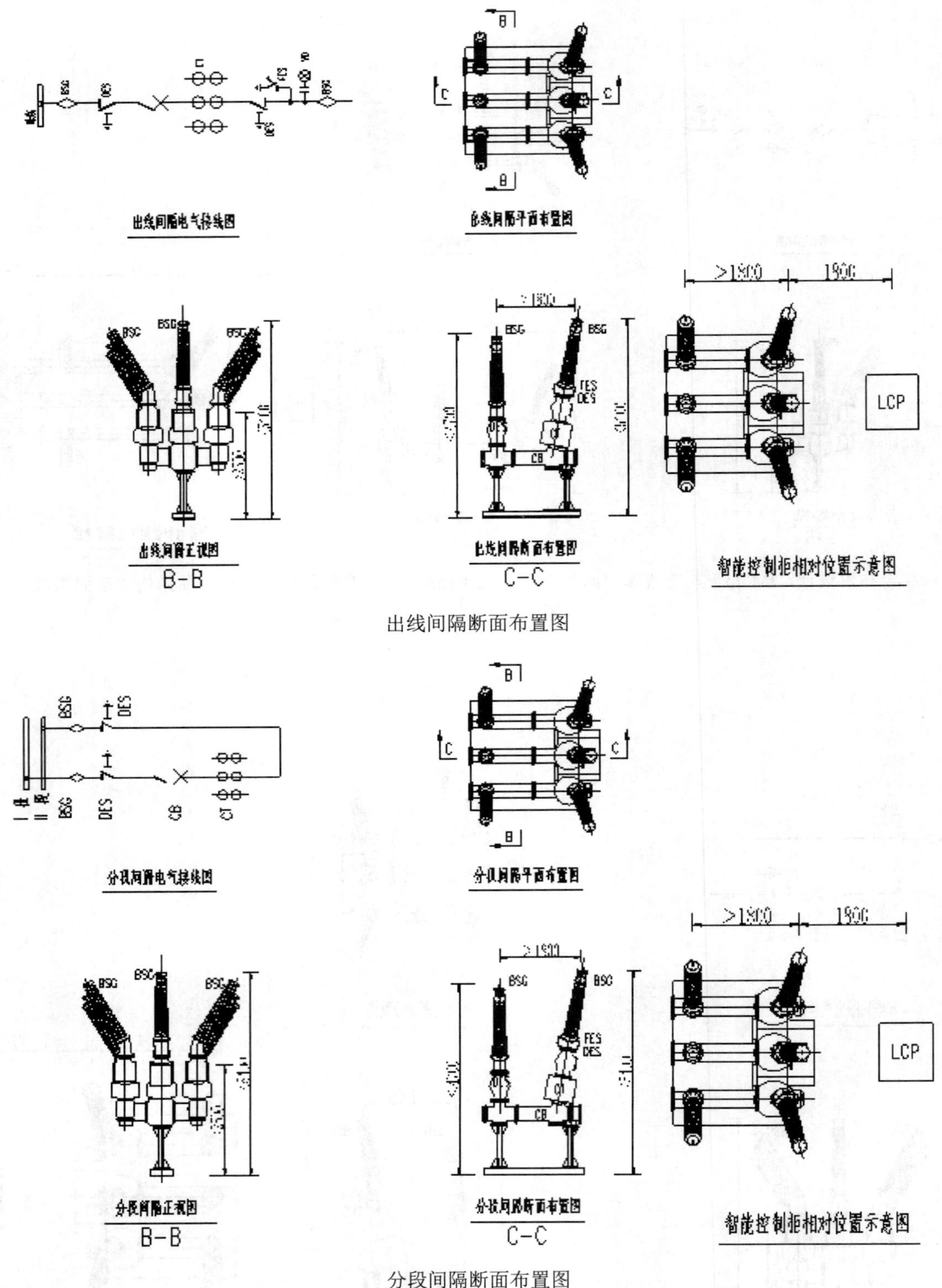

出线间隔断面布置图

分段间隔断面布置图

图 13 **72.5kV HGIS**（**T**）平断面示意图（单母线）

8.2 电气二次接口

根据一次设备的布置方案，电气二次接口对智能控制柜尺寸及设备布置、二次回路技术要求、电气二次安装接口技术要求、对外端子排接口、光回路接口及虚端子接口 6 个方面进行了统一，形成了 1 个接口。

8.2.1 智能控制柜

8.2.1.1 技术参数及技术条件

智能控制柜技术参数及技术条件详见 Q/GDW 1430—2015《智能控制柜技术规范》。

8.2.1.2 柜内设备布置原则

智能控制柜宜采用就地布置，柜内元器件布置顺序见表 3。

表 3 屏（柜）正面元器件从上往下布置优先级顺序表

从上往下顺序	元器件名称
1	合并单元智能终端集成装置
2	光纤配线架

注：1. 具体组柜时，应根据具体屏（柜）所需布置的装置类型，按照本表的优先级顺序从上往下依次排列布置。
2. 屏（柜）上安装的最高设备的中心线离屏（柜）顶为 200mm；最低设备的中心线离柜底不低于 350mm。

合并单元、智能终端、合并单元智能终端集成装置通用技术条件详见《国家电网公司输变电工程智能变电站通用设备（二次设备）》第 16～18 篇。

8.2.1.3 柜体尺寸要求

户内智能控制柜尺寸为 800mm（宽度）×800mm（深度）×2200mm（高度）；户外智能控制柜尺寸为 1000mm（宽度）×900mm（深度）×2000mm（高度）或 1200mm（宽度）×900mm（深度）×2000mm（高度）两种规格。

智能控制柜柜面布置图详见图 14～图 21。

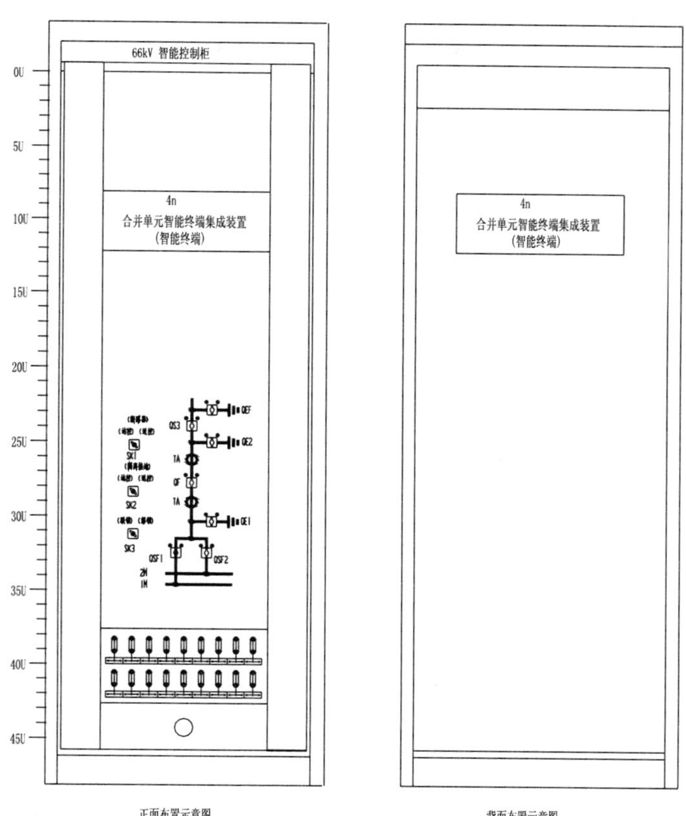

图 14 智能控制柜典型布置图 1（线路、母联、电容器、站用变间隔，户外，数字量采样）
（CGIS—3150/40、CGIS—3150/31.5、CHGIS—3150/31.5）

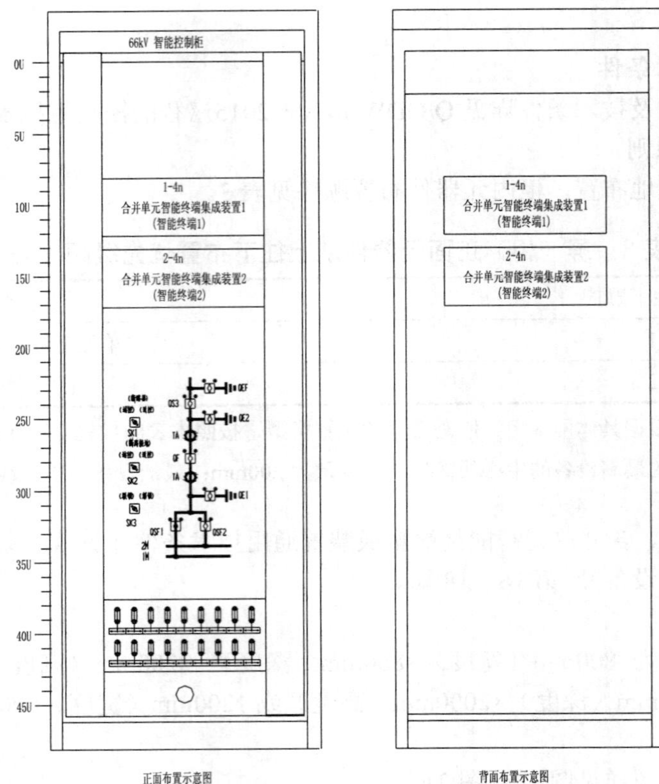

图 15　智能控制柜典型布置图 2（主变间隔，户外，数字量采样）
（CGIS—3150/40、CGIS—3150/31.5、CHGIS—3150/31.5）

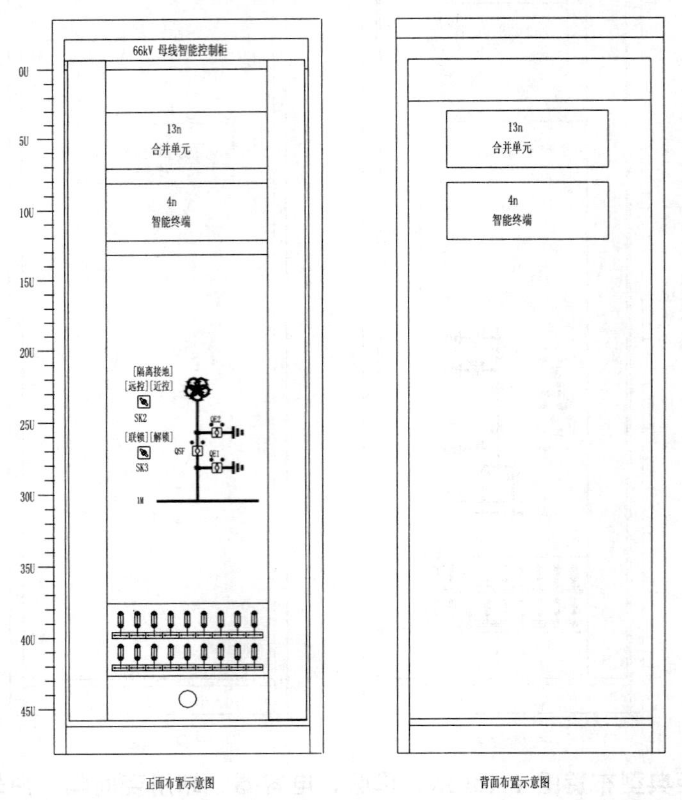

图 16　智能控制柜典型布置图 3（母线间隔，户外，数字量采样）
（CGIS—3150/40、CGIS—3150/31.5、CHGIS—3150/31.5）

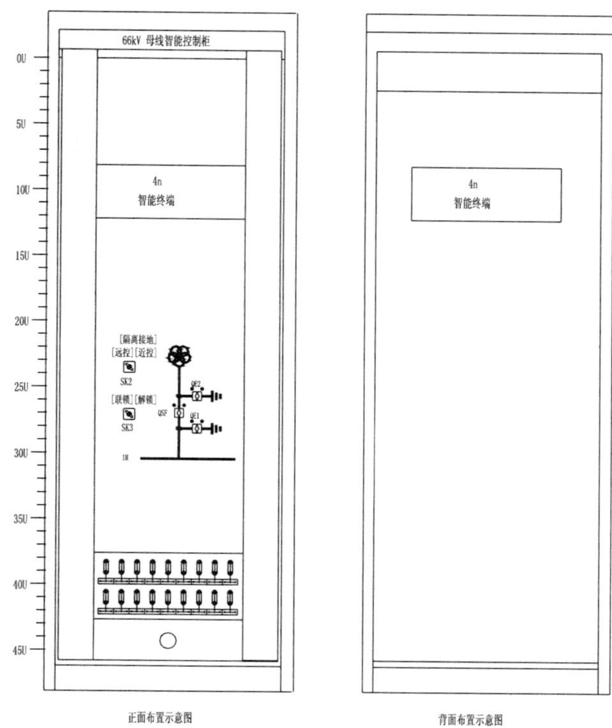

图 17　智能控制柜典型布置图 4（母线间隔，户外，模拟量采样）
（CGIS—3150/40、CGIS—3150/31.5、CHGIS—3150/31.5）

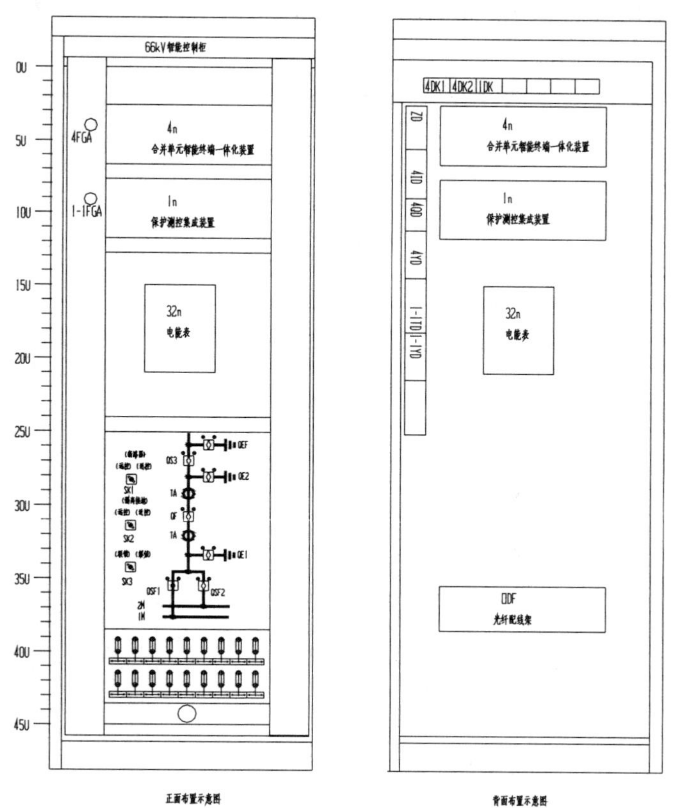

图 18　智能控制柜典型布置图 5（线路、母联、电容器、站用变间隔，户内，数字量采样）
（CGIS—3150/40、CGIS—3150/31.5、CHGIS—3150/31.5）

注：适用于母联间隔时，取消电能表装置。

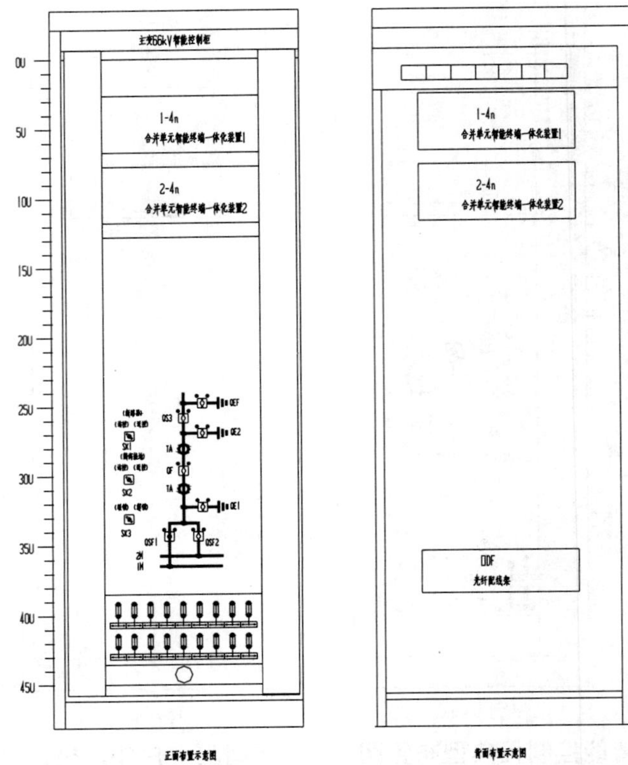

图 19　智能控制柜典型布置图 6（主变间隔，户内，数字量采样）（CGIS—3150/40、CGIS—3150/31.5、CHGIS—3150/31.5）

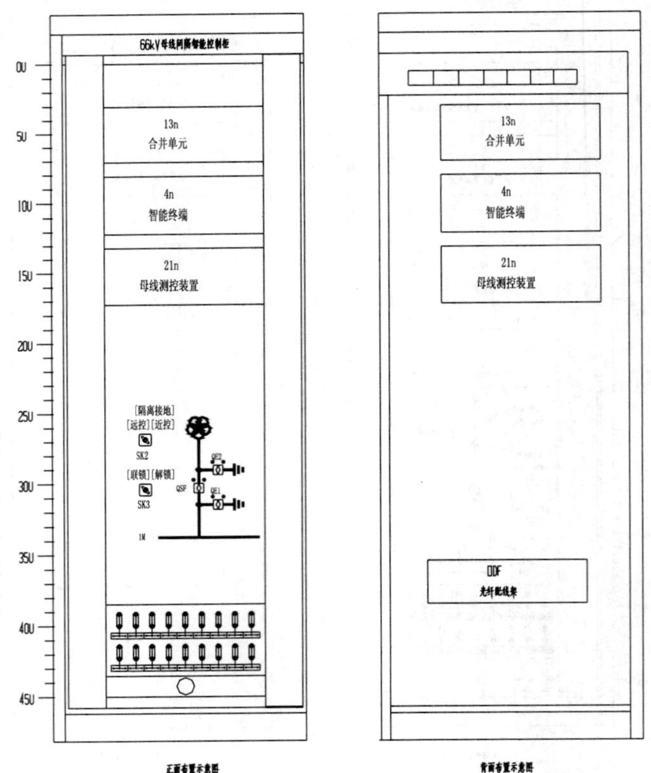

图 20　智能控制柜典型布置图 7（母线间隔，户内，数字量采样）（CGIS—3150/40、CGIS—3150/31.5、CHGIS—3150/31.5）

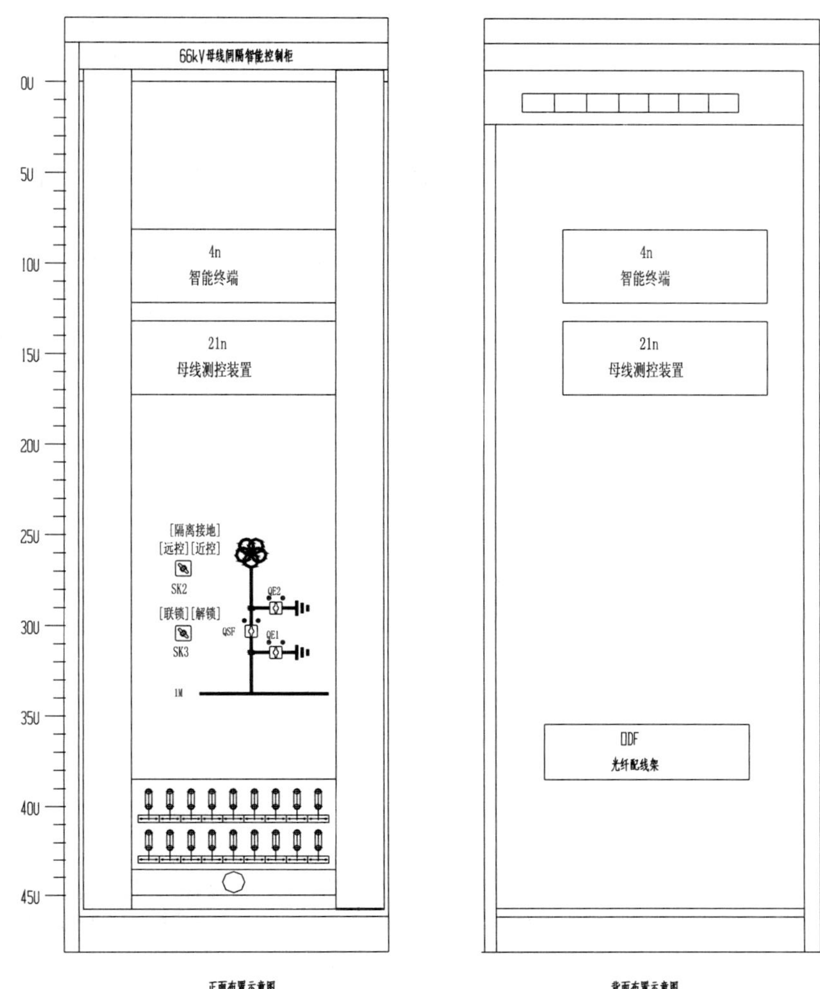

图 21 智能控制柜典型布图 8（母线间隔，户内，模拟量采样）
（CGIS—3150/40、CGIS—3150/31.5、CHGIS—3150/31.5）

8.2.1.4 端子排

智能控制柜内的端子排按照“功能分段”的原则分别设置：交流回路、直流回路，TA 回路，TV 回路，断路器控制及遥信回路，隔离、接地开关控制及遥信回路，辅助触点及报警回路等。

本节对 GIS、HGIS 智能控制柜对外接线端子排接口进行了统一，具体详见图 22～图 26，合并单元智能终端集成装置相关端子排详见《国家电网公司智能变电站通用设备（二次设备）》（2012 年版）第 16～18 篇。

应包括以下内容：

a）电流互感器部分端子排

图 22 为采用数字量采样方式下的 72.5kV GIS 电流互感器端子排，适用于寒冷地区等将合并单元在室内组柜安装时的汇控柜对外接口，其中电流互感器端子排示意图 3 适用于 220kV 及以下电压等级主变 66kV 侧间隔，电流互感器端子排示意图 4 适用于 66kV 线路、母联、电容器、站用变间隔。

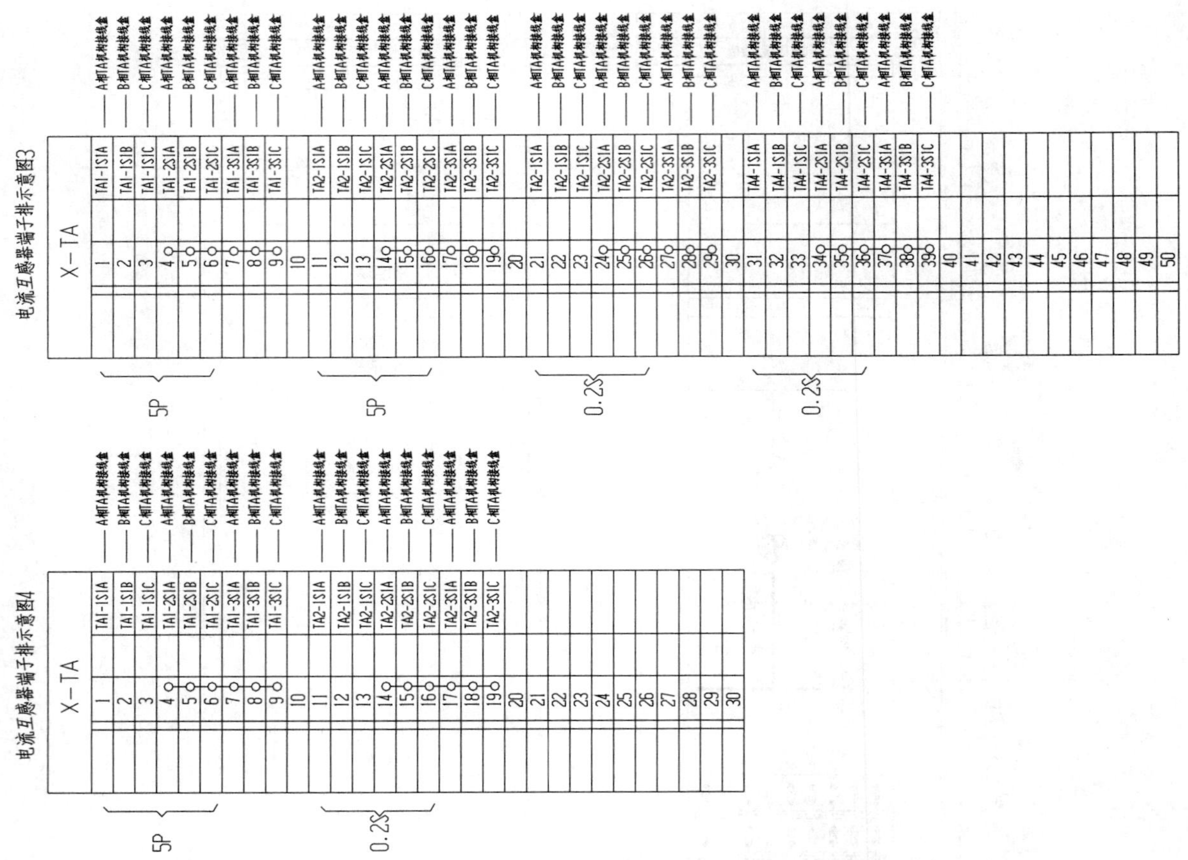

图 22 数字量采样方式下的电流互感器 TA 回路端子接口图
（通用设备编号 CGIS—3150/40、CGIS—3150/31.5、CHGIS—3150/31.5）

b）电压互感器部分端子排

图 23 所示端子排接口图适用于采用模拟量采样方式及极寒地区等合并单元组柜安装于室内时的 GIS 母线及线路间隔电压互感器。

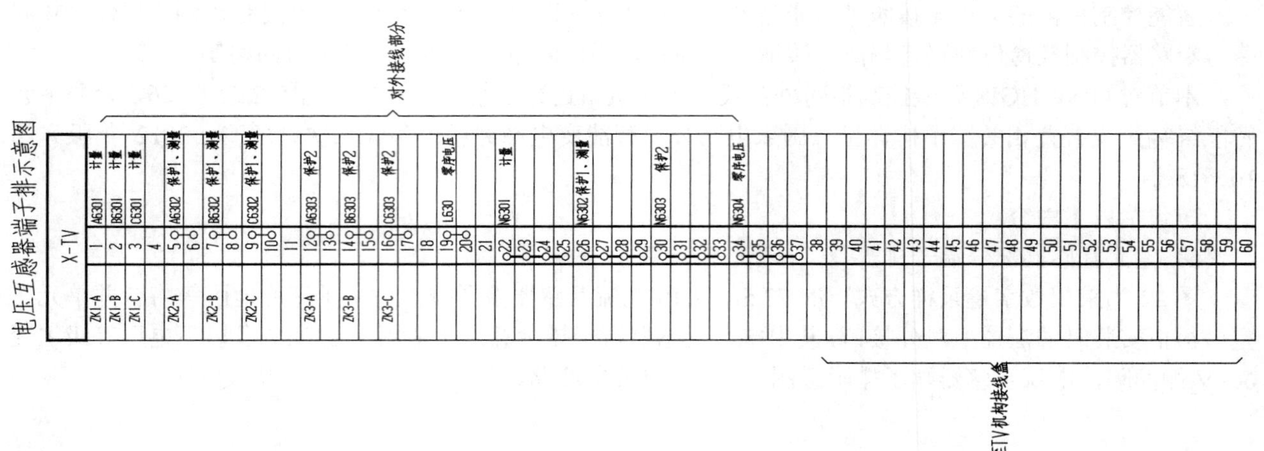

图 23 电压互感器 TV 回路端子接口图
（CGIS—3150/40、CGIS—3150/31.5、CHGIS—3150/31.5）

c）交直流电源端子排

图 24 所示端子排接口图适用于断路器间隔，主变间隔按两路总交流进线、两路总直流进线设置，其他间隔按两路总交流进线、一路总直流进线设置。

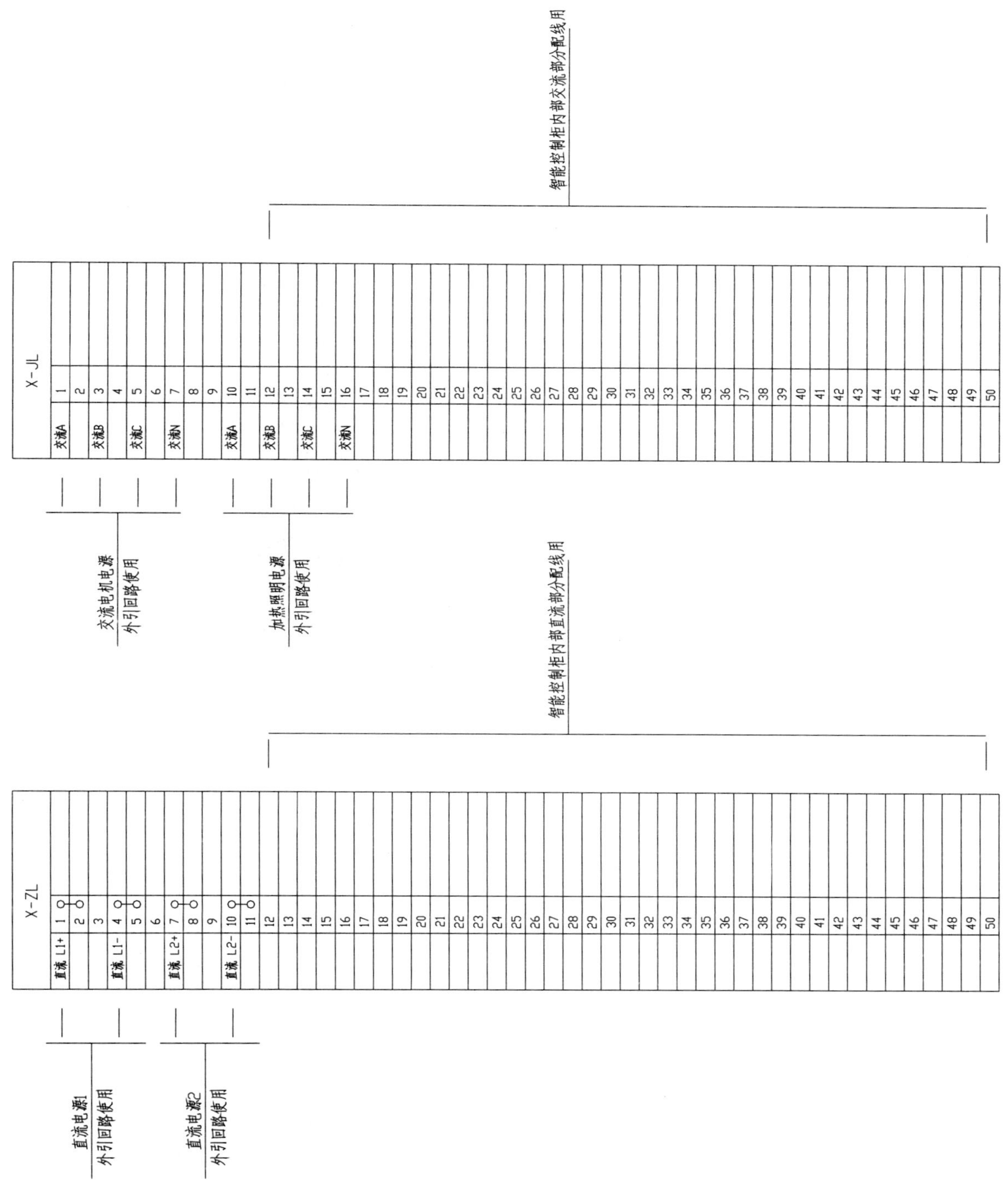

图 24　交直流电源端子接口图
（CGIS—3150/40、CGIS—3150/31.5、CHGIS—3150/31.5）

d）　断路器、隔离开关、接地开关控制及信号端子排

图25、图26 所示端子排接口图适用于寒冷地区等智能终端组柜安装于室内时的汇控柜的对外接口。

告警回路

智能控制柜
智能终端使用

X-GJ			
监控系统+	1		
	2		
	3		
	4		
	5		
	6		
	7		
	8		
	9		
	10		
	11		
	12		断路器气室低气压报警
	13		断路器气室低气压闭锁
	14		其他气室低气压报警
	15		弹簧未储能
	16		联锁解除
	17		报警回路电源失电
	18		照明、加热回路电源断电信号
	19		控制电源断电信号
	20		断路器电机运转
	21		断路器电机电源故障
	22		验电器无电信号
	23		断路器就地操作信号
	24		隔离开关就地操作信号
	25		接地开关就地操作信号
	26		备用
	27		备用
	28		备用
	29		备用
	30		备用
	31		备用
	32		备用
	33		备用
	34		备用
	35		备用
	36		备用
	37		备用
	38		备用
	39		备用
	40		备用
	41		备用
	42		备用
	42		备用
	44		备用
	45		备用
	46		备用
	47		备用
	48		备用
	49		备用
	50		备用

图 25　告警回路端子排接口图
（CGIS—3150/40、CGIS—3150/31.5、CHGIS—3150/31.5）

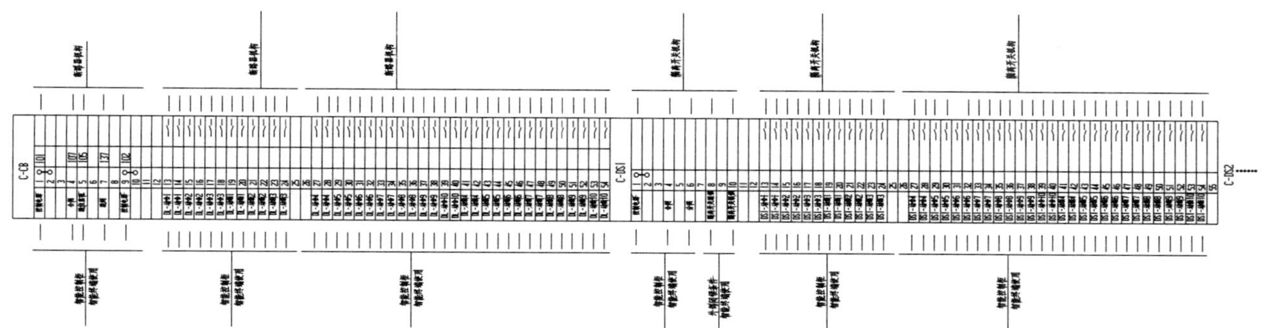

图 26　断路器、隔离开关二次回路端子排接口图（CGIS—3150/40、CGIS—3150/31.5、CHGIS—3150/31.5）

8.2.1.5　光回路标准接口

72.5kV GIS/HGIS 断路器间隔（主变间隔除外）配置单套免熔接光纤插接盒，每套接口数量不宜小于 24 口；主变间隔配置双套免熔接光纤插接盒，每套接口数量不宜小于 24 口；72.5kV GIS/HGIS 母线间隔配置单套免熔接光纤插接盒，接口数量不宜小于 72 口。

双套保护的 SV 采样、GOOSE 跳闸控制回路等需要增强可靠性的两套系统，应采用各自独立的光缆及光纤插接盒。

8.2.1.6　虚端子

合并单元虚端子图详见《国家电网公司智能变电站通用设备（二次设备）》（2012 年版）第 16 篇。

智能终端虚端子图详见《国家电网公司智能变电站通用设备（二次设备）》（2012 年版）第 17 篇。

合并单元智能终端集成装置虚端子图详见《国家电网公司智能变电站通用设备（二次设备）》（2012 年版）第 18 篇。

8.2.2　二次回路部分技术要求

应包括以下内容：

a）　GIS/HGIS 的智能控制柜应按每个断路器/母线间隔配置 1 面智能控制柜。

b）　GIS/HGIS 电气设备本体与智能控制柜之间采用标准预制电缆连接，可采用单端或双端预制型式。

c）　GIS/HGIS 就地信号电源均采用直流供电。

d）　断路器、隔离开关、接地开关操动机构加热及照明电源均匀分布在交流电源各相上。加热器、照明、操作及储能电源开关应独立设置。

8.3　土建接口

72.5kV GIS、HGIS 土建接口从设备墩台基础预留插筋范围和筏板尺寸等方面进行了分类统一，并根据电气布置形式的不同共形成 2 种土建接口。其中，接口 1 对应户内 GIS 方案，接口 2 对应户外 HGIS 方案。大板基础根据不同设计条件确定，图中大板轮廓仅为示意。

户内智能控制柜尺寸为 800mm（宽度）×800mm（深度）×2200mm（高度）；户外智能控制柜尺寸为 1000mm（宽度）×900mm（深度）×2000mm（高度）或 1200mm（宽度）×900mm（深度）×2000mm（高度）两种规格。

8.3.1　GIS 户内设备

GIS 基础在户内一层布置，基础埋件高出地面 3mm，宽度、长度根据具体工程间隔数量确定，基础长度大于 30m 时设置 100mm 伸缩缝（地上电气设备应在此处设伸缩节）。

确定一次电缆孔洞、电缆隧道位置，在电缆隧道和基础上预留一次电缆孔洞。

在 GIS 室梁下设置吊钩，吊钩位置可以按均布设置。

8.3.2　HGIS 户外设备

支墩基础顶面高出地面 150mm，宽度、长度根据具体工程确定。

8.3.3 GIS/HGIS 安装基础

根据设备的特点，通用基础按照三相设备考虑，三相基础采用整体筏板式基础，在通用基础尺寸范围内预埋 60mm 宽的铁件间距 150mm，待设备厂家确定基础尺寸后，依据电气专业设备布置要求，上部支墩基础的钢筋与筏板预埋铁件焊接后，二次浇注上部基础混凝土，未浇筑上层混凝土的部分的预埋铁件应加以保护。通用基础根据电气专业设备布置方案不同，采用不同的基础尺寸。

土建基础示意图见图 27～图 32。

8.3.4 智能控制柜（汇控柜）基础

断路器间隔智能控制柜（汇控柜）尺寸为 800mm（宽度）×800mm（深度）×2000mm（高度）；当智能控制柜（汇控柜）不在 GIS 本体上时，下部利用 GIS 整体筏板基础，上层根据不同厂家要求，在整体筏板基础内预留插筋，进行智能控制柜（汇控柜）基础二次浇注。基础表面平整度误差应不大于 2mm。智能控制柜（汇控柜）与电缆沟之间设置电缆支沟或埋管。

智能控制柜（汇控柜）基础示意图见图 35～图 36。

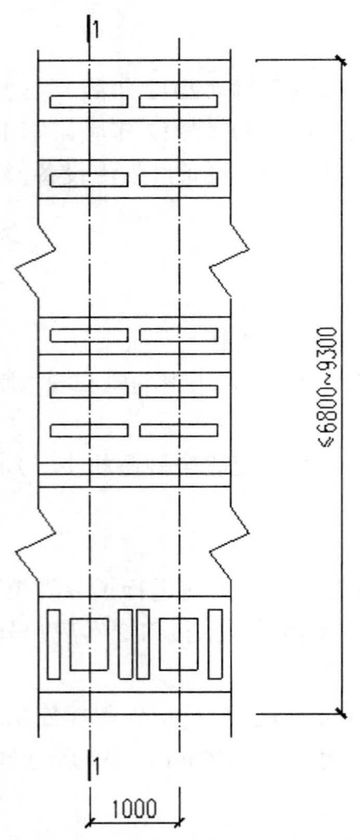

图 27 72.5kV 户内 GIS 基础示意图（平面图）（CGIS—3150/40、CGIS—3150/31.5）

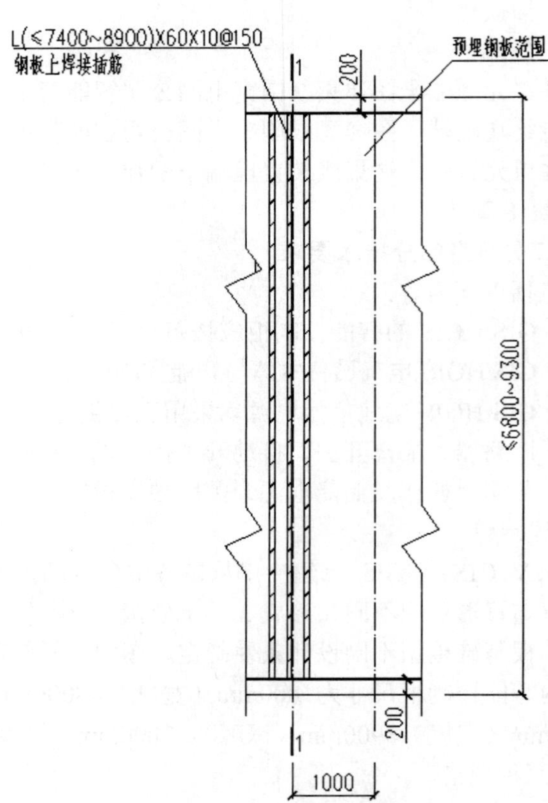

图 28 72.5kV 户内 GIS 基础示意图（插筋预埋钢板范围图）（CGIS—3150/40、CGIS—3150/31.5）

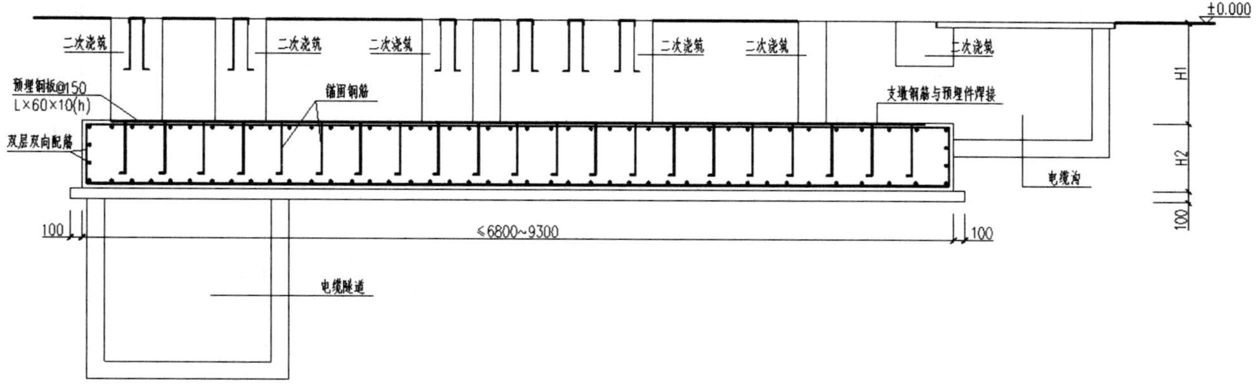

图 29　72.5kV 户内 GIS 基础示意图（断面图）
（CGIS—3150/40、CGIS—3150/31.5）

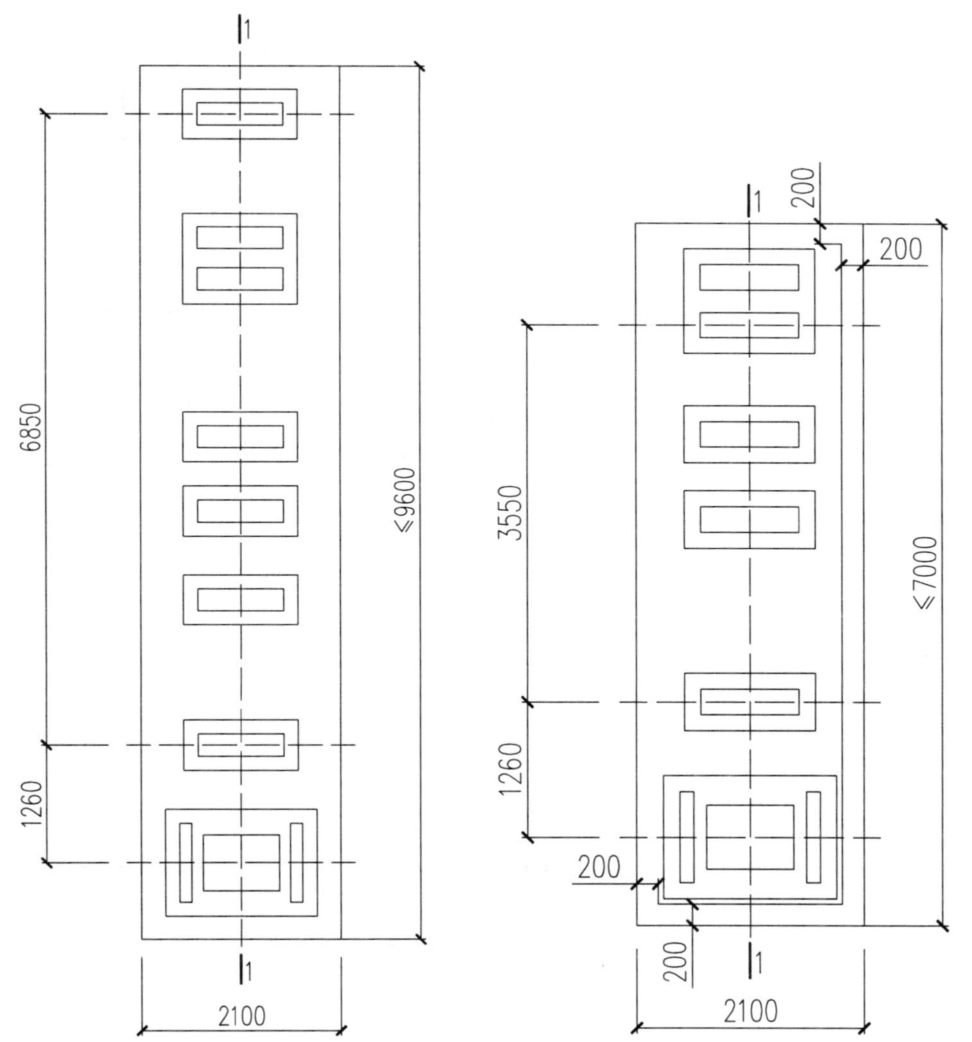

图 30　72.5kV HGIS 基础示意图（平面图）（CHGIS—3150/31.5）

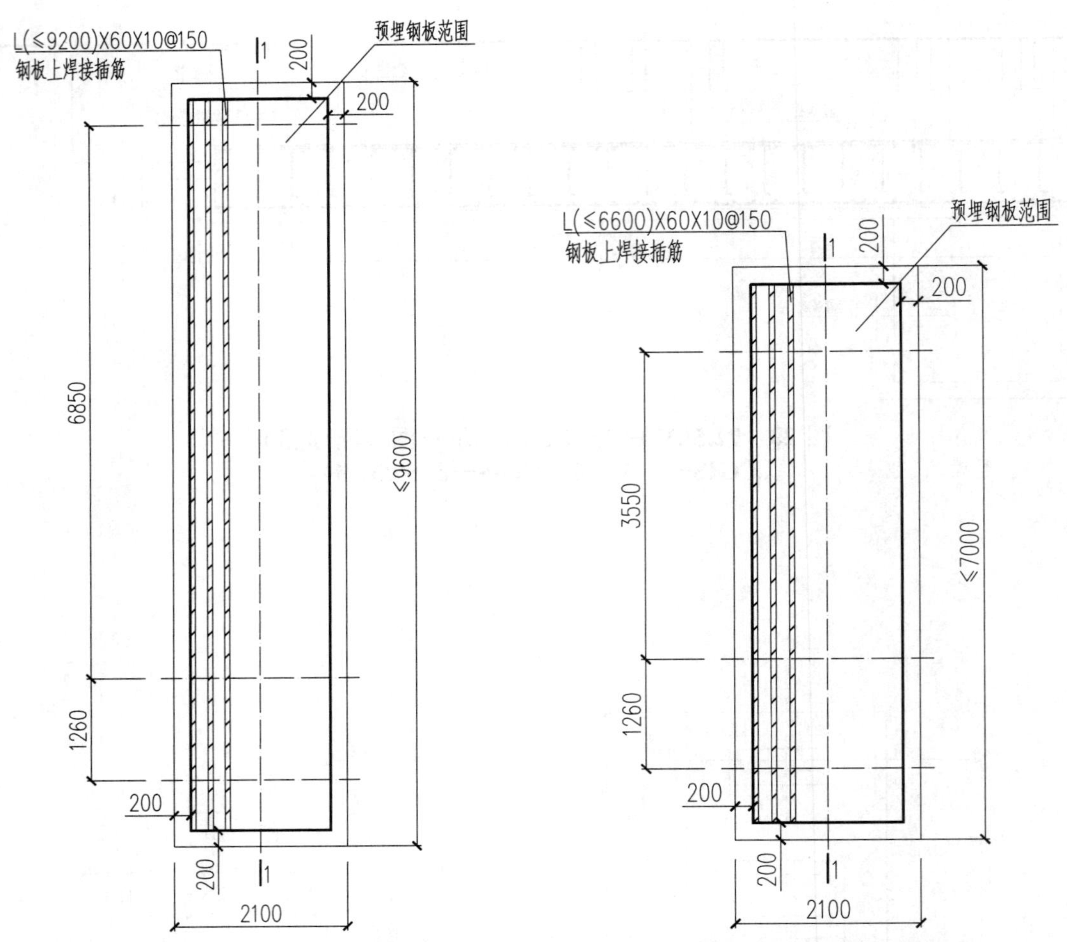

图 31　72.5kV HGIS 基础示意图（插筋预埋钢板范围图）（CHGIS—3150/31.5）

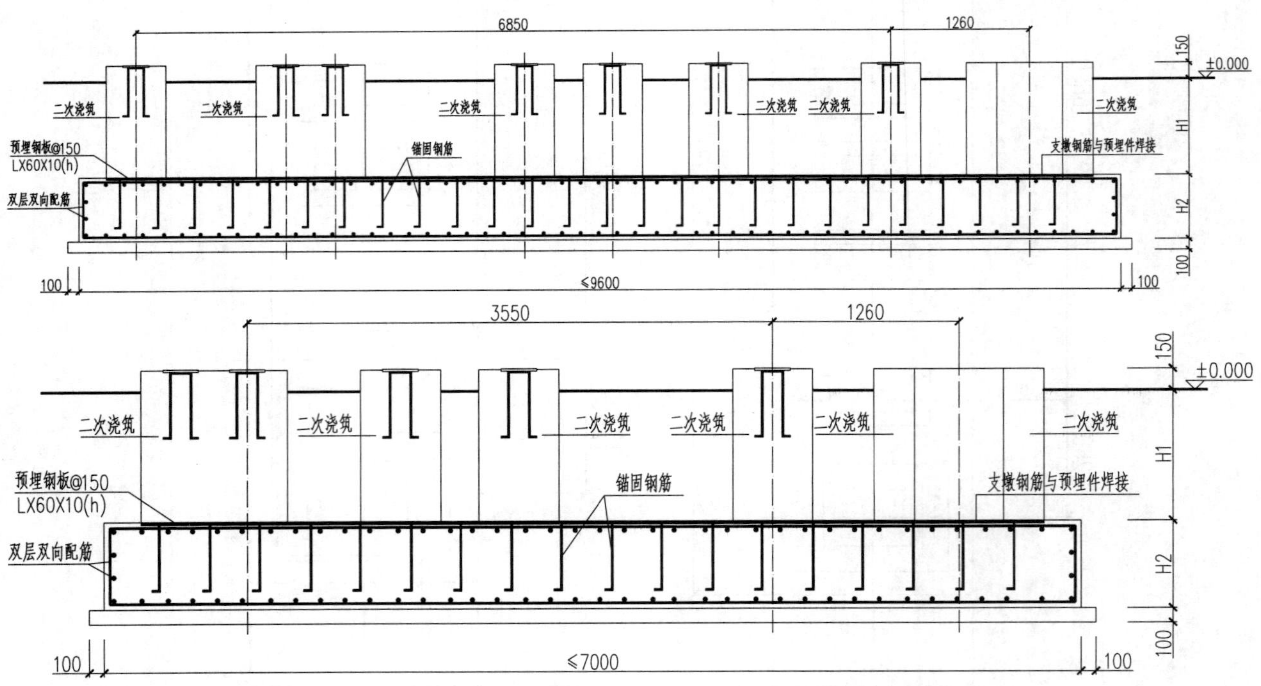

图 32　72.5kV HGIS 基础示意图（断面图）（CHGIS—3150/31.5）

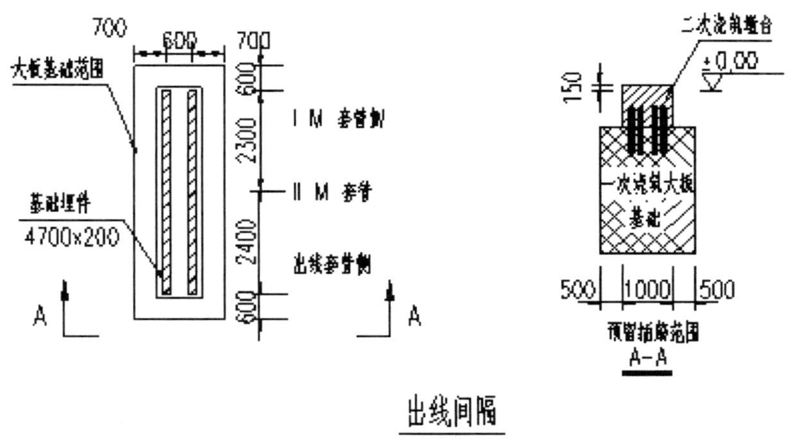

出线间隔

注：结合安装示意图及产品结构，基础图中Ⅱ母套管位置可相应调整。

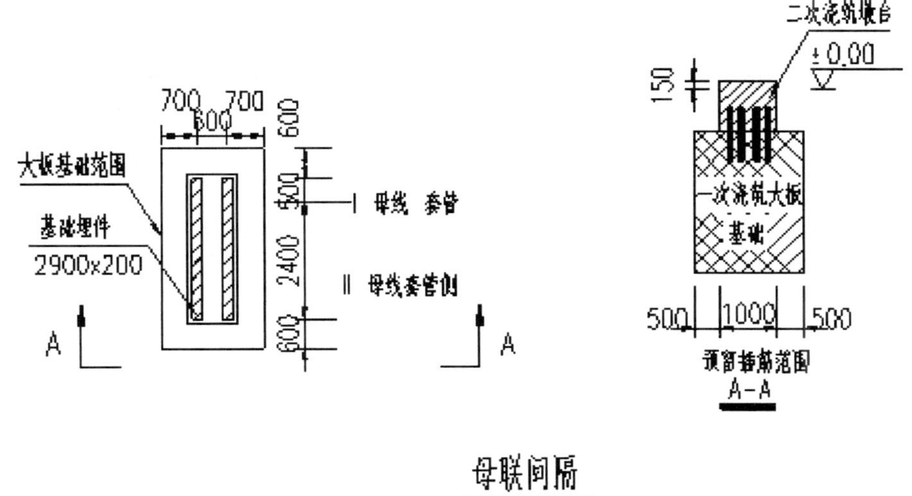

母联间隔

图 33　72.5kV HGIS（T）基础示意图（双母线）

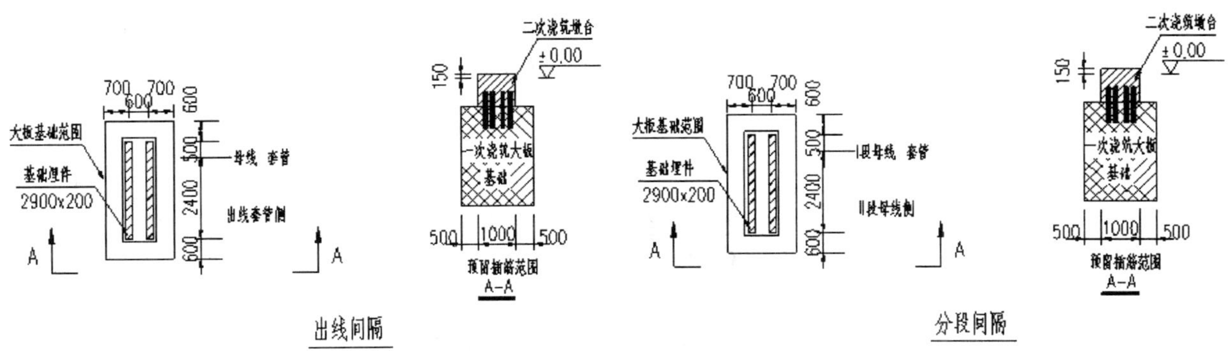

图 34　72.5kV HGIS（T）基础示意图（单母线）

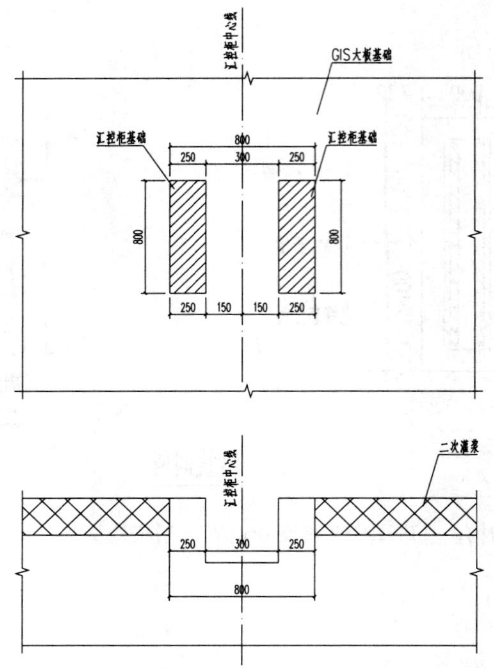

图 35　户内布置智能控制柜（汇控柜）基础示意图
（CGIS—3150/40、CGIS—3150/31.5）

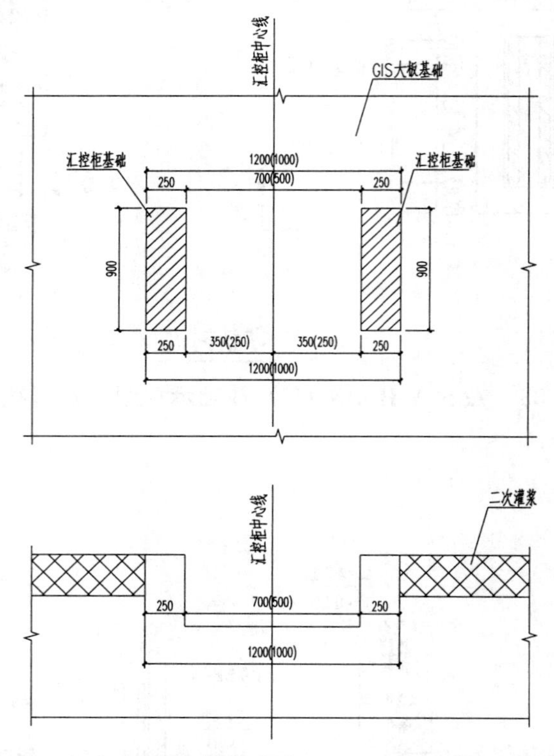

图 36　户外布置智能控制柜（汇控柜）基础示意图
（CHGIS—3150/31.5）

ICS 29.240

Q/GDW

国家电网有限公司企业标准

Q/GDW 13096.2 — 2018
代替 Q/GDW 13096.2 — 2014

72.5kV 气体绝缘金属封闭开关设备
采 购 标 准
第 2 部分：72.5kV/2000A～31.5kA 气体绝缘金属封闭开关设备专用技术规范

Purchasing standard of 72.5kV gas insulate metal-enclosed switchgear
Part 2: special technical specification of 72.5kV/2000A～31.5kA gas insulate metal-enclosed switchgear (GIS)

2019-06-28 发布　　　　2019-06-28 实施

国家电网有限公司　发 布

目　　次

前　言

为规范 72.5kV 气体绝缘金属封闭开关设备的采购，制定本部分

《72.5kV 气体绝缘金属封闭开关设备采购标准》分为 7 个部分：

——第 1 部分：通用技术规范；

——第 2 部分：72.5kV/2000A～31.5kA 气体绝缘金属封闭开关设备专用技术规范；

——第 3 部分：72.5kV/3150A～40kA 气体绝缘金属封闭开关设备专用技术规范；

——第 4 部分：72.5kV/3150A～31.5kA 气体绝缘金属封闭开关设备专用技术规范；

——第 5 部分：72.5kV/1250A～31.5kA 气体绝缘金属封闭开关设备专用技术规范；

——第 6 部分：72.5kV/2000A～31.5kA 复合式气体绝缘金属封闭开关设备专用技术规范；

——第 7 部分：72.5kV/3150A～31.5kA 复合式气体绝缘金属封闭开关设备专用技术规范。

本部分为《72.5kV 气体绝缘金属封闭开关设备采购标准》的第 2 部分。

本部分代替 Q/GDW 13096.2—2014，与 Q/GDW 13096.2—2014 相比，主要技术性差异如下：

——修改了对额定短路开断电流、额定短时耐受电流及持续时间、外壳耐烧穿能力、操动机构型式、备用辅助触点、爬电距离、干弧距离、伸缩节使用寿命、污秽等级和工程图纸等的要求。

本部分由国家电网有限公司物资部提出并解释。

本部分由国家电网有限公司科技部归口。

本部分起草单位：国网浙江省电力有限公司、中国电力科学研究院有限公司、国网江苏省电力有限公司。

本部分主要起草人：徐华、王绍安、和彦淼、王承玉、林一泓、肖国磊、陈珉、宋思齐、张志仁、赵欣、于胜。

本部分 2014 年 9 月首次发布，2018 年 12 月第一次修订。

本部分在执行过程中的意见或建议反馈至国家电网有限公司科技部。

72.5kV 气体绝缘金属封闭开关设备采购标准 第 2 部分：72.5kV/2000A～31.5kA 气体绝缘金属封闭开关设备专用技术规范

1 范围

本部分规定了 72.5kV/2000A～31.5kA 气体绝缘金属封闭开关设备招标的标准技术参数、项目需求及投标人响应的相关内容。

本部分适用于 72.5kV/2000A～31.5kA 气体绝缘金属封闭开关设备招标。

2 规范性引用文件

下列文件对于本文件的应用是必不可少的。凡是注日期的引用文件，仅注日期的版本适用于本文件。凡是不注日期的引用文件，其最新版本（包括所有的修改单）适用于本文件。

Q/GDW 13096.1 72.5kV 气体绝缘金属封闭开关设备采购标准 第 1 部分：通用技术规范

Q/GDW 13001—2014 高海拔外绝缘配置技术规范

3 术语和定义

下列术语和定义适用于本文件。

3.1

招标人 bidder

提出招标项目，进行招标的法人或其他组织。

3.2

投标人 tenderer

响应招标、参加投标竞争的法人或者其他组织。

3.3

卖方（供方） seller（supplier）

提供本部分货物和技术服务的法人或其他组织，包括其法定的承继者。

3.4

买方（需方） buyer（purchaser）

购买本部分货物和技术服务的法人或其他组织，包括其法定的承继者和经许可的受让人。

4 标准技术参数

技术参数特性表是国家电网有限公司对采购设备的基础技术参数要求，在招投标过程中，投标人应依据招标文件，对技术参数特性表中标准参数值进行响应。72.5kV/2000A～31.5kA 气体绝缘金属封闭开关设备参数特性见表 1。物资应满足 Q/GDW 13096.1 的要求。

表1 技术参数特性表

<table>
<tr><th>序号</th><th colspan="3">项目</th><th>单位</th><th>标准参数值</th></tr>
<tr><td>一</td><td colspan="5">GIS 共用参数</td></tr>
<tr><td>1</td><td colspan="3">额定电压</td><td>kV</td><td>72.5</td></tr>
<tr><td rowspan="4">2</td><td colspan="2" rowspan="4">额定电流</td><td>出线</td><td rowspan="4">A</td><td>2000</td></tr>
<tr><td>进线</td><td>2000/3150</td></tr>
<tr><td>分段、母联</td><td>2000/3150</td></tr>
<tr><td>主母线</td><td>2000/3150</td></tr>
<tr><td>3</td><td colspan="3">额定工频 1min 耐受电压（相对地）</td><td>kV</td><td>160</td></tr>
<tr><td>4</td><td colspan="3">额定雷电冲击耐受电压峰值
（1.2/50μs）（相对地）</td><td>kV</td><td>350</td></tr>
<tr><td>5</td><td colspan="3">额定短路开断电流</td><td>kA</td><td>31.5</td></tr>
<tr><td>6</td><td colspan="3">额定短路关合电流</td><td>kA</td><td>80</td></tr>
<tr><td>7</td><td colspan="3">额定短时耐受电流及持续时间</td><td>kA/s</td><td>31.5/3</td></tr>
<tr><td>8</td><td colspan="3">额定峰值耐受电流</td><td>kA</td><td>80</td></tr>
<tr><td>9</td><td colspan="3">辅助和控制回路短时工频耐受电压</td><td>kV</td><td>2</td></tr>
<tr><td rowspan="2">10</td><td colspan="2" rowspan="2">SF_6 气体压力
（20℃，表压）</td><td>断路器室</td><td rowspan="2">MPa</td><td>（投标人提供）</td></tr>
<tr><td>其他隔室</td><td>（投标人提供）</td></tr>
<tr><td>11</td><td colspan="3">每个隔室 SF_6 气体漏气率</td><td>%/年</td><td>≤0.5</td></tr>
<tr><td rowspan="4">12</td><td rowspan="4">SF_6 气体湿度</td><td rowspan="2">有电弧分解物隔室</td><td>交接验收值</td><td rowspan="4">μL/L</td><td>≤150</td></tr>
<tr><td>长期运行允许值</td><td>≤300</td></tr>
<tr><td rowspan="2">无电弧分解物隔室</td><td>交接验收值</td><td>≤250</td></tr>
<tr><td>长期运行允许值</td><td>≤500</td></tr>
<tr><td rowspan="7">13</td><td colspan="2" rowspan="7">局部放电</td><td>试验电压</td><td>kV</td><td>$1.2\times72.5/\sqrt{3}$</td></tr>
<tr><td>每个隔室</td><td rowspan="6">pC</td><td>≤5</td></tr>
<tr><td>每单个绝缘件</td><td>≤3</td></tr>
<tr><td>套管</td><td>≤5</td></tr>
<tr><td>电流互感器</td><td>≤5</td></tr>
<tr><td>电压互感器</td><td>≤10</td></tr>
<tr><td>避雷器</td><td>≤10</td></tr>
<tr><td rowspan="2">14</td><td colspan="2" rowspan="2">供电电源</td><td>控制回路</td><td>V</td><td>DC110/DC220/AC220</td></tr>
<tr><td>辅助回路</td><td>V</td><td>AC220/AC380</td></tr>
<tr><td>15</td><td colspan="3">使用寿命</td><td>年</td><td>≥40</td></tr>
<tr><td>16</td><td colspan="3">检修周期</td><td>年</td><td>≥20</td></tr>
</table>

表 1（续）

序号	项　　目		单位	标准参数值
17	设备质量	SF_6气体质量	kg	（投标人提供）
		总质量	kg	（投标人提供）
		最大运输质量	kg	（投标人提供）
		动荷载向下	kg	（投标人提供）
		动荷载向上	kg	（投标人提供）
18	设备尺寸	设备的整体尺寸	m	（投标人提供）
		设备的最大运输尺寸	m	（投标人提供）
19	结构布置	断路器		三相共箱
		母线		三相共箱
二	断路器参数			
1	型号			（投标人提供）
2	布置型式（立式或卧式）			（投标人提供）
3	断口数			1
4	额定电流	出线	A	2000
		进线		2000
		分段、母联		2000/3150
5	主回路电阻		μΩ	（投标人提供）
6	温升试验电流		A	$1.1I_N$
7	额定工频 1min 耐受电压	断口	kV	200
		对地		160
	额定雷电冲击耐受电压峰值（1.2/50μs）	断口	kV	410
		对地		350
8	额定短路开断电流	交流分量有效值	kA	31.5
		时间常数	ms	45
		开断次数	次	20
		首相开断系数		1.5
9	额定短路关合电流		kA	80
10	额定短时耐受电流及持续时间		kA/s	31.5/3
11	额定峰值耐受电流		kA	80
12	开断时间		ms	≤60
13	合分时间		ms	（投标人提供）
14	分闸时间		ms	≤40
15	合闸时间		ms	≤120
16	重合闸无电流间隙时间		ms	300

表 1（续）

序号	项　　目		单位	标准参数值
17	分、合闸速度	刚分速度	m/s	（投标人提供）
		刚合速度		（投标人提供）
18	分闸不同期性		ms	2
19	合闸不同期性		ms	2
20	机械寿命		次	≥5000
21	额定操作顺序			O－0.3s－CO－180s－CO
22	现场开合空载变压器能力	空载变压器容量	MVA	31.5/40/50
		空载励磁电流	A	0.5～15
		试验电压	kV	72.5
		操作顺序		10×O 和 10×（CO）
23	现场开合空载线路充电电流试验	试验电流	A	由实际线路长度决定
		试验电压	kV	72.5
		试验条件		线路原则上不得带有泄压设备，如电抗器、避雷器、电磁式电压互感器等
		操作顺序		10×（O－0.3s－CO）
24	容性电流开合试验（试验室）	试验电流	A	线路：10；电缆：125
		试验电压	kV	$1.4\times72.5/\sqrt{3}$
		C1 级：LC1 和 CC1：24×O；LC2 和 CC2：24×CO C2 级：LC1 和 CC1：48×O；LC2 和 CC2：24×O 和 24×CO		C1 级/C2 级
25	近区故障条件下的开合能力	L90	kA	28.4
		L75	kA	23.6
		L60	kA	18.9（L75 的最小燃弧时间大于 L90 的最小燃弧时间 5ms 时）
		操作顺序		O－0.3s－CO－180s－CO
26	失步关合和开断能力	开断电流	kA	7.9
		试验电压	kV	$2.5\times72.5/\sqrt{3}$
		操作顺序		方式 1：O－O－O 方式 2：CO－O－O
27	异相接地故障开断试验	试验电流	kA	27.3
		试验电压	kV	72.5
		操作顺序		O－0.3s－CO－180s－CO

表 1（续）

序号	项 目		单位	标准参数值
28	SF_6 气体压力（表压，20℃）	额定	MPa	（投标人提供）
		报警		（投标人提供）
		最低		（投标人提供）
		闭锁		（投标人提供）
29	操动机构型式或型号			弹簧
	操作方式			三相机械联动
	电动机电压		V	AC220/AC380
	合闸操作电源	额定操作电压	V	DC 220/110
		操作电压允许范围		85%～110%，30%以下不得动作
		每相线圈数量	只	1
		每只线圈涌流	A	（投标人提供）
		每只线圈稳态电流	A	DC 220V、2.5 或 DC 110V、5
	分闸操作电源	额定操作电压	V	DC 220/110
		操作电压允许范围		65%～110%，30%以下不得动作
		每相线圈数量	只	1
		每只线圈涌流	A	（投标人提供）
		每只线圈稳态电流	A	DC 220V、2.5 或 DC 110V、5
	驱潮/加热器	电压	V	AC 220
		运行方式		常投/温湿自动投切
		每相功率（驱潮/加热）	W	（投标人提供）/（投标人提供）
	备用辅助触点	数量	对	10 常开 10 常闭（引出到相应汇控柜端子排）
		开断能力		DC 220V、2.5A 或 DC 110V、5A
	检修周期		年	≥20
	弹簧机构	储能时间	s	≤20
30	断路器的质量	断路器包括辅助设备的总质量	kg	（投标人提供）
		每相操动机构的质量	kg	（投标人提供）
		每相 SF_6 气体质量	kg	（投标人提供）
		运输总质量	kg	（投标人提供）
31	运输高度		m	（投标人提供）
32	起吊高度		m	（投标人提供）

表 1（续）

<table>
<tr><td>序号</td><td colspan="2">项　　目</td><td>单位</td><td>标准参数值</td></tr>
<tr><td>三</td><td colspan="4">隔离开关参数</td></tr>
<tr><td>1</td><td colspan="2">型式/型号</td><td></td><td>（投标人提供）</td></tr>
<tr><td rowspan="3">2</td><td rowspan="3">额定电流</td><td>出线</td><td>A</td><td>2000</td></tr>
<tr><td>进线</td><td>A</td><td>2000</td></tr>
<tr><td>分段、母联</td><td>A</td><td>2000/3150</td></tr>
<tr><td>3</td><td colspan="2">主回路电阻</td><td>μΩ</td><td>（投标人提供）</td></tr>
<tr><td>4</td><td colspan="2">温升试验电流</td><td>A</td><td>$1.1I_N$</td></tr>
<tr><td rowspan="4">5</td><td rowspan="2">额定工频 1min 耐受电压</td><td>断口</td><td rowspan="2">kV</td><td>200</td></tr>
<tr><td>对地</td><td>160</td></tr>
<tr><td rowspan="2">额定雷电冲击耐受电压峰值（1.2/50μs）</td><td>断口</td><td rowspan="2">kV</td><td>410</td></tr>
<tr><td>对地</td><td>350</td></tr>
<tr><td>6</td><td colspan="2">额定短时耐受电流及持续时间</td><td>kA/s</td><td>31.5/3</td></tr>
<tr><td>7</td><td colspan="2">额定峰值耐受电流</td><td>kA</td><td>80</td></tr>
<tr><td rowspan="2">8</td><td rowspan="2">分、合闸时间</td><td>分闸时间</td><td rowspan="2">ms</td><td>（投标人提供）</td></tr>
<tr><td>合闸时间</td><td>（投标人提供）</td></tr>
<tr><td rowspan="2">9</td><td rowspan="2">分、合闸速度</td><td>刚分速度</td><td rowspan="2">m/s</td><td>（投标人提供）</td></tr>
<tr><td>刚合速度</td><td>（投标人提供）</td></tr>
<tr><td>10</td><td colspan="2">机械寿命</td><td>次</td><td>≥3000</td></tr>
<tr><td>11</td><td colspan="2">开合小电容电流值</td><td>A</td><td>1</td></tr>
<tr><td>12</td><td colspan="2">开合小电感电流值</td><td>A</td><td>0.5</td></tr>
<tr><td rowspan="3">13</td><td rowspan="3">开合母线转换电流能力</td><td>转换电流</td><td>A</td><td>1600</td></tr>
<tr><td>转换电压</td><td>V</td><td>10</td></tr>
<tr><td>开断次数</td><td>次</td><td>100</td></tr>
<tr><td rowspan="7">14</td><td rowspan="5">操动机构</td><td>型式或型号</td><td></td><td>电动并可手动</td></tr>
<tr><td>电动机电压</td><td>V</td><td>AC 380/220，DC 220/110</td></tr>
<tr><td>控制电压</td><td>V</td><td>AC 380/220，DC 220/110</td></tr>
<tr><td>允许电压变化范围</td><td></td><td>85%～110%</td></tr>
<tr><td>操作方式</td><td></td><td>三相机械联动</td></tr>
<tr><td rowspan="2">备用辅助触点</td><td>数量</td><td>对</td><td>10 常开 10 常闭（引出到相应汇控柜端子排）</td></tr>
<tr><td>开断能力</td><td></td><td>DC 220V、2.5A 或
DC 110V、5A</td></tr>
<tr><td>四</td><td colspan="4">快速接地开关参数</td></tr>
<tr><td>1</td><td colspan="2">额定短时耐受电流及持续时间</td><td>kA/s</td><td>31.5/3</td></tr>
<tr><td>2</td><td colspan="2">额定峰值耐受电流</td><td>kA</td><td>80</td></tr>
</table>

表1（续）

序号	项　　目			单位	标准参数值
3	额定短路关合电流			kA	80
4	额定短路电流关合次数			次	≥2
5	分、合闸时间		分闸时间	ms	（投标人提供）
			合闸时间		（投标人提供）
6	分、合闸速度		刚分速度	m/s	（投标人提供）
			刚合速度		（投标人提供）
7	机械寿命			次	≥3000
8	开合感应电流能力（A类/B类）	电磁感应	感性电流	A	50/100
			开断次数	次	10
			感应电压	kV	0.5/4
		静电感应	容性电流	A	0.4/2
			开断次数	次	10
			感应电压	kV	3/6
9	操动机构		型式或型号		电动并可手动
			电动机电压	V	AC220/AC380
			控制电压	V	AC220
			允许电压变化范围		85%～110%
	备用辅助触点		数量	对	8常开8常闭（引出到相应汇控柜端子排）
			开断能力		DC 220V、2.5A或DC 110V、5A
五	检修接地开关参数				
1	额定短时耐受电流及持续时间			kA/s	31.5/3
2	额定峰值耐受电流			kA	80
3	机械寿命			次	≥3000
4	操动机构		型式或型号		电动并可手动
			电动机电压	V	AC220/AC380
			控制电压	V	AC110/AC220/DC110/DC220
			允许电压变化范围		85%～110%
	备用辅助触点		数量	对	8
			开断能力		DC 220V、2.5A或DC 110V、5A
六	电流互感器参数				
1	型式或型号				电磁式
2	额定电流比				根据实际工程选择，0.2/0.2S次级要求带中间抽头

表 1（续）

序号	项　　目	单位	标准参数值
3	准确级组合及额定容量		500kV 变电站 66kV 主变： TPY/TPY/5P/0.2S 15VA/15VA/15VA/15VA （50VA/50VA/50VA/50VA） 500kV 变电站 66kV 其他间隔： 5P/0.2 15VA/15VA（50VA/50VA） 220kV 及 66kV 变电站 66k 主变： 5P/5P/0.2S/0.2S 15VA/15VA/15VA/15VA （50VA/50VA/50VA/50VA） 220kV 及 66kV 变电站 66kV 出线和电容器： 5P/0.2S 15VA/15VA（50VA/50VA） 220kV 变电站 66kV 母线站用变： 5P/5P/0.2S 15VA/15VA/15VA （50VA/50VA/50VA） 220kV 变电站 66kV 线路站用变： 5P/0.2S/0.2S 15VA/15VA/15VA （50VA/50VA/50VA）
七	电压互感器参数		
1	型式或型号		电磁式
2	额定电压比		$\frac{66}{\sqrt{3}}/\frac{0.1}{\sqrt{3}}$kV（单相）、 $\frac{66}{\sqrt{3}}/\frac{0.1}{\sqrt{3}}/\frac{0.1}{\sqrt{3}}/\frac{0.1}{\sqrt{3}}/0.1$kV
3	准确级		0.5（3P）、 0.2/0.5（3P）/0.5（3P）/6P
4	接线组别		Y/Y、Y/Y/Y/△
5	三相不平衡度	V	1
6	低压绕组 1min 工频耐压	kV	3
7	额定电压因数		1.2 倍连续，1.9 倍 8h
八	避雷器参数		
1	额定电压	kV	96
2	持续运行电压	kV	75

表 1（续）

<table>
<tr><th>序号</th><th colspan="2">项　　目</th><th>单位</th><th>标准参数值</th></tr>
<tr><td>3</td><td colspan="2">标称放电电流（8/20μs）</td><td>kA</td><td>5</td></tr>
<tr><td>4</td><td colspan="2">陡波冲击电流下残压（1/10μs）</td><td>kV</td><td>267</td></tr>
<tr><td>5</td><td colspan="2">雷电冲击电流下残压（8/20μs）</td><td>kV</td><td>232</td></tr>
<tr><td>6</td><td colspan="2">操作冲击电流下残压（30/60μs）</td><td>kV</td><td>198</td></tr>
<tr><td>7</td><td colspan="2">直流 1mA 参考电压</td><td>kV</td><td>140</td></tr>
<tr><td>8</td><td colspan="2">75%直流 1mA 参考电压下的泄漏电流</td><td>μA</td><td>（投标人提供）</td></tr>
<tr><td>9</td><td colspan="2">工频参考电压（有效值）</td><td>kV</td><td>（投标人提供）</td></tr>
<tr><td>10</td><td colspan="2">工频参考电流（峰值）</td><td>mA</td><td>（投标人提供）</td></tr>
<tr><td rowspan="2">11</td><td rowspan="2">持续电流</td><td>全电流</td><td>mA</td><td>（投标人提供）</td></tr>
<tr><td>阻性电流</td><td>μA</td><td>（投标人提供）</td></tr>
<tr><td rowspan="2">12</td><td rowspan="2">长持续时间冲击耐受电流</td><td>线路放电等级</td><td></td><td>1/2</td></tr>
<tr><td>方波电流冲击</td><td>A</td><td>400/600</td></tr>
<tr><td>13</td><td colspan="2">4/10μs 大冲击耐受电流</td><td>kA</td><td>80</td></tr>
<tr><td>14</td><td colspan="2">动作负载</td><td></td><td>（投标人提供）</td></tr>
<tr><td>15</td><td colspan="2">工频电压耐受时间特性</td><td></td><td>（投标人提供）</td></tr>
<tr><td>16</td><td colspan="2">千伏额定电压吸收能力</td><td>kJ/kV</td><td>（投标人提供）</td></tr>
<tr><td>17</td><td colspan="2">压力释放能力</td><td>kA/s</td><td>31.5/0.2</td></tr>
<tr><td>九</td><td colspan="4">套管参数</td></tr>
<tr><td>1</td><td colspan="2">伞裙型式</td><td></td><td>大小伞</td></tr>
<tr><td>2</td><td colspan="2">材质</td><td></td><td>瓷/复合绝缘</td></tr>
<tr><td>3</td><td colspan="2">额定电流</td><td>A</td><td>2000</td></tr>
<tr><td>4</td><td colspan="2">额定短时耐受电流及持续时间</td><td>kA/s</td><td>31.5/3</td></tr>
<tr><td>5</td><td colspan="2">额定峰值耐受电流</td><td>kA</td><td>80</td></tr>
<tr><td>6</td><td colspan="2">额定工频 1min 耐受电压（相对地）</td><td>kV</td><td>160</td></tr>
<tr><td>7</td><td colspan="2">额定雷电冲击耐受电压峰值（1.2/50μs）（相对地）</td><td>kV</td><td>350</td></tr>
<tr><td>8</td><td colspan="2">爬电距离</td><td>mm</td><td>2248k_{ad}（当平均直径 D_a＜300mm 时，k_{ad}=1.0；当平均直径 D_a≥300mm 时，k_{ad}=0.000 5D_a+0.85）</td></tr>
<tr><td>9</td><td colspan="2">干弧距离</td><td>mm</td><td>≥650</td></tr>
<tr><td>10</td><td colspan="2">S/P</td><td></td><td>≥0.9</td></tr>
<tr><td rowspan="4">11</td><td rowspan="4">端子静负载</td><td>水平纵向</td><td rowspan="4">N</td><td>1250</td></tr>
<tr><td>水平横向</td><td>750</td></tr>
<tr><td>垂直</td><td>1000</td></tr>
<tr><td>安全系数</td><td>静态 2.75，动态 1.7</td></tr>
</table>

表 1（续）

<table>
<tr><th>序号</th><th colspan="2">项　　目</th><th>单位</th><th>标准参数值</th></tr>
<tr><td>12</td><td colspan="2">套管顶部金属带电部分的相间最小净距</td><td>mm</td><td>≥650</td></tr>
<tr><td>十</td><td colspan="4">环氧浇注绝缘子参数</td></tr>
<tr><td>1</td><td colspan="2">安全系数</td><td></td><td>大于 3 倍设计压力</td></tr>
<tr><td>2</td><td colspan="2">2 倍额定相电压下泄漏电流</td><td>μA</td><td>50</td></tr>
<tr><td>3</td><td colspan="2">1.1 倍额定相电压下最大场强</td><td>kV/mm</td><td>≤1.5</td></tr>
<tr><td>十一</td><td colspan="4">主母线参数</td></tr>
<tr><td>1</td><td colspan="2">材质</td><td></td><td>铝</td></tr>
<tr><td>2</td><td colspan="2">额定电流</td><td>A</td><td>2000</td></tr>
<tr><td>3</td><td colspan="2">额定短时耐受电流及持续时间</td><td>kA/s</td><td>31.5/3</td></tr>
<tr><td>4</td><td colspan="2">额定峰值耐受电流</td><td>kA</td><td>80</td></tr>
<tr><td>5</td><td colspan="2">导体直径（内径/外径）</td><td>mm</td><td>（投标人提供）</td></tr>
<tr><td>十二</td><td colspan="4">外壳参数</td></tr>
<tr><td>1</td><td colspan="2">材质</td><td></td><td>钢、铸铝、铝合金</td></tr>
<tr><td>2</td><td colspan="2">外壳破坏压力</td><td></td><td>铸铝和铝合金：5 倍的设计压力；
焊接铝外壳和钢外壳：
3 倍的设计压力</td></tr>
<tr><td rowspan="4">3</td><td rowspan="4">温升</td><td>试验电流</td><td>A</td><td>$1.1I_N$</td></tr>
<tr><td>可以接触部位</td><td>K</td><td>≤30</td></tr>
<tr><td>可能接触部位</td><td>K</td><td>≤40</td></tr>
<tr><td>不可接触部位</td><td>K</td><td>≤65</td></tr>
<tr><td rowspan="2">4</td><td rowspan="2">外壳耐烧穿的能力</td><td>电流</td><td>kA</td><td>31.5</td></tr>
<tr><td>时间</td><td>s</td><td>0.2</td></tr>
<tr><td>5</td><td colspan="2">防爆膜的设置</td><td></td><td>（投标人提供）</td></tr>
<tr><td>6</td><td colspan="2">感应电压</td><td></td><td>正常运行条件≤24V，
故障条件≤100V</td></tr>
<tr><td>十三</td><td colspan="4">伸缩节参数</td></tr>
<tr><td>1</td><td colspan="2">材质</td><td></td><td>不锈钢</td></tr>
<tr><td>2</td><td colspan="2">使用寿命</td><td></td><td>≥40 年或 10 000 次伸缩</td></tr>
<tr><td>十四</td><td colspan="4">SF_6 气体参数</td></tr>
<tr><td>1</td><td colspan="2">湿度</td><td>μg/g</td><td>≤8</td></tr>
<tr><td>2</td><td colspan="2">纯度</td><td>%</td><td>≥99.9</td></tr>
</table>

注：本表适用于海拔 1000m 及以下地区户外正常使用条件，高海拔地区所用设备按照实际污区分布进行设备选型，并按照 Q/GDW 13001—2014《高海拔外绝缘配置技术规范》要求进行海拔修正，其他特殊适用条件根据工程实际情况进行修改。

5 组件材料配置表

组件材料配置表包括元件名称、规格型式参数、单位、数量和产地等信息，具体内容和格式根据招标项目情况进行编制。

6 使用环境条件表

72.5kV/2000A～31.5kA 气体绝缘金属封闭开关设备使用环境条件见表 2。特殊环境要求根据项目情况进行编制。

表2 使用环境条件表

序号	名称		单位	标准参数	项目需求值
1	周围空气温度	最高气温	℃	+40	
		最低气温		−25	
		最大日温差	（i）K	25	
2	海拔		m	≤1000	
3	太阳辐射强度		W/cm^2	0.1	
4	污秽等级			e 级	
5	覆冰厚度		mm	10	
6	风速/风压		m/s/Pa	34/700	
7	湿度	日相对湿度平均值	%	≤95	
		月相对湿度平均值		≤90	
8	耐受地震能力（水平加速度）		m/s^2	2	
9	由于主回路中的开合操作在辅助和控制回路上所感应的共模电压的幅值		kV	≤1.6	
10	系统中性点接地方式		非有效接地		
11	安装地点		户内/户外		

7 需提供的工程图纸

需提供的工程图纸有电气主接线图、设备平面布置图、断面布置图和 SF_6 系统图。

ICS 29.240

Q/GDW

国家电网有限公司企业标准

Q/GDW 13096.3 — 2018
代替 Q/GDW 13096.3 — 2014

72.5kV 气体绝缘金属封闭开关设备
采 购 标 准
第 3 部分：72.5kV/3150A～40kA 气体绝缘金属封闭开关设备专用技术规范

Purchasing standard of 72.5kV gas insulate metal-enclosed switchgear
Part 3: special technical specification of 72.5kV/3150A～40kA
gas insulate metal-enclosed switchgear (GIS)

2019-06-28发布 2019-06-28实施

国家电网有限公司 发 布

目　次

前　言

为规范 72.5kV 气体绝缘金属封闭开关设备的采购，制定本部分

《72.5kV 气体绝缘金属封闭开关设备采购标准》分为 7 个部分：

——第 1 部分：通用技术规范；

——第 2 部分：72.5kV/2000A～31.5kA 气体绝缘金属封闭开关设备专用技术规范；

——第 3 部分：72.5kV/3150A～40kA 气体绝缘金属封闭开关设备专用技术规范；

——第 4 部分：72.5kV/3150A～31.5kA 气体绝缘金属封闭开关设备专用技术规范；

——第 5 部分：72.5kV/1250A～31.5kA 气体绝缘金属封闭开关设备专用技术规范；

——第 6 部分：72.5kV/2000A～31.5kA 复合式气体绝缘金属封闭开关设备专用技术规范；

——第 7 部分：72.5kV/3150A～31.5kA 复合式气体绝缘金属封闭开关设备专用技术规范。

本部分为《72.5kV 气体绝缘金属封闭开关设备采购标准》的第 3 部分。

本部分代替 Q/GDW 13096.3—2014，与 Q/GDW 13096.3—2014 相比，主要技术性差异如下：

——修改了对额定短时耐受电流及持续时间、外壳耐烧穿能力、操动机构型式、备用辅助触点、爬电距离、干弧距离、伸缩节使用寿命、污秽等级和工程图纸等的要求。

本部分由国家电网有限公司物资部提出并解释。

本部分由国家电网有限公司科技部归口。

本部分起草单位：国网浙江省电力有限公司、中国电力科学研究院有限公司、国网江苏省电力有限公司。

本部分主要起草人：徐华、王绍安、和彦淼、肖国磊、陈珉、宋思齐、张志仁、赵欣。

本部分 2014 年 9 月首次发布，2018 年 12 月第一次修订。

本部分在执行过程中的意见或建议反馈至国家电网有限公司科技部。

72.5kV 气体绝缘金属封闭开关设备采购标准 第 3 部分：72.5kV/3150A～40kA 气体绝缘金属封闭开关设备专用技术规范

1 范围

本部分规定了 72.5kV/3150A～40kA 气体绝缘金属封闭开关设备招标的标准技术参数、项目需求及投标人响应的相关内容。

本部分适用于 72.5kV/3150A～40kA 气体绝缘金属封闭开关设备招标。

2 规范性引用文件

下列文件对于本文件的应用是必不可少的。凡是注日期的引用文件，仅注日期的版本适用于本文件。凡是不注日期的引用文件，其最新版本（包括所有的修改单）适用于本文件。

Q/GDW 13096.1　72.5kV 气体绝缘金属封闭开关设备采购标准　第 1 部分：通用技术规范

Q/GDW 13001—2014　高海拔外绝缘配置技术规范

3 术语和定义

下列术语和定义适用于本文件。

3.1

招标人　bidder

提出招标项目，进行招标的法人或其他组织。

3.2

投标人　tenderer

响应招标、参加投标竞争的法人或者其他组织。

3.3

卖方（供方）　seller（supplier）

提供本部分货物和技术服务的法人或其他组织，包括其法定的承继者。

3.4

买方（需方）　buyer（purchaser）

购买本部分货物和技术服务的法人或其他组织，包括其法定的承继者和经许可的受让人。

4 标准技术参数

技术参数特性表是国家电网有限公司对采购设备的基础技术参数要求，在招投标过程中，投标人应依据招标文件，对技术参数特性表中标准参数值进行响应。72.5kV/3150A～40kA 气体绝缘金属封闭开关设备参数特性见表 1。物资应满足 Q/GDW 13096.1 的要求。

表1 技术参数特性表

序号	项目			单位	标准参数值
一	GIS 共用参数				
1	额定电压			kV	72.5
2	额定电流		出线	A	3150
			进线		3150
			分段、母联		3150
			主母线		3150
3	额定工频 1min 耐受电压（相对地）			kV	160
4	额定雷电冲击耐受电压峰值（1.2/50μs）（相对地）			kV	350
5	额定短路开断电流			kA	40
6	额定短路关合电流			kA	100
7	额定短时耐受电流及持续时间			kA/s	40/3
8	额定峰值耐受电流			kA	100
9	辅助和控制回路短时工频耐受电压			kV	2
10	SF_6 气体压力（20℃，表压）		断路器室	MPa	（投标人提供）
			其他隔室		（投标人提供）
11	每个隔室 SF_6 气体漏气率			%/年	≤0.5
12	SF_6 气体湿度	有电弧分解物隔室	交接验收值	μL/L	≤150
			长期运行允许值		≤300
		无电弧分解物隔室	交接验收值		≤250
			长期运行允许值		≤500
13	局部放电		试验电压	kV	$1.2\times72.5/\sqrt{3}$
			每个隔室	pC	≤5
			每单个绝缘件		≤3
			套管		≤5
			电流互感器		≤5
			电压互感器		≤10
			避雷器		≤10
14	供电电源		控制回路	V	DC110/DC220/AC220
			辅助回路	V	AC220/AC380
15	使用寿命			年	≥40
16	检修周期			年	≥20
17	设备质量		SF_6 气体质量	kg	（投标人提供）
			总质量	kg	（投标人提供）
			最大运输质量	kg	（投标人提供）

表 1（续）

序号	项　　目		单位	标准参数值
17	设备质量	动荷载向下	kg	（投标人提供）
		动荷载向上	kg	（投标人提供）
18	设备尺寸	设备的整体尺寸	m	（投标人提供）
		设备的最大运输尺寸	m	（投标人提供）
19	结构布置	断路器		三相共箱
		母线		三相共箱
二	断路器参数			
1	型号			（投标人提供）
2	布置型式（立式或卧式）			（投标人提供）
3	断口数			1
4	额定电流	出线	A	3150
		进线		3150
		分段、母联		3150
5	主回路电阻		μΩ	（投标人提供）
6	温升试验电流		A	$1.1I_N$
7	额定工频 1min 耐受电压	断口	kV	200
		对地		160
	额定雷电冲击耐受电压峰值（1.2/50μs）	断口	kV	410
		对地		350
8	额定短路开断电流	交流分量有效值	kA	40
		时间常数	ms	45
		开断次数	次	20
		首相开断系数		1.5
9	额定短路关合电流		kA	100
10	额定短时耐受电流及持续时间		kA/s	40/3
11	额定峰值耐受电流		kA	100
12	开断时间		ms	≤60
13	合分时间		ms	（投标人提供）
14	分闸时间		ms	≤40
15	合闸时间		ms	≤120
16	重合闸无电流间隙时间		ms	300
17	分、合闸速度	刚分速度	m/s	（投标人提供）
		刚合速度		（投标人提供）
18	分闸不同期性		ms	2
19	合闸不同期性		ms	2

表 1（续）

序号	项目		单位	标准参数值
20	机械寿命		次	≥5000
21	额定操作顺序			O－0.3s－CO－180s－CO
22	现场开合空载变压器能力	空载变压器容量	MVA	31.5/40/50
		空载励磁电流	A	0.5～15
		试验电压	kV	72.5
		操作顺序		10×O 和 10×（CO）
23	现场开合空载线路充电电流试验	试验电流	A	由实际线路长度决定
		试验电压	kV	72.5
		试验条件		线路原则上不得带有泄压设备，如电抗器、避雷器、电磁式电压互感器等
		操作顺序		10×（O－0.3s－CO）
24	容性电流开合试验（试验室）	试验电流	A	线路：10，电缆：125，电容器组：≥400
		试验电压	kV	$1.4\times72.5/\sqrt{3}$
		C1 级：LC1 和 CC1：24×O；LC2 和 CC2：24×CO C2 级：LC1 和 CC1：48×O；LC2 和 CC2：24×O 和 24×CO		C1 级/C2 级
25	近区故障条件下的开合能力	L90	kA	36
		L75	kA	30
		L60	kA	24（L75 的最小燃弧时间大于 L90 的最小燃弧时间 5ms 时）
		操作顺序		O－0.3s－CO－180s－CO
26	失步关合和开断能力	开断电流	kA	10
		试验电压	kV	$2.5\times72.5/\sqrt{3}$
		操作顺序		方式 1：O－O－O 方式 2：CO－O－O
27	异相接地故障开断试验	试验电流	kA	34.6
		试验电压	kV	72.5
		操作顺序		O－0.3s－CO－180s－CO
28	SF_6 气体压力（表压，20℃）	额定	MPa	（投标人提供）
		报警		（投标人提供）
		最低		（投标人提供）
		闭锁		（投标人提供）

表 1（续）

<table>
<tr><th>序号</th><th colspan="2">项　　目</th><th>单位</th><th>标准参数值</th></tr>
<tr><td rowspan="20">29</td><td colspan="2">操动机构型式或型号</td><td></td><td>弹簧</td></tr>
<tr><td colspan="2">操作方式</td><td></td><td>三相机械联动</td></tr>
<tr><td colspan="2">电动机电压</td><td>V</td><td>AC 380/220</td></tr>
<tr><td rowspan="5">合闸操作电源</td><td>额定操作电压</td><td>V</td><td>DC 220/110</td></tr>
<tr><td>操作电压允许范围</td><td></td><td>85%～110%，
30%以下不得动作</td></tr>
<tr><td>每相线圈数量</td><td>只</td><td>1</td></tr>
<tr><td>每只线圈涌流</td><td>A</td><td>（投标人提供）</td></tr>
<tr><td>每只线圈稳态电流</td><td>A</td><td>DC 220V、2.5 或
DC 110V、5</td></tr>
<tr><td rowspan="5">分闸操作电源</td><td>额定操作电压</td><td>V</td><td>DC 220/110</td></tr>
<tr><td>操作电压允许范围</td><td></td><td>65%～110%，
30%以下不得动作</td></tr>
<tr><td>每相线圈数量</td><td>只</td><td>1</td></tr>
<tr><td>每只线圈涌流</td><td>A</td><td>（投标人提供）</td></tr>
<tr><td>每只线圈稳态电流</td><td>A</td><td>DC 220V、2.5 或
DC 110V、5</td></tr>
<tr><td rowspan="3">驱潮/加热器</td><td>电压</td><td>V</td><td>AC 220</td></tr>
<tr><td>运行方式</td><td></td><td>常投/温湿自动投切</td></tr>
<tr><td>每相功率（驱潮/加热）</td><td>W</td><td>（投标人提供）/（投标人提供）</td></tr>
<tr><td rowspan="2">备用辅助触点</td><td>数量</td><td>对</td><td>10 常开 10 常闭（引出到相应汇控柜端子排）</td></tr>
<tr><td>开断能力</td><td></td><td>DC 220V、2.5A 或
DC 110V、5A</td></tr>
<tr><td colspan="2">检修周期</td><td>年</td><td>≥20</td></tr>
<tr><td>弹簧机构</td><td>储能时间</td><td>s</td><td>≤20</td></tr>
<tr><td rowspan="4">30</td><td rowspan="4">断路器的质量</td><td>断路器包括辅助设备的总质量</td><td>kg</td><td>（投标人提供）</td></tr>
<tr><td>每相操动机构的质量</td><td>kg</td><td>（投标人提供）</td></tr>
<tr><td>每相 SF_6 气体质量</td><td>kg</td><td>（投标人提供）</td></tr>
<tr><td>运输总质量</td><td>kg</td><td>（投标人提供）</td></tr>
<tr><td>31</td><td colspan="2">运输高度</td><td>m</td><td>（投标人提供）</td></tr>
<tr><td>32</td><td colspan="2">起吊高度</td><td>m</td><td>（投标人提供）</td></tr>
<tr><td>三</td><td colspan="4">隔离开关参数</td></tr>
<tr><td>1</td><td colspan="2">型式/型号</td><td></td><td>（投标人提供）</td></tr>
</table>

表 1（续）

序号	项目		单位	标准参数值
2	额定电流	出线	A	3150
		进线	A	3150
		分段、母联	A	3150
3	主回路电阻		μΩ	（投标人提供）
4	温升试验电流		A	$1.1I_N$
5	额定工频 1min 耐受电压	断口	kV	200
		对地		160
	额定雷电冲击耐受电压峰值（1.2/50μs）	断口	kV	410
		对地		350
6	额定短时耐受电流及持续时间		kA/s	40/3
7	额定峰值耐受电流		kA	100
8	分、合闸时间	分闸时间	ms	（投标人提供）
		合闸时间		（投标人提供）
9	分、合闸速度	刚分速度	m/s	（投标人提供）
		刚合速度		（投标人提供）
10	机械寿命		次	≥3000
11	开合小电容电流值		A	1
12	开合小电感电流值		A	0.5
13	开合母线转换电流能力	转换电流	A	1600
		转换电压	V	10
		开断次数	次	100
14	操动机构	型式或型号		电动并可手动
		电动机电压	V	AC 380/220
		控制电压	V	AC 220
		允许电压变化范围		85%～110%
		操作方式		三相机械联动
	备用辅助触点	数量	对	10 常开 10 常闭（引出到相应汇控柜端子排）
		开断能力		DC 220V、2.5A 或 DC 110V、5A
四	快速接地开关参数			
1	额定短时耐受电流及持续时间		kA/s	40/3
2	额定峰值耐受电流		kA	100
3	额定短路关合电流		kA	100
4	额定短路电流关合次数		次	≥2

表 1（续）

<table>
<tr><th>序号</th><th colspan="3">项　　目</th><th>单位</th><th>标准参数值</th></tr>
<tr><td rowspan="2">5</td><td colspan="2" rowspan="2">分、合闸时间</td><td>分闸时间</td><td rowspan="2">ms</td><td>（投标人提供）</td></tr>
<tr><td>合闸时间</td><td>（投标人提供）</td></tr>
<tr><td rowspan="2">6</td><td colspan="2" rowspan="2">分、合闸速度</td><td>刚分速度</td><td rowspan="2">m/s</td><td>（投标人提供）</td></tr>
<tr><td>刚合速度</td><td>（投标人提供）</td></tr>
<tr><td>7</td><td colspan="3">机械寿命</td><td>次</td><td>≥3000</td></tr>
<tr><td rowspan="6">8</td><td rowspan="6">开合感应电流能力（A 类/B 类）</td><td rowspan="3">电磁感应</td><td>感性电流</td><td>A</td><td>50/100</td></tr>
<tr><td>开断次数</td><td>次</td><td>10</td></tr>
<tr><td>感应电压</td><td>kV</td><td>0.5/4</td></tr>
<tr><td rowspan="3">静电感应</td><td>容性电流</td><td>A</td><td>0.4/2</td></tr>
<tr><td>开断次数</td><td>次</td><td>10</td></tr>
<tr><td>感应电压</td><td>kV</td><td>3/6</td></tr>
<tr><td rowspan="6">9</td><td colspan="2" rowspan="4">操动机构</td><td>型式或型号</td><td></td><td>电动弹簧并可手动</td></tr>
<tr><td>电动机电压</td><td>V</td><td>AC 220/AC 380</td></tr>
<tr><td>控制电压</td><td>V</td><td>AC 220</td></tr>
<tr><td>允许电压变化范围</td><td></td><td>85%～110%</td></tr>
<tr><td colspan="2" rowspan="2">备用辅助触点</td><td>数量</td><td>对</td><td>8 常开 8 常闭（引出到相应汇控柜端子排）</td></tr>
<tr><td>开断能力</td><td></td><td>DC 220V、2.5A 或
DC 110V、5A</td></tr>
<tr><td>五</td><td colspan="5">检修接地开关参数</td></tr>
<tr><td>1</td><td colspan="3">额定短时耐受电流及持续时间</td><td>kA/s</td><td>31.5/3</td></tr>
<tr><td>2</td><td colspan="3">额定峰值耐受电流</td><td>kA</td><td>80</td></tr>
<tr><td>3</td><td colspan="3">机械寿命</td><td>次</td><td>≥3000</td></tr>
<tr><td rowspan="6">4</td><td colspan="2" rowspan="4">操动机构</td><td>型式或型号</td><td></td><td>电动并可手动</td></tr>
<tr><td>电动机电压</td><td>V</td><td>AC 220/AC 380</td></tr>
<tr><td>控制电压</td><td>V</td><td>AC 220</td></tr>
<tr><td>允许电压变化范围</td><td></td><td>85%～110%</td></tr>
<tr><td colspan="2" rowspan="2">备用辅助触点</td><td>数量</td><td>对</td><td>8 常开 8 常闭</td></tr>
<tr><td>开断能力</td><td></td><td>DC 220V、2.5A 或
DC 110V、5A</td></tr>
<tr><td>六</td><td colspan="5">电流互感器参数</td></tr>
<tr><td>1</td><td colspan="3">型式或型号</td><td></td><td>电磁式</td></tr>
<tr><td>2</td><td colspan="3">额定电流比</td><td></td><td>根据实际工程选择，0.2/0.2S 次级要求带中间抽头</td></tr>
</table>

表 1（续）

序号	项　　目	单位	标准参数值
3	准确级组合及额定容量		500kV 变电站 66kV 主变： TPY/TPY/5P/0.2S 15VA/15VA/15VA/15VA（50VA/50VA/50VA/50VA） 500kV 变电站 66kV 其他间隔： 5P/0.2 15VA/15VA（50VA/50VA） 220kV 及 66kV 变电站 66k 主变： 5P/5P/0.2S/0.2S 15VA/15VA/15VA/15VA（50VA/50VA/50VA/50VA） 220kV 及 66kV 变电站 66kV 出线和电容器： 5P/0.2S 15VA/15VA（50VA/50VA） 220kV 变电站 66kV 母线站用变： 5P/5P/0.2S 15VA/15VA/15VA（50VA/50VA/50VA） 220kV 变电站 66kV 线路站用变： 5P/0.2S/0.2S 15VA/15VA/15VA（50VA/50VA/50VA）
七	电压互感器参数		
1	型式或型号		电磁式
2	额定电压比		$\frac{66}{\sqrt{3}}/\frac{0.1}{\sqrt{3}}$kV（单相）、 $\frac{66}{\sqrt{3}}/\frac{0.1}{\sqrt{3}}/\frac{0.1}{\sqrt{3}}/\frac{0.1}{\sqrt{3}}/0.1$kV
3	准确级		0.5（3P）、 0.2/0.5（3P）/0.5（3P）/6P
4	接线组别		Y/Y、Y/Y/Y/△
5	三相不平衡度	V	1
6	低压绕组 1min 工频耐压	kV	3
7	额定电压因数		1.2 倍连续，1.9 倍 8h
八	避雷器参数		
1	额定电压	kV	96

表 1（续）

序号	项　目		单位	标准参数值
2	持续运行电压		kV	75
3	标称放电电流（8/20μs）		kA	5
4	陡波冲击电流下残压（1/10μs）		kV	267
5	雷电冲击电流下残压（8/20μs）		kV	232
6	操作冲击电流下残压（30/60μs）		kV	198
7	直流 1mA 参考电压		kV	140
8	75%直流 1mA 参考电压下的泄漏电流		μA	（投标人提供）
9	工频参考电压（有效值）		kV	（投标人提供）
10	工频参考电流（峰值）		mA	（投标人提供）
11	持续电流	全电流	mA	（投标人提供）
		阻性电流	μA	（投标人提供）
12	长持续时间冲击耐受电流	线路放电等级		1/2
		方波电流冲击	A	400/600
13	4/10μs 大冲击耐受电流		kA	100
14	动作负载			（投标人提供）
15	工频电压耐受时间特性			（投标人提供）
16	千伏额定电压吸收能力		kJ/kV	（投标人提供）
17	压力释放能力		kA/s	40/0.2
九	套管参数			
1	伞裙型式			大小伞
2	材质			瓷/复合绝缘
3	额定电流		A	3150
4	额定短时耐受电流及持续时间		kA/s	40/3
5	额定峰值耐受电流		kA	100
6	额定工频 1min 耐受电压（相对地）		kV	160
7	额定雷电冲击耐受电压峰值（1.2/50μs）（相对地）		kV	350
8	爬电距离		mm	2248k_{ad}（当平均直径 D_a＜300mm 时，k_{ad}=1.0；当平均直径 D_a≥300mm 时，k_{ad}=0.0005D_a+0.85）
9	干弧距离		mm	≥650
10	S/P			≥0.9
11	端子静负载	水平纵向	N	1250
		水平横向	N	750
		垂直	N	1000
		安全系数		静态 2.75，动态 1.7

表 1（续）

序号	项　　目		单位	标准参数值
12	套管顶部金属带电部分的相间最小净距		mm	≥650
十	电缆终端箱			
1	电缆箱高度		m	（项目单位提供）
2	电缆箱离地面高度		m	（项目单位提供）
十一	环氧浇注绝缘子参数			
1	安全系数			大于 3 倍设计压力
2	2 倍额定相电压下泄漏电流		μA	50
3	1.1 倍额定相电压下最大场强		kV/mm	≤1.5
十二	主母线参数			
1	材质			铝
2	额定电流		A	3150
3	额定短时耐受电流及持续时间		kA/s	40/3
4	额定峰值耐受电流		kA	100
5	导体直径（内径/外径）		mm	（投标人提供）
十三	外壳参数			
1	材质			钢、铸铝、铝合金
2	外壳破坏压力			铸铝和铝合金：5 倍的设计压力；焊接铝外壳和钢外壳：3 倍的设计压力
3	温升	试验电流	A	$1.1I_N$
		可以接触部位	K	≤30
		可能接触部位	K	≤40
		不可接触部位	K	≤65
4	外壳耐烧穿的能力	电流	kA	40
		时间	s	0.1
5	防爆膜的设置			（投标人提供）
6	感应电压			正常运行条件≤24V，故障条件≤100V
十四	伸缩节参数			
1	材质			不锈钢
2	使用寿命			≥40 年或 10 000 次伸缩
十五	SF_6 气体参数			
1	湿度		μg/g	≤8
2	纯度		%	≥99.9

注：本表适用于海拔 1000m 及以下地区户外正常使用条件，高海拔地区所用设备按照实际污区分布进行设备选型，并按照 Q/GDW 13001—2014《高海拔外绝缘配置技术规范》要求进行海拔修正，其他特殊适用条件根据工程实际情况进行修改。

5 组件材料配置表

组件材料配置表包括元件名称、规格形式参数、单位、数量和产地等信息，具体内容和格式根据招标项目情况进行编制。

6 使用环境条件表

72.5kV/3150A～40kA 气体绝缘金属封闭开关设备使用环境条件见表 2。特殊环境要求根据项目情况进行编制。

表 2 使用环境条件表

<table>
<tr><th>序号</th><th colspan="2">名　　称</th><th>单位</th><th>标准参数</th><th>项目需求值</th></tr>
<tr><td rowspan="3">1</td><td rowspan="3">周围空气温度</td><td>最高气温</td><td rowspan="2">℃</td><td>+40</td><td></td></tr>
<tr><td>最低气温</td><td>−25</td><td></td></tr>
<tr><td>最大日温差</td><td>(i) K</td><td>25</td><td></td></tr>
<tr><td>2</td><td colspan="2">海拔</td><td>m</td><td>≤1000</td><td></td></tr>
<tr><td>3</td><td colspan="2">太阳辐射强度</td><td>W/cm²</td><td>0.1</td><td></td></tr>
<tr><td>4</td><td colspan="2">污秽等级</td><td></td><td>e 级</td><td></td></tr>
<tr><td>5</td><td colspan="2">覆冰厚度</td><td>mm</td><td>10</td><td></td></tr>
<tr><td>6</td><td colspan="2">风速/风压</td><td>m/s/Pa</td><td>34/700</td><td></td></tr>
<tr><td rowspan="2">7</td><td rowspan="2">湿度</td><td>日相对湿度平均值</td><td rowspan="2">%</td><td>≤95</td><td></td></tr>
<tr><td>月相对湿度平均值</td><td>≤90</td><td></td></tr>
<tr><td>8</td><td colspan="2">耐受地震能力（水平加速度）</td><td>m/s²</td><td>2</td><td></td></tr>
<tr><td>9</td><td colspan="2">由于主回路中的开合操作在辅助和控制回路上所感应的共模电压的幅值</td><td>kV</td><td>≤1.6</td><td></td></tr>
<tr><td>10</td><td colspan="2">系统中性点接地方式</td><td colspan="2">非有效接地</td><td></td></tr>
<tr><td>11</td><td colspan="2">安装地点</td><td colspan="2">户内/户外</td><td></td></tr>
</table>

7 需提供的工程图纸

需提供的工程图纸有电气主接线图、设备平面布置图、断面布置图和 SF_6 系统图。

ICS 29.240

Q/GDW

国家电网有限公司企业标准

Q/GDW 13096.4 — 2018
代替 Q/GDW 13096.4 — 2014

72.5kV 气体绝缘金属封闭开关设备采购标准 第4部分：72.5kV/3150A～31.5kA 气体绝缘金属封闭开关设备专用技术规范

Purchasing standard of 72.5kV gas insulate metal-enclosed switchgear Part 4: special technical specification of 72.5kV/3150A～31.5kA gas insulate metal-enclosed switchgear (GIS)

2019-06-28发布　　　　2019-06-28实施

国家电网有限公司　发布

目　次

前　言

为规范 72.5kV 气体绝缘金属封闭开关设备的采购，制定本部分

《72.5kV 气体绝缘金属封闭开关设备采购标准》分为 7 个部分：

——第 1 部分：通用技术规范；

——第 2 部分：72.5kV/2000A～31.5kA 气体绝缘金属封闭开关设备专用技术规范；

——第 3 部分：72.5kV/3150A～40kA 气体绝缘金属封闭开关设备专用技术规范；

——第 4 部分：72.5kV/3150A～31.5kA 气体绝缘金属封闭开关设备专用技术规范；

——第 5 部分：72.5kV/1250A～31.5kA 气体绝缘金属封闭开关设备专用技术规范；

——第 6 部分：72.5kV/2000A～31.5kA 复合式气体绝缘金属封闭开关设备专用技术规范；

——第 7 部分：72.5kV/3150A～31.5kA 复合式气体绝缘金属封闭开关设备专用技术规范。

本部分为《72.5kV 气体绝缘金属封闭开关设备采购标准》的第 4 部分。

本部分代替 Q/GDW 13096.4—2014，与 Q/GDW 13096.4—2014 相比，主要技术性差异如下：

——修改了对额定短时耐受电流及持续时间、外壳耐烧穿能力、操动机构型式、备用辅助触点、爬电距离、干弧距离、伸缩节使用寿命、污秽等级和工程图纸等的要求。

本部分由国家电网有限公司物资部提出并解释。

本部分由国家电网有限公司科技部归口。

本部分起草单位：国网浙江省电力有限公司、中国电力科学研究院有限公司、国网江苏省电力有限公司。

本部分主要起草人：徐华、王绍安、和彦淼、王承玉、林一泓、肖国磊、陈珉、宋思齐、张志仁、赵欣。

本部分 2014 年 9 月首次发布，2018 年 12 月第一次修订。

本部分在执行过程中的意见或建议反馈至国家电网有限公司科技部。

72.5kV 气体绝缘金属封闭开关设备采购标准 第 4 部分：72.5kV/3150A～31.5kA 气体绝缘金属封闭开关设备专用技术规范

1 范围

本部分规定了 72.5kV/3150A～31.5kA 气体绝缘金属封闭开关设备招标的标准技术参数、项目需求及投标人响应的相关内容。

本部分适用于 72.5kV/3150A～31.5kA 气体绝缘金属封闭开关设备招标。

2 规范性引用文件

下列文件对于本文件的应用是必不可少的。凡是注日期的引用文件，仅注日期的版本适用于本文件。凡是不注日期的引用文件，其最新版本（包括所有的修改单）适用于本文件。

Q/GDW 13096.1　72.5kV 气体绝缘金属封闭开关设备采购标准　第 1 部分：通用技术规范

Q/GDW 13001—2014　高海拔外绝缘配置技术规范

3 术语和定义

下列术语和定义适用于本文件。

3.1

招标人　bidder

提出招标项目，进行招标的法人或其他组织。

3.2

投标人　tenderer

响应招标、参加投标竞争的法人或者其他组织。

3.3

卖方（供方）　seller（supplier）

提供本部分货物和技术服务的法人或其他组织，包括其法定的承继者。

3.4

买方（需方）　buyer（purchaser）

购买本部分货物和技术服务的法人或其他组织，包括其法定的承继者和经许可的受让人。

4 标准技术参数

技术参数特性表是国家电网有限公司对采购设备的基础技术参数要求，在招投标过程中，投标人应依据招标文件，对技术参数特性表中标准参数值进行响应。72.5kV/3150A～31.5kA 气体绝缘金属封闭开关设备参数特性见表 1。物资应满足 Q/GDW 13096.1 的要求。

表1 技术参数特性表

序号	项　　目			单位	标准参数值
一	GIS 共用参数				
1	额定电压			kV	72.5
2	额定电流		出线	A	3150
			进线		3150
			分段、母联		3150
			主母线		3150
3	额定工频 1min 耐受电压（相对地）			kV	160
4	额定雷电冲击耐受电压峰值（1.2/50μs）（相对地）			kV	350
5	额定短路开断电流			kA	31.5
6	额定短路关合电流			kA	80
7	额定短时耐受电流及持续时间			kA/s	31.5/3
8	额定峰值耐受电流			kA	80
9	辅助和控制回路短时工频耐受电压			kV	2
10	SF_6 气体压力（20℃，表压）		断路器室	MPa	（投标人提供）
			其他隔室		（投标人提供）
11	每个隔室 SF_6 气体漏气率			%/年	≤0.5
12	SF_6 气体湿度	有电弧分解物隔室	交接验收值	μL/L	≤150
			长期运行允许值		≤300
		无电弧分解物隔室	交接验收值		≤250
			长期运行允许值		≤500
13	局部放电		试验电压	kV	$1.2\times72.5/\sqrt{3}$
			每个间隔	pC	≤5
			每单个绝缘件		≤3
			套管		≤5
			电流互感器		≤5
			电压互感器		≤10
			避雷器		≤10
14	供电电源		控制回路	V	DC110/DC220/AC220
			辅助回路	V	AC220/AC380
15	使用寿命			年	≥40
16	检修周期			年	≥20

表 1（续）

序号	项　目		单位	标准参数值
17	设备质量	SF_6气体质量	kg	（投标人提供）
		总质量	kg	（投标人提供）
		最大运输质量	kg	（投标人提供）
		动荷载向下	kg	（投标人提供）
		动荷载向上	kg	（投标人提供）
18	设备尺寸	设备的整体尺寸	m	（投标人提供）
		设备的最大运输尺寸	m	（投标人提供）
19	结构布置	断路器		三相共箱
		母线		三相共箱
二	断路器参数			
1	型号			（投标人提供）
2	布置型式（立式或卧式）			（投标人提供）
3	断口数			1
4	额定电流	出线	A	3150
		进线		3150
		分段、母联		3150
5	主回路电阻		μΩ	（投标人提供）
6	温升试验电流		A	$1.1I_N$
7	额定工频 1min 耐受电压	断口	kV	200
		对地		160
	额定雷电冲击耐受电压峰值（1.2/50μs）	断口	kV	410
		对地		350
8	额定短路开断电流	交流分量有效值	kA	31.5
		时间常数	ms	45
		开断次数	次	20
		首相开断系数		1.5
9	额定短路关合电流		kA	80
10	额定短时耐受电流及持续时间		kA/s	31.5/3
11	额定峰值耐受电流		kA	80
12	开断时间		ms	≤60
13	合分时间		ms	（投标人提供）
14	分闸时间		ms	≤40
15	合闸时间		ms	≤120

表 1（续）

序号	项　　目		单位	标准参数值
16	重合闸无电流间隙时间		ms	300
17	分、合闸速度	刚分速度	m/s	（投标人提供）
		刚合速度		（投标人提供）
18	分闸不同期性		ms	2
19	合闸不同期性		ms	2
20	机械寿命		次	≥5000
21	额定操作顺序			O－0.3s－CO－180s－CO
22	现场开合空载变压器能力	空载变压器容量	MVA	31.5/40/50
		空载励磁电流	A	0.5～15
		试验电压	kV	72.5
		操作顺序		10×O 和 10×（CO）
23	现场开合空载线路充电电流试验	试验电流	A	由实际线路长度决定
		试验电压	kV	72.5
		试验条件		线路原则上不得带有泄压设备，如电抗器、避雷器、电磁式电压互感器等
		操作顺序		10×（O－0.3s－CO）
24	容性电流开合试验（试验室）	试验电流	A	线路：10，电缆：125，电容器组：≥400
		试验电压	kV	$1.4\times72.5/\sqrt{3}$
		C1 级：LC1 和 CC1：24×O；LC2 和 CC2：24×CO C2 级：LC1 和 CC1：48×O；LC2 和 CC2：24×O 和 24×CO		C1 级/C2 级
25	近区故障条件下的开合能力	L90	kA	28.4
		L75	kA	23.6
		L60	kA	18.9（L75 的最小燃弧时间大于 L90 的最小燃弧时间 5ms 时）
		操作顺序		O－0.3s－CO－180s－CO
26	失步关合和开断能力	开断电流	kA	7.9
		试验电压	kV	$2.5\times72.5/\sqrt{3}$
		操作顺序		方式 1：O－O－O 方式 2：CO－O－O

表 1（续）

<table>
<tr><th>序号</th><th colspan="2">项　目</th><th>单位</th><th>标准参数值</th></tr>
<tr><td rowspan="3">27</td><td rowspan="3">异相接地故障开断试验</td><td>试验电流</td><td>kA</td><td>34.6</td></tr>
<tr><td>试验电压</td><td>kV</td><td>72.5</td></tr>
<tr><td>操作顺序</td><td></td><td>O－0.3s－CO－180s－CO</td></tr>
<tr><td rowspan="4">28</td><td rowspan="4">SF_6气体压力（表压，20℃）</td><td>额定</td><td rowspan="4">MPa</td><td>（投标人提供）</td></tr>
<tr><td>报警</td><td>（投标人提供）</td></tr>
<tr><td>最低</td><td>（投标人提供）</td></tr>
<tr><td>闭锁</td><td>（投标人提供）</td></tr>
<tr><td rowspan="22">29</td><td colspan="2">操动机构型式或型号</td><td></td><td>弹簧</td></tr>
<tr><td colspan="2">操作方式</td><td></td><td>三相机械联动</td></tr>
<tr><td colspan="2">电动机电压</td><td>V</td><td>AC220/AC380</td></tr>
<tr><td rowspan="5">合闸操作电源</td><td>额定操作电压</td><td>V</td><td>DC 220/110</td></tr>
<tr><td>操作电压允许范围</td><td></td><td>85%～110%，
30%以下不得动作</td></tr>
<tr><td>每相线圈数量</td><td>只</td><td>1</td></tr>
<tr><td>每只线圈涌流</td><td>A</td><td>（投标人提供）</td></tr>
<tr><td>每只线圈稳态电流</td><td>A</td><td>DC 220V、2.5 或
DC 110V、5</td></tr>
<tr><td rowspan="5">分闸操作电源</td><td>额定操作电压</td><td>V</td><td>DC 220/110</td></tr>
<tr><td>操作电压允许范围</td><td></td><td>65%～110%，
30%以下不得动作</td></tr>
<tr><td>每相线圈数量</td><td>只</td><td>1</td></tr>
<tr><td>每只线圈涌流</td><td>A</td><td>（投标人提供）</td></tr>
<tr><td>每只线圈稳态电流</td><td>A</td><td>DC 220V、2.5 或
DC 110V、5</td></tr>
<tr><td rowspan="3">驱潮/加热器</td><td>电压</td><td>V</td><td>AC 220</td></tr>
<tr><td>运行方式</td><td></td><td>常投/温湿自动投切</td></tr>
<tr><td>每相功率（驱潮/加热）</td><td>W</td><td>（投标人提供）/（投标人提供）</td></tr>
<tr><td rowspan="2">备用辅助触点</td><td>数量</td><td>对</td><td>10 常开 10 常闭(引出到相应汇控柜端子排)</td></tr>
<tr><td>开断能力</td><td></td><td>DC 220V、2.5A 或
DC 110V、5A</td></tr>
<tr><td colspan="2">检修周期</td><td>年</td><td>≥20</td></tr>
<tr><td>弹簧机构</td><td>储能时间</td><td>s</td><td>≤20</td></tr>
</table>

表 1（续）

序号	项　　目		单位	标准参数值
30	断路器的质量	断路器包括辅助设备的总质量	kg	（投标人提供）
		每相操动机构的质量	kg	（投标人提供）
		每相 SF_6 气体质量	kg	（投标人提供）
		运输总质量	kg	（投标人提供）
31	运输高度		m	（投标人提供）
32	起吊高度		m	（投标人提供）
三	隔离开关参数			
1	型式/型号			（投标人提供）
2	额定电流	出线	A	3150
		进线	A	3150
		分段、母联	A	3150
3	主回路电阻		μΩ	（投标人提供）
4	温升试验电流		A	$1.1I_N$
5	额定工频 1min 耐受电压	断口	kV	200
		对地		160
	额定雷电冲击耐受电压峰值（1.2/50μs）	断口	kV	410
		对地		350
6	额定短时耐受电流及持续时间		kA/s	31.5/3
7	额定峰值耐受电流		kA	80
8	分、合闸时间	分闸时间	ms	（投标人提供）
		合闸时间		（投标人提供）
9	分、合闸速度	刚分速度	m/s	（投标人提供）
		刚合速度		（投标人提供）
10	机械寿命		次	≥3000
11	开合小电容电流值		A	1
12	开合小电感电流值		A	0.5
13	开合母线转换电流能力	转换电流	A	1600
		转换电压	V	30
		开断次数	次	100
14	操动机构	型式或型号		电动并可手动
		电动机电压	V	AC220/AC380
		控制电压	V	AC220

表 1（续）

<table>
<tr><th>序号</th><th colspan="3">项　　目</th><th>单位</th><th>标准参数值</th></tr>
<tr><td rowspan="5">14</td><td colspan="2" rowspan="2">操动机构</td><td>允许电压变化范围</td><td></td><td>85%～110%</td></tr>
<tr><td>操作方式</td><td></td><td>三相机械联动</td></tr>
<tr><td colspan="2" rowspan="2">备用辅助触点</td><td>数量</td><td>对</td><td>10 常开 10 常闭（引出到相应汇控柜端子排）</td></tr>
<tr><td>开断能力</td><td></td><td>DC 220V、2.5A 或
DC 110V、5A</td></tr>
<tr><td colspan="5" style="display:none"></td></tr>
<tr><td>四</td><td colspan="5">快速接地开关参数</td></tr>
<tr><td>1</td><td colspan="3">额定短时耐受电流及持续时间</td><td>kA/s</td><td>31.5/3</td></tr>
<tr><td>2</td><td colspan="3">额定峰值耐受电流</td><td>kA</td><td>80</td></tr>
<tr><td>3</td><td colspan="3">额定短路关合电流</td><td>kA</td><td>80</td></tr>
<tr><td>4</td><td colspan="3">额定短路电流关合次数</td><td>次</td><td>≥2</td></tr>
<tr><td rowspan="2">5</td><td colspan="2" rowspan="2">分、合闸时间</td><td>分闸时间</td><td rowspan="2">ms</td><td>（投标人提供）</td></tr>
<tr><td>合闸时间</td><td>（投标人提供）</td></tr>
<tr><td rowspan="2">6</td><td colspan="2" rowspan="2">分、合闸速度</td><td>刚分速度</td><td rowspan="2">m/s</td><td>（投标人提供）</td></tr>
<tr><td>刚合速度</td><td>（投标人提供）</td></tr>
<tr><td>7</td><td colspan="3">机械寿命</td><td>次</td><td>≥3000</td></tr>
<tr><td rowspan="6">8</td><td rowspan="6">开合感应电流能力（A 类/B 类）</td><td rowspan="3">电磁感应</td><td>感性电流</td><td>A</td><td>50/100</td></tr>
<tr><td>开断次数</td><td>次</td><td>10</td></tr>
<tr><td>感应电压</td><td>kV</td><td>0.5/4</td></tr>
<tr><td rowspan="3">静电感应</td><td>容性电流</td><td>A</td><td>0.4/2</td></tr>
<tr><td>开断次数</td><td>次</td><td>10</td></tr>
<tr><td>感应电压</td><td>kV</td><td>3/6</td></tr>
<tr><td rowspan="6">9</td><td colspan="2" rowspan="4">操动机构</td><td>型式或型号</td><td></td><td>电动弹簧并可手动</td></tr>
<tr><td>电动机电压</td><td>V</td><td>AC220/AC380</td></tr>
<tr><td>控制电压</td><td>V</td><td>AC220</td></tr>
<tr><td>允许电压变化范围</td><td></td><td>85%～110%</td></tr>
<tr><td colspan="2" rowspan="2">备用辅助触点</td><td>数量</td><td>对</td><td>8 常开 8 常闭（引出到相应汇控柜端子排）</td></tr>
<tr><td>开断能力</td><td></td><td>DC 220V、2.5A 或
DC 110V、5A</td></tr>
<tr><td>五</td><td colspan="5">检修接地开关参数</td></tr>
<tr><td>1</td><td colspan="3">额定短时耐受电流及持续时间</td><td>kA/s</td><td>31.5/3</td></tr>
<tr><td>2</td><td colspan="3">额定峰值耐受电流</td><td>kA</td><td>80</td></tr>
<tr><td>3</td><td colspan="3">机械寿命</td><td>次</td><td>≥3000</td></tr>
</table>

表 1（续）

<table>
<tr><td>序号</td><td colspan="2">项　　目</td><td>单位</td><td>标准参数值</td></tr>
<tr><td rowspan="6">4</td><td rowspan="4">操动机构</td><td>型式或型号</td><td></td><td>电动并可手动</td></tr>
<tr><td>电动机电压</td><td>V</td><td>AC220/AC380</td></tr>
<tr><td>控制电压</td><td>V</td><td>AC220</td></tr>
<tr><td>允许电压变化范围</td><td></td><td>85%～110%</td></tr>
<tr><td rowspan="2">备用辅助触点</td><td>数量</td><td>对</td><td>8 常开 8 常闭</td></tr>
<tr><td>开断能力</td><td></td><td>DC 220V、2.5A 或
DC 110V、5A</td></tr>
<tr><td>六</td><td colspan="4">电流互感器参数</td></tr>
<tr><td>1</td><td colspan="2">型式/型号</td><td></td><td>电磁式</td></tr>
<tr><td>2</td><td colspan="2">额定电流比</td><td></td><td>根据实际工程选择，0.2/0.2S 次级要求带中间抽头</td></tr>
<tr><td>3</td><td colspan="2">准确级组合及额定容量</td><td></td><td>220kV 变电站 66kV 主变：
5P/5P/0.2S/0.2S
15VA/15VA/15VA/15VA
（50VA/50VA/50VA/50VA）
220kV 变电站 66kV 出线和电容器：
5P/0.2S
15VA/15VA（50VA/50VA）
220kV 变电站 66kV 母线站用变：
5P/5P/0.2S
15VA/15VA/15VA
（50VA/50VA/50VA）</td></tr>
<tr><td>七</td><td colspan="4">电压互感器参数</td></tr>
<tr><td>1</td><td colspan="2">型式/型号</td><td></td><td>电磁式</td></tr>
<tr><td>2</td><td colspan="2">额定电压比</td><td></td><td>$\frac{66}{\sqrt{3}}/\frac{0.1}{\sqrt{3}}$kV（单相）、
$\frac{66}{\sqrt{3}}/\frac{0.1}{\sqrt{3}}/\frac{0.1}{\sqrt{3}}/\frac{0.1}{\sqrt{3}}/0.1$kV</td></tr>
<tr><td>3</td><td colspan="2">准确级</td><td></td><td>0.5（3P）、
0.2/0.5（3P）/0.5（3P）/6P</td></tr>
<tr><td>4</td><td colspan="2">容量</td><td>VA</td><td>10、
10/10/10/10</td></tr>
<tr><td>5</td><td colspan="2">接线组别</td><td></td><td>Y/Y、Y/Y/Y/△</td></tr>
<tr><td>6</td><td colspan="2">三相不平衡度</td><td>V</td><td>1</td></tr>
<tr><td>7</td><td colspan="2">低压绕组 1min 工频耐压</td><td>kV</td><td>3</td></tr>
<tr><td>8</td><td colspan="2">额定电压因数</td><td></td><td>1.2 倍连续，1.9 倍 8h</td></tr>
</table>

表 1（续）

序号	项　　目		单位	标准参数值
八	避雷器参数			
1	额定电压		kV	96
2	持续运行电压		kV	75
3	标称放电电流（8/20μs）		kA	5
4	陡波冲击电流下残压（1/10μs）		kV	267
5	雷电冲击电流下残压（8/20μs）		kV	232
6	操作冲击电流下残压（30/60μs）		kV	198
7	直流 1mA 参考电压		kV	140
8	75%直流 1mA 参考电压下的泄漏电流		μA	（投标人提供）
9	工频参考电压（有效值）		kV	（投标人提供）
10	工频参考电流（峰值）		mA	（投标人提供）
11	持续电流	全电流	mA	（投标人提供）
		阻性电流	μA	（投标人提供）
12	长持续时间冲击耐受电流	线路放电等级		1/2
		方波电流冲击	A	400/600
13	4/10μs 大冲击耐受电流		kA	80
14	动作负载			（投标人提供）
15	工频电压耐受时间特性			（投标人提供）
16	千伏额定电压吸收能力		kJ/kV	（投标人提供）
17	压力释放能力		kA/s	31.5/0.2
九	套管参数			
1	伞裙型式			大小伞
2	材质			瓷/复合绝缘
3	额定电流		A	3150
4	额定短时耐受电流及持续时间		kA/s	31.5/3
5	额定峰值耐受电流		kA	80
6	额定工频 1min 耐受电压（相对地）		kV	160
7	额定雷电冲击耐受电压峰值（1.2/50μs）（相对地）		kV	350
8	爬电距离		mm	$2248k_{ad}$（当平均直径 D_a＜300mm 时，k_{ad}=1.0；当平均直径 D_a≥300mm 时，$k_{ad}=0.0005D_a+0.85$）
9	干弧距离		mm	≥650

表 1（续）

序号	项　　目		单位	标准参数值
10	*S*/*P*			≥0.9
11	端子静负载	水平纵向	N	1250
		水平横向		750
		垂直		1000
		安全系数		静态 2.75，动态 1.7
12	套管顶部金属带电部分的相间最小净距		mm	≥650
十	电缆终端箱			
1	电缆箱高度		m	（项目单位提供）
2	电缆箱离地面高度		m	（项目单位提供）
十一	环氧浇注绝缘子参数			
1	安全系数			大于 3 倍设计压力
2	2 倍额定相电压下泄漏电流		μA	50
3	1.1 倍额定相电压下最大场强		kV/mm	≤1.5
十二	主母线参数			
1	材质			铝
2	额定电流		A	3150
3	额定短时耐受电流及持续时间		kA/s	31.5/3
4	额定峰值耐受电流		kA	80
5	导体直径（内径/外径）		mm	（投标人提供）
十三	外壳参数			
1	材质			钢、铸铝、铝合金
2	外壳破坏压力			铸铝和铝合金：5 倍的设计压力；焊接铝外壳和钢外壳：3 倍的设计压力
3	温升	试验电流	A	$1.1I_N$
		可以接触部位	K	≤30
		可能接触部位	K	≤40
		不可接触部位	K	≤65
4	外壳耐烧穿的能力	电流	kA	31.5
		时间	s	0.2
5	防爆膜的设置			（投标人提供）
6	感应电压			正常运行条件≤24V，故障条件≤100V
十四	伸缩节参数			
1	材质			不锈钢
2	使用寿命			≥40 年或 10 000 次伸缩

表 1（续）

序号	项　　目	单位	标准参数值
十五	SF_6 气体参数		
1	湿度	μg/g	≤8
2	纯度	%	≥99.9

注：本表适用于海拔 1000m 及以下地区户外正常使用条件，高海拔地区所用设备按照实际污区分布进行设备选型，并按照 Q/GDW 13001—2014《高海拔外绝缘配置技术规范》要求进行海拔修正，其他特殊适用条件根据工程实际情况进行修改。

5 组件材料配置表

组件材料配置表包括元件名称、规格形式参数、单位、数量和产地等信息，具体内容和格式根据招标项目情况进行编制。

6 使用环境条件表

72.5kV/3150A～31.5kA 气体绝缘金属封闭开关设备使用环境条件见表 2。特殊环境要求根据项目情况进行编制。

表 2　使用环境条件表

<table>
<tr><th>序号</th><th colspan="2">名　　称</th><th>单位</th><th>标准参数</th><th>项目需求值</th></tr>
<tr><td rowspan="3">1</td><td rowspan="3">周围空气温度</td><td>最高气温</td><td rowspan="2">℃</td><td>+40</td><td></td></tr>
<tr><td>最低气温</td><td>−25</td><td></td></tr>
<tr><td>最大日温差</td><td>（i）K</td><td>25</td><td></td></tr>
<tr><td>2</td><td colspan="2">海拔</td><td>m</td><td>≤1000</td><td></td></tr>
<tr><td>3</td><td colspan="2">太阳辐射强度</td><td>W/cm²</td><td>0.1</td><td></td></tr>
<tr><td>4</td><td colspan="2">污秽等级</td><td></td><td>e 级</td><td></td></tr>
<tr><td>5</td><td colspan="2">覆冰厚度</td><td>mm</td><td>10</td><td></td></tr>
<tr><td>6</td><td colspan="2">风速/风压</td><td>m/s/Pa</td><td>34/700</td><td></td></tr>
<tr><td rowspan="2">7</td><td rowspan="2">湿度</td><td>日相对湿度平均值</td><td rowspan="2">%</td><td>≤95</td><td></td></tr>
<tr><td>月相对湿度平均值</td><td>≤90</td><td></td></tr>
<tr><td>8</td><td colspan="2">耐受地震能力（水平加速度）</td><td>m/s²</td><td>2</td><td></td></tr>
<tr><td>9</td><td colspan="2">由于主回路中的开合操作在辅助和控制回路上所感应的共模电压的幅值</td><td>kV</td><td>≤1.6</td><td></td></tr>
<tr><td>10</td><td colspan="2">系统中性点接地方式</td><td colspan="2">非有效接地</td><td></td></tr>
<tr><td>11</td><td colspan="2">安装地点</td><td colspan="2">户内/户外</td><td></td></tr>
</table>

7 需提供的工程图纸

需提供的工程图纸有电气主接线图、设备平面布置图、断面布置图和 SF_6 系统图。

ICS 29.240

Q/GDW

国家电网有限公司企业标准

Q/GDW 13096.5 — 2018
代替 Q/GDW 13096.5 — 2014

72.5kV 气体绝缘金属封闭开关设备采购标准 第5部分：72.5kV/1250A～31.5kA 气体绝缘金属封闭开关设备专用技术规范

Purchasing standard of 72.5kV gas insulate metal-enclosed switchgear
Part 5: special technical specification of 72.5kV/1250A～31.5kA gas insulate metal-enclosed switchgear (GIS)

2019-06-28发布　　2019-06-28实施

国家电网有限公司　发布

目　　次

前　言

为规范 72.5kV 气体绝缘金属封闭开关设备的采购，制定本部分

《72.5kV 气体绝缘金属封闭开关设备采购标准》分为 7 个部分：

——第 1 部分：通用技术规范；

——第 2 部分：72.5kV/2000A～31.5kA 气体绝缘金属封闭开关设备专用技术规范；

——第 3 部分：72.5kV/3150A～40kA 气体绝缘金属封闭开关设备专用技术规范；

——第 4 部分：72.5kV/3150A～31.5kA 气体绝缘金属封闭开关设备专用技术规范；

——第 5 部分：72.5kV/1250A～31.5kA 气体绝缘金属封闭开关设备专用技术规范；

——第 6 部分：72.5kV/2000A～31.5kA 复合式气体绝缘金属封闭开关设备专用技术规范；

——第 7 部分：72.5kV/3150A～31.5kA 复合式气体绝缘金属封闭开关设备专用技术规范。

本部分为《72.5kV 气体绝缘金属封闭开关设备采购标准》的第 5 部分。

本部分代替 Q/GDW 13096.5—2014，与 Q/GDW 13096.5—2014 相比，主要技术性差异如下：

——修改了对额定短时耐受电流及持续时间、外壳耐烧穿能力、操动机构型式、备用辅助触点、爬电距离、干弧距离、伸缩节使用寿命、污秽等级和工程图纸等的要求。

本部分由国家电网有限公司物资部提出并解释。

本部分由国家电网有限公司科技部归口。

本部分起草单位：国网浙江省电力有限公司、中国电力科学研究院有限公司、国网江苏省电力有限公司。

本部分主要起草人：徐华、王绍安、和彦淼、肖国磊、陈珉、宋思齐、张志仁、赵欣。

本部分 2014 年 9 月首次发布，2018 年 12 月第一次修订。

本部分在执行过程中的意见或建议反馈至国家电网有限公司科技部。

72.5kV 气体绝缘金属封闭开关设备采购标准 第 5 部分：72.5kV/1250A～31.5kA 气体绝缘金属封闭开关设备专用技术规范

1 范围

本部分规定了 72.5kV/1250A～31.5kA 气体绝缘金属封闭开关设备招标的标准技术参数、项目需求及投标人响应的相关内容。

本部分适用于 72.5kV/1250A～31.5kA 气体绝缘金属封闭开关设备招标。

2 规范性引用文件

下列文件对于本文件的应用是必不可少的。凡是注日期的引用文件，仅注日期的版本适用于本文件。凡是不注日期的引用文件，其最新版本（包括所有的修改单）适用于本文件。

Q/GDW 13096.1　72.5kV 气体绝缘金属封闭开关设备采购标准　第 1 部分：通用技术规范

Q/GDW 13001—2014　高海拔外绝缘配置技术规范

3 术语和定义

下列术语和定义适用于本文件。

3.1

招标人　bidder

提出招标项目，进行招标的法人或其他组织。

3.2

投标人　tenderer

响应招标、参加投标竞争的法人或者其他组织。

3.3

卖方（供方）　seller（supplier）

提供本部分货物和技术服务的法人或其他组织，包括其法定的承继者。

3.4

买方（需方）　buyer（purchaser）

购买本部分货物和技术服务的法人或其他组织，包括其法定的承继者和经许可的受让人。

4 标准技术参数

技术参数特性表是国家电网有限公司对采购设备的基础技术参数要求，在招投标过程中，投标人应依据招标文件，对技术参数特性表中标准参数值进行响应。72.5kV/1250A～31.5kA 气体绝缘金属封闭开关设备参数特性见表 1。物资应满足 Q/GDW 13096.1 的要求。

表1 技术参数特性表

序号	项目			单位	标准参数值
一	GIS 共用参数				
1	额定电压			kV	72.5
2	额定电流		出线	A	1250
			进线		1250/2000/3150
			分段、母联		1250/2000/3150
			主母线		1250
3	额定工频 1min 耐受电压（相对地）			kV	160
4	额定雷电冲击耐受电压峰值（1.2/50μs）（相对地）			kV	350
5	额定短路开断电流			kA	31.5
6	额定短路关合电流			kA	80
7	额定短时耐受电流及持续时间			kA/s	31.5/3
8	额定峰值耐受电流			kA	80
9	辅助和控制回路短时工频耐受电压			kV	2
10	SF_6气体压力（20℃，表压）		断路器室	MPa	（投标人提供）
			其他隔室		（投标人提供）
11	每个隔室 SF_6 气体漏气率			%/年	≤0.5
12	SF_6气体湿度	有电弧分解物隔室	交接验收值	μL/L	≤150
			长期运行允许值		≤300
		无电弧分解物隔室	交接验收值		≤250
			长期运行允许值		≤500
13	局部放电		试验电压	kV	$1.2\times72.5/\sqrt{3}$
			每个间隔	pC	≤5
			每单个绝缘件		≤3
			套管		≤5
			电流互感器		≤5
			电压互感器		≤10
			避雷器		≤10
14	供电电源		控制回路	V	DC110/DC220/AC220
			辅助回路	V	AC220/AC380
15	使用寿命			年	≥40
16	检修周期			年	≥20
17	设备质量		SF_6 气体质量	kg	（投标人提供）
			总质量	kg	（投标人提供）
			最大运输质量	kg	（投标人提供）

表 1（续）

序号	项　　目		单位	标准参数值
17	设备质量	动荷载向下	kg	（投标人提供）
		动荷载向上	kg	（投标人提供）
18	设备尺寸	设备的整体尺寸	m	（投标人提供）
		设备的最大运输尺寸	m	（投标人提供）
19	结构布置	断路器		三相共箱
		母线		三相共箱
二	断路器参数			
1	型号			（投标人提供）
2	布置型式（立式或卧式）			（投标人提供）
3	断口数			1
4	额定电流	出线	A	1250
		进线		1250
		分段、母联		1250/2000/3150
5	主回路电阻		μΩ	（投标人提供）
6	温升试验电流		A	$1.1I_N$
7	额定工频 1min 耐受电压	断口	kV	200
		对地		160
	额定雷电冲击耐受电压峰值（1.2/50μs）	断口	kV	410
		对地		350
8	额定短路开断电流	交流分量有效值	kA	31.5
		时间常数	ms	45
		开断次数	次	≥20
		首相开断系数		1.5
9	额定短路关合电流		kA	80
10	额定短时耐受电流及持续时间		kA/s	31.5/3
11	额定峰值耐受电流		kA	80
12	开断时间		ms	≤60
13	合分时间		ms	（投标人提供）
14	分闸时间		ms	≤40
15	合闸时间		ms	≤120
16	重合闸无电流间隙时间		ms	300
17	分、合闸速度	刚分速度	m/s	（投标人提供）
		刚合速度		（投标人提供）
18	分闸不同期性		ms	≤2
19	合闸不同期性		ms	≤2

表 1（续）

序号	项　　目		单位	标准参数值
20	机械寿命		次	≥5000
21	额定操作顺序			O－0.3s－CO－180s－CO
22	现场开合空载变压器能力	空载变压器容量	MVA	31.5/40/50
		空载励磁电流	A	0.5～15
		试验电压	kV	72.5
		操作顺序		10×O 和 10×（CO）
23	现场开合空载线路充电电流试验	试验电流	A	由实际线路长度决定
		试验电压	kV	72.5
		试验条件		线路原则上不得带有泄压设备，如电抗器、避雷器、电磁式电压互感器等
		操作顺序		10×（O－0.3s－CO）
24	容性电流开合试验（试验室）	试验电流	A	线路：10；电缆：125
		试验电压	kV	$1.4\times72.5/\sqrt{3}$
		C1 级：LC1 和 CC1：24×O；LC2 和 CC2：24×CO C2 级：LC1 和 CC1：48×O；LC2 和 CC2：24×O 和 24×CO		C1 级/C2 级
25	近区故障条件下的开合能力	L90	kA	28.4
		L75	kA	23.6
		L60	kA	18.9（L75 的最小燃弧时间大于 L90 的最小燃弧时间 5ms 时）
		操作顺序		O－0.3s－CO－180s－CO
26	失步关合和开断能力	开断电流	kA	7.9
		试验电压	kV	$2.5\times72.5/\sqrt{3}$
		操作顺序		方式 1：O－O－O 方式 2：CO－O－O
27	异相接地故障开断试验	试验电流	kA	27.3
		试验电压	kV	72.5
		操作顺序		O－0.3s－CO－180s－CO
28	SF_6 气体压力（表压，20℃）	额定	MPa	（投标人提供）
		报警		（投标人提供）
		最低		（投标人提供）
		闭锁		（投标人提供）

表 1（续）

序号	项目		单位	标准参数值
29	操动机构型式或型号			弹簧
	操作方式			三相机械联动
	电动机电压		V	AC 380/AC220
	合闸操作电源	额定操作电压	V	DC 220/110
		操作电压允许范围		85%～110%额定操作电压，30%及以下额定电压不得动作
		每相线圈数量	只	1
		每只线圈涌流	A	（投标人提供）
		每只线圈稳态电流	A	DC 220V、2.5A 或 DC 110V、5A
	分闸操作电源	额定操作电压	V	DC 220/110
		操作电压允许范围		65%～110%额定操作电压，30%及以下额定电压不得动作
		每相线圈数量	只	1
		每只线圈涌流	A	（投标人提供）
		每只线圈稳态电流	A	DC 220V、2.5A 或 DC 110V、5A
	驱潮/加热器	电压	V	AC 220
		运行方式		常投/温湿自动投切
		每相功率（驱潮/加热）	W	（投标人提供）/（投标人提供）
	备用辅助触点	数量	对	10 常开 10 常闭（引出到相应汇控柜端子排）
		开断能力		DC 220V、2.5A 或 DC 110V、5A
	检修周期		年	≥20
	弹簧机构	储能时间	s	≤20
30	断路器的质量	断路器包括辅助设备的总质量	kg	（投标人提供）
		每相操动机构的质量	kg	（投标人提供）
		每相 SF_6 气体质量	kg	（投标人提供）
		运输总质量	kg	（投标人提供）
31	运输高度		m	（投标人提供）
32	起吊高度		m	（投标人提供）
三	隔离开关参数			
1	型式/型号			（投标人提供）

表 1（续）

序号	项　　目		单位	标准参数值
2	额定电流	出线	A	1250
		进线	A	1250
		分段、母联	A	1250/2000/3150
3	主回路电阻		μΩ	（投标人提供）
4	温升试验电流		A	$1.1I_N$
5	额定工频 1min 耐受电压	断口	kV	200
		对地		160
	额定雷电冲击耐受电压峰值（1.2/50μs）	断口	kV	410
		对地		350
6	额定短时耐受电流及持续时间		kA/s	31.5/3
7	额定峰值耐受电流		kA	80
8	分、合闸时间	分闸时间	ms	（投标人提供）
		合闸时间		（投标人提供）
9	分、合闸速度	刚分速度	m/s	（投标人提供）
		刚合速度		（投标人提供）
10	机械寿命		次	≥3000
11	开合小电容电流值		A	1
12	开合小电感电流值		A	0.5
13	开合母线转换电流能力	转换电流	A	1600
		转换电压	V	10
		开断次数	次	100
14	操动机构	型式或型号		电动并可手动
		电动机电压	V	AC 380/220
		控制电压	V	AC 220
		允许电压变化范围		85%～110%
		操作方式		三相机械联动
	备用辅助触点	数量	对	10 常开 10 常闭（引出到相应汇控柜端子排）
		开断能力		DC 220V、2.5A 或 DC 110V、5A
四	快速接地开关参数			
1	额定短时耐受电流及持续时间		kA/s	31.5/3
2	额定峰值耐受电流		kA	80
3	额定短路关合电流		kA	80
4	额定短路电流关合次数		次	≥2

表 1（续）

序号	项　目			单位	标准参数值
5	分、合闸时间		分闸时间	ms	（投标人提供）
			合闸时间		（投标人提供）
6	分、合闸速度		刚分速度	m/s	（投标人提供）
			刚合速度		（投标人提供）
7	机械寿命			次	≥3000
8	开合感应电流能力（A 类/B 类）	电磁感应	感性电流	A	50/100
			开断次数	次	10
			感应电压	kV	0.5/4
		静电感应	容性电流	A	0.4/2
			开断次数	次	10
			感应电压	kV	3/6
9	操动机构		型式或型号		电动并可手动
			电动机电压	V	AC 380/220
			控制电压	V	AC 220
			允许电压变化范围		85%～110%
	备用辅助触点		数量	对	8 常开 8 常闭（引出到相应汇控柜端子排）
			开断能力		DC 220V、2.5A 或 DC 110V、5A
五	检修接地开关参数				
1	额定短时耐受电流及持续时间			kA/s	31.5/3
2	额定峰值耐受电流			kA	80
3	机械寿命			次	≥3000
4	操动机构		型式或型号		电动并可手动
			电动机电压	V	AC 380/220
			控制电压	V	AC 220
			允许电压变化范围		85%～110%
	备用辅助触点		数量	对	8 常开 8 常闭
			开断能力		DC 220V、2.5A 或 DC 110V、5A
六	电流互感器参数				
1	型式或型号				电磁式
2	布置型式				内置/外置
3	额定电流比[1]				根据实际工程选择，0.2/0.2S 次级要求带中间抽头

表 1（续）

序号	项　　目	单位	标准参数值
4	准确级组合及额定容量[1]		500kV 变电站 66kV 主变： TPY/TPY/5P/0.2S 15VA/15VA/15VA/15VA（50VA/50VA/50VA/50VA） 500kV 变电站 66kV 其他间隔： 5P/0.2 15VA/15VA（50VA/50VA） 220kV 及 66kV 变电站 66k 主变： 5P/5P/0.2S/0.2S 15VA/15VA/15VA/15VA（50VA/50VA/50VA/50VA） 220kV 及 66kV 变电站 66kV 出线和电容器： 5P/0.2S 15VA/15VA（50VA/50VA） 220kV 变电站 66kV 母线站用变： 5P/5P/0.2S 15VA/15VA/15VA（50VA/50VA/50VA） 220kV 变电站 66kV 线路站用变： 5P/0.2S/0.2S 15VA/15VA/15VA（50VA/50VA/50VA）
七	电压互感器参数		
1	型式或型号		电磁式
2	额定电压比		$\frac{66}{\sqrt{3}}/\frac{0.1}{\sqrt{3}}$kV（单相）、 $\frac{66}{\sqrt{3}}/\frac{0.1}{\sqrt{3}}/\frac{0.1}{\sqrt{3}}/\frac{0.1}{\sqrt{3}}/0.1$kV
3	准确级		0.5（3P）、 0.2/0.5（3P）/0.5（3P）/6P
4	容量	VA	10、10/10/10/10
5	接线组别		Y/Y、Y/Y/Y/△
6	三相不平衡度	V	1
7	低压绕组 1min 工频耐压	kV	3
8	额定电压因数		1.2 倍连续，1.9 倍 8h
八	避雷器参数		
1	额定电压	kV	96

表 1（续）

序号	项　　目		单位	标准参数值
2	持续运行电压		kV	75
3	标称放电电流（8/20μs）		kA	5
4	陡波冲击电流下残压（1/10μs）		kV	267
5	雷电冲击电流下残压（8/20μs）		kV	232
6	操作冲击电流下残压（30/60μs）		kV	198
7	直流 1mA 参考电压		kV	140
8	75%直流 1mA 参考电压下的泄漏电流		μA	（投标人提供）
9	工频参考电压（有效值）		kV	（投标人提供）
10	工频参考电流（峰值）		mA	（投标人提供）
11	持续电流	全电流	mA	（投标人提供）
		阻性电流	μA	（投标人提供）
12	长持续时间冲击耐受电流	线路放电等级		1/2
		方波电流冲击	A	400/600
13	4/10μs 大冲击耐受电流		kA	80
14	动作负载			（投标人提供）
15	工频电压耐受时间特性			（投标人提供）
16	千伏额定电压吸收能力		kJ/kV	（投标人提供）
17	压力释放能力		kA/s	31.5/0.2
九	套管参数			
1	伞裙型式			大小伞
2	材质			瓷/复合绝缘
3	额定电流		A	1250
4	额定短时耐受电流及持续时间		kA/s	31.5/3
5	额定峰值耐受电流		kA	80
6	额定工频 1min 耐受电压（相对地）		kV	160
7	额定雷电冲击耐受电压峰值（1.2/50μs）（相对地）		kV	350
8	爬电距离		mm	$2248k_{ad}$（当平均直径 D_a＜300mm 时，k_{ad}=1.0；当平均直径 D_a≥300mm 时，k_{ad}=0.000 5D_a+0.85）
9	干弧距离		mm	≥650
10	*S/P*			≥0.9
11	端子静负载	水平纵向	N	1250
		水平横向	N	750
		垂直	N	1000
		安全系数		静态≥2.75，动态≥1.7

表 1（续）

<table>
<tr><th>序号</th><th colspan="2">项　　目</th><th>单位</th><th>标准参数值</th></tr>
<tr><td>12</td><td colspan="2">套管顶部金属带电部分的相间最小净距</td><td>mm</td><td>≥650</td></tr>
<tr><td>十</td><td colspan="4">环氧浇注绝缘子参数</td></tr>
<tr><td>1</td><td colspan="2">安全系数</td><td></td><td>大于 3 倍设计压力</td></tr>
<tr><td>2</td><td colspan="2">2 倍额定相电压下泄漏电流</td><td>μA</td><td>50</td></tr>
<tr><td>3</td><td colspan="2">1.1 倍额定相电压下最大场强</td><td>kV/mm</td><td>≤1.5</td></tr>
<tr><td>十一</td><td colspan="4">主母线参数</td></tr>
<tr><td>1</td><td colspan="2">材质</td><td></td><td>铝</td></tr>
<tr><td>2</td><td colspan="2">额定电流</td><td>A</td><td>1250/3150</td></tr>
<tr><td>3</td><td colspan="2">额定短时耐受电流及持续时间</td><td>kA/s</td><td>31.5/3</td></tr>
<tr><td>4</td><td colspan="2">额定峰值耐受电流</td><td>kA</td><td>80</td></tr>
<tr><td>5</td><td colspan="2">导体直径（内径/外径）</td><td>mm</td><td>（投标人提供）</td></tr>
<tr><td>十二</td><td colspan="4">外壳参数</td></tr>
<tr><td>1</td><td colspan="2">材质</td><td></td><td>钢、铸铝、铝合金</td></tr>
<tr><td>2</td><td colspan="2">外壳破坏压力</td><td></td><td>铸铝和铝合金：5 倍的设计压力；焊接铝外壳和钢外壳：3 倍的设计压力</td></tr>
<tr><td rowspan="4">3</td><td rowspan="4">温升</td><td>试验电流</td><td>A</td><td>$1.1I_N$</td></tr>
<tr><td>可以接触部位</td><td>K</td><td>≤30</td></tr>
<tr><td>可能接触部位</td><td>K</td><td>≤40</td></tr>
<tr><td>不可接触部位</td><td>K</td><td>≤65</td></tr>
<tr><td rowspan="2">4</td><td rowspan="2">外壳耐烧穿的能力</td><td>电流</td><td>kA</td><td>31.5</td></tr>
<tr><td>时间</td><td>s</td><td>0.2</td></tr>
<tr><td>5</td><td colspan="2">防爆膜的设置</td><td></td><td>（投标人提供）</td></tr>
<tr><td>6</td><td colspan="2">感应电压</td><td></td><td>正常运行条件≤24V，故障条件≤100V</td></tr>
<tr><td>十三</td><td colspan="4">伸缩节参数</td></tr>
<tr><td>1</td><td colspan="2">材质</td><td></td><td>不锈钢</td></tr>
<tr><td>2</td><td colspan="2">使用寿命</td><td></td><td>≥40 年或 10 000 次伸缩</td></tr>
<tr><td>十四</td><td colspan="4">SF_6气体参数</td></tr>
<tr><td>1</td><td colspan="2">湿度</td><td>μg/g</td><td>≤8</td></tr>
<tr><td>2</td><td colspan="2">纯度</td><td>%</td><td>≥99.9</td></tr>
</table>

注：本表适用于海拔 1000m 及以下地区户外正常使用条件，高海拔地区所用设备按照实际污区分布进行设备选型，并按照 Q/GDW 13001—2014《高海拔外绝缘配置技术规范》要求进行海拔修正，其他特殊适用条件根据工程实际情况进行修改。

[1] 绕组抽头及准确级排列可根据工程实际情况确定，括号内为额定二次电流 5A 的参数值。

5 组件材料配置表

组件材料配置表包括元件名称、规格形式参数、单位、数量和产地等信息，具体内容和格式根据招标项目情况进行编制。

6 使用环境条件表

72.5kV/1250A～31.5kA 气体绝缘金属封闭开关设备使用环境条件见表 2。特殊环境要求根据项目情况进行编制。

表2 使用环境条件表

序号	名称		单位	标准参数	项目需求值
1	周围空气温度	最高气温	℃	+40	
		最低气温		–25	
		最大日温差	（i）K	25	
2	海拔		m	≤1000	
3	太阳辐射强度		W/cm²	0.1	
4	污秽等级			e 级	
5	覆冰厚度		mm	10	
6	风速/风压		m/s/Pa	34/700	
7	湿度	日相对湿度平均值	%	≤95	
		月相对湿度平均值		≤90	
8	耐受地震能力（水平加速度）		m/s²	2	
9	由于主回路中的开合操作在辅助和控制回路上所感应的共模电压的幅值		kV	≤1.6	
10	系统中性点接地方式		非有效接地		
11	安装地点		户内/户外		

7 需提供的工程图纸

需提供的工程图纸有电气主接线图、设备平面布置图、断面布置图和 SF_6 系统图。

ICS 29.240

Q/GDW

国家电网有限公司企业标准

Q/GDW 13096.6 — 2018
代替 Q/GDW 13096.6 — 2014

72.5kV 气体绝缘金属封闭开关设备
采 购 标 准
第 6 部分：72.5kV/2000A～31.5kA
复合式气体绝缘金属封闭开关
设备专用技术规范

Purchasing standard of 72.5kV gas insulate metal - enclosed switchgear
Part 6: special technical specification of 72.5kV/2000A～31.5kA
hybrid gas insulate metal-enclosed switchgear (HGIS)

2019-06-28发布　　　　2019-06-28实施

国家电网有限公司　发 布

目　　次

前　　言

为规范 72.5kV 气体绝缘金属封闭开关设备的采购，制定本部分

《72.5kV 气体绝缘金属封闭开关设备采购标准》分为 7 个部分：

——第 1 部分：通用技术规范；

——第 2 部分：72.5kV/2000A～31.5kA 气体绝缘金属封闭开关设备专用技术规范；

——第 3 部分：72.5kV/3150A～40kA 气体绝缘金属封闭开关设备专用技术规范；

——第 4 部分：72.5kV/3150A～31.5kA 气体绝缘金属封闭开关设备专用技术规范；

——第 5 部分：72.5kV/1250A～31.5kA 气体绝缘金属封闭开关设备专用技术规范；

——第 6 部分：72.5kV/2000A～31.5kA 复合式气体绝缘金属封闭开关设备专用技术规范；

——第 7 部分：72.5kV/3150A～31.5kA 复合式气体绝缘金属封闭开关设备专用技术规范。

本部分为《72.5kV 气体绝缘金属封闭开关设备采购标准》的第 6 部分。

本部分代替 Q/GDW 13096.6—2014，与 Q/GDW 13096.6—2014 相比，主要技术性差异如下：

——修改了对额定短时耐受电流及持续时间、外壳耐烧穿能力、操动机构型式、备用辅助触点、爬电距离、干弧距离、伸缩节使用寿命、污秽等级和工程图纸等的要求。

本部分由国家电网有限公司物资部提出并解释。

本部分由国家电网有限公司科技部归口。

本部分起草单位：国网浙江省电力有限公司、中国电力科学研究院有限公司、国网江苏省电力有限公司。

本部分主要起草人：徐华、王绍安、和彦淼、肖国磊、陈珉、宋思齐、张志仁、杨子彤、赵欣。

本部分 2014 年 9 月首次发布，2018 年 12 月第一次修订。

本部分在执行过程中的意见或建议反馈至国家电网有限公司科技部。

72.5kV 气体绝缘金属封闭开关设备采购标准 第 6 部分：72.5kV/2000A～31.5kA 复合式气体绝缘金属封闭开关设备专用技术规范

1 范围

本部分规定了 72.5kV/2000A～31.5kA 复合式气体绝缘金属封闭开关设备招标的标准技术参数、项目需求及投标人响应的相关内容。

本部分适用于 72.5kV/2000A～31.5kA 复合式气体绝缘金属封闭开关设备招标。

2 规范性引用文件

下列文件对于本文件的应用是必不可少的。凡是注日期的引用文件，仅注日期的版本适用于本文件。凡是不注日期的引用文件，其最新版本（包括所有的修改单）适用于本文件。

Q/GDW 13096.1　72.5kV 气体绝缘金属封闭开关设备采购标准　第 1 部分：通用技术规范

Q/GDW 13001—2014　高海拔外绝缘配置技术规范

3 术语和定义

下列术语和定义适用于本文件。

3.1

招标人　bidder

提出招标项目，进行招标的法人或其他组织。

3.2

投标人　tenderer

响应招标、参加投标竞争的法人或者其他组织。

3.3

卖方（供方）　seller（supplier）

提供本部分货物和技术服务的法人或其他组织，包括其法定的承继者。

3.4

买方（需方）　buyer（purchaser）

购买本部分货物和技术服务的法人或其他组织，包括其法定的承继者和经许可的受让人。

4 标准技术参数

技术参数特性表是国家电网有限公司对采购设备的基础技术参数要求，在招投标过程中，投标人应依据招标文件，对技术参数特性表中标准参数值进行响应。72.5kV/2000A～31.5kA 复合式气体绝缘金属封闭开关设备参数特性见表 1。物资应满足 Q/GDW 13096.1 的要求。

表1 技术参数特性表

<table>
<tr><th>序号</th><th colspan="3">项 目</th><th>单位</th><th>标准参数值</th></tr>
<tr><td>一</td><td colspan="5">HGIS 共用参数</td></tr>
<tr><td>1</td><td colspan="3">额定电压</td><td>kV</td><td>72.5</td></tr>
<tr><td rowspan="3">2</td><td colspan="2" rowspan="3">额定电流</td><td>出线</td><td rowspan="3">A</td><td>2000</td></tr>
<tr><td>进线</td><td>2000</td></tr>
<tr><td>分段、母联</td><td>2000</td></tr>
<tr><td>3</td><td colspan="3">额定工频 1min 耐受电压（相对地）</td><td>kV</td><td>160</td></tr>
<tr><td>4</td><td colspan="3">额定雷电冲击耐受电压峰值
（1.2/50μs）（相对地）</td><td>kV</td><td>350</td></tr>
<tr><td>5</td><td colspan="3">额定短路开断电流</td><td>kA</td><td>31.5</td></tr>
<tr><td>6</td><td colspan="3">额定短路关合电流</td><td>kA</td><td>80</td></tr>
<tr><td>7</td><td colspan="3">额定短时耐受电流及持续时间</td><td>kA/s</td><td>31.5/3</td></tr>
<tr><td>8</td><td colspan="3">额定峰值耐受电流</td><td>kA</td><td>80</td></tr>
<tr><td>9</td><td colspan="3">辅助和控制回路短时工频耐受电压</td><td>kV</td><td>2</td></tr>
<tr><td rowspan="2">10</td><td colspan="2" rowspan="2">SF_6 气体压力
（20℃，表压）</td><td>断路器室</td><td rowspan="2">MPa</td><td>（投标人提供）</td></tr>
<tr><td>其他隔室</td><td>（投标人提供）</td></tr>
<tr><td>11</td><td colspan="3">每个隔室 SF_6 气体漏气率</td><td>%/年</td><td>≤0.5</td></tr>
<tr><td rowspan="4">12</td><td rowspan="4">SF_6 气体湿度</td><td rowspan="2">有电弧分解物隔室</td><td>交接验收值</td><td rowspan="4">μL/L</td><td>≤150</td></tr>
<tr><td>长期运行允许值</td><td>≤300</td></tr>
<tr><td rowspan="2">无电弧分解物隔室</td><td>交接验收值</td><td>≤250</td></tr>
<tr><td>长期运行允许值</td><td>≤500</td></tr>
<tr><td rowspan="7">13</td><td colspan="2" rowspan="7">局部放电</td><td>试验电压</td><td>kV</td><td>$1.2\times72.5/\sqrt{3}$</td></tr>
<tr><td>每个间隔</td><td rowspan="6">pC</td><td>≤5</td></tr>
<tr><td>每单个绝缘件</td><td>≤3</td></tr>
<tr><td>套管</td><td>≤5</td></tr>
<tr><td>电流互感器</td><td>≤5</td></tr>
<tr><td>电压互感器</td><td>≤10</td></tr>
<tr><td>避雷器</td><td>≤10</td></tr>
<tr><td rowspan="2">14</td><td colspan="2" rowspan="2">供电电源</td><td>控制回路</td><td>V</td><td>DC 220/DC110/AC220</td></tr>
<tr><td>辅助回路</td><td>V</td><td>AC 380/220</td></tr>
<tr><td>15</td><td colspan="3">使用寿命</td><td>年</td><td>≥40</td></tr>
<tr><td>16</td><td colspan="3">检修周期</td><td>年</td><td>≥20</td></tr>
<tr><td rowspan="3">17</td><td colspan="2" rowspan="3">设备质量</td><td>SF_6 气体质量</td><td>kg</td><td>（投标人提供）</td></tr>
<tr><td>总质量</td><td>kg</td><td>（投标人提供）</td></tr>
<tr><td>最大运输质量</td><td>kg</td><td>（投标人提供）</td></tr>
</table>

表 1（续）

序号	项　目		单位	标准参数值
17	设备质量	动荷载向下	kg	（投标人提供）
		动荷载向上	kg	（投标人提供）
18	设备尺寸	设备的整体尺寸	m	（投标人提供）
		设备的最大运输尺寸	m	（投标人提供）
19	结构布置	断路器		三相共箱
二	断路器参数			
1	型号			（投标人提供）
2	布置型式（立式或卧式）			（投标人提供）
3	断口数			1
4	额定电流	出线	A	2000
		进线		2000
		分段、母联		2000
5	主回路电阻		μΩ	（投标人提供）
6	温升试验电流		A	$1.1I_N$
7	额定工频 1min 耐受电压	断口	kV	200
		对地		160
	额定雷电冲击耐受电压峰值（1.2/50μs）	断口	kV	410
		对地		350
8	额定短路开断电流	交流分量有效值	kA	31.5
		时间常数	ms	45
		开断次数	次	≥20
		首相开断系数		1.5
9	额定短路关合电流		kA	80
10	额定短时耐受电流及持续时间		kA/s	31.5/3
11	额定峰值耐受电流		kA	80
12	开断时间		ms	≤60
13	合分时间		ms	（投标人提供）
14	分闸时间		ms	≤40
15	合闸时间		ms	≤120
16	重合闸无电流间隙时间		ms	300
17	分、合闸速度	刚分速度	m/s	（投标人提供）
		刚合速度		（投标人提供）
18	分闸不同期性		ms	≤2
19	合闸不同期性		ms	≤2
20	机械寿命		次	≥5000

表 1（续）

序号	项　　目		单位	标准参数值
21	额定操作顺序			O－0.3s－CO－180s－CO
22	现场开合空载变压器能力	空载变压器容量	MVA	31.5/40/50
		空载励磁电流	A	0.5～15
		试验电压	kV	72.5
		操作顺序		10×O 和 10×（CO）
23	现场开合空载线路充电电流试验	试验电流	A	由实际线路长度决定
		试验电压	kV	72.5
		试验条件		线路原则上不得带有泄压设备，如电抗器、避雷器、电磁式电压互感器等
		操作顺序		10×（O－0.3s－CO）
24	容性电流开合试验（试验室）	试验电流	A	线路：10，电缆：125
		试验电压	kV	$1.4×72.5/\sqrt{3}$
		C1 级：LC1 和 CC1：24×O；LC2 和 CC2：24×CO C2 级：LC1 和 CC1：48×O；LC2 和 CC2：24×O 和 24×CO		C1 级/C2 级
25	近区故障条件下的开合能力	L90	kA	36
		L75	kA	30
		L60	kA	24（L75 的最小燃弧时间大于 L90 的最小燃弧时间 5ms 时）
		操作顺序		O－0.3s－CO－180s－CO
26	失步关合和开断能力	开断电流	kA	10
		试验电压	kV	$2.5×72.5/\sqrt{3}$
		操作顺序		方式 1：O－O－O 方式 2：CO－O－O
27	异相接地故障开断试验	试验电流	kA	34.6
		试验电压	kV	72.5
		操作顺序		O－0.3s－CO－180s－CO
28	SF_6 气体压力（表压，20℃）	额定	MPa	（投标人提供）
		报警		（投标人提供）
		最低		（投标人提供）
		闭锁		（投标人提供）
29	操动机构型式或型号			弹簧
	操作方式			三相机械联动
	电动机电压		V	AC 380/220

表 1（续）

序号	项　　目		单位	标准参数值
29	合闸操作电源	额定操作电压	V	DC 220/110
		操作电压允许范围		85%～110%额定操作电压，30%及以下额定电压不得动作
		每相线圈数量	只	1
		每只线圈涌流	A	（投标人提供）
		每只线圈稳态电流	A	DC 220V、2.5A 或 DC 110V、5A
	分闸操作电源	额定操作电压	V	DC 220/110
		操作电压允许范围		65%～110%额定操作电压，30%及以下额定电压不得动作
		每相线圈数量	只	1
		每只线圈涌流	A	（投标人提供）
		每只线圈稳态电流	A	DC 220V、2.5A 或 DC 110V、5A
	驱潮/加热器	电压	V	AC 220
		运行方式		常投/温湿自动投切
		每相功率（驱潮/加热）	W	（投标人提供）/（投标人提供）
	备用辅助触点	数量	对	10 常开 10 常闭（引出到相应汇控柜端子排）
		开断能力		DC 220V、2.5A 或 DC 110V、5A
	检修周期		年	≥20
	弹簧机构	储能时间	s	≤20
30	断路器的质量	断路器包括辅助设备的总质量	kg	（投标人提供）
		每相操动机构的质量	kg	（投标人提供）
		每相 SF_6 气体质量	kg	（投标人提供）
		运输总质量	kg	（投标人提供）
31	运输高度		m	（投标人提供）
32	起吊高度		m	（投标人提供）
三	隔离开关参数			
1	型式/型号			（投标人提供）
2	额定电流	出线	A	2000
		进线	A	2000
		分段、母联	A	2000
3	主回路电阻		μΩ	（投标人提供）

表 1（续）

<table>
<tr><th>序号</th><th colspan="2">项　　目</th><th>单位</th><th>标准参数值</th></tr>
<tr><td>4</td><td colspan="2">温升试验电流</td><td>A</td><td>1.1I_N</td></tr>
<tr><td rowspan="4">5</td><td rowspan="2">额定工频 1min 耐受电压</td><td>断口</td><td rowspan="2">kV</td><td>200</td></tr>
<tr><td>对地</td><td>160</td></tr>
<tr><td rowspan="2">额定雷电冲击耐受电压峰值（1.2/50μs）</td><td>断口</td><td rowspan="2">kV</td><td>410</td></tr>
<tr><td>对地</td><td>350</td></tr>
<tr><td>6</td><td colspan="2">额定短时耐受电流及持续时间</td><td>kA/s</td><td>31.5/3</td></tr>
<tr><td>7</td><td colspan="2">额定峰值耐受电流</td><td>kA</td><td>80</td></tr>
<tr><td rowspan="2">8</td><td rowspan="2">分、合闸时间</td><td>分闸时间</td><td rowspan="2">ms</td><td>（投标人提供）</td></tr>
<tr><td>合闸时间</td><td>（投标人提供）</td></tr>
<tr><td rowspan="2">9</td><td rowspan="2">分、合闸速度</td><td>刚分速度</td><td rowspan="2">m/s</td><td>（投标人提供）</td></tr>
<tr><td>刚合速度</td><td>（投标人提供）</td></tr>
<tr><td>10</td><td colspan="2">机械寿命</td><td>次</td><td>≥3000</td></tr>
<tr><td>11</td><td colspan="2">开合小电容电流值</td><td>A</td><td>1</td></tr>
<tr><td>12</td><td colspan="2">开合小电感电流值</td><td>A</td><td>0.5</td></tr>
<tr><td rowspan="3">13</td><td rowspan="3">开合母线转换电流能力</td><td>转换电流</td><td>A</td><td>0.8Ie（≤1600）</td></tr>
<tr><td>转换电压</td><td>V</td><td>100</td></tr>
<tr><td>开断次数</td><td>次</td><td>100</td></tr>
<tr><td rowspan="7">14</td><td rowspan="5">操动机构</td><td>型式或型号</td><td></td><td>电动并可手动</td></tr>
<tr><td>电动机电压</td><td>V</td><td>AC 380/220</td></tr>
<tr><td>控制电压</td><td>V</td><td>AC/220</td></tr>
<tr><td>允许电压变化范围</td><td></td><td>85%～110%</td></tr>
<tr><td>操作方式</td><td></td><td>三相机械联动</td></tr>
<tr><td rowspan="2">备用辅助触点</td><td>数量</td><td>对</td><td>10 常开 10 常闭（引出到相应汇控柜端子排）</td></tr>
<tr><td>开断能力</td><td></td><td>DC 220V、2.5A 或
DC 110V、5A</td></tr>
<tr><td>四</td><td colspan="4">三工位隔离开关参数</td></tr>
<tr><td>1</td><td colspan="2">型式/型号</td><td></td><td>QS－QE 合一</td></tr>
<tr><td rowspan="3">2</td><td rowspan="3">额定电流</td><td>出线</td><td>A</td><td>2000</td></tr>
<tr><td>进线</td><td>A</td><td>2000</td></tr>
<tr><td>分段、母联</td><td>A</td><td>2000</td></tr>
<tr><td>3</td><td colspan="2">主回路电阻</td><td>μΩ</td><td>（投标人提供）</td></tr>
<tr><td>4</td><td colspan="2">温升试验电流</td><td>A</td><td>1.1I_N</td></tr>
</table>

表 1（续）

<table>
<tr><td>序号</td><td colspan="2">项　　目</td><td>单位</td><td>标准参数值</td></tr>
<tr><td rowspan="4">5</td><td rowspan="2">额定工频 1min 耐受电压</td><td>断口</td><td rowspan="2">kV</td><td>200</td></tr>
<tr><td>对地</td><td>160</td></tr>
<tr><td rowspan="2">额定雷电冲击耐受电压峰值（1.2/50μs）</td><td>断口</td><td rowspan="2">kV</td><td>410</td></tr>
<tr><td>对地</td><td>350</td></tr>
<tr><td>6</td><td colspan="2">隔离开关额定短时耐受电流及持续时间</td><td>kA/s</td><td>31.5/3</td></tr>
<tr><td>7</td><td colspan="2">隔离开关额定峰值耐受电流</td><td>kA</td><td>80</td></tr>
<tr><td rowspan="2">8</td><td rowspan="2">分、合闸时间</td><td>分闸时间</td><td rowspan="2">ms</td><td>（投标人提供）</td></tr>
<tr><td>合闸时间</td><td>（投标人提供）</td></tr>
<tr><td rowspan="2">9</td><td rowspan="2">分、合闸速度</td><td>刚分速度</td><td rowspan="2">m/s</td><td>（投标人提供）</td></tr>
<tr><td>刚合速度</td><td>（投标人提供）</td></tr>
<tr><td>10</td><td colspan="2">隔离开关机械寿命</td><td>次</td><td>≥3000</td></tr>
<tr><td>11</td><td colspan="2">开合小电容电流值</td><td>A</td><td>1</td></tr>
<tr><td>12</td><td colspan="2">开合小电感电流值</td><td>A</td><td>0.5</td></tr>
<tr><td rowspan="3">13</td><td rowspan="3">开合母线转换电流能力</td><td>转换电流</td><td>A</td><td>0.8Ie（≤1600）</td></tr>
<tr><td>转换电压</td><td>V</td><td>10</td></tr>
<tr><td>开断次数</td><td>次</td><td>100</td></tr>
<tr><td rowspan="7">14</td><td rowspan="5">隔离开关操动机构</td><td>型式或型号</td><td></td><td>电动并可手动</td></tr>
<tr><td>电动机电压</td><td>V</td><td>AC 380/220</td></tr>
<tr><td>控制电压</td><td>V</td><td>AC/220</td></tr>
<tr><td>允许电压变化范围</td><td></td><td>85%～110%</td></tr>
<tr><td>操作方式</td><td></td><td>三相机械联动</td></tr>
<tr><td rowspan="2">隔离开关备用辅助触点</td><td>数量</td><td>对</td><td>10 常开 10 常闭（引出到相应汇控柜端子排）</td></tr>
<tr><td>开断能力</td><td></td><td>DC 220V、2.5A 或
DC 110V、5A</td></tr>
<tr><td>15</td><td colspan="2">接地开关额定短时耐受电流及持续时间</td><td>kA/s</td><td>31.5/3</td></tr>
<tr><td>16</td><td colspan="2">接地开关额定峰值耐受电流</td><td>kA</td><td>80</td></tr>
<tr><td>17</td><td colspan="2">接地开关机械寿命</td><td>次</td><td>≥3000</td></tr>
<tr><td>五</td><td colspan="4">检修接地开关参数</td></tr>
<tr><td>1</td><td colspan="2">额定短时耐受电流及持续时间</td><td>kA/s</td><td>31.5/3</td></tr>
<tr><td>2</td><td colspan="2">额定峰值耐受电流</td><td>kA</td><td>80</td></tr>
<tr><td>3</td><td colspan="2">机械寿命</td><td>次</td><td>≥3000</td></tr>
<tr><td rowspan="2">4</td><td rowspan="2">操动机构</td><td>型式或型号</td><td></td><td>电动并可手动</td></tr>
<tr><td>电动机电压</td><td>V</td><td>AC 380/220</td></tr>
</table>

表 1（续）

序号	项　　目		单位	标准参数值
4	操动机构	控制电压	V	AC 220/110，DC 220/110
		允许电压变化范围		85%～110%
	备用辅助触点	数量	对	8 常开 8 常闭
		开断能力		DC 220V、2.5A 或 DC 110V、5A
六	电流互感器参数			
1	型式或型号			电磁式
2	布置型式			内置/外置
3	额定电流比[1]			根据实际工程选择，0.2/0.2S 次级要求带中间抽头
4	准确级组合及额定容量[1]			220kV 变电站 66kV 主变： 5P/5P/0.2S/0.2S 15VA/15VA/15VA/15VA（50VA/50VA/50VA/50VA） 220kV 变电站 66kV 出线和电容器： 5P/0.2S 15VA/15VA（50VA/50VA） 220kV 变电站 66kV 母线站用变： 5P/5P/0.2S 15VA/15VA/15VA（50VA/50VA/50VA）
七	电压互感器参数			
1	型式或型号			电磁式
2	额定电压比			$\frac{66}{\sqrt{3}}/\frac{0.1}{\sqrt{3}}$kV（单相）
3	准确级			0.5（3P）
4	容量		VA	10
5	接线组别			Y/Y
6	三相不平衡度		V	1
7	低压绕组 1min 工频耐压		kV	3
8	额定电压因数			1.2 倍连续，1.9 倍 8h
八	套管参数			
1	伞裙型式			大小伞
2	材质			瓷/复合绝缘
3	额定电流		A	2000

表 1（续）

<table>
<tr><th>序号</th><th colspan="2">项　目</th><th>单位</th><th>标准参数值</th></tr>
<tr><td>4</td><td colspan="2">额定短时耐受电流及持续时间</td><td>kA/s</td><td>31.5/3</td></tr>
<tr><td>5</td><td colspan="2">额定峰值耐受电流</td><td>kA</td><td>80</td></tr>
<tr><td>6</td><td colspan="2">额定工频 1min 耐受电压（相对地）</td><td>kV</td><td>160</td></tr>
<tr><td>7</td><td colspan="2">额定雷电冲击耐受电压峰值（1.2/50μs）（相对地）</td><td>kV</td><td>350</td></tr>
<tr><td>8</td><td colspan="2">爬电距离</td><td>mm</td><td>$2248k_{ad}$（当平均直径 D_a＜300mm 时，k_{ad}=1.0；当平均直径 D_a≥300mm 时，k_{ad}=0.000 5D_a+0.85）</td></tr>
<tr><td>9</td><td colspan="2">干弧距离</td><td>mm</td><td>≥650</td></tr>
<tr><td>10</td><td colspan="2">S/P</td><td></td><td>≥0.9</td></tr>
<tr><td rowspan="4">11</td><td rowspan="4">端子静负载</td><td>水平纵向</td><td rowspan="3">N</td><td>1250</td></tr>
<tr><td>水平横向</td><td>750</td></tr>
<tr><td>垂直</td><td>1000</td></tr>
<tr><td>安全系数</td><td></td><td>静态：≥2.75，动态：≥1. 7</td></tr>
<tr><td>12</td><td colspan="2">套管顶部金属带电部分的相间最小净距</td><td>mm</td><td>≥650</td></tr>
<tr><td>九</td><td colspan="4">环氧浇注绝缘子参数</td></tr>
<tr><td>1</td><td colspan="2">安全系数</td><td></td><td>大于 3 倍设计压力</td></tr>
<tr><td>2</td><td colspan="2">2 倍额定相电压下泄漏电流</td><td>μA</td><td>50</td></tr>
<tr><td>3</td><td colspan="2">1.1 倍额定相电压下最大场强</td><td>kV/mm</td><td>≤1.5</td></tr>
<tr><td>十</td><td colspan="4">外壳参数</td></tr>
<tr><td>1</td><td colspan="2">材质</td><td></td><td>铸铝、铝合金</td></tr>
<tr><td>2</td><td colspan="2">外壳破坏压力</td><td></td><td>铸铝和铝合金：5 倍的设计压力；焊接铝外壳：3 倍的设计压力</td></tr>
<tr><td rowspan="4">3</td><td rowspan="4">温升</td><td>试验电流</td><td>A</td><td>$1.1I_r$</td></tr>
<tr><td>可以接触部位</td><td>K</td><td>≤30</td></tr>
<tr><td>可能接触部位</td><td>K</td><td>≤40</td></tr>
<tr><td>不可接触部位</td><td>K</td><td>≤65</td></tr>
<tr><td rowspan="2">4</td><td rowspan="2">外壳耐烧穿的能力</td><td>电流</td><td>kA</td><td>31.5</td></tr>
<tr><td>时间</td><td>s</td><td>0.2</td></tr>
<tr><td>5</td><td colspan="2">防爆膜的设置</td><td></td><td>（投标人提供）</td></tr>
<tr><td>6</td><td colspan="2">感应电压</td><td></td><td>正常运行条件≤24V，故障条件≤100V</td></tr>
<tr><td>十一</td><td colspan="4">伸缩节参数</td></tr>
<tr><td>1</td><td colspan="2">材质</td><td></td><td>不锈钢/铝合金</td></tr>
<tr><td>2</td><td colspan="2">使用寿命</td><td></td><td>≥40 年或 10 000 次伸缩</td></tr>
</table>

表 1（续）

序号	项　　目	单位	标准参数值
十二	SF_6气体参数		
1	湿度	μg/g	≤8
2	纯度	%	≥99.9

注：本表适用于海拔 1000m 及以下地区户外正常使用条件，高海拔地区所用设备按照实际污区分布进行设备选型，并按照 Q/GDW 13001—2014《高海拔外绝缘配置技术规范》要求进行海拔修正，其他特殊适用条件根据工程实际情况进行修改。

[1] 绕组抽头及准确级排列可根据工程实际情况确定，括号内为额定二次电流 5A 的参数值。

5 组件材料配置表

组件材料配置表包括元件名称、规格形式参数、单位、数量和产地等信息，具体内容和格式根据招标项目情况进行编制。

6 使用环境条件表

72.5kV/2000A～31.5kA 复合式气体绝缘金属封闭开关设备使用环境条件见表 2。特殊环境要求根据项目情况进行编制。

表 2 使用环境条件表

序号	名　　称		单位	标准参数值	项目需求值
1	周围空气温度	最高气温	℃	+40	
		最低气温		−25	
		最大日温差	K	25	
2	海拔		m	≤1000	
3	太阳辐射强度		W/cm^2	0.1	
4	污秽等级			e 级	
5	覆冰厚度		mm	10	
6	风速/风压		m/s/Pa	34/700	
7	湿度	日相对湿度平均值	%	≤95	
		月相对湿度平均值		≤90	
8	耐受地震能力（水平加速度）		m/s^2	2	
9	由于主回路中的开合操作在辅助和控制回路上所感应的共模电压的幅值		kV	≤1.6	
10	系统中性点接地方式		直接接地/不接地		
11	安装地点		户内/户外		

7 需提供的工程图纸

需提供的工程图纸有电气主接线图、设备平面布置图、断面布置图 SF_6系统图。

ICS 29.240

Q/GDW

国家电网有限公司企业标准

Q/GDW 13096.7 — 2018
代替 Q/GDW 13096.7 — 2014

72.5kV 气体绝缘金属封闭开关设备采购标准 第7部分：72.5kV/3150A～31.5kA 复合式气体绝缘金属封闭开关设备专用技术规范

Purchasing standard of 72.5kV gas insulate metal-enclosed switchgear Part 7: special technical specification of 72.5kV/3150A～31.5kA hybrid gas insulate metal-enclosed switchgear (HGIS)

2019-06-28发布　　2019-06-28实施

国家电网有限公司　发布

目　次

前　言

为规范 72.5kV 气体绝缘金属封闭开关设备的采购，制定本部分

《72.5kV 气体绝缘金属封闭开关设备采购标准》分为 7 个部分：

——第 1 部分：通用技术规范；

——第 2 部分：72.5kV/2000A～31.5kA 气体绝缘金属封闭开关设备专用技术规范；

——第 3 部分：72.5kV/3150A～40kA 气体绝缘金属封闭开关设备专用技术规范；

——第 4 部分：72.5kV/3150A～31.5kA 气体绝缘金属封闭开关设备专用技术规范；

——第 5 部分：72.5kV/1250A～31.5kA 气体绝缘金属封闭开关设备专用技术规范；

——第 6 部分：72.5kV/2000A～31.5kA 复合式气体绝缘金属封闭开关设备专用技术规范；

——第 7 部分：72.5kV/3150A～31.5kA 复合式气体绝缘金属封闭开关设备专用技术规范。

本部分为《72.5kV 气体绝缘金属封闭开关设备采购标准》的第 7 部分。

本部分代替 Q/GDW 13096.7—2014，与 Q/GDW 13096.7—2014 相比，主要技术性差异如下：

——修改了对额定短时耐受电流及持续时间、外壳耐烧穿能力、操动机构型式、备用辅助触点、爬电距离、干弧距离、伸缩节使用寿命、污秽等级和工程图纸等的要求。

本部分由国家电网有限公司物资部提出并解释。

本部分由国家电网有限公司科技部归口。

本部分起草单位：国网浙江省电力有限公司、中国电力科学研究院有限公司、国网江苏省电力有限公司。

本部分主要起草人：徐华、王绍安、和彦淼、肖国磊、陈珉、宋思齐、张志仁、张萌、赵欣。

本部分 2014 年 9 月首次发布，2018 年 12 月第一次修订。

本部分在执行过程中的意见或建议反馈至国家电网有限公司科技部。

72.5kV 气体绝缘金属封闭开关设备采购标准 第 7 部分：72.5kV/3150A～31.5kA 复合式气体绝缘金属封闭开关设备专用技术规范

1 范围

本部分规定了 72.5kV/3150A～31.5kA 复合式气体绝缘金属封闭开关设备招标的标准技术参数、项目需求及投标人响应的相关内容。

本部分适用于 72.5kV/3150A～31.5kA 复合式气体绝缘金属封闭开关设备招标。

2 规范性引用文件

下列文件对于本文件的应用是必不可少的。凡是注日期的引用文件，仅注日期的版本适用于本文件。凡是不注日期的引用文件，其最新版本（包括所有的修改单）适用于本文件。

Q/GDW 13096.1　72.5kV 气体绝缘金属封闭开关设备采购标准　第 1 部分：通用技术规范

Q/GDW 13001—2014　高海拔外绝缘配置技术规范

3 术语和定义

下列术语和定义适用于本文件。

3.1

招标人　bidder

提出招标项目，进行招标的法人或其他组织。

3.2

投标人　tenderer

响应招标、参加投标竞争的法人或者其他组织。

3.3

卖方（供方）　seller（supplier）

提供本部分货物和技术服务的法人或其他组织，包括其法定的承继者。

3.4

买方（需方）　buyer（purchaser）

购买本部分货物和技术服务的法人或其他组织，包括其法定的承继者和经许可的受让人。

4 标准技术参数

技术参数特性表是国家电网有限公司对采购设备的基础技术参数要求，在招投标过程中，投标人应依据招标文件，对技术参数特性表中标准参数值进行响应。72.5kV/3150A～31.5kA 复合式气体绝缘金属封闭开关设备参数特性见表 1。物资应满足 Q/GDW 13096.1 的要求。

表1 技术参数特性表

序号	项目			单位	标准参数值
一	HGIS 共用参数				
1	额定电压			kV	72.5
2	额定电流		出线	A	3150
			进线		3150
			分段、母联		3150
3	额定工频 1min 耐受电压（相对地）			kV	160
4	额定雷电冲击耐受电压峰值（1.2/50μs）（相对地）			kV	350
5	额定短路开断电流			kA	31.5
6	额定短路关合电流			kA	80
7	额定短时耐受电流及持续时间			kA/s	31.5/3
8	额定峰值耐受电流			kA	80
9	辅助和控制回路短时工频耐受电压			kV	2
10	SF_6气体压力（20℃，表压）		断路器室	MPa	（投标人提供）
			其他隔室		（投标人提供）
11	每个隔室 SF_6 气体漏气率			%/年	≤0.5
12	SF_6气体湿度	有电弧分解物隔室	交接验收值	μL/L	≤150
			长期运行允许值		≤300
		无电弧分解物隔室	交接验收值		≤250
			长期运行允许值		≤500
13	局部放电		试验电压	kV	$1.2\times72.5/\sqrt{3}$
			每个间隔	pC	≤5
			每单个绝缘件		≤3
			套管		≤5
			电流互感器		≤5
			电压互感器		≤10
			避雷器		≤10
14	供电电源		控制回路	V	DC 220/DC110/AC220
			辅助回路	V	AC 380/220
15	使用寿命			年	≥40
16	检修周期			年	≥20
17	设备质量		SF_6气体质量	kg	（投标人提供）
			总质量	kg	（投标人提供）
			最大运输质量	kg	（投标人提供）

表 1（续）

序号	项　　目		单位	标准参数值
17	设备质量	动荷载向下	kg	（投标人提供）
		动荷载向上	kg	（投标人提供）
18	设备尺寸	设备的整体尺寸	m	（投标人提供）
		设备的最大运输尺寸	m	（投标人提供）
19	结构布置	断路器		三相共箱
二	断路器参数			
1	型号			（投标人提供）
2	布置型式（立式或卧式）			（投标人提供）
3	断口数			1
4	额定电流	出线	A	3150
		进线		3150
		分段、母联		3150
5	主回路电阻		μΩ	（投标人提供）
6	温升试验电流		A	$1.1I_N$
7	额定工频 1min 耐受电压	断口	kV	200
		对地		160
	额定雷电冲击耐受电压峰值（1.2/50μs）	断口	kV	410
		对地		350
8	额定短路开断电流	交流分量有效值	kA	31.5
		时间常数	ms	45
		开断次数	次	≥20
		首相开断系数		1.5
9	额定短路关合电流		kA	80
10	额定短时耐受电流及持续时间		kA/s	31.5/3
11	额定峰值耐受电流		kA	80
12	开断时间		ms	≤60
13	合分时间		ms	（投标人提供）
14	分闸时间		ms	≤40
15	合闸时间		ms	≤120
16	重合闸无电流间隙时间		ms	300
17	分、合闸速度	刚分速度	m/s	（投标人提供）
		刚合速度		（投标人提供）
18	分闸不同期性		ms	≤2
19	合闸不同期性		ms	≤2

表 1（续）

<table>
<tr><th>序号</th><th colspan="2">项　目</th><th>单位</th><th>标准参数值</th></tr>
<tr><td>20</td><td colspan="2">机械寿命</td><td>次</td><td>≥5000</td></tr>
<tr><td>21</td><td colspan="2">额定操作顺序</td><td></td><td>O－0.3s－CO－180s－CO</td></tr>
<tr><td rowspan="4">22</td><td rowspan="4">现场开合空载变压器能力</td><td>空载变压器容量</td><td>MVA</td><td>31.5/40/50</td></tr>
<tr><td>空载励磁电流</td><td>A</td><td>0.5～15</td></tr>
<tr><td>试验电压</td><td>kV</td><td>72.5</td></tr>
<tr><td>操作顺序</td><td></td><td>10×O 和 10×（CO）</td></tr>
<tr><td rowspan="4">23</td><td rowspan="4">现场开合空载线路充电电流试验</td><td>试验电流</td><td>A</td><td>由实际线路长度决定</td></tr>
<tr><td>试验电压</td><td>kV</td><td>72.5</td></tr>
<tr><td>试验条件</td><td></td><td>线路原则上不得带有泄压设备，如电抗器、避雷器、电磁式电压互感器等</td></tr>
<tr><td>操作顺序</td><td></td><td>10×（O－0.3s－CO）</td></tr>
<tr><td rowspan="3">24</td><td rowspan="3">容性电流开合试验（试验室）</td><td>试验电流</td><td>A</td><td>线路：10，电缆：125
电容器组：≥400</td></tr>
<tr><td>试验电压</td><td>kV</td><td>1.4×72.5/$\sqrt{3}$</td></tr>
<tr><td>C1 级：LC1 和 CC1：24×O；LC2 和 CC2：24×CO
C2 级：LC1 和 CC1：48×O；LC2 和 CC2：24×O 和 24×CO</td><td></td><td>C1 级/C2 级</td></tr>
<tr><td rowspan="2">25</td><td rowspan="2">现场开合电容器组能力</td><td>电容器容量</td><td>Mvar</td><td>根据实际运行要求</td></tr>
<tr><td>操作方式和要求</td><td></td><td>单组、背靠背开合各 10 次，无重燃</td></tr>
<tr><td rowspan="4">26</td><td rowspan="4">近区故障条件下的开合能力</td><td>L90</td><td>kA</td><td>36</td></tr>
<tr><td>L75</td><td>kA</td><td>30</td></tr>
<tr><td>L60</td><td>kA</td><td>24（L75 的最小燃弧时间大于 L90 的最小燃弧时间 5ms 时）</td></tr>
<tr><td>操作顺序</td><td></td><td>O－0.3s－CO－180s－CO</td></tr>
<tr><td rowspan="3">27</td><td rowspan="3">失步关合和开断能力</td><td>开断电流</td><td>kA</td><td>10</td></tr>
<tr><td>试验电压</td><td>kV</td><td>2.5×72.5/$\sqrt{3}$</td></tr>
<tr><td>操作顺序</td><td></td><td>方式 1：O－O－O
方式 2：CO－O－O</td></tr>
<tr><td rowspan="3">28</td><td rowspan="3">异相接地故障开断试验</td><td>试验电流</td><td>kA</td><td>34.6</td></tr>
<tr><td>试验电压</td><td>kV</td><td>72.5</td></tr>
<tr><td>操作顺序</td><td></td><td>O－0.3s－CO－180s－CO</td></tr>
<tr><td rowspan="4">29</td><td rowspan="4">SF_6 气体压力（表压，20℃）</td><td>额定</td><td rowspan="4">MPa</td><td>（投标人提供）</td></tr>
<tr><td>报警</td><td>（投标人提供）</td></tr>
<tr><td>最低</td><td>（投标人提供）</td></tr>
<tr><td>闭锁</td><td>（投标人提供）</td></tr>
</table>

表 1（续）

<table>
<tr><th>序号</th><th colspan="2">项　　目</th><th>单位</th><th>标准参数值</th></tr>
<tr><td rowspan="2">30</td><td colspan="2">操动机构型式或型号</td><td></td><td>弹簧</td></tr>
<tr><td colspan="2">操作方式</td><td></td><td>三相机械联动</td></tr>
<tr><td rowspan="20">31</td><td colspan="2">电动机电压</td><td>V</td><td>AC 380/220</td></tr>
<tr><td rowspan="5">合闸操作电源</td><td>额定操作电压</td><td>V</td><td>DC 220/110</td></tr>
<tr><td>操作电压允许范围</td><td></td><td>85%～110%额定操作电压，30%及以下额定电压不得动作</td></tr>
<tr><td>每相线圈数量</td><td>只</td><td>1</td></tr>
<tr><td>每只线圈涌流</td><td>A</td><td>（投标人提供）</td></tr>
<tr><td>每只线圈稳态电流</td><td>A</td><td>DC 220V、2.5A 或
DC 110V、5A</td></tr>
<tr><td rowspan="5">分闸操作电源</td><td>额定操作电压</td><td>V</td><td>DC 220/110</td></tr>
<tr><td>操作电压允许范围</td><td></td><td>65%～110%额定操作电压，30%及以下额定电压不得动作</td></tr>
<tr><td>每相线圈数量</td><td>只</td><td>1</td></tr>
<tr><td>每只线圈涌流</td><td>A</td><td>（投标人提供）</td></tr>
<tr><td>每只线圈稳态电流</td><td>A</td><td>DC 220V、2.5A 或
DC 110V、5A</td></tr>
<tr><td rowspan="3">驱潮/加热器</td><td>电压</td><td>V</td><td>AC 220</td></tr>
<tr><td>运行方式</td><td></td><td>常投/温湿自动投切</td></tr>
<tr><td>每相功率（驱潮/加热）</td><td>W</td><td>（投标人提供）/（投标人提供）</td></tr>
<tr><td rowspan="2">备用辅助触点</td><td>数量</td><td>对</td><td>10 常开 10 常闭（引出到相应汇控柜端子排）</td></tr>
<tr><td>开断能力</td><td></td><td>DC 220V、2.5A 或
DC 110V、5A</td></tr>
<tr><td colspan="2">检修周期</td><td>年</td><td>≥20</td></tr>
<tr><td>弹簧机构</td><td>储能时间</td><td>s</td><td>≤20</td></tr>
<tr><td rowspan="4">32</td><td rowspan="4">断路器的质量</td><td>断路器包括辅助设备的总质量</td><td>kg</td><td>（投标人提供）</td></tr>
<tr><td>每相操动机构的质量</td><td>kg</td><td>（投标人提供）</td></tr>
<tr><td>每相 SF_6 气体质量</td><td>kg</td><td>（投标人提供）</td></tr>
<tr><td>运输总质量</td><td>kg</td><td>（投标人提供）</td></tr>
<tr><td>33</td><td colspan="2">运输高度</td><td>m</td><td>（投标人提供）</td></tr>
<tr><td>34</td><td colspan="2">起吊高度</td><td>m</td><td>（投标人提供）</td></tr>
<tr><td>三</td><td colspan="4">隔离开关参数</td></tr>
<tr><td>1</td><td colspan="2">型式/型号</td><td></td><td>（投标人提供）</td></tr>
</table>

表 1（续）

序号	项　　目		单位	标准参数值
2	额定电流	出线	A	3150
		进线	A	3150
		分段、母联	A	3150
3	主回路电阻		μΩ	（投标人提供）
4	温升试验电流		A	$1.1I_r$
5	额定工频 1min 耐受电压	断口	kV	200
		对地		160
	额定雷电冲击耐受电压峰值（1.2/50μs）	断口	kV	410
		对地		350
6	额定短时耐受电流及持续时间		kA/s	31.5/3
7	额定峰值耐受电流		kA	80
8	分、合闸时间	分闸时间	ms	（投标人提供）
		合闸时间		（投标人提供）
9	分、合闸速度	刚分速度	m/s	（投标人提供）
		刚合速度		（投标人提供）
10	机械寿命		次	≥3000
11	开合小电容电流值		A	1
12	开合小电感电流值		A	0.5
13	开合母线转换电流能力	转换电流	A	0.8*Ie*（≤1600）
		转换电压	V	100
		开断次数	次	100
14	操动机构	型式或型号		电动并可手动
		电动机电压	V	AC 380/220
		控制电压	V	AC220
		允许电压变化范围		85%～110%
		操作方式		三相机械联动
	备用辅助触点	数量	对	10 常开 10 常闭（引出到相应汇控柜端子排）
		开断能力		DC 220V、2.5A 或 DC 110V、5A
四	三工位隔离开关参数			
1	型式/型号			QS－QE 合一
2	额定电流	出线	A	3150
		进线	A	3150
		分段、母联	A	3150

表 1（续）

序号	项　　目		单位	标准参数值
3	主回路电阻		μΩ	（投标人提供）
4	温升试验电流		A	$1.1I_N$
5	额定工频 1min 耐受电压	断口	kV	200
		对地		160
	额定雷电冲击耐受电压峰值（1.2/50μs）	断口	kV	410
		对地		350
6	隔离开关额定短时耐受电流及持续时间		kA/s	31.5/3
7	隔离开关额定峰值耐受电流		kA	80
8	分、合闸时间	分闸时间	ms	（投标人提供）
		合闸时间		（投标人提供）
9	分、合闸速度	刚分速度	m/s	（投标人提供）
		刚合速度		（投标人提供）
10	隔离开关机械寿命		次	≥3000
11	开合小电容电流值		A	1
12	开合小电感电流值		A	0.5
13	开合母线转换电流能力	转换电流	A	0.8Ie（≤1600）
		转换电压	V	10
		开断次数	次	100
14	隔离开关操动机构	型式或型号		电动并可手动
		电动机电压	V	AC 380/220
		控制电压	V	AC 220
		允许电压变化范围		85%～110%
		操作方式		三相机械联动
	隔离开关备用辅助触点	数量	对	10 常开 10 常闭（引出到相应汇控柜端子排）
		开断能力		DC 220V、2.5A 或 DC 110V、5A
15	接地开关额定短时耐受电流及持续时间		kA/s	31.5/3
16	接地开关额定峰值耐受电流		kA	80
17	接地开关机械寿命		次	≥3000
五	检修接地开关参数			
1	额定短时耐受电流及持续时间		kA/s	31.5/3
2	额定峰值耐受电流		kA	80
3	机械寿命		次	≥3000

表 1（续）

序号	项　　目		单位	标准参数值
4	操动机构	型式或型号		电动并可手动
		电动机电压	V	AC 380/220
		控制电压	V	AC 220/110，DC 220/110
		允许电压变化范围		85%～110%
	备用辅助触点	数量	对	8 常开 8 常闭
		开断能力		DC 220V、2.5A 或 DC 110V、5A
六	电流互感器参数			
1	型式或型号			电磁式
2	布置型式			内置/外置
3	额定电流比[1]			根据实际工程选择，0.2/0.2S 次级要求带中间抽头
4	准确级组合及额定容量[1]			220kV 变电站 66kV 主变： 5P/5P/0.2S/0.2S 15VA/15VA/15VA/15VA（50VA/50VA/50VA/50VA） 220kV 变电站 66kV 出线和电容器： 5P/0.2S 15VA/15VA（50VA/50VA） 220kV 变电站 66kV 母线站用变： 5P/5P/0.2S 15VA/15VA/15VA（50VA/50VA/50VA）
七	电压互感器参数			
1	型式或型号			电磁式
2	额定电压比			$\frac{66}{\sqrt{3}}/\frac{0.1}{\sqrt{3}}$kV（单相）
3	准确级			0.5（3P）
4	容量		VA	10
5	接线组别			Y/Y
6	三相不平衡度		V	1
7	低压绕组 1min 工频耐压		kV	3
8	额定电压因数			1.2 倍连续，1.5 倍 30s
八	套管参数			
1	伞裙型式			大小伞

表 1（续）

序号	项　　目		单位	标准参数值
2	材质			瓷/复合绝缘
3	额定电流		A	3150
4	额定短时耐受电流及持续时间		kA/s	31.5/3
5	额定峰值耐受电流		kA	80
6	额定工频 1min 耐受电压（相对地）		kV	160
7	额定雷电冲击耐受电压峰值（1.2/50μs）（相对地）		kV	350
8	爬电距离		mm	2248k_{ad}（当平均直径 D_a＜300mm 时，k_{ad}=1.0；当平均直径 D_a≥300mm 时，k_{ad}=0.000 5D_a+0.85）
9	干弧距离		mm	≥650
10	*S*/*P*			≥0.9
11	端子静负载	水平纵向	N	1250
		水平横向		750
		垂直		1000
		安全系数		静态：≥2.75，动态：≥1.7
12	套管顶部金属带电部分的相间最小净距		mm	≥650
九	环氧浇注绝缘子参数			
1	安全系数			大于 3 倍设计压力
2	2 倍额定相电压下泄漏电流		μA	50
3	1.1 倍额定相电压下最大场强		kV/mm	≤1.5
十	外壳参数			
1	材质			钢、铸铝、铝合金
2	外壳破坏压力			铸铝和铝合金：5 倍的设计压力；焊接铝外壳：3 倍的设计压力
3	温升	试验电流	A	1.1I_N
		可以接触部位	K	≤30
		可能接触部位	K	≤40
		不可接触部位	K	≤65
4	外壳耐烧穿的能力	电流	kA	31.5
		时间	s	0.2
5	防爆膜的设置			（投标人提供）
6	感应电压			正常运行条件≤24V，故障条件≤100V

表 1（续）

序号	项　　目	单位	标准参数值
十一	伸缩节参数		
1	材质		不锈钢/铝合金
2	使用寿命		≥40 年或 10 000 次伸缩
十二	SF_6 气体参数		
1	湿度	μg/g	≤8
2	纯度	%	≥99.9

注：本表适用于海拔 1000m 及以下地区户外正常使用条件，高海拔地区所用设备按照实际污区分布进行设备选型，并按照 Q/GDW 13001—2014《高海拔外绝缘配置技术规范》要求进行海拔修正，其他特殊适用条件根据工程实际情况进行修改。

[1] 绕组抽头及准确级排列可根据工程实际情况确定，括号内为额定二次电流 5A 的参数值。

5　组件材料配置表

组件材料配置表包括元件名称、规格形式参数、单位、数量和产地等信息，具体内容和格式根据招标项目情况进行编制。

6　使用环境条件表

72.5kV/2000A～31.5kA 复合式气体绝缘金属封闭开关设备使用环境条件见表 2。特殊环境要求根据项目情况进行编制。

表 2　使 用 环 境 条 件 表

序号	名　　称		单位	标准参数值	项目需求值
1	周围空气温度	最高气温	℃	+40	
		最低气温		−25	
		最大日温差	K	25	
2	海拔		m	≤1000	
3	太阳辐射强度		W/cm^2	0.1	
4	污秽等级			e 级	
5	覆冰厚度		mm	10	
6	风速/风压		m/s/Pa	34/700	
7	湿度	日相对湿度平均值	%	≤95	
		月相对湿度平均值		≤90	
8	耐受地震能力（水平加速度）		m/s^2	2	

表 2（续）

序号	名　　称	单位	标准参数值	项目需求值
9	由于主回路中的开合操作在辅助和控制回路上所感应的共模电压的幅值	kV	≤1.6	
10	系统中性点接地方式	直接接地/不接地		
11	安装地点	户内/户外		

7 需提供的工程图纸

需提供的工程图纸有电气主接线图、设备平面布置图、断面布置图和 SF_6 系统图。

ICS 29.240

Q/GDW

国家电网有限公司企业标准

Q/GDW 13097.1 — 2018
代替 Q/GDW 13097.1 — 2014

126kV～550kV 气体绝缘金属封闭开关设备采购标准
第 1 部分：通用技术规范

Purchasing standard of 126kV～550kV gas insulate metal-enclosed switchgear
Part 1: General technical specifiction

2019-06-28发布　　2019-06-28实施

国家电网有限公司　发 布

目　次

前　言

为规范126kV～550kV气体绝缘金属封闭开关设备的采购，制定本部分

《126kV～550kV气体绝缘金属封闭开关设备采购标准》分为20个部分：

——第1部分：通用技术规范；

——第2部分：126kV/2000A～40kA气体绝缘金属封闭开关设备专用技术规范；

——第3部分：126kV/3150A～40kA气体绝缘金属封闭开关设备专用技术规范；

——第4部分：252kV/3150A～50kA气体绝缘金属封闭开关设备专用技术规范；

——第5部分：252kV/4000A～50kA气体绝缘金属封闭开关设备专用技术规范；

——第6部分：363kV/3150A～50kA气体绝缘金属封闭开关设备专用技术规范；

——第7部分：363kV/4000A～50kA气体绝缘金属封闭开关设备专用技术规范；

——第8部分：363kV/5000A～63kA气体绝缘金属封闭开关设备专用技术规范；

——第9部分：550kV/4000A～63kA气体绝缘金属封闭开关设备专用技术规范；

——第10部分：550kV/5000A～63kA气体绝缘金属封闭开关设备专用技术规范；

——第11部分：126kV/2000A～40kA复合式气体绝缘金属封闭开关设备专用技术规范；

——第12部分：126kV/3150A～40kA复合式气体绝缘金属封闭开关设备专用技术规范；

——第13部分：252kV/3150A～50kA复合式气体绝缘金属封闭开关设备专用技术规范；

——第14部分：252kV/4000A～50kA复合式气体绝缘金属封闭开关设备专用技术规范；

——第15部分：363kV/3150A～50kA复合式气体绝缘金属封闭开关设备专用技术规范；

——第16部分：363kV/4000A～50kA复合式气体绝缘金属封闭开关设备专用技术规范；

——第17部分：550kV/4000A～63kA复合式气体绝缘金属封闭开关设备专用技术规范；

——第18部分：550kV/5000A～63kA复合式气体绝缘金属封闭开关设备专用技术规范

——第19部分：252kV/5000A～50kA复合式气体绝缘金属封闭开关设备专用技术规范；

——第20部分：363kV/5000A～63kA复合式气体绝缘金属封闭开关设备专用技术规范。

本部分为《126kV～550kV气体绝缘金属封闭开关设备采购标准》的第1部分。

本部分代替Q/GDW 13097.1—2014，与Q/GDW 13097.1—2014相比，主要技术性差异如下：

——增加了第2章规范性引用文件，第4章中卖方资料、运输方式，第5章中观察窗、伸缩节、绝缘子、汇控柜、金属件材料、二次绝缘材料、防水胶、防爆膜、设备安装、母线布置、防雨措施等方面的有关内容；

——修改了耐压试验、外壳内燃弧试验，机械操作试验等试验项目的要求，修改了汇控柜、控制信号回路、紧固接地螺栓、接地引线等的性能参数或配置要求；

——删除了现场交接试验协商条款。

本部分由国家电网有限公司物资部提出并解释。

本部分由国家电网有限公司科技部归口。

本部分起草单位：国网浙江省电力有限公司、中国电力科学研究院有限公司、国网江苏省电力有限公司。

本部分主要起草人：徐华、王绍安、和彦淼、王承玉、孙云生、林一泓、周彪、陈孝信、王婷婷、杨仲超、蔡勇、赵宏亮、丁子轩、沈涛。

本部分2014年9月首次发布，2018年12月第一次修订。

本部分在执行过程中的意见或建议反馈至国家电网有限公司科技部。

126kV～550kV 气体绝缘金属封闭开关设备采购标准
第 1 部分：通用技术规范

1 范围

本部分规定了 126kV～550kV 气体绝缘金属封闭开关设备（以下简称 GIS 或 HGIS）招标的总则、技术参数和性能要求、试验、包装、运输、交货及工厂检验和监造的一般要求。

本部分适用于 126kV～550kV GIS 或 HGIS 招标。

2 规范性引用文件

下列文件对于本文件的应用是必不可少的。凡是注日期的引用文件，仅注日期的版本适用于本文件。凡是不注日期的引用文件，其最新版本（包括所有的修改单）适用于本文件。

GB 1208 电流互感器

GB 1984 高压交流断路器

GB 1985 高压交流隔离开关和接地开关

GB 7674 额定电压 72.5kV 及以上气体绝缘金属封闭开关设备

GB/T 8287.1 标称电压高于 1000V 系统用户内和户外支柱绝缘子 第 1 部分：瓷或玻璃绝缘子的试验

GB/T 11022 高压开关设备和控制设备标准的共用技术要求

GB 11032 交流无间隙金属氧化物避雷器

GB/T 12022 工业六氟化硫

GB/T 25096 交流电压高于 1000V 变电站用电站支柱复合绝缘子定义、试验方法及接收准则

GB 50150 电气装置安装工程 电气设备交接试验标准

DL/T 402 高压交流断路器订货技术条件

DL/T 486 高压交流隔离开关和接地开关

DL/T 593 高压开关设备和控制设备标准的共用技术要求

DL/T 617 气体绝缘金属封闭开关设备技术条件

DL/T 726 电力用电压互感器订货技术条件

Q/GDW 13001.1 高海拔外绝缘配置技术规范

Q/GDW 11716 气体绝缘金属封闭开关设备用伸缩节技术规范

3 术语和定义

下列术语和定义适用于本文件。

3.1

招标人 bidder

提出招标项目，进行招标的法人或其他组织。

3.2

投标人 tenderer

响应招标、参加投标竞争的法人或者其他组织。

3.3

卖方（供方） seller（supplier）

提供本部分货物和技术服务的法人或其他组织，包括其法定的承继者。

3.4

买方（需方） buyer（purchaser）

购买本部分货物和技术服务的法人或其他组织，包括其法定的承继者和经许可的受让人。

4 总则

4.1 一般规定

4.1.1 投标人应具备招标公告所要求的资质，具体资质要求详见招标文件的商务部分。

4.1.2 投标人须仔细阅读本部分（包括本部分通用和相关专用技术规范）的全部条款。

4.1.3 本部分提出的是最低限度的技术要求，并未对一切技术细节作出规定，也未充分引述有关标准的条文，投标人应提供符合本部分引用标准的最新版本部分和本招标文件技术要求的全新产品，如果所引用的标准之间不一致或本部分所使用的标准与投标人所执行的标准不一致，按要求较高的标准执行。

4.1.4 如果投标人没有以书面形式对本部分的条文提出异议，则意味着投标人提供的设备完全符合本部分的要求。如有与本部分要求不一致的地方，应逐项在“技术差异表”中列出。

4.1.5 本部分将作为订货合同的附件，与合同具有同等的法律效力。本部分未尽事宜，由合同签约双方在合同谈判时协商确定。

4.1.6 本部分中涉及有关商务方面的内容，如与招标文件的商务部分有矛盾，以商务部分为准。

4.1.7 本部分中通用部分各条款如与专用部分有冲突，以专用部分为准。

4.2 投标人应提供的资格文件

投标人应提供下列资格文件：

a） 投标人或制造商投标产品的销售记录及相应的最终用户的使用情况证明。

b） 投标人或制造商应提供权威机构颁发的 ISO 9000 系列认证证书或等同的质量保证体系认证证书。

c） 投标人或制造商应提供履行合同所需的技术和主要设备等生产能力的文件资料。

d） 投标人或制造商应提供履行合同设备维护保养、修理及其他服务义务的文件。

e） 投标人或制造商应提供投标设备产品全部有效的型式试验报告。

f） 投标人或制造商应提供一份详细的投标产品中重要外购或配套部件供应商清单及检验报告。

g） 投标人或制造商应提供投标产品中进口关键元件供应商的供货承诺函。

h） 投标人或制造商应提供投标产品中组部件的供应商及原产地。

4.3 适用范围

4.3.1 本部分的适用范围仅限于招标产品的设计、安装、试验、调试及现场服务和技术服务。

4.3.2 中标人不应晚于签约后 4 周内，向买方提出一份详尽的生产进度计划表（见表 1），包括设备设计、材料采购、设备制造、厂内测试以及运输等项的详情，以确定每部分工作及其进度。

表 1　生产进度计划表

合同号：________；项目名称：________；设备名称：________；

型号规格：________；工作日期____至____；制造商名称及地址：________；

技术规范号：________；工作号：________；离岸日期：________；到岸日期：________；

到达交货地点日期：________。

项目 \ 时间（年月日）					
工程制图					
图纸寄出					
图纸认可时间					
设计联络会	第一次				
	第二次				
材料及配套件采购					
材料及配套件进厂					
GIS 或 HGIS 部件生产及试验	断路器				
	隔离开关				
	接地开关				
	电流互感器				
	电压互感器				
	避雷器				
	套管				
	盆式绝缘子				
	支撑绝缘子				
	母线				
	外壳				
	伸缩节				
	操动机构				
	其他部件				
工厂组装					
工厂试验					

4.3.3　工作进度如有延误，卖方应及时向买方说明原因、后果及采取的补救措施等。

4.4　设计图纸、说明书和试验报告要求

4.4.1　图纸及图纸的认可程序

4.4.1.1　所有需经买方确认的图纸和说明文件，均应由卖方在合同生效后的 4 周内提交给买方进行审定认可。这些资料包括 GIS 或 HGIS 的外形图、隔室分布图、布置图、组装图、基础图、电气原理图、运输尺寸、运输质量、重心、总质量及二次线布置图等。

4.4.1.2　买方审定时有权提出修改意见。买方在收到需认可图纸 4 周后，将一套确认的或签有买方校定标记的图纸（买方负责人签字）返还给卖方。凡买方认为需要修改且经卖方认可的，不得对买方增加费用。在未经买方对图纸做最后认可前，任何采购或加工的材料损失应由卖方单独承担。

4.4.1.3　卖方在收到买方确认图纸（包括认可方修正意见）后，应于 2 周内向买方提供最终版的正式图纸和一套供复制用的底图及正式的光盘，正式图纸应加盖工厂公章或签字。

4.4.1.4　完工后的产品应与最后确认的图纸一致。买方对图纸的认可并不减轻卖方关于其图纸的正确性的责任。设备在现场安装时，如卖方技术人员进一步修改图纸，卖方应对图纸重新收编成册，正式

递交买方，并保证安装后的设备与图纸完全相符。

4.4.1.5　图纸的格式：所有图纸均应有标题栏、相应编号、全部符号和部件标志，文字均用中文，并使用 SI 国际单位制。对于进口设备以中文为主，当买方对英文局部有疑问时，卖方应进行书面解释。

4.4.1.6　卖方免费提供给买方全部最终版的图纸、资料及说明书。其中图纸应包括 4.4.1.1 所涉及的图纸和卖方自带的电缆清册，并且应保证买方可按最终版的图纸资料对所供设备进行维护，并在运行中进行更换零部件等工作。

4.4.1.7　GIS 或 HGIS 所需图纸：

a）总体装配图：应表示设备总的装配情况，表明设备组装后的正视图、侧视图和俯视图并同时标出安装完后的组件，包括外形尺寸、设备重心位置与总质量、受风面积、运输尺寸和质量、体积和总装体积、控制柜位置、电缆入口位置、固有频率、端子尺寸和材料及其他附件。

b）控制柜与设备间的相互连接图：应包括控制柜内全部端子情况，并标明电缆的识别编号及柜内设备的大致位置。

c）电气原理图：应包括设备控制柜及操动机构的内部接线和远方操作的控制、信号、照明等交流和直流回路。如有多张电气原理图，还应标明各图之间的有关线路与接点相互对应编号。必要时，应提供所有特殊装置或程序的概要操作说明。

d）基础图：应标注设备操作的动态负荷、静态负荷及其位置、进出线尺寸，基础螺栓的位置和尺寸，设备及其控制柜的尺寸，渠道排水沟等，应注明对基础的强度和水平度的要求。

e）SF_6 系统图：应标注每个单元中 SF_6 隔室的布置、仪表装设以及各隔室间的连接关系。

f）设备的 SF_6 气体及油管路图：应包括管路的尺寸、布置和压力等。

g）每台 SF_6 断路器控制柜上应附有 SF_6 气体压力与温度的关系曲线图的铭牌。

h）套管图：包括端子详图，图上应标出套管外形尺寸，端子的允许拉力、破坏拉力，爬电距离等。

i）操动机构系统图：对液压操动机构应标注管路尺寸、布置、压力等的详图。

j）系统连接图：应标注电气一、二次回路多个设备间的控制、继电器和联锁等。

k）铭牌图：应符合 GB 7674 的规定。

4.4.2　说明书的要求

4.4.2.1　GIS 或 HGIS 结构、安装、调整、运行、维护、检修和全部附件的完整说明和技术数据。应包括以下内容：

a）安装说明书上至少包括：

　1）开箱和起吊。运输单元的质量、起吊和开箱的注意事项及专用的起吊用具等。

　2）组装。不是整体运输的 GIS 或 HGIS，其运输单元应有清楚的标志和代号，并应提供注有运输单元号的组装示意图。

　3）安装准备。基础施工的要求、外部接线端子的尺寸、电缆进入地点位置、接地以及各种管道的连接方式、尺寸和布置等资料。

　4）最后的安装验收。合同要求的在现场进行的试验项目及试验方法。

b）维护：至少包括按相关标准的规定，提供主要元件的维护说明以及 GIS 或 HGIS 维修工作的分类、程序和范围。

c）运行检修：提供运行中应注意的事项及控制指标，主要元件的检修周期和检修方案。

4.4.2.2　GIS 或 HGIS 各个元件和所有附件的技术数据。

4.4.2.3　表示 GIS 或 HGIS 和操动机构的结构图及对基础的技术要求的说明。

4.4.2.4　结构特征、设备及其元件的更详细的说明。

4.4.2.5　操动机构特征的说明。

4.4.2.6　备品备件、专用工具和专用仪器仪表的使用说明。

4.4.2.7　说明书使用中文。

4.4.3 试验报告

卖方应提供下列试验报告：

a） GIS 或 HGIS 的型式试验和出厂试验报告。

b） GIS 或 HGIS 所有元件的型式试验和出厂试验报告。

c） 如果产品进行了局部改进或改变应补充提供相应的验证性试验报告。

4.4.4 图纸、说明书、试验报告等资料的交付时间、数量

4.4.4.1 卖方应向买方提供的资料、图纸、试验报告见表 2，但不限于表 2 的内容。

4.4.4.2 卖方应提供详细的装箱清单。

表 2 卖方向买方提供的资料图纸和试验报告

序号	内　　容	序号	内　　容
1	图纸类	3	试验报告
1）	GIS 或 HGIS 土建、地基规定	1）	GIS 或 HGIS 全套型式试验报告
2）	GIS 或 HGIS 安装、维护、运行规定	2）	GIS 或 HGIS 全套出厂试验报告
3）	GIS 或 HGIS 通风规定	3）	合同要求的其他试验报告
4）	GIS 或 HGIS 单线图	4）	关键零部件试验报告（盆式绝缘子、绝缘拉杆、套管等）
5）	二次控制、测量、监控、信号回路、辅助设备回路主方案图	4	其他资料
6）	GIS 或 HGIS 布置图（平面、断面）	1）	GIS 或 HGIS 主要元件标准
7）	主要部件安装图，带外观尺寸、运输尺寸、质量	2）	高压容器标准
8）	GIS 或 HGIS 地基图	3）	GIS 或 HGIS 焊接标准
9）	SF_6 气体隔室分布图	4）	SF_6 气体标准
10）	安装、维修尺寸图	5）	GIS 或 HGIS 所用材料标准
11）	SF_6 气体监视系统图	6）	GIS 或 HGIS 检查、调试规定
2	安装使用说明书	7）	GIS 或 HGIS 包装、装船、储存规定
1）	GIS 或 HGIS 主要部件安装指南（断路器、隔离开关、接地开关、电流互感器等）	8）	现场高压试验规定和标准
2）	辅助设备安装指南（SF_6 气体系统、油系统、就地控制柜等）	9）	维修指南
3）	特殊工具、仪表介绍	10）	SF_6 气体质量证明
4）	运输和安装所需要专用设备的说明	11）	液压油质量证明
5）	现场试验和其他试验指南	12）	过滤器材料（吸附剂）证明
6）	全套安装图纸	13）	GIS 或 HGIS 外壳安全性证明
7）	全套接地系统图纸	14）	GIS 或 HGIS 高压气体释放装置证明
8）	全套地基图纸	15）	装箱清单
9）	低压电缆布置图纸	16）	包装说明
10）	元件安装图纸（就地控制柜、操作箱）（包括接线板清单、布置等）	17）	相对地稳态电压分布图
11）	SF_6/油套管交界面尺寸图	18）	设备中使用的润滑剂、油脂和液压油的清单
12）	变压器交界面尺寸图	19）	带电显示装置的规格、型式、厂家（如果采用）
13）	电缆交界面尺寸图	20）	伸缩节配置方案

4.4.4.3 投标人在投标文件中应提供 GIS 或 HGIS 外形尺寸及隔室分布图，供评标时参考。

4.5 标准

4.5.1 合同中所有设备、备品备件，包括卖方从第三方获得的所有附件和设备，除本部分中规定的技术参数和要求外，其余均应遵照最新版本的国家标准（GB）、电力行业标准（DL）和 IEC 标准及国际单位制（SI），这是对设备的最低要求。卖方如果采用自己的标准或规范，应向买方提供中文和英文（若有）复印件并经买方同意后方可采用，但不能低于 GB、DL 和 IEC 的有关规定。

4.5.2 所有螺栓、螺纹、管螺纹、螺栓夹及螺母均应遵守国际标准化组织（ISO）和国际单位制（SI）标准的规定。

4.6 卖方应提交的技术数据和信息

4.6.1 技术参数特性表、技术偏差表及相关技术资料。

4.6.2 投标产品的特性参数和特点。

4.6.3 与其他设备配合所需的相关技术文件和信息。

4.7 备品备件

4.7.1 投标人应提供必备和推荐的备品备件，并分别列出其单价（商务部分填写）。

4.7.2 所有备品备件应为全新产品，与已经安装同型号设备的相应部件能够互换。

4.7.3 所有备品备件应单独装箱，包装应能防尘、防潮、防止损坏等，与主设备一并发运，并标注“备品备件”以区别本体。

4.8 专用工具和仪器仪表

4.8.1 投标人应提供必备和推荐的专用工具和仪器仪表，并列出其单价（商务部分填写）。

4.8.2 所有专用工具与仪器仪表应是全新的，且须附详细使用说明资料。

4.8.3 专用工具与仪器仪表应单独装箱，注明“专用工具”、“仪器仪表”，并标明防潮、防尘、易碎、向上、勿倒置等字样，同主设备一并发运。

4.9 运输、储存、安装、调试、性能试验、试运行和验收

4.9.1 合同设备的安装、调试，将由买方根据卖方提供的技术文件和说明书的规定，在卖方技术人员指导下进行。

4.9.2 合同设备的性能试验、试运行和验收，根据本部分规定的标准、规程规范进行。

4.9.3 完成合同设备安装后，买方和卖方应检查和确认安装工作，并签署安装工作证明书，共两份，双方各执一份。

4.9.4 设备安装、调试和性能试验合格后方可投入试运行。试运行后买卖双方应签署合同设备的验收证明书（试运行时间在合同谈判中商定）。该证明书共两份，双方各执一份。

4.9.5 如果在安装、调试、性能试验、试运行及质保期内，技术指标一项或多项不能满足合同技术部分要求，买卖双方应共同分析原因、分清责任。如属制造方面的原因，或涉及索赔部分，按商务部分有关条款执行。

4.9.6 出厂包装运输应尽可能以完整的功能单元为基本运输单位，应在密封和充微正压（0.02～0.05MPa）干燥气体的情况下包装、运输和储存。应在断路器、隔离开关、电压互感器、避雷器和套管运输单元上加装三维冲击记录仪（厂内运输时可仅加装震动指示器），其他运输单元加装震动指示器。运输中如出现冲击加速度大于 3g 或不满足产品技术文件要求的情况，产品运至现场后应打开相应隔室检查各部件是否完好，必要时可增加试验项目或返厂处理。

4.10 应满足的标准

设备应满足 GB 1208、GB 1984、GB 1985、GB 7674、GB/T 11022、GB 11032、GB/T 12022、GB 50150、DL/T 402、DL/T 486、DL/T 593、DL/T 617、DL/T 726、Q/GDW 13001.1、Q/GDW 11716 最新版本的要求，但不限于上述规范和标准。

4.11 应满足的文件

该类设备技术标准应满足国家电网有限公司标准化成果中相关条款要求。下列文件中相应的条款规定均适用于本文件，其最新版本（包括所有的修改单）适用于本文件。包括：

a）《国家电网有限公司十八项电网重大反事故措施（2018 修订版）》；

b）《国家电网有限公司输变电工程通用设备 35～750kV 变电站分册（2018 年版）》；

c）《国家电网有限公司输变电工程通用设计》。

5 技术参数和性能要求

5.1 GIS 或 HGIS 技术参数

5.1.1 GIS 或 HGIS 技术参数见本部分和相应专用部分的技术参数特性表

5.1.2 通用要求

应包括以下内容：

a）产品设计应能使设备安全地进行下述各项工作：正常运行、检查和维护性操作、引出电缆或其他设备的绝缘试验、消除危险的静电电荷、安装和（或）扩建后的相序校核、操作联锁和耐压试验等。

b）产品的设计应能在允许的基础误差和热胀冷缩的热效应下不致影响设备所保证的性能，并满足与其他设备连接的要求。

c）产品所有额定值和结构相同时，可更换的元件应具有互换性。

d）制造厂提供的产品维护手册中，应明确检修维护周期和内容。产品及其元部件应保证在检修维护周期内可靠运行。

e）各元件应符合各自的有关标准。

f）操动机构、盆式绝缘子、支撑绝缘子、绝缘拉杆、伸缩节等重要组部件具有唯一编号，并可追溯生产流程。

g）制造厂应对金属材料和部件材质进行质量检测，对罐体、传动杆、拐臂、轴承（销）等关键金属部件的材质按工程抽样进行金属成分检测、按批次进行金相试验抽检，并提供检测报告。

h）GIS 现场安装应在临时洁净间内进行。临时洁净间应根据产品的结构型式、主设备、主母线和分支母线的总体布置方式进行临时洁净间的设计。临时洁净间应便于现场拆装，移动灵活，防风、防雨、防尘。临时洁净间的长、宽、高应满足设备安装和调试工作的需求，对场地和基础的要求应提前告知施工单位。

i）用于严寒地区的设备应考虑 SF_6 防液化的措施。

j）断路器、隔离开关操动机构箱设置应便于运维检修，机构易损件应便于维护更换。汇控柜与 GIS 本体间距应保证柜门正常开启，方便二次接线。

k）单间隔内各功能模块应能便于检修更换，不影响母线和相邻间隔。

5.1.3 具体要求

应包括以下内容：

a）联锁：

1）产品应设有机械或电气联锁装置，以防止带负荷拉、合隔离开关和带电误合接地开关。下列设备应有联锁，对于主回路应满足以下要求：

2）在维修时，用来保证隔离间隙的主回路上的高压隔离开关（断路器）应确保不自合。

3）接地开关合闸后应确保不自分。

4）隔离开关要与相关的断路器实现电气联锁；隔离开关与接地开关之间应有可靠的电气联锁。其联锁逻辑的设置应根据电气主接线进行设计，应用图表表示清楚，并取得买方同意。

5） 电气联锁应单独设置电源回路，且与其他回路独立。所有联锁回路的结点不得采用拓展结点。

b） 接地：

1） 每个气体隔室的壳体应互连并可靠接地，接地回路应满足额定短路电流的动、热稳定要求。

2） 接地应防止外壳产生危险感应电压，外壳和支架上的感应电压，正常运行条件下不应大于 24V，故障条件下不应大于 100V。

3） 接地点的接触面和接地连线的截面积应能保证安全地通过故障接地电流。

4） 每相断路器的基座上应有一个不油漆的、表面镀锡的接地处，并有接地标志。铜接地材料时紧固接地螺栓的直径不得小于 12mm。钢接地材料时紧固接地螺栓的直径不得小于 16mm。

5） 外壳应能接地。凡不属主回路或辅助回路的预定要接地的所有金属部分都应接地。

6） 外壳、框架等部件的相互电气连接，应采用紧固连接（螺栓连接或焊接），并以跨接方式保证电气连通。如采用跨接片，户外 GIS 罐体上应有专用跨接部位，禁止通过法兰螺栓直连。

7） 主回路应能接地，以保证维修工作的安全。另外在外壳打开后的维修期间，应能将主回路连接到接地极。

8） 电压互感器、避雷器、快速接地开关应各自独立设置引线接地。接地开关的接地端应通过绝缘套筒引至 GIS 外部接地，且应设置可拆卸接地连板。对温差较大地区接地引出端与接地引线线间应使用软铜叠片式导电带连接。

c） 外壳：

1） 为便于安装和安全运行，应装设外壳伸缩节。

2） 金属外壳应能承受在运行中出现的正常的和暂态的压力。

3） 应符合 5.13.1 对壳体的要求，生产厂家应对 GIS 及罐式断路器罐体焊缝进行无损探伤检测，保证罐体焊缝 100%合格，并按设备投产后不能复查的条件要求进行设计、制造，以确保材料、结构、焊接工艺、检验等的安全可靠性。

4） 封闭外壳充以最低功能压力的气体时，能保证设备的绝缘水平。还应考虑振动和温度变化的作用以及气候条件的影响。

5） 外壳应能满足设计压力，并具备在规定时间内不产生电弧外部效应和不烧穿的能力，应符合 DL/T 617 标准的要求。

6） 不论焊接或铸造的外壳，其厚度和结构的计算方法应参照类似压力容器标准来选择。

7） 外壳的设计温度，通常是周围空气温度的上限加主回路导体流过额定电流时外壳的温升，并应考虑日照影响。

8） 外壳的设计压力，至少是在设计温度时外壳内能达到的压力上限。在确定外壳设计压力时，气体的温度应取通过额定电流时外壳温度上限和主回路导体温度上限平均值，对设计压力能从已有温升试验记录中确定的情况除外。

9） 外壳设计时应考虑如下因素：外壳充气前可能出现的真空度；外壳或绝缘隔板可能承受的全部压力差；相邻隔室具有不同运行压力的情况下，因隔室意外漏气造成的压力升高；发生内部故障的可能性等。若外壳有设置观察窗，观察窗的透明板的机械强度应与外壳相当，确保气体不泄漏，且防紫外线措施完备。

10）外壳结构的材料性能，应具有已知的和经过鉴定的最低限度物理性能，这些性能是计算和/或验证试验的基础。制造商应对材料的选用负责，并根据材料合格证和进厂检验结果，对保持材料的最低性能负责。

11）充气口保护封盖的材质应与充气口材质相同，以防发生电化学腐蚀。

12）户外 GIS 法兰对接面宜采用双密封，并在法兰接缝、安装螺孔、跨接片接触面周边、法兰对接面注胶孔、盆式绝缘子浇注孔等部位涂防水胶。

d） 绝缘隔板：

1） 产品应划分为若干隔室，以达到满足正常使用条件和限制隔室内部电弧影响的要求。因此绝缘隔板应能确保当相邻隔室内漏气或维修工作而使压力下降直至制造厂规定的负压时，本隔室的气体压力不发生任何变化。

2） 绝缘隔板通常由绝缘材料制成。为保证人身安全，应有接地及其他措施；应明示绝缘隔板机械安全性能数据，以验证可承受相邻隔室中仍然存在的正常气压能力。

3） 绝缘隔板应按制造商技术条件逐只进行压力试验、工频耐压试验、局部放电试验和 X 射线探伤试验，以保证质量。

4） 所有断路器隔室的 SF_6 气体压力报警、闭锁均应有信号输出，其他隔室的 SF_6 气体压力降低，应有报警信号输出，并在控制柜上指示。

5） 对双母线结构的 GIS，同一间隔的不同母线隔离开关应各自设置独立隔室，252kV 及以上 GIS 母线隔离开关不应采用与母线共隔室的设计结构，252kV 及 363kV GIS 两组母线隔离开关公共端有需要时可设置独立气室。

6） 长母线应有适当的气室分割，最大气室的气体处理时间不超过 8h。252kV 及以下设备单个气室长度不超过 15m，且单个主母线气室对应间隔不超过 3 个。

7） SF_6 气体或操动液第一次灌注。应随断路器供给第一次灌注用的 SF_6 气体和任何所规定的操动液。供第一次充气用的 SF_6 气体应符合 GB/T 12022 的规定。在气体交货之前，应向买方提交气体通过毒性试验的合格证书，所用气体应经买方复检合格后方可使用。操动液应符合相应标准的要求。

8） 各隔室的吸附剂。投标人在投标阶段提交一份解释文件，包括吸附剂的位置、种类和质量，固定吸附剂的应选用不锈钢或其他高强度材料，结构应设计合理。吸附剂罩开孔直径应小于吸附剂颗粒直径；吸附剂罩边沿不应有尖角、毛刺；安装后的吸附剂罩与 GIS 端盖内表面之间的间隙距离应小于吸附剂颗粒直径。吸附剂应选用不易粉化的材料并装于专用袋中，绑扎牢固。

9） 采用外延带金属法兰的盆式绝缘子，但应预留窗口且满足不拆卸进行特高频局放检测的要求，预留窗口防护片寿命应与设备本体寿命一致。采用此结构的盆式绝缘子可取消罐体对接处的短接排（跨接片），制造厂应提供型式试验依据。如需采用跨接片，户外 GIS 罐体上应有专用跨接部位，禁止通过法兰螺栓直连。

10）盆式绝缘子应尽量避免水平布置。

e） 限制并避免内部故障电弧：

1） 应采用限制和避免内部故障电弧的措施，如开关设备的联锁、气体泄漏限制及控制绝缘配合、高速保护、短接电弧的快速装置、远距离操作（遥控）、内部或外部压力释放、安装现场的工作质量检查等；产品在结构布置上，应使内部故障电弧对其继续工作能力的影响降至最小。电弧影响应限制在起弧的隔室内或故障段的另一些隔室（若该段的隔室之间有压力释放设施时）之内。将故障隔室或故障段隔离以后，余下的设备应具有继续正常工作的能力。

2） 为了人身安全，应采取适当保护措施限制电弧的外部效应；发生电弧的外部效应时仅允许外壳出现穿孔或裂缝，不应发生任何固体材料不受控制地溅出。

3） 如装有压力释放装置，安装位置应保证气体逸出时不危及在现场执行正常运行任务人员的安全。

4） 卖方提供关于保护系统使用的完整资料及当短路电流不超过某一值时，在某一持续时间内不会发生电弧的外部效应的资料，并推荐故障定位的合适措施或建议。卖方应提供内部故障电弧试验数据和试验报告，并提供对内部电弧故障进行定位的适当措施和方法。

f） 每一个独立气体隔室应装有单独的气体密度继电器、压力表，分箱结构的断路器每相应设计成独立气室并安装独立的密度继电器。每一个独立的母线气室均应装设独立的密度继电器，不允许多个母线气室或不同相母线气室通过管路连通共用一个密度继电器密度继电器与 GIS 本体间的连接方式应满足不拆卸校验要求。户外安装的密度继电器应设置防雨措施。密度继电器应装设在与被监测气室处于同一运行环境温度的位置。对于严寒地区的设备，其密度继电器应满足环境温度在 –40℃～–25℃时准确度不低于 2.5 级的要求。密度继电器表计应朝向巡视通道。

g） 应有补偿因基础沉降及温度变化产生的膨胀和收缩的缓冲措施，主要用于装配调整、吸收基础间的相对位移和热胀冷缩的伸缩量等。采用压力平衡型伸缩节时，每两个伸缩节间的母线筒长度不宜超过 40m。制造厂应提供伸缩节配置方案，并经业主单位组织审核。伸缩节配置方案包括伸缩节的允许变化量和安装作业指导书、伸缩节配置计算书（X、Y、Z 三个方向的伸缩量、配置数量）、伸缩节配置图、伸缩节类型（普通安装型、压力平衡型和横向补偿型）、伸缩节（状态）伸缩量 – 环境温度对应明细表等相关材料。伸缩节配置应满足跨不均匀沉降部位（室外不同基础、室内伸缩缝等）的要求。用于轴向补偿的伸缩节应配备伸缩量计量尺，并在现场标明伸缩量、螺栓松紧情况等调整要求。伸缩节技术规范按照 Q/GDW 11716—2017《气体绝缘金属封闭开关设备用伸缩节技术规范》执行。

h） 电缆的连接和绝缘试验（采用电缆连接的工程）：

1） 电缆终端箱与电缆终端的配合应符合相应标准的要求。

2） 进线电缆侧如装有带电显示装置，应在 A、B、C 三相分别装设。

3） 带电显示装置应结构设计合理，安装维护方便，性能可靠，具有自检功能；且应具有显示带电状态（灯光）和强制性闭锁的功能。带电显示装置应有联锁及信号输出接点，每相使用单独的放大器。

4） 应设置可取下的连接导体，以便电缆进行绝缘试验时使电缆和 GIS 隔离，并可根据要求提供对电缆和 GIS 进行绝缘试验的接口设备和试验套管。

5） GIS 电缆仓的结构和高度应设计成便于现场安装和拆卸的要求。

i） 隔离开关和接地开关：

1） 隔离开关和接地开关应有可靠的分、合闸位置指示装置。如需要可配制便于视察触头位置的观察窗。接地开关的接地触头应与本体外壳绝缘。对相间连杆采用转动传动方式设计的三相机械联动隔离开关，应在远离机构输出轴相安装分合闸指示器。

2） 隔离开关和接地开关不得因运行中可能出现的外力（包括短路而引起的力）而误分或误合。

3） 快速接地开关应具有开合感应电流的能力，隔离开关应具备开合母线充电电流以及小电容电流和小电感电流的能力。隔离开关开合母线充电电流时产生的特快瞬态过电压（VFTO）不得损坏设备，由此引起的外壳瞬态电压升高不应危及人身安全。

j） 双母线、单母线或桥形接线中，GIS 母线避雷器和电压互感器应设置独立的隔离开关。3/2 断路器接线中，GIS 母线避雷器和电压互感器不应装设隔离开关，宜设置可拆卸导体作为隔离装置。可拆卸导体应设置于独立的气室内。 架空进线的 GIS 线路间隔的避雷器和线路电压互感器宜采用外置结构。

k） 每个断路器间隔应装设汇控柜，汇控柜上应有一次设备的模拟接线图及断路器、隔离开关和接地开关的位置指示，并应有驱湿、加热装置，维持柜内的绝缘水平，户外汇控柜还应有顶部隔热层，加热装置宜采用温湿度控制，避免采用长投方式，防止造成设备温度过高。包含合并单元、智能终端的断路器汇控柜内应装设空调或其他降温设备。另外还要配置小型断路器、插座、照明等辅助设备。户外汇控柜、机构箱采用防锈性能不低于低碳 304 不锈钢的材料，厚度不小于 2 毫米，内部应有隔热和保温措施，防护等级不低于 IP45W。该柜除实现就地控制、测量和信号显示外，还应有足够的辅助触点和试验端子，供用户远方测量、控制和信号使用。每面控制柜需设置“就地/远方”控制选择开关；对断路器、隔离开关和电动操作的接地开关，应实现就地和远方控制方式的切换。在选择“远方”控制时，就地控制无效；选“就地”控制时，远方控制（包括保护装置信息）无效。选择开关位置应能通过辅助触点送往远方控制中心。汇控柜、端子箱等的内部照明装置应采用 LED 灯，并装设防护罩。

l） 辅助电缆：

1） 由汇控柜至操动机构箱 TA、TV 接线盒，以及机构箱和接线盒至各设备之间的辅助电缆均与 GIS（HGIS）成套，由制造商供应并负责安装和连接。其截面积符合下列规定：
TA、TV 回路：大于或等于 $4mm^2$。
控制回路：大于或等于 $2.5mm^2$。
信号回路：大于或等于 $1.5mm^2$。

2） 电缆应采用电解铜导体、PVC 绝缘、铠装、阻燃的屏蔽电缆。电缆两端有标示牌，标明电缆编号及对端连接单元名称。

3） 沿本体敷设的二次电缆采用金属槽盒敷设，户外槽盒采用防锈性能不低于低碳 304 不锈钢的材料。垂直安装的二次电缆槽盒应从底部单独支撑固定，且通风良好，水平安装的二次电缆槽盒应有低位排水措施。GIS、HGIS 至各设备元件接线盒的电缆用非橡胶材质蛇形管加以过渡，蛇形管长度不宜超过 1m。电缆槽盒过渡接头应密封良好，避免进水受潮。

4） 汇控柜至机构箱的交、直流回路不能共用同一根电缆，两套跳闸回路不能共用同一根电缆，控制和动力回路不能共用同一根电缆。

m） 端子排及回路：端子排上应有标明与制造商提供的回路图上一致的编号。每个端子上只能压接一根导线。汇控柜上 TA 回路的端子排，采用试验端子，应能满足运行状态下不断开电流回路串入或拆除测试仪表的要求。一般端子应能可靠地接入 $1.5mm^2$～$4mm^2$ 截面的导线；特殊需要的接入大截面电缆的端子，另行商定。

n） 对辅助和控制回路中二次配套元件的要求：卖方应明确标示辅助和控制回路中所采用的配套元件，如阀门、辅助和控制开关、压力表、密度继电器、保护继电器、接线端子、电动机、熔断器、接触器、低压开关、监视和测量仪表、二次电缆等元件的型号和制造商，或者按照买方要求的制造商和型号进行采购。断路器出厂试验应进行中间继电器、时间继电器、电压继电器动作特性校验。二次电缆及元件应采用阻燃材料，二次电缆阻燃等级应达到 C 级阻燃，二次元件阻燃等级应达到 V－0 等级。

o） 断路器、隔离开关、接地开关等操动机构的外壳及汇控柜等，均应满足 IP45W 的防护等级和 IK10 的防护机械撞击水平的要求，潮湿多雨地区防护等级为 IP55。箱体应设置可使箱内空气流通的迷宫式通风口，并具有隔热、防腐、防雨、防潮、防尘和防小动物进入的性能。

p） 安装在潮湿多雨、低温地区的 GIS，其机构箱、汇控柜应采用低功率常投加热器与手动投切加热器组合配置的方案，根据柜体容积合理设置通风孔，加热器电源和操作电源应分别独立设置，以保证切断操作电源后加热器仍能工作。

q） 出线连接。出线连接可以是架空线连接、电缆连接或和变压器直接连接，对于不同的出线连接方式由买方决定，技术要求与卖方商定。当采用和变压器直接连接方式时，由 GIS 制造商负责与变压器制造商协调。

r） 带电显示装置应结构设计合理，安装维护方便，性能可靠，具有显示带电状态（灯光）和强制性闭锁的功能，其传感器应为外置式。

s） 防锈。对户外使用设备的外壳、汇控柜、机构箱等，应采取有效的防腐、防锈措施，确保在使用寿命内不出现涂层剥落、表面锈蚀的现象；在户外的端子板、螺栓、螺母和垫圈应采取防腐措施，尤其应防止不同金属之间的电腐蚀，而且应防止水分进到螺纹中。

t） GIS 应具备必要的方便运行人员对设备进行巡视和操作的通道及固定平台。

u） 铭牌：

1） GIS 或 HGIS 及其辅助和控制设备、操动机构等主要元件均应有耐久和清晰易读的铭牌；

2） 对于户外设备的铭牌，应是不受气候影响和防腐的。

3） 铭牌应包括如下内容：

◆ 制造商名称或商标、制造年月、出厂编号。

◆ 产品型号。

◆ 采用的标准。

◆ 给出下列数据：额定电压、母线和支线的额定电流、额定频率、额定短路开断电流、额定短时耐受电流及持续时间、额定峰值耐受电流、用作绝缘介质的额定充入压力（密度）及其报警压力（密度）、用作操作介质的额定充入压力及其最低动作压力（密度）、外壳设计压力等。如果共用数据已在整体铭牌上做了说明，则各元件的铭牌可以简化。

◆ GIS 或 HGIS 中各元件的铭牌参照相应标准。

v） 机构箱内的所有二次元件的位置应便于拆装、接线、观察及操作，并有表明其用途的永久性标识。

w） 预留间隔的设备应装设密度继电器，并有气体压力报警和闭锁信号输出接点。

x） 温控器（加热器）、继电器等二次元件应取得 3C 认证（或 3C 认证同等性能试验），外壳绝缘材料阻燃等级应满足 V–0 等级，并提供第三方检测报告。

y） 220 千伏 GIS 设备间隔间最小中心距不小于 3000mm（户外）、2000mm（户内），110 千伏 GIS 间隔间设备最小中心距不小于 1500mm（户外）、1000mm（户内）。

z） 装配前应检查并确认防爆膜是否受外力损伤，装配时应保证防爆膜泄压方向正确、定位准确，防爆膜泄压挡板的结构和方向应避免在运行中积水、结冰、误碰。防爆膜喷口不应朝向巡视通道。

5.2 断路器

5.2.1 断路器技术参数见相应专用部分技术参数特性表

5.2.2 操动机构

5.2.2.1 断路器应能远方和就地操作，其间应可以转换。252kV 及以上断路器应设有两个相同而又各自独立的分闸回路，每个分闸脱扣装置动作时或两个同时动作时，均应保证设备的机械特性。操动机构自身应具备防止跳跃、防止非全相合闸和保证合分时间的性能。液压操动机构应具备低压闭锁和高压保护装置。液压机构应具有防止失压后慢分慢合的装置。

5.2.2.2 断路器操动机构的设计应满足一次储能后完成“分—0.3s—合分—3min—合分”操作顺序的要求。

5.2.2.3 对液压操动机构的要求（如果采用）：

a） 液压操动系统和检修周期。液压操动机构应装设全套的液压设备，包括泵、储压筒、必需的控制、管道和阀门，以及过压力释放装置（安全阀）。

储压筒应有足够的容量，在最低操作压力下应能进行“分—0.3s—合分”或“合分—3min—合分”的操作。电动机和泵应能满足在 5min 内从零压充到额定压力和 1min 内从最低允许压力充到额定压力的要求。为维持正常的操作压力，液压泵应根据压力的变化实现自动控制。应有可靠的防止重新打压而慢分的机械和电气装置。液压操作系统的维修周期应与断路器相配合。

b） 电气布线和液压系统连接。油泵电动机电源电路及液压系统的报警和控制回路应接到控制柜端子排上，报警回路应包括两个电气上独立的接点。卖方应提供必需的导线、镀锌钢管、附件及其连接所需要的设备。卖方应提供操作系统所需要的全部控制设备、压力开关、压力调节器泵、电动机、操作计时器、阀门、管线和管道，以及其他辅助设备及材料。全部液压系统的管线和管道应由制造商安装，需要在现场安装的管线和管道由制造商加工，应达到现场装配不需要剪切、涨管或套丝等操作的要求。

c） 应装设用于监测液压机构油泵打压次数和打压时间的装置。

5.2.2.4 对弹簧操动机构的要求（如果采用）。当分闸操作完成后，合闸弹簧应在 20s 内完成储能。弹簧操动机构应能可靠防止发生空合操作，应设有方便观察的储能指示器。

5.2.3 控制和操作要求

5.2.3.1 卖方应提供用于断路器分闸和合闸所有必需的中间继电器、闭锁继电器，以及液压油的控制阀。

5.2.3.2 防跳装置、防慢分装置、防非全相合闸装置。操动机构应装设防跳装置，防止断路器反复分闸和合闸；液压机构应配有电气和机械的防慢分装置，保证机构泄压后重新打压时不发生慢分；断路器发生非全相合闸时，应可实现已合闸相自分闸。新投的分相弹簧机构断路器的防跳继电器、非全相继电器不应安装在机构箱内，应装在独立的汇控箱内。

5.2.3.3 控制电压为 DC 220V 或 DC 110V。合闸线圈在额定电压 85%～110%时应可靠动作，分闸线圈在额定电压 65%～110%时应可靠动作；分、合闸线圈在额定操作电压的 30%及以下时均不应发生分、合闸动作。

5.2.3.4 新投的 252kV 母联（分段）、主变压器、高压电抗器断路器应选用三相机械联动设备。

5.2.4 附件

5.2.4.1 必备的及推荐的附件。

除卖方认为是对于可靠和安全运行所必备的附件之外，每台断路器宜配备推荐附件。

5.2.4.2 位置指示器：

a） 分相操作的断路器每相均应装设一个机械式的分合闸位置指示器，三相机械联动的断路器可每相装设一个机械式的分合闸位置指示器，也可只装设一个位置指示器。

b） 机械式的分合闸位置指示器应动作准确、可靠，装设位置应清晰醒目，并便于运行人员观察。

c） 指示器的文字标示及颜色应如下：

文字	标示	颜色
开断位置	分（OPEN）	绿色
闭合位置	合（CLOSE）	红色

5.2.4.3 计数器。分相操作的断路器每相均应装设不可复归的动作计数器，其位置应便于读数。

5.3 隔离开关

5.3.1 技术参数见相应专用部分技术参数特性表

5.3.2 操动机构

5.3.2.1 配用手动操动机构的隔离开关，手柄总长度（包括横柄长度在内）不应大于 400mm，操作轻便，其机构的终点位置应有足够强度的定位和限位装置，且在手动分、合闸时能可靠闭锁电动回路。

5.3.2.2 对于采配用电动操动机构的隔离开关和接地开关应能远方及就地操作，并应装设供就地操作用的手动分、合闸装置。

5.3.2.3 电动操动机构处于任何动作位置时均应能取下或打开操动机构的箱门，以便检查或修理辅助开关和接线端子。

5.3.2.4 汇控柜内应装设电动操动的小型断路器，用于控制分合闸操作回路。同一间隔内的多台隔离开关的电机电源，在端子（汇控柜）箱内必须分别设置独立的开断设备。

5.3.2.5　电动操动机构中所采用的电动机和仪表应符合相应的标准。

5.3.2.6　操动机构上应有能反映隔离开关分、合闸位置的指示器，并便于运行人员观察。指示器上应标明“分”、“合”字样。

5.3.2.7　隔离开关转动和传动部位应采取润滑措施和密封措施，在寒冷地区应采用防冻润滑剂。

5.3.2.8　控制柜应配有足够的端子排，以供设备内配线及外部电缆端头连接用。端子排及终端板与夹头均安装在电缆进口上部，每块端子排应有10%～15%的备用端子，端子排应有防护措施。

5.3.2.9　所有辅助触点应在电气接线图上标明编号，并且连线至端子排，每只辅助开关及所有辅助触点的电气接线应编号。

5.3.2.10　分、合闸操作：动力操动机构，当其电压在下列范围内时，应保证隔离开关可靠的分闸和合闸。应包括以下情况：

a）电动操动机构的电动机接线端子的电压在其额定值的85%～110%范围内时。

b）二次控制线圈、电磁联锁装置，当其线圈接线端子的电压在其额定值的85%～110%范围内时（线圈温度不超过80℃）。

5.3.2.11　操动机构内接线端子应为铜质。

5.4　快速接地开关

5.4.1　技术参数见相应专用部分技术参数特性表。

5.4.2　操动机构：应能电动和手动操作；能就地操作和远方操作，就地操作和远方操作之间应装设联锁装置。

5.4.3　每组快速接地开关应装设一个机械式的分/合位置指示器，并便于运行人员观察，根据要求可以装设观察窗，以便操作人员检查触头的开合状态。

5.4.4　接地开关的接地端子应与本体外壳绝缘。

5.5　检修接地开关

5.5.1　技术参数见相应专用技术规范技术参数特性表。

5.5.2　操动机构：可手动和电动操作，每组接地开关应装设一个机械式的分/合位置指示器，并便于运行人员观察；根据要求可以装设观察窗，以便操作人员检查触头的开合状态。

5.5.3　接地开关的接地端子应与本体外壳绝缘。

5.6　电流互感器（TA）

5.6.1　技术参数见相应专用部分技术参数特性表。

5.6.2　所有从电流互感器引出的每一分接头的引线引到控制柜的端子排上，引线截面为大于或等于$4mm^2$的软线。每个端子均应有明确的标记，并有接线图表明其接法、极性和变比。

5.6.3　对电流互感器应提供下列数据：励磁特性曲线、拐点电压、暂态特性、75℃时最大二次电阻值等。

5.6.4　对TPY型电流互感器的要求：

a）PY型套管电流互感器应设计和制造得使其剩磁不超过拐点电压对应磁密的10%。

b）在标准的一次系统时间常数和100%的直流分量偏移的条件下，K_{ssc}暂态误差不应超过10%。

5.6.5　所有电流互感器二次负载接线和信号线路应使用屏蔽的金属铠装电缆。

5.6.6　TA二次回路1min工频耐压3000V。

5.6.7　各组电流互感器相序排列应确保一致，电流互感器一次设计相位应与二次端子标示相符。

5.6.8　外置式电流互感器的二次线圈防护罩、二次接线端子盒应采取有效的防雨措施。

5.7　电压互感器（TV）

5.7.1　技术参数见相应专用部分技术参数特性表。

5.7.2　各组电压互感器相序排列应确保一致，电压互感器一次设计相位应与二次端子标示相符。电压互感器的一次线圈接地端应与二次分开。

5.8 避雷器

5.8.1 技术参数见相应专用部分技术参数特性表。

5.9 套管

5.9.1 技术参数见相应专用部分技术参数特性表。

5.9.2 套管的伞裙应为不等径的大小伞，伞型设计应符合标准要求，两裙伸出之差（P1–P2）≥15mm。

5.9.3 套管的相邻裙间距离（S）与裙伸出长度（P）之比不应小于 0.9。

5.9.4 套管的有效爬电距离应考虑伞裙直径的影响。当平均直径大于 300mm 时，爬电距离增加 10%，当平均直径大于 500mm 时，爬电距离增加 20%。

5.9.5 应在绝缘子金属法兰与瓷件的胶装部位涂以性能良好的防水密封胶。

5.9.6 支柱瓷绝缘子应符合 GB/T 8287.1 的要求，支柱复合绝缘子应符合 GB/T 25096 的要求。

5.10 绝缘子

5.10.1 技术参数见相应专用部分技术参数特性表。

5.10.2 GIS 内绝缘件应逐只进行 X 射线探伤试验、工频耐压试验和局部放电试验，局部放电量不大于 3pC。

5.10.3 热性能试验应按每批不少于 5 个绝缘子，且每个进行 10 次热循环验证。

5.11 母线

5.11.1 技术参数见相应专用部分技术参数特性表。

5.11.2 GIS 母线宜采用低位布置方式，不宜采用高位布置方式。

5.12 壳体

5.12.1 技术参数见相应专用部分技术参数特性表。

5.12.2 壳体承受压力：能承受运行中正常的和内部故障时的压力。应包括以下情况：

a） 对铸铝和铝合金外壳，型式试验压力为 5 倍的设计压力。

b） 对焊接的铝外壳和焊接的钢外壳，型式试验压力为 3 倍的设计压力。

c） 对隔板的型式试验压力应大于 3 倍的设计压力。

5.13 SF_6 气体

5.13.1 技术参数见相应专用部分技术参数特性表。

5.13.2 生物毒性试验：无毒。

5.13.3 其他项目应符合 GB/T 12022 标准的规定。

5.13.4 应提交 SF_6 气体生产厂的合格证书及分析报告。

5.13.5 应提供 110% SF_6 气体。

6 试验

6.1 GIS 或 HGIS 中所用元件均应按各自的产品标准进行型式试验、出厂试验和现场交接试验，并应提供供货范围内各元件的型式试验和出厂试验报告。

6.2 型式试验

型式试验的目的在于验证 GIS 或 HGIS 装置、控制回路、控制设备及辅助设备的各种性能是否符合设计的要求。

6.2.1 各功能元件均应根据各自的标准在有代表性的布置间隔上进行完整的单相或三相试验。三相共箱型应按相应标准要求进行三相试验。

6.2.2 因条件限制，经卖方和买方协商同意，允许型式试验在具有代表性的总装或分装设备上进行。

6.2.3 由于型式、参数及可能的组合方式的多样性，对所有布置方式都进行型式试验是不现实的。任一种特定布置方式的性能试验数据，可用具有可比性的布置方式的试验数据来证实。

6.2.4 型式试验和验证的内容包括：

a） 验证设备绝缘水平的试验以及辅助回路的绝缘试验。

b） 验证无线电干扰电压（RIV）水平的试验（如果适用）。

c） 验证设备所有部件温升的试验以及主回路电阻测量。

d） 验证主回路和接地回路承载额定峰值耐受电流和额定短时耐受电流能力的试验。

e） 验证所包含的开关装置开断关合能力的试验。

f） 验证所包含的开关装置机械操作和行程－时间特性测量。

g） 验证外壳强度的试验。

h） 外壳防护等级的验证。

i） 气体密封性试验和气体状态测量。

j） 电磁兼容性试验（EMC）。

k） 辅助和控制回路的附加试验。

l） 隔板的试验。

m） 验证在极限温度下机械操作的试验。

n） 验证热循环下性能的试验以及绝缘子的气体密封性试验。

o） 接地连接的腐蚀试验

p） 评估内部故障电弧效应的试验

q） 噪声试验。

r） 地震试验：可由卖方提供产品抗震性能计算书，该计算书应由国家认可的机构完成。

6.2.5 以下元件按各自标准提供试验报告：

a） 绝缘件（绝缘隔板和支撑绝缘子）。

b） 并联电容器。

c） 合闸电阻。

d） 互感器。

e） 绝缘件。

f） 套管。

g） 避雷器。

h） 伸缩节。

i） 与变压器的连接（如需要）。

6.3 出厂试验

6.3.1 GIS 或 HGIS 应在制造厂进行整体组装，对所有元件进行出厂试验。某些试验可在元件运输单元或完整的设施上进行。

6.3.2 出厂试验应保证产品的性能与进行过型式试验的设备相符。产品在拆前应对关键的连接部位和部件做好标记。

6.3.3 出厂试验项目包括：

a） 主回路绝缘试验：应在装配完整的间隔或尽量完整的间隔上进行，126kV 及以上电压等级应进行工频耐压试验；252kV 及以上电压等级还应进行正负各三次雷电冲击耐压试验。

b） 辅助和控制回路绝缘试验。

c） 主回路电阻测量。

d） 局部放电试验。

e） 气体密封性试验。

f） 机械试验。断路器、隔离开关和接地开关出厂试验时应进行不少于 200 次的机械操作试验（其中断路器每 100 次操作试验的最后 20 次应为重合闸操作试验），以保证触头充分磨合。200 次操作完成后应彻底清洁壳体内部，再进行其他出厂试验。断路器机械特性试验项目应包括时间、速度、合－分时间、速度行程曲线、辅助开关切换与主触头动作时间配合。

g） 电气和其他辅助装置试验。

h） 接线检查。

i） SF_6气体湿度测量。

j） 外壳和绝缘隔板的压力试验。绝缘件和瓷绝缘子的试验要求：126kV 及以上 GIS 用绝缘拉杆总装前应逐只进行工频耐压和局部放电试验，126kV 及以上 GIS 用绝缘子应逐只进行工频耐压和局部放电试验，126kV 及以上 GIS 用绝缘子还应逐只进行 X 光探伤检测；252kV 及以上瓷空心绝缘子应逐只进行超声纵波探伤检测。以上试验均应由 GIS 制造厂完成，并将试验结果随出厂试验报告提交用户。

6.4 现场交接试验

GIS 或 HGIS 安装之后，应进行现场交接试验，试验项目包括：

a） 主回路绝缘试验，126kV～550kV GIS 的交流耐压值应为出厂值的 100%。在工频耐压过程中进行局部放电测试，需要时可进行冲击耐压试验。

b） 辅助回路绝缘试验。

c） 主回路电阻测量。

d） 气体密封性试验。

e） 现场机械特性试验，现场机械特性试验，卖方应提供断路器的速度定义和参考机械行程特性曲线，及检测用传感器和安装附件。

f） SF_6气体验收（充入电气设备前进行）。

g） SF_6气体湿度及纯度测量（充入电气设备后进行）。

h） 外观检查与核实。

i） 局部放电试验。

j） 各元件的现场试验。

k） 气体密度继电器及压力表、安全阀的校验。

l） 现场开合空载变压器试验（如果需要）。

m） 现场开合并联电抗器试验（如果需要）。

n） 现场开合空载线路充电电流试验（如果需要）。

o） 现场开合空载电缆充电电流试验（如果需要）。

7 技术服务、设计联络、工厂检验和监造

7.1 技术服务

7.1.1 概述：

a） 卖方应指定一名工地代表，配合买方及安装承包商的工作。卖方应指派有经验的安装指导人员和试验工程师，对合同设备的安装、调试和现场试验等进行技术指导。卖方指导人员应对所有安装工作的正确性负责，除非安装承包商的工作未按照卖方指导人员的意见执行，但是，卖方指导人员应立即以书面形式将此情况通知了买方。

b） 合同设备的安装工期为 2 周，买卖双方据此共同确认一份详尽的安装工序和时间表，作为卖方指导安装的依据，并列出安装承包商应提供的人员和工具的类型及数量。

c） 买卖双方应根据施工的实际工作进展，通过协商决定卖方技术人员的专业、人员数量、服务持续时间，以及到达和离开工地的日期。

7.1.2 任务和责任：

a） 卖方指定的工地代表，应在合同范围内与买方工地代表充分合作与协商，以解决有关的技术和

工作问题。双方的工地代表，未经双方授权，无权变更和修改合同。

b） 卖方技术人员应按合同规定完成有关设备的技术服务，指导、监督设备的安装、调试和验收试验。

c） 卖方技术人员应对买方人员详细地解释技术文件、图纸、运行和维护手册、设备特性、分析方法和有关的注意事项等，以及解答和解决买方在合同范围内提出的技术问题。

d） 卖方技术人员有义务对买方的运行和维护人员进行必要的培训。

e） 卖方技术人员的技术指导应是正确的，如因错误指导而引起设备和材料的损坏，卖方应负责修复、更换和（或）补充，费用由卖方承担，该费用中还包括进行修补期间所发生的服务费。买方的有关技术人员应尊重卖方技术人员的技术指导。

f） 卖方代表应充分理解买方对安装、调试工作提出的技术和质量方面的意见和建议，使设备的安装、调试达到双方都满意的质量。如因卖方原因造成安装或试验工作拖期，买方有权要求卖方的安装监督人员或试验工程师继续留在工地服务，且费用由卖方自理。如因买方原因造成安装或试验拖期，买方根据需要有权要求卖方的安装监督人员或试验工程师继续留在工地服务，并承担有关费用。

7.2 设计联络会

7.2.1 为协调设计及其他方面的接口工作，根据需要买方与卖方应召开设计联络会。卖方应制订详细的设计联络会日程。签约后的30天内，卖方应向买方建议设计联络会方案，在设计联络会上买方有权对合同设备提出改进意见，卖方应按此意见作出改进。

7.2.2 联络会主要内容：

a） 决定最终布置尺寸，包括外形、套管引出方向、其他附属设备的布置；确定汇控柜内控制回路的接线逻辑方式、二次元件的选择及内部布置等。

b） 复核投标产品的主要性能和参数，并进行确认。

c） 检查总进度、质量保证程序及质控措施。

d） 决定土建要求/运输尺寸和质量，以及工程设计的各种接口的资料要求。

e） 讨论交货程序。

f） 解决遗留问题。

g） 讨论监造、工厂试验及检验问题。

h） 讨论运输、安装、调试及验收试验。

7.2.3 其他需讨论的内容，如地点、日期、人数等在合同谈判时商定。

7.2.4 除上述规定的联络会议外，若遇重要事宜需双方进行研究和讨论，经各方同意可另召开联络会议解决。

7.2.5 每次会议均应签署会议纪要，该纪要作为合同的组成部分。

7.3 工厂检验和监造

7.3.1 买方有权派遣其检验人员到卖方及其分包商的车间场所，对合同设备的加工制造进行检验和监造。买方应将为此目的而派遣的代表人员名单以书面形式通知卖方。

7.3.2 卖方应积极配合买方的监造工作，并指定1名代表负责监造联系工作，及时向监造人员提供监造工作相关资料（包括但不限于此）：

a） 重要的原材料的物理、化学特性和型号及必要的工厂检验报告。

b） 重要外协零部件和附件的验收试验报告及重要零部件和附件的全部出厂例行试验报告。

c） 设备出厂试验方案、试验报告、半成品试验报告。

d） 型式试验报告。

e） 产品改进和完善的技术报告。

f） 与分包方的技术协议和分包合同副本。

g） 设备的生产进度表。

h） 设备制造过程中出现的质量问题的备忘录。

i） 设备制造过程中出现有关设备质量和进度变更的文件。

7.3.3 设备的监造范围、监造方式、监造内容等监造具体内容由买方及其派遣的监造人员根据国家电网有限公司统一下发的设备监造大纲最终确定。

7.3.4 监造人员有权到生产合同设备的车间和部门了解生产信息，并提出监造中发现的问题（如有）。

7.3.5 卖方应在开始进行工厂试验前 2 周，通知买方及监造人员其试验方案（包括日程安排）。根据这个试验方案，买方有权确定对合同设备的哪些试验项目和阶段进行见证，并将在接到卖方关于安装、试验和检验的日程安排通知后 1 周内通知卖方。然后买方将派出技术人员前往卖方和（或）其制造商生产现场，以观察和了解该合同设备工厂试验的情况及其运输包装的情况。若发现任一货物的质量不符合合同规定的标准，或包装不满足要求，买方代表有权发表意见，卖方应认真考虑其意见，并采取必要措施以确保待运合同设备的质量，见证检验程序由双方代表共同协商决定。

7.3.6 若买方不派代表参加上述试验，卖方应在接到买方关于不派员到卖方和（或）其分包商工厂的通知后，或买方未按时派遣人员参加的情况下，自行组织检验。

7.3.7 监造人员将不签署任何质量证明文件，买方人员参加工厂检验既不能解除卖方按合同应承担的责任，也不替代到货后买方的检验。

7.3.8 买方有合同货物运到买方目的地以后进行检验、试验和拒收（如果必要时）的权利，卖方不得因该货物在原产地发运前已经由买方或其代表进行过监造和检验并已通过作为理由而进行限制。

7.3.9 买方人员参加工厂试验，包括会签任何试验结果，既不免除卖方按合同规定应负的责任，也不能代替合同设备到达目的地后买方对其进行的检验。

7.3.10 如有合同设备经检验和试验不符合技术规范的要求，买方可以拒收，卖方应更换被拒收的货物，或进行必要的改造使之符合技术规范的要求，买方不承担上述费用。

8 一次、二次及土建接口要求

8.1 550kV GIS 或 HGIS 设备

8.1.1 电气一次接口

针对 GIS “一”字形户外布置形式、HGIS“3+0”户外布置形式，土建接口统一为 2 种，接口 1 对应户外 GIS 基础接口，接口 2 对应户外 HGIS 基础接口。

8.1.1.1 间隔外轮廓尺寸

对于“一”字形布置方案，同串内边断路器至中断路器中心距按照不大于 9000mm 控制。常规海拔高度下，户外进（出）线间隔套管相间距离为 7m。断路器设备本体底座投影尺寸按照不大于 5900mm（长）×2280mm（宽）控制，断路器两侧墩台中心距按照不大于 3360mm 控制。具体尺寸示意详见图 1～图 2。

对于“Z”字型布置方案，同串内边断路器至中断路器中心距按照不大于 5000mm 控制。常规海拔高度下，户外进（出）线间隔套管相间距离为 7000mm。断路器设备本体底座投影尺寸按照不大于 4900m（长）×2000m（宽）控制，断路器两侧墩台中心距按照不大于 4500m 控制。具体尺寸示意详见图 4～图 5。

550kV GIS 户外方案高海拔修正，详见表 3。

表 3 550kV GIS 户外方案出线间隔相间距高海拔修正表（>1000m）

海拔（m） 符号	2000	3000	4000
出线相间距离（mm）	8000	9000	10 500

550kV GIS 户内线变组接线方案，设备采用“Z”字型布置，设备间隔中心距按照 5000mm 控制。断路器设备本体底座投影尺寸按照不大于 4000mm（长）×2000mm（宽）控制，断路器两侧墩台中心距按照不大于 3200mm 控制。具体尺寸示意详见图 7 和图 8。

550kV 户外 HGIS，间隔内套管中心距根据工程布置确定。断路器设备本体底座墩台外廓尺寸按照不大于 2000mm 控制，最外侧套管中心距墩台外廓尺寸按照不大于 1000mm 控制。具体尺寸示意详见图 10。

GIS/HGIS 套管颜色为棕色（瓷）；外壳、支架等外表面均应涂漆，颜色建议为海灰 B05。

8.1.1.2 布置形式

550kV GIS 采用一个半断路器接线或线变组接线。户外布置形式可根据工程实际情况，550kV GIS 进、出线套管中心距按照不大于 20 000mm 控制，采用“一”字型布置方案或“Z”字型布置方案。户内布置各间隔中心距按照 5000mm 控制。

550kV HGIS 均采用一个半断路器接线。布置形式可根据工程构架及消防环道设置实际情况，各进（出）线间隔中心距取 27m 或 29m。

平面布置示意图详见图 3、图 6～图 9。

550kV GIS 户外方案高海拔修正，详见表 4。

表 4 550kV GIS 户外方案出线间隔中心距高海拔修正表（>1000m）

海拔（m） 符号	2000	3000	4000
间隔中心距离（mm）	26 000	28 000	32 000

8.1.1.3 接地要求

应包括以下内容：

a） 接地方案可采用设备直接引下接地或预埋接地件。接地件由土建施工单位预埋，接地件以上的接地过渡块、接地排及安装辅材均为厂家提供。

b） 每个气体隔室的壳体应互连并可靠接地，接地回路应满足短路电流的动、热稳定要求。外壳应接地。凡不属主回路或辅助回路的预定要接地的所有金属部分都应接地。外壳框架等的相互电气连接宜用紧固连接，以保证电气上连通，接地点应标以接地符号。

c） 接地点的接触面和接地连线的截面积应能安全地通过故障接地电流。

d） 紧固接地螺栓不少于 4 个 M12 螺栓或 2 个 M16 螺栓。接地点应标有接地符号。

e） GIS/HGIS 接地应防止外壳产生危险感应电压，应防止外壳环流造成局部过热。

8.1.1.4 安装基础

GIS/HGIS 底座建议采用焊接固定在水平预埋钢板的基础上，也可采用地脚螺栓或化学锚栓方式固定。GIS/HGIS 伸缩节要能够适应装配调整、吸收基础间的相对位移和热胀冷缩的伸缩量，GIS/HGIS 底座必须能够适应如下土建施工误差：

a） 每间隔基础预埋件水平最高和最低差不超过 2mm；

b） 间隔之间所有尺寸允许误差不超过 3mm；

c） 全部间隔所在区域尺寸允许偏差不超过 3mm；

d） 对于 GIS/HGIS 出线套管支架，其高度应能保证外绝缘体最低部位距地面不小于 2500mm。

8.1.1.5 安装示意图

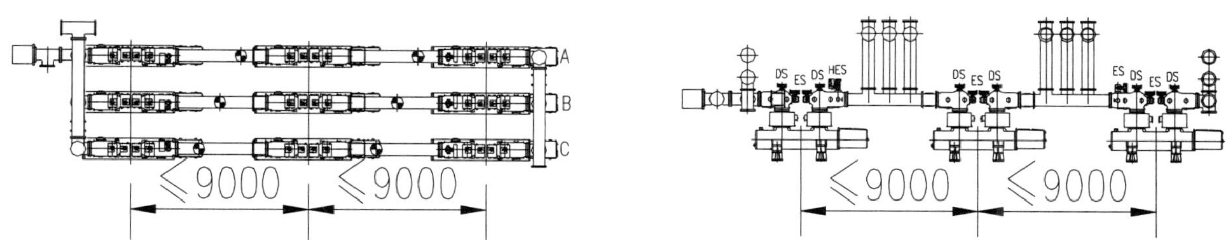

图 1 550kV GIS 设备外轮廓示意图（户外“一”字型布置）（5GIS—5000/63）

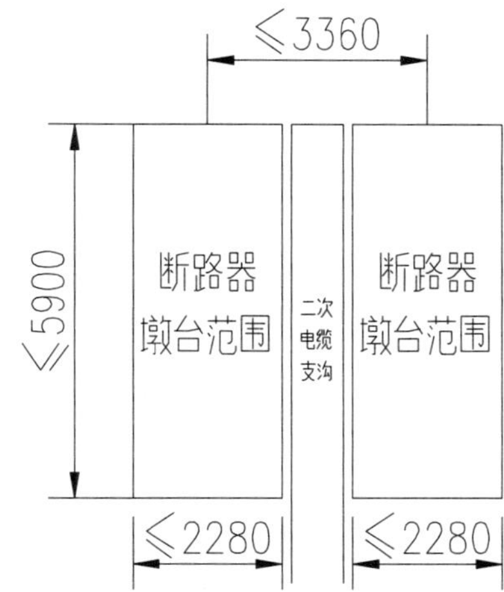

图 2 550kV GIS 设备断路器底座投影尺寸示意（户外“一”字型布置）（5GIS—5000/63）

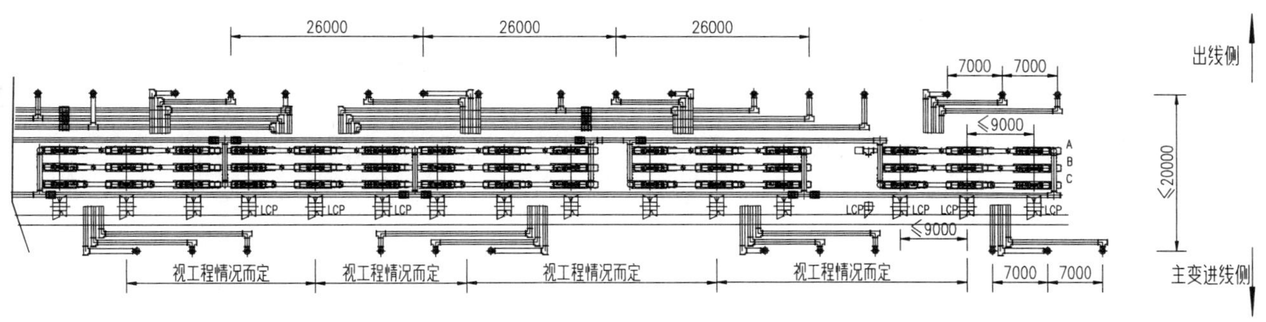

图 3 550kV GIS 平面布置示意图（“一”字型户外布置）示意图（5GIS—5000/63）

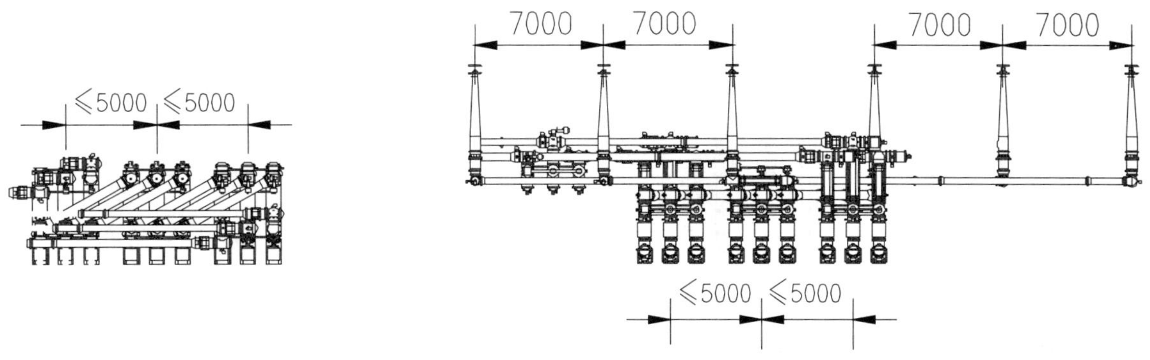

图 4 550kV GIS 设备外轮廓示意图（户外“Z”字型布置）（5GIS—5000/63）

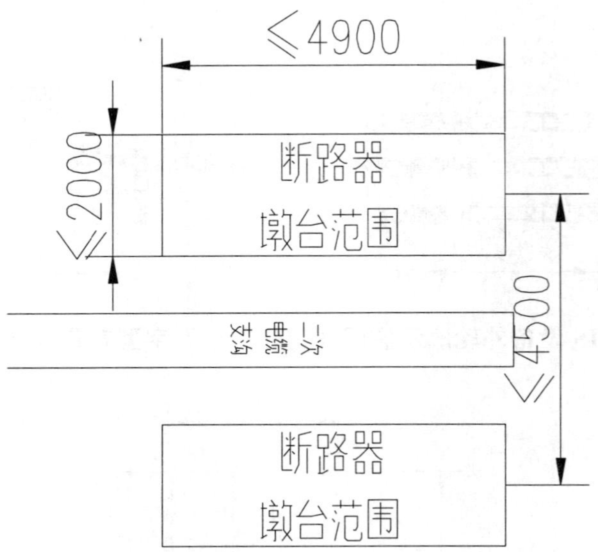

图 5　550kV GIS 设备断路器底座投影尺寸示意（户外“Z”字型布置）（5GIS—5000/63）

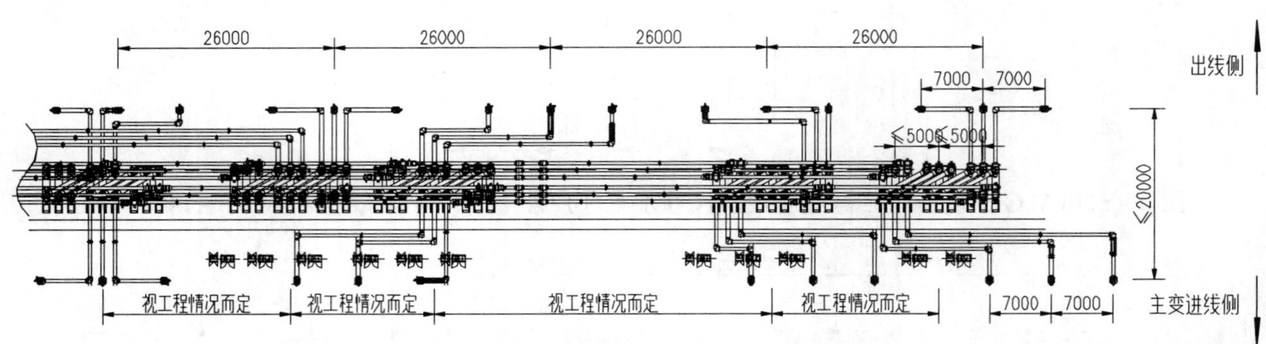

图 6　550kV GIS 设备平面布置示意图（“Z”字型户外布置）示意图（5GIS—5000/63）

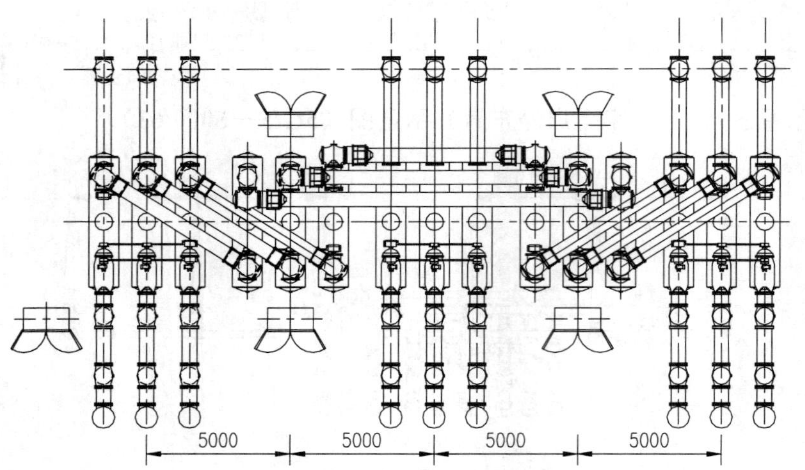

图 7　550kV GIS 外轮廓示意图（户内“Z”字型布置）（5GIS—5000/63）

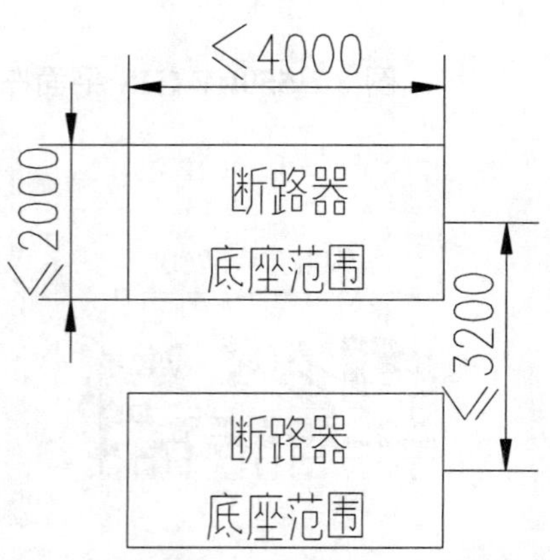

图 8　550kV GIS 设备断路器底座投影尺寸示意（户内“Z”字型布置）（5GIS—5000/63）

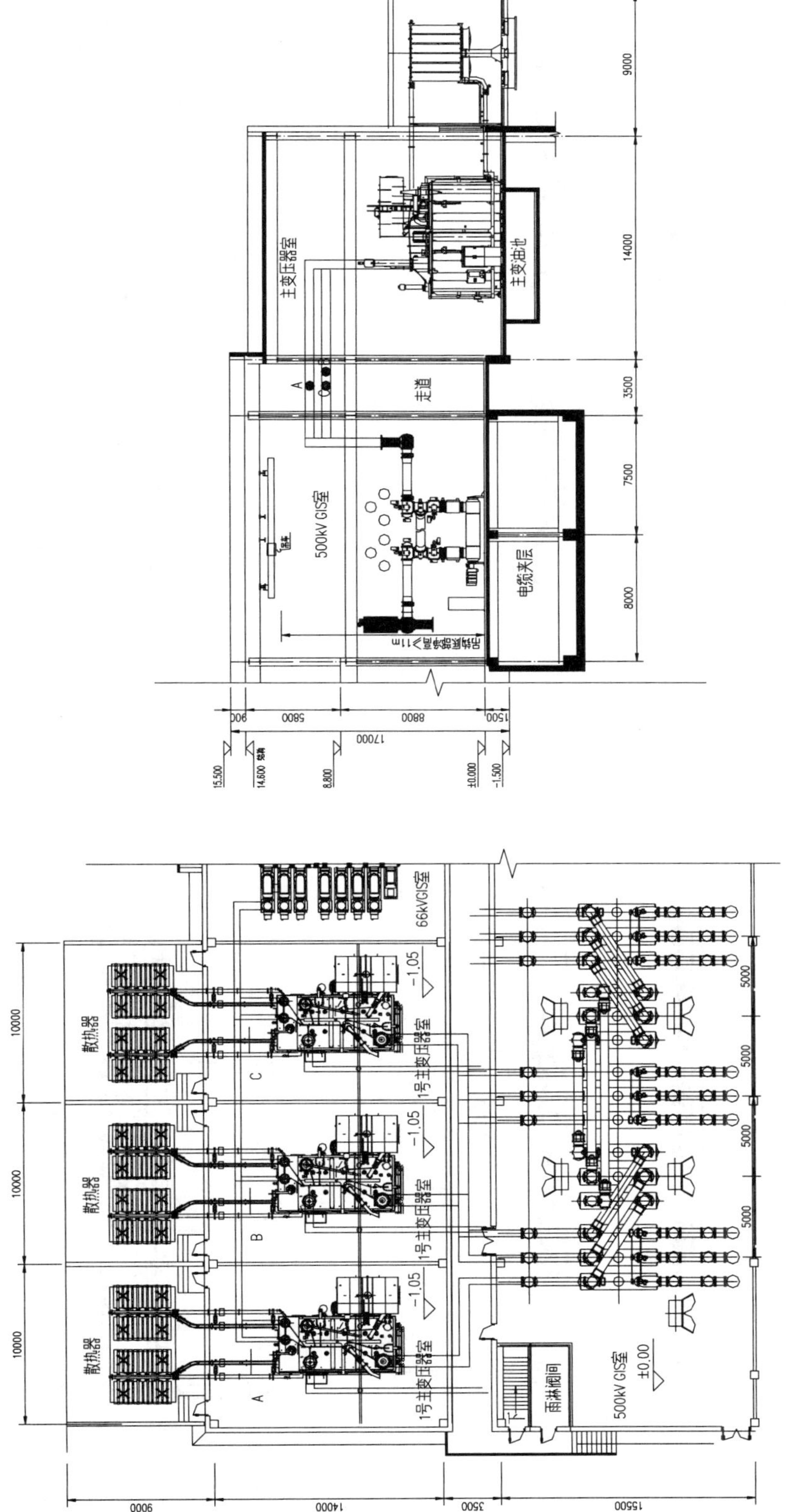

图 9　550kV GIS 设备平、断面布置示意图（"Z"字型户内布置）示意图（5GIS—5000/63）

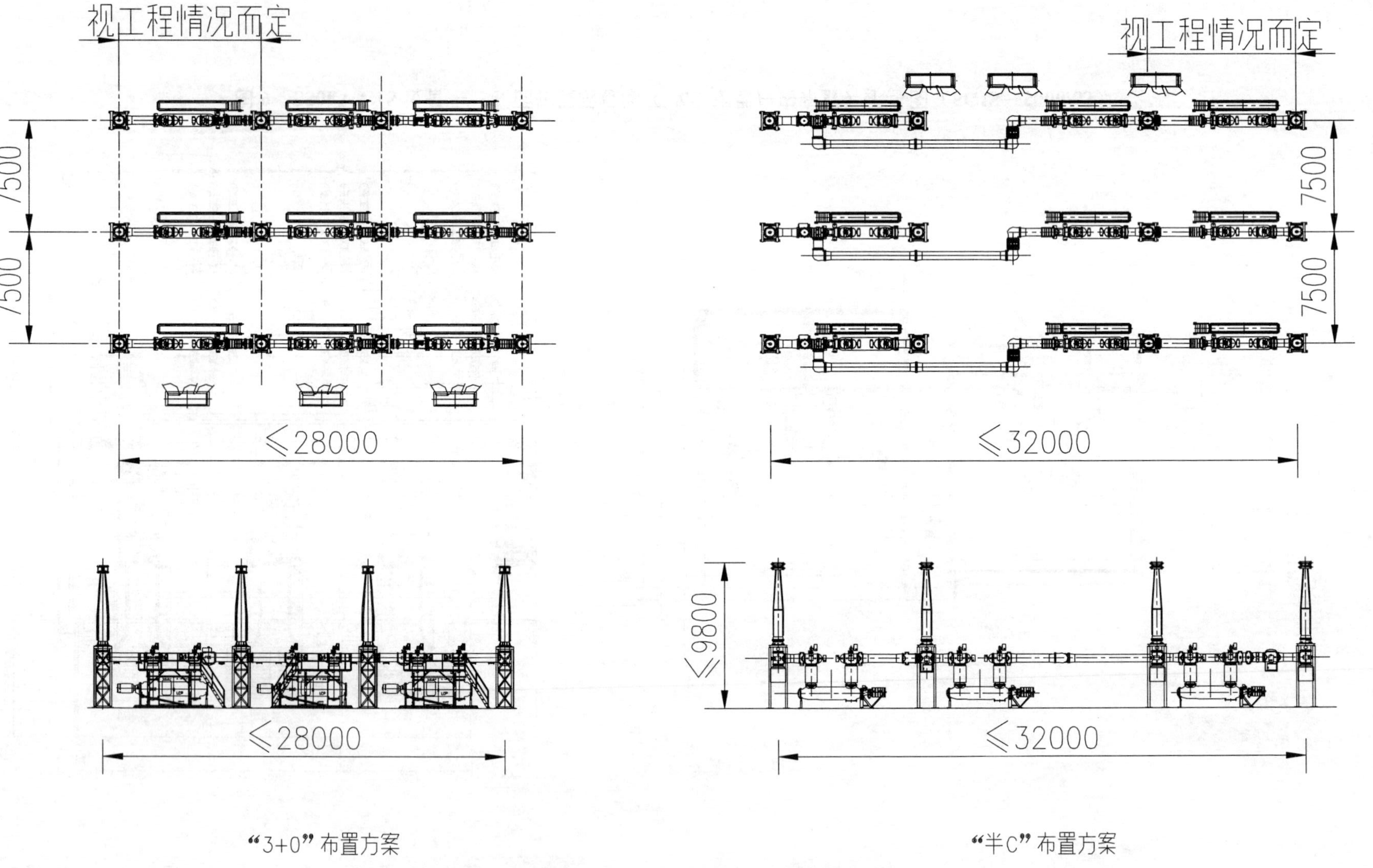

图 10　550kV HGIS 设备平、断面示意图（户外“3+0”、“半 C”型布置）（5HGIS—5000/63）

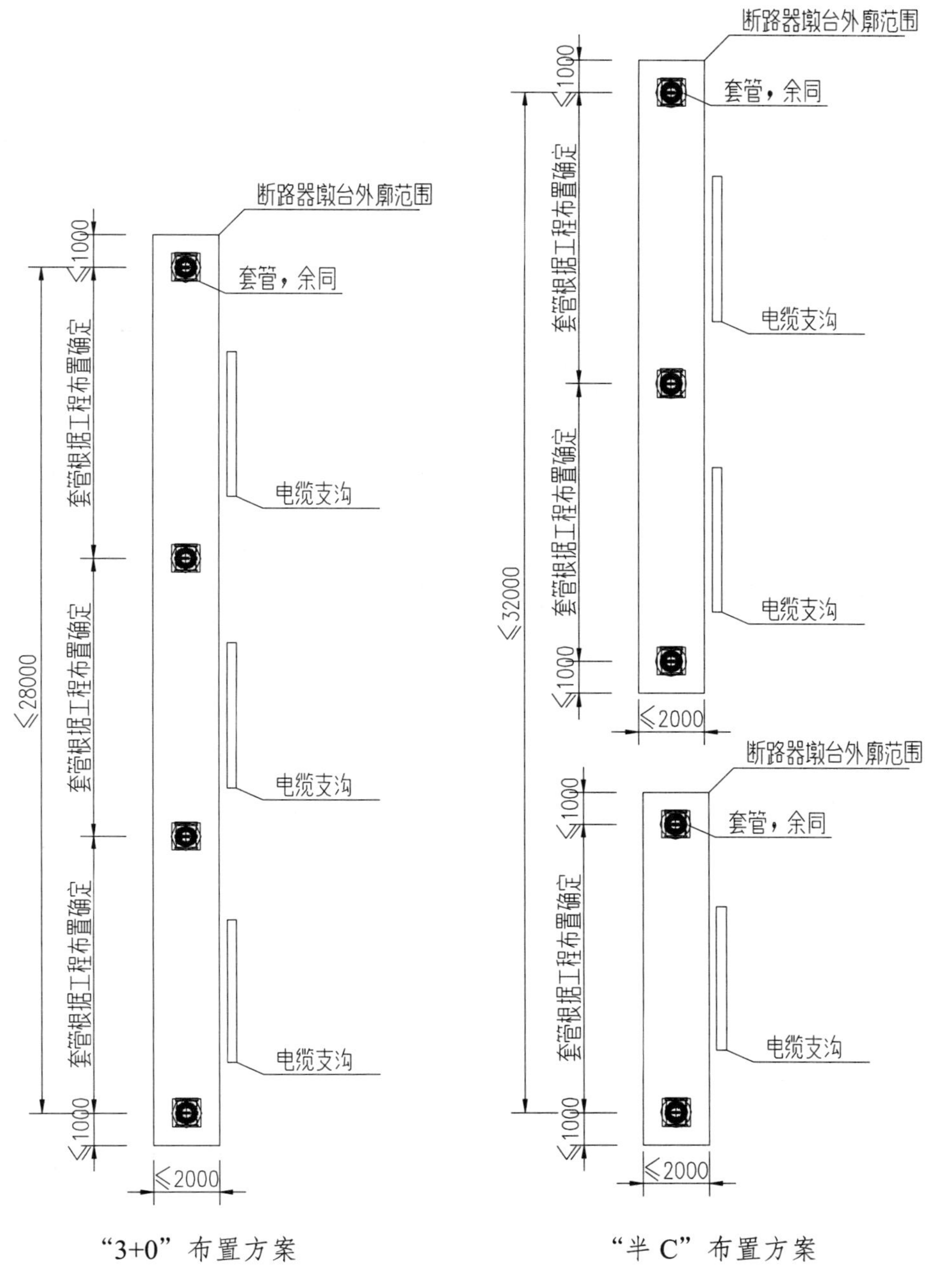

图 11　550kV HGIS 断路器底座墩台投影尺寸示意示意图
（户外“3+0”、“半 C”型布置）（5HGIS—5000/63）

8.1.2　二次接口

根据一次设备的布置方案，电气二次接口从智能控制柜尺寸及设备布置、二次回路技术要求、电气二次安装接口技术要求、对外端子排接口、光回路接口及虚端子等六个方面进行了统一，共形成了 1 个接口。

8.1.2.1　智能控制柜

应包括以下内容：

a）　技术参数及技术条件

智能控制柜技术参数及技术条件详见 Q/GDW 1430—2015《智能控制柜技术规范》。

b） 柜内设备布置原则

智能控制柜宜采用就地布置，柜内元器件布置顺序见表 5。

表 5 屏（柜）正面元器件从上往下布置优先级顺序表

从上往下顺序	元器件名称
1	智能终端
2	监测主 IED
3	光纤配线架

注：1. 具体组柜时，应根据具体屏（柜）所需布置的装置类型，按照本表的优先级顺序从上往下依次排列布置。

2. 屏（柜）上安装的最高设备的中心线离屏（柜）顶为 200mm；最低设备的中心线离柜底不低于 350mm。

智能终端通用技术条件详见《国家电网公司智能变电站通用设备（二次设备）》（2012 年版）第 17 篇。

550kV 气体绝缘金属封闭开关设备应预留特高频传感器及测试接口；可选择配置 SF_6 气体压力和湿度监测、分合闸线圈电流监测、避雷器泄漏电流及放电次数监测，550kV 电压等级应配置 1 套在线监测主 IED，布置于母线智能控制柜内。

c） 柜体尺寸要求

断路器间隔智能控制柜（汇控柜）尺寸为 2400（宽度）×900（深度）×2000（高度），母线设备间隔智能控制柜（汇控柜）尺寸为 1000（宽度）×900（深度）×2000（高度）。

智能控制柜柜面布置图详见图 12、图 13，其中在线监测主 IED 仅在其中一面 550kV 母线智能控制柜内设置。

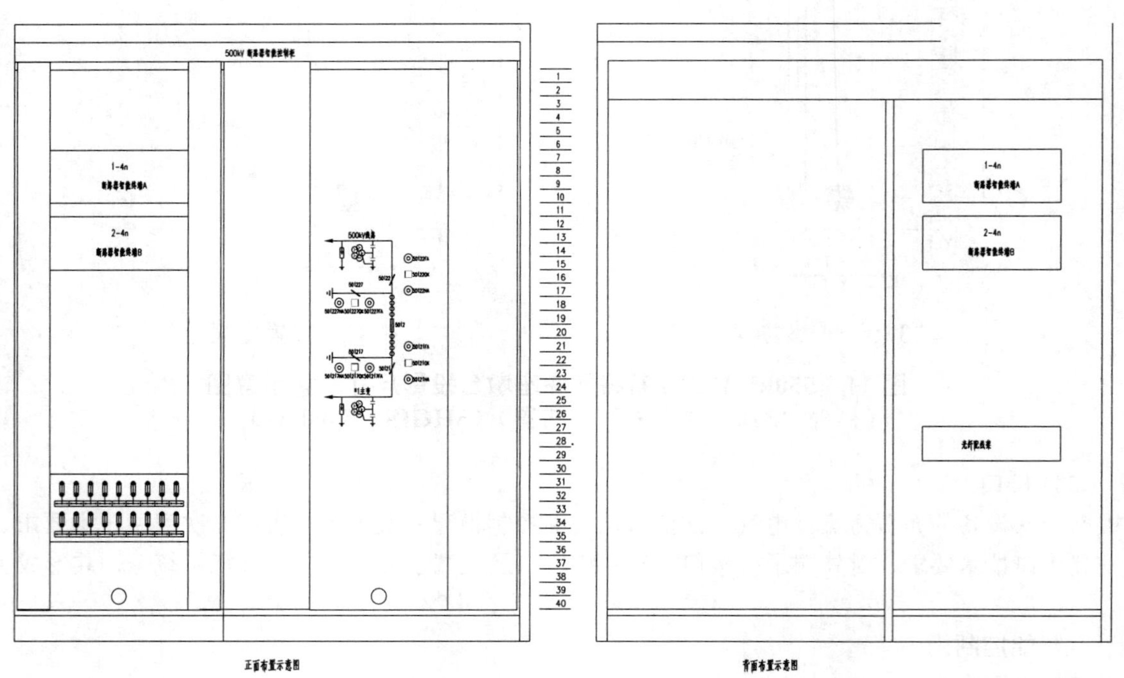

图 12 550kV GIS/HGIS 断路器间隔智能控制柜典型布置图
（通用设备编号 5GIS—5000/63、5HGIS—5000/63）

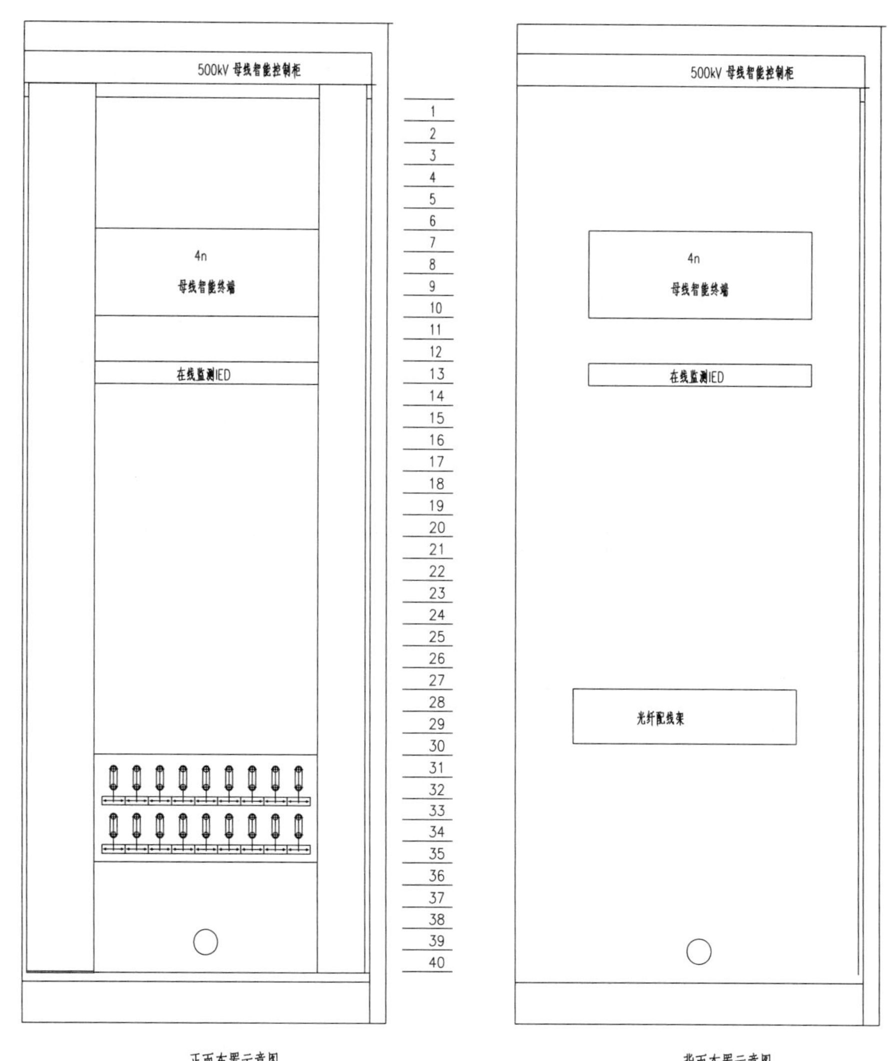

图 13　550kV GIS 母线间隔智能控制柜典型布置图（通用设备编号 5GIS—5000/63）

d）　端子排、虚端子

根据通用互换的原则，汇控柜端子排按不同功能进行划分，端子排布置应考虑各插件的位置，避免接线相互交叉。端子排列应符合标准，正、负极之间应有间隔，断路器的跳闸和合闸回路、直流（+）电源和跳合闸回路不能接在相邻端子上，端子排应编号。

智能控制柜内的端子排按照“功能分段”的原则分别设置：交流回路、直流回路，TA 回路，TV 回路，断路器控制及遥信回路，隔离、接地开关控制及遥信回路，辅助触点及报警回路等。

本节对 GIS 智能控制柜对外接线端子排接口进行了统一，具体详见图 14～图 16，智能终端相关端子排详见《国家电网公司智能变电站通用设备（二次设备）》（2012 年版）第 17 篇。

1）电流互感器部分端子排

图 14 示意了 500kV GIS 边、中两种类型间隔电流互感器端子排，边断路器 TA 端子排统一按照 8 个次级考虑，中断路器 TA 统一按照 10 个 CT 次级考虑，满足一个半接线的电流互感器采用 7－9－7 和 8－10－8 两种配置时的接口要求。

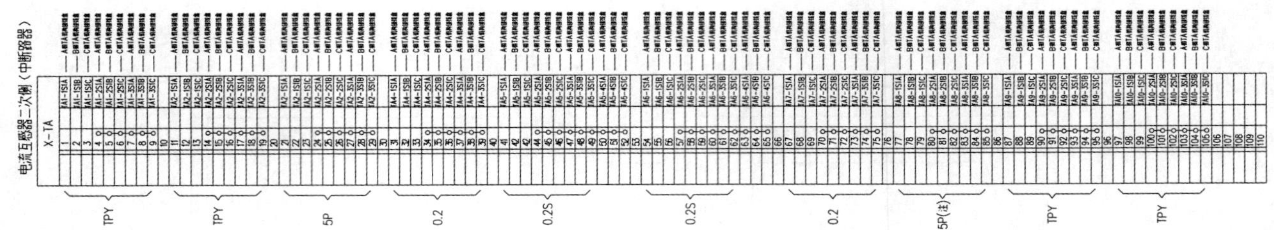

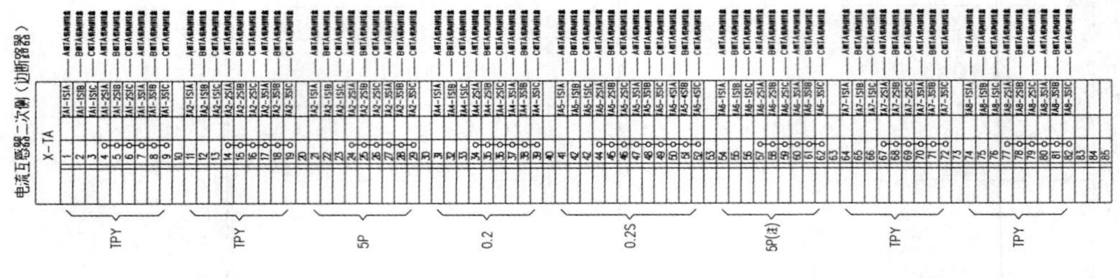

注：如工程实际未配置该二次绕组，该部分端子排作为预留端子，不接线。

图 14　电流互感器部分端子排 TA 回路端子接口图
（通用设备编号 5GIS—5000/63、5HGIS—5000/63）

2）电压互感器部分端子排

图 14 所示端子排接口图适用于 GIS 母线电压互感器间隔。

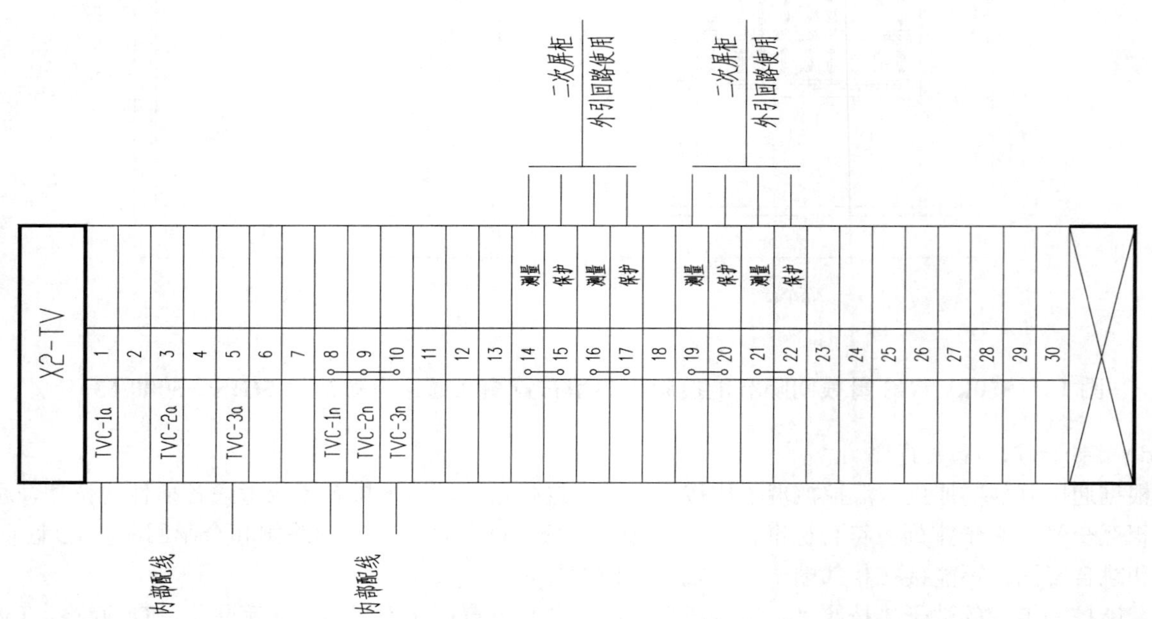

图 15　母线电压互感器部分端子排 TV 回路端子接口图
（通用设备编号 5GIS—5000/63、5HGIS—5000/63）

3）交直流电源端子排

图 16 所示端子排接口图适用于断路器间隔，每个间隔按两路总交流进线、两路总直流进线设置，对于母线间隔直流总进线可按一路设置。

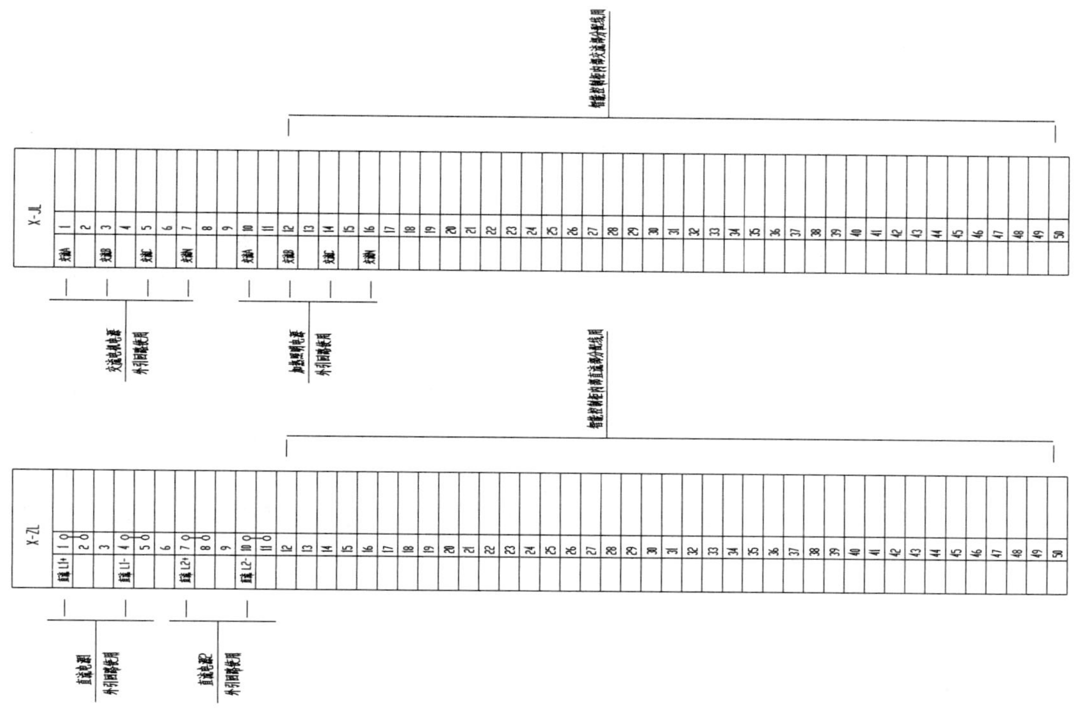

图 16 交直流电源端子接口图（通用设备编号 5GIS—5000/63、5HGIS—5000/63）

e） 光回路标准接口

双套保护的 GOOSE 跳闸控制回路等需要增强可靠性的两套系统，应采用各自独立的光缆及光纤插接盒。

500kV GIS/HGIS 断路器间隔配置双套免熔接光纤插接盒，每套接口数量不宜小于 24 口；500kV GIS/HGIS 母线间隔配置单套免熔接光纤插接盒，接口数量不宜小于 6 口。

f） 虚端子

智能终端虚端子图详见《国家电网公司智能变电站通用设备（二次设备）》（2012 年版）第 17 篇。

8.1.2.2 二次回路部分技术要求

应包括以下内容：

a） 断路器应能实现分相操作和三相电气联动操作。

b） 断路器要求配有两套独立的跳闸回路。两套回路中均应包含各自独立的三相不一致保护跳闸回路和压力闭锁回路。

c） 断路器、隔离开关、接地开关均应能实现远方和就地操作，远方和就地之间应能切换。断路器的远方/就地切换开关应单独配置，断路器两组跳闸回路均应经远方/就地切换开关切换。远方/就地切换开关应配置辅助触点，两组常开、两组常闭，并引至端子排。

d） 分相操作的断路器应设置两组电气上完全独立的三相不一致保护回路，分别作用于第一组跳闸和第二组跳闸。三相不一致保护出口处应设有连接片。

e） 断路器操动机构应配置内部电气防跳回路。近控、远控时均应通过断路器内部的防跳回路实现防跳功能。

f） 断路器应能实现 SF_6 压力低报警及闭锁功能。报警及闭锁功能应分别提供 1 组和 2 组完全独立的接点，其中压力低闭锁时每组各提供两副接点供用户使用。

g） 液压机构应能实现压力异常报警及闭锁功能，应能提供两组完全独立的压力低闭锁接点，且每组应至少各提供两副接点供用户使用。弹簧机构应能实现未储能闭锁合闸功能，还需提供至少两副接点供用户使用。

h） 断路器应提供监视分合闸回路完好性的对外接口。

i） 应具备完善的五防操作闭锁功能，符合国家相关的规程规范和标准要求。闭锁回路应留有接口以方便外部闭锁接点的引入。

j） 断路器、隔离开关、接地开关操作机构电动机电源以及隔离开关、接地开关的控制电源采用交流供电。加热及照明电源均匀分布在交流电源各相上。加热器、照明、操作及储能电源开关应独立设置。

k） GIS/HGIS 的断路器控制及就地信号电源均采用直流供电。

l） 除用于控制和其他辅助功能所需的辅助触点之外，每台断路器、隔离开关、接地开关应提供足够的辅助触点供用户使用，这些辅助触点均应是电气上独立的，并应引至端子排。

m） 同一间隔内的多台隔离开关、接地开关的电机电源，在汇控柜内必须分别设置独立的开断设备。

n） 交、直流回路不应共用同一根电缆，两套跳闸回路不应共用同一根电缆；控制和动力回路不应共用同一根电缆。

o） 时间继电器不应选用气囊式时间继电器。

p） 断路器分闸回路不应采用 RC 加速设计。

q） 隔离开关（接地开关）在电机回路失电时，控制回路不应自保持。

8.1.2.3 电气二次安装接口技术要求

应包括以下内容：

a） GIS/HGIS 的智能控制柜应按断路器间隔进行配置，每个断路器间隔配置 1 面智能控制柜。

b） 智能控制柜为前后开门。智能控制柜内应设有横向及竖向导线槽，所有设备安装的位置都应方便外部电缆从智能控制柜的底部进入。

c） GIS/HGIS 本体至智能控制柜、智能控制柜之间的二次缆线均应采用屏蔽电缆。该部分缆线由制造厂提供，且制造厂应同时提供电缆明细清册及其敷设要求。

d） 应提供金属配线槽以便于固定电缆，GIS/HGIS 本体上的二次缆线应敷设在配线槽内。

e） 智能控制柜端子排的一侧为气体绝缘金属封闭开关设备机构到 GIS 端子排的接线，另一侧为 GIS 端子排到智能终端背板的接线。

f） 端子采用压接型端子，额定值为 1000V、10A，工频耐受电压为 2000V。TA 二次回路应提供标准的试验端子，便于断开或短接各装置的输入与输出回路；对所有装置的跳闸出口回路应提供各回路分别操作的试验部件或连接片，以便于必要时解除其出口回路。一个端子只允许接入一根导线。端子排间应有足够的绝缘，端子排应根据功能分段排列，并应至少留有 10%的备用端子，且可在必要时再增加。

g） 智能控制柜上跳合闸回路应采用能接 $4mm^2$ 截面电缆芯的端子，并且要求跳、合闸端子之间应有端子隔开。智能控制柜上电源回路应采用能接 $6mm^2$ 截面电缆芯的端子，并且要求正、负极之间应有端子隔开。TA 和 TV 回路应采用能压接 $6mm^2$ 截面电缆芯的端子。

h） 智能控制柜体内部下方应设置二次接地专用铜排，截面不小于 $100mm^2$，接地端子为压接型。

i） GIS/HGIS 电气设备本体与智能控制柜之间宜采用标准预制电缆连接，预制电缆可采用单端或双端预制型式。

j） 智能控制柜至保护室、智能控制柜之间宜采用标准预制光缆连接，预制光缆择宜采用双端预制型式。

8.1.3 土建接口

550kV GIS、HGIS 土建接口从设备墩台基础预留插筋范围、进（出）线套管基础中心距、同串内不同相断路器基础之间中心距、户外进（出）线间隔套管基础间距、户内设备楼板结构层埋件等方面进行了分类统一，并根据电气布置形式的不同共形成 5 种电气接口。其中接口 1 对应户外 GIS（“一”字型布置）方案，接口 2 对应户外 GIS（“Z”字型布置）方案，接口 3 对应户外 HGIS（“3+0”常规）方案，接口 4 对应户外 HGIS（“3+0”半 C 型）方案，接口 5 对应户内 GIS 布置方案。

户外设备土建接口统一了设备墩台基础预留插筋范围、进（出）线套管基础中心距、同串内不同相断路器基础之间中心距、户外进（出）线间隔套管基础间距。设备墩台基础中心线与进出线套管基础中心线间距根据电气布置方案确定。大板基础根据不同设计条件确定，图中大板轮廓仅为示意。

户内设备土建接口统一了楼板结构层上一次埋件，待设备资料确认后根据设备资料在一次埋件上焊接槽钢或者工字钢。

断路器间隔智能控制柜（汇控柜）尺寸统一为 2400（宽度）×900（深度）×2000（高度）；母线设备间隔智能控制柜（汇控柜）尺寸为 1000（宽度）×900（深度）×2000（高度）。

户外方案高海拔修正详见 8.1.1 节高海拔修正。

8.1.3.1　户外设备

应满足以下要求：

a）户外 GIS 基础

GIS 布置时，应根据外部条件要求，整体规划整个 GIS 间隔的合理组合，结合通用设计方案开展施工图设计。户外布置包括场地上的建、构筑物、留孔槽、接地装置及主电缆沟等。

布置户外 GIS 间隔的位置应根据进出线位置和总体布置设想确定，土建设置整体大板基础，大板基础位于地面以下，大板基础预留插筋（或植筋）。设备基础待设备资料确认后根据设备资料制作，二次浇筑上部基础混凝土。针对目前 GIS 生产厂家不同的布置方式，考虑了两种通用基础方案。对于断路器”一”字布置的方案，每个基础面预留钢筋区域的尺寸为 5900mm×2280mm。对于断路器“Z”字布置的方案，每个基础面预留钢筋区域的尺寸为 2000mm×4900mm。具体见示意图 17～图 20。

b）户外 HGIS 基础

根据 HGIS 的特点，通用基础按照单相设备考虑，单相 HGIS 的大板基础整体设计，大板基础位于地面以下，大板基础预留插筋（或植筋）。设备基础待设备资料确认后根据设备资料制作，二次浇筑上部基础混凝土。HGIS 通用基础按照“3+0”和“半 C”型两种布置方案设计。“3+0”方案每相基础面预留钢筋区域的尺寸为 2000mm×30 000mm，“半 C”型方案每相基础面预留钢筋区域的尺寸为 2000mm×34 000mm，具体见示意图 21 和图 22。

8.1.3.2　户内设备

GIS 布置时，应根据外部条件要求，整体规划整个 GIS 间隔的合理组合，结合通用设计方案和 GIS 所在综合楼的整体要求，开展施工图设计。户内布置包括建、构筑物的基本结构、户内 GIS 专用预留孔槽的布置等。

布置户内 GIS 间隔的位置应根据进出线位置和总体布置设想确定。土建在楼板的结构层上设置一次埋件，待设备资料确认后根据设备资料在一次埋件上焊接校平用的槽钢或者工字钢，焊接完成后再在楼板上浇筑二次轻质混凝土面层。安装时将带钢结构基础底座的 GIS 设备放置到经校平整后的槽钢或者工字钢上与预留埋件焊接。

施工先后浇筑顺序及埋件平断面图见图 23 和图 24。

8.1.3.3　智能控制柜（汇控柜）基础

断路器间隔智能控制柜（汇控柜）尺寸为 2400（宽度）×900（深度）×2000（高度）；母线设备间隔智能控制柜（汇控柜）尺寸为 1000（宽度）×900（深度）×2000（高度），当智能控制柜（汇控柜）不在 GIS 本体上时，下部利用 GIS 整体筏板基础，在整体筏板基础内预留插筋，智能控制柜（汇控柜）基础二次浇注。基础表面平整度误差应不大于 2mm。智能控制柜（汇控柜）与电缆沟之间设置电缆支沟或埋管。

智能控制柜（汇控柜）基础示意图见图 25。

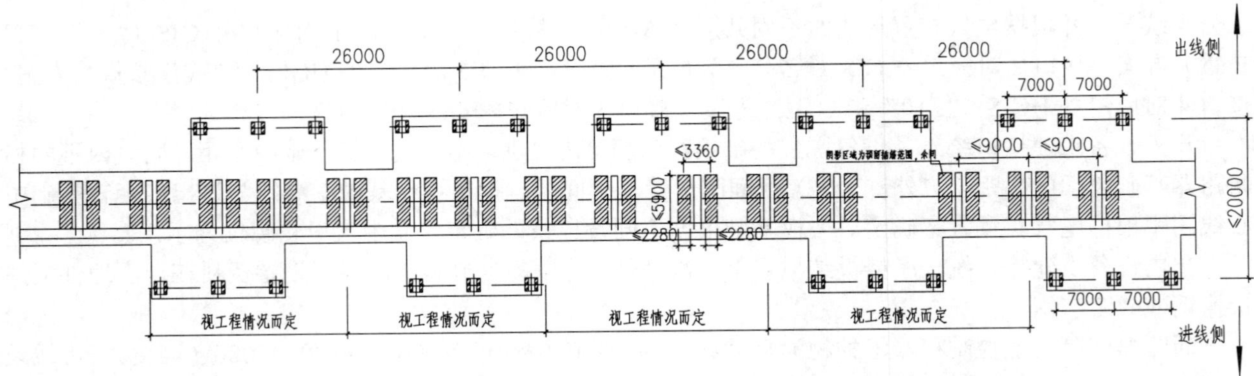

图 17 550kV 户外 GIS（一字型布置）基础平面布置示意图（通用设备编号 5GIS—5000/63）

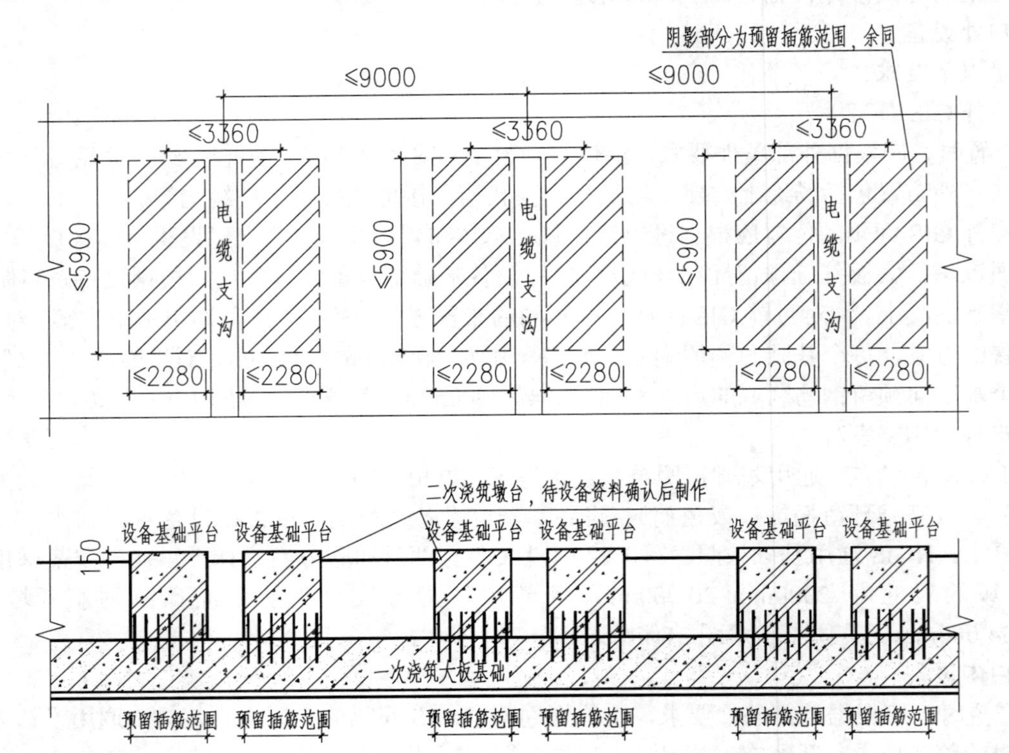

图 18 550kV 户外 GIS 基础（一字型布置）平、断面图（通用设备编号 5GIS—5000/63）

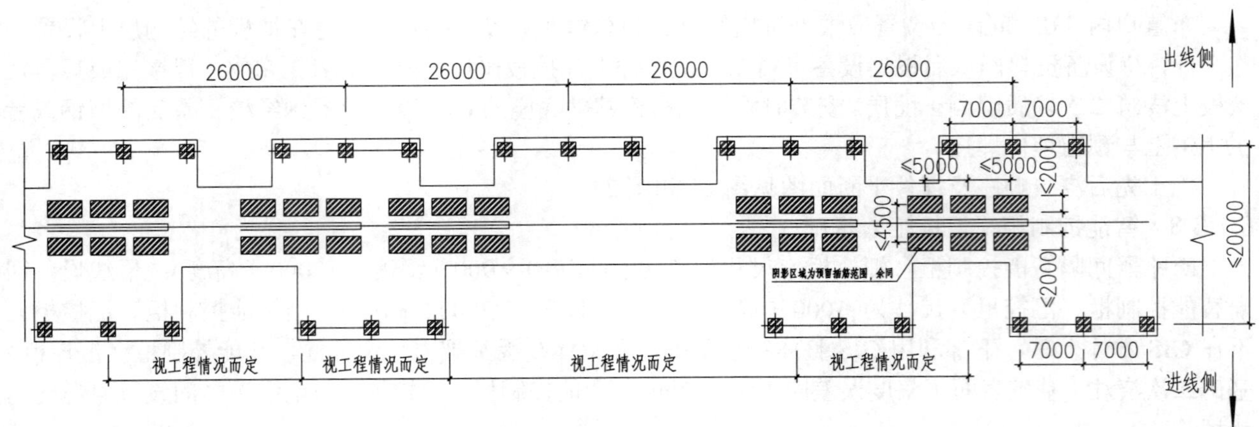

图 19 550kV 户外 GIS（Z 字型布置）基础平面布置示意图（通用设备编号 5GIS—5000/63）

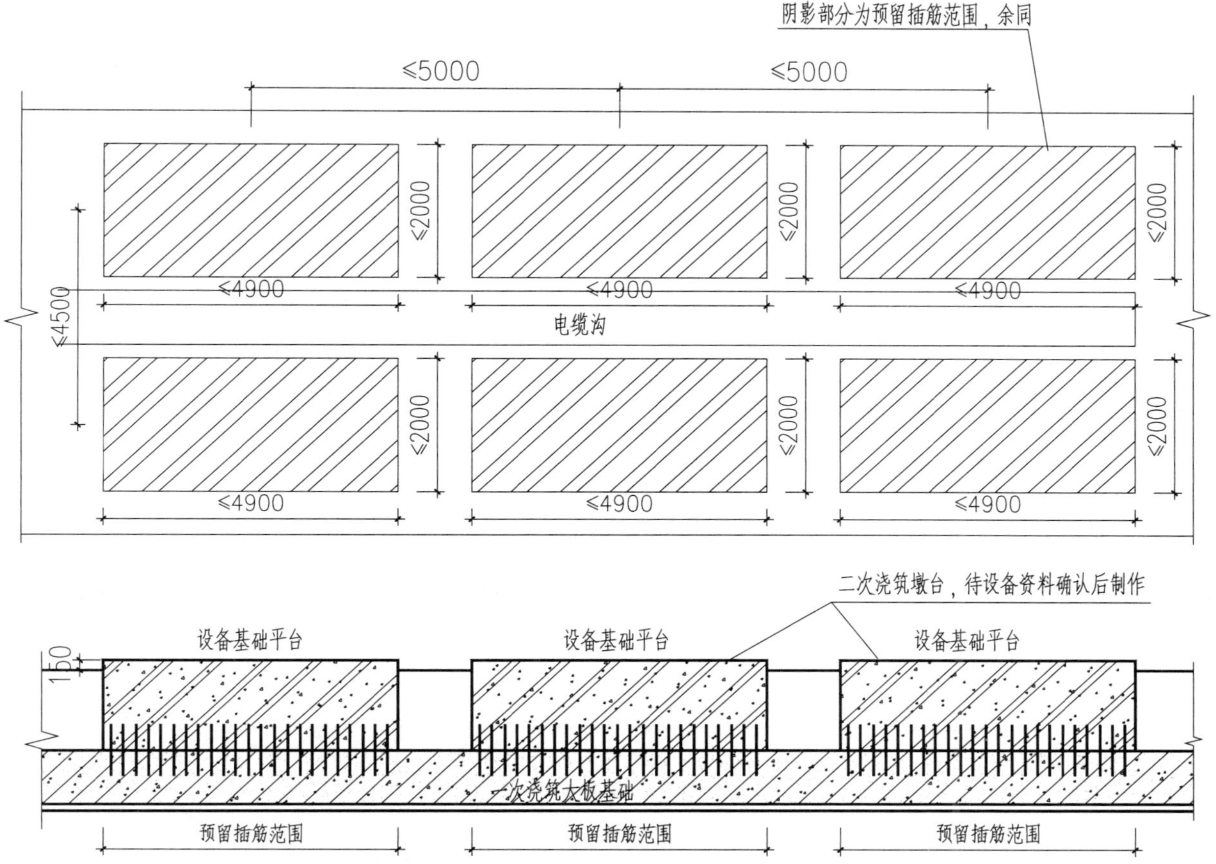

图 20　550kV 户外 GIS 基础（Z 字型布置）平、断面图（通用设备编号 5GIS—5000/63）

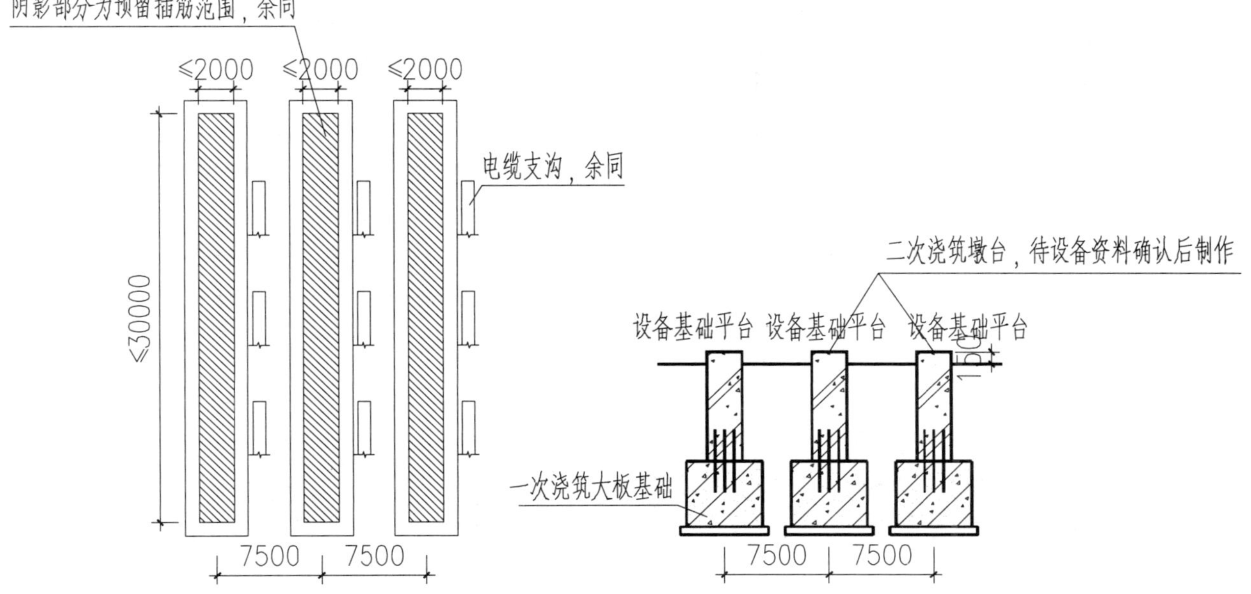

图 21　550kV 户外 HGIS（“3+0”）基础平、断面图（通用设备编号 5HGIS—5000/63）

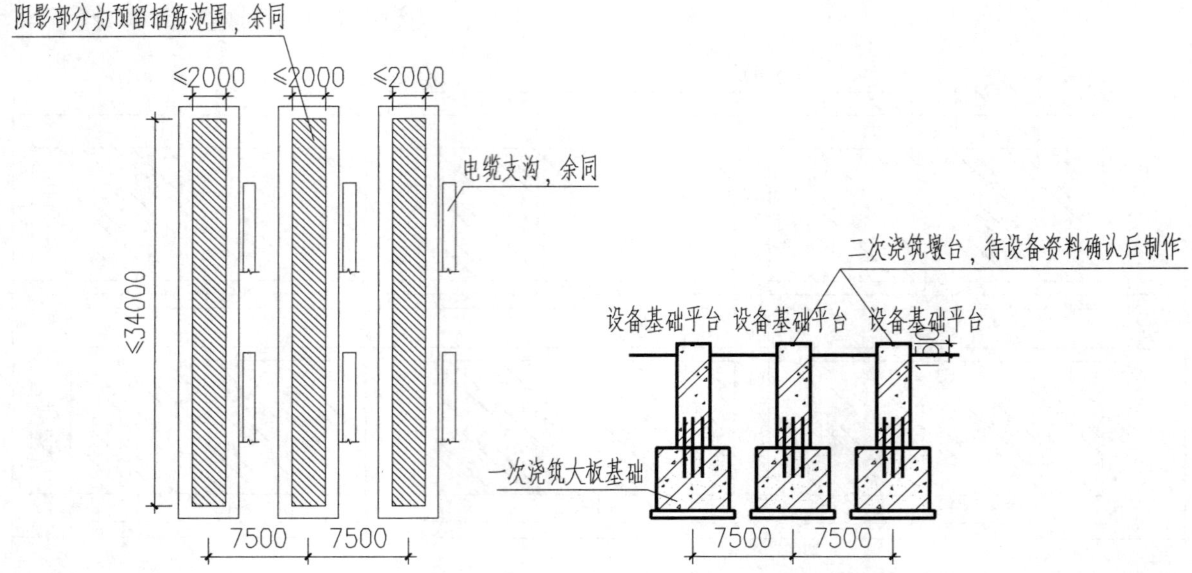

图 22　**550kV 户外 HGIS（“半 C”型）基础平面及断面示意图（通用设备编号 5HGIS—5000/63）**

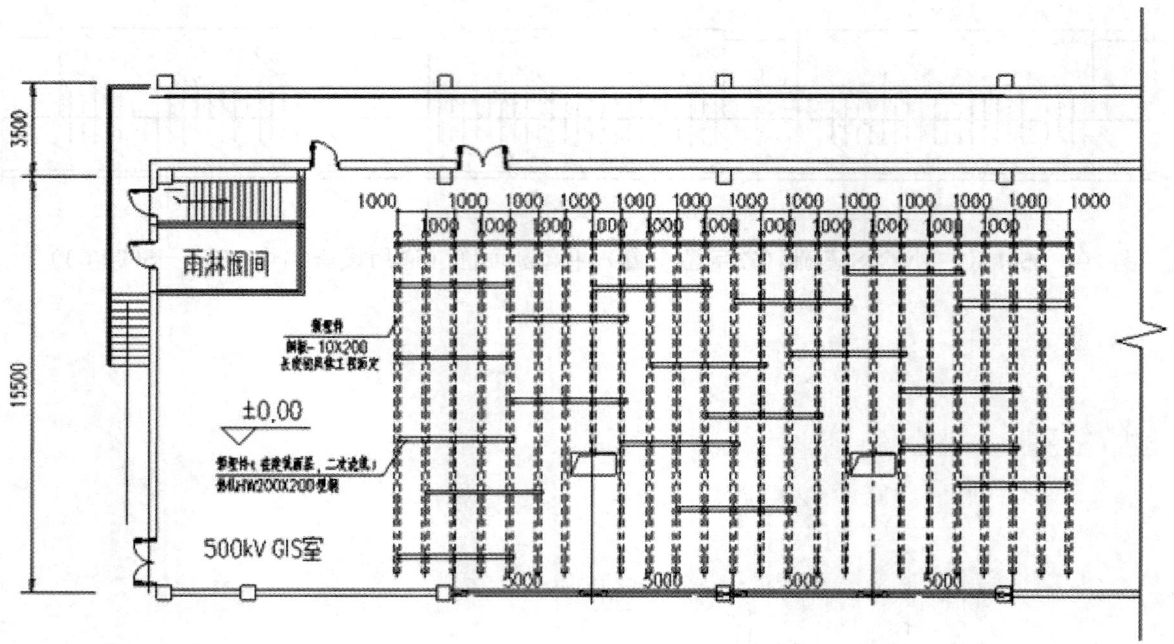

图 23　**550kV 户内 GIS 基础平面示意图（通用设备编号 5GIS—5000/63）**

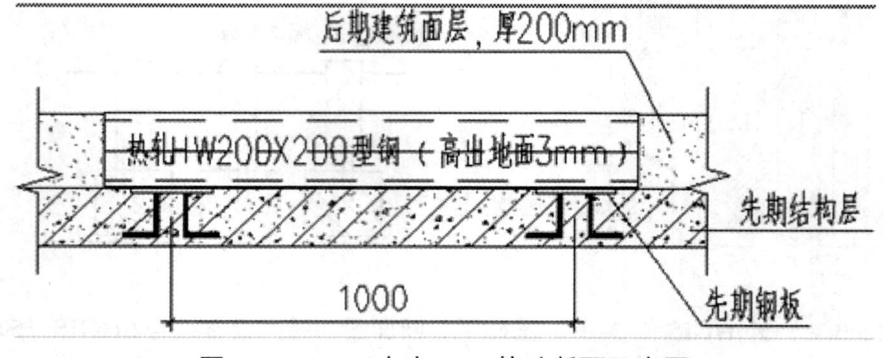

图 24　**500kV 户内 GIS 基础断面示意图**

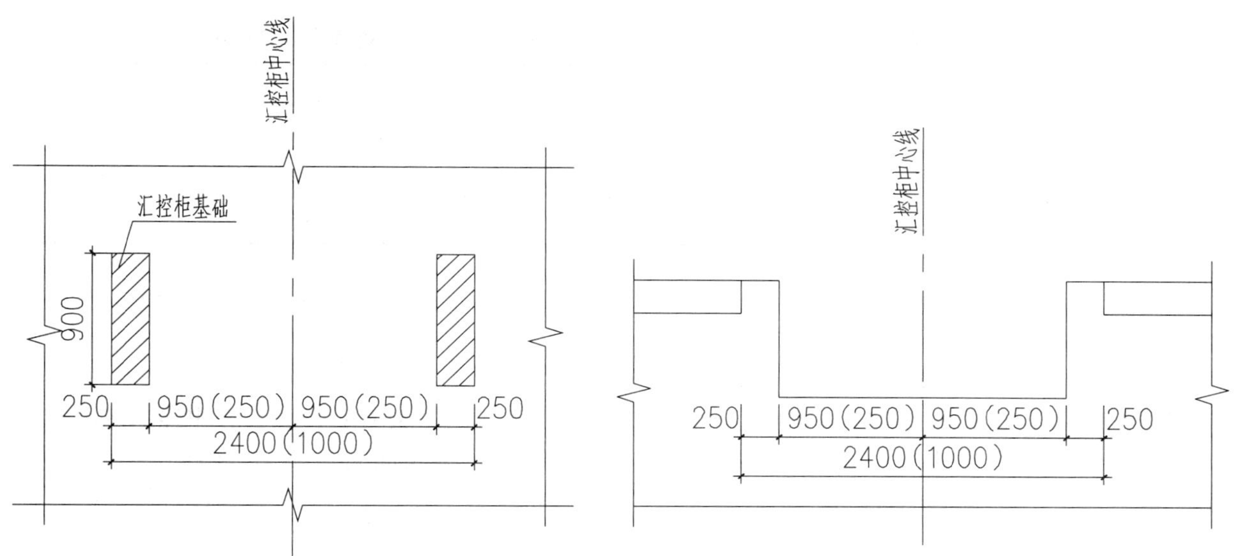

图 25　智能控制柜基础详图（通用设备编号 5GIS—5000/63、5HGIS—5000/63）

8.2　363kV GIS 或 HGIS 设备

8.2.1　电气一次接口

363kV 组合电器电气接口从结构型式、间隔中心距、进出线套管中心距、套管相间距离等进行了分类统一，并根据组合电器布置方案、应用场合的不同形成 6 种电气接口。其中，接口 1 对应户内 GIS “双母线接线”布置方案（4000/50），接口 2 对应户外 GIS “双母线接线”布置方案（4000/50），接口 3 对应户外 GIS“双母线接线”布置方案（5000/63），接口 4 对应户外 GIS “一个半断路器接线”布置方案，接口 5 对应户外 HGIS（单断口）布置方案，接口 6 对应户外 HGIS（双断口）布置方案。

8.2.1.1　间隔外轮廓尺寸

对于 3GIS—4000/50 双母线户外布置方案，363kV GIS 进、出线套管中心距按照不大于 12 500mm 控制；对于 3GIS—4000/50 双母线户内布置方案，363kV GIS 汇控柜、出线电缆终端中心距按照不大于 9000mm 控制；对于 3GIS—5000/63 双母线户外布置方案，363kV GIS 进、出线套管中心距按照不大于 14 000mm 控制；对于 3GIS—5000/63 一个半断路器接线户外布置方案，363kV GIS 进、出线套管中心距按照不大于 18m 控制，同串内边断路器至中断路器中心距按照不大于 10 000mm 控制。常规海拔高度下，户外进（出）线间隔套管相间距离为 5000mm。3GIS—5000/63 一个半断路器接线户外布置方案每相断路器设备本体底座投影尺寸按照不大于 6000mm×1500mm 控制。具体尺寸示意详见图 26～图 34。

363kV HGIS 套管相间距离为 5000mm。同串内边侧套管中心距按不大于 24 000mm 控制。断路器设备本体底座投影尺寸按照不大于 3000mm×1000mm 控制。具体尺寸示意详见图 35～图 46。

363kV GIS 户外方案高海拔修正，详见表 6。

363kV HGIS 户外方案高海拔修正，详见表 7。

表 6　363kV GIS 户外方案出线间隔套管高海拔修正表（海拔＞1000m）

海拔（m） 符号	2000	3000	3500
进（出）线相间距离（mm）	5600	6200	6800
出线套管导体至地之间距离（mm）	7900	8400	8800

表 7　363kV HGIS 户外方案出线间隔套管高海拔修正表（海拔高度＞1000m）

海拔（m） 符号	2000	3000	3500
出线套管相间距离（mm）	5900	6800	7400
出线套管导体至地之间距离（mm）	8200	8700	9000

GIS/HGIS 套管颜色为棕色（瓷）；外壳、支架等外表面均应涂漆，颜色建议为海灰 B05。

8.2.1.2　布置形式

363kV GIS 采用双母线接线或一个半断路器接线。

双母线接线布置形式采用断路器单列布置方案。常规海拔地区，363kV 户外 GIS 出线间隔中心距宜选用 18 000mm，主变进线间隔定位根据工程具体情况确定，其余间隔与相邻出线间隔中心距宜按 3000mm 控制；户内 GIS 出线间隔中心距宜选用 3000mm，部分间隔可结合工程建筑物梁柱、电缆竖井位置等调整间隔宽度。

一个半断路器接线布置形式采用“一”字型布置方案。常规海拔高度下，一个半断路器接线布置形出线间隔中心距宜选用 20 000mm。

363kV HGIS 采用一个半断路器接线，间隔中心距宜选用 20 000mm。

8.2.1.3　接地要求

应包括以下内容：

a）接地方案可采用设备直接引下接地或预埋接地件。接地件由土建施工单位预埋，接地件以上的接地过渡块、接地排及安装辅材均为厂家提供。

b）每个气体隔室的壳体应互连并可靠接地，接地回路应满足短路电流的动、热稳定要求。外壳应接地。凡不属主回路或辅助回路的预定要接地的所有金属部分都应接地。外壳框架等的相互电气连接宜用紧固连接，以保证电气上连通，接地点应标以接地符号。

c）接地点的接触面和接地连线的截面积应能安全地通过故障接地电流。

d）紧固接地螺栓不少于 4 个 M12 螺栓或 2 个 M16 螺栓。接地点应标有接地符号。

e）主回路应能接地，以保证维修工作的安全。另外在外壳打开后的维修期间，应能将主回路连接到接地极。如不能预先确定回路不带电，应采用关合能力等于相应的额定峰值耐受电流的接地开关；如能预先确定回路不带电，可采用不具有关合能力或关合能力低于相应的额定峰值耐受电流的接地开关；仅在制造厂和用户取得协议的情况下，才能采用可移的接地装置。

f）GIS/HGIS 接地应防止外壳产生危险感应电压，应防止外壳环流造成局部过热。

8.2.1.4　安装基础

GIS/HGIS 底座建议采用焊接固定在水平预埋钢板的基础上，也可采用地脚螺栓或化学锚栓方式固定。GIS/HGIS 伸缩节要能够适应装配调整、吸收基础间的相对位移和热胀冷缩的伸缩量，GIS/HGIS 底座必须能够适应如下土建施工误差：

a）每间隔基础预埋件水平最高和最低差不超过 2mm；

b）间隔之间所有尺寸允许误差不超过 3mm；

c）全部间隔所在区域尺寸允许偏差不超过 3mm。

d）对于 GIS/HGIS 出线套管支架，其高度应能保证外绝缘体最低部位距地面不小于 2500mm。

8.2.1.5　安装示意图

330kV GIS 安装示意图见图 26～图 34。330kV HGIS 安装示意图见图 35～图 45。

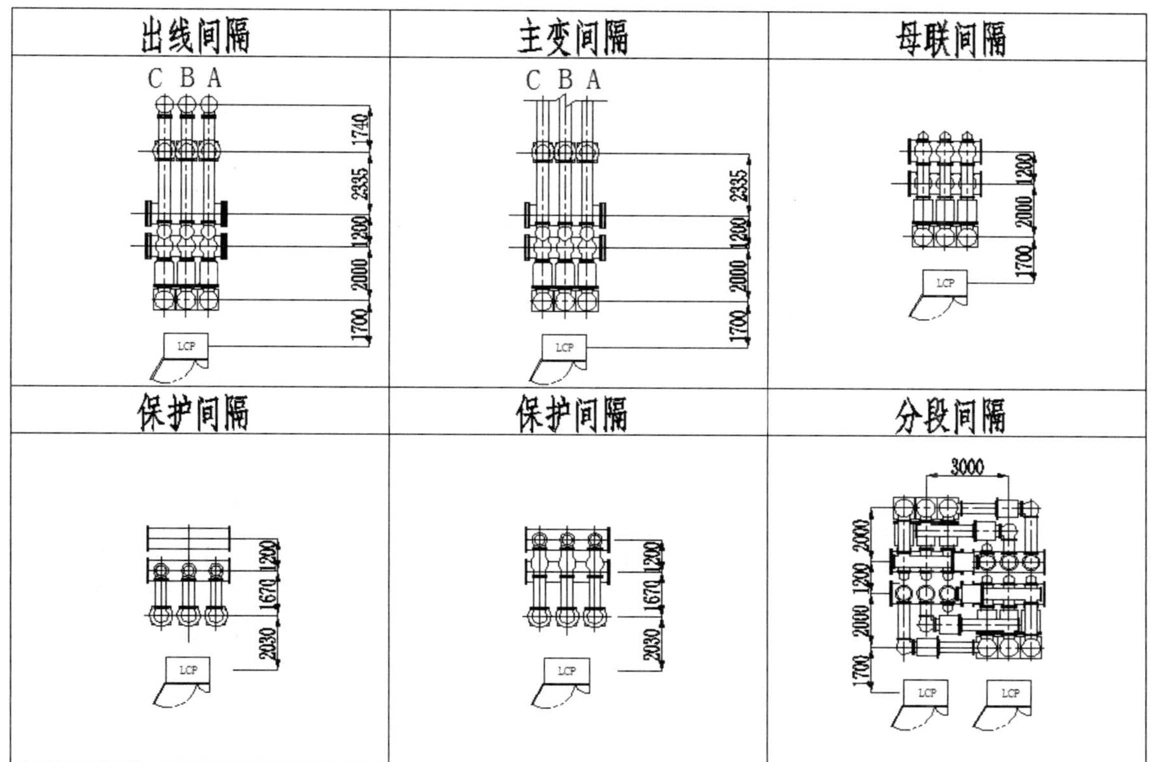

图 26 “双母线接线”户内布置平面示意图 1（3GIS—4000/50）

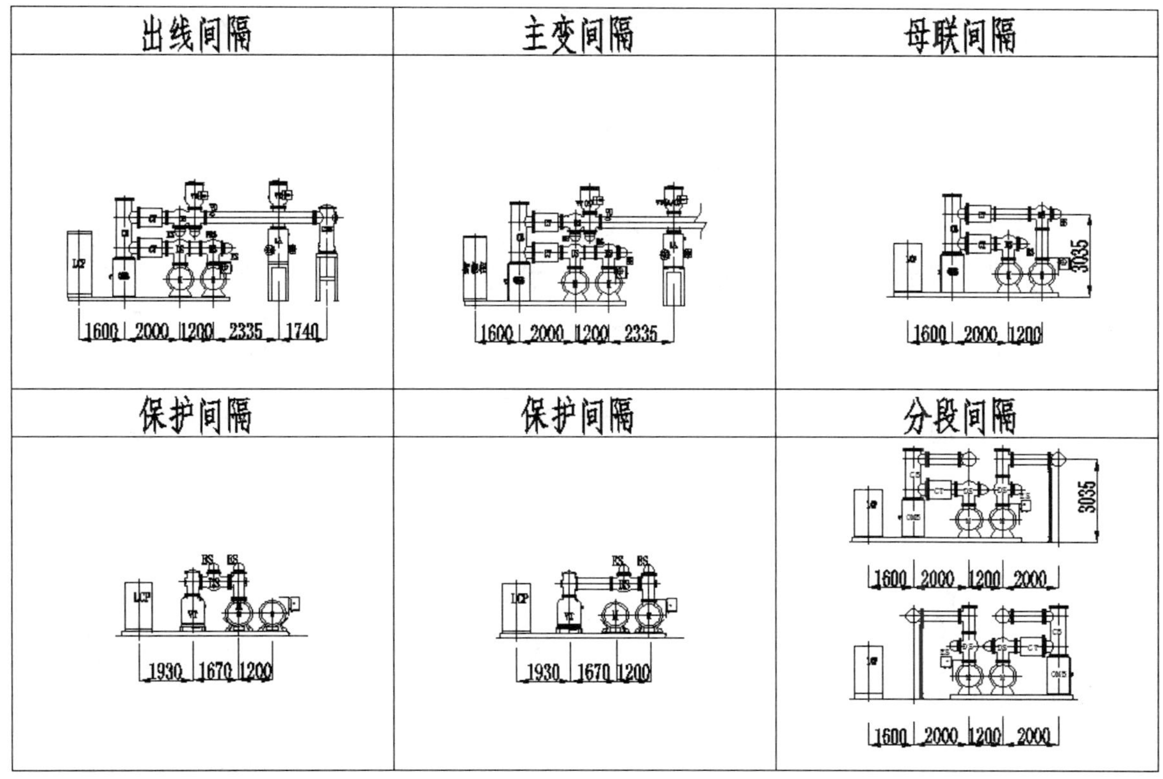

图 27 “双母线接线”户内布置断面示意图 2（3GIS—4000/50）

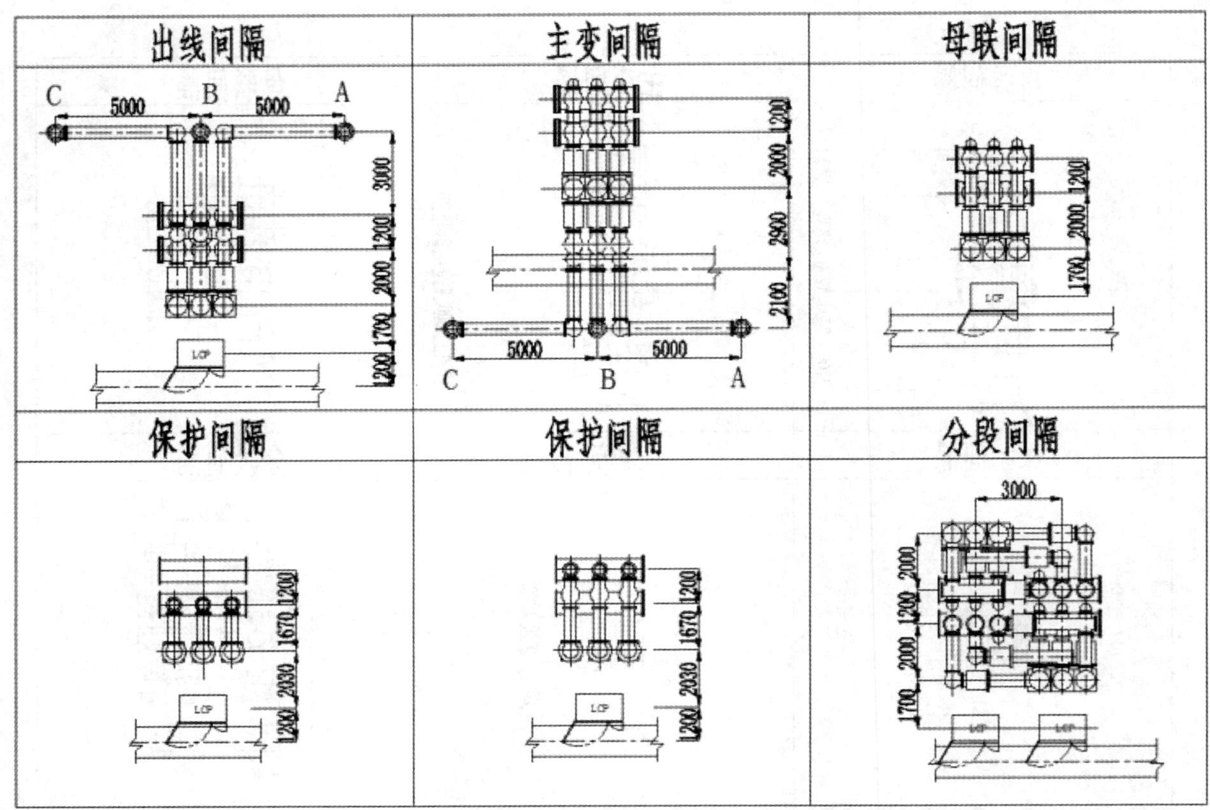

图 28 “双母线接线”户外布置平面示意图 1（3GIS—4000/50）

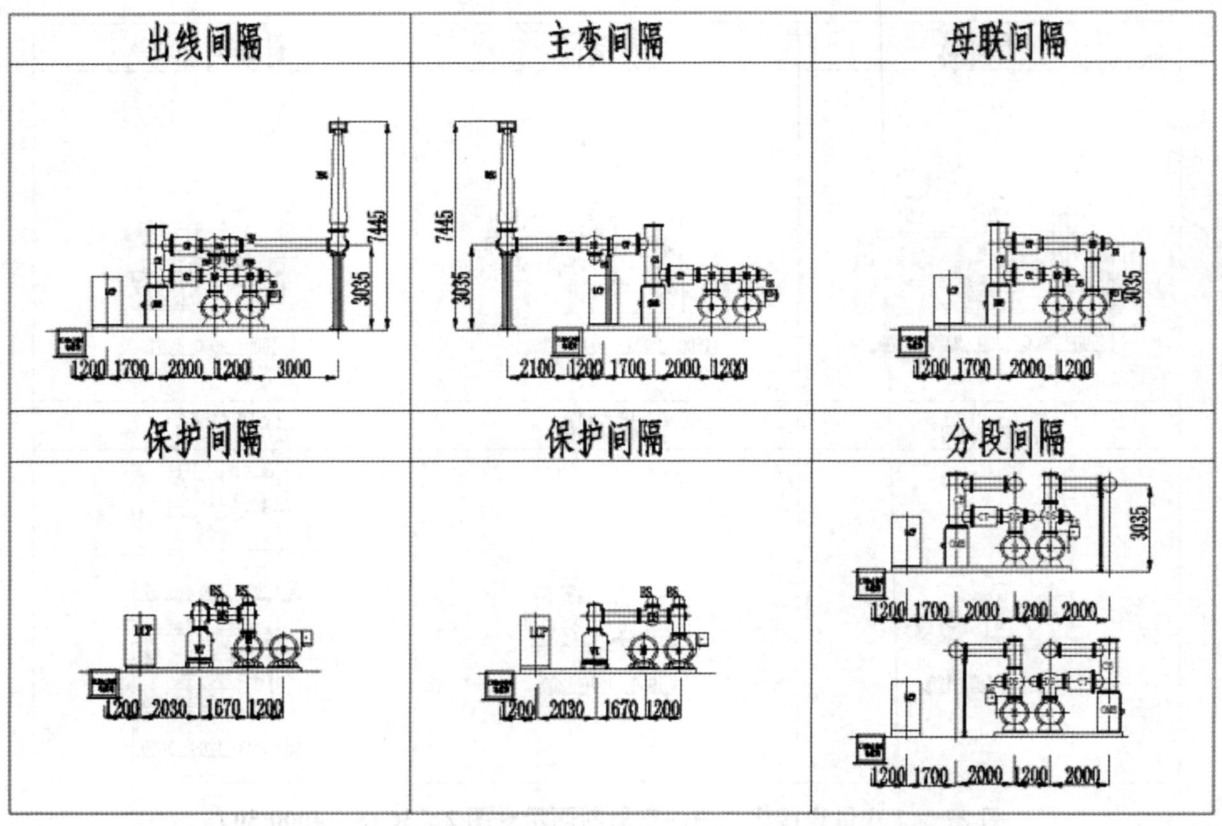

图 29 “双母线接线”户外布置断面示意图 2（3GIS—4000/50）

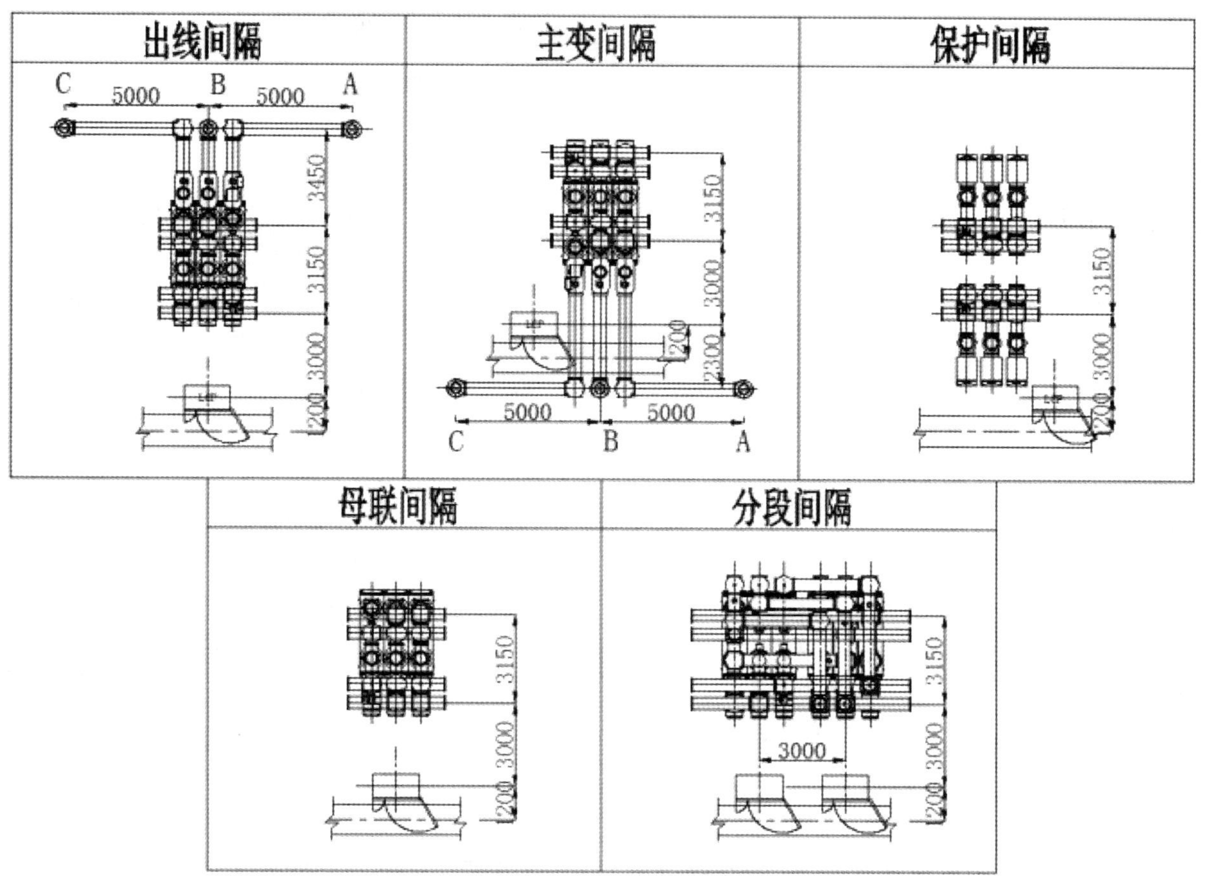

图 30　“双母线接线”平面示意图（3GIS—5000/63）

出线间隔　主变间隔　保护间隔

7300　2635　4120　3450　3150　3000　1200

4120　7300　2635　1200　3150　3000　2300

4120　3150　3000　1200

母联间隔　分段间隔

4120　3150　3000　1200

4120　3150　3000　1200

4120　3150　3000　1200

图 31　“双母线接线”断面示意图（3GIS—5000/63）

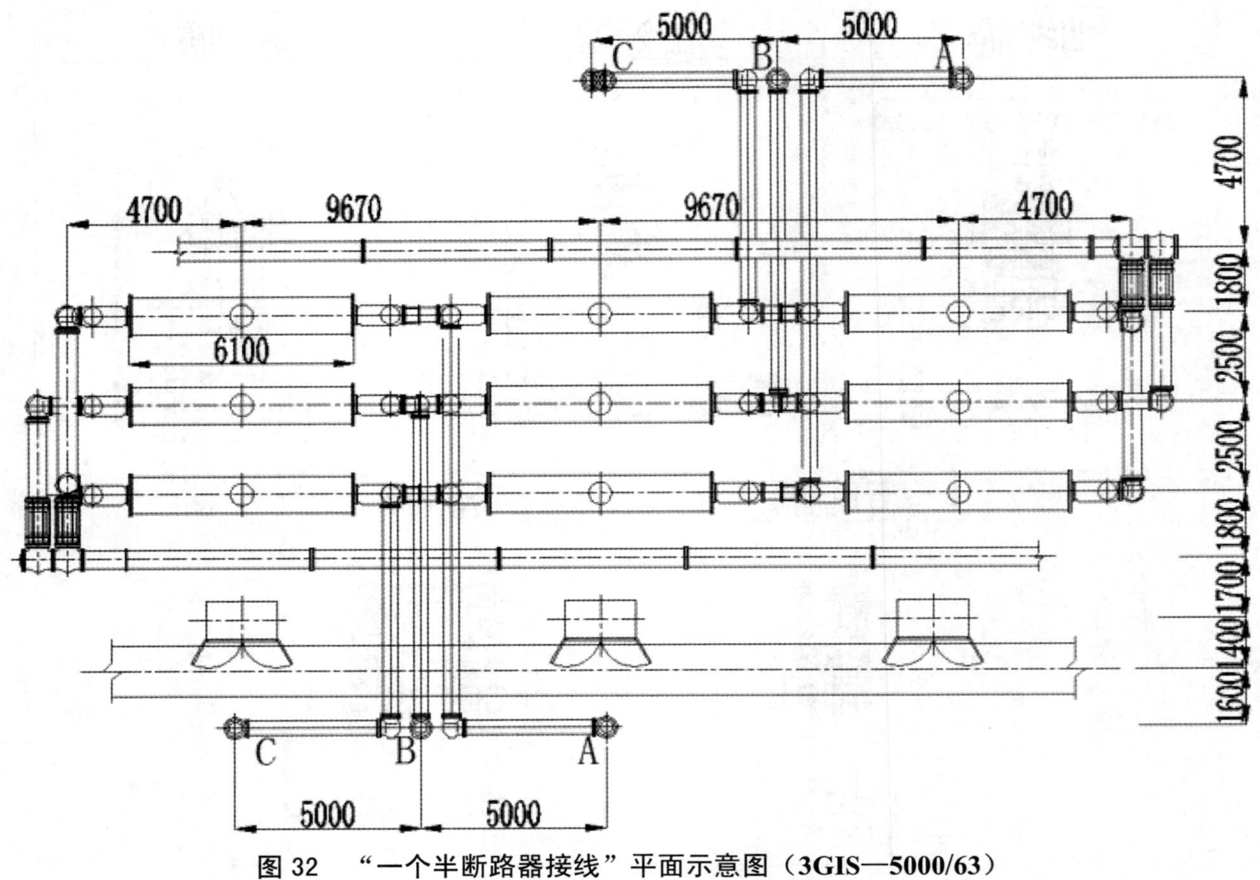

图 32　“一个半断路器接线”平面示意图（3GIS—5000/63）

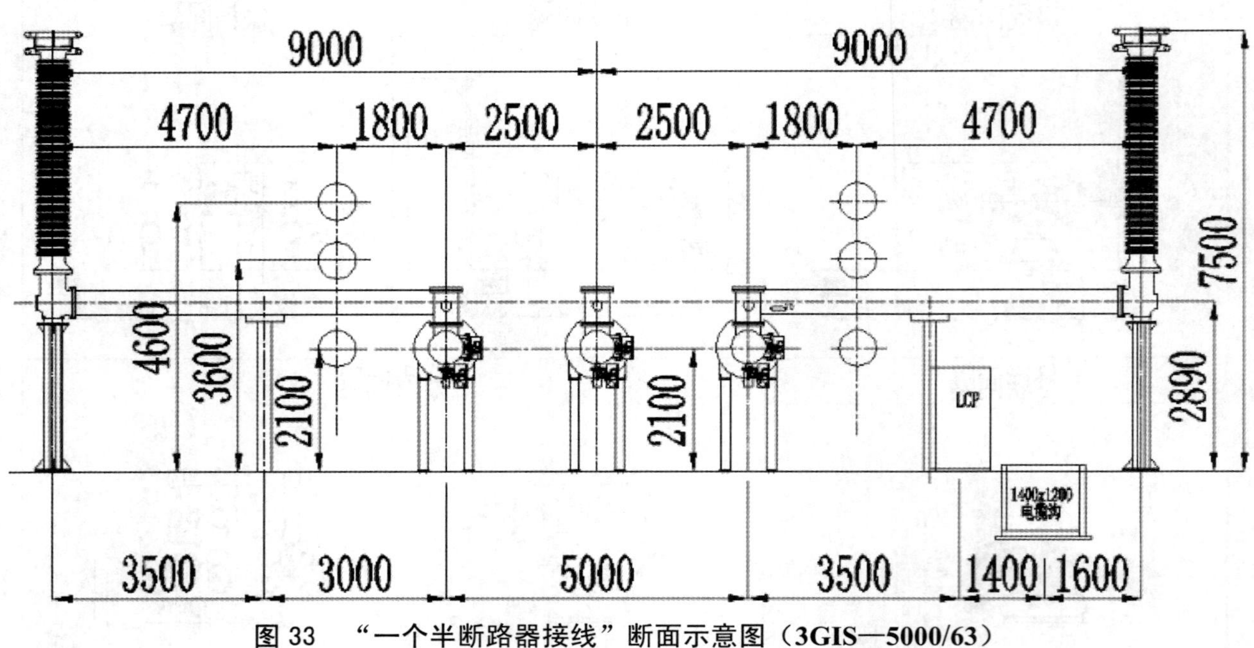

图 33　“一个半断路器接线”断面示意图（3GIS—5000/63）

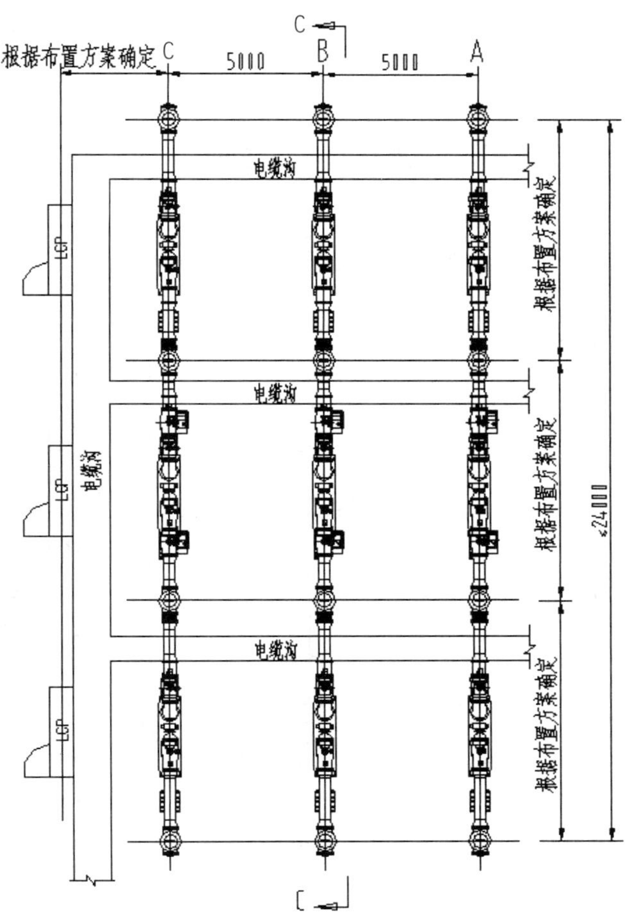

C-C

ES ES FES ES ES FES ES ES
DS DS DS DS
CT CT DS CT CT DS CT CT DS
CB CB CB
890 890 890
4969
2700
根据布置方案确定 根据布置方案确定 根据布置方案确定
≤24000

图 34 363kV HGIS（单断口）平断面示意图
（3HGIS—5000/63、3HGIS—4000/50）

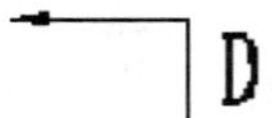

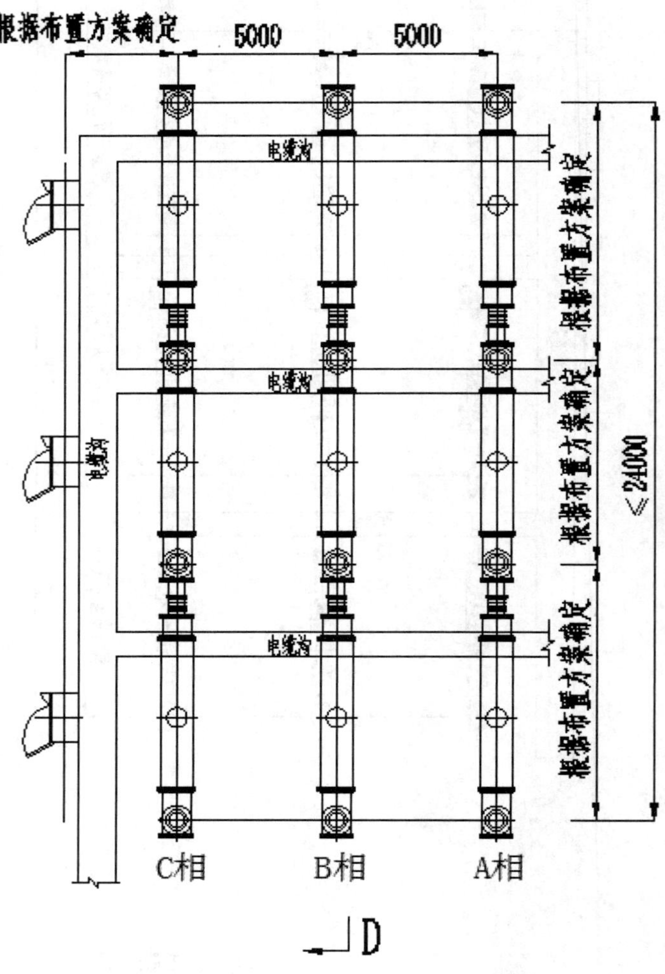

D-D

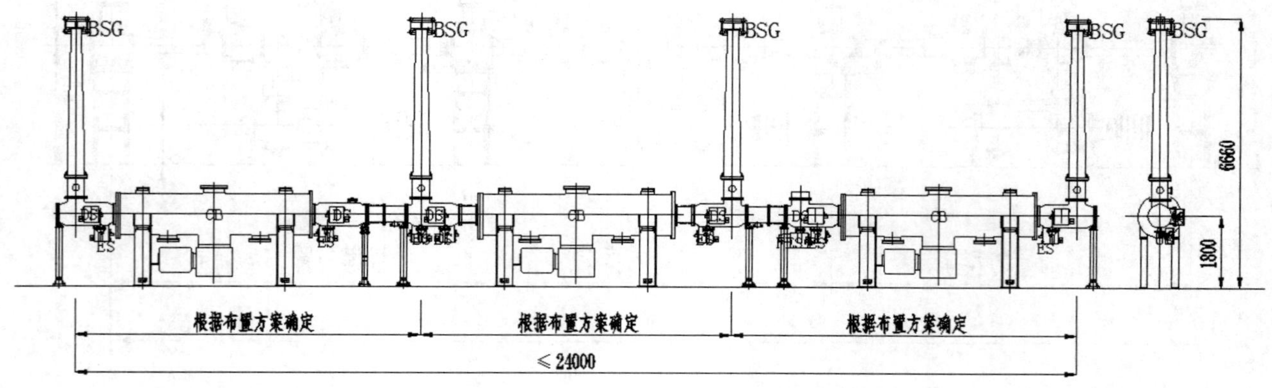

图 35　363kV HGIS（双断口）平断面示意图
（3HGIS—5000/63、3HGIS—4000/50）

8.2.2 二次接口

二次接口对应电气一次 4 种设备，电气二次接口从智能控制柜尺寸及设备布置、二次回路技术要求、电气二次安装接口技术要求、对外端子排接口、光回路接口及虚端子接口六个方面进行了统一，形成了 2 个接口。接口 1 适用于 3GIS—4000/50、3GIS—5000/63；接口 2 适用于 3HGIS—4000/50、3HGIS—5000/63。

8.2.2.1 智能控制柜

应包括以下内容：

a） 技术参数及技术条件

智能控制柜技术参数及技术条件详见 Q/GDW 1430—2015《智能控制柜技术规范》。

b） 柜内设备布置及原则

智能控制柜宜采用就地布置，柜内元器件布置顺序见表 8。

表 8 屏（柜）正面元器件从上往下布置优先级顺序表

从上往下顺序	元器件名称
1	智能终端
2	监测主 IED
3	光纤配线架

注：1. 具体组柜时，应根据具体屏（柜）所需布置的装置类型，按照本表的优先级顺序从上往下依次排列布置。

2. 屏（柜）上安装的最高设备的中心线离屏（柜）顶为 200mm；最低设备的中心线离柜底不低于 350mm。

智能终端通用技术条件详见《国家电网公司输变电工程智能变电站通用设备（二次设备）》。

330kV 气体绝缘金属封闭开关设备应预留特高频传感器及测试接口；可选择配置 SF_6 气体压力和湿度监测、分合闸线圈电流监测、避雷器泄漏电流及放电次数监测，330kV 电压等级应配置 1 套在线监测主 IED，布置于母线智能控制柜内。

c） 柜体尺寸要求

二次接口 1：断路器间隔智能控制柜（汇控柜）尺寸为 1600mm（宽度）×900mm（深度）×2000mm（高度）；母线设备间隔智能控制柜（汇控柜）尺寸为 1000mm（宽度）×900mm（深度）×2000mm（高度）。

二次接口 2：断路器间隔智能控制柜（汇控柜）尺寸为 2400mm（宽度）×900mm（深度）×2000mm（高度）；母线设备间隔智能控制柜（汇控柜）尺寸为 1000mm（宽度）×900mm（深度）×2000mm（高度）。

智能控制柜柜面布置图详见图 36 和图 37。（备注：图 36 对应断路器间隔，图 37 对应母线间隔）

d） 端子排、虚端子

根据通用互换的原则，汇控柜端子排按不同功能进行划分，端子排布置应考虑各插件的位置，避免接线相互交叉。端子排列应符合标准，正、负极之间应有间隔，断路器的跳闸和合闸回路、直流（+）电源和跳合闸回路不能接在相邻端子上，端子排应编号。

智能控制柜内的端子排按照“功能分段”的原则分别设置：交流回路、直流回路，TA 回路，TV 回路，断路器控制及遥信回路，隔离、接地开关控制及遥信回路，辅助触点及报警回路等。

本节对智能控制柜对外接线端子排接口进行了统一，具体详见图 38～图 42。

1）电流互感器部分端子排

二次接口 1：图 38 示意了 330kV GIS 间隔电流互感器端子排。

二次接口 2：图 39 示意了 330kV HGIS 边、中两种类型间隔电流互感器端子排，边断路器 TA 端子排统一按照 7 个级次考虑，中断路器 TA 统一按照 9 个 TA 级次考虑。

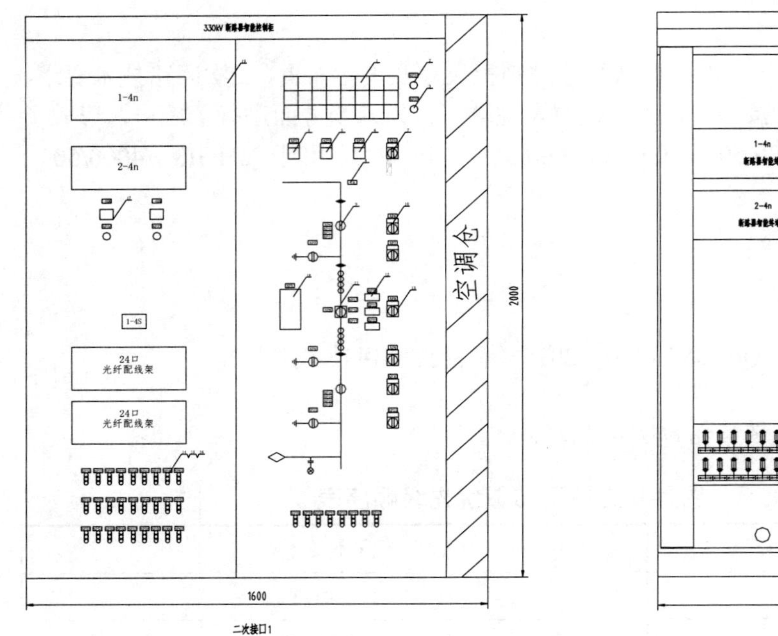

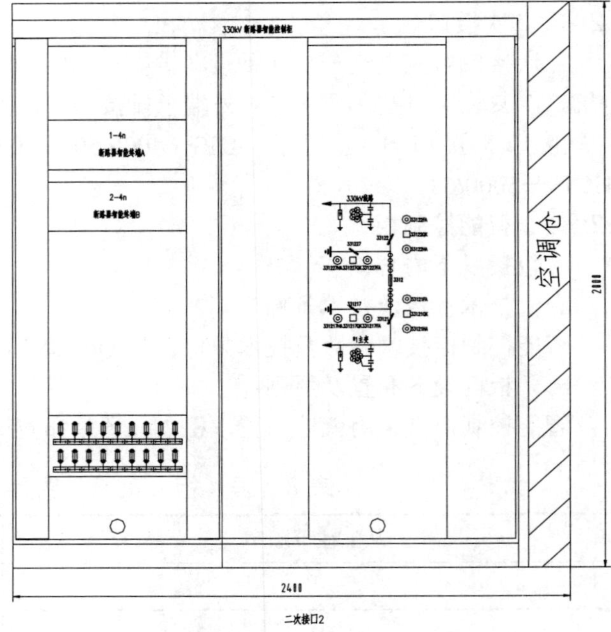

图 36　330kV GIS、HGIS 断路器间隔智能控制柜典型布置图
（3GIS—4000/50、3HGIS—4000/50、3GIS—5000/63、3HGIS—5000/63）

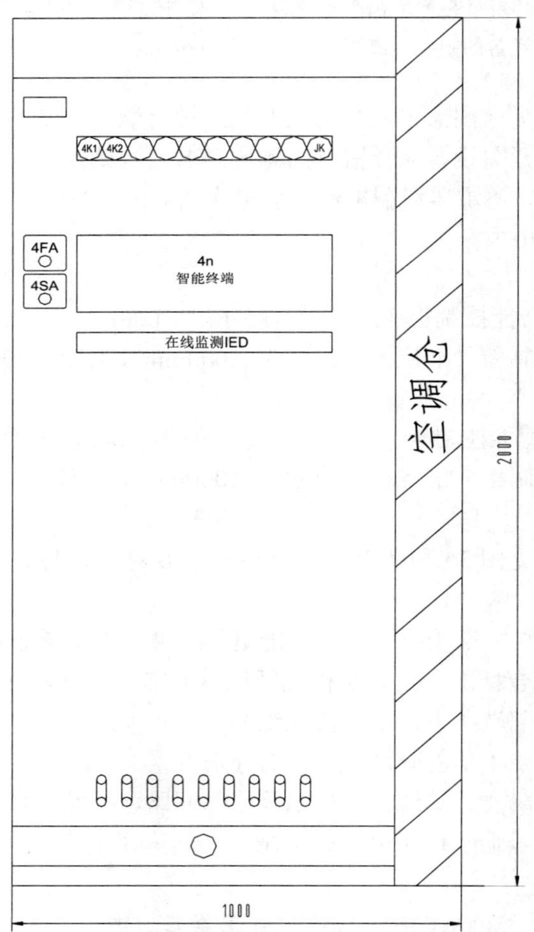

图 37　330kV GIS 母线间隔智能控制柜典型布置图（3GIS—4000/50、3HGIS—4000/50、3GIS—5000/63、3HGIS—5000/63）

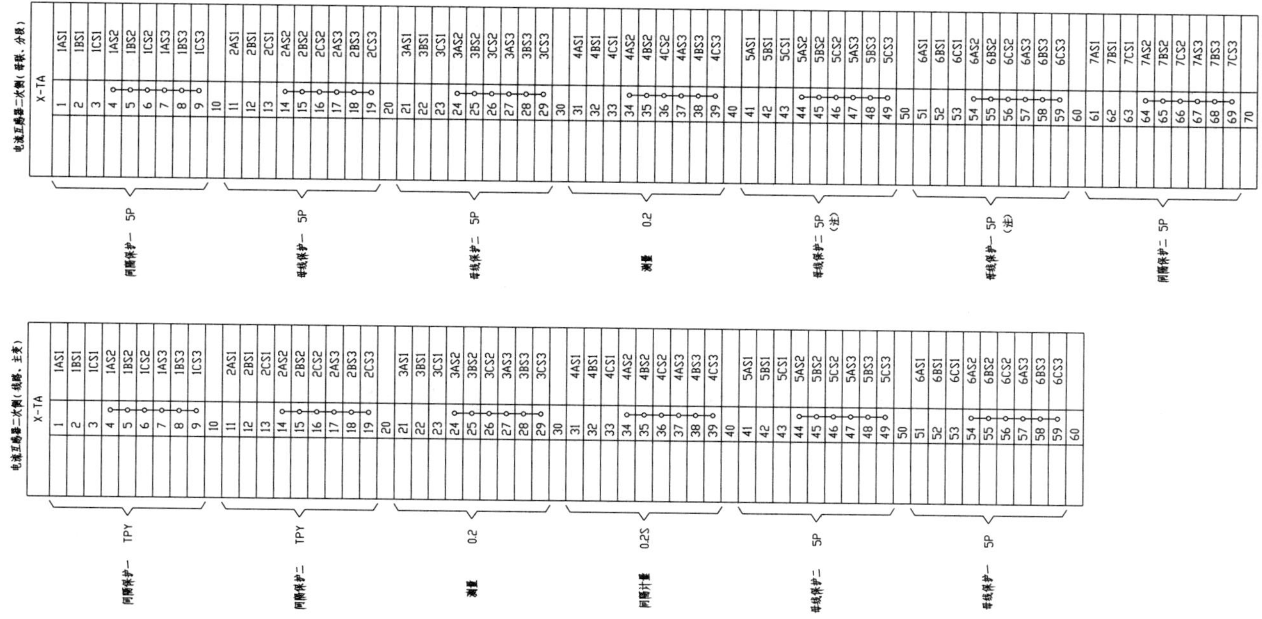

注：此部分CT母线保护接线仅适用于双母线双分段的分段间隔。

图 38　330kV GIS 间隔电流互感器端子接口图（3GIS—4000/50、3HGIS—4000/50、3GIS—5000/63、3HGIS—5000/63）

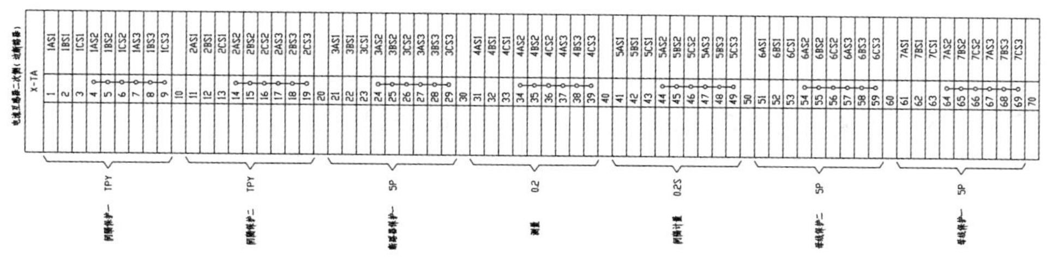

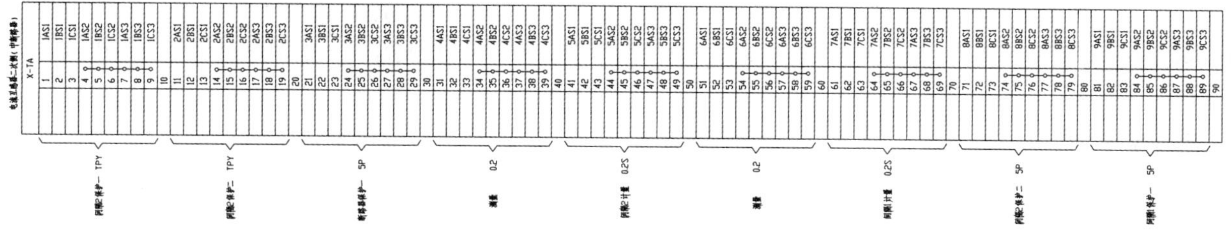

注：如工程实际未配置该二次绕组，该部分端子排作为预留端子，不接线。

图 39　330kV HGIS 间隔电流互感器端子接口图（3GIS—4000/50、3HGIS—4000/50、3GIS—5000/63、3HGIS—5000/63）

2）电压互感器部分端子排

图 40 所示端子排接口图适用于 GIS 母线电压互感器间隔。

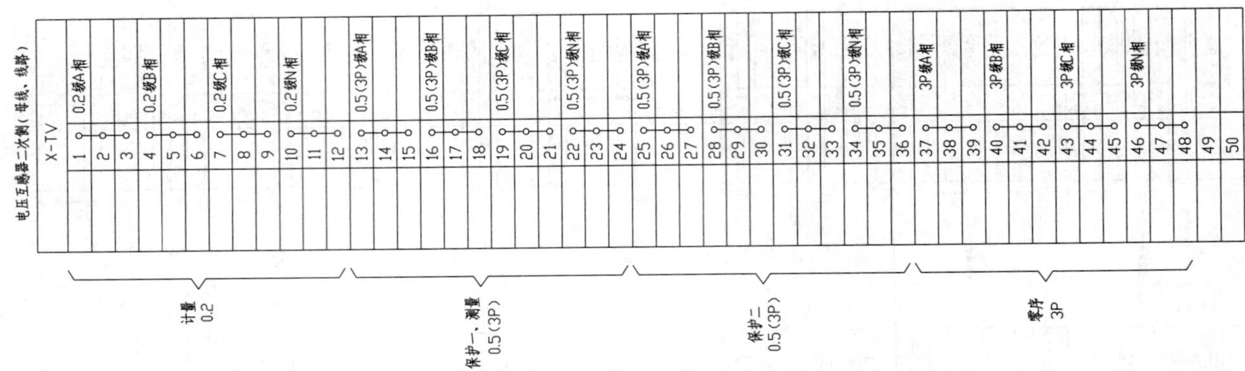

图 40 330kV GIS 间隔电压互感器端子接口图
（3GIS—4000/50、3HGIS—4000/50、3GIS—5000/63、3HGIS—5000/63）

3）交直流电源端子排

图 41 所示端子排接口图适用于断路器间隔，每个间隔按两路交流环网、三路总直流进线设置，对于母线间隔直流总进线可按两路设置。

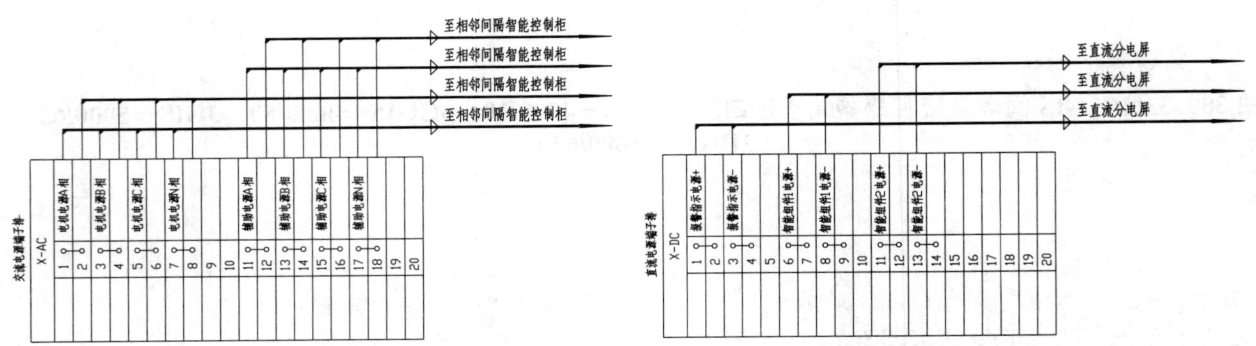

图 41 330kV GIS、HGIS 间隔交直流电源端子接口图
（3GIS—4000/50、3HGIS—4000/50、3GIS—5000/63、3HGIS—5000/63）

e） 光回路标准接口

双套保护的 GOOSE 跳闸控制回路等需要增强可靠性的两套系统，应采用各自独立的光缆及光纤插接盒。

330kV GIS/HGIS 断路器间隔应配置双套免熔接光纤插接盒，每套接口数量不宜小于 24 口；300kV GIS/HGIS 母线间隔配置单套免熔接光纤插接盒，接口数量不宜小于 12 口，具体详见图 42～图 44。

f） 虚端子

智能终端虚端子图详见《国家电网公司输变电工程智能变电站通用设备（二次设备）》。

8.2.2.2 二次回路部分技术要求

应包括以下内容：

a） 断路器应能实现分相操作和三相电气联动操作。

b） 断路器要求配有两套独立的跳闸回路。两套回路中均应包含各自独立的三相不一致保护跳闸回路和压力闭锁回路。

c） 断路器、隔离开关、接地开关均应能实现远方和就地操作，远方和就地之间应能切换。断路器的远方/就地切换开关应单独配置，断路器两组跳闸回路均应经远方/就地切换开关切换。远方/就地切换开关应配置辅助触点，2 常开、2 常闭，并引至端子排。

d） 分相操作的断路器应设置两组电气上完全独立的三相不一致保护回路，分别作用于第一组跳闸和第二组跳闸。三相不一致保护出口处应设有连接片。

智能控制柜光纤配线箱一

光纤配线箱ODF（ST）		装置	
光配架端口	线缆类型	装置端口	功能说明
A01			智能终端一 至保护一装置 GOOSE点对点
A02			
A03			GPS装置至智能终端一 光B码对时
A04			
A05			智能终端一 至母线保护一 GOOSE点对点
A06			
A07			
A08			
A09			智能终端一 至过程层A网交换机 GOOSE组网
A10			
A11			
A12			
B01			备 用
B02			
B03			
B04			
B05			
B06			
B07			
B08			
B09			
B10			
B11			
B12			

至330kV间隔保护一

智能控制柜光纤配线箱二

光纤配线箱ODF（ST）		装置	
光配架端口	线缆类型	装置端口	功能说明
A01			智能终端二 至保护二装置 GOOSE点对点
A02			
A03			GPS装置至智能终端二 光B码对时
A04			
A05			智能终端二 至母线保护二 GOOSE点对点
A06			
A07			
A08			
A09			智能终端二 至过程层B网交换机 GOOSE组网
A10			
A11			
A12			
B01			备 用
B02			
B03			
B04			
B05			
B06			
B07			
B08			
B09			
B10			
B11			
B12			

至330kV间隔保护二

图 42　330kV GIS 断路器间隔光配接口图（3GIS—4000/50、3HGIS—4000/50、3GIS—5000/63、3HGIS—5000/63）

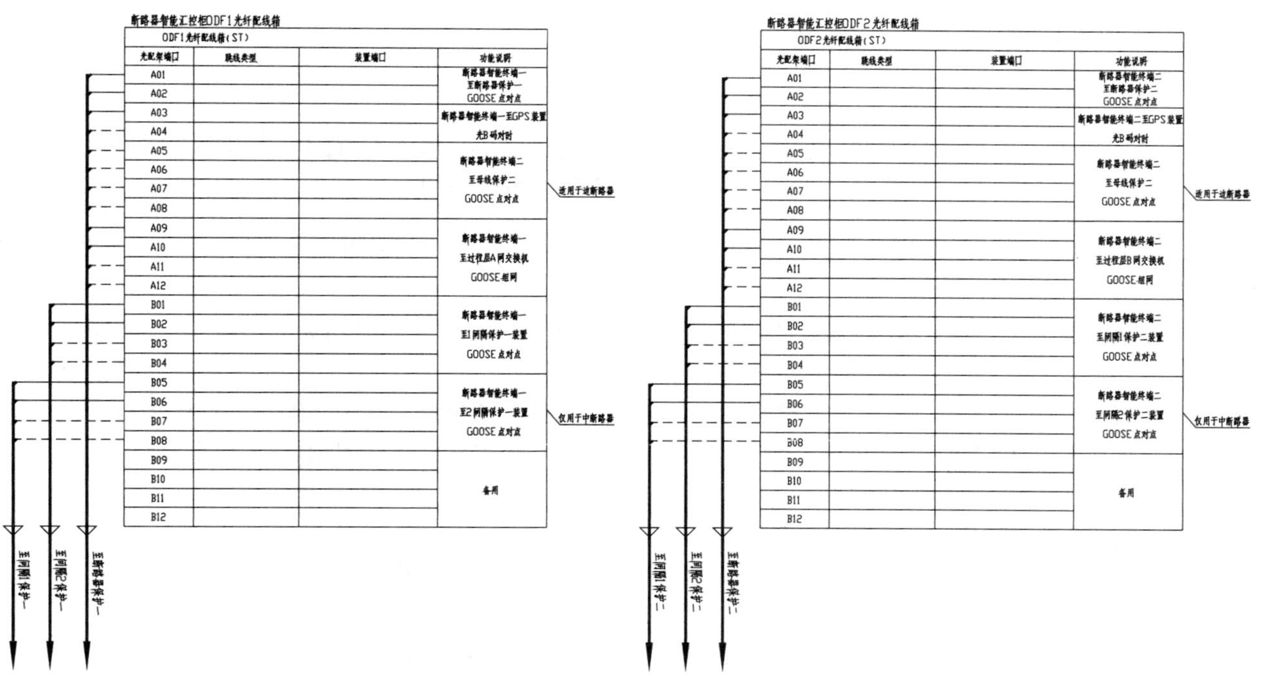

断路器智能汇控柜ODF1光纤配线箱

ODF1光纤配线箱（ST）			
光配架端口	跳线类型	装置端口	功能说明
A01			断路器智能终端一 至断路器保护一 GOOSE点对点
A02			
A03			断路器智能终端一至GPS装置 光B码对时
A04			
A05			断路器智能终端二 至母线保护二 GOOSE点对点
A06			
A07			
A08			
A09			断路器智能终端一 至过程层A网交换机 GOOSE组网
A10			
A11			
A12			
B01			断路器智能终端一 至1间隔保护一装置 GOOSE点对点
B02			
B03			
B04			
B05			断路器智能终端一 至2间隔保护一装置 GOOSE点对点
B06			
B07			
B08			
B09			备用
B10			
B11			
B12			

断路器智能汇控柜ODF2光纤配线箱

ODF2光纤配线箱（ST）			
光配架端口	跳线类型	装置端口	功能说明
A01			断路器智能终端二 至断路器保护二 GOOSE点对点
A02			
A03			断路器智能终端二至GPS装置 光B码对时
A04			
A05			断路器智能终端二 至母线保护二 GOOSE点对点
A06			
A07			
A08			
A09			断路器智能终端二 至过程层B网交换机 GOOSE组网
A10			
A11			
A12			
B01			断路器智能终端二 至间隔1保护二装置 GOOSE点对点
B02			
B03			
B04			
B05			断路器智能终端二 至间隔2保护二装置 GOOSE点对点
B06			
B07			
B08			
B09			备用
B10			
B11			
B12			

图 43　330kV HGIS 断路器间隔光配接口图（3GIS—4000/50、3HGIS—4000/50、3GIS—5000/63、3HGIS—5000/63）

断路器智能汇控柜ODF

端口	线缆类型	装置端口	功能说明
A01			1母智能终端 至330kV过程层A网中心交换机 GOOSE组网
A02			
A03			
A04			
A05			备用
A06			
A07			
A08			
A09			1母智能终端光B码对时
A10			
A11			备用
A12			
B01			1母智能终端 至330kV过程层B网中心交换机 GOOSE组网
B02			
B03			
B04			
B05			
B06			
B07			
B08			
B09			
B10			
B11			
B12			

至330kV母线保护二

至330kV母线保护一

图 44　330kV GIS 母线间隔光配接口图（3GIS—4000/50、3HGIS—4000/50、3GIS—5000/63、3HGIS—5000/63）

e）断路器操动机构应配置内部电气防跳回路。近控、远控时均应通过断路器内部的防跳回路实现防跳功能。

f）断路器应能实现 SF_6 压力低报警及闭锁功能。报警及闭锁功能应分别提供两组完全独立的接点，其中压力低闭锁时每组各提供两副接点供用户使用。

g）液压机构应能实现压力异常报警及闭锁功能，应能提供两组完全独立的压力低闭锁接点，且每组应至少各提供两副接点供用户使用。弹簧机构应能实现未储能闭锁合闸功能，还需提供至少两副接点供用户使用。

h）断路器应提供监视分合闸回路完好性的对外接口。

i）应具备完善的五防操作闭锁功能，符合国家相关的规程规范和标准要求。闭锁回路应留有接口以方便外部闭锁接点的引入。

j）交流电源宜采用辐射供电方式。断路器、隔离开关、接地开关操作机构电动机电源以及隔离开关、接地开关的控制电源采用交流供电。

k）加热及照明电源均匀分布在交流电源各相上。加热器、照明、操作及储能电源开关应独立设置。

l）GIS/HGIS 的断路器控制及就地信号电源均采用直流供电。

m）除用于控制和其他辅助功能所需的辅助触点之外，每台断路器、隔离开关、接地开关应提供足够的辅助触点供用户使用（数量见上表），这些辅助触点均应是电气上独立的，并应引至端子排。

n） 同一间隔内的多台隔离开关、接地开关的电机电源，在汇控柜内必须分别设置独立的开断设备。

o） 断路器 SF_6 密度表除在 GIS 设备本体上可观测外，还应输出（4mA～20mA）模拟量信号。

p） 时间继电器不应选用气囊式时间继电器。

q） 断路器分闸回路不应采用 RC 加速设计。

r） 隔离开关（接地开关）在电机回路失电时，控制回路不应自保持。

8.2.2.3 二次安装接口技术要求

应包括以下内容：

a） GIS/HGIS 的汇控柜应按断路器间隔进行配置，每个断路器间隔配置 1 面汇控柜。

b） 汇控柜为前后开门。汇控柜内应设有横向及竖向导线槽，所有设备安装的位置都应方便外部电缆从汇控柜的底部进入。

c） GIS/HGIS 本体至汇控柜、汇控柜之间的二次缆线均应采用屏蔽电缆。该部分缆线由制造厂提供，且制造厂应同时提供电缆明细清册及其敷设要求。

d） 应提供金属配线槽以便于固定电缆，GIS/HGIS 本体上的二次缆线应敷设在配线槽内。

e） 汇控柜端子排的一侧为制造厂内部接线，另一侧供用户接线。

f） 端子采用压接型端子，额定值为 1000V、10A，工频耐受电压为 2000V。TA 二次回路应提供标准的试验端子，便于断开或短接各装置的输入与输出回路；对所有装置的跳闸出口回路应提供各回路分别操作的试验部件或连接片，以便于必要时解除其出口回路。一个端子只允许接入一根导线。端子排间应有足够的绝缘，端子排应根据功能分段排列，并应至少留有 20%的备用端子，且可在必要时再增加。端子排间应留有足够的空间，便于外部电缆的连接。

g） 汇控柜上跳合闸回路应采用能接 $4mm^2$ 截面电缆芯的端子，并且要求跳、合闸端子之间应有端子隔开。汇控柜上电源回路应采用能接 $6mm^2$ 截面电缆芯的端子，并且要求正、负极之间应有端子隔开。TA 和 TV 回路应采用能压接 $6mm^2$ 截面电缆芯的端子。

h） 汇控柜体内部下方应设置二次接地专用铜排，截面不小于 $100mm^2$，接地端子为压接型。

i） GIS/HGIS 电气设备本体与智能控制柜之间宜采用标准预制电缆连接，预制电缆选择可采用单端或双端预制型式。

j） 智能控制柜至保护室、智能控制柜之间宜采用标准预制光缆连接，预制光缆选择宜采用双端预制型式。

8.2.3 土建接口

363kV GIS、HGIS 土建接口从设备墩台基础预留插筋范围、进（出）线套管基础中心距、同串内不同相断路器基础之间中心距、户外进（出）线间隔套管基础间距、户内设备楼板结构层埋件等方面进行了分类统一，并根据电气布置形式的不同共形成 6 种土建接口。其中，接口 1 对应 363kV 户内 GIS（3GIS—4000/50）布置方案，接口 2 对应户外 363kV GIS“双母线接线”（3GIS—4000/50）布置方案，接口 3 对应户外 363kV GIS “双母线接线”（3GIS—5000/63）布置方案，接口 4 对应户外 363kV GIS “一个半断路器接线”（3GIS—5000/63）布置方案，接口 5 对应 363kV HGIS（单断口）（3HGIS—4000/50、3HGIS—5000/63）布置方案，接口 6 对应 363kV HGIS（双断口）（3HGIS—4000/50、3HGIS—5000/63）布置方案。

户外设备土建接口统一了设备墩台基础预留插筋范围、进（出）线套管基础中心距、同串内不同相断路器基础之间中心距、户外进（出）线间隔套管基础间距。大板基础根据不同设计条件确定，图中大板轮廓仅为示意。

户内设备土建接口统一了楼板结构层上一次埋件，待设备资料确认后根据设备资料在一次埋件上焊接槽钢或者工字钢。

断路器间隔智能控制柜（汇控柜）尺寸统一为1600mm（宽度）×900mm（深度）×2200mm（高度）。

8.2.3.1 户外设备

应满足以下要求：

a） 户外GIS基础

GIS采用户外地面布置时，应根据外部条件确定架空或电缆出线的要求，整体规划整个GIS间隔的合理组合，开展施工图设计，包括场地上的建、构筑物、预留孔槽、接地装置及主电缆沟等。

户外布置的GIS，应根据进出线位置和总体布置设想确定间隔的位置，土建采用整体大板基础，大板基础预留插筋（或植筋）。设备基础待设备资料确认后根据设备资料制作，二次浇筑上部基础混凝土。针对目前GIS生产厂家不同的布置方式，每个基础面预留钢筋区域的尺寸为5500×8000mm。

具体示意图见图44～图50。

b） 户外HGIS基础

HGIS基础采用分组整体现浇混凝土基础，每相一组，共三组。三组基础相同，均为底部筏板基础，上部混凝土设备基础，大板基础预留插筋（或植筋）。设备基础待设备资料确认后根据设备资料制作，二次浇筑上部基础混凝土。由于HGIS根据断路断口数分为单断口和双断口两种，因此土建基础按两种形式设计，每相基础面预留钢筋区域的尺寸为2000mm×24 000mm。

详见图51和图53。

8.2.3.2 智能控制柜（汇控柜）基础

智能控制柜（汇控柜）尺寸为1600（宽度）×900（长度）×2200（高度）；当智能控制柜（汇控柜）不在GIS本体上时，下部利用GIS整体筏板基础，上层根据不同厂家要求，在整体筏板基础内预留插筋，进行基础二次浇注。基础表面平整度误差应不大于2mm。智能控制柜（汇控柜）与电缆沟之间设置电缆支沟或埋管。智能控制柜（汇控柜）基础示意图见图54。

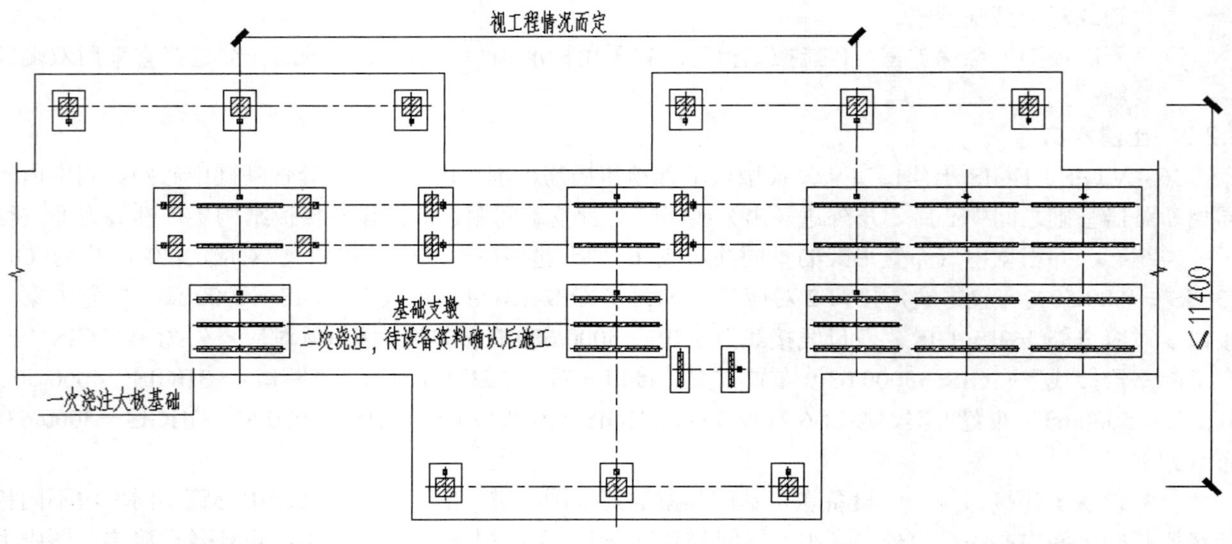

图44 基础平面布置示意图（3GIS—4000/50）

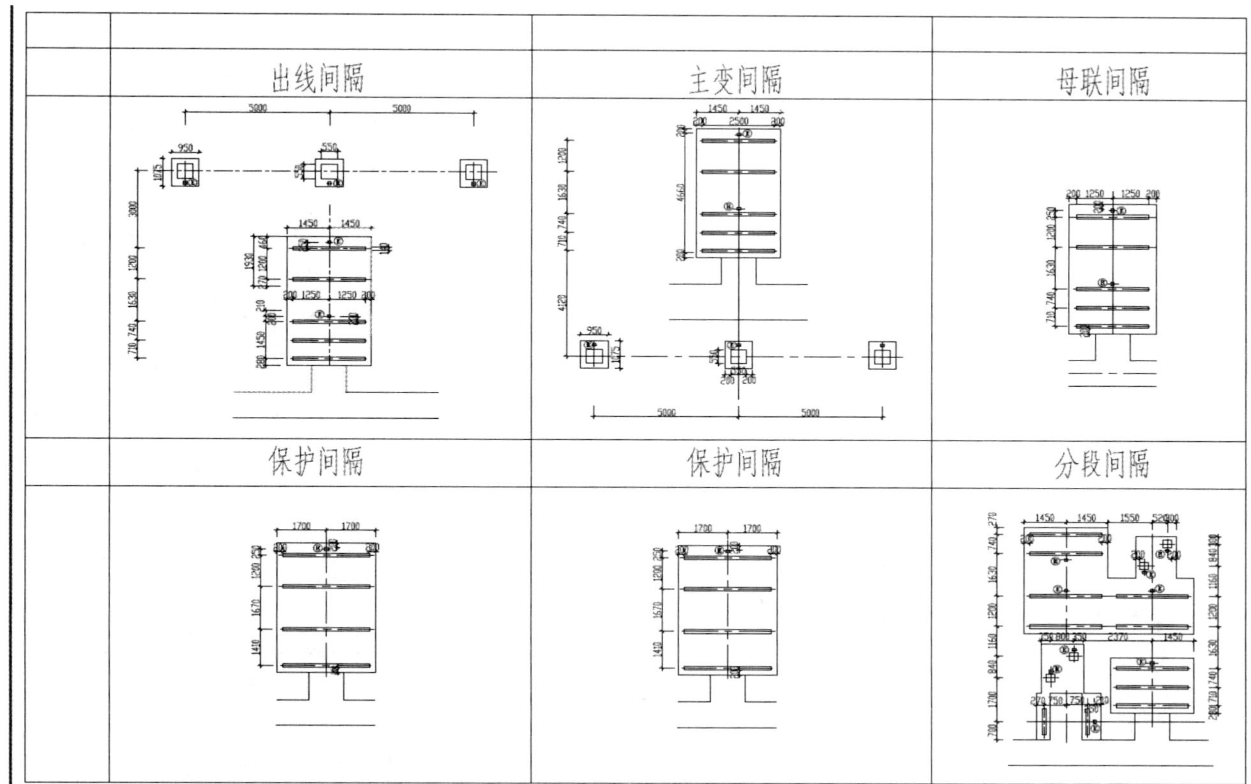

图 45 各间隔基础平面示意图（3GIS—4000/50）

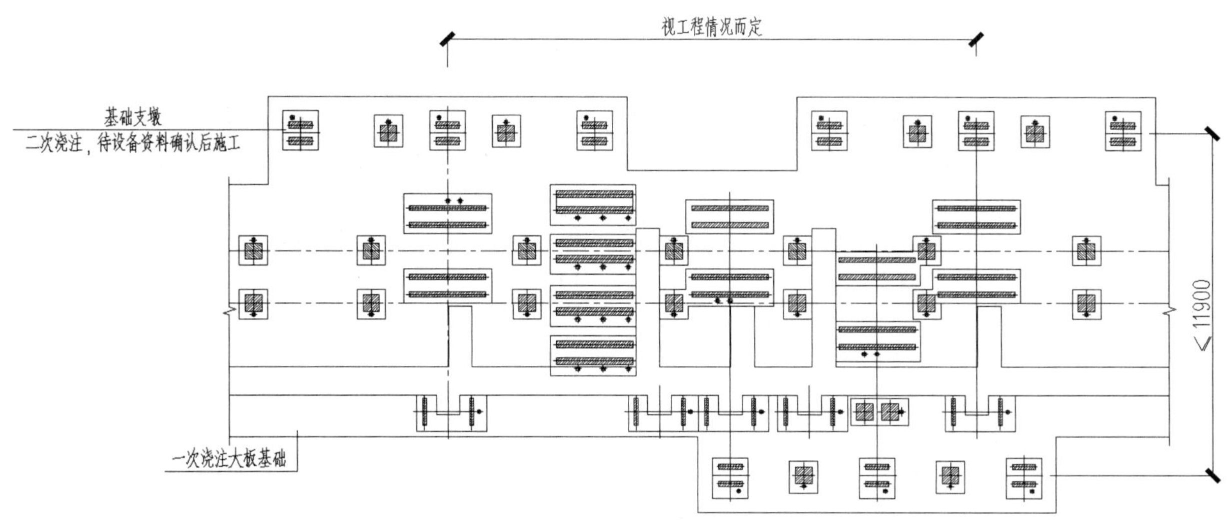

图 46 “双母线接线”基础平面布置示意图（3GIS—5000/63）

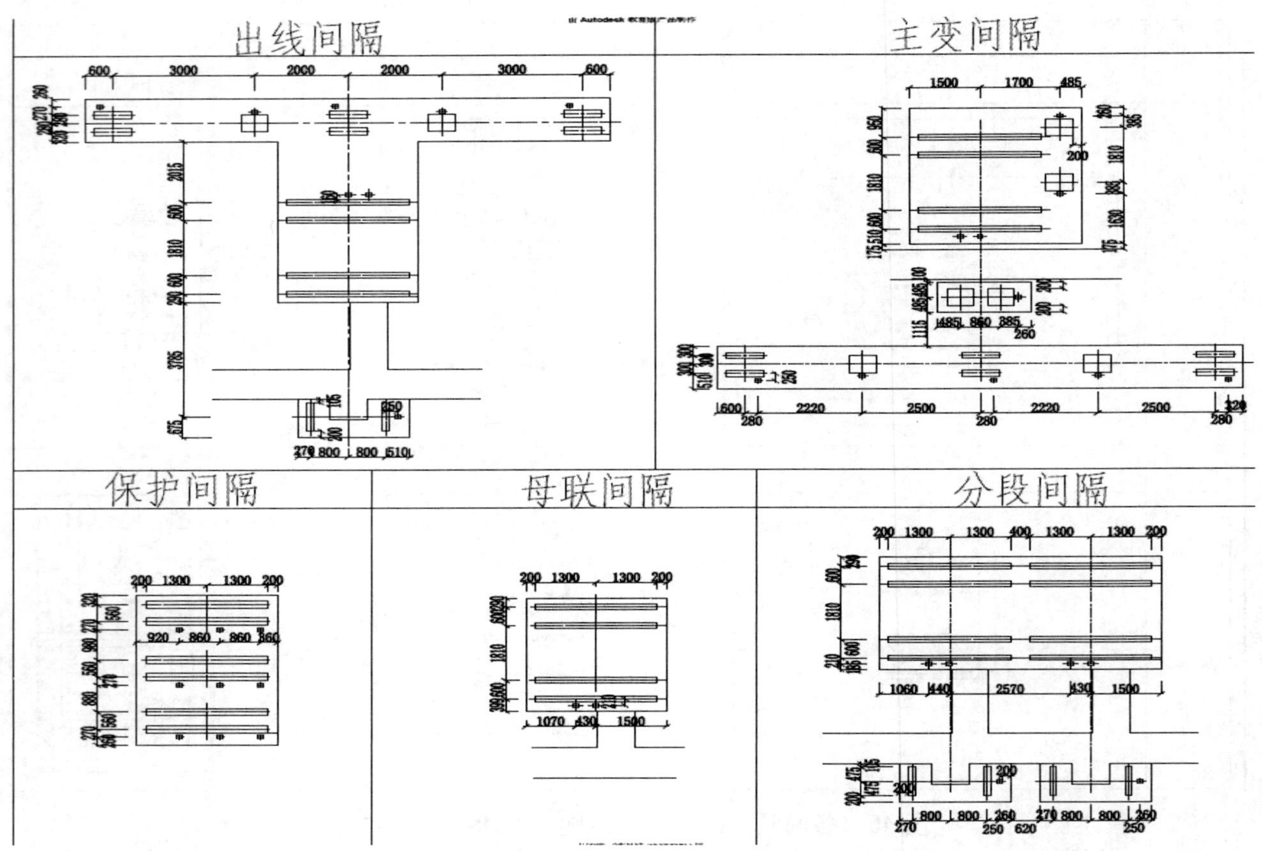

图 47 3GIS 5000/63“双母线接线”各间隔基础平面示意图（3GIS—5000/63）

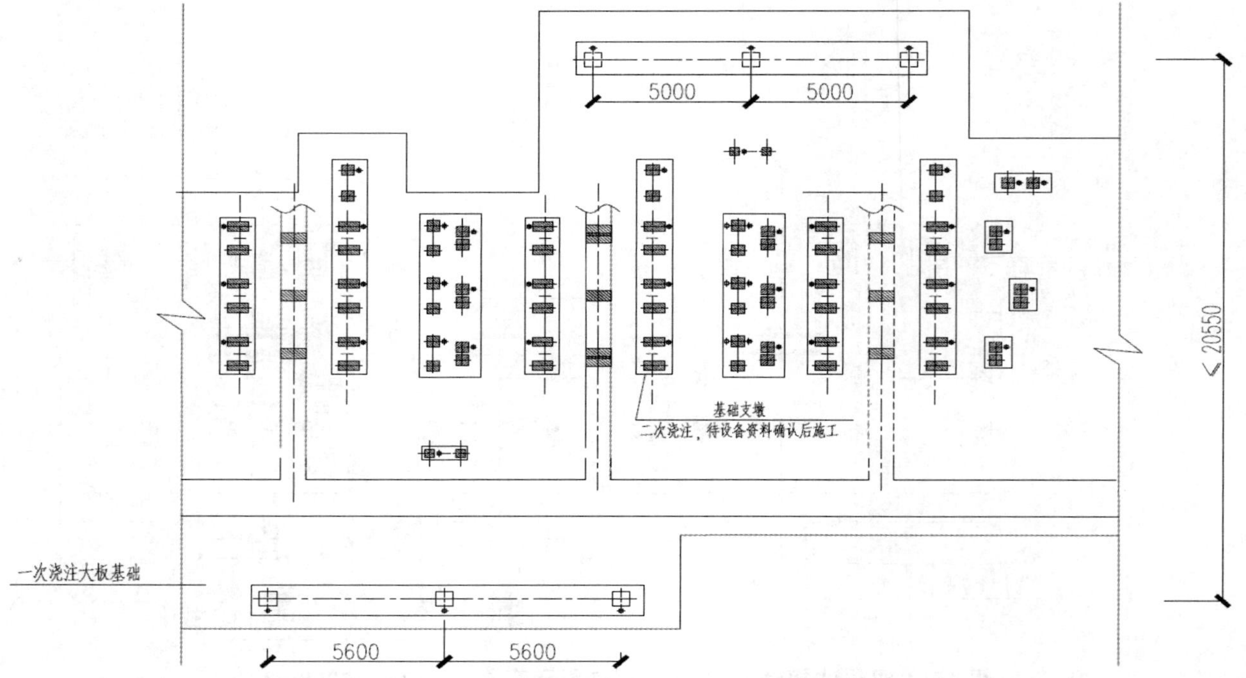

图 48 3GIS 5000/63“一个半断路器接线”基础平面布置示意图（3GIS—5000/63）

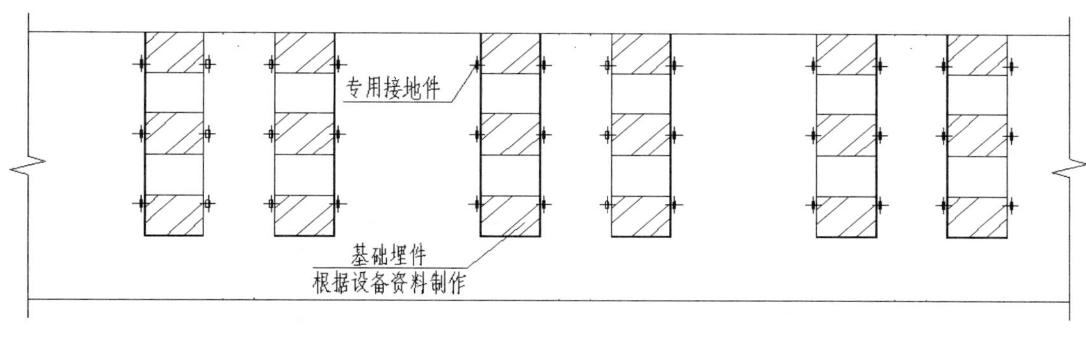

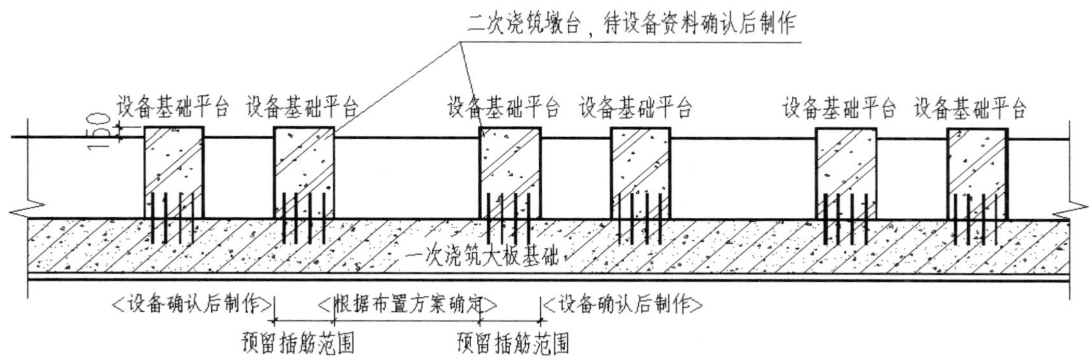

图 49　363kV GIS 户外基础平、断面示意图（3GIS—4000/50、3GIS—5000/63）

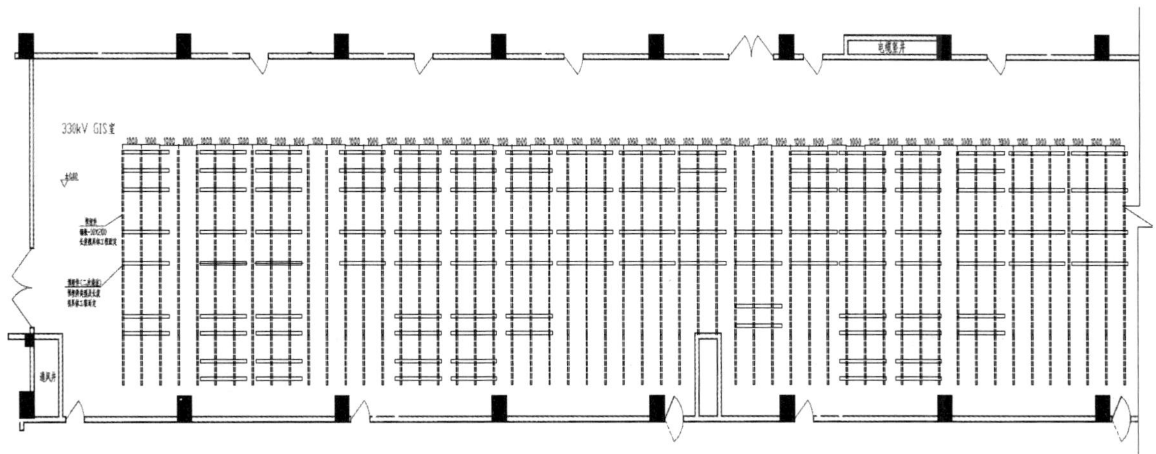

图 50　363kV GIS 户内基础平面示意图（3GIS—4000/50）

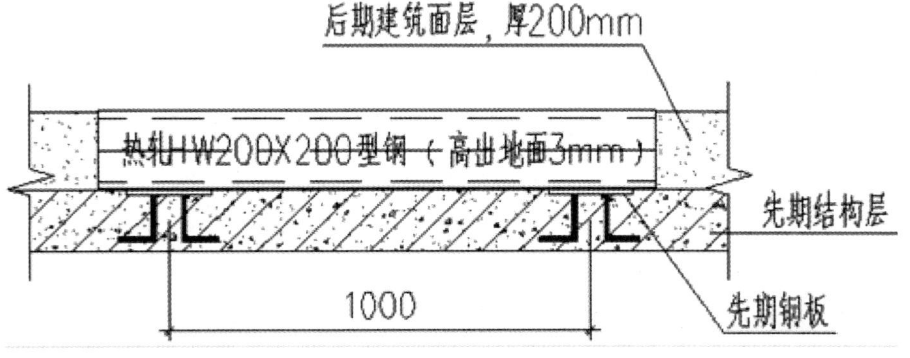

图 51　363kV GIS 户内基础断面示意图（3GIS—4000/50）

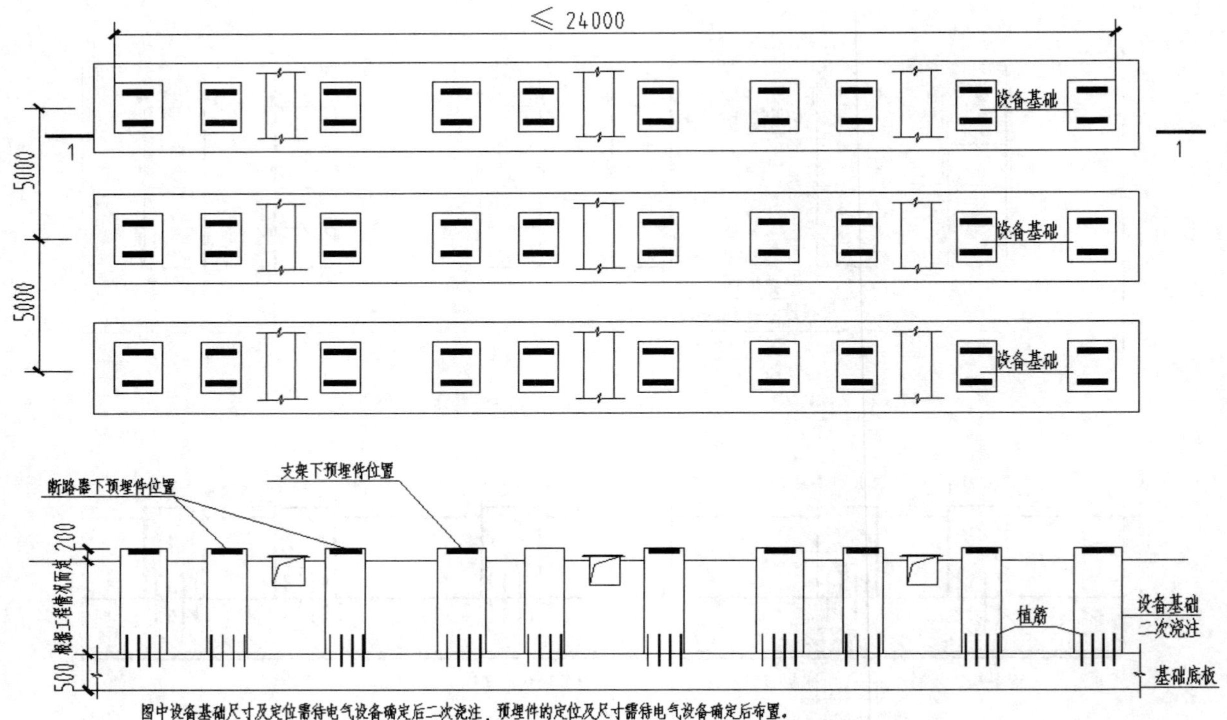

图 52　363kV HGIS（单断口）安装基础平断面图（3HGIS—4000/50、3HGIS—5000/63）

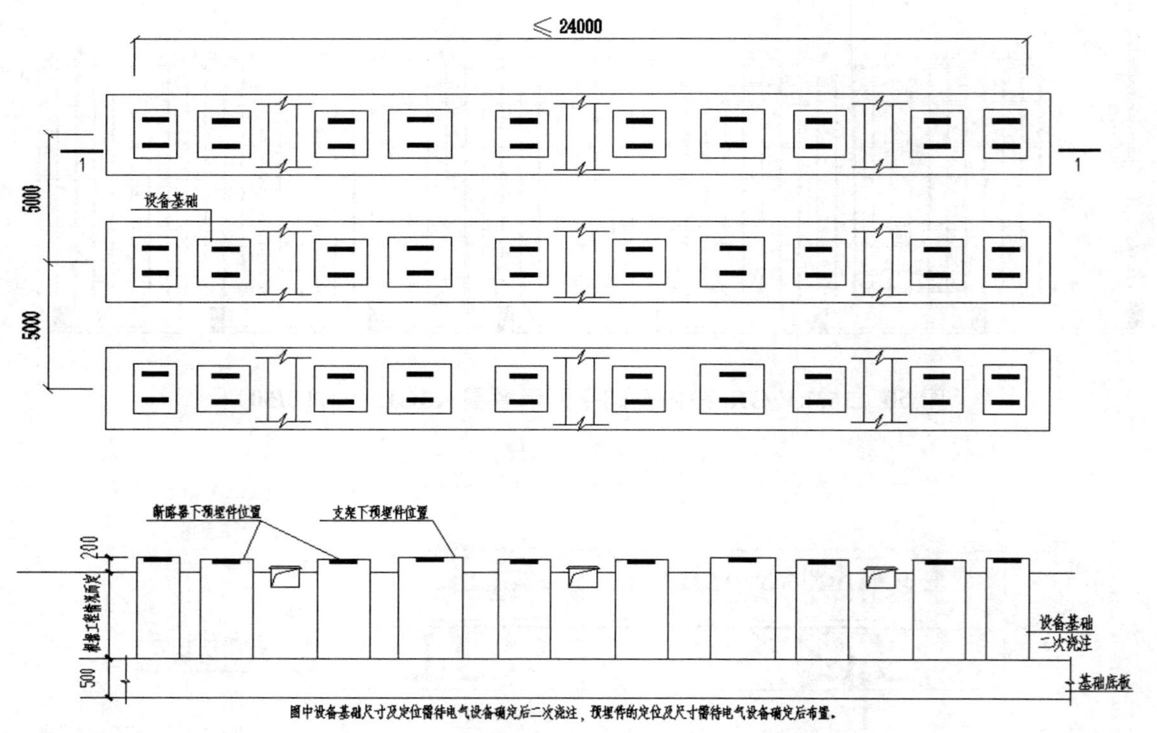

图 53　363kV HGIS（双断口）安装基础平断面图（3HGIS—4000/50、3HGIS—5000/63）

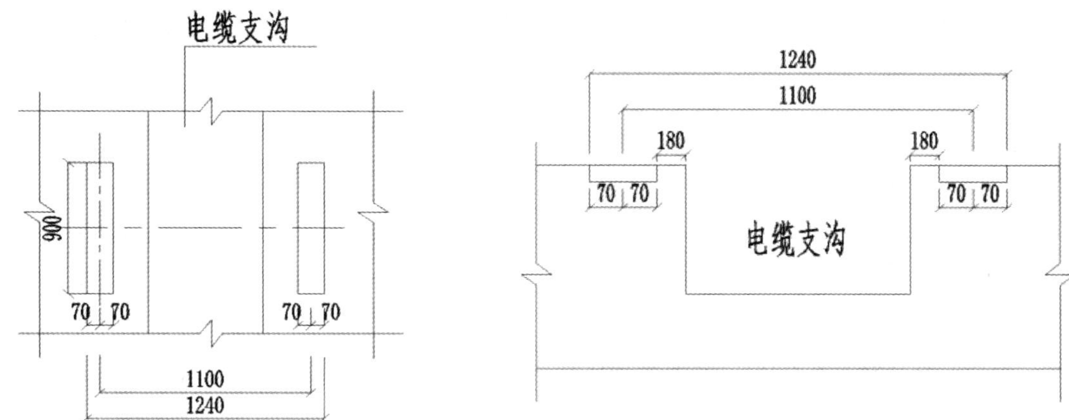

图 54 智能控制柜基础详图
（3GIS—4000/50、3HGIS—4000/50、3GIS—5000/63、3HGIS—5000/63）

8.3 252kV GIS 设备

8.3.1 电气一次接口

252kV 组合电器电气接口从结构型式、间隔中心距、套管相间距离等进行了分类统一，并根据组合电器接线形式、应用场合的不同形成 3 种电气接口。其中，接口 1 对应户外 GIS（双母线接线、双母线分段接线）布置方案，接口 2 对应户内 GIS（双母线接线、双母线分段接线）布置方案，接口 3 对应户外 HGIS 布置方案。

8.3.1.1 间隔外轮廓尺寸

对于常规海拔高度户外 GIS 布置方案，进（出）线套管相间距离为 3000mm，设备间隔底座宽度为 2000mm，设备底座长度不得大于 8000mm（含汇控柜）。具体尺寸示意详见图 55 和图 56。

对于户内 GIS 布置方案，进（出）线套管相间距离为 3000mm，设备间隔底座宽度为 2000mm，设备底座长度不得大于 8000mm（含汇控柜）。室内高压电力电缆洞口按照 1800mm（长）×1300mm（宽）预留洞口，以适应不同厂家电缆终端，电缆安装后再对孔洞多余部分进行防火封堵。具体尺寸示意详见图 58。

对于常规海拔高度户外 HGIS 布置方案，进（出）线套管相间距离为 3000mm，母联间隔套管间距 6000mm（通用设计 220－B－1、220－B－2 方案）或 6500mm（通用设计 220－B－3 方案），具体尺寸示意详见图 61 和图 62。

252kV GIS 户外方案高海拔修正，详见表 9。

252kV HGIS 户外方案高海拔修正，详见表 10。

表 9 252kV GIS 户外方案出线间隔套管高海拔修正表（海拔高度＞1000m）

海拔（m） 符号	2000	3000	4000	5000
进（出）线套管相间距离（mm）	3750	4000	4500	5000

表 10 252kV HGIS 户外方案出线间隔套管高海拔修正表（海拔高度＞1000m）

海拔（m） 符号	2000	2500
出线套管相间距离（mm）	3500	3750
出线套管导体至地之间距离（mm）	7900	8000

GIS/HGIS 套管颜色为棕色（瓷）；外壳、支架等外表面均应涂漆，颜色建议为海灰 B05。

8.3.1.2 布置形式

应包括以下内容：

a） 户外 GIS

常规海拔地区，252kV 户外 GIS 出线间隔中心距宜选用 12m（双回共一跨）/12.5m（单回），主变进线间隔定位根据工程具体情况确定，其余间隔与相邻出线间隔中心距宜按 3000mm 控制。

设备平面布置示意图详见图 57。

252kV GIS 户外布置方案高海拔修正，详见表 11。

表 11 252kV GIS 户外方案出线间隔相间距高海拔修正表（＞1000m）

海拔（m）／符号	2000	3000	4000	5000
出线间隔中心距离（mm）	12 000	12 000	14 000	15 000

b） 户内 GIS

252kV 户内 GIS 出线间隔中心距宜选用 2m，部分间隔可结合工程建筑物梁柱、电缆竖井位置等调整间隔宽度。

在电缆出线间隔电缆出线处设置电缆隧道，隧道宽度和深度根据具体工程确定。

厂房高度按吊装元件考虑，最大起吊重量不大于 5t，配电装置室内净高不小于 8m。配电装置室纵向宽度净宽不小于 11.7m。根据 220kV GIS 室纵向尺寸情况，预留巡视通道不应小于 1m，主通道宽度宜为 2m～3.5m。

设备平面布置示意图详见图 58 和图 89。

c） 户外 HGIS

HGIS 采用架空进出线方式， 间隔中心距宜选用 12.5m（双回共一跨）， 其余间隔结合工程布置情况确定。

设备平面布置示意图详见图 60 和图 61。

252kV GIS 户外布置方案高海拔修正，详见表 11。

8.3.1.3 接地要求

应包括以下内容：

a） 接地方案可采用设备直接引下接地或预埋接地件。接地件由土建施工单位预埋，接地件以上的接地过渡块、接地排及安装辅材均为厂家提供。

b） 每个气体隔室的壳体应互连并可靠接地，接地回路应满足短路电流的动、热稳定要求。外壳应接地。凡不属主回路或辅助回路的预定要接地的所有金属部分都应接地。外壳框架等的相互电气连接宜用紧固连接，以保证电气上连通，接地点应标以接地符号。

c） 接地点的接触面和接地连线的截面积应能安全地通过故障接地电流。

d） 紧固接地螺栓不少于 4 个 M12 螺栓或 2 个 M16 螺栓。接地点应标有接地符号。

e） GIS/HGIS 接地应防止外壳产生危险感应电压，应防止外壳环流造成局部过热。

8.3.1.4 安装基础

GIS/HGIS 底座建议采用焊接固定在水平预埋钢板的基础上，也可采用地脚螺栓或化学锚栓方式固定。GIS/HGIS 伸缩节要能够适应装配调整、吸收基础间的相对位移和热胀冷缩的伸缩量，GIS/HGIS 底座必须能够适应如下土建施工误差：

a） 每间隔基础预埋件水平最高和最低差不超过 2mm；

b） 间隔之间所有尺寸允许误差不超过 3mm；

c） 全部间隔所在区域尺寸允许偏差不超过 3mm；

d） 对于 GIS/HGIS 出线套管支架，其高度应能保证外绝缘体最低部位距地面不小于 2500mm。

8.3.1.5 安装示意图

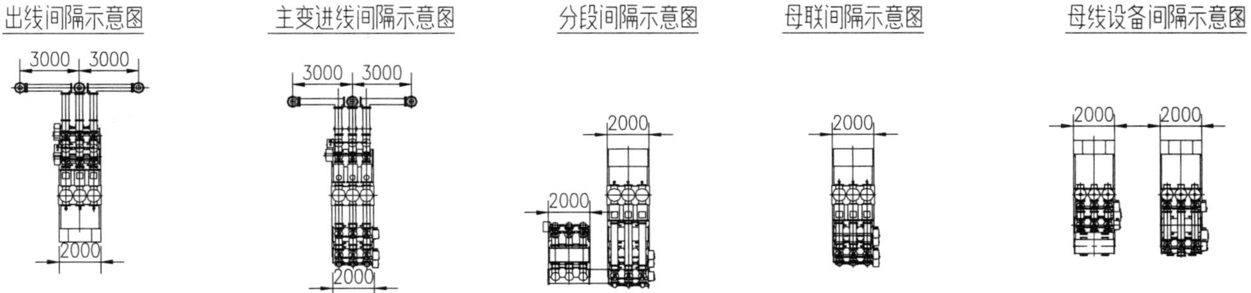

图 55 252kV GIS 户外方案设备外轮廓平面示意图（2GIS—5000/50、2GIS—4000/50）

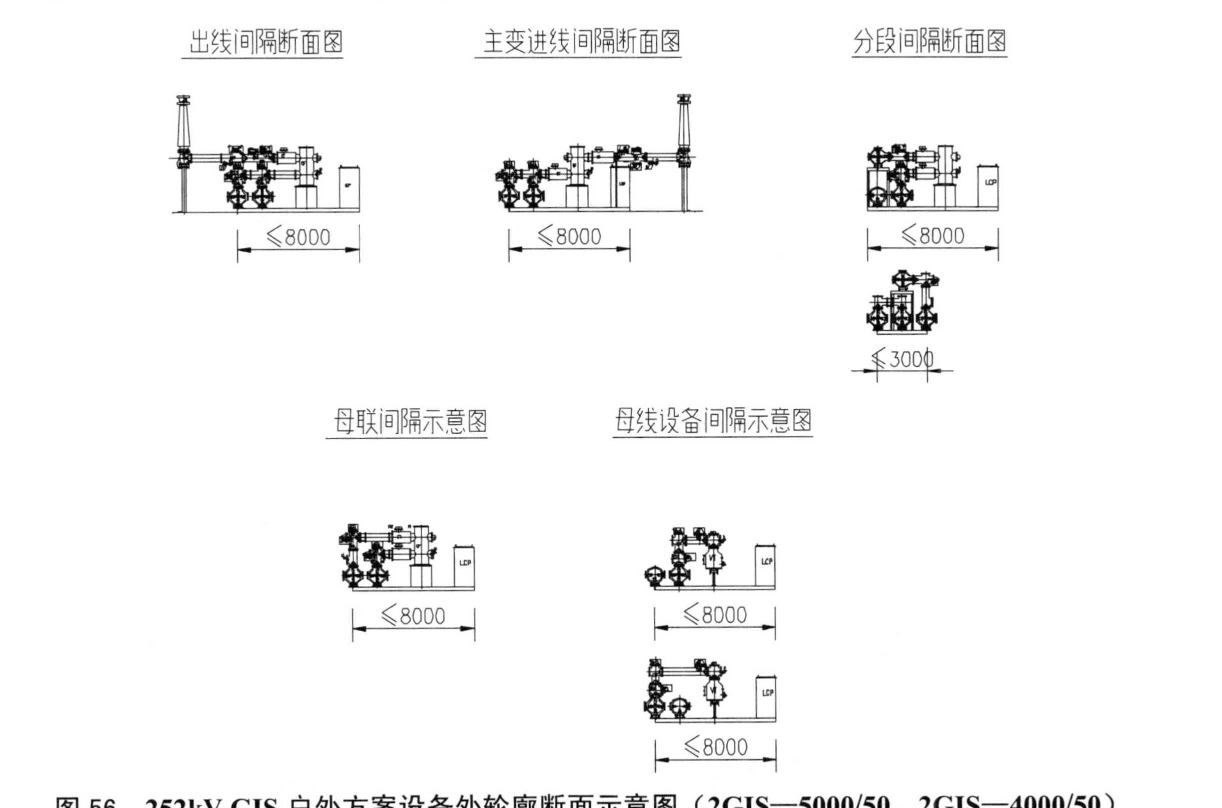

图 56 252kV GIS 户外方案设备外轮廓断面示意图（2GIS—5000/50、2GIS—4000/50）

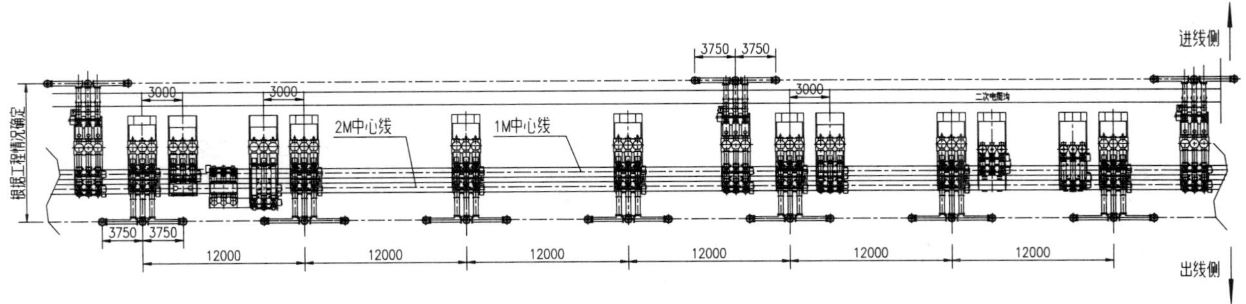

图 57 252kV 户外 GIS 方案（适用双母线接线、双母线分段接线）平面布置示意图（2GIS—5000/50、2GIS—4000/50）

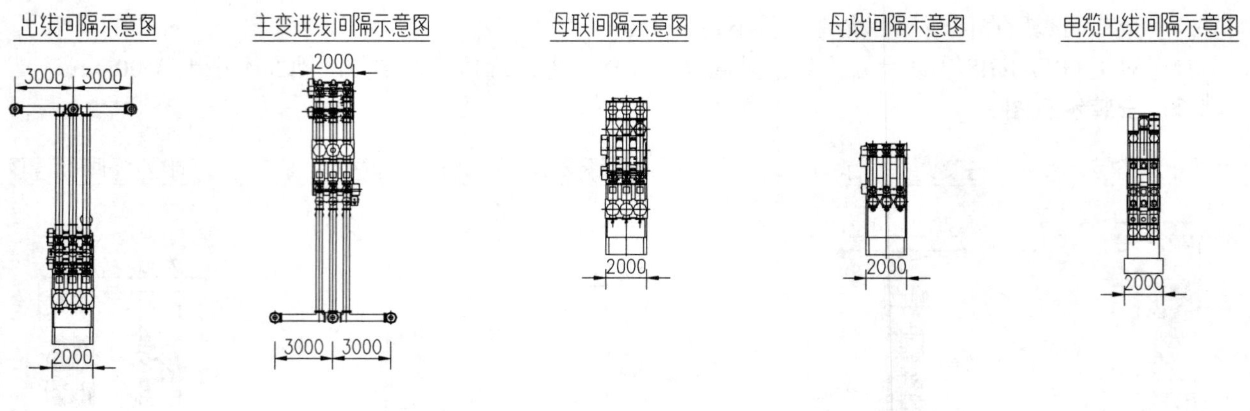

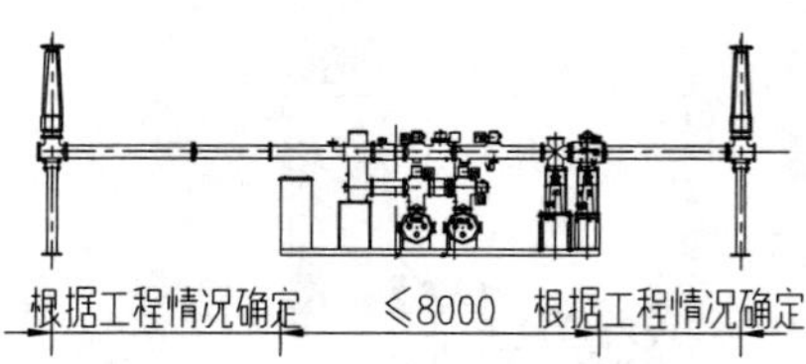

图 58　252kV GIS 户内方案设备外轮廓平、断面示意图
（2GIS—5000/50、2GIS—4000/50）

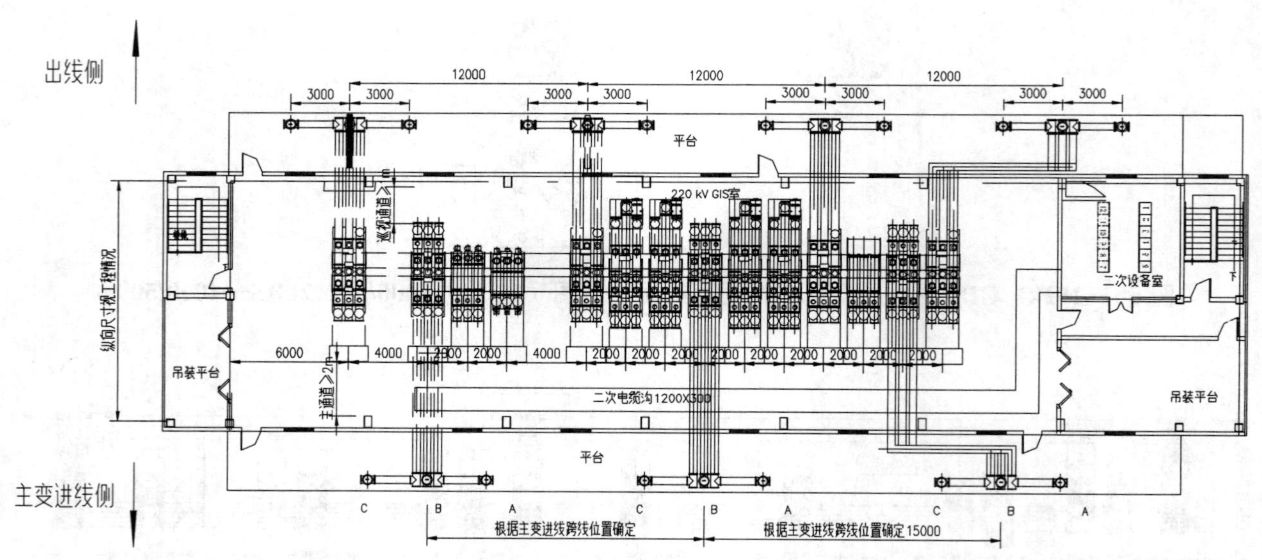

图 59　252kV 户内 GIS 方案（适用双母线接线、双母线分段接线）平面布置示意图
（2GIS—5000/50、2GIS—4000/50）

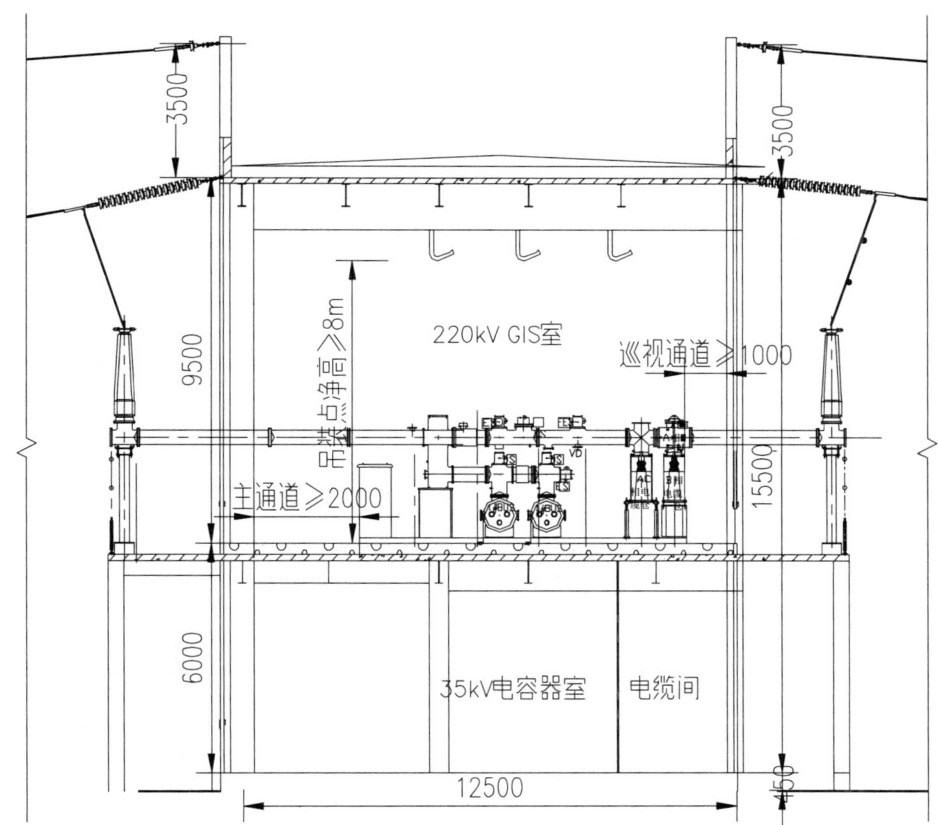

图 60　252kV 户内 GIS 方案（适用双母线接线、双母线分段接线）断面布置示意图（2GIS—5000/50、2GIS—4000/50）

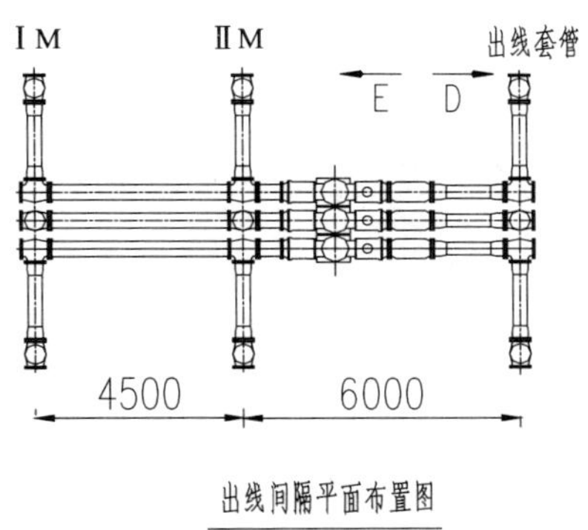

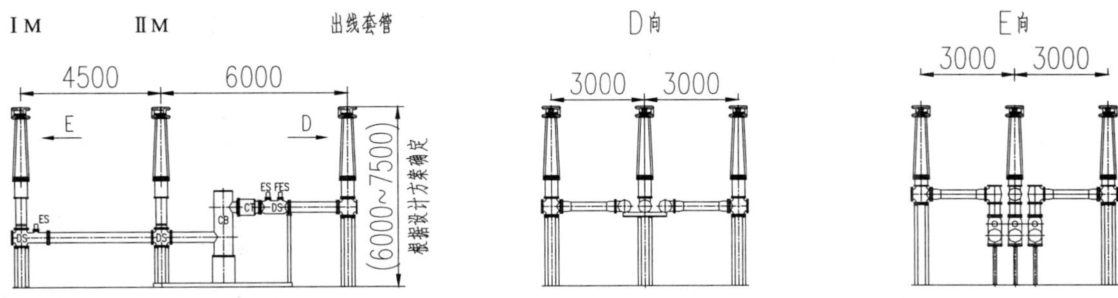

图 61　252kV 户外 HGIS 出线间隔设备外廓示意图（2HGIS—4000/50、2HGIS—3150/50）

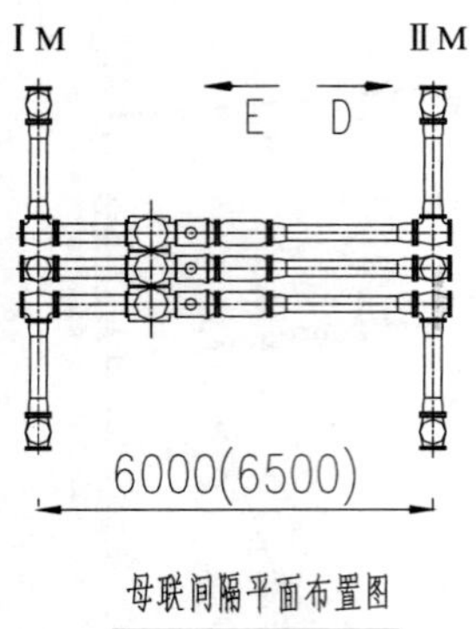

母联间隔平面布置图

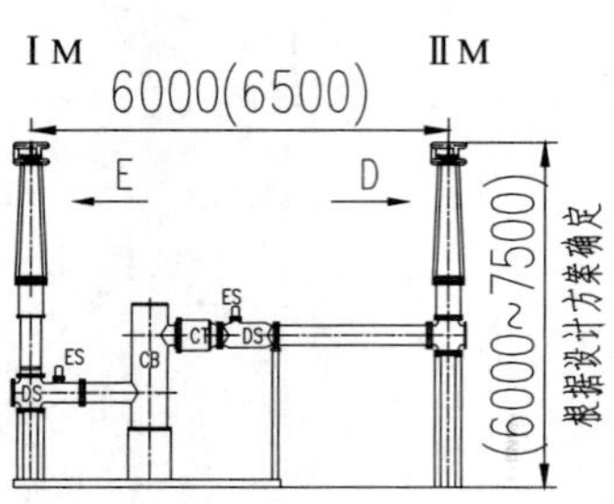

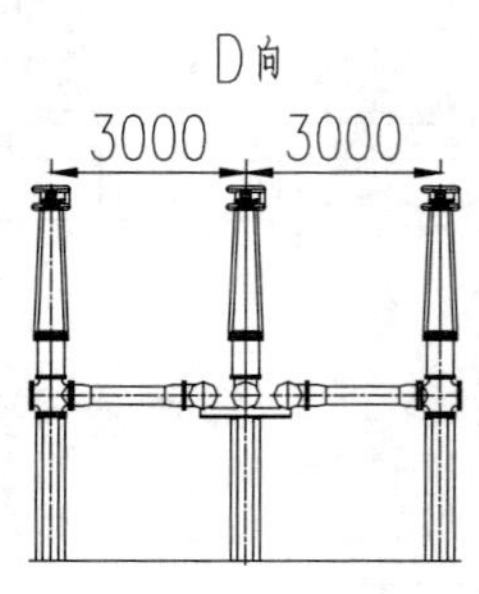

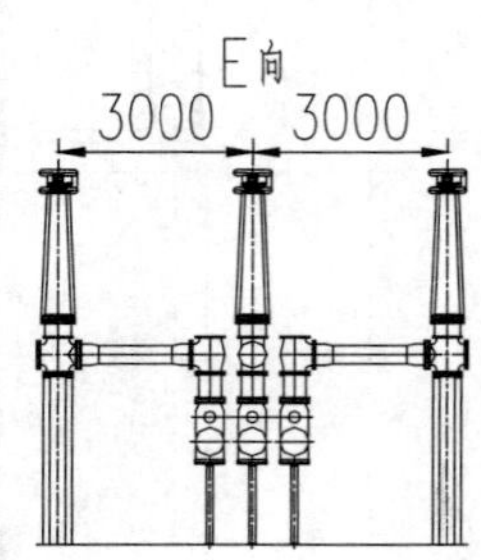

母联间隔断面布置图

图 62　252kV 户外 HGIS 母联间隔设备外廓示意图（2HGIS—4000/50、2HGIS—3150/50）

8.3.2　二次接口

根据一次设备的布置方案，电气二次接口从智能控制柜尺寸及设备布置、二次回路技术要求、电气二次安装接口技术要求、对外端子排接口、光回路接口及虚端子等六个方面进行了统一，共形成了 1 个接口。

8.3.2.1　智能控制柜

应包括以下内容：

a）　技术参数及技术条件

智能控制柜技术参数及技术条件详见 Q/GDW 1430—2015《智能控制柜技术规范》。

b）　柜内设备布置原则

智能控制柜宜采用就地布置，柜内元器件布置顺序见表 12。

表 12　屏（柜）正面元器件从上往下布置优先级顺序表

从上往下顺序	元器件名称
1	合并单元
2	智能终端
3	监测主 IED
4	光纤配线架

注：1. 具体组柜时，应根据具体屏（柜）所需布置的装置类型，按照本表的优先级顺序从上往下依次排列布置。

2. 屏（柜）上安装的最高设备的中心线离屏（柜）顶为 200mm；最低设备的中心线离柜底不低于 350mm。

合并单元、智能终端通用技术条件详见《国家电网公司输变电工程智能变电站通用设备（二次设备）》第 16～17 篇。

252kV 气体绝缘金属封闭开关设备应预留特高频传感器及测试接口；可选择配置 SF_6 气体压力和湿度监测、分合闸线圈电流监测、避雷器泄漏电流及放电次数监测，252kV 电压等级应配置 1 套在线监测主 IED，布置于母线智能控制柜内。

c） 柜体尺寸要求

户内智能控制柜尺寸为 2000mm（宽度）×800mm（深度）×2000mm（高度）或 1600mm（宽度）×800mm（深度）×2000mm（高度）；户外智能控制柜线路、主变、母联间隔尺寸为 1600（宽度）mm×900（深度）mm×2000mm（高度）、母线设备间隔尺寸为 1000mm（宽度）×900mm（深度）×2000mm（高度）两种规格。

智能控制柜柜面布置图详见图 63～图 72，其中在线监测主 IED 仅在其中一面 252kV 母线智能控制柜内设置。

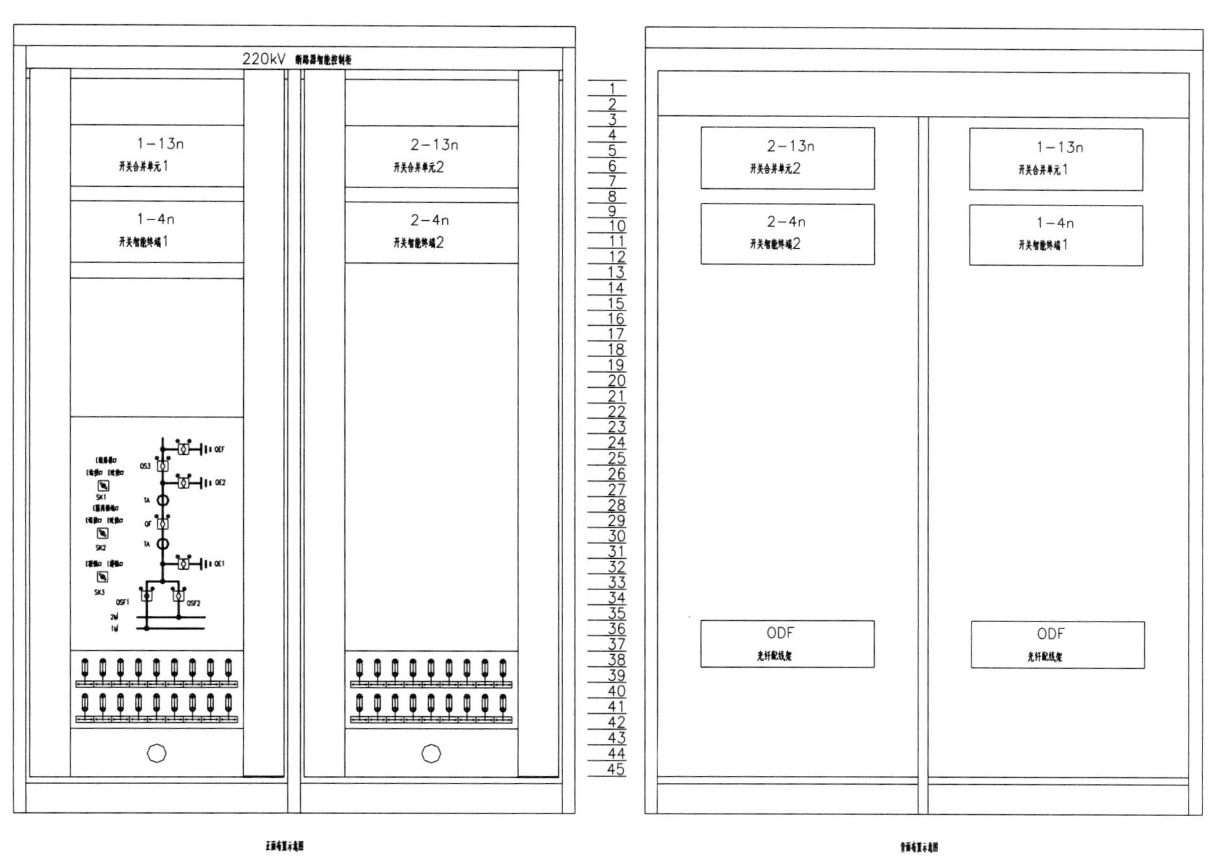

图 63 智能控制柜典型布置图 1（断路器间隔，户外，数字量采样，2GIS—5000/50、2GIS—4000/50、2HGIS—4000/50、2HGIS—3150/50）

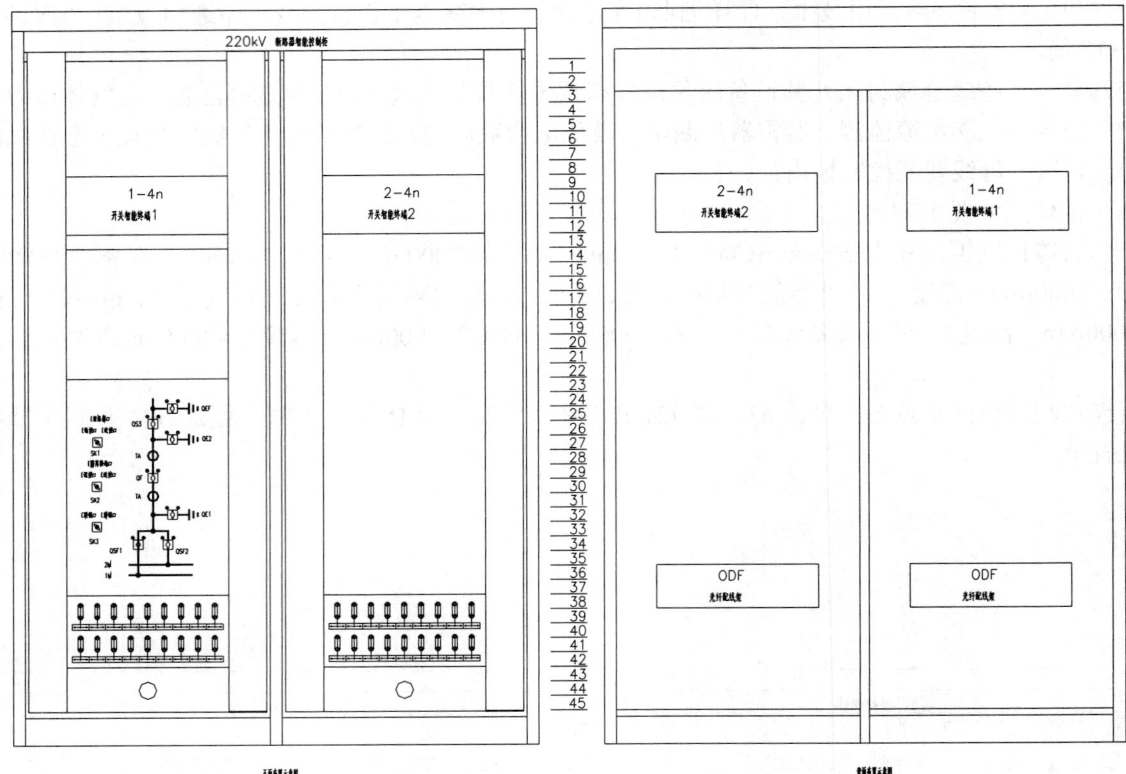

图 64　智能控制柜典型布置图 2（断路器间隔，户外，模拟量采样，2GIS—5000/50、2GIS—4000/50、2HGIS—4000/50、2HGIS—3150/50）

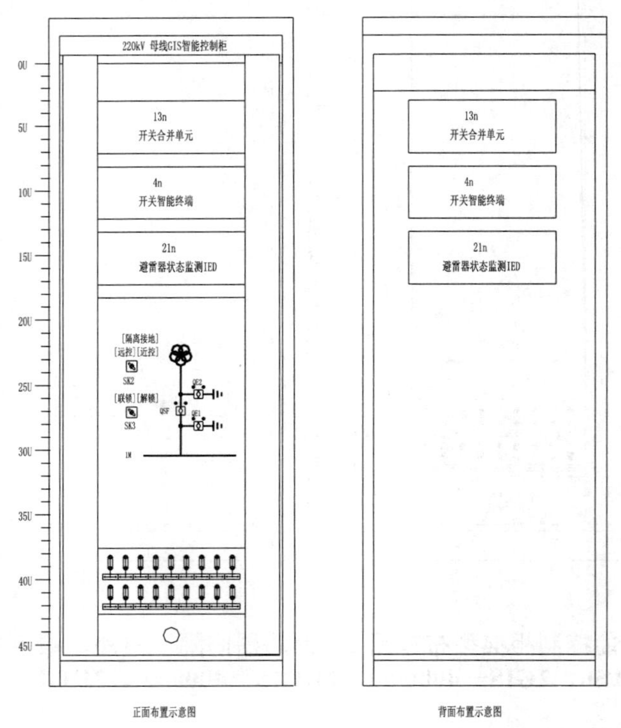

图 65　智能控制柜典型布置图 3（母线间隔，户外，数字量采样，2GIS—5000/50、2GIS—4000/50、2HGIS—4000/50、2HGIS—3150/50）

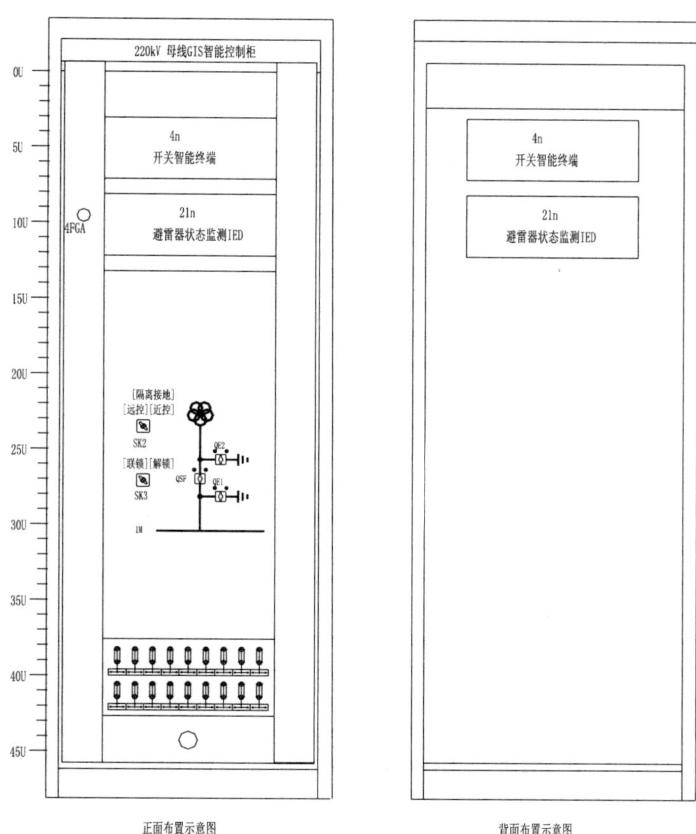

图 66 智能控制柜典型布置图 4（母线间隔，户外，模拟量采样，2GIS—5000/50、2GIS—4000/50、2HGIS—4000/50、2HGIS—3150/50）

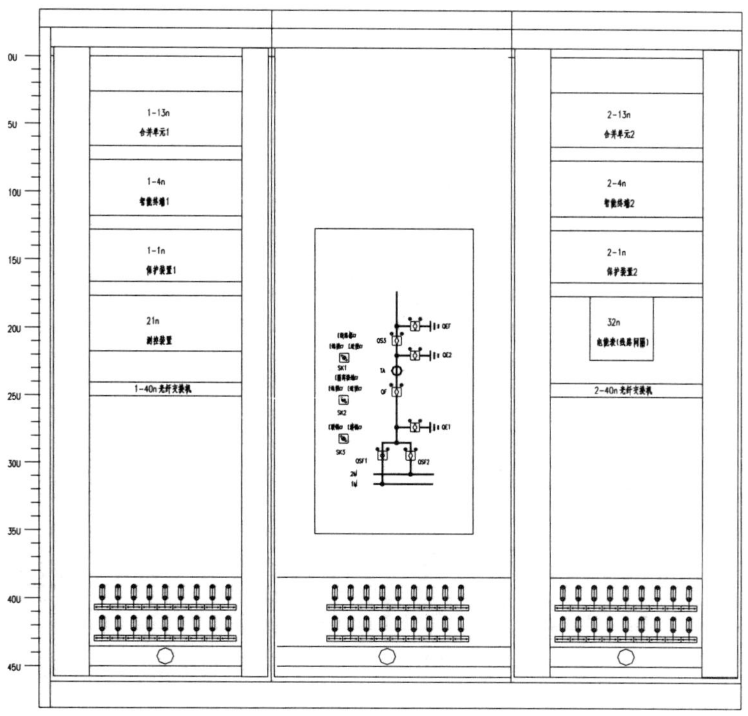

图 67 智能控制柜典型布置图 5（线路、母联间隔，户内，数字量采样，2GIS—5000/50、2GIS—4000/50、2HGIS—4000/50、2HGIS—3150/50）

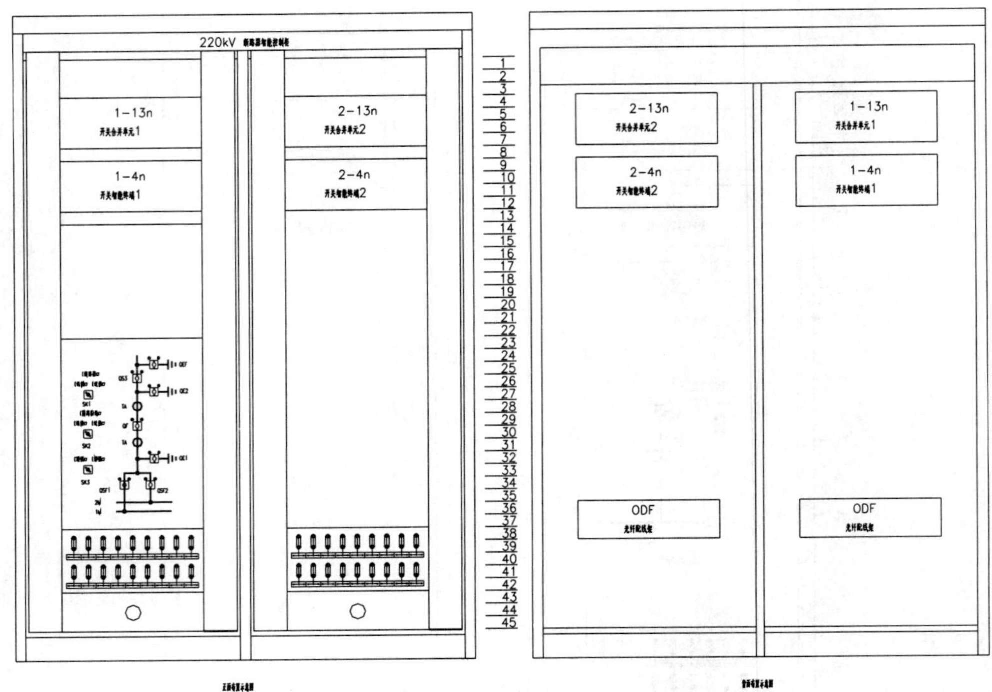

图 68 智能控制柜典型布置图 6（主变间隔，户内，数字量采样，2GIS—5000/50、2GIS—4000/50、2HGIS—4000/50、2HGIS—3150/50）

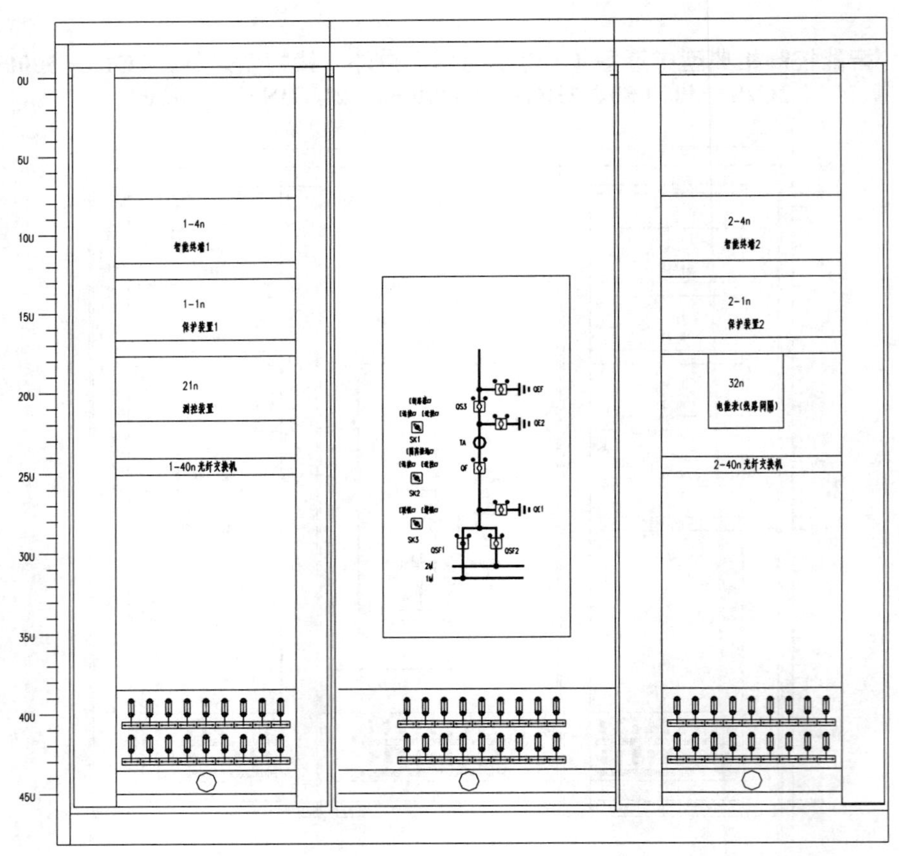

图 69 智能控制柜典型布置图 7（线路、母联间隔，户内，模拟量采样，2GIS—5000/50、2GIS—4000/50、2HGIS—4000/50、2HGIS—3150/50）

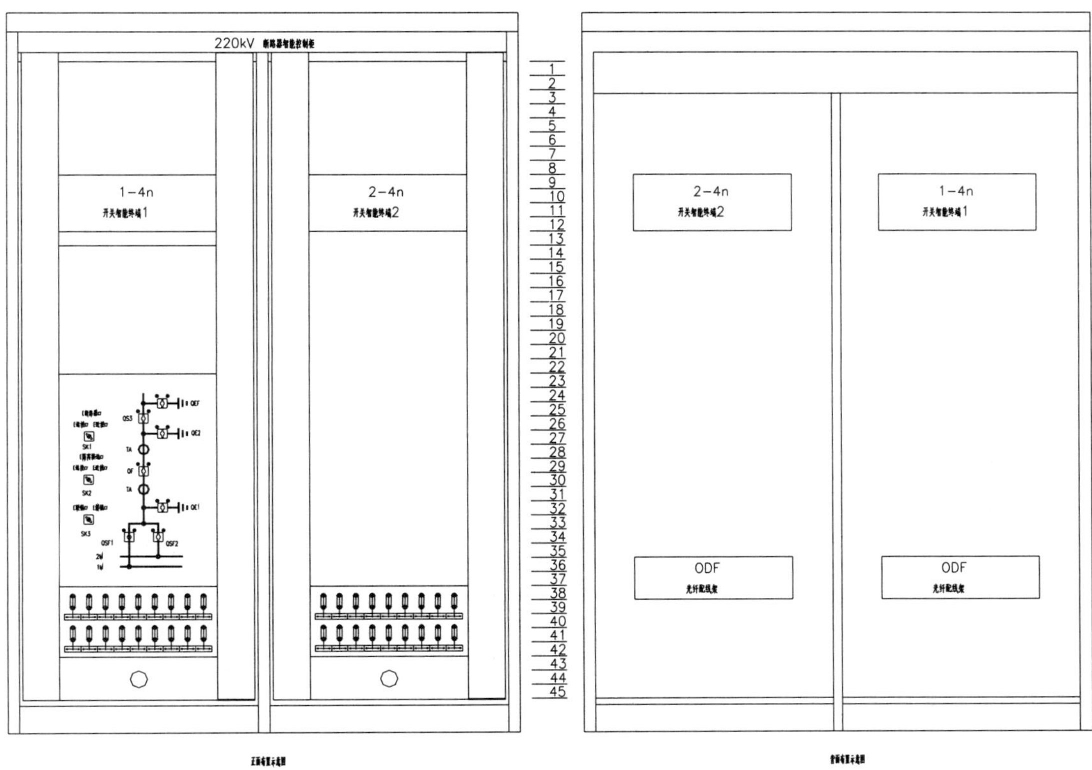

图 70 智能控制柜典型布置图 8（主变间隔，户内，模拟量采样，2GIS—5000/50、2GIS—4000/50、2HGIS—4000/50、2HGIS—3150/50）

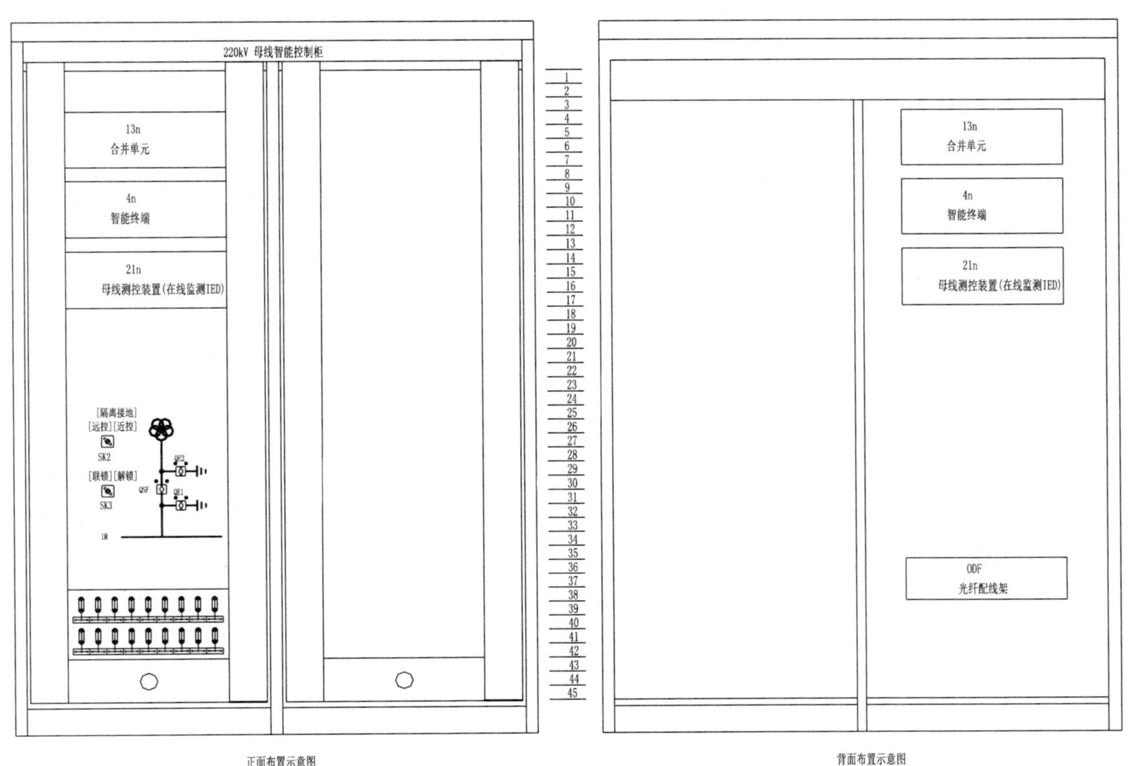

图 71 智能控制柜典型布置图 9（母线间隔，户内，数字量采样，2GIS—5000/50、2GIS—4000/50、2HGIS—4000/50、2HGIS—3150/50）

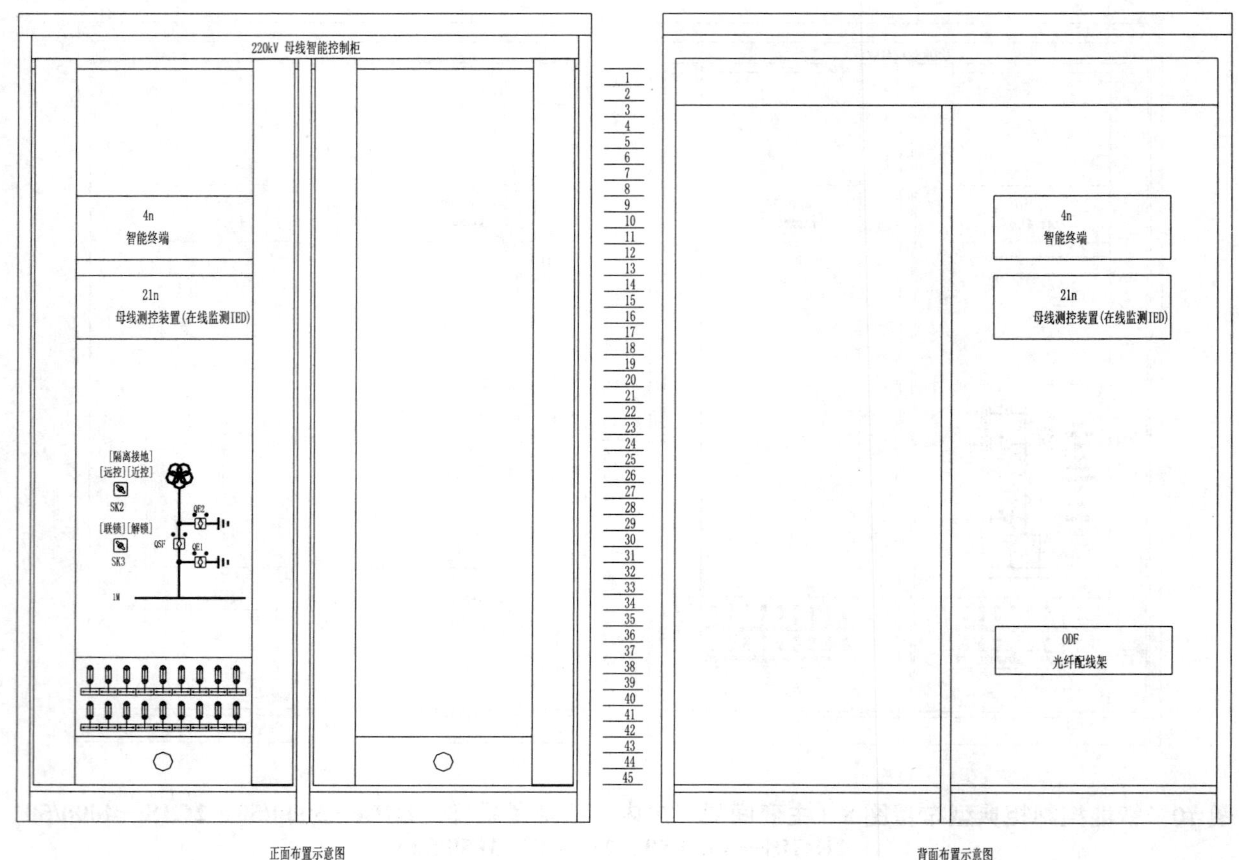

图 72　智能控制柜典型布置图 10（母线间隔，户内，模拟量采样，2GIS—5000/50、2GIS—4000/50、2HGIS—4000/50、2HGIS—3150/50）

d）　端子排

根据通用互换的原则，汇控柜端子排按不同功能进行划分，端子排布置应考虑各插件的位置，避免接线相互交叉。端子排列应符合标准，正、负极之间应有间隔，断路器的跳闸和合闸回路、直流（+）电源和跳合闸回路不能接在相邻端子上，端子排应编号。

智能控制柜内的端子排按照“功能分段”的原则分别设置：交流回路、直流回路，TA 回路，TV 回路，断路器控制及遥信回路，隔离、接地开关控制及遥信回路，辅助触点及报警回路等。

本节对 GIS、HGIS 智能控制柜对外接线端子排接口进行了统一，具体详见图 73～图 78，合并单元、智能终端相关端子排详见《国家电网公司智能变电站通用设备（二次设备）》（2012 年版）第 16～17 篇。

1）电流互感器部分端子排

图 73 为采用模拟量采样方式下的 252kV GIS/HGIS 电流互感器端子排，该图中电流互感器端子排示意图 1 适用于 500kV 变电站主变 220kV 侧间隔，电流互感器端子排示意图 75 适用于 500kV 变电站 220kV 线路、母联（分段）间隔及 220kV 变电站 220kV 线路、母联（分段）及主变 220kV 侧间隔。

图 74 为采用数字量采样方式下的 252kV GIS 电流互感器端子排，适用于极寒地区等将合并单元在室内组柜安装时的汇控柜的对外接口。

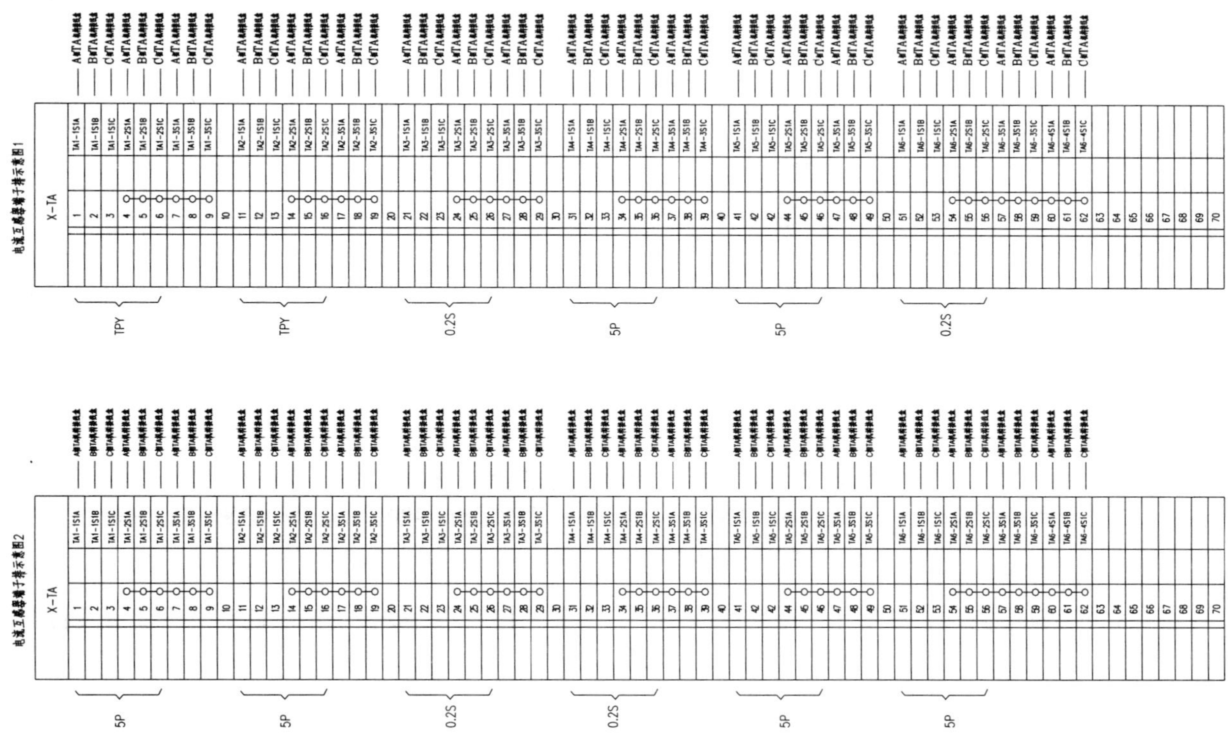

图 73　模拟量采样方式下的电流互感器 TA 回路端子接口图
（通用设备编号 2GIS—5000/50、2GIS—4000/50、2HGIS—4000/50、2HGIS—3150/50）

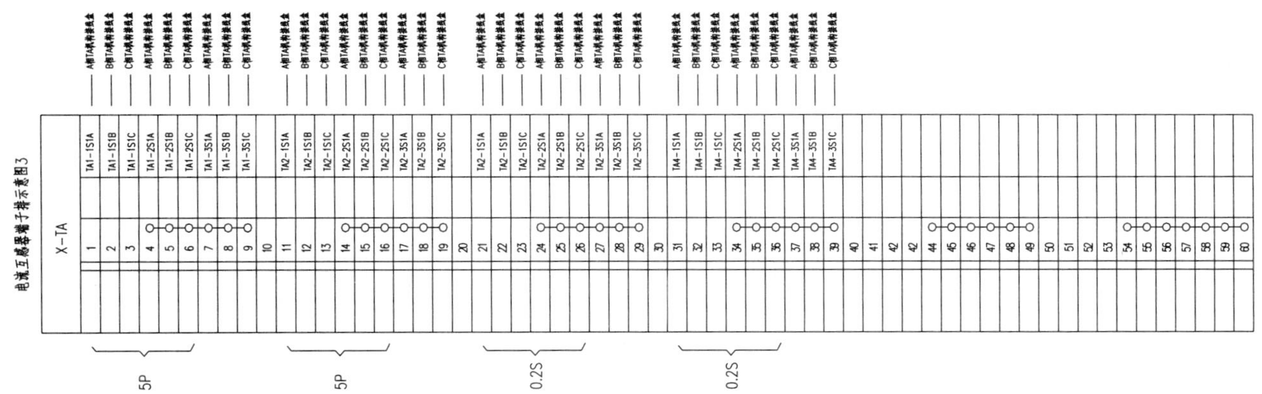

图 74　数字量采样方式下的电流互感器 TA 回路端子接口图
（通用设备编号 2GIS—5000/50、2GIS—4000/50、2HGIS—4000/50、2HGIS—3150/50）

2）电压互感器部分端子排

图 75 所示端子排接口图适用于采用模拟量采样方式及极寒地区等合并单元组柜安装于室内时的 GIS 母线及线路间隔电压互感器。

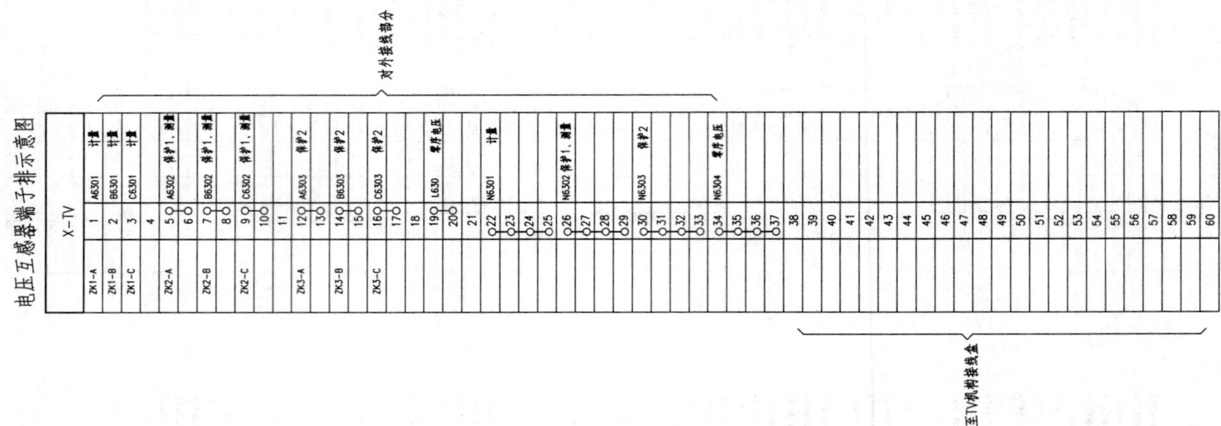

图 75　电压互感器 TV 回路端子接口图

（通用设备编号 2GIS—5000/50、2GIS—4000/50、2HGIS—4000/50、2HGIS—3150/50）

3）交直流电源端子排

图 76 所示端子排接口图适用于断路器间隔，每个间隔按两路总交流进线、两路总直流进线设置，母线间隔按两路总交流进线、一路总直流进线设置。

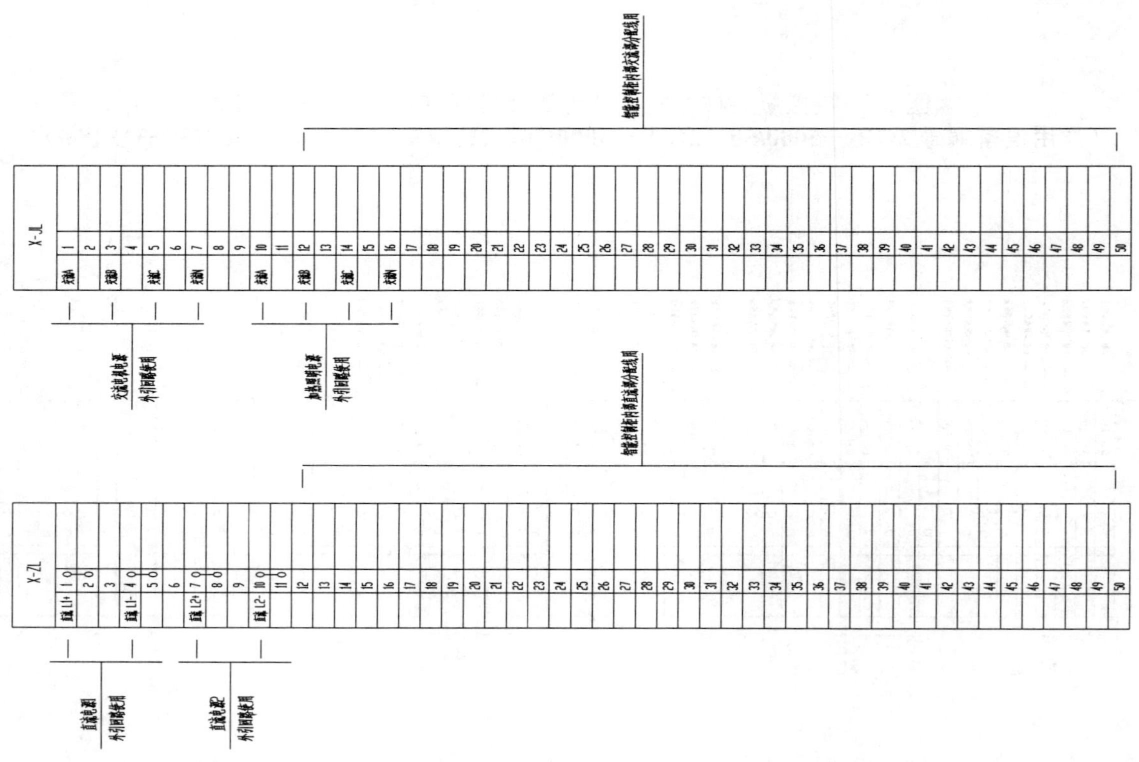

图 76　交直流电源端子接口图

（通用设备编号 2GIS—5000/50、2GIS—4000/50、2HGIS—4000/50、2HGIS—3150/50）

4）断路器、隔离开关、接地开关控制及信号端子排

图 77 和图 78 所示端子排接口图适用于极寒地区等智能终端组柜安装于室内时的汇控柜的对外接口。

告警回路

X-GJ			
监控系统+	1		
	2		
	3		
	4		
	5		
	6		
	7		
	8		
	9		
	10		
	11		
	12		断路器气室低气压报警
	13		断路器气室低气压闭锁
	14		其他气室低气压报警
	15		隔离及接地开关气压低报警
	16		断路器油位低报警
	17		断路器油压低报警
	18		断路器油压低跳闸闭锁
	19		断路器油压低合闸闭锁
	20		联锁解除
	21		断路器油泵过负荷报警
	22		断路器油泵超时
	23		断路器三相不一致
	24		隔离开关马达过负荷报警
	25		接地开关马达过负荷报警
	26		报警回路电源失电
	27		断路器油泵电机电源失电
	28		照明、加热回路电源断电信号
	29		控制电源断电信号
	30		验电器无电信号
	31		断路器就地操作信号
	32		隔离开关就地操作信号
	33		接地开关就地操作信号
	34		断路器闭锁重合闸
	35		备用
	36		备用
	37		备用
	38		备用
	39		备用
	40		备用
	41		备用
	42		备用
	42		备用
	44		备用
	45		备用
	46		备用
	47		备用
	48		备用
	49		备用
	50		备用

智能控制柜
智能终端使用

图 77　告警回路端子排接口图
（通用设备编号 2GIS—5000/50、2GIS—4000/50、2HGIS—4000/50、2HGIS—3150/50）

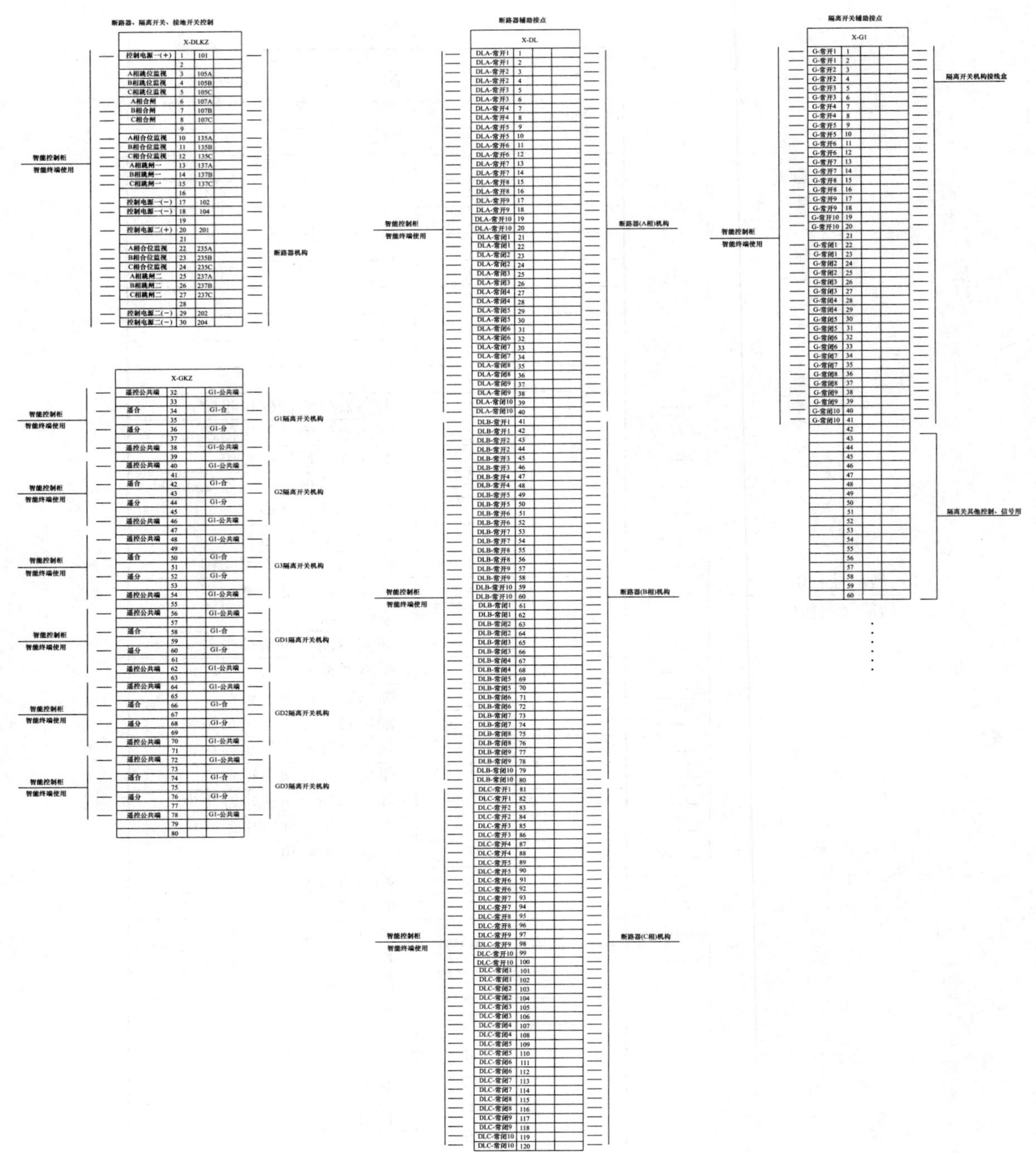

图 78　断路器、隔离开关二次回路端子排接口图
（通用设备编号 2GIS—5000/50、2GIS—4000/50、2HGIS—4000/50、2HGIS—3150/50）

e）　光回路标准接口

双套保护的 SV 采样、GOOSE 跳闸控制回路等需要增强可靠性的两套系统，应采用各自独立的光缆及光纤插接盒。

252kV GIS/HGIS 断路器间隔配置双套免熔接光纤插接盒，每套接口数量不宜小于 24 口；252kV GIS/HGIS 母线间隔配置单套免熔接光纤插接盒，接口数量不宜小于 72 口。

f）　虚端子

合并单元虚端子图详见《国家电网公司智能变电站通用设备（二次设备）》（2012 年版）第 16 篇。

智能终端虚端子图详见《国家电网公司智能变电站通用设备（二次设备）》（2012 年版）第 17 篇。

8.3.2.2 二次回路部分技术要求

应包括以下内容：

a） 分相机构的断路器应能实现分相操作和三相电气联动操作。
b） 断路器要求配有两套独立的跳闸回路。两套回路中均应包含各自独立的三相不一致保护跳闸回路和压力闭锁回路。
c） 断路器、隔离开关、接地开关均应能实现远方和就地操作，远方和就地之间应能切换。断路器的远方/就地切换开关应单独配置，断路器两组跳闸回路均应经远方/就地切换开关切换。远方/就地切换开关应配置辅助触点，两组常开、两组常闭，并引至端子排。
d） 分相操作的断路器应设置两组电气上完全独立的三相不一致保护回路，分别作用于第一组跳闸和第二组跳闸。三相不一致保护出口处应设有连接片。
e） 断路器操动机构应配置内部电气防跳回路。近控、远控时均应通过断路器内部的防跳回路实现防跳功能。
f） 断路器应能实现 SF_6 压力低报警及闭锁功能。报警及闭锁功能应分别提供 1 组和 2 组完全独立的接点，其中压力低闭锁时每组各提供两副接点供用户使用。
g） 液压机构应能实现压力异常报警及闭锁功能，应能提供两组完全独立的压力低闭锁接点，且每组应至少各提供两副接点供用户使用。弹簧机构应能实现未储能闭锁合闸功能，还需提供至少两副接点供用户使用。
h） 断路器应提供监视分合闸回路完好性的对外接口。
i） 应具备完善的五防操作闭锁功能，符合国家相关的规程规范和标准要求。闭锁回路应留有接口以方便外部闭锁接点的引入。
j） 断路器、隔离开关、接地开关操作机构电动机电源以及隔离开关、接地开关的控制电源采用交流供电。加热及照明电源均匀分布在交流电源各相上。加热器、照明、操作及储能电源开关应独立设置。
k） GIS/HGIS 的断路器控制及就地信号电源均采用直流供电。
l） 除用于控制和其他辅助功能所需的辅助触点之外，每台断路器、隔离开关、接地开关应提供足够的辅助触点供用户使用，这些辅助触点均应是电气上独立的，并应引至端子排。
m） 同一间隔内的多台隔离开关、接地开关的电机电源，在汇控柜内必须分别设置独立的开断设备。
n） 交、直流回路不应共用同一根电缆，两套跳闸回路不应共用同一根电缆；控制和动力回路不应共用同一根电缆。
o） 时间继电器不应选用气囊式时间继电器。
p） 断路器分闸回路不应采用 RC 加速设计。
q） 隔离开关（接地开关）在电机回路失电时，控制回路不应自保持。

8.3.2.3 电气二次安装接口技术要求

应包括以下内容：

a） GIS/HGIS 的智能控制柜应按断路器间隔进行配置，每个断路器间隔配置 1 面智能控制柜。
b） 智能控制柜为前后开门。智能控制柜内应设有横向及竖向导线槽，所有设备安装的位置都应方便外部电缆从智能控制柜的底部进入。
c） GIS/HGIS 本体至智能控制柜、智能控制柜之间的二次缆线均应采用屏蔽电缆。该部分缆线由制造厂提供，且制造厂应同时提供电缆明细清册及其敷设要求。
d） 应提供金属配线槽以便于固定电缆，GIS/HGIS 本体上的二次缆线应敷设在配线槽内。
e） 智能控制柜端子排的一侧为气体绝缘金属封闭开关设备机构到 GIS 端子排的接线，另一侧为 GIS 端子排到智能终端背板的接线。
f） 端子采用压接型端子，额定值为 1000V、10A，工频耐受电压为 2000V。TA 二次回路应提供标准的试验端子，便于断开或短接各装置的输入与输出回路；对所有装置的跳闸出口回路应提供各回路分别操作的试验部件或连接片，以便于必要时解除其出口回路。一个端子只允许接入一根导线。端子排间应有足够的绝缘，端子排应根据功能分段排列，并应至少留有10%的备用端子，且可在必要时再增加。

g） 智能控制柜上跳合闸回路应采用能接 $4mm^2$ 截面电缆芯的端子，并且要求跳、合闸端子之间应有端子隔开。智能控制柜上电源回路应采用能接 $6mm^2$ 截面电缆芯的端子，并且要求正、负极之间应有端子隔开。TA 和 TV 回路应采用能压接 $6mm^2$ 截面电缆芯的端子。

h） 智能控制柜体内部下方应设置二次接地专用铜排，截面不小于 $100mm^2$，接地端子为压接型。

i） GIS/HGIS 电气设备本体与智能控制柜之间宜采用标准预制电缆连接，预制电缆可采用单端或双端预制型式。

j） 智能控制柜至保护室、智能控制柜之间宜采用标准预制光缆连接，预制光缆择宜采用双端预制型式。

8.3.3 土建接口

252kV GIS、HGIS 土建接口从设备墩台基础预留插筋范围、进（出）线套管基础中心距和户外进（出）线间隔套管基础间距、户内设备楼板结构层埋件等方面进行了分类统一，并根据电气布置形式的不同共形成3种电气接口。其中接口1对应户外 GIS 方案，接口2对应 HGIS 方案，接口3对应户内 GIS 布置方案。

户外设备土建接口统一了设备墩台基础预留插筋范围、进（出）线套管基础中心距和户外进（出）线间隔套管基础间距。设备墩台基础中心线与进出线套管基础中心线间距根据电气布置方案确定。大板基础根据不同设计条件确定，图中大板轮廓仅为示意。

户内设备土建接口统一了楼板结构层上一次埋件，待设备资料确认后根据设备资料在一次埋件上焊接槽钢或者工字钢。室内高压电力电缆洞口尺寸统一为1800mm（长）×1300mm（宽）。

户内智能控制柜尺寸为2000mm（宽度）×800mm（深度）×2000mm（高度）或1600mm（宽度）×800mm（深度）×2000mm（高度）；户外智能控制柜线路、主变、母联间隔尺寸为1600（宽度）mm×900（深度）mm×2000mm（高度）、母线设备间隔尺寸为1000mm（宽度）×900mm（深度）×2000mm（高度）两种规格。

户外方案高海拔修正详见8.3.1节高海拔修正。

8.3.3.1 户外设备

应包括以下内容：

1）户外 GIS 基础

GIS 布置时，应根据外部条件要求，整体规划整个 GIS 间隔的合理组合，结合通用设计方案开展施工图设计。户外布置包括场地上的建、构筑物、留孔槽、接地装置及主电缆沟等。

布置户外 GIS 间隔的位置应根据进出线位置和总体布置设想确定，土建设置整体大板基础，大板基础位于地面以下，大板基础预留插筋（或植筋）。设备基础待设备资料确认后根据设备资料制作，二次浇筑上部基础混凝土。每个基础面预留钢筋区域的尺寸为3000mm×8500mm。具体见示意图79。

2）户外 HGIS 基础

根据 252kV HGIS 的特点，通用基础按照三相 HGIS 的大板基础整体设计，大板基础位于地面以下，大板基础预留插筋（或植筋）。设备基础待设备资料确认后根据设备资料制作，二次浇筑上部基础混凝土。插筋范围具体见示意图80和图81。

8.3.3.2 户内设备

GIS 布置时，应根据外部条件要求，整体规划整个 GIS 间隔的合理组合，结合通用设计方案和 GIS 所在综合楼的整体要求，开展施工图设计。户内布置包括建、构筑物的基本结构、户内 GIS 专用预留孔槽的布置等。

布置户内 GIS 间隔的位置应根据进出线位置和总体布置设想确定。土建在楼板的结构层上设置一次埋件，待设备资料确认后根据设备资料在一次埋件上焊接校平用的槽钢或者工字钢，焊接完成后再在楼板上浇筑二次轻质混凝土面层。安装时将带钢结构基础底座的 GIS 设备放置到经校平整后的槽钢或者工字钢上与预留埋件焊接。室内高压电力电缆洞口尺寸为 1800mm（长）×1300mm（宽）。

户内 GIS 仅考虑需要吊装元件，最大起吊重量不大于 5t，吊装点净高不小于 8m。

施工先后浇筑顺序及埋件平断面图见图 82 和图 83。

8.3.3.3 智能控制柜（汇控柜）基础

户内智能控制柜尺寸为 2000mm（宽度）×800mm（深度）×2000mm（高度）或 1600mm（宽度）×800mm（深度）×2000mm（高度）；户外智能控制柜线路、主变、母联间隔尺寸为 1600（宽度）mm×900（深度）mm×2000mm（高度）、母线设备间隔尺寸为 1000mm（宽度）×900mm（深度）×2000mm（高度）两种规格。当智能控制柜（汇控柜）不在 GIS 本体上时，下部利用 GIS 整体筏板基础，上层根据不同厂家要求，在整体筏板基础内预留插筋，智能控制柜（汇控柜）基础二次浇注。基础表面平整度误差应不大于 2mm。智能控制柜（汇控柜）与电缆沟之间设置电缆支沟或埋管。

智能控制柜（汇控柜）基础示意图见图 84。

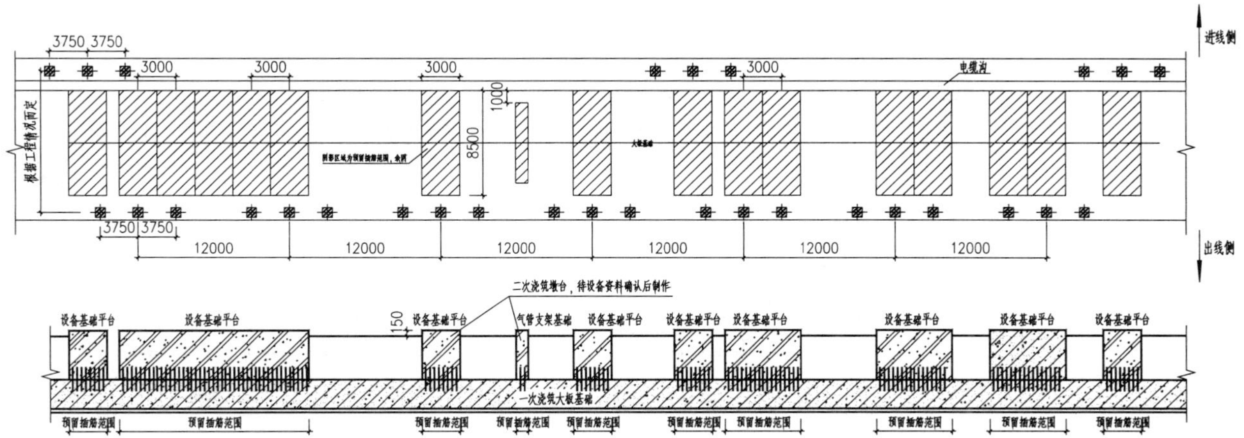

图 79　252kV 户外 GIS 方案（适用双母线接线、双母线分段接线）基础平、断面布置示意图（通用设备编号 2GIS—5000/50、2GIS—4000/50）

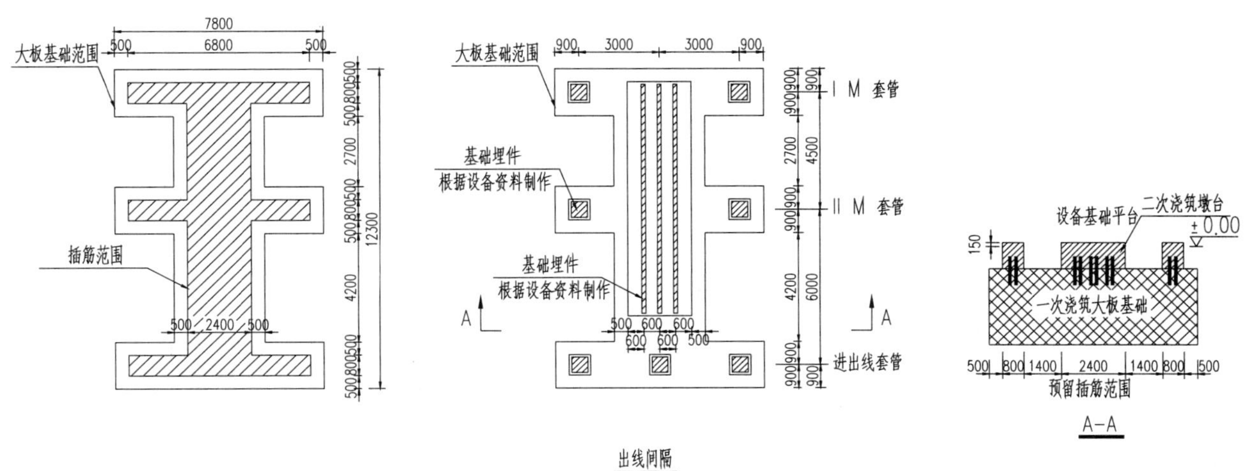

图 80　252kV HGIS 出线间隔基础平面示意图
（通用设备编号 2HGIS—4000/50、2HGIS—3150/50）

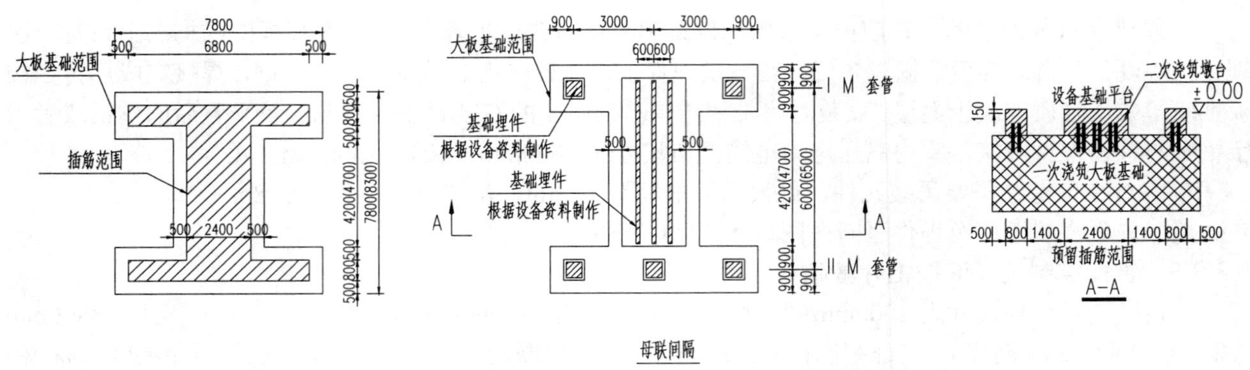

图 81　252kV HGIS 母联间隔基础平面示意图
（通用设备编号 2HGIS—4000/50、2HGIS—3150/50）

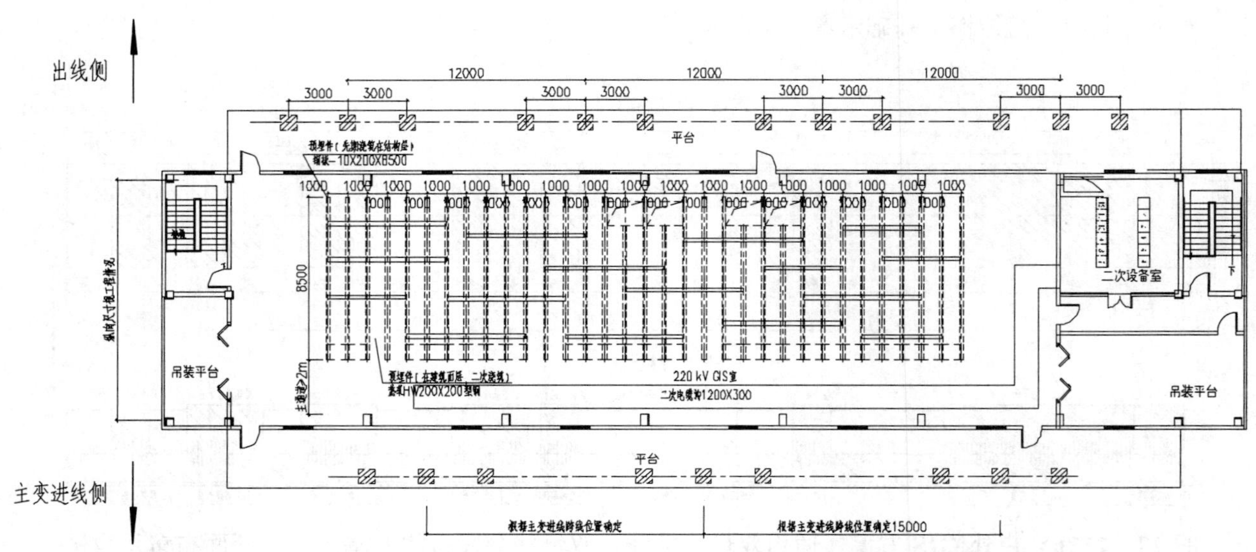

图 82　252kV 户内 GIS 方案（适用双母线接线、双母线分段接线）基础平面布置示意图
（通用设备编号 2GIS—5000/50、2GIS—4000/50）

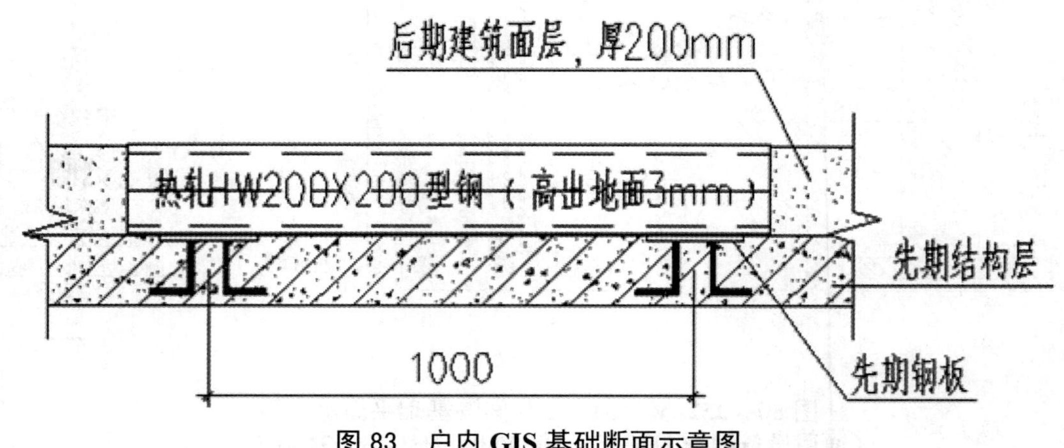

图 83　户内 GIS 基础断面示意图
（通用设备编号 2GIS—5000/50、2GIS—4000/50）

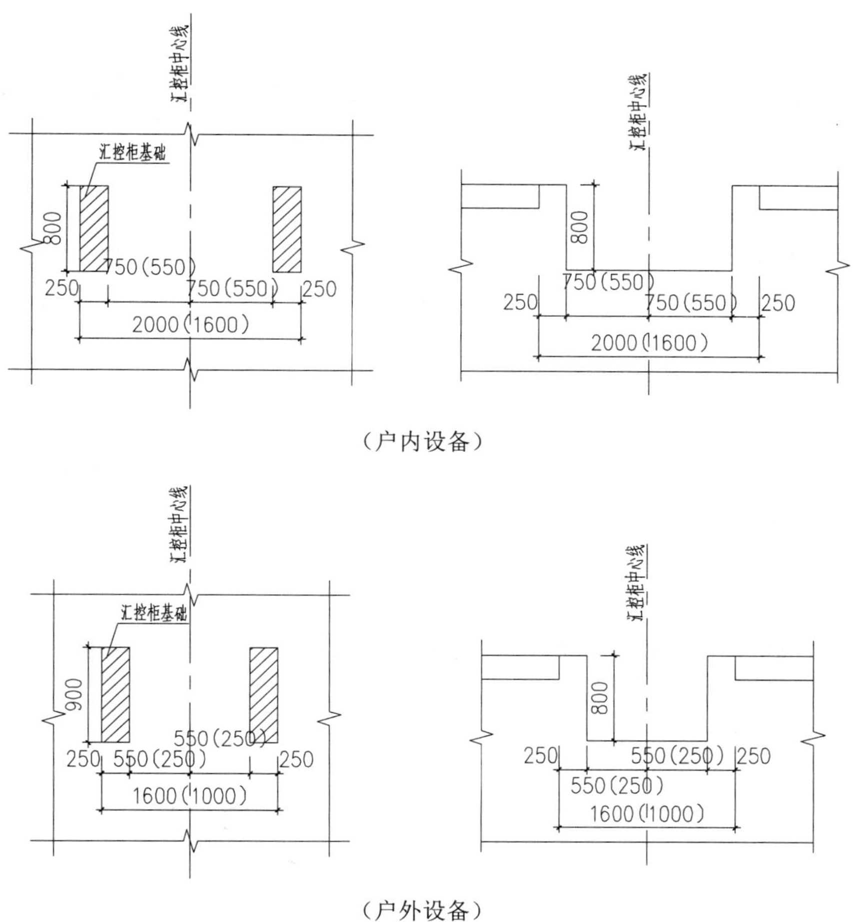

图 84　智能控制柜（汇控柜）基础示意图（通用设备编号 2GIS—5000/50、2GIS—4000/50、2HGIS—4000/50、2HGIS—3150/50）

8.4　126kV GIS 设备

8.4.1　电气一次接口

126kV 组合电器电气接口从结构型式、间隔中心距、套管相间距离等进行了分类统一，并根据组合电器接线形式、应用场合的不同形成 9 种电气接口。其中，接口 1 对应户外 GIS（单/双母线接线）布置方案，接口 2 对应户内 GIS（双母线接线）布置方案，接口 3 对应户内 GIS（单母线接线、内桥接线）布置方案，接口 4 对应户内 GIS（线变组接线）布置方案，接口 5 对应户内 GIS（环入环出支接变压器组接线）布置方案，接口 6 对应户外 HGIS（双母线）布置方案，接口 7 对应户外 HGIS（单母线）布置方案，接口 8 对应户外 HGIS 罐式（双母线）布置方案，接口 9 对应户外 HGIS 罐式（单母线）布置方案。

8.4.1.1　间隔外轮廓尺寸

对于常规海拔高度户外 GIS 布置方案，进（出）线套管相间距离为 1500mm，设备间隔底座宽度为 1200mm，设备底座长度不得大于 6800mm（含汇控柜）。具体尺寸示意详见图 85、图 86。

对于户内 GIS 布置方案，进（出）线套管相间距离为 1500mm，设备间隔底座宽度为 1200mm，设备底座长度不得大于 6800mm（双母线接线）/6000mm（其余接线形式）。室内高压电力电缆洞口按照 800mm（长）×800mm（宽）预留洞口，以适应不同厂家电缆终端，电缆安装后再对孔洞多余部分进行防火封堵。具体尺寸示意详见图 87。

对于常规海拔高度户外 HGIS 布置方案，进（出）线套管相间距离为 1500mm。具体尺寸示意详见图 88～图 94。

126kV（H）GIS 户外方案高海拔修正，详见表 13。

表 13　126kV（H）GIS 户外方案出线间隔套管高海拔修正表（海拔高度＞1000m）

海拔（m） 符号	2000	3000	4000	5000
出线套管相间距离（mm）	2200	2750	2750	3000

GIS/HGIS 套管颜色为棕色（瓷）；外壳、支架等外表面均应涂漆，颜色建议为海灰 B05。

8.4.1.2　布置形式

应包括以下内容：

a）户外 GIS

常规海拔地区，126kV 户外 GIS 出线间隔中心距按 7500m（两回共一跨）考虑，其余间隔结合工程布置情况自行确定间隔间距。

设备平面布置示意图详见图 87。

126kV GIS 户外布置方案高海拔修正，详见表 14。

表 14　126kV GIS 户外方案出线间隔中心距高海拔修正表（海拔高度＞1000m）

海拔（m） 符号	2000	3000	4000	5000
间隔中心距离（mm）	7500	9500	9500	10 500

b）户内 GIS

126kV 户内 GIS 出线间隔中心距宜选用 1000mm，部分间隔可结合工程建筑物梁柱、电缆竖井位置等调整间隔宽度。

在电缆出线间隔电缆出线处设置电缆隧道，隧道宽度和深度根据具体工程确定。

厂房高度按吊装元件考虑，室内净高不小于 6500mm，最大起吊重量不大于 3t。配电装置室纵向宽度净宽不小于 9000mm。根据 126kV GIS 室纵向尺寸情况，预留巡视通道不应小于 1000mm，主通道宽度宜为 2000mm～3500mm。

设备平面布置示意图详见图 85～图 88。

c）户外 HGIS

HGIS 采用架空进出线方式，间隔中心距宜选用 7.5m（双回共一跨）， 其余间隔结合工程布置情况确定。

设备平面布置示意图详见图 89～图 96。

8.4.1.3　接地要求

应包括以下内容：

a）接地方案可采用设备直接引下接地或预埋接地件。接地件由土建施工单位预埋，接地件以上的接地过渡块、接地排及安装辅材均为厂家提供。

b）每个气体隔室的壳体应互连并可靠接地，接地回路应满足短路电流的动、热稳定要求。外壳应接地。凡不属主回路或辅助回路的预定要接地的所有金属部分都应接地。外壳框架等的相互电气连接宜用紧固连接，以保证电气上连通，接地点应标以接地符号。

c）接地点的接触面和接地连线的截面积应能安全地通过故障接地电流。

d）紧固接地螺栓不少于 4 个 M12 螺栓或 2 个 M16 螺栓。接地点应标有接地符号。

e）GIS/HGIS 接地应防止外壳产生危险感应电压，应防止外壳环流造成局部过热。

8.4.1.4 安装基础

GIS/HGIS 底座建议采用焊接固定在水平预埋钢板的基础上，也可采用地脚螺栓或化学锚栓方式固定。GIS/HGIS 伸缩节要能够适应装配调整、吸收基础间的相对位移和热胀冷缩的伸缩量，GIS/HGIS 底座必须能够适应如下土建施工误差：

a） 每间隔基础预埋件水平最高和最低差不超过 2mm；

b） 间隔之间所有尺寸允许误差不超过 3mm；

c） 全部间隔所在区域尺寸允许偏差不超过 3mm；

d） 对于 GIS/HGIS 出线套管支架，其高度应能保证外绝缘体最低部位距地面不小于 2500mm

8.4.1.5 安装示意图

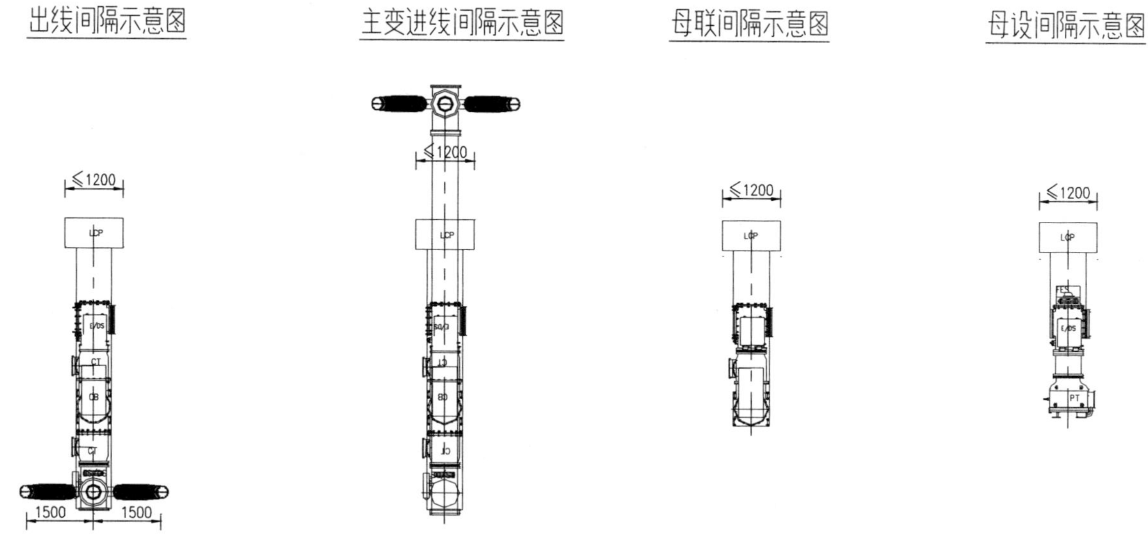

图 85 126kV GIS 户外方案设备外轮廓平面示意图（1GIS—3150/40）

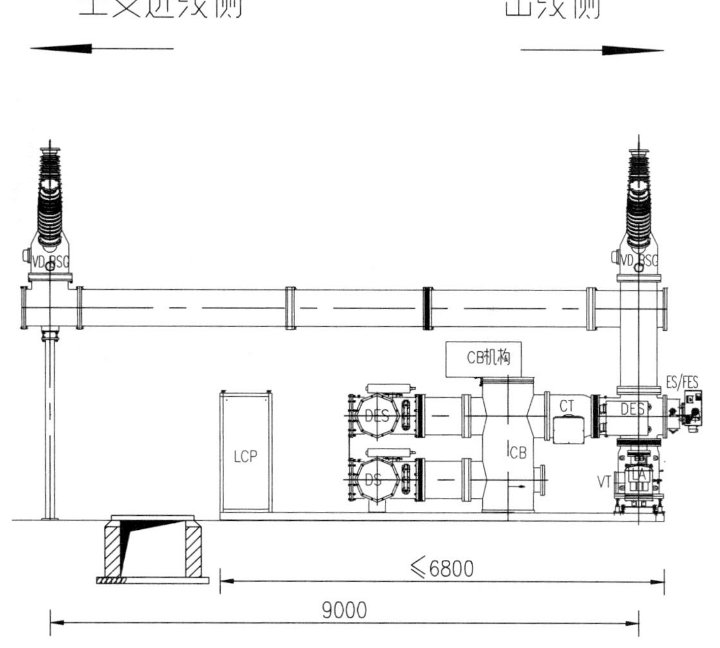

图 86 126kV GIS 户外方案设备外轮廓断面示意图（1GIS—3150/40）

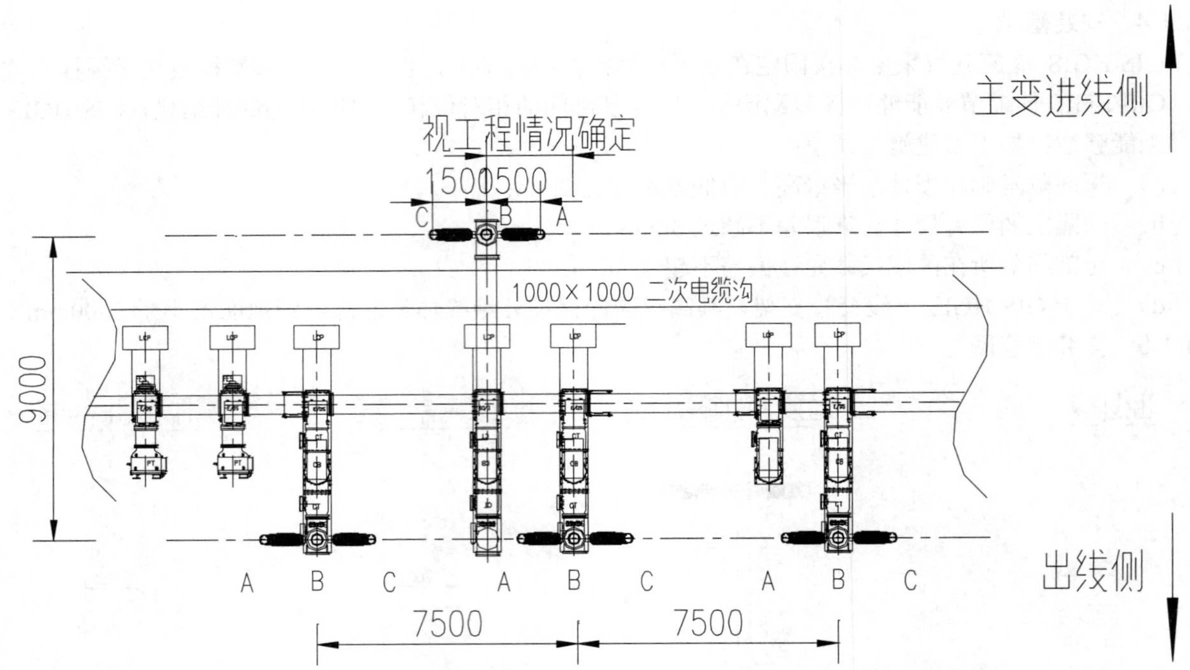

图 87 126kV 户外 GIS 方案（适用双母线接线、单母线接线）平面布置示意图（1GIS—3150/40）

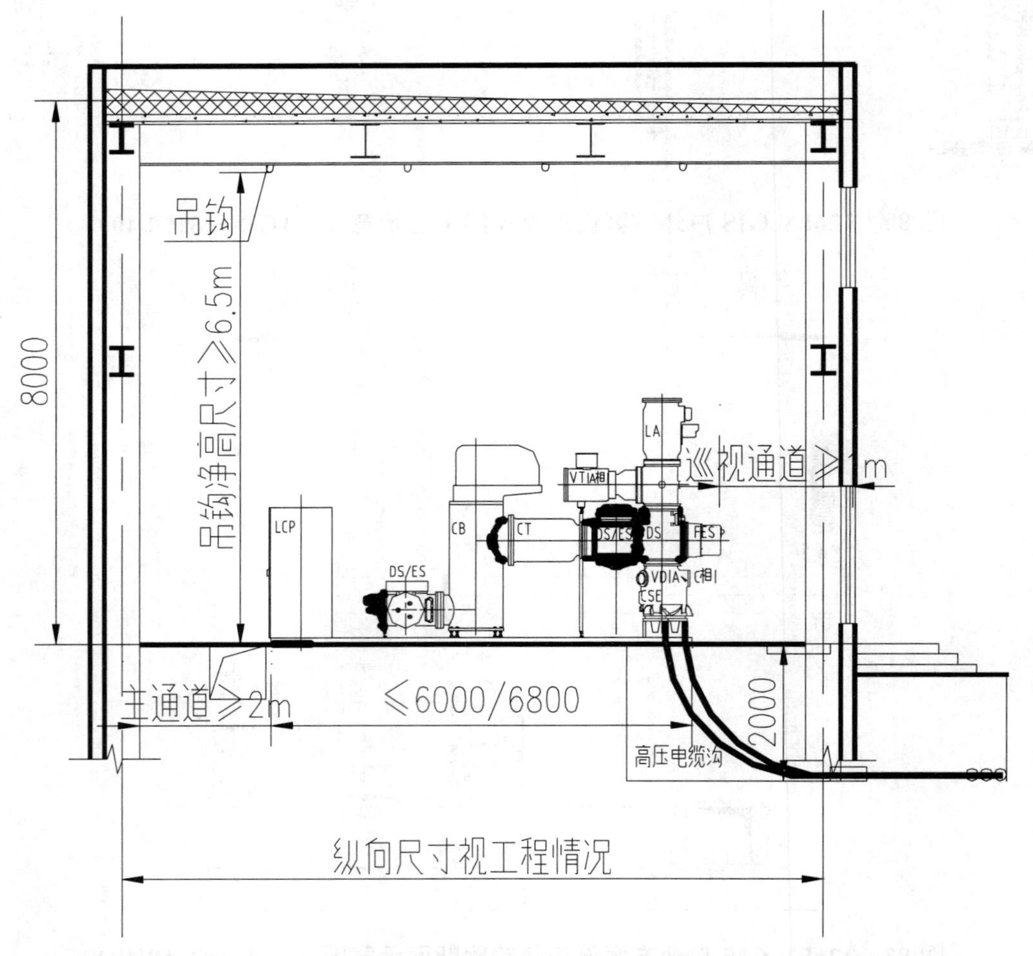

图 88 126kV GIS 户内方案设备外轮廓断面示意图（1GIS—3150/40）

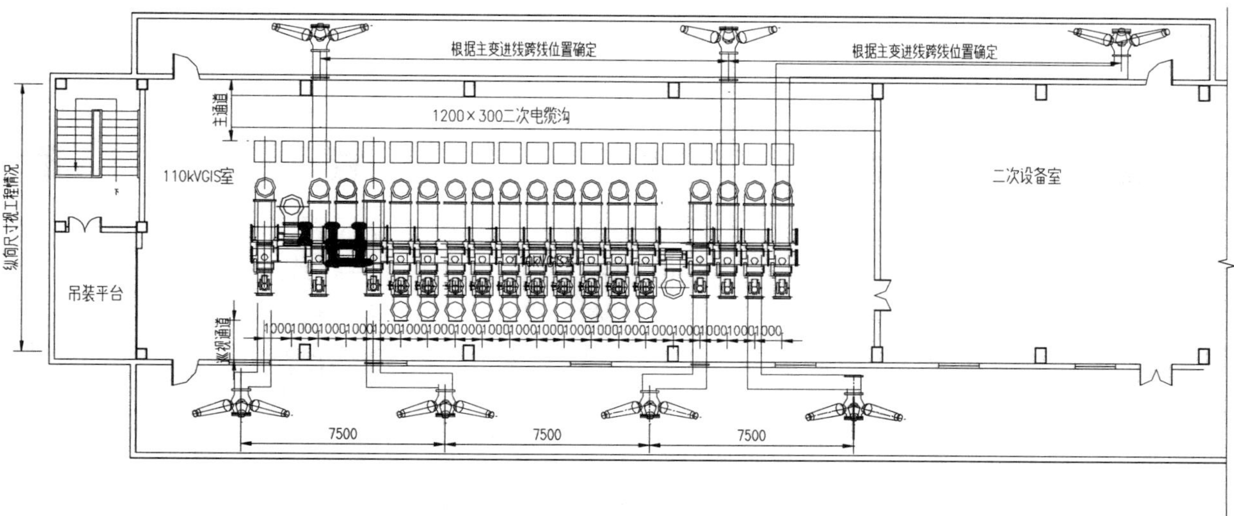

图 89 126kV 户内 GIS 方案（适用双母线接线）平面布置示意图（1GIS—3150/40）

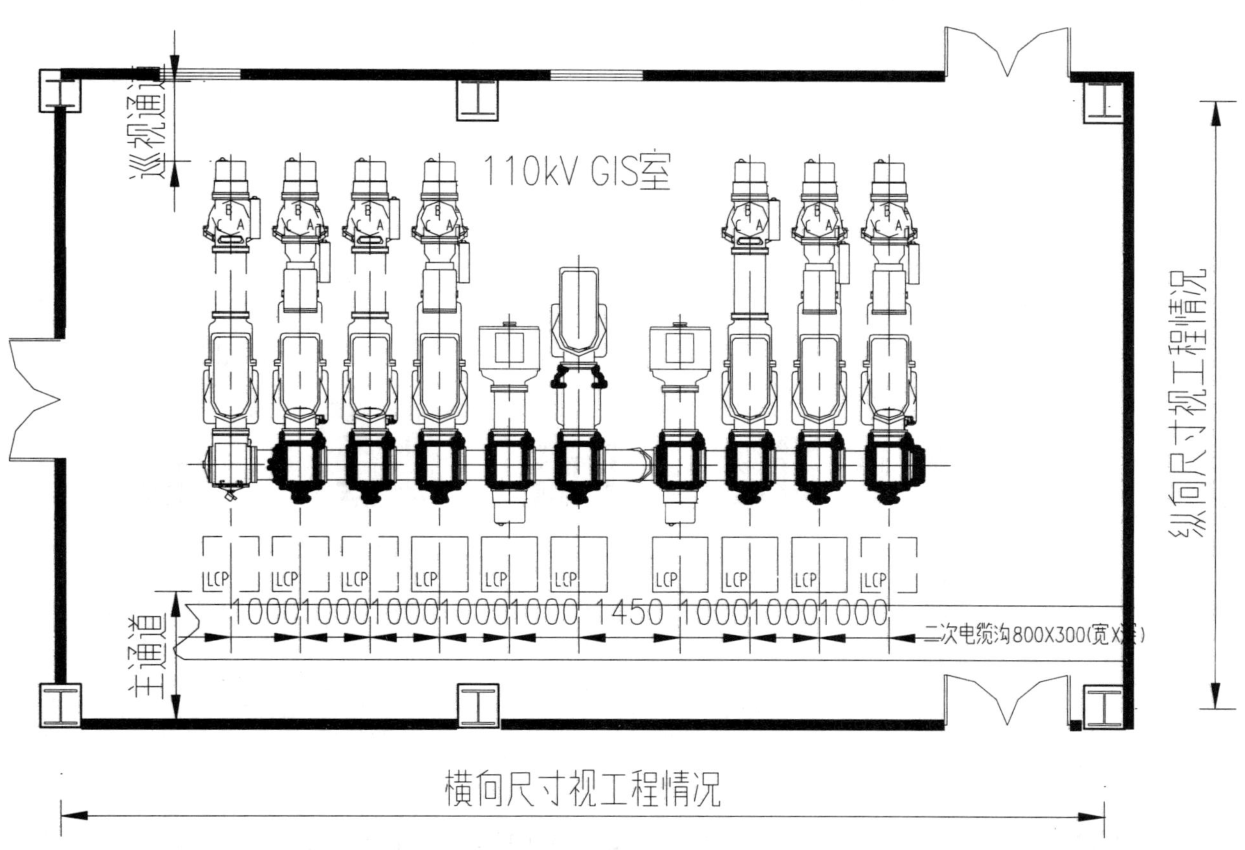

图 90 126kV 户内 GIS 方案（适用单母线接线、内桥接线）平面布置示意图（1GIS—3150/40）

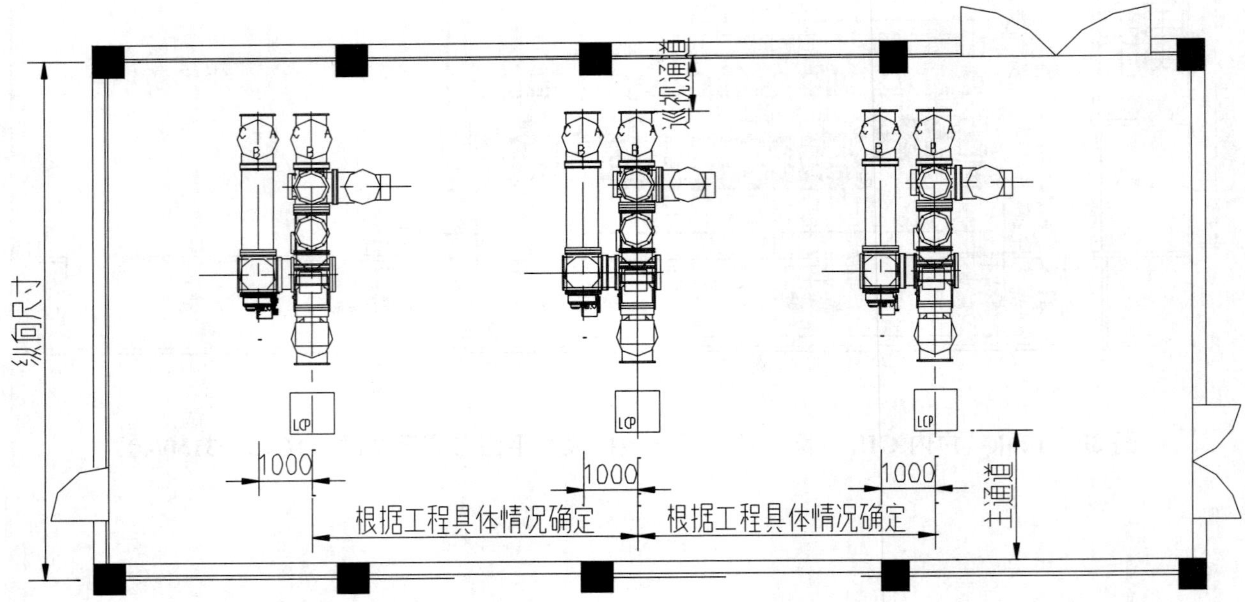

图 91　126kV 户内 GIS 方案（适用线变组接线）平面布置示意图（1GIS—3150/40）

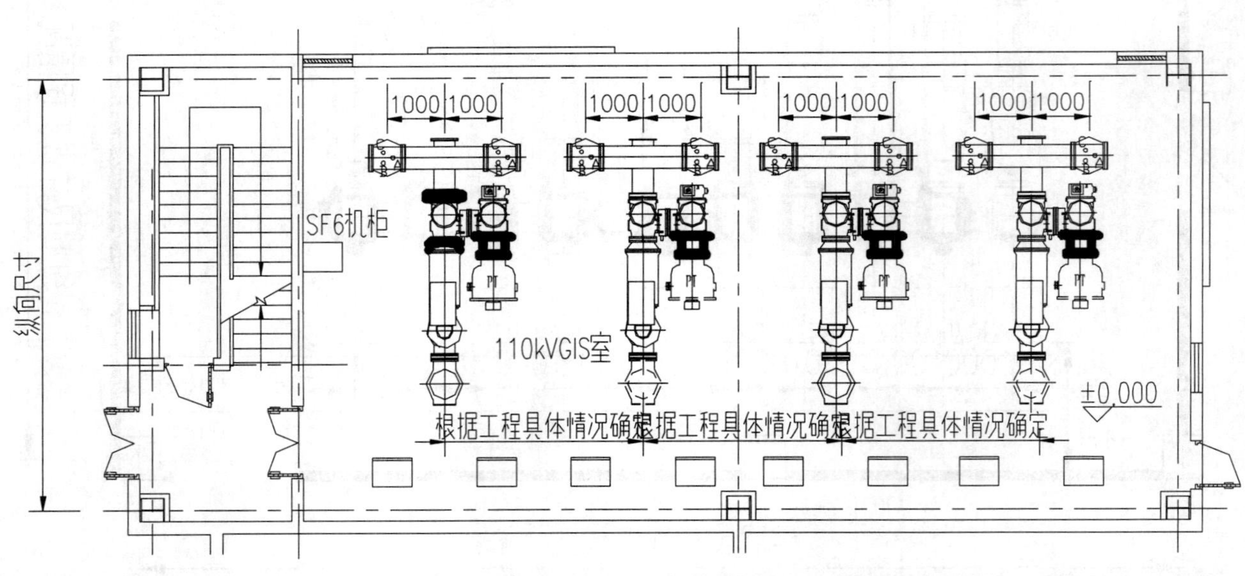

图 92　126kV 户内 GIS 方案（适用环入环出支接变压器组接线）平面布置示意图（1GIS—3150/40）

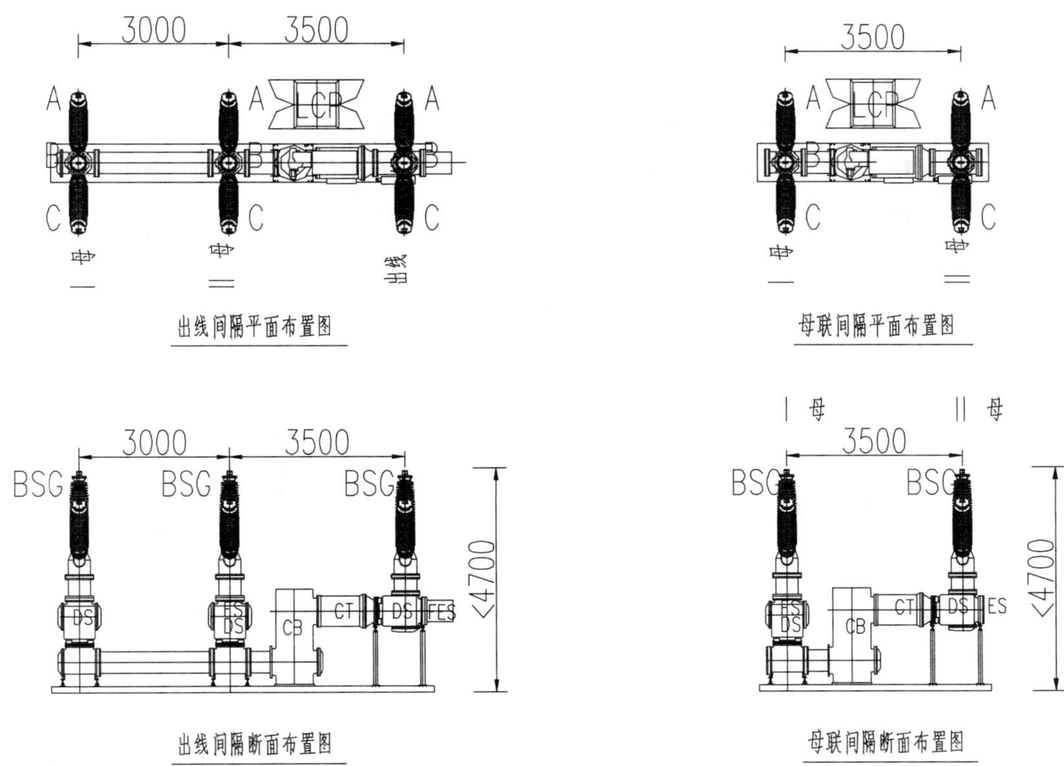

图 93　**126kV** 户外 **HGIS** 设备外廓平断面示意图（双母线）（**1HGIS—3150/40**）

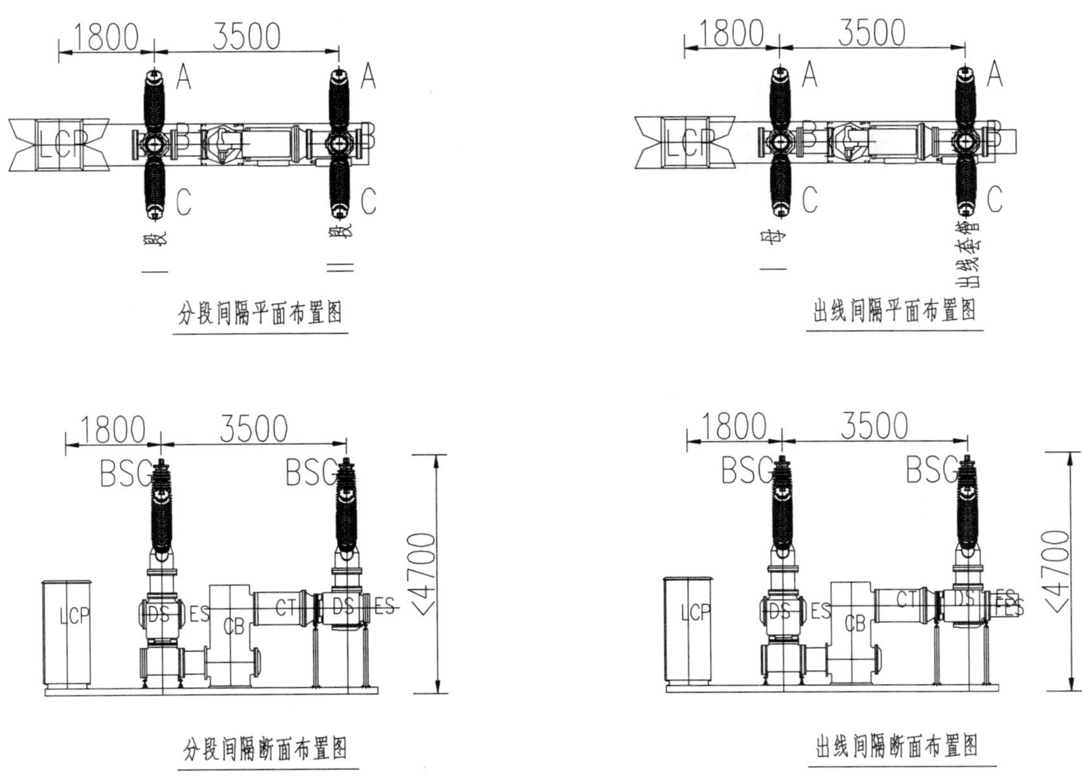

图 94　**126kV** 户外 **HGIS** 设备外廓平断面示意图（单母线）（**1HGIS—3150/40**）

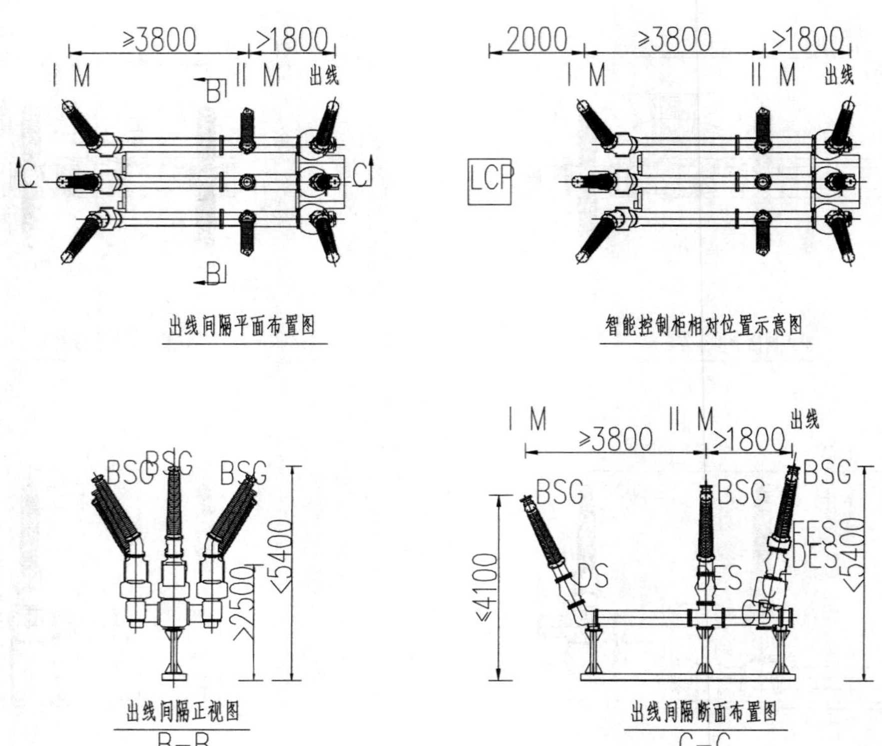

图 95　126kV 户外 HGIS（T）出线间隔设备外廓平断面示意图（双母线）（1HGIS—3150/40）

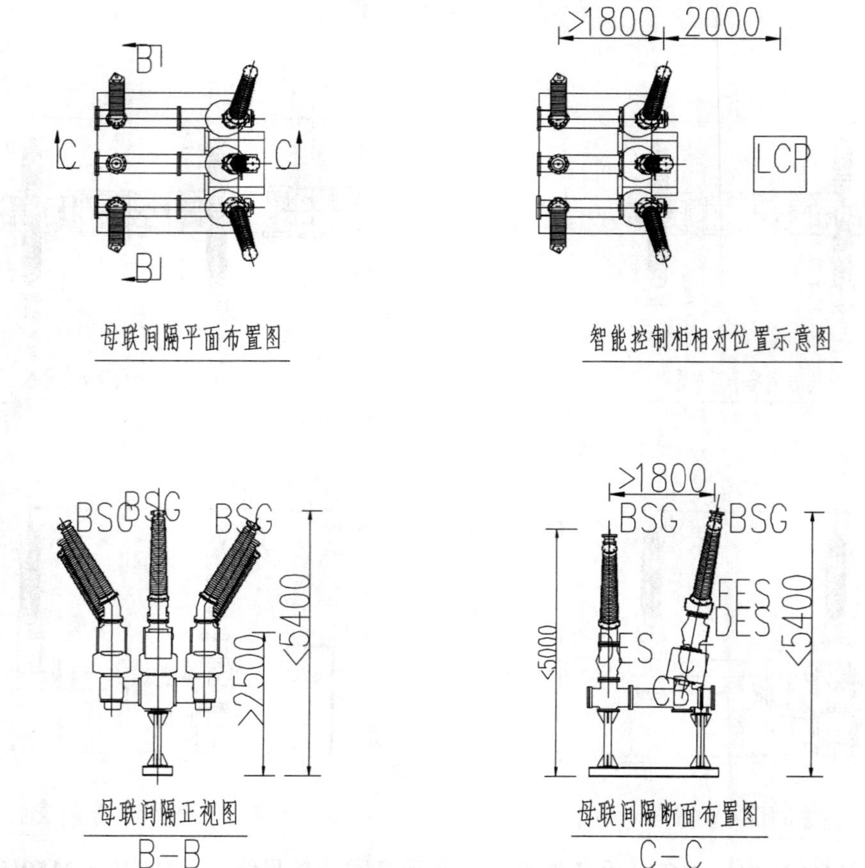

图 96　126kV 户外 HGIS（T）母联间隔设备外廓平断面示意图（双母线）（1HGIS—3150/40）

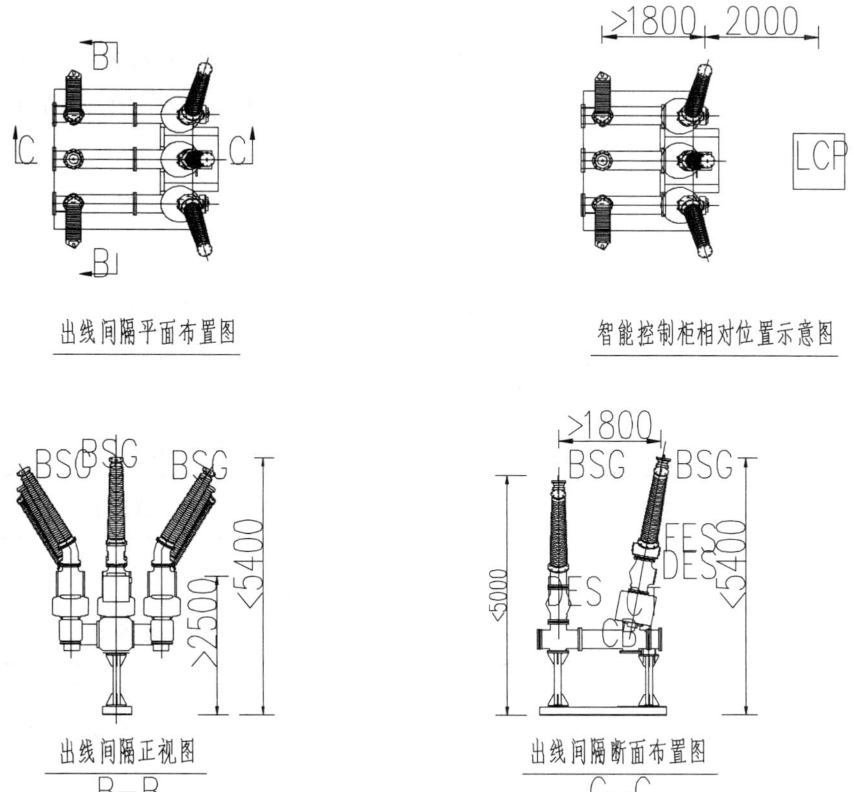

图 97　126kV 户外 HGIS（T）出线间隔设备外廓平断面示意图（单母线）（1HGIS—3150/40）

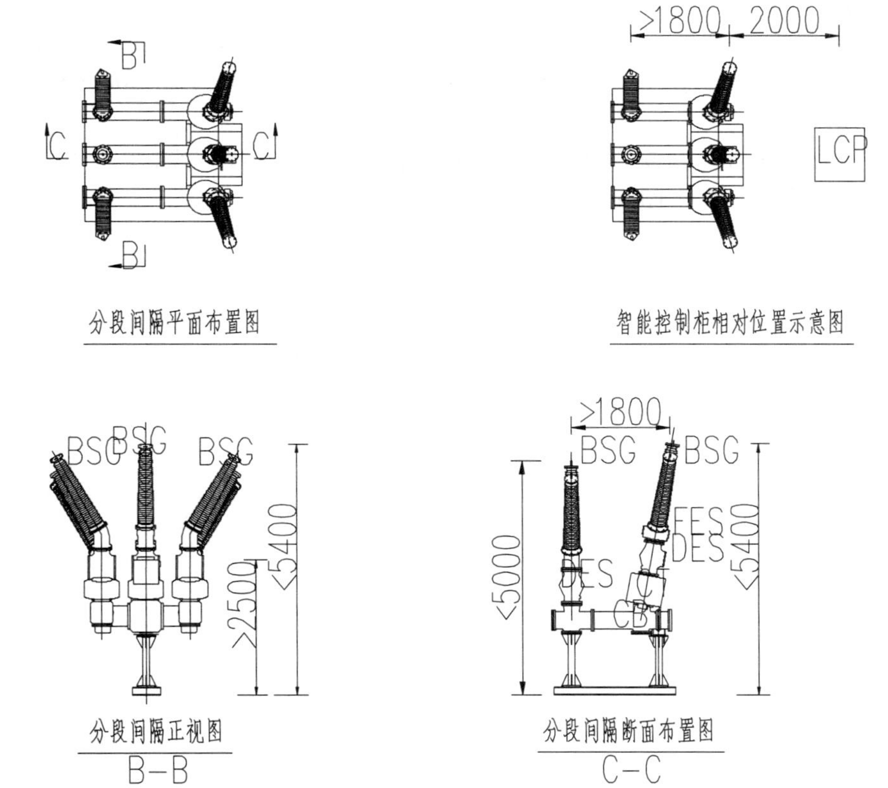

图 98　126kV 户外 HGIS（T）分段间隔设备外廓平断面示意图（单母线）（1HGIS—3150/40）

8.4.2 二次接口

根据一次设备的布置方案，电气二次接口从智能控制柜尺寸及设备布置、二次回路技术要求、电气二次安装接口技术要求、对外端子排接口、光回路接口及虚端子等六个方面进行了统一，共形成 1 个接口。

8.4.2.1 智能控制柜

应包括以下内容：

a） 技术参数及技术条件

智能控制柜技术参数及技术条件详见 Q/GDW 1430—2015《智能控制柜技术规范》。

b） 柜内设备布置原则

智能控制柜宜采用就地布置，柜内元器件布置顺序见表 15。

表 15 屏（柜）正面元器件从上往下布置优先级顺序表

从上往下顺序	元器件名称
1	智能终端
2	光纤配线架

注：1. 具体组柜时，应根据具体屏（柜）所需布置的装置类型，按照本表的优先级顺序从上往下依次排列布置。
2. 屏（柜）上安装的最高设备的中心线离屏（柜）顶为 200mm；最低设备的中心线离柜底不低于 350mm。

合并单元、智能终端、合并单元智能终端集成装置通用技术条件详见《国家电网公司输变电工程智能变电站通用设备（二次设备）》第 16 篇～18 篇。

c） 柜体尺寸要求

户内智能控制柜尺寸为 800mm（宽度）×800mm（深度）×2200mm（高度）；户外智能控制柜尺寸为 1000mm（宽度）×900mm（深度）×2000mm（高度）或 1200mm（宽度）×900mm（深度）×2000mm（高度）两种规格。

智能控制柜柜面布置图详见图 99～图 106，110kV 采用模拟量采样方式时，110kV 线路、母联、主变间隔智能控制柜柜面布置图参考图 99～图 104。

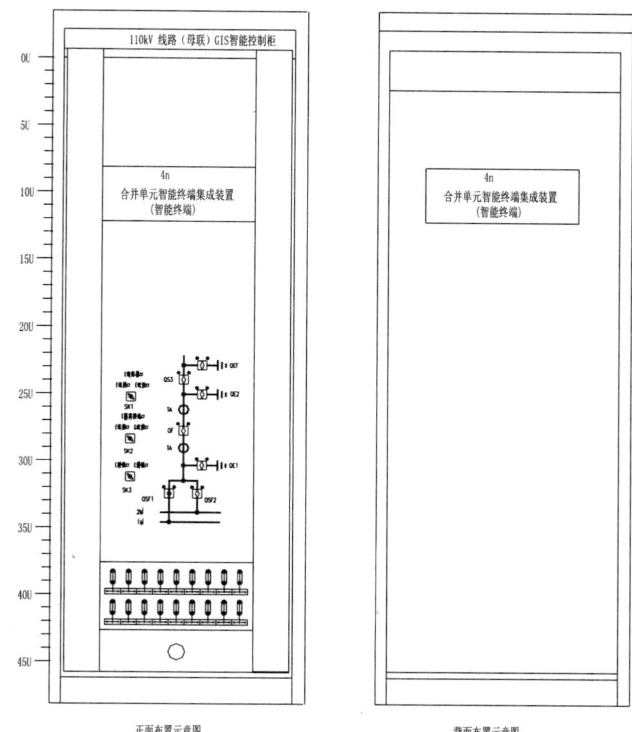

图 99 智能控制柜典型布置图 1（线路、母联间隔，户外，数字量采样）（通用设备编号 1GIS—3150/40、1HGIS—3150/40）

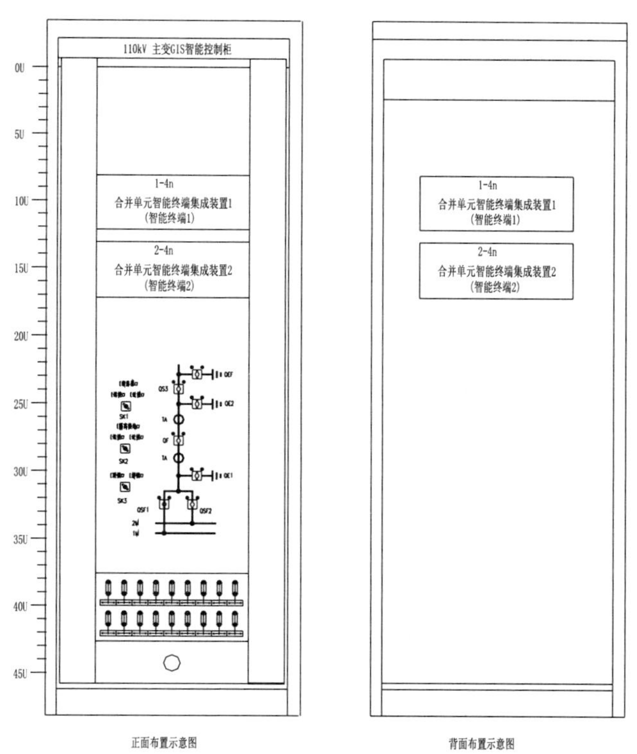

图 100 智能控制柜典型布置图 2（主变间隔，户外，数字量采样）（通用设备编号 1GIS—3150/40、1HGIS—3150/40）

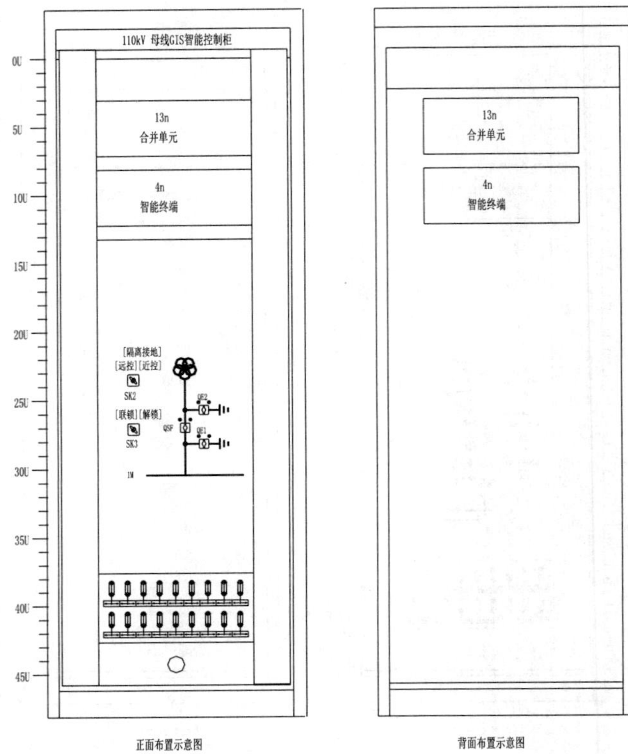

图 101　智能控制柜典型布置图 3（母线间隔，户外，数字量采样）
（通用设备编号 1GIS—3150/40、1HGIS—3150/40）

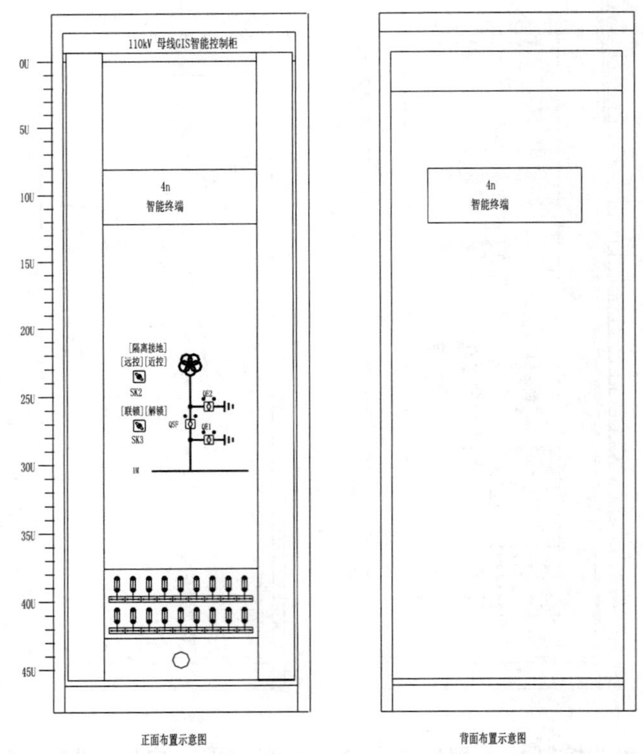

图 102　智能控制柜典型布置图 4（母线间隔，户外，模拟量采样）
（通用设备编号 1GIS—3150/40、1HGIS—3150/40）

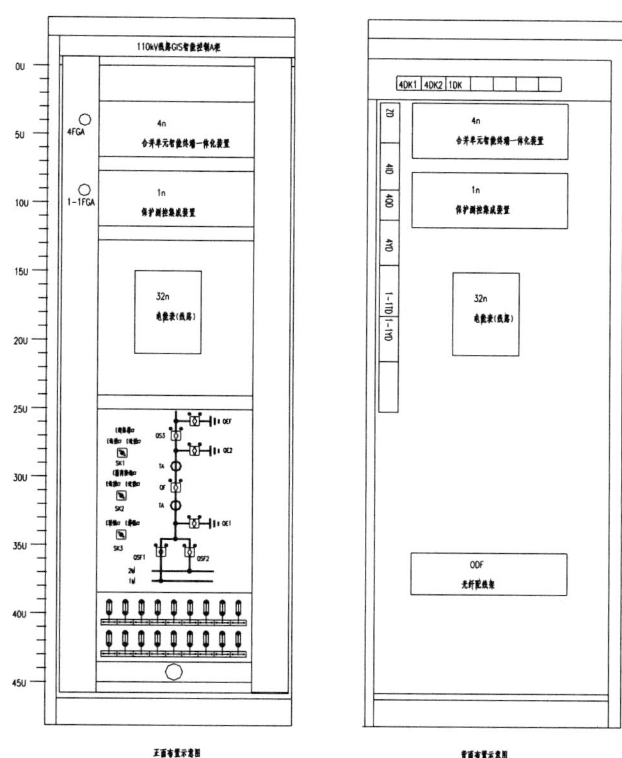

图 103　智能控制柜典型布置图 5（线路、母联间隔，户内，数字量采样）
（通用设备编号 1GIS—3150/40、1HGIS—3150/40）

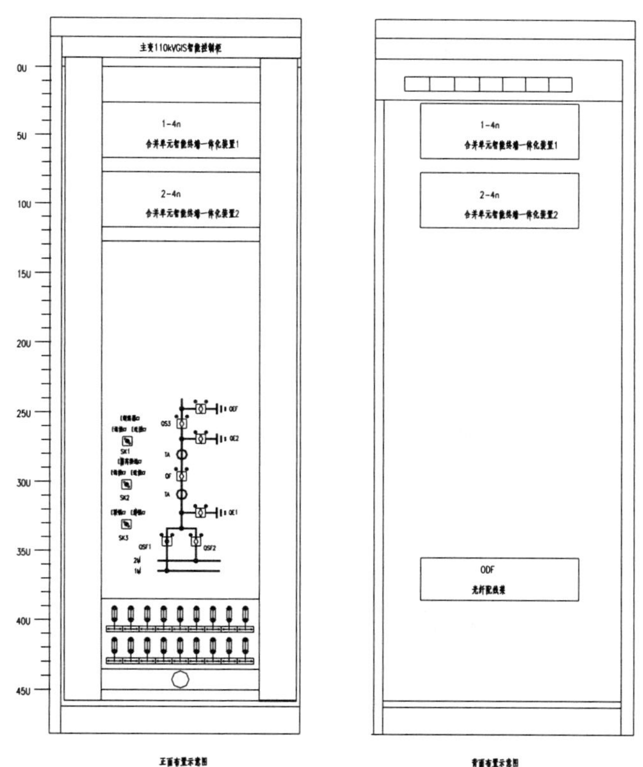

图 104　智能控制柜典型布置图 6（主变间隔，户内，数字量采样）
（通用设备编号 1GIS—3150/40、1HGIS—3150/40）

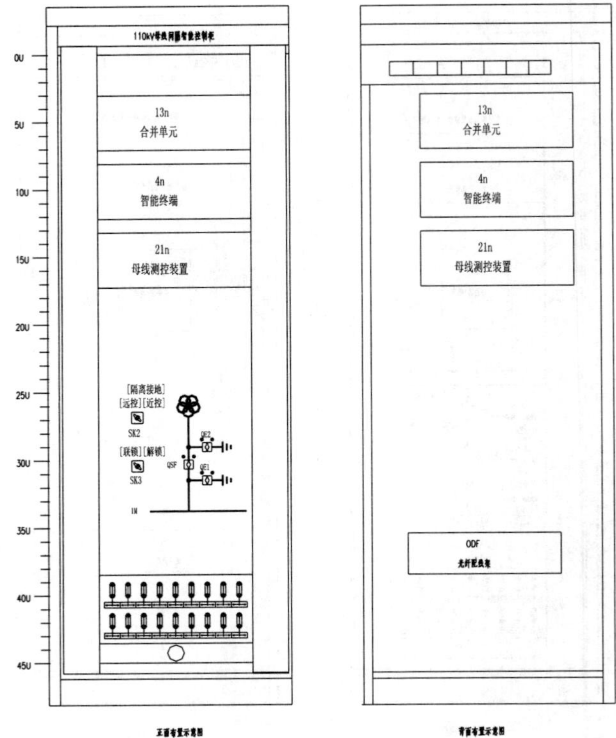

图 105　智能控制柜典型布置图 7（母线间隔，户内，数字量采样）
（通用设备编号 1GIS—3150/40、1HGIS—3150/40）

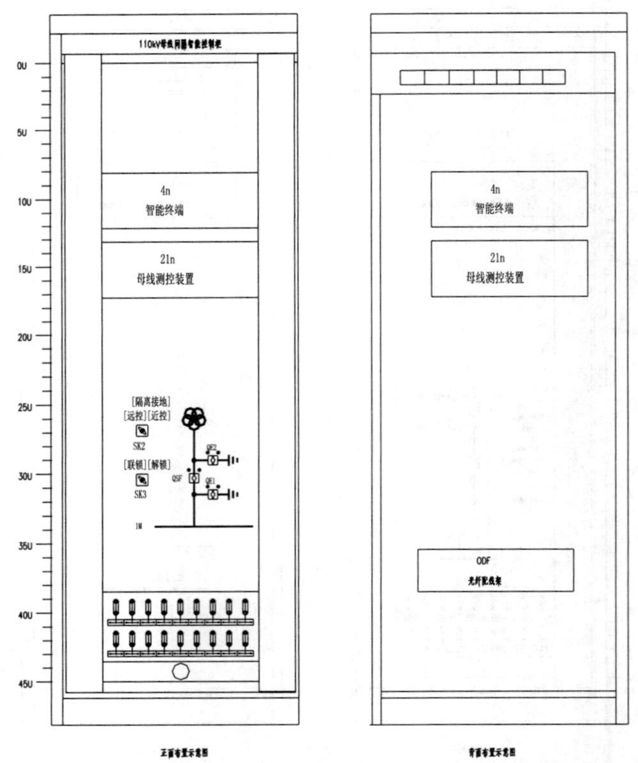

图 106　智能控制柜典型布置图 8（母线间隔，户内，模拟量采样）
（通用设备编号 1GIS—3150/40、1HGIS—3150/40）

d） 端子排

根据通用互换的原则，汇控柜端子排按不同功能进行划分，端子排布置应考虑各插件的位置，避免接线相互交叉。端子排列应符合标准，正、负极之间应有间隔，断路器的跳闸和合闸回路、直流（+）电源和跳合闸回路不能接在相邻端子上，端子排应编号。

智能控制柜内的端子排按照“功能分段”的原则分别设置：交流回路、直流回路，TA 回路，TV 回路，断路器控制及遥信回路，隔离、接地开关控制及遥信回路，辅助触点及报警回路等。

本节对 GIS、HGIS 智能控制柜对外接线端子排接口进行了统一，具体详见图 107～图 112，合并单元、智能终端、合并单元智能终端集成装置相关端子排详见《国家电网公司智能变电站通用设备（二次设备）》（2012 年版）第 16～18 篇。

1）电流互感器部分端子排

图 107 为采用模拟量采样方式下的 126kV GIS/HGIS 电流互感器端子排，该图中电流互感器端子排示意图 1 适用于 330kV 变电站主变 110kV 侧间隔，电流互感器端子排示意图 2 适用于 330kV 变电站 110kV 线路、母联（分段）间隔。

图 108 为采用数字量采样方式下的 126kV GIS 电流互感器端子排，适用于极寒地区等将合并单元在室内组柜安装时的汇控柜的对外接口，其中电流互感器端子排示意图 3 适用于 220kV 及以下电压等级主变 110kV 侧间隔，电流互感器端子排示意图 4 适用于 110kV 线路、母联（分段）间隔。

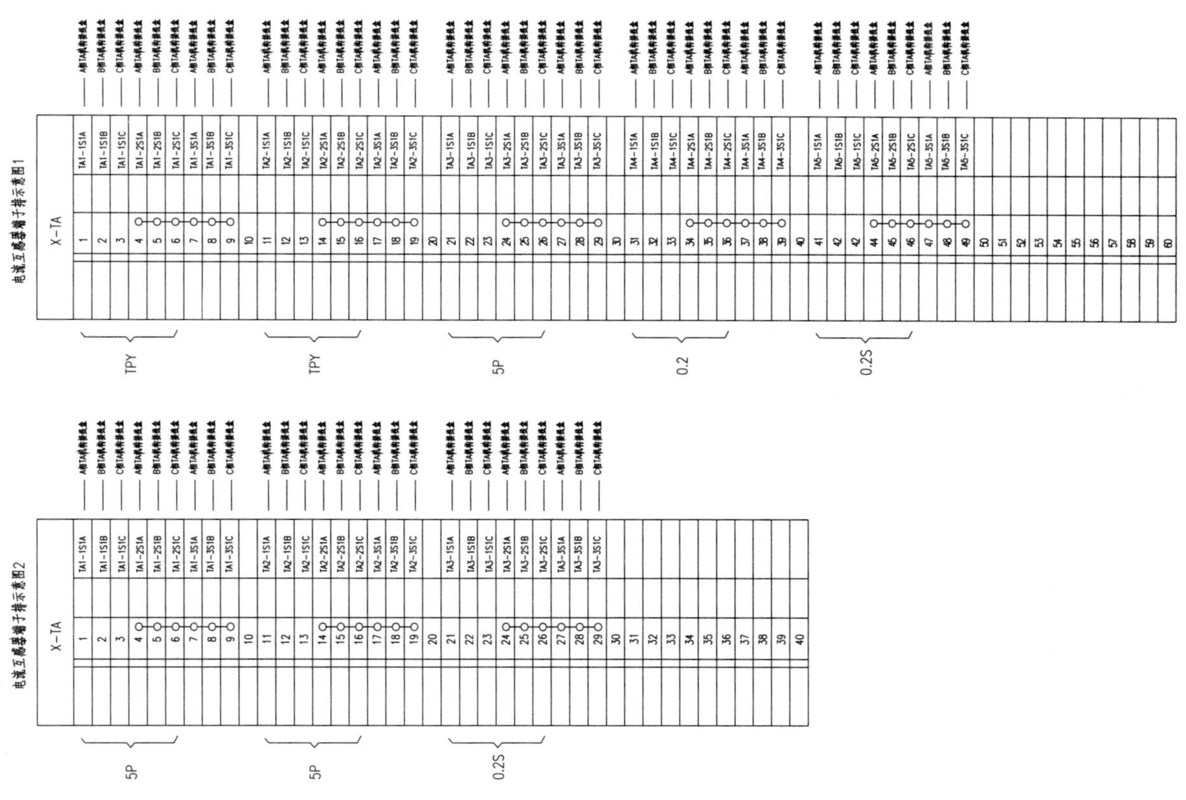

图 107 模拟量采样方式下的电流互感器 TA 回路端子接口图
（通用设备编号 1GIS—3150/40、1HGIS—3150/40）

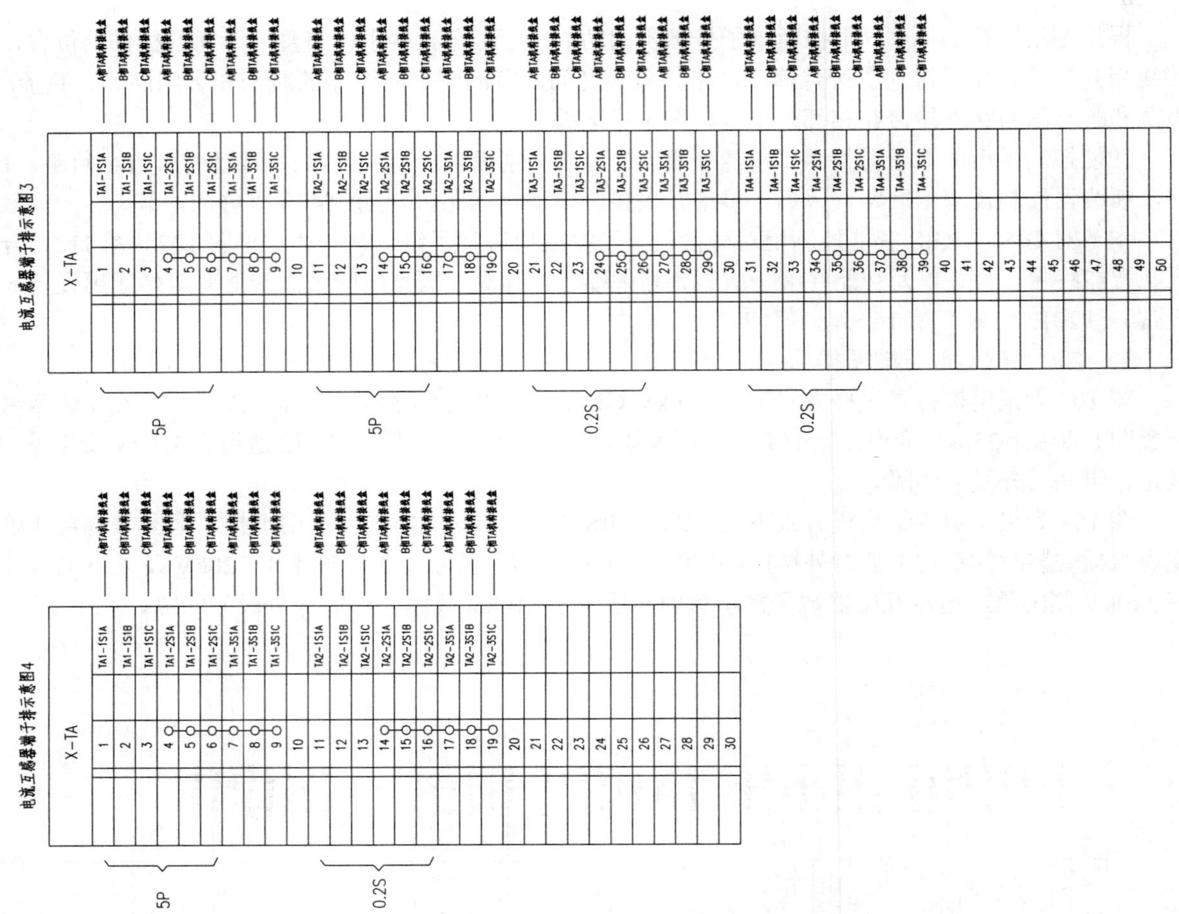

图 108　数字量采样方式下的电流互感器 TA 回路端子接口图
（通用设备编号 1GIS—3150/40、1HGIS—3150/40）

2）电压互感器部分端子排

图 109 所示端子排接口图适用于采用模拟量采样方式及极寒地区等合并单元组柜安装于室内时的 GIS 母线及线路间隔电压互感器。

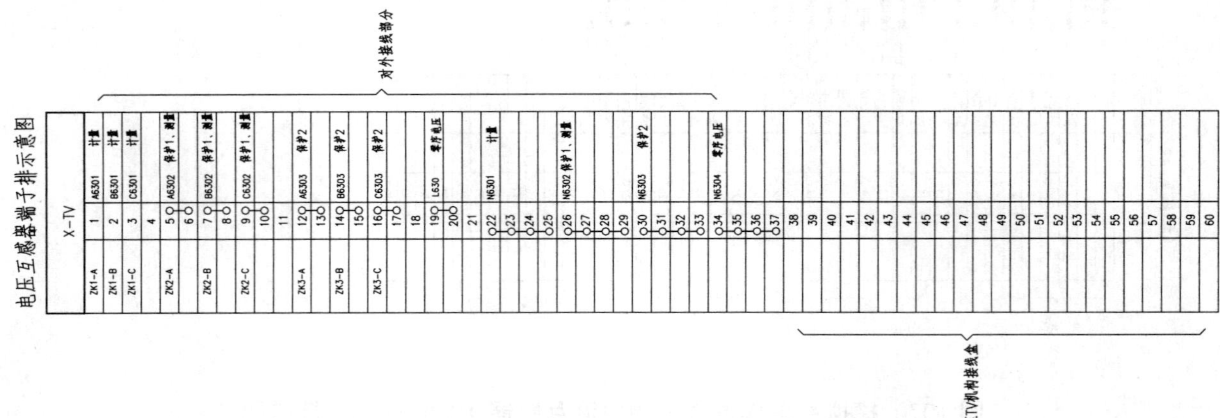

图 109　电压互感器 TV 回路端子接口图（通用设备编号 1GIS—3150/40、1HGIS—3150/40）

3） 交直流电源端子排

图 110 所示端子排接口图适用于断路器间隔，主变间隔按两路总交流进线、两路总直流进线设置，其他间隔按两路总交流进线、一路总直流进线设置。

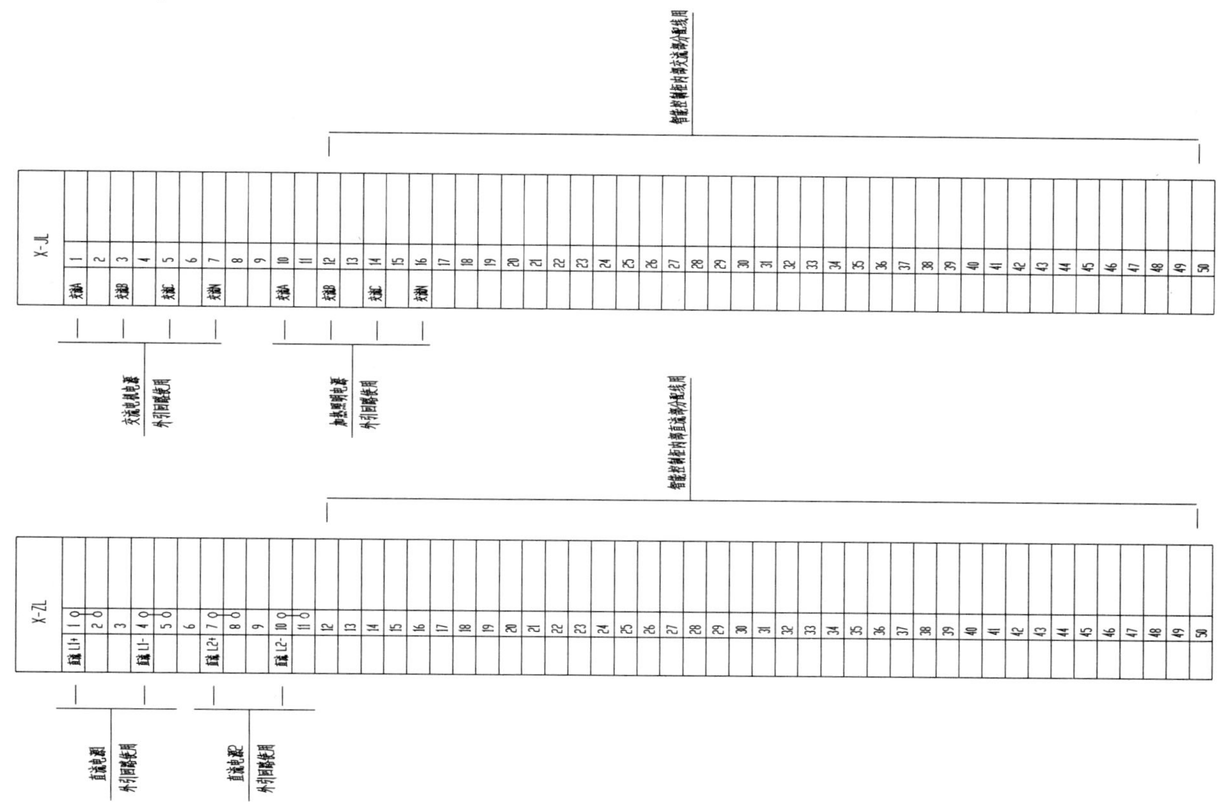

图 110 交直流电源端子接口图（通用设备编号 1GIS—3150/40、1HGIS—3150/40）

4）断路器、隔离开关、接地开关控制及信号端子排

图 111、图 112 所示端子排接口图适用于极寒地区等智能终端组柜安装于室内时的汇控柜的对外接口。

e） 光回路标准接口

双套保护的 SV 采样、GOOSE 跳闸控制回路等需要增强可靠性的两套系统，应采用各自独立的光缆及光纤插接盒。

126kV GIS/HGIS 断路器间隔（主变间隔除外）配置单套免熔接光纤插接盒，每套接口数量不宜小于 24 口；主变间隔配置双套免熔接光纤插接盒，每套接口数量不宜小于 24 口；126kV GIS/HGIS 母线间隔配置单套免熔接光纤插接盒，接口数量不宜小于 72 口。

f） 虚端子

合并单元虚端子图详见《国家电网公司智能变电站通用设备（二次设备）》（2012 年版）第 16 篇。

智能终端虚端子图详见《国家电网公司智能变电站通用设备（二次设备）》（2012 年版）第 17 篇。

合并单元智能终端集成装置虚端子图详见《国家电网公司智能变电站通用设备（二次设备）》（2012 年版）第 18 篇。

告警回路

智能控制柜
智能终端使用

X-GJ			
监控系统+	1		
	2		
	3		
	4		
	5		
	6		
	7		
	8		
	9		
	10		
	11		
	12		断路器气室低气压报警
	13		断路器气室低气压闭锁
	14		其它气室低气压报警
	15		弹簧未储能
	16		联锁解除
	17		报警回路电源失电
	18		照明、加热回路电源断电信号
	19		控制电源断电信号
	20		断路器电机运转
	21		断路器电机电源故障
	22		验电器无电信号
	23		断路器就地操作信号
	24		隔离开关就地操作信号
	25		接地开关就地操作信号
	26		备用
	27		备用
	28		备用
	29		备用
	30		备用
	31		备用
	32		备用
	33		备用
	34		备用
	35		备用
	36		备用
	37		备用
	38		备用
	39		备用
	40		备用
	41		备用
	42		备用
	42		备用
	44		备用
	45		备用
	46		备用
	47		备用
	48		备用
	49		备用
	50		备用

图 111　告警回路端子排接口图（通用设备编号 1GIS—3150/40、1HGIS—3150/40）

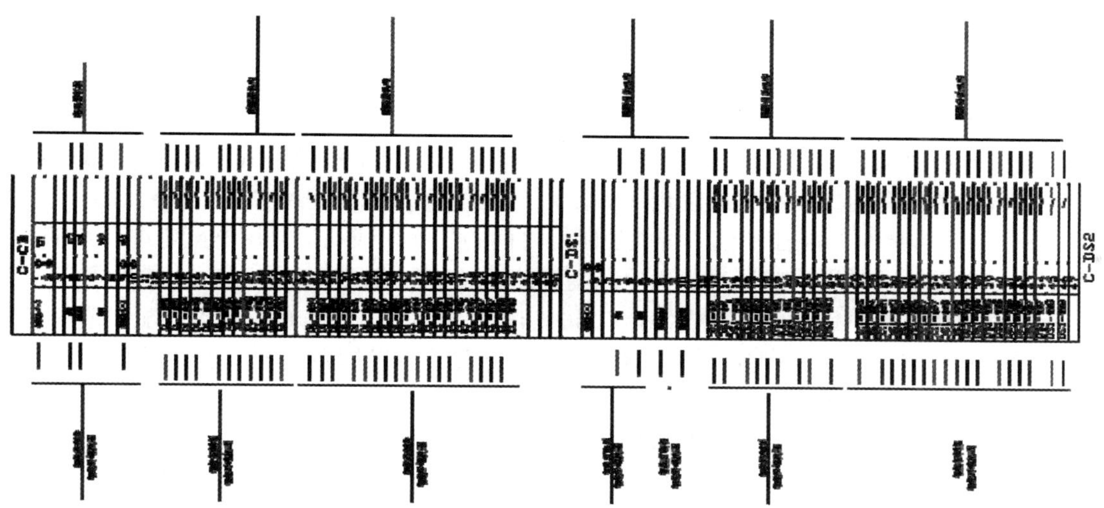

图 112　断路器、隔离开关二次回路端子排接口图
（通用设备编号 1GIS—3150/40、1HGIS—3150/40）

8.4.2.2　二次回路部分技术要求

应包括以下内容：

a） 断路器应能实现三相电气联动操作。

b） 断路器、隔离开关、接地开关均应能实现远方和就地操作，远方和就地之间应能切换。断路器的远方/就地切换开关应单独配置。远方/就地切换开关应配置辅助触点，两组常开、两组常闭，并引至端子排。

c） 断路器操动机构应配置内部电气防跳回路。近控、远控时均应通过断路器内部的防跳回路实现防跳功能。

d） 断路器应能实现 SF_6 压力低报警及闭锁功能。报警及闭锁功能应分别提供两组完全独立的接点，其中压力低闭锁时每组各提供一副接点供用户使用。

e） 液压机构应能实现压力异常报警及闭锁功能，应能提供两组完全独立的压力低闭锁接点，且每组应至少各提供一副接点供用户使用。弹簧机构应能实现未储能闭锁合闸功能，还需提供至少两副接点供用户使用。

f） 断路器应提供监视分合闸回路完好性的对外接口。

g） 应具备完善的“五防”操作闭锁功能，符合国家相关的规程规范和标准要求。闭锁回路应留有接口以方便外部闭锁接点的引入。

h） 断路器、隔离开关、接地开关操作机构电动机电源以及隔离开关、接地开关的控制电源采用交流供电。加热及照明电源均匀分布在交流电源各相上。加热器、照明、操作及储能电源开关应独立设置。

i） GIS/HGIS 的断路器控制及就地信号电源均采用直流供电。

j） 除用于控制和其他辅助功能所需的辅助触点之外，每台断路器、隔离开关、接地开关应提供足够的辅助触点供用户使用，这些辅助触点均应是电气上独立的，并应引至端子排。

k） 同一间隔内的多台隔离开关、接地开关的电机电源，在汇控柜内必须分别设置独立的开断设备。

l） 交、直流回路不应共用同一根电缆，两套跳闸回路不应共用同一根电缆；控制和动力回路不应共用同一根电缆。

m） 时间继电器不应选用气囊式时间继电器。

n） 断路器分闸回路不应采用 RC 加速设计。

o） 隔离开关（接地开关）在电机回路失电时，控制回路不应自保持。

8.4.2.3 电气二次安装接口技术要求

应包括以下内容：

a） GIS/HGIS 的智能控制柜应按断路器间隔进行配置，每个断路器间隔配置 1 面智能控制柜。

b） 智能控制柜为前后开门。智能控制柜内应设有横向及竖向导线槽，所有设备安装的位置都应方便外部电缆从智能控制柜的底部进入。

c） GIS/HGIS 本体至智能控制柜、智能控制柜之间的二次缆线均应采用屏蔽电缆。该部分缆线由制造厂提供，且制造厂应同时提供电缆明细清册及其敷设要求。

d） 应提供金属配线槽以便于固定电缆，GIS/HGIS 本体上的二次缆线应敷设在配线槽内。

e） 智能控制柜端子排的一侧为气体绝缘金属封闭开关设备机构到 GIS 端子排的接线，另一侧为 GIS 端子排到智能终端/合并单元背板的接线。

f） 端子采用压接型端子，额定值为 1000V、10A，工频耐受电压为 2000V。TA 二次回路应提供标准的试验端子，便于断开或短接各装置的输入与输出回路；对所有装置的跳闸出口回路应提供各回路分别操作的试验部件或连接片，以便于必要时解除其出口回路。一个端子只允许接入一根导线。端子排间应有足够的绝缘，端子排应根据功能分段排列，并应至少留有 10%的备用端子，且可在必要时再增加。

g） 智能控制柜上跳合闸回路应采用能接 $4mm^2$ 截面电缆芯的端子，并且要求跳、合闸端子之间应有端子隔开。智能控制柜上电源回路应采用能接 $6mm^2$ 截面电缆芯的端子，并且要求正、负极之间应有端子隔开。TA 和 TV 回路应采用能压接 $6mm^2$ 截面电缆芯的端子。

h） 智能控制柜体内部下方应设置二次接地专用铜排，截面不小于 $100mm^2$，接地端子为压接型。GIS/HGIS 电气设备本体与智能控制柜之间宜采用标准预制电缆连接，预制电缆可采用单端或双端预制型式。

i） 智能控制柜至保护室、智能控制柜之间宜采用标准预制光缆连接，预制光缆择宜采用双端预制型式。

8.4.3 土建接口

126kV GIS、HGIS 土建接口从设备墩台基础预留插筋范围、户外进（出）线间隔套管基础间距、户内设备楼板结构层埋件等方面进行了分类统一，并根据电气布置形式的不同共形成 6 种电气接口。其中接口 1 对应户外 GIS 方案，接口 2 对应 HGIS（双母线）方案，接口 3 对应 HGIS（单母线）方案，接口 4 对应 HGIS（T）（双母线）方案，接口 5 对应 HGIS（T）（单母线）方案，接口 6 对应户内 GIS 布置方案。

户外设备土建接口统一了设备墩台基础预留插筋范围和户外进（出）线间隔套管基础间距。设备墩台基础中心线与进出线套管基础中心线间距根据电气布置方案确定。大板基础根据不同设计条件确定，图中大板轮廓仅为示意。

户内设备土建接口统一了楼板结构层上一次埋件，待设备资料确认后根据设备资料在一次埋件上焊接槽钢或者工字钢。室内高压电力电缆洞口尺寸统一为 800mm（长）×800mm（宽）。

户内智能控制柜尺寸为 800mm（宽度）×800mm（深度）×2200mm（高度）；户外智能控制柜尺寸为 1000mm（宽度）×900mm（深度）×2000mm（高度）或 1200mm（宽度）×900mm（深度）×2000mm（高度）两种规格。

户外方案高海拔修正详见 8.4 节高海拔修正。

8.4.3.1 户外设备

应包括以下内容：

a） 户外 GIS 基础

GIS 布置时，应根据外部条件要求，整体规划整个 GIS 间隔的合理组合，结合通用设计方案开展施工图设计。户外布置包括场地上的建、构筑物、留孔槽、接地装置及主电缆沟等。

布置户外 GIS 间隔的位置应根据进出线位置和总体布置设想确定，土建设置整体大板基础，大板基础位于地面以下，大板基础预留插筋（或植筋）。设备基础待设备资料确认后根据设备资料制作，二次浇筑上部基础混凝土。每个基础面预留钢筋区域的尺寸为 1500mm×7000mm。具体见示意图 113。

b） 户外 HGIS 基础

根据 126kV HGIS 的特点，通用基础按照三相 HGIS 的大板基础整体设计，大板基础位于地面以下，大板基础预留插筋（或植筋）。设备基础待设备资料确认后根据设备资料制作，二次浇筑上部基础混凝土。插筋范围具体见示意图 114～图 117。

8.4.3.2 户内设备

GIS 布置时，应根据外部条件要求，整体规划整个 GIS 间隔的合理组合，结合通用设计方案和 GIS 所在综合楼的整体要求，开展施工图设计。户内布置包括建、构筑物的基本结构、户内 GIS 专用预留孔槽的布置等。

布置户内 GIS 间隔的位置应根据进出线位置和总体布置设想确定。土建在楼板的结构层上设置一次埋件（长度 7m），待设备资料确认后根据设备资料在一次埋件上焊接校平用的槽钢或者工字钢，焊接完成后再在楼板上浇筑二次轻质混凝土面层。安装时将带钢结构基础底座的 GIS 设备放置到经校平整后的槽钢或者工字钢上与预留埋件焊接。室内高压电力电缆洞口尺寸为 800mm（长）×800mm（宽）。

施工先后浇筑顺序及埋件平断面图见图 118 和图 119。

8.4.3.3 智能控制柜（汇控柜）基础

户内智能控制柜尺寸为 800mm（宽度）×800mm（深度）×2200mm（高度）；户外智能控制柜尺寸为 1000mm（宽度）×900mm（深度）×2000mm（高度）或 1200mm（宽度）×900mm（深度）×2000mm（高度）两种规格。当智能控制柜（汇控柜）不在 GIS 本体上时，下部利用 GIS 整体筏板基础，在整体筏板基础内预留插筋，智能控制柜（汇控柜）基础二次浇注。基础表面平整度误差应不大于 2mm。智能控制柜（汇控柜）与电缆沟之间设置电缆支沟或埋管。

智能控制柜（汇控柜）基础示意图见图 120。

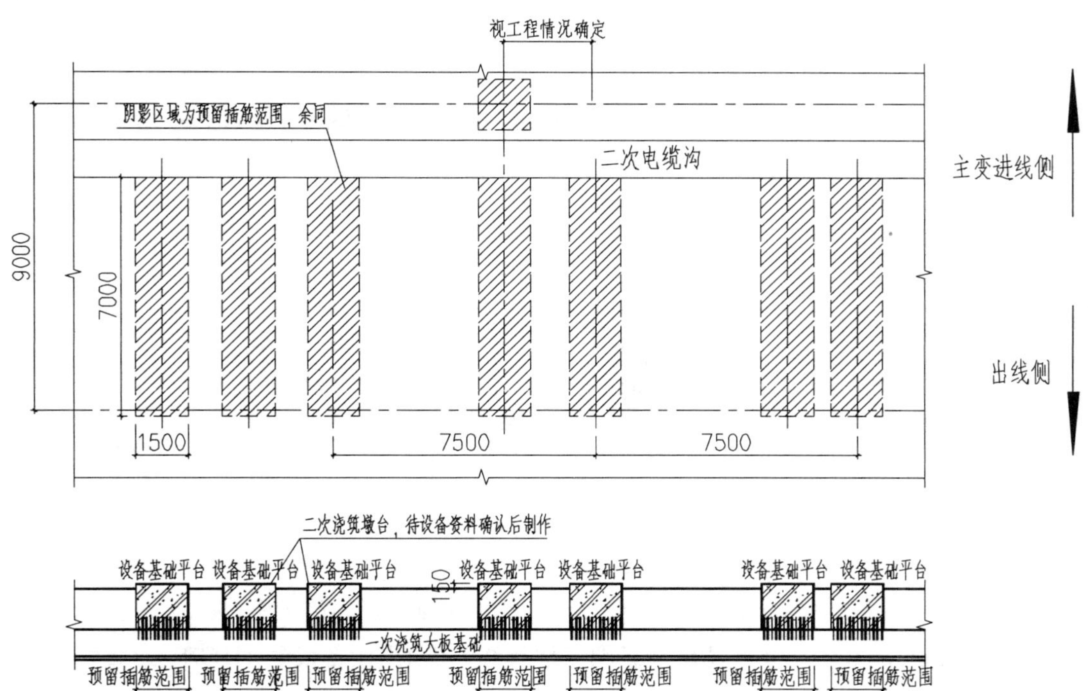

图 113 126kV 户外 GIS 方案（适用双母线接线、单母线接线）基础平、断面示意图（通用设备编号 1GIS—3150/40）

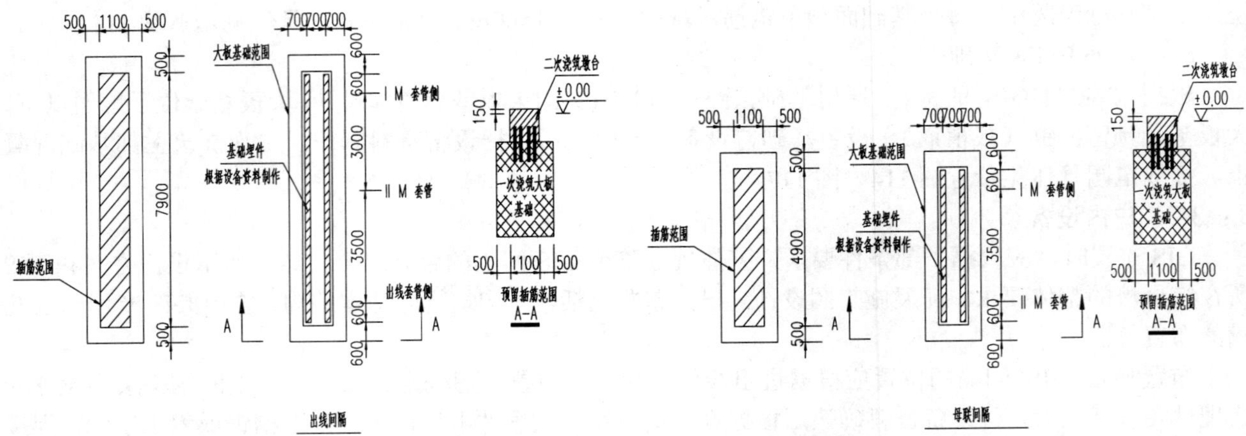

图 114　126kV HGIS 基础示意图（双母线）（通用设备编号 1HGIS—3150/40）

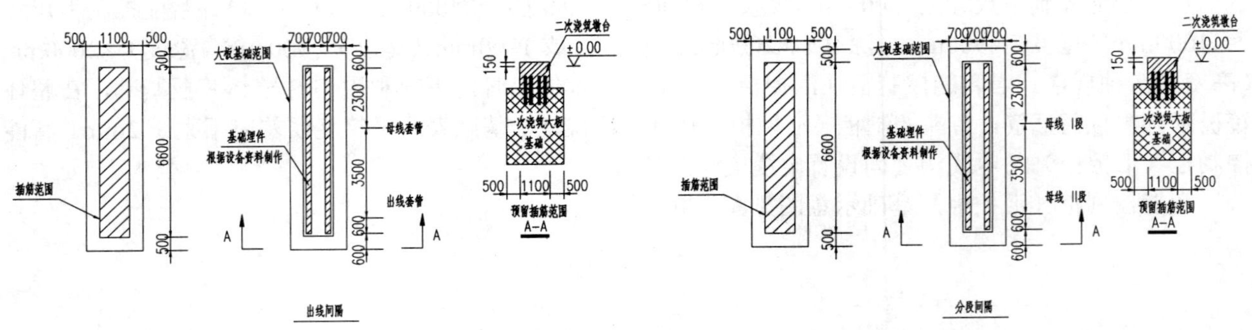

图 115　126kV HGIS 基础示意图（单母线）（通用设备编号 1HGIS—3150/40）

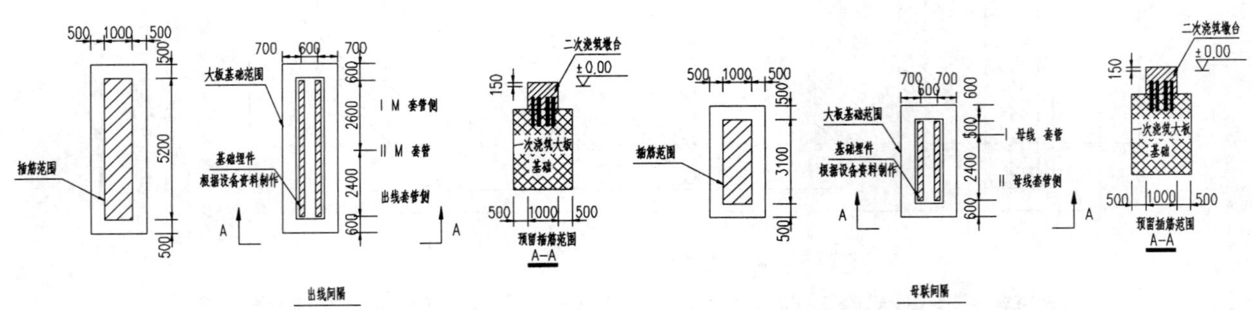

注：结合安装示意图及产品结构，基础图中Ⅱ母套管位置可相应调整。

图 116　126kV HGIS（T）基础示意图（双母线）（通用设备编号 1HGIS—3150/40）

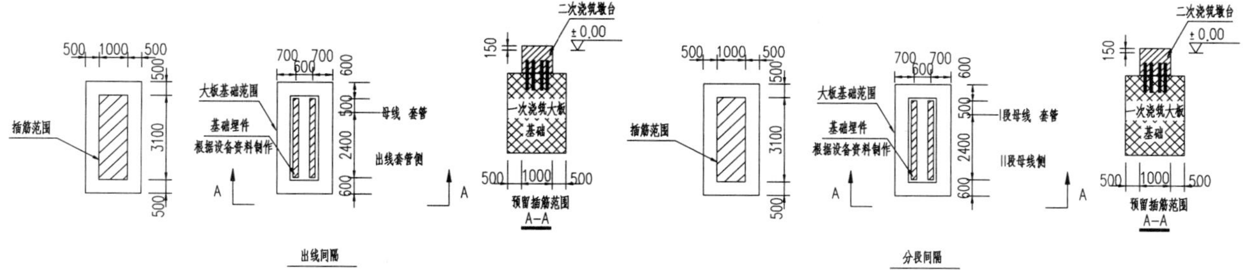

图 117 126kV HGIS（T）基础示意图（单母线）（通用设备编号 1HGIS—3150/40）

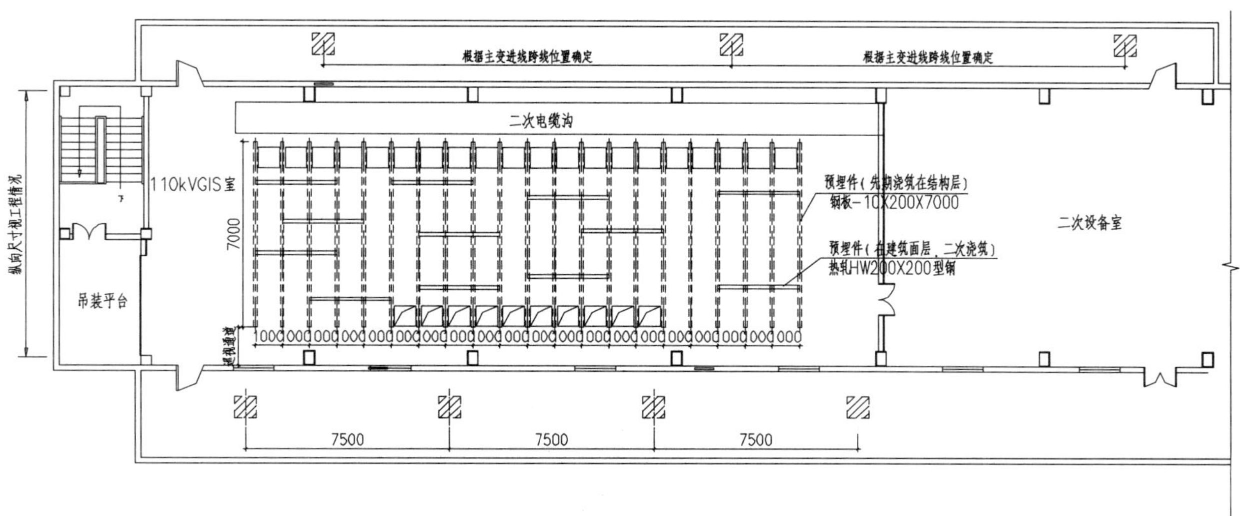

图 118 126kV 户内 GIS 方案基础平面布置示意图（通用设备编号 1GIS—3150/40）

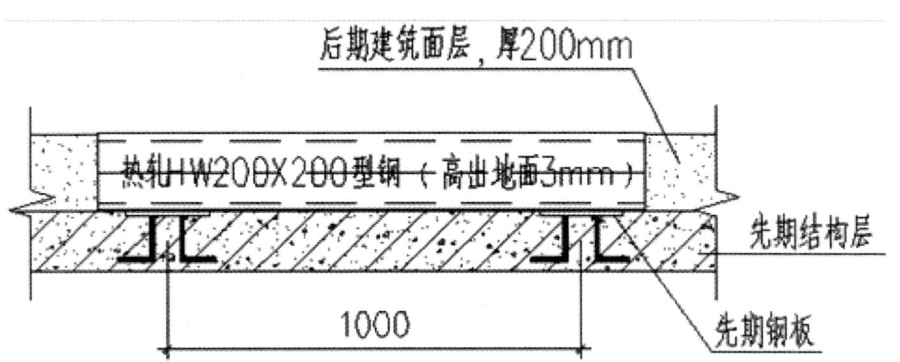

图 119 户内 GIS 基础断面示意图（通用设备编号 1GIS—3150/40）

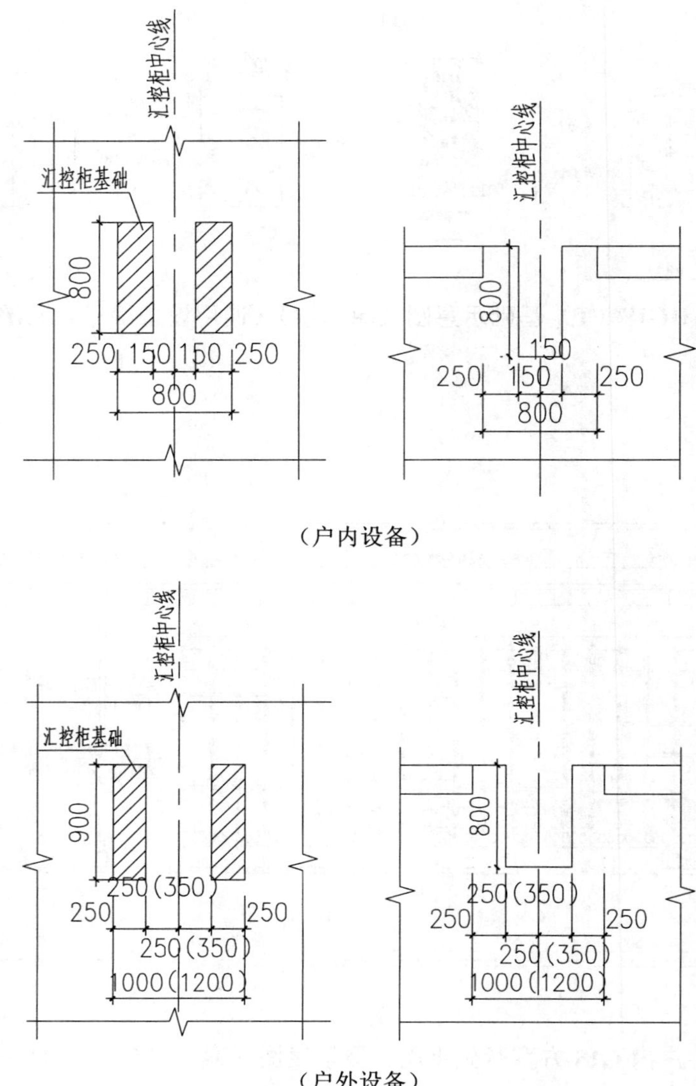

图 120　智能控制柜（汇控柜）基础示意图（通用设备编号 1GIS—3150/40、1HGIS—3150/40）

ICS 29.240

Q/GDW

国家电网有限公司企业标准

Q/GDW 13097.2 — 2018
代替 Q/GDW 13097.2 — 2014

126kV～550kV 气体绝缘金属封闭开关设备采购标准 第 2 部分：126kV/2000A～40kA 气体绝缘金属封闭开关设备专用技术规范

Purchasing standard of 126kV～550kV gas insulate metal-enclosed switchgear Part 2: special technical specification of 126kV/2000A～40kA gas insulate metal-enclosed switchgear (GIS)

2019-06-28发布 2019-06-28实施

国家电网有限公司 发布

目　　次

前　言

为规范 126kV～550kV 气体绝缘金属封闭开关设备的采购，制定本部分《126kV～550kV 气体绝缘金属封闭开关设备采购标准》分为 20 个部分：

——第 1 部分：通用技术规范；
——第 2 部分：126kV/2000A～40kA 气体绝缘金属封闭开关设备专用技术规范；
——第 3 部分：126kV/3150A～40kA 气体绝缘金属封闭开关设备专用技术规范；
——第 4 部分：252kV/3150A～50kA 气体绝缘金属封闭开关设备专用技术规范；
——第 5 部分：252kV/4000A～50kA 气体绝缘金属封闭开关设备专用技术规范；
——第 6 部分：363kV/3150A～50kA 气体绝缘金属封闭开关设备专用技术规范；
——第 7 部分：363kV/4000A～50kA 气体绝缘金属封闭开关设备专用技术规范；
——第 8 部分：363kV/5000A～63kA 气体绝缘金属封闭开关设备专用技术规范；
——第 9 部分：550kV/4000A～63kA 气体绝缘金属封闭开关设备专用技术规范；
——第 10 部分：550kV/5000A～63kA 气体绝缘金属封闭开关设备专用技术规范；
——第 11 部分：126kV/2000A～40kA 复合式气体绝缘金属封闭开关设备专用技术规范；
——第 12 部分：126kV/3150A～40kA 复合式气体绝缘金属封闭开关设备专用技术规范；
——第 13 部分：252kV/3150A～50kA 复合式气体绝缘金属封闭开关设备专用技术规范；
——第 14 部分：252kV/4000A～50kA 复合式气体绝缘金属封闭开关设备专用技术规范；
——第 15 部分：363kV/3150A～50kA 复合式气体绝缘金属封闭开关设备专用技术规范；
——第 16 部分：363kV/4000A～50kA 复合式气体绝缘金属封闭开关设备专用技术规范；
——第 17 部分：550kV/4000A～63kA 复合式气体绝缘金属封闭开关设备专用技术规范；
——第 18 部分：550kV/5000A～63kA 复合式气体绝缘金属封闭开关设备专用技术规范；
——第 19 部分：252kV/5000A～50kA 气体绝缘金属封闭开关设备专用技术规范；
——第 20 部分：363kV/5000A～63kA 复合式气体绝缘金属封闭开关设备专用技术规范。

本部分为《126kV～550kV 气体绝缘金属封闭开关设备采购标准》的第 2 部分。

本部分代替 Q/GDW 13097.2—2014，与 Q/GDW 13097.2—2014 相比，主要技术性差异如下：

——修改了对外壳耐烧穿能力、操动机构型式、备用辅助触点、爬电距离、干弧距离、伸缩节使用寿命、污秽等级和工程图纸等的要求。

本部分由国家电网有限公司物资部提出并解释。

本部分由国家电网有限公司科技部归口。

本部分起草单位：国网浙江省电力有限公司、中国电力科学研究院有限公司、国网江苏省电力有限公司。

本部分主要起草人：徐华、王绍安、和彦淼、王承玉、孙云生、林一泓、周彪、陈孝信、王婷婷、杨仲超、蔡勇。

本部分 2014 年 9 月首次发布，2018 年 12 月第一次修订。

本部分在执行过程中的意见或建议反馈至国家电网有限公司科技部。

126kV～550kV 气体绝缘金属封闭开关设备采购标准 第 2 部分：126kV/2000A～40kA 气体绝缘金属封闭开关设备专用技术规范

1 范围

本部分规定了 126kV/2000A～40kA 气体绝缘金属封闭开关设备招标的标准技术参数、项目需求及投标人响应的相关内容。

本部分适用于 126kV/2000A～40kA 气体绝缘金属封闭开关设备招标。

2 规范性引用文件

下列文件对于本文件的应用是必不可少的。凡是注日期的引用文件，仅注日期的版本适用于本文件。凡是不注日期的引用文件，其最新版本（包括所有的修改单）适用于本文件。

Q/GDW 13097.1　126kV～550kV 气体绝缘金属封闭开关设备采购标准　第 1 部分：通用技术规范

Q/GDW 13001—2014　高海拔外绝缘配置技术规范

3 术语和定义

下列术语和定义适用于本文件。

3.1

招标人　bidder

依照《中华人民共和国招标投标法》的规定，提出招标项目，进行招标的法人或其他组织。

3.2

投标人　tenderer

响应招标、参加投标竞争的法人或者其他组织。

3.3

卖方（供方）　seller（supplier）

提供本部分货物和技术服务的法人或其他组织，包括其法定的承继者。

3.4

买方（需方）　buyer（purchaser）

购买本部分货物和技术服务的法人或其他组织，包括其法定的承继者和经许可的受让人。

4 标准技术参数

技术参数特性表是国家电网有限公司对采购设备的基础技术参数要求，在招投标过程中，投标人应依据招标文件，对技术参数特性表中标准参数值进行响应。126kV/2000A～40kA 气体绝缘金属封闭开关设备技术参数特性见表 1。物资应满足 Q/GDW 13097.1 的要求。

表1 技术参数特性表

<table>
<tr><th>序号</th><th colspan="3">名　称</th><th>单位</th><th>标准参数值</th></tr>
<tr><td>一</td><td colspan="5">GIS 共用参数</td></tr>
<tr><td>1</td><td colspan="3">额定电压</td><td>kV</td><td>126</td></tr>
<tr><td rowspan="4">2</td><td colspan="2" rowspan="4">额定电流</td><td>出线</td><td rowspan="4">A</td><td>2000</td></tr>
<tr><td>进线</td><td>2000</td></tr>
<tr><td>分段、母联</td><td>2000/3150</td></tr>
<tr><td>主母线</td><td>2000/3150</td></tr>
<tr><td>3</td><td colspan="3">额定工频 1min 耐受电压（相对地）</td><td>kV</td><td>230</td></tr>
<tr><td>4</td><td colspan="3">额定雷电冲击耐受电压峰值
（1.2/50μs）（相对地）</td><td>kV</td><td>550</td></tr>
<tr><td>5</td><td colspan="3">额定短路开断电流</td><td>kA</td><td>40</td></tr>
<tr><td>6</td><td colspan="3">额定短路关合电流</td><td>kA</td><td>100</td></tr>
<tr><td>7</td><td colspan="3">额定短时耐受电流及持续时间</td><td>kA/s</td><td>40/3</td></tr>
<tr><td>8</td><td colspan="3">额定峰值耐受电流</td><td>kA</td><td>100</td></tr>
<tr><td>9</td><td colspan="3">辅助和控制回路短时工频耐受电压</td><td>kV</td><td>2</td></tr>
<tr><td>10</td><td colspan="3">无线电干扰电压</td><td>μV</td><td>≤500</td></tr>
<tr><td>11</td><td colspan="3">噪声水平</td><td>dB</td><td>≤90</td></tr>
<tr><td rowspan="2">12</td><td colspan="2" rowspan="2">SF_6气体压力
（20℃，表压）</td><td>断路器室</td><td rowspan="2">MPa</td><td>（投标人提供）</td></tr>
<tr><td>其他隔室</td><td>（投标人提供）</td></tr>
<tr><td>13</td><td colspan="3">每个隔室 SF_6气体漏气率</td><td>%/年</td><td>≤0.5</td></tr>
<tr><td rowspan="4">14</td><td rowspan="4">SF_6气体湿度</td><td rowspan="2">有电弧分解物隔室</td><td>交接验收值</td><td rowspan="4">μL/L</td><td>≤150</td></tr>
<tr><td>长期运行允许值</td><td>≤300</td></tr>
<tr><td rowspan="2">无电弧分解物隔室</td><td>交接验收值</td><td>≤250</td></tr>
<tr><td>长期运行允许值</td><td>≤500</td></tr>
<tr><td rowspan="7">15</td><td colspan="2" rowspan="7">局部放电</td><td>试验电压</td><td>kV</td><td>$1.2\times126/\sqrt{3}$</td></tr>
<tr><td>每个隔室</td><td rowspan="6">pC</td><td>≤5</td></tr>
<tr><td>每单个绝缘件</td><td>≤3</td></tr>
<tr><td>套管</td><td>≤5</td></tr>
<tr><td>电流互感器</td><td>≤5</td></tr>
<tr><td>电压互感器</td><td>≤10</td></tr>
<tr><td>避雷器</td><td>≤10</td></tr>
</table>

表 1（续）

序号	名　　称		单位	标准参数值
16	供电电源	控制回路	V	DC 220/DC110/AC220
		辅助回路	V	AC 380/220
17	使用寿命		年	≥40
18	检修周期		年	≥20
19	设备质量	SF_6 气体质量	kg	（投标人提供）
		总质量	kg	（投标人提供）
		最大运输质量	kg	（投标人提供）
		动荷载向下	kg	（投标人提供）
		动荷载向上	kg	（投标人提供）
20	设备尺寸	设备的整体尺寸	m	（投标人提供）
		设备的最大运输尺寸	m	（投标人提供）
		间隔尺寸	m	1.5/1.0/0.8
21	结构布置	断路器		三相共箱
		母线		三相共箱
二	断路器参数			
1	型号			（投标人提供）
2	布置型式			立式/卧式
3	断口数			1
4	额定电流	出线	A	2000
		进线		2000
		分段、母联		2000/3150
5	主回路电阻		μΩ	（投标人提供）
6	温升试验电流		A	$1.1I_N$
7	额定工频 1min 耐受电压	断口	kV	230+70
		对地		230
	额定雷电冲击耐受电压峰值（1.2/50μs）	断口	kV	550+100
		对地		550
8	额定短路开断电流	交流分量有效值	kA	40
		时间常数	ms	45
		开断次数	次	≥20
		首相开断系数		1.5
9	额定短路关合电流		kA	100
10	额定短时耐受电流及持续时间		kA/s	40/3
11	额定峰值耐受电流		kA	100

表 1（续）

序号	名　　称		单位	标准参数值
12	开断时间		ms	≤60
13	合分时间		ms	≤60
14	分闸时间		ms	≤40
15	合闸时间		ms	≤100
16	重合闸无电流间隙时间		ms	300
17	分、合闸速度	刚分速度	m/s	（投标人提供）
		刚合速度		（投标人提供）
18	分闸不同期性		ms	≤3
19	合闸不同期性		ms	≤5
20	机械寿命		次	≥5000
21	额定操作顺序			O－0.3s－CO－180s－CO
22	现场开合空载变压器能力	空载变压器容量	MVA	31.5/40/50/63/80/100
		空载励磁电流	A	0.5～15
		试验电压	kV	126
		操作顺序		10×O 和 10×（CO）
23	现场开合空载线路充电电流试验	试验电流	A	由实际线路长度决定
		试验电压	kV	126
		试验条件		线路原则上不得带有泄压设备，如电抗器、避雷器、电磁式电压互感器等
		操作顺序		10×（O－0.3s－CO）
24	容性电流开合试验（试验室）	试验电流	A	线路：31.5，电缆：140
		试验电压	kV	$1.4\times126/\sqrt{3}$
		C1 级：LC1 和 CC1：24×O；LC2 和 CC2：24×CO C2 级：LC1 和 CC1：48×O；LC2 和 CC2：24×O 和 24×CO		C1 级/C2 级
25	近区故障条件下的开合能力	L90	kA	36
		L75	kA	30
		L60	kA	24（L75 的最小燃弧时间大于 L90 的最小燃弧时间 5ms 时）
		操作顺序		O－0.3s－CO－180s－CO
26	失步关合和开断能力	开断电流	kA	10
		试验电压	kV	$2.5\times126/\sqrt{3}$
		操作顺序		方式 1：O－O－O 方式 2：CO－O－O

表 1（续）

序号	名　称		单位	标准参数值
27	SF_6气体压力（表压，20℃）	额定	MPa	（投标人提供）
		报警		（投标人提供）
		最低		（投标人提供）
		闭锁		（投标人提供）
28	操动机构型式或型号			弹簧
	操作方式			三相机械联动
	电动机电压		V	AC 380/220
	合闸操作电源	额定操作电压	V	DC 220/110
		操作电压允许范围		85%～110%额定操作电压，30%及以下额定电压不得动作
		每相线圈数量	只	1
		每只线圈涌流	A	（投标人提供）
		每只线圈稳态电流	A	DC 220V、2.5A 或 DC 110V、5A
	分闸操作电源	额定操作电压	V	DC 220/110
		操作电压允许范围		65%～110%额定操作电压，30%及以下额定的电压不得动作
		每相线圈数量	只	1
		每只线圈涌流	A	（投标人提供）
		每只线圈稳态电流	A	DC 220V、2.5A 或 DC 110V、5A
	驱潮/加热器	电压	V	AC 220
		运行方式		常投/温湿自动投切
		每相功率（驱潮/加热）	W	（投标人提供）/（投标人提供）
	备用辅助触点	数量	对	10 常开触点，10 常闭触点（引出到相应汇控柜端子排）
		开断能力		DC 220V、2.5A 或 DC 110V、5A
	检修周期		年	≥20
	弹簧机构	储能时间	s	≤20
29	断路器的质量	断路器包括辅助设备的总质量	kg	（投标人提供）
		每相操动机构的质量	kg	（投标人提供）
		每相 SF_6 气体质量	kg	（投标人提供）
		运输总质量	kg	（投标人提供）
30	运输高度		m	（投标人提供）

表 1（续）

<table>
<tr><th>序号</th><th colspan="2">名　　称</th><th>单位</th><th>标准参数值</th></tr>
<tr><td>31</td><td colspan="2">起吊高度</td><td>m</td><td>（投标人提供）</td></tr>
<tr><td>三</td><td colspan="4">隔离开关参数</td></tr>
<tr><td>1</td><td colspan="2">型式/型号</td><td></td><td>（投标人提供）</td></tr>
<tr><td rowspan="3">2</td><td rowspan="3">额定电流</td><td>出线</td><td>A</td><td>2000</td></tr>
<tr><td>进线</td><td>A</td><td>2000</td></tr>
<tr><td>分段、母联</td><td>A</td><td>2000/3150</td></tr>
<tr><td>3</td><td colspan="2">主回路电阻</td><td>μΩ</td><td>（投标人提供）</td></tr>
<tr><td>4</td><td colspan="2">温升试验电流</td><td>A</td><td>$1.1I_N$</td></tr>
<tr><td rowspan="4">5</td><td rowspan="2">额定工频 1min 耐受电压</td><td>断口</td><td rowspan="2">kV</td><td>230＋70</td></tr>
<tr><td>对地</td><td>230</td></tr>
<tr><td rowspan="2">额定雷电冲击耐受电压峰值（1.2/50μs）</td><td>断口</td><td rowspan="2">kV</td><td>550＋100</td></tr>
<tr><td>对地</td><td>550</td></tr>
<tr><td>6</td><td colspan="2">额定短时耐受电流及持续时间</td><td>kA/s</td><td>40/3</td></tr>
<tr><td>7</td><td colspan="2">额定峰值耐受电流</td><td>kA</td><td>100</td></tr>
<tr><td rowspan="2">8</td><td rowspan="2">分、合闸时间</td><td>分闸时间</td><td rowspan="2">ms</td><td>（投标人提供）</td></tr>
<tr><td>合闸时间</td><td>（投标人提供）</td></tr>
<tr><td rowspan="2">9</td><td rowspan="2">分、合闸速度</td><td>刚分速度</td><td rowspan="2">m/s</td><td>（投标人提供）</td></tr>
<tr><td>刚合速度</td><td>（投标人提供）</td></tr>
<tr><td>10</td><td colspan="2">机械寿命</td><td>次</td><td>≥3000</td></tr>
<tr><td>11</td><td colspan="2">开合小电容电流值</td><td>A</td><td>1</td></tr>
<tr><td>12</td><td colspan="2">开合小电感电流值</td><td>A</td><td>0.5</td></tr>
<tr><td rowspan="3">13</td><td rowspan="3">开合母线转换电流能力</td><td>转换电流</td><td>A</td><td>1600</td></tr>
<tr><td>转换电压</td><td>V</td><td>10</td></tr>
<tr><td>开断次数</td><td>次</td><td>100</td></tr>
<tr><td rowspan="7">14</td><td rowspan="5">操动机构</td><td>型式或型号</td><td></td><td>电动并可手动</td></tr>
<tr><td>电动机电压</td><td>V</td><td>AC 380/220</td></tr>
<tr><td>控制电压</td><td>V</td><td>AC 220</td></tr>
<tr><td>允许电压变化范围</td><td></td><td>85%～110%</td></tr>
<tr><td>操作方式</td><td></td><td>三相机械联动</td></tr>
<tr><td rowspan="2">备用辅助触点</td><td>数量</td><td>对</td><td>10 常开触点，10 常闭触点（引出到相应汇控柜端子排）</td></tr>
<tr><td>开断能力</td><td></td><td>DC 220V、2.5A 或 DC 110V、5A</td></tr>
<tr><td>四</td><td colspan="4">快速接地开关参数</td></tr>
<tr><td>1</td><td colspan="2">额定短时耐受电流及持续时间</td><td>kA/s</td><td>40/3</td></tr>
</table>

表 1（续）

<table>
<tr><td>序号</td><td colspan="3">名　　称</td><td>单位</td><td>标准参数值</td></tr>
<tr><td>2</td><td colspan="3">额定峰值耐受电流</td><td>kA</td><td>100</td></tr>
<tr><td>3</td><td colspan="3">额定短路关合电流</td><td>kA</td><td>100</td></tr>
<tr><td>4</td><td colspan="3">额定短路电流关合次数</td><td>次</td><td>≥2</td></tr>
<tr><td rowspan="2">5</td><td colspan="2" rowspan="2">分、合闸时间</td><td>分闸时间</td><td rowspan="2">ms</td><td>（投标人提供）</td></tr>
<tr><td>合闸时间</td><td>（投标人提供）</td></tr>
<tr><td rowspan="2">6</td><td colspan="2" rowspan="2">分、合闸速度</td><td>刚分速度</td><td rowspan="2">m/s</td><td>（投标人提供）</td></tr>
<tr><td>刚合速度</td><td>（投标人提供）</td></tr>
<tr><td>7</td><td colspan="3">机械寿命</td><td>次</td><td>≥3000</td></tr>
<tr><td rowspan="6">8</td><td rowspan="6">开合感应电流能力（A 类/B 类）</td><td rowspan="3">电磁感应</td><td>感性电流</td><td>A</td><td>50/80</td></tr>
<tr><td>开断次数</td><td>次</td><td>10</td></tr>
<tr><td>感应电压</td><td>kV</td><td>0.5/2</td></tr>
<tr><td rowspan="3">静电感应</td><td>容性电流</td><td>A</td><td>0.4/2</td></tr>
<tr><td>开断次数</td><td>次</td><td>10</td></tr>
<tr><td>感应电压</td><td>kV</td><td>3/6</td></tr>
<tr><td rowspan="6">9</td><td colspan="2" rowspan="4">操动机构</td><td>型式或型号</td><td></td><td>电动并可手动</td></tr>
<tr><td>电动机电压</td><td>V</td><td>AC 380/220</td></tr>
<tr><td>控制电压</td><td>V</td><td>AC 220</td></tr>
<tr><td>允许电压变化范围</td><td></td><td>85%～110%</td></tr>
<tr><td colspan="2" rowspan="2">备用辅助触点</td><td>数量</td><td>对</td><td>8 常开触点，8 常闭触点（引出到相应汇控柜端子排）</td></tr>
<tr><td>开断能力</td><td></td><td>DC 220V、2.5A 或 DC 110V、5A</td></tr>
<tr><td>五</td><td colspan="5">检修接地开关参数</td></tr>
<tr><td>1</td><td colspan="3">额定短时耐受电流及持续时间</td><td>kA/s</td><td>40/3</td></tr>
<tr><td>2</td><td colspan="3">额定峰值耐受电流</td><td>kA</td><td>100</td></tr>
<tr><td>3</td><td colspan="3">机械寿命</td><td>次</td><td>≥3000</td></tr>
<tr><td rowspan="6">4</td><td colspan="2" rowspan="4">操动机构</td><td>型式或型号</td><td></td><td>电动并可手动</td></tr>
<tr><td>电动机电压</td><td>V</td><td>AC 380/220</td></tr>
<tr><td>控制电压</td><td>V</td><td>AC 220</td></tr>
<tr><td>允许电压变化范围</td><td></td><td>85%～110%</td></tr>
<tr><td colspan="2" rowspan="2">备用辅助触点</td><td>数量</td><td>对</td><td>8 常开触点，8 常闭触点</td></tr>
<tr><td>开断能力</td><td></td><td>DC 220V、2.5A 或 DC 110V、5A</td></tr>
<tr><td>六</td><td colspan="5">电流互感器参数</td></tr>
<tr><td>1</td><td colspan="3">型式或型号</td><td></td><td>电磁式</td></tr>
</table>

表 1（续）

序号	名　　称	单位	标准参数值
2	布置型式		内置/外置
3	额定电流比[1]		根据实际工程选择，0.2S 次级要求带中间抽头
4	准确级组合及额定容量[1]		330kV 变电站： 主变压器：TPY/TPY/5P/0.2/0.2S 15VA/15VA/15VA/15VA/5VA 出线、分段、母联：数字量采样时，5P/0.2S 15VA/5VA；模拟量采样时，5P/0.2 –断口 – 0.2S/5P/5P 15VA/15VA – 断口 – 5VA/15VA/15VA（出线、母联），5P/5P/0.2 –断口 – 5P/5P/5P　15VA/15VA/15VA – 断口 – 15VA/15VA/15VA（分段） 220kV 及以下变电站： （1）单母线接线 主变压器：5P/5P/0.2S/0.2S15VA/15VA/15VA/5VA； 出线、分段、母联： 5P/0.2S15VA/5VA； （2）桥形接线、线变组 主变压器、出线、分段、母联： 5P/5P/0.2S/0.2S15VA/15VA/15VA/5VA
七	电压互感器参数		
1	型式或型号		电磁式
2	额定电压比		$\frac{110}{\sqrt{3}}/\frac{0.1}{\sqrt{3}}$kV（单相）、 $\frac{110}{\sqrt{3}}/\frac{0.1}{\sqrt{3}}/\frac{0.1}{\sqrt{3}}/\frac{0.1}{\sqrt{3}}/0.1$kV
3	准确级		0.5（3P）、0.2/0.5（3P）/0.5（3P）/6P
4	容量	VA	10、10/10/10/10
5	接线组别		–，Y/Y/Y/△
6	三相不平衡度	V	1
7	低压绕组 1min 工频耐压	kV	3
8	额定电压因数		1.2 倍连续，1.5 倍 30s
八	避雷器参数		
1	额定电压	kV	102/108
2	持续运行电压	kV	79.6/84
3	标称放电电流（8/20μs）	kA	10
4	陡波冲击电流下残压（1/10μs）	kV	297/315
5	雷电冲击电流下残压（8/20μs）	kV	266/281
6	操作冲击电流下残压（30/60μs）	kV	226/239
7	直流 1mA 参考电压	kV	≥148/157

表 1（续）

序号	名　　称		单位	标准参数值
8	75%直流 1mA 参考电压下的泄漏电流		μA	（投标人提供）
9	工频参考电压（有效值）		kV	（投标人提供）
10	工频参考电流（峰值）		mA	（投标人提供）
11	持续电流	全电流	mA	（投标人提供）
		阻性电流	μA	（投标人提供）
12	长持续时间冲击耐受电流	线路放电等级		1/2
		方波电流冲击	A	400/600
13	4/10μs 大冲击耐受电流		kA	100
14	动作负载			（投标人提供）
15	工频电压耐受时间特性			（投标人提供）
16	千伏额定电压吸收能力		kJ/kV	（投标人提供）
17	压力释放能力		kA/s	40/0.2
九	套管参数			
1	伞裙型式			大小伞
2	材质			瓷/复合绝缘
3	额定电流		A	2000
4	额定短时耐受电流及持续时间		kA/s	40/3
5	额定峰值耐受电流		kA	100
6	额定工频 1min 耐受电压（相对地）		kV	230
7	额定雷电冲击耐受电压峰值（1.2/50μs）（相对地）		kV	550
8	爬电距离		mm	$3906k_{ad}$（当平均直径 D_a＜300mm 时，$k_{ad}=1.0$；当平均直径 D_a≥300mm 时，$k_{ad}=0.000\ 5D_a+0.85$）
9	干弧距离		mm	≥900
10	*S*/*P*			≥0.9
11	端子静负载	水平纵向	N	1250
		水平横向		750
		垂直		1000
		安全系数		静态：≥2.75，动态：≥1.7
12	套管顶部金属带电部分的相间最小净距		mm	≥1000
十	环氧浇注绝缘子参数			
1	安全系数			大于 3 倍设计压力
2	2 倍额定相电压下泄漏电流		μA	50
3	1.1 倍额定相电压下最大场强		kV/mm	≤1.5

表 1（续）

<table>
<tr><th>序号</th><th colspan="2">名　称</th><th>单位</th><th>标准参数值</th></tr>
<tr><td>十一</td><td colspan="4">主母线参数</td></tr>
<tr><td>1</td><td colspan="2">材质</td><td></td><td>铝</td></tr>
<tr><td>2</td><td colspan="2">额定电流</td><td>A</td><td>2000/3150</td></tr>
<tr><td>3</td><td colspan="2">额定短时耐受电流及持续时间</td><td>kA/s</td><td>40/3</td></tr>
<tr><td>4</td><td colspan="2">额定峰值耐受电流</td><td>kA</td><td>100</td></tr>
<tr><td>5</td><td colspan="2">导体直径（内径/外径）</td><td>mm</td><td>（投标人提供）</td></tr>
<tr><td>十二</td><td colspan="4">外壳参数</td></tr>
<tr><td>1</td><td colspan="2">材质</td><td></td><td>钢、铸铝、铝合金</td></tr>
<tr><td>2</td><td colspan="2">外壳破坏压力</td><td></td><td>铸铝和铝合金：5 倍的设计压力；焊接铝外壳和钢外壳：3 倍的设计压力</td></tr>
<tr><td rowspan="4">3</td><td rowspan="4">温升</td><td>试验电流</td><td>A</td><td>$1.1I_N$</td></tr>
<tr><td>可以接触部位</td><td>K</td><td>≤30</td></tr>
<tr><td>可能接触部位</td><td>K</td><td>≤40</td></tr>
<tr><td>不可接触部位</td><td>K</td><td>≤65</td></tr>
<tr><td rowspan="2">4</td><td rowspan="2">外壳耐烧穿的能力</td><td>电流</td><td>kA</td><td>40</td></tr>
<tr><td>时间</td><td>s</td><td>0.1</td></tr>
<tr><td>5</td><td colspan="2">防爆膜的设置</td><td></td><td>（投标人提供）</td></tr>
<tr><td>6</td><td colspan="2">感应电压</td><td></td><td>正常运行条件≤24V，
故障条件≤100V</td></tr>
<tr><td>十三</td><td colspan="4">伸缩节参数</td></tr>
<tr><td>1</td><td colspan="2">材质</td><td></td><td>不锈钢或铝合金</td></tr>
<tr><td>2</td><td colspan="2">使用寿命</td><td></td><td>≥40 年或 10 000 次伸缩</td></tr>
<tr><td>十四</td><td colspan="4">SF_6 气体参数</td></tr>
<tr><td>1</td><td colspan="2">湿度</td><td>μg/g</td><td>≤8</td></tr>
<tr><td>2</td><td colspan="2">纯度</td><td>%</td><td>≥99.9</td></tr>
</table>

注：本表适用于海拔 1000m 及以下地区户外正常使用条件，高海拔地区所用设备按照实际污区分布进行设备选型，并按照 Q/GDW 13001—2014《高海拔外绝缘配置技术规范》要求进行海拔修正，其他特殊适用条件根据工程实际情况进行修改。

[1] 绕组抽头及准确级排列、额定容量可根据工程实际情况确定。

5 组件材料配置表

组件材料配置表包括元件名称、规格形式参数、单位、数量、供应商和产地等信息，具体内容和格式根据招标项目情况进行编制。

6 使用环境条件表

126kV/2000A～40kA 气体绝缘金属封闭开关设备使用环境条件见表 2。特殊环境要求根据项目情况进行编制。

表2 使用环境条件表

序号	名称		单位	标准参数值	项目需求值
1	周围空气温度	最高气温	℃	+40	
		最低气温		−25	
		最大日温差	K	25	
2	海拔		m	≤1000	
3	太阳辐射强度		W/cm^2	0.1	
4	污秽等级			e级	
5	覆冰厚度		mm	10	
6	风速/风压		m/s/Pa	34/700	
7	湿度	日相对湿度平均值	%	≤95	
		月相对湿度平均值		≤90	
8	耐受地震能力（水平加速度）		m/s^2	2	
9	由于主回路中的开合操作在辅助和控制回路上所感应的共模电压的幅值		kV	≤1.6	
10	系统中性点接地方式		直接接地/不接地		
11	安装地点		户内/户外		

7 需提供的工程图纸

需提供的工程图纸有电气主接线图、设备平面布置图、断面布置图和SF_6系统图。

ICS 29.240

Q/GDW

国家电网有限公司企业标准

Q/GDW 13097.3 — 2018
代替 Q/GDW 13097.3 — 2014

126kV～550kV 气体绝缘金属封闭开关设备采购标准 第 3 部分：126kV/3150A～40kA 气体绝缘金属封闭开关设备专用技术规范

Purchasing standard of 126kV～550kV gas insulate metal-enclosed switchgear Part 3: special technical specification of 126kV/3150A～40kA gas insulate metal-enclosed switchgear (GIS)

2019-06-28发布　　2019-06-28实施

国家电网有限公司　发布

目　次

前　言

为规范 126kV～550kV 气体绝缘金属封闭开关设备的采购，制定本部分《126kV～550kV 气体绝缘金属封闭开关设备采购标准》分为 20 个部分：

——第 1 部分：通用技术规范；
——第 2 部分：126kV/2000A～40kA 气体绝缘金属封闭开关设备专用技术规范；
——第 3 部分：126kV/3150A～40kA 气体绝缘金属封闭开关设备专用技术规范；
——第 4 部分：252kV/3150A～50kA 气体绝缘金属封闭开关设备专用技术规范；
——第 5 部分：252kV/4000A～50kA 气体绝缘金属封闭开关设备专用技术规范；
——第 6 部分：363kV/3150A～50kA 气体绝缘金属封闭开关设备专用技术规范；
——第 7 部分：363kV/4000A～50kA 气体绝缘金属封闭开关设备专用技术规范；
——第 8 部分：363kV/5000A～63kA 气体绝缘金属封闭开关设备专用技术规范；
——第 9 部分：550kV/4000A～63kA 气体绝缘金属封闭开关设备专用技术规范；
——第 10 部分：550kV/5000A～63kA 气体绝缘金属封闭开关设备专用技术规范；
——第 11 部分：126kV/2000A～40kA 复合式气体绝缘金属封闭开关设备专用技术规范；
——第 12 部分：126kV/3150A～40kA 复合式气体绝缘金属封闭开关设备专用技术规范；
——第 13 部分：252kV/3150A～50kA 复合式气体绝缘金属封闭开关设备专用技术规范；
——第 14 部分：252kV/4000A～50kA 复合式气体绝缘金属封闭开关设备专用技术规范；
——第 15 部分：363kV/3150A～50kA 复合式气体绝缘金属封闭开关设备专用技术规范；
——第 16 部分：363kV/4000A～50kA 复合式气体绝缘金属封闭开关设备专用技术规范；
——第 17 部分：550kV/4000A～63kA 复合式气体绝缘金属封闭开关设备专用技术规范；
——第 18 部分：550kV/5000A～63kA 复合式气体绝缘金属封闭开关设备专用技术规范；
——第 19 部分：252kV/5000A～50kA 气体绝缘金属封闭开关设备专用技术规范；
——第 20 部分：363kV/5000A～63kA 复合式气体绝缘金属封闭开关设备专用技术规范。

本部分为《126kV～550kV 气体绝缘金属封闭开关设备采购标准》的第 3 部分。

本部分代替 Q/GDW 13097.3—2014，与 Q/GDW 13097.3—2014 相比，主要技术性差异如下：

——修改了对外壳耐烧穿能力、操动机构型式、备用辅助触点、爬电距离、干弧距离、伸缩节使用寿命、污秽等级和工程图纸等的要求。

本部分由国家电网有限公司物资部提出并解释。

本部分由国家电网有限公司科技部归口。

本部分起草单位：国网浙江省电力有限公司、中国电力科学研究院有限公司、国网江苏省电力有限公司。

本部分主要起草人：徐华、王绍安、和彦淼、刘北阳、刘焱、周彪、陈孝信、王婷婷、杨仲超、蔡勇。

本部分 2014 年 9 月首次发布，2018 年 12 月第一次修订。

本部分在执行过程中的意见或建议反馈至国家电网有限公司科技部。

126kV～550kV 气体绝缘金属封闭开关设备采购标准 第 3 部分：126kV/3150A～40kA 气体绝缘金属封闭开关设备专用技术规范

1 范围

本部分规定了 126kV/3150A～40kA 气体绝缘金属封闭开关设备招标的标准技术参数、项目需求及投标人响应的相关内容。

本部分适用于 126kV/3150A～40kA 气体绝缘金属封闭开关设备招标。

2 规范性引用文件

下列文件对于本文件的应用是必不可少的。凡是注日期的引用文件，仅注日期的版本适用于本文件。凡是不注日期的引用文件，其最新版本（包括所有的修改单）适用于本文件。

Q/GDW 13097.1 126kV～550kV 气体绝缘金属封闭开关设备采购标准 第 1 部分：通用技术规范

Q/GDW 13001—2014 高海拔外绝缘配置技术规范

3 术语和定义

下列术语和定义适用于本文件。

3.1

招标人 bidder

依照《中华人民共和国招标投标法》的规定，提出招标项目，进行招标的法人或其他组织。

3.2

投标人 tenderer

响应招标、参加投标竞争的法人或者其他组织。

3.3

卖方（供方） seller（supplier）

提供本部分货物和技术服务的法人或其他组织，包括其法定的承继者。

3.4

买方（需方） buyer（purchaser）

购买本部分货物和技术服务的法人或其他组织，包括其法定的承继者和经许可的受让人。

4 标准技术参数

技术参数特性表是国家电网有限公司对采购设备的基础技术参数要求，在招投标过程中，投标人应依据招标文件，对技术参数特性表中标准参数值进行响应。126kV/3150A～40kA 气体绝缘金属封闭开关设备技术参数特性见表 1。物资应满足 Q/GDW 13097.1 的要求。

表1 技术参数特性表

<table>
<tr><th>序号</th><th colspan="3">名　称</th><th>单位</th><th>标准参数值</th></tr>
<tr><td>一</td><td colspan="5">GIS 共用参数</td></tr>
<tr><td>1</td><td colspan="3">额定电压</td><td>kV</td><td>126</td></tr>
<tr><td rowspan="4">2</td><td colspan="2" rowspan="4">额定电流</td><td>出线</td><td rowspan="4">A</td><td>3150</td></tr>
<tr><td>进线</td><td>3150</td></tr>
<tr><td>分段、母联</td><td>3150</td></tr>
<tr><td>主母线</td><td>3150</td></tr>
<tr><td>3</td><td colspan="3">额定工频 1min 耐受电压（相对地）</td><td>kV</td><td>230</td></tr>
<tr><td>4</td><td colspan="3">额定雷电冲击耐受电压峰值（1.2/50μs）
（相对地）</td><td>kV</td><td>550</td></tr>
<tr><td>5</td><td colspan="3">额定短路开断电流</td><td>kA</td><td>40</td></tr>
<tr><td>6</td><td colspan="3">额定短路关合电流</td><td>kA</td><td>100</td></tr>
<tr><td>7</td><td colspan="3">额定短时耐受电流及持续时间</td><td>kA/s</td><td>40/3</td></tr>
<tr><td>8</td><td colspan="3">额定峰值耐受电流</td><td>kA</td><td>100</td></tr>
<tr><td>9</td><td colspan="3">辅助和控制回路短时工频耐受电压</td><td>kV</td><td>2</td></tr>
<tr><td>10</td><td colspan="3">无线电干扰电压</td><td>μV</td><td>≤500</td></tr>
<tr><td>11</td><td colspan="3">噪声水平</td><td>dB</td><td>≤90</td></tr>
<tr><td rowspan="2">12</td><td colspan="2" rowspan="2">SF_6 气体压力
（20℃，表压）</td><td>断路器室</td><td rowspan="2">MPa</td><td>（投标人提供）</td></tr>
<tr><td>其他隔室</td><td>（投标人提供）</td></tr>
<tr><td>13</td><td colspan="3">每个隔室 SF_6 气体漏气率</td><td>%/年</td><td>≤0.5</td></tr>
<tr><td rowspan="4">14</td><td rowspan="4">SF_6 气体
湿度</td><td rowspan="2">有电弧分
解物隔室</td><td>交接验收值</td><td rowspan="4">μL/L</td><td>≤150</td></tr>
<tr><td>长期运行允许值</td><td>≤300</td></tr>
<tr><td rowspan="2">无电弧分
解物隔室</td><td>交接验收值</td><td>≤250</td></tr>
<tr><td>长期运行允许值</td><td>≤500</td></tr>
<tr><td rowspan="7">15</td><td colspan="2" rowspan="7">局部放电</td><td>试验电压</td><td>kV</td><td>$1.2\times126/\sqrt{3}$</td></tr>
<tr><td>每个隔室</td><td rowspan="6">pC</td><td>≤5</td></tr>
<tr><td>每单个绝缘件</td><td>≤3</td></tr>
<tr><td>套管</td><td>≤5</td></tr>
<tr><td>电流互感器</td><td>≤5</td></tr>
<tr><td>电压互感器</td><td>≤10</td></tr>
<tr><td>避雷器</td><td>≤10</td></tr>
</table>

表 1（续）

序号	名　　称		单位	标准参数值
16	供电电源	控制回路	V	DC 220/DC110/AC220
		辅助回路	V	AC 380/AC220
17	使用寿命		年	≥40
18	检修周期		年	≥20
19	设备质量	SF_6气体质量	kg	（投标人提供）
		总质量	kg	（投标人提供）
		最大运输质量	kg	（投标人提供）
		动荷载向下	kg	（投标人提供）
		动荷载向上	kg	（投标人提供）
20	设备尺寸	设备的整体尺寸	m	（投标人提供）
		设备的最大运输尺寸	m	1.5/1.0/0.8
		间隔尺寸	m	（项目单位提供）
21	结构布置	断路器		三相共箱
		母线		三相共箱
二	断路器参数			
1	型号			（投标人提供）
2	布置型式（立式或卧式）			（投标人提供）
3	断口数			1
4	额定电流	出线	A	3150
		进线		3150
		分段、母联		3150
5	主回路电阻		μΩ	（投标人提供）
6	温升试验电流		A	$1.1I_N$
7	额定工频 1min 耐受电压	断口	kV	230＋70
		对地		230
	额定雷电冲击耐受电压峰值（1.2/50μs）	断口	kV	550＋100
		对地		550
8	额定短路开断电流	交流分量有效值	kA	40
		时间常数	ms	45
		开断次数	次	≥20
		首相开断系数		1.5
9	额定短路关合电流		kA	100
10	额定短时耐受电流及持续时间		kA/s	40/3
11	额定峰值耐受电流		kA	100

表 1（续）

序号	名　　称		单位	标准参数值
12	开断时间		ms	≤60
13	合分时间		ms	≤60
14	分闸时间		ms	≤40
15	合闸时间		ms	≤100
16	重合闸无电流间隙时间		ms	300
17	分、合闸速度	刚分速度	m/s	（投标人提供）
		刚合速度		（投标人提供）
18	分闸不同期性		ms	≤3
19	合闸不同期性		ms	≤5
20	机械寿命		次	≥5000
21	额定操作顺序			O–0.3s–CO–180s–CO
22	现场开合空载变压器能力	空载变压器容量	MVA	31.5/40/50/63/80/100
		空载励磁电流	A	0.5～15
		试验电压	kV	126
		操作顺序		10×O 和 10×（CO）
23	现场开合空载线路充电电流试验	试验电流	A	由实际线路长度决定
		试验电压	kV	126
		试验条件		线路原则上不得带有泄压设备，如电抗器、避雷器、电磁式电压互感器等
		操作顺序		10×（O–0.3s–CO）
24	容性电流开合试验（试验室）	试验电流	A	线路：31.5，电缆：140
		试验电压	kV	$1.4\times126/\sqrt{3}$
		C1 级：LC1 和 CC1：24×O；LC2 和 CC2：24×CO C2 级：LC1 和 CC1：48×O；LC2 和 CC2：24×O 和 24×CO		C1 级/C2 级
25	近区故障条件下的开合能力	L90	kA	36
		L75	kA	30
		L60	kA	24（L75 的最小燃弧时间大于 L90 的最小燃弧时间 5ms 时）
		操作顺序		O–0.3s–CO–180s–CO

表 1（续）

序号	名　称		单位	标准参数值
26	失步关合和开断能力	开断电流	kA	10
		试验电压	kV	$2.5\times126/\sqrt{3}$
		操作顺序		方式 1：O–O–O 方式 2：CO–O–O
27	SF_6 气体压力（表压，20℃）	额定	MPa	（投标人提供）
		报警		（投标人提供）
		最低		（投标人提供）
		闭锁		（投标人提供）
28	操动机构型式或型号			弹簧
	操作方式			三相机械联动
	电动机电压		V	AC 380/220
	合闸操作电源	额定操作电压	V	DC 220/110
		操作电压允许范围		85%～110%额定操作电压，30%及以下额定电压不得动作
		每相线圈数量	只	1
		每只线圈涌流	A	（投标人提供）
		每只线圈稳态电流	A	DC 220V、2.5A 或 DC 110V、5A
	分闸操作电源	额定操作电压	V	DC 220/110
		操作电压允许范围		65%～110%额定操作电压，30%及以下额定电压不得动作
		每相线圈数量	只	1
		每只线圈涌流	A	（投标人提供）
		每只线圈稳态电流	A	DC 220V、2.5A 或 DC 110V、5A
	驱潮/加热器	电压	V	AC 220
		运行方式		常投/温湿自动投切
		每相功率（驱潮/加热）	W	（投标人提供）/（投标人提供）
	备用辅助触点	数量	对	10 常开触点，10 常闭触点（引出到相应汇控柜端子排）
		开断能力		DC 220V、2.5A 或 DC 110V、5A
	检修周期		年	≥20
	弹簧机构	储能时间	s	≤20

表 1（续）

<table>
<tr><th>序号</th><th colspan="2">名　　称</th><th>单位</th><th>标准参数值</th></tr>
<tr><td rowspan="2">29</td><td rowspan="2">断路器的质量</td><td>断路器包括辅助设备的总质量</td><td>kg</td><td>（投标人提供）</td></tr>
<tr><td>每相操动机构的质量</td><td>kg</td><td>（投标人提供）</td></tr>
<tr><td rowspan="2">30</td><td rowspan="2">断路器的质量</td><td>每相 SF_6 气体质量</td><td>kg</td><td>（投标人提供）</td></tr>
<tr><td>运输总质量</td><td>kg</td><td>（投标人提供）</td></tr>
<tr><td>31</td><td colspan="2">运输高度</td><td>m</td><td>（投标人提供）</td></tr>
<tr><td>32</td><td colspan="2">起吊高度</td><td>m</td><td>（投标人提供）</td></tr>
<tr><td>三</td><td colspan="4">隔离开关参数</td></tr>
<tr><td>1</td><td colspan="2">型式/型号</td><td></td><td>（投标人提供）</td></tr>
<tr><td rowspan="3">2</td><td rowspan="3">额定电流</td><td>出线</td><td>A</td><td>3150</td></tr>
<tr><td>进线</td><td>A</td><td>3150</td></tr>
<tr><td>分段、母联</td><td>A</td><td>3150</td></tr>
<tr><td>3</td><td colspan="2">主回路电阻</td><td>μΩ</td><td>（投标人提供）</td></tr>
<tr><td>4</td><td colspan="2">温升试验电流</td><td>A</td><td>$1.1I_N$</td></tr>
<tr><td rowspan="4">5</td><td rowspan="2">额定工频 1min 耐受电压</td><td>断口</td><td rowspan="2">kV</td><td>230＋70</td></tr>
<tr><td>对地</td><td>230</td></tr>
<tr><td rowspan="2">额定雷电冲击耐受电压峰值（1.2/50μs）</td><td>断口</td><td rowspan="2">kV</td><td>550＋100</td></tr>
<tr><td>对地</td><td>550</td></tr>
<tr><td>6</td><td colspan="2">额定短时耐受电流及持续时间</td><td>kA/s</td><td>40/3</td></tr>
<tr><td>7</td><td colspan="2">额定峰值耐受电流</td><td>kA</td><td>100</td></tr>
<tr><td rowspan="2">8</td><td rowspan="2">分、合闸时间</td><td>分闸时间</td><td rowspan="2">ms</td><td>（投标人提供）</td></tr>
<tr><td>合闸时间</td><td>（投标人提供）</td></tr>
<tr><td rowspan="2">9</td><td rowspan="2">分、合闸速度</td><td>刚分速度</td><td rowspan="2">m/s</td><td>（投标人提供）</td></tr>
<tr><td>刚合速度</td><td>（投标人提供）</td></tr>
<tr><td>10</td><td colspan="2">机械寿命</td><td>次</td><td>≥3000</td></tr>
<tr><td>11</td><td colspan="2">开合小电容电流值</td><td>A</td><td>1</td></tr>
<tr><td>12</td><td colspan="2">开合小电感电流值</td><td>A</td><td>0.5</td></tr>
<tr><td rowspan="3">13</td><td rowspan="3">开合母线转换电流能力</td><td>转换电流</td><td>A</td><td>1600</td></tr>
<tr><td>转换电压</td><td>V</td><td>10</td></tr>
<tr><td>开断次数</td><td>次</td><td>100</td></tr>
<tr><td rowspan="4">14</td><td rowspan="4">操动机构</td><td>型式或型号</td><td></td><td>电动并可手动</td></tr>
<tr><td>电动机电压</td><td>V</td><td>AC 380/220</td></tr>
<tr><td>控制电压</td><td>V</td><td>AC 220</td></tr>
<tr><td>允许电压变化范围</td><td></td><td>85%～110%</td></tr>
</table>

表 1（续）

<table>
<tr><th>序号</th><th colspan="3">名　　称</th><th>单位</th><th>标准参数值</th></tr>
<tr><td rowspan="3">14</td><td colspan="2">操动机构</td><td>操作方式</td><td></td><td>三相机械联动</td></tr>
<tr><td colspan="2" rowspan="2">备用辅助触点</td><td>数量</td><td>对</td><td>10 常开触点，10 常闭触点（引出到相应汇控柜端子排）</td></tr>
<tr><td>开断能力</td><td></td><td>DC 220V、2.5A 或
DC 110V、5A</td></tr>
<tr><td>四</td><td colspan="5">快速接地开关参数</td></tr>
<tr><td>1</td><td colspan="3">额定短时耐受电流及持续时间</td><td>kA/s</td><td>40/3</td></tr>
<tr><td>2</td><td colspan="3">额定峰值耐受电流</td><td>kA</td><td>100</td></tr>
<tr><td>3</td><td colspan="3">额定短路关合电流</td><td>kA</td><td>100</td></tr>
<tr><td>4</td><td colspan="3">额定短路电流关合次数</td><td>次</td><td>≥2</td></tr>
<tr><td rowspan="2">5</td><td colspan="2" rowspan="2">分、合闸时间</td><td>分闸时间</td><td rowspan="2">ms</td><td>（投标人提供）</td></tr>
<tr><td>合闸时间</td><td>（投标人提供）</td></tr>
<tr><td rowspan="2">6</td><td colspan="2" rowspan="2">分、合闸速度</td><td>刚分速度</td><td rowspan="2">m/s</td><td>（投标人提供）</td></tr>
<tr><td>刚合速度</td><td>（投标人提供）</td></tr>
<tr><td>7</td><td colspan="3">机械寿命</td><td>次</td><td>≥3000</td></tr>
<tr><td rowspan="6">8</td><td rowspan="6">开合感应电流能力（A 类/B 类）</td><td rowspan="3">电磁感应</td><td>感性电流</td><td>A</td><td>50/80</td></tr>
<tr><td>开断次数</td><td>次</td><td>10</td></tr>
<tr><td>感应电压</td><td>kV</td><td>0.5/2</td></tr>
<tr><td rowspan="3">静电感应</td><td>容性电流</td><td>A</td><td>0.4/2</td></tr>
<tr><td>开断次数</td><td>次</td><td>10</td></tr>
<tr><td>感应电压</td><td>kV</td><td>3/6</td></tr>
<tr><td rowspan="6">9</td><td colspan="2" rowspan="4">操动机构</td><td>型式或型号</td><td></td><td>电动并可手动</td></tr>
<tr><td>电动机电压</td><td>V</td><td>AC 380/220</td></tr>
<tr><td>控制电压</td><td>V</td><td>AC 220</td></tr>
<tr><td>允许电压变化范围</td><td></td><td>85%～110%</td></tr>
<tr><td colspan="2" rowspan="2">备用辅助触点</td><td>数量</td><td>对</td><td>8 常开触点，8 常闭触点（引出到相应汇控柜端子排）</td></tr>
<tr><td>开断能力</td><td></td><td>DC 220V、2.5A 或
DC 110V、5A</td></tr>
<tr><td>五</td><td colspan="5">检修接地开关参数</td></tr>
<tr><td>1</td><td colspan="3">额定短时耐受电流及持续时间</td><td>kA/s</td><td>40/3</td></tr>
<tr><td>2</td><td colspan="3">额定峰值耐受电流</td><td>kA</td><td>100</td></tr>
<tr><td>3</td><td colspan="3">机械寿命</td><td>次</td><td>≥3000</td></tr>
</table>

表 1（续）

序号	名　　称		单位	标准参数值
4	操动机构	型式或型号		电动并可手动
		电动机电压	V	AC 380/220
		控制电压	V	AC 220
		允许电压变化范围		85%～110%
	备用辅助触点	数量	对	8 常开触点，8 常闭触点
		开断能力		DC 220V、2.5A 或 DC 110V、5A
六	电流互感器参数			
1	型式或型号			电磁式
2	布置型式			内置/外置
3	额定电流比[1]			根据实际工程选择，0.2S 次级要求带中间抽头
4	准确级组合及额定容量[1]			330kV 变电站： 主变压器：TPY/TPY/5P/0.2/0.2S 15VA/15VA/15VA/15VA/5VA 出线、分段、母联：数字量采样时，5P/0.2S 15VA/5VA；模拟量采样时，5P/0.2 –断口 – 0.2S/5P/5P 15VA/15VA – 断口 – 5VA/15VA/15VA（出线、母联），5P/5P/0.2 –断口 – 5P/5P/5P 15VA/15VA/15VA – 断口 – 15VA/15VA/15VA（分段） 220kV 及以下变电站： （1）单母线接线 主变压器： 5P/5P/0.2S/0.2S15VA/15VA/15VA/5VA； 出线、分段、母联： 5P/0.2S15VA/5VA； （2）桥形接线、线变组 主变压器、出线、分段、母联： 5P/5P/0.2S/0.2S15VA/15VA/15VA/5VA
七	电压互感器参数			
1	型式或型号			电磁式
2	额定电压比			$\frac{110}{\sqrt{3}}/\frac{0.1}{\sqrt{3}}$kV（单相）、 $\frac{110}{\sqrt{3}}/\frac{0.1}{\sqrt{3}}/\frac{0.1}{\sqrt{3}}/\frac{0.1}{\sqrt{3}}/0.1$kV
3	准确级			0.5（3P）、0.2/0.5（3P）/0.5（3P）/6P
4	容量		VA	10、10/10/10/10
5	接线组别			–，Y/Y/Y/△
6	三相不平衡度		V	1

表 1（续）

<table>
<tr><th>序号</th><th colspan="2">名　　称</th><th>单位</th><th>标准参数值</th></tr>
<tr><td>7</td><td colspan="2">低压绕组 1min 工频耐压</td><td>kV</td><td>3</td></tr>
<tr><td>8</td><td colspan="2">额定电压因数</td><td></td><td>1.2 倍连续，1.5 倍 30s</td></tr>
<tr><td>八</td><td colspan="4">避雷器参数</td></tr>
<tr><td>1</td><td colspan="2">额定电压</td><td>kV</td><td>102/108</td></tr>
<tr><td>2</td><td colspan="2">持续运行电压</td><td>kV</td><td>79.6/84</td></tr>
<tr><td>3</td><td colspan="2">标称放电电流（8/20μs）</td><td>kA</td><td>10</td></tr>
<tr><td>4</td><td colspan="2">陡波冲击电流下残压（1/10μs）</td><td>kV</td><td>297/315</td></tr>
<tr><td>5</td><td colspan="2">雷电冲击电流下残压（8/20μs）</td><td>kV</td><td>266/281</td></tr>
<tr><td>6</td><td colspan="2">操作冲击电流下残压（30/60μs）</td><td>kV</td><td>226/239</td></tr>
<tr><td>7</td><td colspan="2">直流 1mA 参考电压</td><td>kV</td><td>≥148/157</td></tr>
<tr><td>8</td><td colspan="2">75%直流 1mA 参考电压下的泄漏电流</td><td>μA</td><td>（投标人提供）</td></tr>
<tr><td>9</td><td colspan="2">工频参考电压（有效值）</td><td>kV</td><td>（投标人提供）</td></tr>
<tr><td>10</td><td colspan="2">工频参考电流（峰值）</td><td>mA</td><td>（投标人提供）</td></tr>
<tr><td rowspan="2">11</td><td rowspan="2">持续电流</td><td>全电流</td><td>mA</td><td>（投标人提供）</td></tr>
<tr><td>阻性电流</td><td>μA</td><td>（投标人提供）</td></tr>
<tr><td rowspan="2">12</td><td rowspan="2">长持续时间冲击耐受电流</td><td>线路放电等级</td><td></td><td>1/2</td></tr>
<tr><td>方波电流冲击</td><td>A</td><td>400/600</td></tr>
<tr><td>13</td><td colspan="2">4/10μs 大冲击耐受电流</td><td>kA</td><td>100</td></tr>
<tr><td>14</td><td colspan="2">动作负载</td><td></td><td>（投标人提供）</td></tr>
<tr><td>15</td><td colspan="2">工频电压耐受时间特性</td><td></td><td>（投标人提供）</td></tr>
<tr><td>16</td><td colspan="2">千伏额定电压吸收能力</td><td>kJ/kV</td><td>（投标人提供）</td></tr>
<tr><td>17</td><td colspan="2">压力释放能力</td><td>kA/s</td><td>40/0.2</td></tr>
<tr><td>九</td><td colspan="4">套管参数</td></tr>
<tr><td>1</td><td colspan="2">伞裙型式</td><td></td><td>大小伞</td></tr>
<tr><td>2</td><td colspan="2">材质</td><td></td><td>瓷/复合绝缘</td></tr>
<tr><td>3</td><td colspan="2">额定电流</td><td>A</td><td>3150</td></tr>
<tr><td>4</td><td colspan="2">额定短时耐受电流及持续时间</td><td>kA/s</td><td>40/3</td></tr>
<tr><td>5</td><td colspan="2">额定峰值耐受电流</td><td>kA</td><td>100</td></tr>
<tr><td>6</td><td colspan="2">额定工频 1min 耐受电压（相对地）</td><td>kV</td><td>230</td></tr>
<tr><td>7</td><td colspan="2">额定雷电冲击耐受电压峰值
（1.2/50μs）（相对地）</td><td>kV</td><td>550</td></tr>
<tr><td>8</td><td colspan="2">爬电距离</td><td>mm</td><td>3906 k_{ad}（当平均直径 D_a＜300mm 时，$k_{ad}=1.0$；当平均直径 D_a≥300mm 时，$k_{ad}=0.000\,5D_a+0.85$）</td></tr>
<tr><td>9</td><td colspan="2">干弧距离</td><td>mm</td><td>≥900</td></tr>
<tr><td>10</td><td colspan="2">S/P</td><td></td><td>≥0.9</td></tr>
</table>

表 1（续）

<table>
<tr><th>序号</th><th colspan="2">名　　称</th><th>单位</th><th>标准参数值</th></tr>
<tr><td rowspan="4">11</td><td rowspan="4">端子静负载</td><td>水平纵向</td><td rowspan="3">N</td><td>1250</td></tr>
<tr><td>水平横向</td><td>750</td></tr>
<tr><td>垂直</td><td>1000</td></tr>
<tr><td>安全系数</td><td></td><td>静态：≥2.75，动态：≥1.7</td></tr>
<tr><td>12</td><td colspan="2">套管顶部金属带电部分的相间最小净距</td><td>mm</td><td>≥1000</td></tr>
<tr><td>十</td><td colspan="4">环氧浇注绝缘子参数</td></tr>
<tr><td>1</td><td colspan="2">安全系数</td><td></td><td>大于 3 倍设计压力</td></tr>
<tr><td>2</td><td colspan="2">2 倍额定相电压下泄漏电流</td><td>μA</td><td>50</td></tr>
<tr><td>3</td><td colspan="2">1.1 倍额定相电压下最大场强</td><td>kV/mm</td><td>≤1.5</td></tr>
<tr><td>十一</td><td colspan="4">主母线参数</td></tr>
<tr><td>1</td><td colspan="2">材质</td><td></td><td>铝</td></tr>
<tr><td>2</td><td colspan="2">额定电流</td><td>A</td><td>3150</td></tr>
<tr><td>3</td><td colspan="2">额定短时耐受电流及持续时间</td><td>kA/s</td><td>40/3</td></tr>
<tr><td>4</td><td colspan="2">额定峰值耐受电流</td><td>kA</td><td>100</td></tr>
<tr><td>5</td><td colspan="2">导体直径（内径/外径）</td><td>mm</td><td>（投标人提供）</td></tr>
<tr><td>十二</td><td colspan="4">外壳参数</td></tr>
<tr><td>1</td><td colspan="2">材质</td><td></td><td>钢、铸铝、铝合金</td></tr>
<tr><td>2</td><td colspan="2">外壳破坏压力</td><td></td><td>铸铝和铝合金：5 倍的设计压力；焊接铝外壳和钢外壳：3 倍的设计压力</td></tr>
<tr><td rowspan="4">3</td><td rowspan="4">温升</td><td>试验电流</td><td>A</td><td>$1.1I_N$</td></tr>
<tr><td>可以接触部位</td><td>K</td><td>≤30</td></tr>
<tr><td>可能接触部位</td><td>K</td><td>≤40</td></tr>
<tr><td>不可接触部位</td><td>K</td><td>65</td></tr>
<tr><td rowspan="2">4</td><td rowspan="2">外壳耐烧穿的能力</td><td>电流</td><td>kA</td><td>40</td></tr>
<tr><td>时间</td><td>s</td><td>0.1</td></tr>
<tr><td>5</td><td colspan="2">防爆膜的设置</td><td></td><td>（投标人提供）</td></tr>
<tr><td>6</td><td colspan="2">感应电压</td><td></td><td>正常运行条件≤24V，故障条件≤100V</td></tr>
<tr><td>十三</td><td colspan="4">伸缩节参数</td></tr>
<tr><td>1</td><td colspan="2">材质</td><td></td><td>不锈钢或铝合金</td></tr>
<tr><td>2</td><td colspan="2">使用寿命</td><td></td><td>≥40 年或 10 000 次伸缩</td></tr>
<tr><td>十四</td><td colspan="4">SF_6 气体参数</td></tr>
<tr><td>1</td><td colspan="2">湿度</td><td>μg/g</td><td>≤8</td></tr>
<tr><td>2</td><td colspan="2">纯度</td><td>%</td><td>≥99.9</td></tr>
</table>

注： 本表适用于海拔 1000m 及以下地区户外正常使用条件，高海拔地区所用设备按照实际污区分布进行设备选型，并按照 Q/GDW 13001—2014《高海拔外绝缘配置技术规范》要求进行海拔修正，其他特殊适用条件根据工程实际情况进行修改。

[1] 绕组抽头及准确级排列、额定容量可根据工程实际情况确定。

5 组件材料配置表

组件材料配置表包括元件名称、规格形式参数、单位、数量和产地等信息，具体内容和格式根据招标项目情况进行编制。

6 使用环境条件表

126kV/3150A～40kA 气体绝缘金属封闭开关设备使用环境条件见表 2。特殊环境要求根据项目情况进行编制。

表 2 使用环境条件表

序号	名称		单位	标准参数值	项目需求值
1	周围空气温度	最高气温	℃	+40	
		最低气温		−25	
		最大日温差	K	25	
2	海拔		m	≤1000	
3	太阳辐射强度		W/cm^2	0.1	
4	污秽等级			e 级	
5	覆冰厚度		mm	10	
6	风速/风压		m/s/Pa	34/700	
7	湿度	日相对湿度平均值	%	≤95	
		月相对湿度平均值		≤90	
8	耐受地震能力（水平加速度）		m/s^2	2	
9	由于主回路中的开合操作在辅助和控制回路上所感应的共模电压的幅值		kV	≤1.6	
10	系统中性点接地方式		直接接地/不接地		
11	安装地点		户内/户外		

7 需提供的工程图纸

需提供的工程图纸有电气主接线图、设备平面布置图、断面布置图和 SF_6 系统图。

ICS 29.240

Q/GDW

国家电网有限公司企业标准

Q/GDW 13097.4 — 2018
代替 Q/GDW 13097.4 — 2014

126kV～550kV 气体绝缘金属封闭开关设备采购标准 第 4 部分：252kV/3150A～50kA 气体绝缘金属封闭开关设备专用技术规范

Purchasing standard of 126kV～550kV gas insulate metal-enclosed switchgear Part 4: special technical specification of 252kV/3150A～50kA gas insulate metal-enclosed switchgear (GIS)

2019-06-28发布 2019-06-28实施

国家电网有限公司 发 布

目　　次

前　　言

为规范 126kV～550kV 气体绝缘金属封闭开关设备的采购，制定本部分《126kV～550kV 气体绝缘金属封闭开关设备采购标准》分为 20 个部分：

——第 1 部分：通用技术规范；
——第 2 部分：126kV/2000A～40kA 气体绝缘金属封闭开关设备专用技术规范；
——第 3 部分：126kV/3150A～40kA 气体绝缘金属封闭开关设备专用技术规范；
——第 4 部分：252kV/3150A～50kA 气体绝缘金属封闭开关设备专用技术规范；
——第 5 部分：252kV/4000A～50kA 气体绝缘金属封闭开关设备专用技术规范；
——第 6 部分：363kV/3150A～50kA 气体绝缘金属封闭开关设备专用技术规范；
——第 7 部分：363kV/4000A～50kA 气体绝缘金属封闭开关设备专用技术规范；
——第 8 部分：363kV/5000A～63kA 气体绝缘金属封闭开关设备专用技术规范；
——第 9 部分：550kV/4000A～63kA 气体绝缘金属封闭开关设备专用技术规范；
——第 10 部分：550kV/5000A～63kA 气体绝缘金属封闭开关设备专用技术规范；
——第 11 部分：126kV/2000A～40kA 复合式气体绝缘金属封闭开关设备专用技术规范；
——第 12 部分：126kV/3150A～40kA 复合式气体绝缘金属封闭开关设备专用技术规范；
——第 13 部分：252kV/3150A～50kA 复合式气体绝缘金属封闭开关设备专用技术规范；
——第 14 部分：252kV/4000A～50kA 复合式气体绝缘金属封闭开关设备专用技术规范；
——第 15 部分：363kV/3150A～50kA 复合式气体绝缘金属封闭开关设备专用技术规范；
——第 16 部分：363kV/4000A～50kA 复合式气体绝缘金属封闭开关设备专用技术规范；
——第 17 部分：550kV/4000A～63kA 复合式气体绝缘金属封闭开关设备专用技术规范；
——第 18 部分：550kV/5000A～63kA 复合式气体绝缘金属封闭开关设备专用技术规范；
——第 19 部分：252kV/5000A～50kA 气体绝缘金属封闭开关设备专用技术规范；
——第 20 部分：363kV/5000A～63kA 复合式气体绝缘金属封闭开关设备专用技术规范。

本部分为《126kV～550kV 气体绝缘金属封闭开关设备采购标准》的第 4 部分。

本部分代替 Q/GDW 13097.4—2014，与 Q/GDW 13097.4—2014 相比，主要技术性差异如下：

——增加了零起打压时间和补压时间参数。
——修改了对外壳耐烧穿能力、操动机构型式、备用辅助触点、爬电距离、干弧距离、伸缩节使用寿命、污秽等级和工程图纸等的要求。

本部分由国家电网有限公司物资部提出并解释。

本部分由国家电网有限公司科技部归口。

本部分起草单位：国网浙江省电力有限公司、中国电力科学研究院有限公司、国网江苏省电力有限公司。

本部分主要起草人：徐华、王绍安、和彦淼、刘北阳、刘焱、周彪、陈孝信、王婷婷、杨仲超、蔡勇。

本部分 2014 年 9 月首次发布，2018 年 12 月第一次修订。

本部分在执行过程中的意见或建议反馈至国家电网有限公司科技部。

126kV～550kV 气体绝缘金属封闭开关设备采购标准 第 4 部分：252kV/3150A～50kA 气体绝缘金属封闭开关设备专用技术规范

1 范围

本部分规定了 252kV/3150A～50kA 气体绝缘金属封闭开关设备招标的标准技术参数、项目需求及投标人响应的相关内容。

本部分适用于 252kV/3150A～50kA 气体绝缘金属封闭开关设备招标。

2 规范性引用文件

下列文件对于本文件的应用是必不可少的。凡是注日期的引用文件，仅注日期的版本适用于本文件。凡是不注日期的引用文件，其最新版本（包括所有的修改单）适用于本文件。

Q/GDW 13097.1 126kV～550kV 气体绝缘金属封闭开关设备采购标准 第 1 部分：通用技术规范

Q/GDW 13001—2014 高海拔外绝缘配置技术规范

3 术语和定义

下列术语和定义适用于本文件。

3.1

招标人 bidder

依照《中华人民共和国招标投标法》的规定，提出招标项目，进行招标的法人或其他组织。

3.2

投标人 tenderer

响应招标、参加投标竞争的法人或者其他组织。

3.3

卖方（供方） seller（supplier）

提供本部分货物和技术服务的法人或其他组织，包括其法定的承继者。

3.4

买方（需方） buyer（purchaser）

购买本部分货物和技术服务的法人或其他组织，包括其法定的承继者和经许可的受让人。

4 标准技术参数

技术参数特性表是国家电网有限公司对采购设备的基础技术参数要求，在招投标过程中，投标人应依据招标文件，对技术参数特性表中标准参数值进行响应。252kV/3150A～50kA 气体绝缘金属封闭开关设备技术参数特性见表 1。物资应满足 Q/GDW 13097.1 的要求。

表1 技术参数特性表

<table>
<tr><th>序号</th><th colspan="3">名　称</th><th>单位</th><th>标准参数值</th></tr>
<tr><td>一</td><td colspan="5">GIS 共用参数</td></tr>
<tr><td>1</td><td colspan="3">额定电压</td><td>kV</td><td>252</td></tr>
<tr><td rowspan="4">2</td><td colspan="2" rowspan="4">额定电流</td><td>出线</td><td rowspan="4">A</td><td>3150</td></tr>
<tr><td>进线</td><td>3150</td></tr>
<tr><td>分段、母联</td><td>3150/4000</td></tr>
<tr><td>主母线</td><td>3150/4000</td></tr>
<tr><td>3</td><td colspan="3">额定工频 1min 耐受电压（相对地）</td><td>kV</td><td>460</td></tr>
<tr><td>4</td><td colspan="3">额定雷电冲击耐受电压峰值
（1.2/50μs）（相对地）</td><td>kV</td><td>1050</td></tr>
<tr><td>5</td><td colspan="3">额定短路开断电流</td><td>kA</td><td>50</td></tr>
<tr><td>6</td><td colspan="3">额定短路关合电流</td><td>kA</td><td>125</td></tr>
<tr><td>7</td><td colspan="3">额定短时耐受电流及持续时间</td><td>kA/s</td><td>50/3</td></tr>
<tr><td>8</td><td colspan="3">额定峰值耐受电流</td><td>kA</td><td>125</td></tr>
<tr><td>9</td><td colspan="3">辅助和控制回路短时工频耐受电压</td><td>kV</td><td>2</td></tr>
<tr><td>10</td><td colspan="3">无线电干扰电压</td><td>μV</td><td>≤500</td></tr>
<tr><td>11</td><td colspan="3">噪声水平</td><td>dB</td><td>≤90</td></tr>
<tr><td rowspan="2">12</td><td colspan="2" rowspan="2">SF_6气体压力
（20℃，表压）</td><td>断路器室</td><td rowspan="2">MPa</td><td>（投标人提供）</td></tr>
<tr><td>其他隔室</td><td>（投标人提供）</td></tr>
<tr><td>13</td><td colspan="3">每个隔室 SF_6 气体漏气率</td><td>%/年</td><td>≤0.5</td></tr>
<tr><td rowspan="4">14</td><td rowspan="4">SF_6气
体湿度</td><td rowspan="2">有电弧分
解物隔室</td><td>交接验收值</td><td rowspan="4">μL/L</td><td>≤150</td></tr>
<tr><td>长期运行
允许值</td><td>≤300</td></tr>
<tr><td rowspan="2">无电弧分
解物隔室</td><td>交接验收值</td><td>≤250</td></tr>
<tr><td>长期运行
允许值</td><td>≤500</td></tr>
<tr><td rowspan="7">15</td><td colspan="2" rowspan="7">局部放电</td><td>试验电压</td><td>kV</td><td>$1.2\times252/\sqrt{3}$</td></tr>
<tr><td>每个隔室</td><td rowspan="6">pC</td><td>≤5</td></tr>
<tr><td>每单个绝缘件</td><td>≤3</td></tr>
<tr><td>套管</td><td>≤5</td></tr>
<tr><td>电流互感器</td><td>≤5</td></tr>
<tr><td>电压互感器</td><td>≤10</td></tr>
<tr><td>避雷器</td><td>≤10</td></tr>
</table>

表 1（续）

序号	名　称		单位	标准参数值
16	供电电源	控制回路	V	AC220/DC 220/DC110
		辅助回路	V	AC 380/220
17	使用寿命		年	≥40
18	检修周期		年	≥20
19	设备质量	SF_6气体质量	kg	（投标人提供）
		总质量	kg	（投标人提供）
		最大运输质量	kg	（投标人提供）
		动荷载向下	kg	（投标人提供）
		动荷载向上	kg	（投标人提供）
20	设备尺寸	设备的整体尺寸	m	（投标人提供）
		设备的最大运输尺寸	m	（投标人提供）
		间隔尺寸（相邻间隔最小中心距）	m	2/3
21	结构布置	断路器		三相分箱
		母线		三相分箱/三相共箱
22	每间隔隔室数量		个/相	（投标人提供）
23	主母线的隔室最大长度		m	（投标人提供）
二	断路器参数			
1	型号			（投标人提供）
2	布置型式（立式或卧式）			（投标人提供）
3	断口数			1
4	额定电流	出线	A	3150
		进线		3150
		分段、母联		3150/4000
5	主回路电阻		μΩ	（投标人提供）
6	温升试验电流		A	$1.1I_N$
7	额定工频 1min 耐受电压	断口	kV	460＋145
		对地		460
	额定雷电冲击耐受电压峰值（1.2/50μs）	断口	kV	1050＋200
		对地		1050
8	额定短路开断电流	交流分量有效值	kA	50
		时间常数	ms	45
		开断次数	次	20
		首相开断系数		1.3

表 1（续）

序号	名　称		单位	标准参数值
9	额定短路关合电流		kA	125
10	额定短时耐受电流及持续时间		kA/s	50/3
11	额定峰值耐受电流		kA	125
12	开断时间		ms	≤50
13	合分时间		ms	≤60
14	分闸时间		ms	≤30
15	合闸时间		ms	≤100
16	重合闸无电流间隙时间		ms	300
17	分、合闸速度	刚分速度	m/s	（投标人提供）
		刚合速度		（投标人提供）
18	分闸不同期性		ms	3
19	合闸不同期性		ms	5
20	机械寿命		次	≥5000
21	额定操作顺序			O–0.3s–CO–180s–CO
22	现场开合空载变压器能力	空载变压器容量	MVA	120/150/180/240
		空载励磁电流	A	0.5～15
		试验电压	kV	三相 252，单相 $252/\sqrt{3}$
		操作顺序		10×O 和 10×（CO）
23	现场开合空载线路充电电流试验	试验电流	A	由实际线路长度决定
		试验电压	kV	252
		试验条件		线路原则上不得带有泄压设备，如电抗器、避雷器、电磁式电压互感器等
		操作顺序		10×（O–0.3s–CO）
24	容性电流开合试验（试验室）	试验电流	A	线路：125，电缆：250
		试验电压	kV	$1.2\times252/\sqrt{3}$
		C1 级：LC1 和 CC1：24×O，LC2 和 CC2：24×CO；C2 级：LC1 和 CC1：48×O，LC2 和 CC2：24×O 和 24×CO		C1 级/C2 级
25	近区故障条件下的开合能力	L90	kA	45
		L75	kA	37.5
		L60	kA	30（L75 的最小燃弧时间大于 L90 的最小燃弧时间 5ms 时）
		操作顺序		O–0.3s–CO–180s–CO

表 1（续）

<table>
<tr><th>序号</th><th colspan="2">名　称</th><th>单位</th><th>标准参数值</th></tr>
<tr><td rowspan="3">26</td><td rowspan="3">失步关合和
开断能力</td><td>开断电流</td><td>kA</td><td>12.5</td></tr>
<tr><td>试验电压</td><td>kV</td><td>$2.0 \times 252/\sqrt{3}$</td></tr>
<tr><td>操作顺序</td><td></td><td>方式 1：O–O–O
方式 2：CO–O–O</td></tr>
<tr><td rowspan="4">27</td><td rowspan="4">SF_6气体压力
（表压，20℃）</td><td>额定</td><td rowspan="4">MPa</td><td>（投标人提供）</td></tr>
<tr><td>报警</td><td>（投标人提供）</td></tr>
<tr><td>最低</td><td>（投标人提供）</td></tr>
<tr><td>闭锁</td><td>（投标人提供）</td></tr>
<tr><td rowspan="22">28</td><td colspan="2">操动机构型式或型号</td><td></td><td>液压（含液压弹簧）、弹簧</td></tr>
<tr><td colspan="2">零起打压时间</td><td>min</td><td>（投标人提供）</td></tr>
<tr><td colspan="2">补压时间</td><td>s</td><td>（投标人提供）</td></tr>
<tr><td colspan="2">操作方式</td><td></td><td>三相机械联动（主变、分段、母联）；
分相操作（线路）</td></tr>
<tr><td colspan="2">电动机电压</td><td>V</td><td>AC 380/220</td></tr>
<tr><td rowspan="5">合闸操作电源</td><td>额定操作电压</td><td>V</td><td>DC 220/110</td></tr>
<tr><td>操作电压允许范围</td><td></td><td>85%～110%额定操作电压，30%及以下额定电压不得动作</td></tr>
<tr><td>每相线圈数量</td><td>只</td><td>1</td></tr>
<tr><td>每只线圈涌流</td><td>A</td><td>（投标人提供）</td></tr>
<tr><td>每只线圈稳态电流</td><td>A</td><td>DC 220V、2.5A 或
DC 110V、5A</td></tr>
<tr><td rowspan="5">分闸操作电源</td><td>额定操作电压</td><td>V</td><td>DC 220/110</td></tr>
<tr><td>操作电压允许范围</td><td></td><td>65%～110%额定操作电压，30%及以下额定电压不得动作</td></tr>
<tr><td>每相线圈数量</td><td>只</td><td>2</td></tr>
<tr><td>每只线圈涌电流</td><td>A</td><td>（投标人提供）</td></tr>
<tr><td>每只线圈稳态电流</td><td>A</td><td>DC 220V、2.5A 或
DC 110V、5A</td></tr>
<tr><td rowspan="4">操动机构工作压力</td><td>最高</td><td rowspan="4">MPa</td><td>（投标人提供）</td></tr>
<tr><td>额定</td><td>（投标人提供）</td></tr>
<tr><td>最低</td><td>（投标人提供）</td></tr>
<tr><td>报警压力</td><td>（投标人提供）</td></tr>
<tr><td rowspan="3">驱潮/加热器</td><td>电压</td><td>V</td><td>AC 220</td></tr>
<tr><td>运行方式</td><td></td><td>常投/温湿自动投切</td></tr>
<tr><td>每相功率（驱潮/加热）</td><td>W</td><td>（投标人提供）/（投标人提供）</td></tr>
</table>

表 1（续）

序号	名　　称		单位	标准参数值
28	备用辅助触点	数量	对	10 常开触点、10 常闭触点（引出到相应汇控柜端子排）
		开断能力		DC 220V、2.5A 或 DC 110V、5A
	检修周期		年	≥20
	液压机构	油泵不启动时闭锁压力下允许的操作次数	次	O－0.3s－CO 或 CO－180s－CO
		24h 打压次数	次	≤2
	液压机构	油中最大允许水分含量	μL/L	（投标人提供）
	弹簧机构	储能时间	s	≤20
29	断路器的质量	断路器包括辅助设备的总质量	kg	（投标人提供）
		每相操动机构的质量	kg	（投标人提供）
		每相 SF_6 气体质量	kg	（投标人提供）
		运输总质量	kg	（投标人提供）
30	运输高度		m	（投标人提供）
31	起吊高度		m	（投标人提供）
三	隔离开关参数			
1	型式/型号			（投标人提供）
2	额定电流	出线	A	3150
		进线	A	3150
		分段、母联	A	3150/4000
3	主回路电阻		μΩ	（投标人提供）
4	温升试验电流		A	$1.1I_N$
5	额定工频 1min 耐受电压	断口	kV	460＋145
		对地		460
	额定雷电冲击耐受电压峰值（1.2/50μs）	断口	kV	1050＋200
		对地		1050
6	额定短时耐受电流及持续时间		kA/s	50/3
7	额定峰值耐受电流		kA	125
8	分、合闸时间	分闸时间	ms	（投标人提供）
		合闸时间		（投标人提供）
9	分、合闸速度	刚分速度	m/s	（投标人提供）
		刚合速度		（投标人提供）
10	机械寿命		次	≥3000

表 1（续）

<table>
<tr><th>序号</th><th colspan="3">名　称</th><th>单位</th><th>标准参数值</th></tr>
<tr><td>11</td><td colspan="3">开合小电容电流值</td><td>A</td><td>1</td></tr>
<tr><td>12</td><td colspan="3">开合小电感电流值</td><td>A</td><td>0.5</td></tr>
<tr><td rowspan="3">13</td><td colspan="2" rowspan="3">开合母线转换电流能力</td><td>转换电流</td><td>A</td><td>1600</td></tr>
<tr><td>转换电压</td><td>V</td><td>20</td></tr>
<tr><td>开断次数</td><td>次</td><td>100</td></tr>
<tr><td rowspan="7">14</td><td colspan="2" rowspan="5">操动机构</td><td>型式或型号</td><td></td><td>电动并可手动</td></tr>
<tr><td>电动机电压</td><td>V</td><td>AC 380/220</td></tr>
<tr><td>控制电压</td><td>V</td><td>AC 220</td></tr>
<tr><td>允许电压变化范围</td><td></td><td>85%～110%</td></tr>
<tr><td>操作方式</td><td></td><td>三相机械联动/分相操作</td></tr>
<tr><td colspan="2" rowspan="2">备用辅助触点</td><td>数量</td><td>对</td><td>10 常开触点、10 常闭触点（引出到相应汇控柜端子排）</td></tr>
<tr><td>开断能力</td><td></td><td>DC 220V、2.5A 或
DC 110V、5A</td></tr>
<tr><td>四</td><td colspan="5">快速接地开关参数</td></tr>
<tr><td>1</td><td colspan="3">额定短时耐受电流及持续时间</td><td>kA/s</td><td>50/3</td></tr>
<tr><td>2</td><td colspan="3">额定峰值耐受电流</td><td>kA</td><td>125</td></tr>
<tr><td>3</td><td colspan="3">额定短路关合电流</td><td>kA</td><td>125</td></tr>
<tr><td>4</td><td colspan="3">额定短路电流关合次数</td><td>次</td><td>≥2</td></tr>
<tr><td rowspan="2">5</td><td colspan="2" rowspan="2">分、合闸时间</td><td>分闸时间</td><td rowspan="2">ms</td><td>（投标人提供）</td></tr>
<tr><td>合闸时间</td><td>（投标人提供）</td></tr>
<tr><td rowspan="2">6</td><td colspan="2" rowspan="2">分、合闸速度</td><td>刚分速度</td><td rowspan="2">m/s</td><td>（投标人提供）</td></tr>
<tr><td>刚合速度</td><td>（投标人提供）</td></tr>
<tr><td>7</td><td colspan="3">机械寿命</td><td>次</td><td>≥3000</td></tr>
<tr><td rowspan="6">8</td><td rowspan="6">开合感应电流能力（A 类/B 类）</td><td rowspan="3">电磁感应</td><td>感性电流</td><td>A</td><td>80/160</td></tr>
<tr><td>开断次数</td><td>次</td><td>10</td></tr>
<tr><td>感应电压</td><td>kV</td><td>1.4/15</td></tr>
<tr><td rowspan="3">静电感应</td><td>容性电流</td><td>A</td><td>1.25/10</td></tr>
<tr><td>开断次数</td><td>次</td><td>10</td></tr>
<tr><td>感应电压</td><td>kV</td><td>5/15</td></tr>
<tr><td rowspan="4">9</td><td colspan="2" rowspan="4">操动机构</td><td>型式或型号</td><td></td><td>电动弹簧并可手动</td></tr>
<tr><td>电动机电压</td><td>V</td><td>AC 380/220</td></tr>
<tr><td>控制电压</td><td>V</td><td>AC 220</td></tr>
<tr><td>允许电压变化范围</td><td></td><td>85%～110%</td></tr>
</table>

表 1（续）

序号	名　　称		单位	标准参数值
9	备用辅助触点	数量	对	8 常开触点、8 常闭触点（引出到相应汇控柜端子排）
		开断能力		DC 220V、2.5A 或 DC 110V、5A
五	检修接地开关参数			
1	额定短时耐受电流及持续时间		kA/s	50/3
2	额定峰值耐受电流		kA	125
3	机械寿命		次	≥3000
4	操动机构	型式或型号		电动并可手动
		电动机电压	V	AC 380/220
		控制电压	V	AC 220
		允许电压变化范围		85%～110%
	备用辅助触点	数量	对	8 常开触点、8 常闭触点（三工位隔离接地组合开关中隔离为 6 常开，6 常闭）
		开断能力		DC 220V、2.5A 或 DC 110V、5A
六	电流互感器参数			
1	型式或型号			电磁式
2	布置型式			内置/外置
3	额定电流比[1]			根据实际工程选择，0.2/0.2S 次级要求带中间抽头
4	准确级组合及额定容量[1]			（1）500kV 变电站 电流互感器： 主变：TPY/TPY/0.2S－断口－5P/5P/0.2S15VA/15VA/15VA－断口－15VA/15VA/5VA； 出线、母联：数字量采样时，5P/5P/0.2S/0.2S15VA/15VA/15VA/5VA；模拟量采样时，5P/5P/0.2S－断口－0.2S/5P/5P15VA/15VA/15VA－断口－5VA/15VA/15VA； 分段：数字量采样时，5P/5P/0.2S/0.2S15VA/15VA/15VA/5VA；模拟量采样时，5P/5P/5P/0.2－断口－5P/5P/5P15VA/15VA/15VA/15VA－断口－15VA/15VA/15VA （2）220kV 变电站 电流互感器： 主变压器、出线、分段、母联：5P/5P/0.2S/0.2S15VA/15VA/15VA/5VA

表 1（续）

序号	名称		单位	标准参数值
5	对于 TPY 绕组的要求	K_{ssc}		（项目单位填写）
		时间常数	ms	60
		直流分量偏磁		100%
七	电压互感器参数			
1	型式或型号			电磁式
2	额定电压比			$\frac{220}{\sqrt{3}}/\frac{0.1}{\sqrt{3}}/\frac{0.1}{\sqrt{3}}$kV （单相） $\frac{220}{\sqrt{3}}/\frac{0.1}{\sqrt{3}}/\frac{0.1}{\sqrt{3}}/\frac{0.1}{\sqrt{3}}/0.1$kV $\frac{220}{\sqrt{3}}/\frac{0.1}{\sqrt{3}}/\frac{0.1}{\sqrt{3}}/\frac{0.1}{\sqrt{3}}$kV
3	容量		VA	10/10、 10/10/10/10、 10/10/10
4	准确级			0.5（3P）/0.5（3P）、 0.2/0.5（3P）/0.5（3P）/6P、 0.2/0.5（3P）/0.5（3P）
5	接线组别			–/–、Y/Y/Y/△、Y/Y/Y/,
6	三相不平衡度		V	1
7	低压绕组 1min 工频耐压		kV	3
8	额定电压因数			1.2 倍连续，1.5 倍 30s
八	避雷器参数			
1	额定电压		kV	192/200/204/216
2	持续运行电压		kV	150/156/159/168.5
3	标称放电电流（8/20μs）		kA	10
4	陡波冲击电流下残压（1/10μs）		kV	560/582/594/630
5	雷电冲击电流下残压（8/20μs）		kV	500/520/532/562
6	操作冲击电流下残压（30/60μs）		kV	426/442/452/478
7	直流 1mA 参考电压		kV	≥280/290/296/314
8	75%直流 1mA 参考电压下的泄漏电流		μA	（投标人提供）
9	工频参考电压（有效值）		kV	（投标人提供）
10	工频参考电流（峰值）		mA	（投标人提供）
11	持续电流	全电流	mA	（投标人提供）
		阻性电流	μA	（投标人提供）

表 1（续）

<table>
<tr><th>序号</th><th colspan="2">名　　称</th><th>单位</th><th>标准参数值</th></tr>
<tr><td rowspan="2">12</td><td rowspan="2">长持续时间
冲击耐受电流</td><td>线路放电等级</td><td></td><td>2/3</td></tr>
<tr><td>方波电流冲击</td><td>A</td><td>600/1000</td></tr>
<tr><td>13</td><td colspan="2">4/10μs 大冲击耐受电流</td><td>kA</td><td>100</td></tr>
<tr><td>14</td><td colspan="2">动作负载</td><td></td><td>（投标人提供）</td></tr>
<tr><td>15</td><td colspan="2">工频电压耐受时间特性</td><td></td><td>（投标人提供）</td></tr>
<tr><td>16</td><td colspan="2">千伏额定电压吸收能力</td><td>kJ/kV</td><td>（投标人提供）</td></tr>
<tr><td>17</td><td colspan="2">压力释放能力</td><td>kA/s</td><td>50/0.2</td></tr>
<tr><td>九</td><td colspan="4">套管参数</td></tr>
<tr><td>1</td><td colspan="2">伞裙型式</td><td></td><td>大小伞</td></tr>
<tr><td>2</td><td colspan="2">材质</td><td></td><td>瓷/复合绝缘</td></tr>
<tr><td>3</td><td colspan="2">额定电流</td><td>A</td><td>3150</td></tr>
<tr><td>4</td><td colspan="2">额定短时耐受电流及持续时间</td><td>kA/s</td><td>50/3</td></tr>
<tr><td>5</td><td colspan="2">额定峰值耐受电流</td><td>kA</td><td>125</td></tr>
<tr><td>6</td><td colspan="2">额定工频 1min 耐受电压（相对地）</td><td>kV</td><td>460</td></tr>
<tr><td>7</td><td colspan="2">额定雷电冲击耐受电压峰值
（1.2/50μs）（相对地）</td><td>kV</td><td>1050</td></tr>
<tr><td>8</td><td colspan="2">爬电距离</td><td>mm</td><td>$7812k_{ad}$（当平均直径 D_a＜300mm 时，$k_{ad}=1.0$；当平均直径 D_a≥300mm 时，$k_{ad}=0.000\,5D_a+0.85$）</td></tr>
<tr><td>9</td><td colspan="2">干弧距离</td><td>mm</td><td>≥1800</td></tr>
<tr><td>10</td><td colspan="2">S/P</td><td></td><td>≥0.9</td></tr>
<tr><td rowspan="4">11</td><td rowspan="4">端子静负载</td><td>水平纵向</td><td rowspan="3">N</td><td>1500</td></tr>
<tr><td>水平横向</td><td>1000</td></tr>
<tr><td>垂直</td><td>1250</td></tr>
<tr><td>安全系数</td><td></td><td>静态：≥2.75，动态：≥1.7</td></tr>
<tr><td>12</td><td colspan="2">套管顶部金属带电部分的
相间最小净距</td><td>mm</td><td>≥2000</td></tr>
<tr><td>十</td><td colspan="4">环氧浇注绝缘子参数</td></tr>
<tr><td>1</td><td colspan="2">安全系数</td><td></td><td>大于 3 倍设计压力</td></tr>
<tr><td>2</td><td colspan="2">2 倍额定相电压下泄漏电流</td><td>μA</td><td>50</td></tr>
<tr><td>3</td><td colspan="2">1.1 倍额定相电压下最大场强</td><td>kV/mm</td><td>≤1.5</td></tr>
<tr><td>十一</td><td colspan="4">主母线参数</td></tr>
<tr><td>1</td><td colspan="2">材质</td><td></td><td>铝合金</td></tr>
<tr><td>2</td><td colspan="2">额定电流</td><td>A</td><td>3150/4000</td></tr>
</table>

表 1（续）

序号	名　　称		单位	标准参数值
3	额定短时耐受电流及持续时间		kA/s	50/3
4	额定峰值耐受电流		kA	125
5	导体直径（内径/外径）		mm	（投标人提供）
十二	外壳参数			
1	材质			钢、铸铝、铝合金
2	外壳破坏压力			铸铝和铝合金：5 倍的设计压力；焊接铝外壳和钢外壳：3 倍的设计压力
3	温升	试验电流	A	$1.1I_N$
		可以接触部位	K	≤30
		可能接触部位	K	≤40
		不可接触部位	K	≤65
4	外壳耐烧穿的能力	电流	kA	50
		时间	s	0.1
5	防爆膜的设置			（投标人提供）
6	感应电压			正常运行条件≤24V，故障条件≤100V
十三	伸缩节参数			
1	材质			不锈钢或铝合金
2	使用寿命			≥40 年或 10 000 次伸缩
十四	SF_6 气体参数			
1	湿度		μg/g	≤8
2	纯度		%	≥99.9

注：本表适用于海拔 1000m 及以下地区户外正常使用条件，高海拔地区所用设备按照实际污区分布进行设备选型，并按照 Q/GDW 13001—2014《高海拔外绝缘配置技术规范》要求进行海拔修正，其他特殊适用条件根据工程实际情况进行修改。

[1] 表中给出绕组类型，其额定电流比、负荷及准确级排列可根据工程实际情况确定。

5　组件材料配置表

组件材料配置表包括元件名称、规格形式参数、单位、数量和产地等信息，具体内容和格式根据招标项目情况进行编制。

6　使用环境条件表

252kV/3150A～50kA 气体绝缘金属封闭开关设备使用环境条件见表 2。特殊环境要求根据项目情况进行编制。

表2 使用环境条件表

<table>
<tr><th>序号</th><th colspan="2">名　　称</th><th>单位</th><th>标准参数值</th><th>项目需求值</th></tr>
<tr><td rowspan="3">1</td><td rowspan="3">周围空气温度</td><td>最高气温</td><td rowspan="2">℃</td><td>+40</td><td></td></tr>
<tr><td>最低气温</td><td>−25</td><td></td></tr>
<tr><td>最大日温差</td><td>K</td><td>25</td><td></td></tr>
<tr><td>2</td><td colspan="2">海拔</td><td>m</td><td>≤1000</td><td></td></tr>
<tr><td>3</td><td colspan="2">太阳辐射强度</td><td>W/cm²</td><td>0.1</td><td></td></tr>
<tr><td>4</td><td colspan="2">污秽等级</td><td></td><td>e 级</td><td></td></tr>
<tr><td>5</td><td colspan="2">覆冰厚度</td><td>mm</td><td>10</td><td></td></tr>
<tr><td>6</td><td colspan="2">风速/风压</td><td>m/s/Pa</td><td>34/700</td><td></td></tr>
<tr><td rowspan="2">7</td><td rowspan="2">湿度</td><td>日相对湿度平均值</td><td rowspan="2">%</td><td>≤95</td><td></td></tr>
<tr><td>月相对湿度平均值</td><td>≤90</td><td></td></tr>
<tr><td>8</td><td colspan="2">耐受地震能力（水平加速度）</td><td>m/s²</td><td>2</td><td></td></tr>
<tr><td>9</td><td colspan="2">由于主回路中的开合操作在辅助和控制回路上所感应的共模电压的幅值</td><td>kV</td><td>≤1.6</td><td></td></tr>
<tr><td>10</td><td colspan="2">系统中性点接地方式</td><td colspan="2">直接接地/不接地</td><td></td></tr>
<tr><td>11</td><td colspan="2">安装地点</td><td colspan="2">户内/户外</td><td></td></tr>
</table>

7 需提供的工程图纸

需提供的工程图纸有电气主接线图、设备平面布置图、断面布置图和 SF_6 系统图。

ICS 29.240

Q/GDW

国家电网有限公司企业标准

Q/GDW 13097.5 — 2018
代替 Q/GDW 13097.5 — 2014

126kV～550kV 气体绝缘金属封闭开关设备采购标准 第5部分：252kV/4000A～50kA 气体绝缘金属封闭开关设备专用技术规范

Purchasing standard of 126kV～550kV gas insulate metal-enclosed switchgear Part 5: special technical specification of 252kV/4000A～50kA gas insulate metal-enclosed switchgear (GIS)

2019-06-28发布 2019-06-28实施

国家电网有限公司 发布

目　次

前　言

为规范126kV～550kV气体绝缘金属封闭开关设备的采购，制定本部分《126kV～550kV气体绝缘金属封闭开关设备采购标准》分为20个部分：

——第1部分：通用技术规范；
——第2部分：126kV/2000A～40kA气体绝缘金属封闭开关设备专用技术规范；
——第3部分：126kV/3150A～40kA气体绝缘金属封闭开关设备专用技术规范；
——第4部分：252kV/3150A～50kA气体绝缘金属封闭开关设备专用技术规范；
——第5部分：252kV/4000A～50kA气体绝缘金属封闭开关设备专用技术规范；
——第6部分：363kV/3150A～50kA气体绝缘金属封闭开关设备专用技术规范；
——第7部分：363kV/4000A～50kA气体绝缘金属封闭开关设备专用技术规范；
——第8部分：363kV/5000A～63kA气体绝缘金属封闭开关设备专用技术规范；
——第9部分：550kV/4000A～63kA气体绝缘金属封闭开关设备专用技术规范；
——第10部分：550kV/5000A～63kA气体绝缘金属封闭开关设备专用技术规范；
——第11部分：126kV/2000A～40kA复合式气体绝缘金属封闭开关设备专用技术规范；
——第12部分：126kV/3150A～40kA复合式气体绝缘金属封闭开关设备专用技术规范；
——第13部分：252kV/3150A～50kA复合式气体绝缘金属封闭开关设备专用技术规范；
——第14部分：252kV/4000A～50kA复合式气体绝缘金属封闭开关设备专用技术规范；
——第15部分：363kV/3150A～50kA复合式气体绝缘金属封闭开关设备专用技术规范；
——第16部分：363kV/4000A～50kA复合式气体绝缘金属封闭开关设备专用技术规范；
——第17部分：550kV/4000A～63kA复合式气体绝缘金属封闭开关设备专用技术规范；
——第18部分：550kV/5000A～63kA复合式气体绝缘金属封闭开关设备专用技术规范；
——第19部分：252kV/5000A～50kA气体绝缘金属封闭开关设备专用技术规范；
——第20部分：363kV/5000A～63kA复合式气体绝缘金属封闭开关设备专用技术规范。

本部分为《126kV～550kV气体绝缘金属封闭开关设备采购标准》的第5部分。

本部分代替Q/GDW 13097.5—2014，与Q/GDW 13097.5—2014相比，主要技术性差异如下：

——增加了零起打压时间和补压时间参数。
——修改了对外壳耐烧穿能力、操动机构型式、备用辅助触点、爬电距离、干弧距离、伸缩节使用寿命、污秽等级和工程图纸等的要求。

本部分由国家电网有限公司物资部提出并解释。

本部分由国家电网有限公司科技部归口。

本部分起草单位：国网浙江省电力有限公司、中国电力科学研究院有限公司、国网江苏省电力有限公司。

本部分主要起草人：徐华、王绍安、和彦淼、刘北阳、刘焱、周彪、陈孝信、王婷婷、杨仲超、蔡勇。

本部分2014年9月首次发布，2018年12月第一次修订。

本部分在执行过程中的意见或建议反馈至国家电网有限公司科技部。

126kV～550kV 气体绝缘金属封闭开关设备采购标准 第 5 部分：252kV/4000A～50kA 气体绝缘金属封闭开关设备专用技术规范

1 范围

本部分规定了 252kV/4000A～50kA 气体绝缘金属封闭开关设备招标的标准技术参数、项目需求及投标人响应的相关内容。

本部分适用于 252kV/4000A～50kA 气体绝缘金属封闭开关设备招标。

2 规范性引用文件

下列文件对于本文件的应用是必不可少的。凡是注日期的引用文件，仅注日期的版本适用于本文件。凡是不注日期的引用文件，其最新版本（包括所有的修改单）适用于本文件。

Q/GDW 13097.1 126kV～550kV 气体绝缘金属封闭开关设备采购标准 第 1 部分：通用技术规范

Q/GDW 13001—2014 高海拔外绝缘配置技术规范

3 术语和定义

下列术语和定义适用于本文件。

3.1

招标人 bidder

依照《中华人民共和国招标投标法》的规定，提出招标项目，进行招标的法人或其他组织。

3.2

投标人 tenderer

响应招标、参加投标竞争的法人或者其他组织。

3.3

卖方（供方） seller（supplier）

提供本部分货物和技术服务的法人或其他组织，包括其法定的承继者。

3.4

买方（需方） buyer（purchaser）

购买本部分货物和技术服务的法人或其他组织，包括其法定的承继者和经许可的受让人。

4 标准技术参数

技术参数特性表是国家电网有限公司对采购设备的基础技术参数要求，在招投标过程中，投标人应依据招标文件，对技术参数特性表中标准参数值进行响应。252kV/4000A～50kA 气体绝缘金属封闭开关设备技术参数特性见表 1。物资应满足 Q/GDW 13097.1 的要求。

表1 技术参数特性表

<table>
<tr><th>序号</th><th colspan="3">名　称</th><th>单位</th><th>标准参数值</th></tr>
<tr><td>一</td><td colspan="5">GIS 共用参数</td></tr>
<tr><td>1</td><td colspan="3">额定电压</td><td>kV</td><td>252</td></tr>
<tr><td rowspan="4">2</td><td rowspan="4" colspan="2">额定电流</td><td>出线</td><td rowspan="4">A</td><td>4000</td></tr>
<tr><td>进线</td><td>4000</td></tr>
<tr><td>分段、母联</td><td>4000</td></tr>
<tr><td>主母线</td><td>4000</td></tr>
<tr><td>3</td><td colspan="3">额定工频 1min 耐受电压（相对地）</td><td>kV</td><td>460</td></tr>
<tr><td>4</td><td colspan="3">额定雷电冲击耐受电压峰值（1.2/50μs）（相对地）</td><td>kV</td><td>1050</td></tr>
<tr><td>5</td><td colspan="3">额定短路开断电流</td><td>kA</td><td>50</td></tr>
<tr><td>6</td><td colspan="3">额定短路关合电流</td><td>kA</td><td>125</td></tr>
<tr><td>7</td><td colspan="3">额定短时耐受电流及持续时间</td><td>kA/s</td><td>50/3</td></tr>
<tr><td>8</td><td colspan="3">额定峰值耐受电流</td><td>kA</td><td>125</td></tr>
<tr><td>9</td><td colspan="3">辅助和控制回路短时工频耐受电压</td><td>kV</td><td>2</td></tr>
<tr><td>10</td><td colspan="3">无线电干扰电压</td><td>μV</td><td>≤500</td></tr>
<tr><td>11</td><td colspan="3">噪声水平</td><td>dB</td><td>≤90</td></tr>
<tr><td rowspan="2">12</td><td rowspan="2" colspan="2">SF_6 气体压力
（20℃，表压）</td><td>断路器室</td><td rowspan="2">MPa</td><td>（投标人提供）</td></tr>
<tr><td>其他隔室</td><td>（投标人提供）</td></tr>
<tr><td>13</td><td colspan="3">每个隔室 SF_6 气体漏气率</td><td>%/年</td><td>≤0.5</td></tr>
<tr><td rowspan="4">14</td><td rowspan="4">SF_6 气体湿度</td><td rowspan="2">有电弧分解物隔室</td><td>交接验收值</td><td rowspan="4">μL/L</td><td>≤150</td></tr>
<tr><td>长期运行允许值</td><td>≤300</td></tr>
<tr><td rowspan="2">无电弧分解物隔室</td><td>交接验收值</td><td>≤250</td></tr>
<tr><td>长期运行允许值</td><td>≤500</td></tr>
<tr><td rowspan="7">15</td><td rowspan="7" colspan="2">局部放电</td><td>试验电压</td><td>kV</td><td>$1.2\times252/\sqrt{3}$</td></tr>
<tr><td>每个隔室</td><td rowspan="6">pC</td><td>≤5</td></tr>
<tr><td>每单个绝缘件</td><td>≤3</td></tr>
<tr><td>套管</td><td>≤5</td></tr>
<tr><td>电流互感器</td><td>≤5</td></tr>
<tr><td>电压互感器</td><td>≤10</td></tr>
<tr><td>避雷器</td><td>≤10</td></tr>
</table>

表 1（续）

序号	名　　称		单位	标准参数值
16	供电电源	控制回路	V	AC220/DC 220/DC 110
		辅助回路	V	AC 380/220，DC 220/110
17	使用寿命		年	≥40
18	检修周期		年	≥20
19	设备质量	SF_6气体质量	kg	（投标人提供）
		总质量	kg	（投标人提供）
		最大运输质量	kg	（投标人提供）
		动荷载向下	kg	（投标人提供）
		动荷载向上	kg	（投标人提供）
20	设备尺寸	设备的整体尺寸	m	（投标人提供）
		设备的最大运输尺寸	m	（投标人提供）
		间隔尺寸（相邻间隔最小中心距）	m	2/3
21	结构布置	断路器		三相分箱
		母线		三相分箱/三相共箱
22	每间隔隔室数量		个/相	（投标人提供）
23	主母线的隔室最大长度		m	（投标人提供）
二	断路器参数			
1	型号			（投标人提供）
2	布置型式（立式或卧式）			（投标人提供）
3	断口数			1
4	额定电流	出线	A	4000
		进线		4000
		分段、母联		4000
5	主回路电阻		μΩ	（投标人提供）
6	温升试验电流		A	$1.1I_N$
7	额定工频 1min 耐受电压	断口	kV	460＋145
		对地		460
	额定雷电冲击耐受电压峰值（1.2/50μs）	断口	kV	1050＋200
		对地		1050
8	额定短路开断电流	交流分量有效值	kA	50
		时间常数	ms	45
		开断次数	次	20
		首相开断系数		1.3
9	额定短路关合电流		kA	125

表 1（续）

<table>
<tr><th>序号</th><th colspan="2">名　称</th><th>单位</th><th>标准参数值</th></tr>
<tr><td>10</td><td colspan="2">额定短时耐受电流及持续时间</td><td>kA/s</td><td>50/3</td></tr>
<tr><td>11</td><td colspan="2">额定峰值耐受电流</td><td>kA</td><td>125</td></tr>
<tr><td>12</td><td colspan="2">开断时间</td><td>ms</td><td>≤50</td></tr>
<tr><td>13</td><td colspan="2">合分时间</td><td>ms</td><td>≤60</td></tr>
<tr><td>14</td><td colspan="2">分闸时间</td><td>ms</td><td>≤30</td></tr>
<tr><td>15</td><td colspan="2">合闸时间</td><td>ms</td><td>≤100</td></tr>
<tr><td>16</td><td colspan="2">重合闸无电流间隙时间</td><td>ms</td><td>300</td></tr>
<tr><td rowspan="2">17</td><td rowspan="2">分、合闸速度</td><td>刚分速度</td><td rowspan="2">m/s</td><td>（投标人提供）</td></tr>
<tr><td>刚合速度</td><td>（投标人提供）</td></tr>
<tr><td>18</td><td colspan="2">分闸不同期性</td><td>ms</td><td>3</td></tr>
<tr><td>19</td><td colspan="2">合闸不同期性</td><td>ms</td><td>5</td></tr>
<tr><td>20</td><td colspan="2">机械寿命</td><td>次</td><td>≥5000</td></tr>
<tr><td>21</td><td colspan="2">额定操作顺序</td><td></td><td>O–0.3s–CO–180s–CO</td></tr>
<tr><td rowspan="4">22</td><td rowspan="4">现场开合空载变压器能力</td><td>空载变压器容量</td><td>MVA</td><td>120/150/180/240</td></tr>
<tr><td>空载励磁电流</td><td>A</td><td>0.5～15</td></tr>
<tr><td>试验电压</td><td>kV</td><td>三相 252，单相 252/ $\sqrt{3}$</td></tr>
<tr><td>操作顺序</td><td></td><td>10×O 和 10×（CO）</td></tr>
<tr><td rowspan="4">23</td><td rowspan="4">现场开合空载线路充电电流试验</td><td>试验电流</td><td>A</td><td>由实际线路长度决定</td></tr>
<tr><td>试验电压</td><td>kV</td><td>252</td></tr>
<tr><td>试验条件</td><td></td><td>线路原则上不得带有泄压设备，如电抗器、避雷器、电磁式电压互感器等，在直流分量比较大的情况下、应增加带电抗器的试验</td></tr>
<tr><td>操作顺序</td><td></td><td>10×（O–0.3s–CO）</td></tr>
<tr><td rowspan="3">24</td><td rowspan="3">容性电流开合试验（试验室）</td><td>试验电流</td><td>A</td><td>线路：125，电缆：250</td></tr>
<tr><td>试验电压</td><td>kV</td><td>1.2×252/ $\sqrt{3}$</td></tr>
<tr><td>C1 级：LC1 和 CC1：24×O，LC2 和 CC2：24×CO；
C2 级：LC1 和 CC1：48×O，LC2 和 CC2：24×O 和 24×CO</td><td></td><td>C1 级/C2 级</td></tr>
<tr><td rowspan="4">25</td><td rowspan="4">近区故障条件下的开合能力</td><td>L90</td><td>kA</td><td>45</td></tr>
<tr><td>L75</td><td>kA</td><td>37.5</td></tr>
<tr><td>L60</td><td>kA</td><td>30（L75 的最小燃弧时间大于 L90 的最小燃弧时间 5ms 时）</td></tr>
<tr><td>操作顺序</td><td></td><td>O–0.3s–CO–180s–CO</td></tr>
</table>

表 1（续）

序号	名　　称		单位	标准参数值
26	失步关合和开断能力	开断电流	kA	12.5
		试验电压	kV	$2.0\times252/\sqrt{3}$
		操作顺序		方式 1：O–O–O 方式 2：CO–O–O
27	SF_6气体压力（表压，20℃）	额定	MPa	（投标人提供）
		报警		（投标人提供）
		最低		（投标人提供）
		闭锁		（投标人提供）
28	操动机构型式或型号			液压（含液压弹簧）、弹簧
	零起打压时间		min	（投标人提供）
	补压时间		s	（投标人提供）
	操作方式			三相机械联动（主变、分段、母联）；分相操作（线路）
	电动机电压		V	AC 380/220
	合闸操作电源	额定操作电压	V	DC 220/110
		操作电压允许范围		85%～110%额定操作电压，30%及以下额定电压不得动作
		每相线圈数量	只	1
		每只线圈涌流	A	（投标人提供）
		每只线圈稳态电流	A	DC 220V、2.5A 或 DC 110V、5A
	分闸操作电源	额定操作电压	V	DC 220/110
		操作电压允许范围		65%～110%额定操作电压，30%及以下额定电压不得动作
		每相线圈数量	只	2
		每只线圈涌电流	A	（投标人提供）
		每只线圈稳态电流	A	DC 220V、2.5A 或 DC 110V、5A
	操动机构工作压力	最高	MPa	（投标人提供）
		额定		（投标人提供）
		最低		（投标人提供）
		报警压力		（投标人提供）
	驱潮/加热器	电压	V	AC 220
		运行方式		常投/温湿自动投切
		每相功率（驱潮/加热）	W	（投标人提供）/（投标人提供）

表 1（续）

序号	名　　称		单位	标准参数值
28	备用辅助触点	数量	对	10 常开，10 常闭（引出到相应汇控柜端子排）
		开断能力		DC 220V、2.5A 或 DC 110V、5A
	检修周期		年	≥20
	液压机构	油泵不启动时闭锁压力下允许的操作次数	次	O－0.3s－CO 或 CO－180s－CO
		24h 打压次数	次	≤2
		油中最大允许水分含量	μL/L	（投标人提供）
	弹簧机构	储能时间	s	≤20
29	断路器的质量	断路器包括辅助设备的总质量	kg	（投标人提供）
		每相操动机构的质量	kg	（投标人提供）
		每相 SF_6 气体质量	kg	（投标人提供）
		运输总质量	kg	（投标人提供）
30	运输高度		m	（投标人提供）
31	起吊高度		m	（投标人提供）
三	隔离开关参数			
1	型式/型号			（投标人提供）
2	额定电流	出线	A	4000
		进线	A	4000
		分段、母联	A	4000
3	主回路电阻		μΩ	（投标人提供）
4	温升试验电流		A	$1.1I_N$
5	额定工频 1min 耐受电压	断口	kV	460＋145
		对地		460
	额定雷电冲击耐受电压峰值（1.2/50μs）	断口	kV	1050＋200
		对地		1050
6	额定短时耐受电流及持续时间		kA/s	50/3
7	额定峰值耐受电流		kA	125
8	分、合闸时间	分闸时间	ms	（投标人提供）
		合闸时间		（投标人提供）
9	分、合闸速度	刚分速度	m/s	（投标人提供）
		刚合速度		（投标人提供）
10	机械寿命		次	≥3000
11	开合小电容电流值		A	1

表 1（续）

<table>
<tr><th>序号</th><th colspan="3">名　　称</th><th>单位</th><th>标准参数值</th></tr>
<tr><td>12</td><td colspan="3">开合小电感电流值</td><td>A</td><td>0.5</td></tr>
<tr><td rowspan="3">13</td><td colspan="2" rowspan="3">开合母线转换电流能力</td><td>转换电流</td><td>A</td><td>1600</td></tr>
<tr><td>转换电压</td><td>V</td><td>20</td></tr>
<tr><td>开断次数</td><td>次</td><td>100</td></tr>
<tr><td rowspan="3">14</td><td colspan="2" rowspan="3">操动机构</td><td>型式或型号</td><td></td><td>电动并可手动</td></tr>
<tr><td>电动机电压</td><td>V</td><td>AC 380/220</td></tr>
<tr><td>控制电压</td><td>V</td><td>AC 220</td></tr>
<tr><td rowspan="4">15</td><td colspan="2" rowspan="2">操动机构</td><td>允许电压变化范围</td><td></td><td>85%～110%</td></tr>
<tr><td>操作方式</td><td></td><td>三相联动（主变、分段、母联）；分相操作（线路）</td></tr>
<tr><td colspan="2" rowspan="2">备用辅助触点</td><td>数量</td><td>对</td><td>10 常开触点，10 常闭触点（引出到相应汇控柜端子排）</td></tr>
<tr><td>开断能力</td><td></td><td>DC 220V、2.5A 或
DC 110V、5A</td></tr>
<tr><td>四</td><td colspan="5">快速接地开关参数</td></tr>
<tr><td>1</td><td colspan="3">额定短时耐受电流及持续时间</td><td>kA/s</td><td>50/3</td></tr>
<tr><td>2</td><td colspan="3">额定峰值耐受电流</td><td>kA</td><td>125</td></tr>
<tr><td>3</td><td colspan="3">额定短路关合电流</td><td>kA</td><td>125</td></tr>
<tr><td>4</td><td colspan="3">额定短路电流关合次数</td><td>次</td><td>≥2</td></tr>
<tr><td rowspan="2">5</td><td colspan="2" rowspan="2">分、合闸时间</td><td>分闸时间</td><td rowspan="2">ms</td><td>（投标人提供）</td></tr>
<tr><td>合闸时间</td><td>（投标人提供）</td></tr>
<tr><td rowspan="2">6</td><td colspan="2" rowspan="2">分、合闸速度</td><td>刚分速度</td><td rowspan="2">m/s</td><td>（投标人提供）</td></tr>
<tr><td>刚合速度</td><td>（投标人提供）</td></tr>
<tr><td>7</td><td colspan="3">机械寿命</td><td>次</td><td>≥3000</td></tr>
<tr><td rowspan="6">8</td><td rowspan="6">开合感应电流能力（A 类/B 类）</td><td rowspan="3">电磁感应</td><td>感性电流</td><td>A</td><td>80/160</td></tr>
<tr><td>开断次数</td><td>次</td><td>10</td></tr>
<tr><td>感应电压</td><td>kV</td><td>1.4/15</td></tr>
<tr><td rowspan="3">静电感应</td><td>容性电流</td><td>A</td><td>1.25/10</td></tr>
<tr><td>开断次数</td><td>次</td><td>10</td></tr>
<tr><td>感应电压</td><td>kV</td><td>5/15</td></tr>
<tr><td rowspan="4">9</td><td colspan="2" rowspan="4">操动机构</td><td>型式或型号</td><td></td><td>电动弹簧并可手动</td></tr>
<tr><td>电动机电压</td><td>V</td><td>AC 380/220</td></tr>
<tr><td>控制电压</td><td>V</td><td>AC 220</td></tr>
<tr><td>允许电压变化范围</td><td></td><td>85%～110%</td></tr>
</table>

表 1（续）

序号	名　　称		单位	标准参数值
9	备用辅助触点	数量	对	8 常开触点，8 常闭触点（引出到相应汇控柜端子排）
		开断能力		DC 220V、2.5A 或 DC 110V、5A
五	检修接地开关参数			
1	额定短时耐受电流及持续时间		kA/s	50/3
2	额定峰值耐受电流		kA	125
3	机械寿命		次	≥3000
4	操动机构	型式或型号		电动并可手动
		电动机电压	V	AC 380/220
		控制电压	V	AC 220
		允许电压变化范围		85%～110%
	备用辅助触点	数量	对	8 常开触点，8 常闭触点
		开断能力		DC 220V、2.5A 或 DC 110V、5A
六	电流互感器参数			
1	型式或型号			电磁式
2	布置型式			内置/外置
3	额定电流比[1]			根据实际工程选择，0.2/0.2S 次级要求带中间抽头
4	准确级组合及额定容量[1]			（1）500kV 变电站 电流互感器： 主变：TPY/TPY/0.2S－断口－5P/5P/0.2S15VA/15VA/15VA－断口－15VA/15VA/5VA； 出线、母联：数字量采样时，5P/5P/0.2S/0.2S15VA/15VA/15VA/5VA； 模拟量采样时，5P/5P/0.2S－断口－0.2S/5P/5P15VA/15VA/15VA－断口－5VA/15VA/15VA； 分段：数字量采样时，5P/5P/0.2S/0.2S15VA/15VA/15VA/5VA； 模拟量采样时，5P/5P/5P/0.2－断口－5P/5P/5P15VA/15VA/15VA/15VA－断口－15VA/15VA/15VA （2）220kV 变电站 电流互感器： 主变压器、出线、分段、母联：5P/5P/0.2S/0.2S15VA/15VA/15VA/5VA

表 1（续）

序号	名　　称		单位	标准参数值
5	对于 TPY 绕组的要求	K_{ssc}		（项目单位填写）
		时间常数	ms	60
		直流分量偏磁		100%
七	电压互感器参数			
1	型式或型号			电磁式
2	额定电压比			$\frac{220}{\sqrt{3}}/\frac{0.1}{\sqrt{3}}/\frac{0.1}{\sqrt{3}}$kV （单相） $\frac{220}{\sqrt{3}}/\frac{0.1}{\sqrt{3}}/\frac{0.1}{\sqrt{3}}/\frac{0.1}{\sqrt{3}}/0.1$kV $\frac{220}{\sqrt{3}}/\frac{0.1}{\sqrt{3}}/\frac{0.1}{\sqrt{3}}/\frac{0.1}{\sqrt{3}}$kV
3	准确级			0.5（3P）/0.5（3P）、 0.2/0.5（3P）/0.5（3P）/6P、 0.2/0.5（3P）/0.5（3P）
4	容量		VA	10/10、 10/10/10/10、 10/10/10
5	接线组别			–/–、Y/Y/Y/△、Y/Y/Y
6	三相不平衡度		V	1
7	低压绕组 1min 工频耐压		kV	3
8	额定电压因数			1.2 倍连续，1.5 倍 30s
八	避雷器参数			
1	额定电压		kV	192/200/204/216
2	持续运行电压		kV	150/156/159/168.5
3	标称放电电流（8/20μs）		kA	10
4	陡波冲击电流下残压（1/10μs）		kV	560/582/594/630
5	雷电冲击电流下残压（8/20μs）		kV	500/520/532/562
6	操作冲击电流下残压（30/60μs）		kV	426/442/452/478
7	直流 1mA 参考电压		kV	≥280/290/296/314
8	75%直流 1mA 参考电压下的泄漏电流		μA	（投标人提供）
9	工频参考电压（有效值）		kV	（投标人提供）
10	工频参考电流（峰值）		mA	（投标人提供）
11	持续电流	全电流	mA	（投标人提供）
		阻性电流	μA	（投标人提供）
12	长持续时间冲击耐受电流	线路放电等级		2/3
		方波电流冲击	A	600/1000
13	4/10μs 大冲击耐受电流		kA	100
14	动作负载			（投标人提供）

表 1（续）

序号	名　　称		单位	标准参数值
15	工频电压耐受时间特性			（投标人提供）
16	千伏额定电压吸收能力		kJ/kV	（投标人提供）
17	压力释放能力		kA/s	50/0.2
九	套管参数			
1	伞裙型式			大小伞
2	材质			瓷/复合绝缘
3	额定电流		A	4000
4	额定短时耐受电流及持续时间		kA/s	50/3
5	额定峰值耐受电流		kA	125
6	额定工频 1min 耐受电压（相对地）		kV	460
7	额定雷电冲击耐受电压峰值（1.2/50μs）（相对地）		kV	1050
8	爬电距离		mm	$7812k_{ad}$（当平均直径 D_a<300mm 时，$k_{ad}=1.0$；当平均直径 D_a≥300mm 时，$k_{ad}=0.000\,5D_a+0.85$）
9	干弧距离		mm	≥1800
10	*S*/*P*			≥0.9
11	端子静负载	水平纵向	N	1500
		水平横向		1000
		垂直		1250
		安全系数		静态：≥2.75，动态：≥1.7
12	套管顶部金属带电部分的相间最小净距		mm	≥2000
十	环氧浇注绝缘子参数			
1	安全系数			大于 3 倍设计压力
2	2 倍额定相电压下泄漏电流		μA	50
3	1.1 倍额定相电压下最大场强		kV/mm	≤1.5
十一	主母线参数			
1	材质			铝合金
2	额定电流		A	4000
3	额定短时耐受电流及持续时间		kA/s	50/3
4	额定峰值耐受电流		kA	125
5	导体直径（内径/外径）		mm	（投标人提供）
十二	外壳参数			
1	材质			钢、铸铝、铝合金
2	外壳破坏压力			铸铝和铝合金：5 倍的设计压力；焊接铝外壳和钢外壳：3 倍的设计压力

表 1（续）

序号	名称		单位	标准参数值
3	温升	试验电流	A	$1.1I_N$
		可以接触部位	K	≤30
		可能接触部位	K	≤40
		不可接触部位	K	≤65
4	外壳耐烧穿的能力	电流	kA	50
		时间	s	0.1
5	防爆膜的设置			（投标人提供）
6	感应电压			正常运行条件≤24V，故障条件≤100V
十三	伸缩节参数			
1	材质			不锈钢或铝合金
2	使用寿命			≥40 年或 10 000 次伸缩
十四	SF_6 气体参数			
1	湿度		μg/g	≤8
2	纯度		%	≥99.9

注：本表适用于海拔 1000m 及以下地区户外正常使用条件，高海拔地区所用设备按照实际污区分布进行设备选型，并按照 Q/GDW 13001—2014《高海拔外绝缘配置技术规范》要求进行海拔修正，其他特殊适用条件根据工程实际情况进行修改。

[1] 表中给出绕组类型，其额定电流比、负荷及准确级排列可根据工程实际情况确定。

5 组件材料配置表

组件材料配置表包括元件名称、规格形式参数、单位、数量和产地等信息，具体内容和格式根据招标项目情况进行编制。

6 使用环境条件表

252kV/4000A～50kA 气体绝缘金属封闭开关设备使用环境条件见表 2。特殊环境要求根据项目情况进行编制。

表 2 使用环境条件表

序号	名称		单位	标准参数值	项目需求值
1	周围空气温度	最高气温	℃	+40	
		最低气温		−25	
		最大日温差	K	25	
2	海拔		m	≤1000	
3	太阳辐射强度		W/cm^2	0.1	
4	污秽等级			e 级	

表 2（续）

序号	名　　称		单位	标准参数值	项目需求值
5	覆冰厚度		mm	10	
6	风速/风压		m/s/Pa	34/700	
7	湿度	日相对湿度平均值	%	≤95	
		月相对湿度平均值		≤90	
8	耐受地震能力（水平加速度）		m/s^2	2	
9	由于主回路中的开合操作在辅助和控制回路上所感应的共模电压的幅值		kV	≤1.6	
10	系统中性点接地方式		直接接地/不接地		
11	安装地点		户内/户外		

7　需提供的工程图纸

需提供的工程图纸有电气主接线图、设备平面布置图、断面布置图和 SF_6 系统图。

ICS 29.240

Q/GDW

国家电网有限公司企业标准

Q/GDW 13097.6 — 2018
代替 Q/GDW 13097.6 — 2014

126kV～550kV 气体绝缘金属封闭开关设备采购标准 第6部分：363kV/3150A～50kA 气体绝缘金属封闭开关设备专用技术规范

**Purchasing standard of 126kV～550kV gas insulate metal-enclosed switchgear
Part 6: special technical specification of 363kV/3150A～50kA gas insulate metal-enclosed switchgear (GIS)**

2019-06-28 发布　　　　2019-06-28 实施

国家电网有限公司　发布

目　次

前　　言

为规范 126kV～550kV 气体绝缘金属封闭开关设备的采购，制定本部分《126kV～550kV 气体绝缘金属封闭开关设备采购标准》分为 20 个部分：

——第 1 部分：通用技术规范；
——第 2 部分：126kV/2000A～40kA 气体绝缘金属封闭开关设备专用技术规范；
——第 3 部分：126kV/3150A～40kA 气体绝缘金属封闭开关设备专用技术规范；
——第 4 部分：252kV/3150A～50kA 气体绝缘金属封闭开关设备专用技术规范；
——第 5 部分：252kV/4000A～50kA 气体绝缘金属封闭开关设备专用技术规范；
——第 6 部分：363kV/3150A～50kA 气体绝缘金属封闭开关设备专用技术规范；
——第 7 部分：363kV/4000A～50kA 气体绝缘金属封闭开关设备专用技术规范；
——第 8 部分：363kV/5000A～63kA 气体绝缘金属封闭开关设备专用技术规范；
——第 9 部分：550kV/4000A～63kA 气体绝缘金属封闭开关设备专用技术规范；
——第 10 部分：550kV/5000A～63kA 气体绝缘金属封闭开关设备专用技术规范；
——第 11 部分：126kV/2000A～40kA 复合式气体绝缘金属封闭开关设备专用技术规范；
——第 12 部分：126kV/3150A～40kA 复合式气体绝缘金属封闭开关设备专用技术规范；
——第 13 部分：252kV/3150A～50kA 复合式气体绝缘金属封闭开关设备专用技术规范；
——第 14 部分：252kV/4000A～50kA 复合式气体绝缘金属封闭开关设备专用技术规范；
——第 15 部分：363kV/3150A～50kA 复合式气体绝缘金属封闭开关设备专用技术规范；
——第 16 部分：363kV/4000A～50kA 复合式气体绝缘金属封闭开关设备专用技术规范；
——第 17 部分：550kV/4000A～63kA 复合式气体绝缘金属封闭开关设备专用技术规范；
——第 18 部分：550kV/5000A～63kA 复合式气体绝缘金属封闭开关设备专用技术规范；
——第 19 部分：252kV/5000A～50kA 气体绝缘金属封闭开关设备专用技术规范；
——第 20 部分：363kV/5000A～63kA 复合式气体绝缘金属封闭开关设备专用技术规范。

本部分为《126kV～550kV 气体绝缘金属封闭开关设备采购标准》的第 6 部分。

本部分代替 Q/GDW 13097.6—2014，与 Q/GDW 13097.6—2014 相比，主要技术性差异如下：

——增加了零起打压时间和补压时间参数。
——修改了对外壳耐烧穿能力、操动机构型式、备用辅助触点、爬电距离、干弧距离、伸缩节使用寿命、污秽等级和工程图纸等的要求。

本部分由国家电网有限公司物资部提出并解释。

本部分由国家电网有限公司科技部归口。

本部分起草单位：国网浙江省电力有限公司、中国电力科学研究院有限公司、国网江苏省电力有限公司。

本部分主要起草人：徐华、王绍安、和彦淼、刘北阳、刘焱、周彪、陈孝信、王婷婷、杨仲超、蔡勇、郭昂。

本部分 2014 年 9 月首次发布，2018 年 12 月第一次修订。

本部分在执行过程中的意见或建议反馈至国家电网有限公司科技部。

126kV～550kV 气体绝缘金属封闭开关设备采购标准
第 6 部分：363kV/3150A～50kA
气体绝缘金属封闭开关设备专用技术规范

1　范围

本部分规定了 363kV/3150A～50kA 气体绝缘金属封闭开关设备招标的标准技术参数、项目需求及投标人响应的相关内容。

本部分适用于 363kV/3150A～50kA 气体绝缘金属封闭开关设备招标。

2　规范性引用文件

下列文件对于本文件的应用是必不可少的。凡是注日期的引用文件，仅注日期的版本适用于本文件。凡是不注日期的引用文件，其最新版本（包括所有的修改单）适用于本文件。

Q/GDW 13097.1　126kV～550kV 气体绝缘金属封闭开关设备采购标准　第 1 部分：通用技术规范

Q/GDW 13001—2014　高海拔外绝缘配置技术规范

3　术语和定义

下列术语和定义适用于本文件。

3.1

招标人　bidder

依照《中华人民共和国招标投标法》的规定，提出招标项目，进行招标的法人或其他组织。

3.2

投标人　tenderer

响应招标、参加投标竞争的法人或者其他组织。

3.3

卖方（供方）　seller（supplier）

提供本部分货物和技术服务的法人或其他组织，包括其法定的承继者。

3.4

买方（需方）　buyer（purchaser）

购买本部分货物和技术服务的法人或其他组织，包括其法定的承继者和经许可的受让人。

4　标准技术参数

技术参数特性表是国家电网有限公司对采购设备的基础技术参数要求，在招投标过程中，投标人应依据招标文件，对技术参数特性表中标准参数值进行响应。363kV/3150A～50kA 气体绝缘金属封闭开关设备技术参数特性见表 1。物资应满足 Q/GDW 13097.1 的要求。

表1 技术参数特性表

<table>
<tr><th>序号</th><th colspan="3">名　　称</th><th>单位</th><th>标准参数值</th></tr>
<tr><td>一</td><td colspan="5">GIS 共用参数</td></tr>
<tr><td>1</td><td colspan="3">额定电压</td><td>kV</td><td>363</td></tr>
<tr><td rowspan="3">2</td><td colspan="2" rowspan="3">额定电流</td><td>出线</td><td rowspan="3">A</td><td>3150</td></tr>
<tr><td>进线</td><td>3150</td></tr>
<tr><td>分段、主母线</td><td>4000</td></tr>
<tr><td>3</td><td colspan="3">额定工频 1min 耐受电压（相对地）</td><td>kV</td><td>510</td></tr>
<tr><td>4</td><td colspan="3">额定雷电冲击耐受电压峰值（1.2/50μs）（相对地）</td><td>kV</td><td>1175</td></tr>
<tr><td>5</td><td colspan="3">额定操作冲击耐受电压峰值（250/2500μs）（相对地）</td><td>kV</td><td>950</td></tr>
<tr><td>6</td><td colspan="3">额定短路开断电流</td><td>kA</td><td>50</td></tr>
<tr><td>7</td><td colspan="3">额定短路关合电流</td><td>kA</td><td>125</td></tr>
<tr><td>8</td><td colspan="3">额定短时耐受电流及持续时间</td><td>kA/s</td><td>50/3</td></tr>
<tr><td>9</td><td colspan="3">额定峰值耐受电流</td><td>kA</td><td>125</td></tr>
<tr><td>10</td><td colspan="3">辅助和控制回路短时工频耐受电压</td><td>kV</td><td>2</td></tr>
<tr><td>11</td><td colspan="3">无线电干扰电压</td><td>μV</td><td>≤500</td></tr>
<tr><td>12</td><td colspan="3">噪声水平</td><td>dB</td><td>≤110</td></tr>
<tr><td rowspan="2">13</td><td colspan="2" rowspan="2">SF_6 气体压力（20℃，表压）</td><td>断路器室</td><td rowspan="2">MPa</td><td>（投标人提供）</td></tr>
<tr><td>其他隔室</td><td>（投标人提供）</td></tr>
<tr><td>14</td><td colspan="3">每个隔室 SF_6 气体漏气率</td><td>%/年</td><td>≤0.5</td></tr>
<tr><td rowspan="4">15</td><td rowspan="4">SF_6 气体湿度</td><td rowspan="2">有电弧分解物隔室</td><td>交接验收值</td><td rowspan="4">μL/L</td><td>≤150</td></tr>
<tr><td>长期运行允许值</td><td>≤300</td></tr>
<tr><td rowspan="2">无电弧分解物隔室</td><td>交接验收值</td><td>≤250</td></tr>
<tr><td>长期运行允许值</td><td>≤500</td></tr>
<tr><td rowspan="7">16</td><td colspan="2" rowspan="7">局部放电</td><td>试验电压</td><td>kV</td><td>$1.2\times363/\sqrt{3}$</td></tr>
<tr><td>每个隔室</td><td rowspan="6">pC</td><td>≤5</td></tr>
<tr><td>每单个绝缘件</td><td>≤3</td></tr>
<tr><td>套管</td><td>≤5</td></tr>
<tr><td>电流互感器</td><td>≤5</td></tr>
<tr><td>电压互感器</td><td>≤10</td></tr>
<tr><td>避雷器</td><td>≤10</td></tr>
<tr><td rowspan="2">17</td><td colspan="2" rowspan="2">供电电源</td><td>控制回路</td><td>V</td><td>DC 220/110</td></tr>
<tr><td>辅助回路</td><td>V</td><td>AC 380/220</td></tr>
</table>

表1（续）

序号	名　　称			单位	标准参数值
18	使用寿命			年	≥40
19	检修周期			年	≥20
20	设备质量	SF_6气体质量		kg	（投标人提供）
		总质量		kg	（投标人提供）
		最大运输质量		kg	（投标人提供）
		动荷载向下		kg	（投标人提供）
		动荷载向上		kg	（投标人提供）
21	设备尺寸	设备的整体尺寸		m	（投标人提供）
		设备的最大运输尺寸		m	（投标人提供）
		间隔尺寸（相邻间隔最小中心距）		m	（投标人提供）
22	结构布置	断路器			三相分箱
		母线			三相分箱/三相共箱
23	每间隔隔室数量			个/相	（投标人提供）
24	主母线的隔室最大长度			m	（投标人提供）
二	断路器参数				
1	型号				（投标人提供）
2	布置型式（立式或卧式）				（投标人提供）
3	断口数				1/2
4	额定电流	出线		A	3150
		进线			3150
		分段			4000
5	主回路电阻			μΩ	（投标人提供）
6	温升试验电流			A	$1.1I_N$
7	额定工频1min耐受电压		断口	kV	510+210
			对地		510
	额定雷电冲击耐受电压峰值（1.2/50μs）		断口	kV	1175+295
			对地		1175
	额定操作冲击耐受电压峰值（250/2500μs）		断口	kV	850+295
			对地		950

表 1（续）

序号	名称		单位	标准参数值
8	额定短路开断电流	交流分量有效值	kA	50
		时间常数	ms	45
		开断次数	次	≥16
		首相开断系数		1.3
9	额定短路关合电流		kA	125
10	额定短时耐受电流及持续时间		kA/s	50/3
11	额定峰值耐受电流		kA	125
12	开断时间		ms	≤50
13	合分时间		ms	≤50
14	分闸时间		ms	≤30
15	合闸时间		ms	≤100
16	重合闸无电流间隙时间		ms	300
17	分、合闸速度	刚分速度	m/s	（投标人提供）
		刚合速度		（投标人提供）
18	分闸不同期性	相间	ms	≤3
		同相断口间		≤2
19	合闸不同期性	相间	ms	≤5
		同相断口间		≤3
20	机械寿命		次	≥3000
21	额定操作顺序			O–0.3s–CO–180s–CO
22	现场开合空载变压器能力	空载变压器容量	MVA	240/360
		空载励磁电流	A	0.5～15
		试验电压	kV	363
		操作顺序		10×O 和 10×（CO）
23	现场开合并联电抗器能力	电抗器容量	Mvar	60/90
		试验电压	kV	363
		操作顺序		10×O 和 10×（CO）
24	现场开合空载线路充电电流试验	试验电流	A	由实际线路长度决定
		试验电压	kV	363
		试验条件		线路原则上不得带有泄压设备，如电抗器、避雷器、电磁式电压互感器等。在直流分量比较大的情况下，应增加带电抗器的试验
		操作顺序		10×（O–0.3s–CO）

表 1（续）

序号	名　　称		单位	标准参数值
25	容性电流开合试验（试验室）	试验电流	A	线路：315，电缆：355
		试验电压	kV	$1.2\times363/\sqrt{3}$
		C1 级：LC1 和 CC1：24×O，LC2 和 CC2：24×CO；C2 级：LC1 和 CC1：48×O，LC2 和 CC2：24×O 和 24×CO	kV	C1 级/C2 级
26	近区故障条件下的开合能力	L90	kA	45
		L75	kA	37.5
		L60	kA	30（L75 的最小燃弧时间大于 L90 的最小燃弧时间 5ms 时）
		操作顺序		O－0.3s－CO－180s－CO
27	失步关合和开断能力	开断电流	kA	16
		试验电压	kV	$2.0\times363/\sqrt{3}$
		操作顺序		方式 1：O－O－O 方式 2：CO－O－O
28	合闸电阻	电阻值	Ω	400
		电阻值允许偏差	%	±5
		预投入时间	ms	8～11
		热容量		$1.3\times363/\sqrt{3}$ kV 下合闸操作 4 次，头两次操作间隔为 3min，后两次操作间隔也是 3min，两组操作之间时间间隔不大于 30min；或在 $2\times363/\sqrt{3}$ kV 下合闸操作 2 次，时间间隔为 30min
29	断口均压用并联电容器	每相电容器的额定电压	kV	$363/\sqrt{3}$
		每个断口电容器的电容量	pF	（投标人提供）
		每个断口电容器的电容量允许偏差	%	±5
		耐受电压	kV	2 倍相电压 2h
		局部放电	pC	≤5
		介质损耗值	%	≤0.25
30	SF_6 气体压力（表压，20℃）	额定	MPa	（投标人提供）
		报警	MPa	（投标人提供）
		最低	MPa	（投标人提供）
		闭锁	MPa	（投标人提供）

表 1（续）

<table>
<tr><th>序号</th><th colspan="2">名　　称</th><th>单位</th><th>标准参数值</th></tr>
<tr><td rowspan="27">31</td><td colspan="2">操动机构型式或型号</td><td></td><td>液压（含液压弹簧）、弹簧</td></tr>
<tr><td colspan="2">零起打压时间</td><td>min</td><td>（投标人提供）</td></tr>
<tr><td colspan="2">补压时间</td><td>s</td><td>（投标人提供）</td></tr>
<tr><td colspan="2">操作方式</td><td></td><td>分相操作</td></tr>
<tr><td colspan="2">电动机电压</td><td>V</td><td>AC 380/220</td></tr>
<tr><td rowspan="5">合闸操作电源</td><td>额定操作电压</td><td>V</td><td>DC 220/110</td></tr>
<tr><td>操作电压
允许范围</td><td></td><td>85%～110%额定操作电压范围内可靠动作，30%及以下额定电压不得动作</td></tr>
<tr><td>每相线圈数量</td><td>只</td><td>1</td></tr>
<tr><td>每只线圈涌流</td><td>A</td><td>（投标人提供）</td></tr>
<tr><td>每只线圈
稳态电流</td><td>A</td><td>DC 220V、2.5A 或
DC 110V、5A</td></tr>
<tr><td rowspan="5">分闸操作电源</td><td>额定操作电压</td><td>V</td><td>DC 220/110</td></tr>
<tr><td>操作电压允许
范围</td><td></td><td>65%～110%额定操作电压范围内可靠动作，30%及以下额定电压不得动作</td></tr>
<tr><td>每相线圈数量</td><td>只</td><td>2</td></tr>
<tr><td>每只线圈
涌电流</td><td>A</td><td>（投标人提供）</td></tr>
<tr><td>每只线圈
稳态电流</td><td>A</td><td>DC 220V、2.5A 或 DC 110V、5A</td></tr>
<tr><td rowspan="4">操动机构
工作压力</td><td>最高</td><td rowspan="4">MPa</td><td>（投标人提供）</td></tr>
<tr><td>额定</td><td>（投标人提供）</td></tr>
<tr><td>最低</td><td>（投标人提供）</td></tr>
<tr><td>报警压力</td><td>（投标人提供）</td></tr>
<tr><td rowspan="3">驱潮/加热器</td><td>电压</td><td>V</td><td>AC 220</td></tr>
<tr><td>运行方式</td><td></td><td>常投/温湿自动投切</td></tr>
<tr><td>每相功率
（驱潮/加热）</td><td>W</td><td>（投标人提供）/（投标人提供）</td></tr>
<tr><td rowspan="2">备用辅助触点</td><td>数量</td><td>对</td><td>10 常开触点，10 常闭触点（引出到相应汇控柜端子排）</td></tr>
<tr><td>开断能力</td><td></td><td>DC 220V、2.5A 或
DC 110V、5A</td></tr>
<tr><td colspan="2">检修周期</td><td>年</td><td>≥20</td></tr>
</table>

表 1（续）

序号	名称			单位	标准参数值
31	液压机构	重合闸闭锁压力时允许的操作			O−0.3s−CO 或 CO−180s−CO
		24h 打压次数		次	≤2
		油中最大允许水分含量		μL/L	（投标人提供）
	弹簧机构	储能时间		s	≤20
32	断路器的质量	断路器包括辅助设备的总质量		kg	（投标人提供）
		每相操动机构的质量		kg	（投标人提供）
		每相 SF_6 气体质量		kg	（投标人提供）
		运输总质量		kg	（投标人提供）
33	运输高度			m	（投标人提供）
34	起吊高度			m	（投标人提供）
三	隔离开关参数				
1	型式/型号				（投标人提供）
2	额定电流	出线		A	3150
		进线		A	3150
		分段		A	4000
3	主回路电阻			μΩ	（投标人提供）
4	温升试验电流			A	$1.1I_N$
5	额定工频 1min 耐受电压		断口	kV	510+210
			对地		510
	额定雷电冲击耐受电压峰值（1.2/50μs）		断口	kV	1175+295
			对地		1175
	额定操作冲击耐受电压峰值（250/2500μs）		断口	kV	850+295
			对地		950
6	额定短时耐受电流及持续时间			kA/s	50/3
7	额定峰值耐受电流			kA	125
8	分、合闸时间	分闸时间		ms	（投标人提供）
		合闸时间			（投标人提供）
9	分、合闸速度	刚分速度		m/s	（投标人提供）
		刚合速度			（投标人提供）
10	机械寿命			次	≥3000
11	开合小电容电流值			A	1

表 1（续）

<table>
<tr><td>序号</td><td colspan="3">名　　称</td><td>单位</td><td>标准参数值</td></tr>
<tr><td>12</td><td colspan="3">开合小电感电流值</td><td>A</td><td>0.5</td></tr>
<tr><td rowspan="3">13</td><td colspan="2" rowspan="3">开合母线转换电流能力</td><td>转换电流</td><td>A</td><td>1600</td></tr>
<tr><td>转换电压</td><td>V</td><td>20</td></tr>
<tr><td>开断次数</td><td>次</td><td>100</td></tr>
<tr><td rowspan="7">14</td><td colspan="2" rowspan="5">操动机构</td><td>型式或型号</td><td></td><td>电动并可手动</td></tr>
<tr><td>电动机电压</td><td>V</td><td>AC 380/220</td></tr>
<tr><td>控制电压</td><td>V</td><td>AC 220</td></tr>
<tr><td>允许电压变化范围</td><td></td><td>85%～110%</td></tr>
<tr><td>操作方式</td><td></td><td>分相操作</td></tr>
<tr><td colspan="2" rowspan="2">备用辅助触点</td><td>数量</td><td>对</td><td>10 常开触点，10 常闭触点（引出到相应汇控柜端子排）</td></tr>
<tr><td>开断能力</td><td></td><td>DC 220V、2.5A 或
DC 110V、5A</td></tr>
<tr><td>四</td><td colspan="5">快速接地开关参数</td></tr>
<tr><td>1</td><td colspan="3">额定短时耐受电流及持续时间</td><td>kA/s</td><td>50/3</td></tr>
<tr><td>2</td><td colspan="3">额定峰值耐受电流</td><td>kA</td><td>125</td></tr>
<tr><td>3</td><td colspan="3">额定短路关合电流</td><td>kA</td><td>125</td></tr>
<tr><td>4</td><td colspan="3">额定短路电流关合次数</td><td>次</td><td>≥2</td></tr>
<tr><td rowspan="2">5</td><td colspan="2" rowspan="2">分、合闸时间</td><td>分闸时间</td><td rowspan="2">ms</td><td>（投标人提供）</td></tr>
<tr><td>合闸时间</td><td>（投标人提供）</td></tr>
<tr><td rowspan="2">6</td><td colspan="2" rowspan="2">分、合闸速度</td><td>刚分速度</td><td rowspan="2">m/s</td><td>（投标人提供）</td></tr>
<tr><td>刚合速度</td><td>（投标人提供）</td></tr>
<tr><td>7</td><td colspan="3">机械寿命</td><td>次</td><td>≥3000</td></tr>
<tr><td rowspan="6">8</td><td rowspan="6">开合感应电流能力（A 类/B 类）</td><td rowspan="3">电磁感应</td><td>感性电流</td><td>A</td><td>80/200</td></tr>
<tr><td>开断次数</td><td>次</td><td>10</td></tr>
<tr><td>感应电压</td><td>kV</td><td>2/22</td></tr>
<tr><td rowspan="3">静电感应</td><td>容性电流</td><td>A</td><td>1.25/18</td></tr>
<tr><td>开断次数</td><td>次</td><td>10</td></tr>
<tr><td>感应电压</td><td>kV</td><td>5/22</td></tr>
<tr><td rowspan="4">9</td><td colspan="2" rowspan="4">操动机构</td><td>型式或型号</td><td></td><td>电动弹簧并可手动</td></tr>
<tr><td>电动机电压</td><td>V</td><td>AC 380/220</td></tr>
<tr><td>控制电压</td><td>V</td><td>AC 220</td></tr>
<tr><td>允许电压变化范围</td><td></td><td>85%～110%</td></tr>
</table>

表 1（续）

序号	名　称		单位	标准参数值
10	备用辅助触点	数量	对	8 常开触点，8 常闭触点（引出到相应汇控柜端子排）
		开断能力		DC 220V、2.5A 或 DC 110V、5A
五	检修接地开关参数			
1	额定短时耐受电流及持续时间		kA/s	50/3
2	额定峰值耐受电流		kA	125
3	机械寿命		次	≥3000
4	操动机构	型式或型号		电动并可手动
		电动机电压	V	AC 380/220
		控制电压	V	AC 220
		允许电压变化范围		85%～110%
	备用辅助触点	数量	对	8 常开触点，8 常闭触点
		开断能力		DC 220V、2.5A 或 DC 110V、5A
六	电流互感器参数			
1	型式或型号			电磁式
2	布置型式			内置/外置
3	额定电流比[1]			根据实际工程选择，0.2/0.2S 次级要求带中间抽头
4	准确级组合及额定容量[1]			主变进线、线路：TPY/TPY/0.2－断口－0.2S/5P/5P 15VA/15VA/15VA－断口－15VA/15VA/15VA 分段、母联：5P/5P/5P/0.2－断口－5P/5P/5P 15VA/15VA/15VA/15VA－断口－15VA/15VA/15VA
5	对于 TPY 绕组的要求	K_{ssc}		（项目单位填写）
		时间常数	ms	60
		直流分量偏磁		100%
七	电压互感器参数			
1	型式或型号			电磁式
2	额定电压比			$\frac{330}{\sqrt{3}}/\frac{0.1}{\sqrt{3}}/\frac{0.1}{\sqrt{3}}/\frac{0.1}{\sqrt{3}}$kV
3	准确级			0.2/0.5（3P）/0.5（3P）
4	接线组别			Y/Y/Y

表 1（续）

序号	名　　称		单位	标准参数值
5	三相不平衡度		V	1
6	低压绕组 1min 工频耐压		kV	3
7	额定电压因数			1.2 倍连续，1.5 倍 30s
八	避雷器参数			
1	额定电压		kV	288/300/306/312/324
2	持续运行电压		kV	219/228/233/237/246
3	标称放电电流（8/20μs）		kA	10
4	陡波冲击电流下残压（1/10μs）		kV	782/814/831/847/880
5	雷电冲击电流下残压（8/20μs）		kV	698/727/742/760/789
6	操作冲击电流下残压（30/60μs）		kV	593/618/630/643/668
7	直流 1mA 参考电压		kV	≥408/425/433/442/459
8	75%直流 1mA 参考电压下的泄漏电流		μA	（投标人提供）
9	工频参考电压（有效值）		kV	（投标人提供）
10	工频参考电流（峰值）		mA	（投标人提供）
11	持续电流	全电流	mA	（投标人提供）
		阻性电流	μA	（投标人提供）
12	长持续时间冲击耐受电流	线路放电等级		3/4
		方波电流冲击	A	1000/1500
13	4/10μs 大冲击耐受电流		kA	100
14	动作负载			（投标人提供）
15	工频电压耐受时间特性			（投标人提供）
16	千伏额定电压吸收能力		kJ/kV	（投标人提供）
17	压力释放能力		kA/s	50/0.2
九	套管参数			
1	伞裙型式			大小伞
2	材质			瓷/复合绝缘
3	额定电流		A	3150
4	额定短时耐受电流及持续时间		kA/s	50/3
5	额定峰值耐受电流		kA	125
6	额定工频 1min 耐受电压（相对地）		kV	510
7	额定雷电冲击耐受电压峰值（1.2/50μs）（相对地）		kV	1175
8	额定操作冲击耐受电压峰值（250/2500μs）（相对地）		kV	950

表 1（续）

序号	名　　称		单位	标准参数值
9	爬电距离		mm	11 253k_{ad}（当平均直径 D_a＜300mm 时，k_{ad}＝1.0；当平均直径 D_a≥300mm 时，k_{ad}＝0.000 5D_a＋0.85）
10	干弧距离		mm	≥2900
11	S/P			≥0.9
12	端子静负载	水平纵向	N	2000
		水平横向		1500
		垂直		1500
		安全系数		静态：≥2.75，动态：≥1. 7
13	套管顶部金属带电部分的相间最小净距		mm	≥2800
十	环氧浇注绝缘子参数			
1	安全系数			大于 3 倍设计压力
2	2 倍额定相电压下泄漏电流		μA	50
3	1.1 倍额定相电压下最大场强		kV/mm	≤1.5
十一	主母线参数			
1	材质			铝或铝合金
2	额定电流		A	4000
3	额定短时耐受电流及持续时间		kA/s	50/3
4	额定峰值耐受电流		kA	125
5	导体直径（内径/外径）		mm	（投标人提供）
十二	外壳参数			
1	材质			钢、铸铝、铝合金
2	外壳破坏压力			铸铝和铝合金：5 倍的设计压力；焊接铝外壳和钢外壳：3 倍的设计压力
3	温升	试验电流	A	1.1I_N
		可以接触部位	K	≤30
		可能接触部位	K	≤40
		不可接触部位	K	≤65
4	外壳耐烧穿的能力	电流	kA	50
		时间	s	0.1
5	防爆膜的设置			（投标人提供）
6	感应电压			正常运行条件≤24V，故障条件≤100V
十三	伸缩节参数			
1	材质			不锈钢或铝合金
2	使用寿命			≥40 年或 10 000 次伸缩

表1（续）

序号	名 称	单位	标准参数值
十四	SF_6气体参数		
1	湿度	μg/g	≤8
2	纯度	%	≥99.9

注：本表适用于海拔1000m及以下地区户外正常使用条件，高海拔地区所用设备按照实际污区分布进行设备选型，并按照Q/GDW 13001—2014《高海拔外绝缘配置技术规范》要求进行海拔修正，其他特殊适用条件根据工程实际情况进行修改。

[1] 表中给出电流互感器绕组类型，其额定电流比、负荷及准确级排列可根据工程实际情况确定。

5 组件材料配置表

组件材料配置表包括元件名称、规格形式参数、单位、数量和产地等信息，具体内容和格式根据招标项目情况进行编制。

6 使用环境条件表

363kV/3150A～50kA气体绝缘金属封闭开关设备使用环境条件见表2。特殊环境要求根据项目情况进行编制。

表2 使用环境条件表

序号	名 称		单位	标准参数值	项目需求值
1	周围空气温度	最高气温	℃	+40	
		最低气温		−25	
		最大日温差	K	25	
2	海拔		m	≤1000	
3	太阳辐射强度		W/cm^2	0.1	
4	污秽等级			e级	
5	覆冰厚度		mm	10	
6	风速/风压		m/s/Pa	34/700	
7	湿度	日相对湿度平均值	%	≤95	
		月相对湿度平均值		≤90	
8	耐受地震能力（水平加速度）		m/s^2	2	
9	由于主回路中的开合操作在辅助和控制回路上所感应的共模电压的幅值		kV	≤1.6	
10	系统中性点接地方式		直接接地/不接地		
11	安装地点		户内/户外		

7 需提供的工程图纸

需提供的工程图纸有电气主接线图、设备平面布置图、断面布置图和SF_6系统图。

ICS 29.240

Q/GDW

国家电网有限公司企业标准

Q/GDW 13097.7 — 2018
代替 Q/GDW 13097.7 — 2014

126kV～550kV 气体绝缘金属封闭开关设备采购标准 第 7 部分：363kV/4000A～50kA 气体绝缘金属封闭开关设备专用技术规范

Purchasing standard of 126kV～550kV gas insulate metal-enclosed switchgear Part 7: special technical specification of 363kV/4000A～50kA gas insulate metal-enclosed switchgear (GIS)

2019-06-28 发布　　　　2019-06-28 实施

国家电网有限公司　发布

目　　次

前　　言

为规范 126kV～550kV 气体绝缘金属封闭开关设备的采购，制定本部分《126kV～550kV 气体绝缘金属封闭开关设备采购标准》分为 20 个部分：

——第 1 部分：通用技术规范；
——第 2 部分：126kV/2000A～40kA 气体绝缘金属封闭开关设备专用技术规范；
——第 3 部分：126kV/3150A～40kA 气体绝缘金属封闭开关设备专用技术规范；
——第 4 部分：252kV/3150A～50kA 气体绝缘金属封闭开关设备专用技术规范；
——第 5 部分：252kV/4000A～50kA 气体绝缘金属封闭开关设备专用技术规范；
——第 6 部分：363kV/3150A～50kA 气体绝缘金属封闭开关设备专用技术规范；
——第 7 部分：363kV/4000A～50kA 气体绝缘金属封闭开关设备专用技术规范；
——第 8 部分：363kV/5000A～63kA 气体绝缘金属封闭开关设备专用技术规范；
——第 9 部分：550kV/4000A～63kA 气体绝缘金属封闭开关设备专用技术规范；
——第 10 部分：550kV/5000A～63kA 气体绝缘金属封闭开关设备专用技术规范；
——第 11 部分：126kV/2000A～40kA 复合式气体绝缘金属封闭开关设备专用技术规范；
——第 12 部分：126kV/3150A～40kA 复合式气体绝缘金属封闭开关设备专用技术规范；
——第 13 部分：252kV/3150A～50kA 复合式气体绝缘金属封闭开关设备专用技术规范；
——第 14 部分：252kV/4000A～50kA 复合式气体绝缘金属封闭开关设备专用技术规范；
——第 15 部分：363kV/3150A～50kA 复合式气体绝缘金属封闭开关设备专用技术规范；
——第 16 部分：363kV/4000A～50kA 复合式气体绝缘金属封闭开关设备专用技术规范；
——第 17 部分：550kV/4000A～63kA 复合式气体绝缘金属封闭开关设备专用技术规范；
——第 18 部分：550kV/5000A～63kA 复合式气体绝缘金属封闭开关设备专用技术规范；
——第 19 部分：252kV/5000A～50kA 气体绝缘金属封闭开关设备专用技术规范；
——第 20 部分：363kV/5000A～63kA 复合式气体绝缘金属封闭开关设备专用技术规范。

本部分为《126kV～550kV 气体绝缘金属封闭开关设备采购标准》的第 7 部分。

本部分代替 Q/GDW 13097.7—2014，与 Q/GDW 13097.7—2014 相比，主要技术性差异如下：

——增加了零起打压时间和补压时间参数。
——修改了对外壳耐烧穿能力、操动机构型式、备用辅助触点、爬电距离、干弧距离、伸缩节使用寿命、污秽等级和工程图纸等的要求。

本部分由国家电网有限公司物资部提出并解释。

本部分由国家电网有限公司科技部归口。

本部分起草单位：国网浙江省电力有限公司、中国电力科学研究院有限公司、国网江苏省电力有限公司。

本部分主要起草人：徐华、王绍安、和彦淼、刘北阳、刘焱、周彪、陈孝信、王婷婷、杨仲超、蔡勇。

本部分 2014 年 9 月首次发布，2018 年 12 月第一次修订。

本部分在执行过程中的意见或建议反馈至国家电网有限公司科技部。

126kV～550kV 气体绝缘金属封闭开关设备采购标准 第 7 部分：363kV/4000A～50kA 气体绝缘金属封闭开关设备专用技术规范

1 范围

本部分规定了 363kV/4000A～50kA 气体绝缘金属封闭开关设备招标的标准技术参数、项目需求及投标人响应的相关内容。

本部分适用于 363kV/4000A～50kA 气体绝缘金属封闭开关设备招标。

2 规范性引用文件

下列文件对于本文件的应用是必不可少的。凡是注日期的引用文件，仅注日期的版本适用于本文件。凡是不注日期的引用文件，其最新版本（包括所有的修改单）适用于本文件。

Q/GDW 13097.1　126kV～550kV 气体绝缘金属封闭开关设备采购标准　第 1 部分：通用技术规范

Q/GDW 13001—2014　高海拔外绝缘配置技术规范

3 术语和定义

下列术语和定义适用于本文件。

3.1

招标人　bidder

依照《中华人民共和国招标投标法》的规定，提出招标项目，进行招标的法人或其他组织。

3.2

投标人　tenderer

响应招标、参加投标竞争的法人或者其他组织。

3.3

卖方（供方）　seller（supplier）

提供本部分货物和技术服务的法人或其他组织，包括其法定的承继者。

3.4

买方（需方）　buyer（purchaser）

购买本部分货物和技术服务的法人或其他组织，包括其法定的承继者和经许可的受让人。

4 标准技术参数

技术参数特性表是国家电网有限公司对采购设备的基础技术参数要求，在招投标过程中，投标人应依据招标文件，对技术参数特性表中标准参数值进行响应。363kV/4000A～50kA 气体绝缘金属封闭开关设备技术参数特性见表 1。物资应满足 Q/GDW 13097.1 的要求。

表1 技术参数特性表

<table>
<tr><th>序号</th><th colspan="3">名　称</th><th>单位</th><th>标准参数值</th></tr>
<tr><td>一</td><td colspan="5">GIS 共用参数</td></tr>
<tr><td>1</td><td colspan="3">额定电压</td><td>kV</td><td>363</td></tr>
<tr><td rowspan="3">2</td><td colspan="2" rowspan="3">额定电流</td><td>出线</td><td rowspan="3">A</td><td>4000</td></tr>
<tr><td>进线</td><td>4000</td></tr>
<tr><td>分段、主母线</td><td>5000</td></tr>
<tr><td>3</td><td colspan="3">额定工频 1min 耐受电压（相对地）</td><td>kV</td><td>510</td></tr>
<tr><td>4</td><td colspan="3">额定雷电冲击耐受电压峰值
（1.2/50μs）（相对地）</td><td>kV</td><td>1175</td></tr>
<tr><td>5</td><td colspan="3">额定操作冲击耐受电压峰值
（250/2500μs）（相对地）</td><td>kV</td><td>950</td></tr>
<tr><td>6</td><td colspan="3">额定短路开断电流</td><td>kA</td><td>50</td></tr>
<tr><td>7</td><td colspan="3">额定短路关合电流</td><td>kA</td><td>125</td></tr>
<tr><td>8</td><td colspan="3">额定短时耐受电流及持续时间</td><td>kA/s</td><td>50/3</td></tr>
<tr><td>9</td><td colspan="3">额定峰值耐受电流</td><td>kA</td><td>125</td></tr>
<tr><td>10</td><td colspan="3">辅助和控制回路短时工频耐受电压</td><td>kV</td><td>2</td></tr>
<tr><td>11</td><td colspan="3">无线电干扰电压</td><td>μV</td><td>≤500</td></tr>
<tr><td>12</td><td colspan="3">噪声水平</td><td>dB</td><td>≤110</td></tr>
<tr><td rowspan="2">13</td><td colspan="2" rowspan="2">SF_6 气体压力
（20℃，表压）</td><td>断路器室</td><td rowspan="2">MPa</td><td>（投标人提供）</td></tr>
<tr><td>其他隔室</td><td>（投标人提供）</td></tr>
<tr><td>14</td><td colspan="3">每个隔室 SF_6 气体漏气率</td><td>%/年</td><td>≤0.5</td></tr>
<tr><td rowspan="4">15</td><td rowspan="4">SF_6 气体
湿度</td><td rowspan="2">有电弧分解
物隔室</td><td>交接验收值</td><td rowspan="4">（投标人
填写）</td><td>≤150</td></tr>
<tr><td>长期运行允许值</td><td>≤300</td></tr>
<tr><td rowspan="2">无电弧分解
物隔室</td><td>交接验收值</td><td>≤250</td></tr>
<tr><td>长期运行允许值</td><td>≤500</td></tr>
<tr><td rowspan="7">16</td><td colspan="2" rowspan="7">局部放电</td><td>试验电压</td><td>kV</td><td>$1.2\times363/\sqrt{3}$</td></tr>
<tr><td>每个隔室</td><td rowspan="6">pC</td><td>≤5</td></tr>
<tr><td>每单个绝缘件</td><td>≤3</td></tr>
<tr><td>套管</td><td>≤5</td></tr>
<tr><td>电流互感器</td><td>≤5</td></tr>
<tr><td>电压互感器</td><td>≤10</td></tr>
<tr><td>避雷器</td><td>≤10</td></tr>
<tr><td rowspan="2">17</td><td colspan="2" rowspan="2">供电电源</td><td>控制回路</td><td>V</td><td>DC 220/110</td></tr>
<tr><td>辅助回路</td><td>V</td><td>AC 380/220</td></tr>
<tr><td>18</td><td colspan="3">使用寿命</td><td>年</td><td>≥40</td></tr>
<tr><td>19</td><td colspan="3">检修周期</td><td>年</td><td>≥20</td></tr>
</table>

表 1（续）

序号	名称		单位	标准参数值
20	设备质量	SF_6 气体质量	kg	（投标人提供）
		总质量	kg	（投标人提供）
		最大运输质量	kg	（投标人提供）
		动荷载向下	kg	（投标人提供）
		动荷载向上	kg	（投标人提供）
21	设备尺寸	设备的整体尺寸	m	（投标人提供）
		设备的最大运输尺寸	m	（投标人提供）
		间隔尺寸（相邻间隔最小中心距）	m	（投标人提供）
22	结构布置	断路器		三相分箱
		母线		三相分箱/三相共箱
23	每间隔隔室数量		个/相	（投标人提供）
24	主母线的隔室最大长度		m	（投标人提供）
二	断路器参数			
1	型号			（投标人提供）
2	布置型式（立式或卧式）			（投标人提供）
3	断口数			1/2
4	额定电流	出线	A	4000
		进线		4000
		分段		5000
5	主回路电阻		μΩ	（投标人提供）
6	温升试验电流		A	$1.1I_N$
7	额定工频 1min 耐受电压	断口	kV	510+210
		对地		510
	额定雷电冲击耐受电压峰值（1.2/50μs）	断口	kV	1175+295
		对地		1175
	额定操作冲击耐受电压峰值（250/2500μs）	断口	kV	850+295
		对地		950
8	额定短路开断电流	交流分量有效值	kA	50
		时间常数	ms	45
		开断次数	次	≥16
		首相开断系数		1.3
9	额定短路关合电流		kA	125
10	额定短时耐受电流及持续时间		kA/s	50/3
11	额定峰值耐受电流		kA	125

表 1（续）

序号	名　　称		单位	标准参数值
12	开断时间		ms	≤50
13	合分时间		ms	≤50
14	分闸时间		ms	≤30
15	合闸时间		ms	≤100
16	重合闸无电流间隙时间		ms	300
17	分、合闸速度	刚分速度	m/s	（投标人提供）
		刚合速度		（投标人提供）
18	分闸不同期性	相间	ms	≤3
		同相断口间		≤2
19	合闸不同期性	相间	ms	≤5
		同相断口间		≤3
20	机械寿命		次	≥3000
21	额定操作顺序			O–0.3s–CO–180s–CO
22	现场开合空载变压器能力	空载变压器容量	MVA	240/360
		空载励磁电流	A	0.5～15
		试验电压	kV	363
		操作顺序		10×O 和 10×（CO）
23	现场开合并联电抗器能力	电抗器容量	Mvar	60/90
		试验电压	kV	363
		操作顺序		10×O 和 10×（CO）
24	现场开合空载线路充电电流试验	试验电流	A	由实际线路长度决定
		试验电压	kV	363
		试验条件		线路原则上不得带有泄压设备，如电抗器、避雷器、电磁式电压互感器等。在直流分量比较大的情况下，应增加带电抗器的试验
		操作顺序		10×（O–0.3s–CO）
25	容性电流开合试验（试验室）	试验电流	A	线路：315，电缆：355
		试验电压	kV	$1.2\times363/\sqrt{3}$
		C1 级：LC1 和 CC1：24×O，LC2 和 CC2：24×CO；C2 级：LC1 和 CC1：48×O，LC2 和 CC2：24×O 和 24×CO	kV	C1 级/C2 级

表 1（续）

序号	名称		单位	标准参数值
26	近区故障条件下的开合能力	L90	kA	45
		L75	kA	37.5
		L60	kA	30（L75 的最小燃弧时间大于 L90 的最小燃弧时间 5ms 时）
		操作顺序		O–0.3s–CO–180s–CO
27	失步关合和开断能力	开断电流	kA	16
		试验电压	kV	$2.0 \times 363/\sqrt{3}$
		操作顺序		方式 1：O–O–O 方式 2：CO–O–O
28	合闸电阻	电阻值[1]	Ω	400
		电阻值允许偏差	%	±5
		预投入时间	ms	8～11
		热容量		$1.3 \times 363/\sqrt{3}$ kV 下合闸操作 4 次，头两次操作间隔为 3min，后两次操作间隔也是 3min，两组操作之间时间间隔不大于 30min；或在 $2 \times 363/\sqrt{3}$ kV 下合闸操作 2 次，时间间隔为 30min
29	断口均压用并联电容器	每相电容器的额定电压	kV	$363/\sqrt{3}$
		每个断口电容器的电容量	pF	（投标人提供）
		每个断口电容器的电容量允许偏差	%	±5
		耐受电压	kV	2 倍相电压 2h
		局部放电	pC	≤5
		介质损耗值	%	≤0.25
30	SF_6 气体压力（表压，20℃）	额定	MPa	（投标人提供）
		报警		（投标人提供）
		最低		（投标人提供）
		闭锁		（投标人提供）
31	操动机构型式或型号			液压（含液压弹簧）、弹簧
	零起打压时间		min	（投标人提供）
	补压时间		s	（投标人提供）
	操作方式			分相操作
	电动机电压		V	AC 380/220

表 1（续）

序号	名　　称		单位	标准参数值
31	合闸操作电源	额定操作电压	V	DC 220/110
		操作电压允许范围		85%～110%额定操作电压范围内可靠动作，30%及以下额定电压不得动作
		每相线圈数量	只	1
		每只线圈涌流	A	（投标人提供）
		每只线圈稳态电流	A	DC 220V、2.5A 或 DC 110V、5A
	分闸操作电源	额定操作电压	V	DC 220/110
		操作电压允许范围		65%～110%额定操作电压范围内可靠动作，30%及以下额定电压不得动作
		每相线圈数量	只	2
		每只线圈涌电流	A	（投标人提供）
		每只线圈稳态电流	A	DC 220V、2.5A 或 DC 110V、5A
	操动机构工作压力	最高	MPa	（投标人提供）
		额定		（投标人提供）
		最低		（投标人提供）
		报警压力		（投标人提供）
	驱潮/加热器	电压	V	AC 220
		运行方式		常投/温湿自动投切
		每相功率（驱潮/加热）	W	（投标人提供）/（投标人提供）
	备用辅助触点	数量	对	10 常开触点，10 常闭触点（引出到相应汇控柜端子排）
		开断能力		DC 220V、2.5A 或 DC 110V、5A
	检修周期		年	≥20
	液压机构	重合闸闭锁压力时允许的操作		O－0.3s－CO 或 CO－180s－CO
		24h 打压次数	次	≤2
		油中最大允许水分含量	μL/L	（投标人提供）
	弹簧机构	储能时间	s	≤20
32	断路器的质量	断路器包括辅助设备的总质量	kg	（投标人提供）
		每相操动机构的质量	kg	（投标人提供）
		每相 SF_6 气体质量	kg	（投标人提供）
		运输总质量	kg	（投标人提供）

表 1（续）

序号	名　　称		单位	标准参数值
33	运输高度		m	（投标人提供）
34	起吊高度		m	（投标人提供）
三	隔离开关参数			
1	型式/型号			（投标人提供）
2	额定电流	出线	A	4000
		进线	A	4000
		分段	A	5000
3	主回路电阻		μΩ	（投标人提供）
4	温升试验电流		A	$1.1I_N$
5	额定工频 1min 耐受电压	断口	kV	510＋210
		对地		510
	额定雷电冲击耐受电压峰值（1.2/50μs）	断口	kV	1175＋295
		对地		1175
	额定操作冲击耐受电压峰值（250/2500μs）	断口	kV	850＋295
		对地		950
6	额定短时耐受电流及持续时间		kA/s	50/3
7	额定峰值耐受电流		kA	125
8	分、合闸时间	分闸时间	ms	（投标人提供）
		合闸时间		（投标人提供）
9	分、合闸速度	刚分速度	m/s	（投标人提供）
		刚合速度		（投标人提供）
10	机械寿命		次	≥3000
11	开合小电容电流值		A	1
12	开合小电感电流值		A	0.5
13	开合母线转换电流能力	转换电流	A	1600
		转换电压	V	20
		开断次数	次	100
14	操动机构	型式或型号		电动并可手动
		电动机电压	V	AC 380/220
		控制电压	V	AC 220
		允许电压变化范围		85%～110%
		操作方式		分相操作

表 1（续）

序号	名　　称			单位	标准参数值
14	备用辅助触点		数量	对	10 常开触点，10 常闭触点（引出到相应汇控柜端子排）
			开断能力		DC 220V、2.5A 或 DC 110V、5A
四	快速接地开关参数				
1	额定短时耐受电流及持续时间			kA/s	50/3
2	额定峰值耐受电流			kA	125
3	额定短路关合电流			kA	125
4	额定短路电流关合次数			次	≥2
5	分、合闸时间		分闸时间	ms	（投标人提供）
			合闸时间		（投标人提供）
6	分、合闸速度		刚分速度	m/s	（投标人提供）
			刚合速度		（投标人提供）
7	机械寿命			次	≥3000
8	开合感应电流能力（A 类/B 类）	电磁感应	感性电流	A	80/200
			开断次数	次	10
			感应电压	kV	2/22
		静电感应	容性电流	A	1.25/18
			开断次数	次	10
			感应电压	kV	5/22
9	操动机构		型式或型号		电动弹簧并可手动
			电动机电压	V	AC 380/220
			控制电压	V	AC 220
			允许电压变化范围		85%～110%
	备用辅助触点		数量	对	8 常开触点，8 常闭触点（引出到相应汇控柜端子排）
			开断能力		DC 220V、2.5A 或 DC 110V、5A
五	检修接地开关参数				
1	额定短时耐受电流及持续时间			kA/s	50/3
2	额定峰值耐受电流			kA	125
3	机械寿命			次	≥3000
4	操动机构		型式或型号		电动并可手动
			电动机电压	V	AC 380/220
			控制电压	V	AC 220
			允许电压变化范围		85%～110%

表 1（续）

序号	名　　称		单位	标准参数值
4	备用辅助触点	数量	对	8 常开触点，8 常闭触点
		开断能力		DC 220V、2.5A 或 DC 110V、5A
六	电流互感器参数			
1	型式或型号			电磁式
2	布置型式			内置/外置
3	额定电流比			根据实际工程选择，0.2/0.2S 次级要求带中间抽头
4	准确级组合及额定容量[2]			主变进线、线路： TPY/TPY/0.2－断口－0.2S/5P/5P 15VA/15VA/15VA－断口－15VA/15VA/15VA 分段、母联：5P/5P/5P/0.2－断口－5P/5P/5P 15VA/15VA/15VA/15VA－断口－15VA/15VA/15VA
5	对于 TPY 绕组的要求	K_{ssc}		（项目单位填写）
		时间常数	ms	60
		直流分量偏磁		100%
七	电压互感器参数			
1	型式或型号			电磁式
2	额定电压比			$\frac{330}{\sqrt{3}}/\frac{0.1}{\sqrt{3}}/\frac{0.1}{\sqrt{3}}/\frac{0.1}{\sqrt{3}}$kV
3	准确级			0.2/0.5（3P）/0.5（3P）
4	接线组别			Y/Y/Y
5	三相不平衡度		V	1
6	低压绕组 1min 工频耐压		kV	3
7	额定电压因数			1.2 倍连续，1.5 倍 30s
八	避雷器参数			
1	额定电压		kV	288/300/306/312/324
2	持续运行电压		kV	219/228/233/237/246
3	标称放电电流（8/20μs）		kA	10
4	陡波冲击电流下残压（1/10μs）		kV	782/814/831/847/880
5	雷电冲击电流下残压（8/20μs）		kV	698/727/742/760/789
6	操作冲击电流下残压（30/60μs）		kV	593/618/630/643/668
7	直流 1mA 参考电压		kV	≥408/425/433/442/459
8	75%直流 1mA 参考电压下的泄漏电流		μA	（投标人提供）
9	工频参考电压（有效值）		kV	（投标人提供）

表 1（续）

序号	名　　称		单位	标准参数值
10	工频参考电流（峰值）		mA	（投标人提供）
11	持续电流	全电流	mA	（投标人提供）
		阻性电流	μA	（投标人提供）
12	长持续时间冲击耐受电流	线路放电等级		3/4
		方波电流冲击	A	1000/1500
13	4/10μs 大冲击耐受电流		kA	100
14	动作负载			（投标人提供）
15	工频电压耐受时间特性			（投标人提供）
16	千伏额定电压吸收能力		kJ/kV	（投标人提供）
17	压力释放能力		kA/s	50/0.2
九	套管参数			
1	伞裙型式			大小伞
2	材质			瓷/复合绝缘
3	额定电流		A	4000
4	额定短时耐受电流及持续时间		kA/s	50/3
5	额定峰值耐受电流		kA	125
6	额定工频 1min 耐受电压（相对地）		kV	510
7	额定雷电冲击耐受电压峰值（1.2/50μs）（相对地）		kV	1175
8	额定操作冲击耐受电压峰值（250/2500μs）（相对地）		kV	950
9	爬电距离		mm	11 253k_{ad}（当平均直径 D_a＜300mm 时，k_{ad}＝1.0；当平均直径 D_a≥300mm 时，k_{ad}＝0.000 5D_a＋0.85）
10	干弧距离		mm	≥2900
11	S/P			≥0.9
12	端子静负载	水平纵向	N	2000
		水平横向		1500
		垂直		1500
		安全系数		静态：≥2.75，动态：≥1.7
13	套管顶部金属带电部分的相间最小净距		mm	≥2800
十	环氧浇注绝缘子参数			
1	安全系数			大于 3 倍设计压力
2	2 倍额定相电压下泄漏电流		μA	50
3	1.1 倍额定相电压下最大场强		kV/mm	≤1.5
十一	主母线参数			
1	材质			铝或铝合金

表 1（续）

<table>
<tr><td>序号</td><td colspan="2">名　　称</td><td>单位</td><td>标准参数值</td></tr>
<tr><td>2</td><td colspan="2">额定电流</td><td>A</td><td>4000</td></tr>
<tr><td>3</td><td colspan="2">额定短时耐受电流及持续时间</td><td>kA/s</td><td>50/3</td></tr>
<tr><td>4</td><td colspan="2">额定峰值耐受电流</td><td>kA</td><td>125</td></tr>
<tr><td>5</td><td colspan="2">导体直径（内径/外径）</td><td>mm</td><td>（投标人提供）</td></tr>
<tr><td>十二</td><td colspan="4">外壳参数</td></tr>
<tr><td>1</td><td colspan="2">材质</td><td></td><td>钢、铸铝、铝合金</td></tr>
<tr><td>2</td><td colspan="2">外壳破坏压力</td><td></td><td>铸铝和铝合金：5 倍的设计压力；焊接铝外壳和钢外壳：3 倍的设计压力</td></tr>
<tr><td rowspan="4">3</td><td rowspan="4">温升</td><td>试验电流</td><td>A</td><td>$1.1I_N$</td></tr>
<tr><td>可以接触部位</td><td>K</td><td>≤30</td></tr>
<tr><td>可能接触部位</td><td>K</td><td>≤40</td></tr>
<tr><td>不可接触部位</td><td>K</td><td>≤65</td></tr>
<tr><td rowspan="2">4</td><td rowspan="2">外壳耐烧穿的能力</td><td>电流</td><td>kA</td><td>50</td></tr>
<tr><td>时间</td><td>s</td><td>0.1</td></tr>
<tr><td>5</td><td colspan="2">防爆膜的设置</td><td></td><td>（投标人提供）</td></tr>
<tr><td>6</td><td colspan="2">感应电压</td><td></td><td>正常运行条件≤24V，故障条件≤100V</td></tr>
<tr><td>十三</td><td colspan="4">伸缩节参数</td></tr>
<tr><td>1</td><td colspan="2">材质</td><td></td><td>不锈钢或铝合金</td></tr>
<tr><td>2</td><td colspan="2">使用寿命</td><td></td><td>≥40 年或 10 000 次伸缩</td></tr>
<tr><td>十四</td><td colspan="4">SF_6 气体参数</td></tr>
<tr><td>1</td><td colspan="2">湿度</td><td>μg/g</td><td>≤8</td></tr>
<tr><td>2</td><td colspan="2">纯度</td><td>%</td><td>≥99.9</td></tr>
</table>

注：本表适用于海拔 1000m 及以下地区户外正常使用条件，高海拔地区所用设备按照实际污区分布进行设备选型，并按照 Q/GDW 13001—2014《高海拔外绝缘配置技术规范》要求进行海拔修正，其他特殊适用条件根据工程实际情况进行修改。

[1] 合闸电阻可根据工程实际情况进行选用，其数值可计算后确定。

[2] 表中给出电流互感器绕组类型，其额定电流比、负荷及准确级排列可根据工程实际情况确定。

5 组件材料配置表

组件材料配置表包括元件名称、规格形式参数、单位、数量和产地等信息，具体内容和格式根据招标项目情况进行编制。

6 使用环境条件表

363kV/4000A～50kA 气体绝缘金属封闭开关设备使用环境条件见表 2。特殊环境要求根据项目情况进行编制。

表2 使用环境条件表

<table>
<tr><th>序号</th><th colspan="2">名 称</th><th>单位</th><th>标准参数值</th><th>项目需求值</th></tr>
<tr><td rowspan="3">1</td><td rowspan="3">周围空气温度</td><td>最高气温</td><td rowspan="2">℃</td><td>+40</td><td></td></tr>
<tr><td>最低气温</td><td>−25</td><td></td></tr>
<tr><td>最大日温差</td><td>K</td><td>25</td><td></td></tr>
<tr><td>2</td><td colspan="2">海拔</td><td>m</td><td>≤1000</td><td></td></tr>
<tr><td>3</td><td colspan="2">太阳辐射强度</td><td>W/cm²</td><td>0.1</td><td></td></tr>
<tr><td>4</td><td colspan="2">污秽等级</td><td></td><td>e 级</td><td></td></tr>
<tr><td>5</td><td colspan="2">覆冰厚度</td><td>mm</td><td>10</td><td></td></tr>
<tr><td>6</td><td colspan="2">风速/风压</td><td>m/s/Pa</td><td>34/700</td><td></td></tr>
<tr><td rowspan="2">7</td><td rowspan="2">湿度</td><td>日相对湿度平均值</td><td rowspan="2">%</td><td>≤95</td><td></td></tr>
<tr><td>月相对湿度平均值</td><td>≤90</td><td></td></tr>
<tr><td>8</td><td colspan="2">耐受地震能力（水平加速度）</td><td>m/s²</td><td>2</td><td></td></tr>
<tr><td>9</td><td colspan="2">由于主回路中的开合操作在辅助和控制回路上所感应的共模电压的幅值</td><td>kV</td><td>≤1.6</td><td></td></tr>
<tr><td>10</td><td colspan="2">系统中性点接地方式</td><td colspan="2">直接接地/不接地</td><td></td></tr>
<tr><td>11</td><td colspan="2">安装地点</td><td colspan="2">户内/户外</td><td></td></tr>
</table>

7 需提供的工程图纸

需提供的工程图纸有电气主接线图、设备平面布置图、断面布置图和 SF_6 系统图。

ICS 29.240

Q/GDW

国家电网有限公司企业标准

Q/GDW 13097.8 — 2018
代替 Q/GDW 13097.8 — 2014

126kV～550kV 气体绝缘金属封闭开关设备采购标准 第8部分：363kV/5000A～63kA 气体绝缘金属封闭开关设备专用技术规范

Purchasing standard of 126kV～550kV gas insulate metal-enclosed switchgear
Part 8: special technical specification of 363kV/5000A～63kA gas insulate metal-enclosed switchgear (GIS) for 750kV substation

2019-06-28发布　　2019-06-28实施

国家电网有限公司　发布

目　　次

前　　言

为规范 126kV～550kV 气体绝缘金属封闭开关设备的采购，制定本部分《126kV～550kV 气体绝缘金属封闭开关设备采购标准》分为 20 个部分：

——第 1 部分：通用技术规范；
——第 2 部分：126kV/2000A～40kA 气体绝缘金属封闭开关设备专用技术规范；
——第 3 部分：126kV/3150A～40kA 气体绝缘金属封闭开关设备专用技术规范；
——第 4 部分：252kV/3150A～50kA 气体绝缘金属封闭开关设备专用技术规范；
——第 5 部分：252kV/4000A～50kA 气体绝缘金属封闭开关设备专用技术规范；
——第 6 部分：363kV/3150A～50kA 气体绝缘金属封闭开关设备专用技术规范；
——第 7 部分：363kV/4000A～50kA 气体绝缘金属封闭开关设备专用技术规范；
——第 8 部分：363kV/5000A～63kA 气体绝缘金属封闭开关设备专用技术规范；
——第 9 部分：550kV/4000A～63kA 气体绝缘金属封闭开关设备专用技术规范；
——第 10 部分：550kV/5000A～63kA 气体绝缘金属封闭开关设备专用技术规范；
——第 11 部分：126kV/2000A～40kA 复合式气体绝缘金属封闭开关设备专用技术规范；
——第 12 部分：126kV/3150A～40kA 复合式气体绝缘金属封闭开关设备专用技术规范；
——第 13 部分：252kV/3150A～50kA 复合式气体绝缘金属封闭开关设备专用技术规范；
——第 14 部分：252kV/4000A～50kA 复合式气体绝缘金属封闭开关设备专用技术规范；
——第 15 部分：363kV/3150A～50kA 复合式气体绝缘金属封闭开关设备专用技术规范；
——第 16 部分：363kV/4000A～50kA 复合式气体绝缘金属封闭开关设备专用技术规范；
——第 17 部分：550kV/4000A～63kA 复合式气体绝缘金属封闭开关设备专用技术规范；
——第 18 部分：550kV/5000A～63kA 复合式气体绝缘金属封闭开关设备专用技术规范；
——第 19 部分：252kV/5000A～50kA 气体绝缘金属封闭开关设备专用技术规范；
——第 20 部分：363kV/5000A～63kA 复合式气体绝缘金属封闭开关设备专用技术规范。

本部分为《126kV～550kV 气体绝缘金属封闭开关设备采购标准》的第 8 部分。

本部分代替 Q/GDW 13097.8—2014，与 Q/GDW 13097.8—2014 相比，主要技术性差异如下：

——增加了零起打压时间和补压时间参数。
——修改了对外壳耐烧穿能力、操动机构型式、备用辅助触点、爬电距离、干弧距离、伸缩节使用寿命、污秽等级和工程图纸等的要求。

本部分由国家电网有限公司物资部提出并解释。

本部分由国家电网有限公司科技部归口。

本部分起草单位：国网浙江省电力有限公司、中国电力科学研究院有限公司、国网江苏省电力有限公司。

本部分主要起草人：徐华、王绍安、和彦淼、崔博源、陈允、周彪、陈孝信、王婷婷、时薇薇。

本部分 2014 年 9 月首次发布，2018 年 12 月第一次修订。

本部分在执行过程中的意见或建议反馈至国家电网有限公司科技部。

126kV～550kV 气体绝缘金属封闭开关设备采购标准 第 8 部分：363kV/5000A～63kA 气体绝缘金属封闭开关设备专用技术规范

1 范围

本部分规定了 363kV/5000A～63kA SF_6 气体绝缘金属封闭开关设备招标的标准技术参数、项目需求及投标人响应的相关内容。

本部分适用于 363kV/5000A～63kA SF_6 气体绝缘金属封闭开关设备招标。

2 规范性引用文件

下列文件对于本文件的应用是必不可少的。凡是注日期的引用文件，仅注日期的版本适用于本文件。凡是不注日期的引用文件，其最新版本（包括所有的修改单）适用于本文件。

Q/GDW 13097.1　126kV～550kV 气体绝缘金属封闭开关设备采购标准　第 1 部分：通用技术规范

Q/GDW 13001—2014　高海拔外绝缘配置技术规范

3 术语和定义

下列术语和定义适用于本文件。

3.1

招标人　bidder

依照《中华人民共和国招标投标法》的规定，提出招标项目，进行招标的法人或其他组织。

3.2

投标人　tenderer

响应招标、参加投标竞争的法人或者其他组织。

3.3

卖方（供方）　seller（supplier）

提供本部分货物和技术服务的法人或其他组织，包括其法定的承继者。

3.4

买方（需方）　buyer（purchaser）

购买本部分货物和技术服务的法人或其他组织，包括其法定的承继者和经许可的受让人。

4 标准技术参数

技术参数特性表是国家电网有限公司对采购设备的基础技术参数要求，在招投标过程中，投标人应依据招标文件，对技术参数特性表中标准参数值进行响应。363kV/5000A～63kA SF_6 气体绝缘金属封闭开关设备技术参数特性见表 1。物资应满足 Q/GDW 13097.1 的要求。

表1 技术参数特性表

<table>
<tr><th>序号</th><th colspan="3">名　　称</th><th>单位</th><th>标准参数值</th></tr>
<tr><td>一</td><td colspan="5">GIS 共用参数</td></tr>
<tr><td>1</td><td colspan="3">额定电压</td><td>kV</td><td>363</td></tr>
<tr><td rowspan="3">2</td><td rowspan="3" colspan="2">额定电流</td><td>出线</td><td rowspan="3">A</td><td>5000</td></tr>
<tr><td>进线</td><td>5000</td></tr>
<tr><td>分段、主母线</td><td>5000</td></tr>
<tr><td>3</td><td colspan="3">额定工频 1min 耐受电压（相对地）</td><td>kV</td><td>510</td></tr>
<tr><td>4</td><td colspan="3">额定雷电冲击耐受电压峰值
（1.2/50μs）（相对地）</td><td>kV</td><td>1175</td></tr>
<tr><td>5</td><td colspan="3">额定操作冲击耐受电压峰值
（250/2500μs）（相对地）</td><td>kV</td><td>950</td></tr>
<tr><td>6</td><td colspan="3">额定短路开断电流</td><td>kA</td><td>63</td></tr>
<tr><td>7</td><td colspan="3">额定短路关合电流</td><td>kA</td><td>160</td></tr>
<tr><td>8</td><td colspan="3">额定短时耐受电流及持续时间</td><td>kA/s</td><td>63/3</td></tr>
<tr><td>9</td><td colspan="3">额定峰值耐受电流</td><td>kA</td><td>160</td></tr>
<tr><td>10</td><td colspan="3">辅助和控制回路短时工频耐受电压</td><td>kV</td><td>2</td></tr>
<tr><td>11</td><td colspan="3">无线电干扰电压</td><td>μV</td><td>≤500</td></tr>
<tr><td>12</td><td colspan="3">噪声水平</td><td>dB</td><td>≤110</td></tr>
<tr><td rowspan="2">13</td><td rowspan="2" colspan="2">SF_6 气体压力
（20℃，表压）</td><td>断路器室</td><td rowspan="2">MPa</td><td>（投标人提供）</td></tr>
<tr><td>其他隔室</td><td>（投标人提供）</td></tr>
<tr><td>14</td><td colspan="3">每个隔室 SF_6 气体漏气率</td><td>%/年</td><td>≤0.5</td></tr>
<tr><td rowspan="4">15</td><td rowspan="4">SF_6 气体
湿度</td><td rowspan="2">有电弧分解
物隔室</td><td>交接验收值</td><td rowspan="4">（投标人
填写）</td><td>≤150</td></tr>
<tr><td>长期运行允许值</td><td>≤300</td></tr>
<tr><td rowspan="2">无电弧分解
物隔室</td><td>交接验收值</td><td>≤250</td></tr>
<tr><td>长期运行允许值</td><td>≤500</td></tr>
<tr><td rowspan="7">16</td><td rowspan="7" colspan="2">局部放电</td><td>试验电压</td><td>kV</td><td>$1.2\times363/\sqrt{3}$</td></tr>
<tr><td>每个间隔</td><td rowspan="6">pC</td><td>≤5</td></tr>
<tr><td>每单个绝缘件</td><td>≤3</td></tr>
<tr><td>套管</td><td>≤5</td></tr>
<tr><td>电流互感器</td><td>≤5</td></tr>
<tr><td>电压互感器</td><td>≤10</td></tr>
<tr><td>避雷器</td><td>≤10</td></tr>
<tr><td rowspan="2">17</td><td rowspan="2" colspan="2">供电电源</td><td>控制回路</td><td>V</td><td>DC 220/DC 110</td></tr>
<tr><td>辅助回路</td><td>V</td><td>AC 380/220</td></tr>
<tr><td>18</td><td colspan="3">使用寿命</td><td>年</td><td>≥40</td></tr>
<tr><td>19</td><td colspan="3">检修周期</td><td>年</td><td>≥20</td></tr>
</table>

表 1（续）

序号	名　　称		单位	标准参数值
20	设备重量	SF_6气体重量	kg	（投标人提供）
		总重量	kg	（投标人提供）
		最大运输重量	kg	（投标人提供）
		动荷载向下	kg	（投标人提供）
		动荷载向上	kg	（投标人提供）
21	设备尺寸	设备的整体尺寸	m	（投标人提供）
		设备的最大运输尺寸	m	（投标人提供）
		间隔尺寸（相邻间隔最小中心距）	m	（投标人提供）
22	结构布置	断路器		三相分箱
		母线		三相分箱/三相共箱
23	每间隔隔室数量		个/相	（投标人提供）
24	主母线的隔室最大长度		m	（投标人提供）
二	断路器参数			
1	型号			（投标人提供）
2	布置型式（立式或卧式）			（投标人提供）
3	断口数			1/2
4	额定电流	出线	A	5000
		进线		5000
		分段		5000
5	主回路电阻		μΩ	（投标人提供）
6	温升试验电流		A	$1.1I_N$
7	额定工频 1min 耐受电压	断口	kV	510＋210
		对地		510
	额定雷电冲击耐受电压峰值（1.2/50μs）	断口	kV	1175＋295
		对地		1175
	额定操作冲击耐受电压峰值（250/2500μs）	断口	kV	850＋295
		对地		950
8	额定短路开断电流	交流分量有效值	kA	63
		时间常数	ms	45
		开断次数	次	≥16
		首相开断系数		1.3
9	额定短路关合电流		kA	160
10	额定短时耐受电流及持续时间		kA/s	63/3
11	额定峰值耐受电流		kA	160

表 1（续）

序号	名　　称		单位	标准参数值
12	开断时间		ms	≤50
13	合分时间[1]		ms	≤50
14	分闸时间		ms	≤30
15	合闸时间		ms	≤100
16	重合闸无电流间隙时间		ms	300
17	分、合闸速度	刚分速度	m/s	（投标人提供）
		刚合速度		（投标人提供）
18	分闸不同期性	相间	ms	≤3
		同相断口间		≤2
19	合闸不同期性	相间	ms	≤5
		同相断口间		≤3
20	机械寿命		次	≥3000
21	额定操作顺序			O–0.3s–CO–180s–CO
22	现场开合空载变压器能力	空载变压器容量	MVA	2100/1500/1000
		空载励磁电流	A	0.5～15
		试验电压	kV	363
		操作顺序		10×O 和 10×（CO）
23	现场开合并联电抗器能力	电抗器容量	Mvar	60/90
		试验电压	kV	363
		操作顺序		10×O 和 10×（CO）
24	现场开合空载线路充电电流试验	试验电流	A	由实际线路长度决定
		试验电压	kV	363
		试验条件		线路原则上不得带有泄压设备，如电抗器、避雷器、电磁式电压互感器等。在直流分量比较大的情况下，应增加带电抗器的试验
		操作顺序		10×（O–0.3s–CO）
25	容性电流开合试验（试验室）	试验电流	A	线路：315，电缆：355
		试验电压	kV	$1.2\times363/\sqrt{3}$
		C1 级：LC1 和 CC1：24×O，LC2 和 CC2：24×CO；C2 级：LC1 和 CC1：48×O，LC2 和 CC2：24×O 和 24×CO		C1 级/C2 级

表 1（续）

序号	名　称		单位	标准参数值
26	近区故障条件下的开合能力	L90	kA	56.7
		L75	kA	47.3
		L60	kA	37.8（L75 的最小燃弧时间长于 L90 的最小燃弧时间 5ms 时）
		操作顺序		O－0.3s－CO－180s－CO
27	失步关合和开断能力	开断电流	kA	16
		试验电压	kV	$2.0\times363/\sqrt{3}$
		操作顺序		方式 1：O－O－O； 方式 2：CO－O－O
28	合闸电阻①	电阻值	Ω	400
		电阻值允许偏差	%	±5
		预投入时间	ms	8～11
		热容量		$1.3\times363/\sqrt{3}$ kV 下合闸操作 4 次，头两次操作间隔为 3min，后两次操作间隔也是 3min，两组操作之间时间间隔不大于 30min；或在 $2\times363/\sqrt{3}$ kV 下合闸操作 2 次，时间间隔为 30min
29	断口均压用并联电容器	每相电容器的额定电压	kV	$363/\sqrt{3}$
		每个断口电容器的电容量	pF	（投标人提供）
		每个断口电容器的电容量允许偏差	%	±5
		耐受电压	kV	2 倍相电压 2h
		局部放电	pC	≤5
		介质损耗值	%	≤0.25
30	SF_6 气体压力（表压，20℃）	额定	MPa	（投标人提供）
		报警		（投标人提供）
		最低		（投标人提供）
		闭锁		（投标人提供）
31	操动机构型式或型号			液压（含液压弹簧）、弹簧
	零起打压时间		min	（投标人提供）
	补压时间		s	（投标人提供）
	操作方式			分相操作
	电动机电压		V	AC 380/220

表 1（续）

序号	名　　称		单位	标准参数值
31	合闸操作电源	额定操作电压	V	DC 220/DC 110
		操作电压允许范围		85%～110%额定操作电压范围内可靠动作，30%及以下额定电压不得动作
		每相线圈数量	只	1
		每只线圈涌流	A	（投标人提供）
		每只线圈稳态电流	A	DC 220V、2.5A/DC 110V、5A
	分闸操作电源	额定操作电压	V	DC 220/110
		操作电压允许范围		65%～110%额定操作电压范围内可靠动作，30%及以下额定电压不得动作
		每相线圈数量	只	2
		每只线圈涌电流	A	（投标人提供）
		每只线圈稳态电流	A	DC 220V、2.5A/DC 110V、5A
	操动机构工作压力	额定	MPa	（投标人提供）
		报警		（投标人提供）
		闭锁		（投标人提供）
	驱潮/加热器	电压	V	AC 220
		运行方式		常投/温湿自动投切
		每相功率（驱潮/加热）	W	（投标人提供）/（投标人提供）
	备用辅助触点	数量	对	10 常开触点，10 常闭触点（引出到相应汇控柜端子排）
		开断能力		DC 220V、2.5A/DC 110V、5A
	检修周期		年	≥20
	液压机构	重合闸闭锁压力时允许的操作		O－0.3s－CO 或 CO－180s－CO
		24h 打压次数	次	≤2
		油中最大允许水分含量	μL/L	（投标人提供）
	弹簧机构	储能时间	s	≤20
32	断路器的质量	断路器包括辅助设备的总质量	kg	（投标人提供）
		每相操动机构的质量	kg	（投标人提供）
		每相 SF_6 气体质量	kg	（投标人提供）
		运输总质量	kg	（投标人提供）

表 1（续）

序号	名　称		单位	标准参数值
33	运输高度		m	（投标人提供）
34	起吊高度		m	（投标人提供）
三	隔离开关参数			
1	型式/型号			（投标人提供）
2	额定电流	出线	A	5000
		进线	A	5000
		分段	A	5000
3	主回路电阻		μΩ	（投标人提供）
4	温升试验电流		A	$1.1I_N$
5	额定工频 1min 耐受电压	断口	kV	510＋210
		对地		510
	额定雷电冲击耐受电压峰值（1.2/50μs）	断口	kV	1175＋295
		对地		1175
	额定操作冲击耐受电压峰值（250/2500μs）	断口	kV	850＋295
		对地		950
6	额定短时耐受电流及持续时间		kA/s	63/3
7	额定峰值耐受电流		kA	160
8	分、合闸时间	分闸时间	ms	（投标人提供）
		合闸时间		（投标人提供）
9	分、合闸速度	刚分速度	m/s	（投标人提供）
		刚合速度		（投标人提供）
10	机械寿命		次	≥3000
11	开合小电容电流值		A	1
12	开合小电感电流值		A	0.5
13	开合母线转换电流能力	转换电流	A	1600
		转换电压	V	20
		开断次数	次	100
14	操动机构	型式或型号		电动并可手动
		电动机电压	V	AC 380/220
		控制电压	V	AC 220
		允许电压变化范围		85%～110%
		操作方式		分相操作
	备用辅助触点	数量	对	10 常开触点，10 常闭触点（引出到相应汇控柜端子排）
		开断能力		DC 220V、1～2.5A/ DC 110V、1～5A

表 1（续）

<table>
<tr><th>序号</th><th colspan="3">名　　称</th><th>单位</th><th>标准参数值</th></tr>
<tr><td>四</td><td colspan="5">快速接地开关参数</td></tr>
<tr><td>1</td><td colspan="3">额定短时耐受电流及持续时间</td><td>kA/s</td><td>63/3</td></tr>
<tr><td>2</td><td colspan="3">额定峰值耐受电流</td><td>kA</td><td>160</td></tr>
<tr><td>3</td><td colspan="3">额定短路关合电流</td><td>kA</td><td>160</td></tr>
<tr><td>4</td><td colspan="3">额定短路电流关合次数</td><td>次</td><td>≥2</td></tr>
<tr><td rowspan="2">5</td><td colspan="2" rowspan="2">分、合闸时间</td><td>分闸时间</td><td rowspan="2">ms</td><td>（投标人提供）</td></tr>
<tr><td>合闸时间</td><td>（投标人提供）</td></tr>
<tr><td rowspan="2">6</td><td colspan="2" rowspan="2">分、合闸平均速度</td><td>分闸速度</td><td rowspan="2">m/s</td><td>（投标人提供）</td></tr>
<tr><td>合闸速度</td><td>（投标人提供）</td></tr>
<tr><td>7</td><td colspan="3">机械寿命</td><td>次</td><td>≥3000</td></tr>
<tr><td rowspan="6">8</td><td rowspan="6">开合感应电流能力（A 类/B 类）</td><td rowspan="3">电磁感应</td><td>感性电流</td><td>A</td><td>80/200</td></tr>
<tr><td>开断次数</td><td>次</td><td>10</td></tr>
<tr><td>感应电压</td><td>kV</td><td>2/22</td></tr>
<tr><td rowspan="3">静电感应</td><td>容性电流</td><td>A</td><td>1.25/18</td></tr>
<tr><td>开断次数</td><td>次</td><td>10</td></tr>
<tr><td>感应电压</td><td>kV</td><td>5/22</td></tr>
<tr><td rowspan="6">9</td><td colspan="2" rowspan="4">操动机构</td><td>型式或型号</td><td></td><td>电动弹簧并可手动</td></tr>
<tr><td>电动机电压</td><td>V</td><td>AC 380/220</td></tr>
<tr><td>控制电压</td><td>V</td><td>AC 220</td></tr>
<tr><td>允许电压变化范围</td><td></td><td>85%～110%</td></tr>
<tr><td colspan="2" rowspan="2">备用辅助触点</td><td>数量</td><td>对</td><td>8 常开触点，8 常闭触点（引出到相应汇控柜端子排）</td></tr>
<tr><td>开断能力</td><td></td><td>DC 220V、2.5A/
DC 110V、5A</td></tr>
<tr><td>五</td><td colspan="5">检修接地开关参数</td></tr>
<tr><td>1</td><td colspan="3">额定短时耐受电流及持续时间</td><td>kA/s</td><td>63/3</td></tr>
<tr><td>2</td><td colspan="3">额定峰值耐受电流</td><td>kA</td><td>160</td></tr>
<tr><td>3</td><td colspan="3">机械寿命</td><td>次</td><td>≥3000</td></tr>
<tr><td rowspan="6">4</td><td colspan="2" rowspan="4">操动机构</td><td>型式或型号</td><td></td><td>电动并可手动</td></tr>
<tr><td>电动机电压</td><td>V</td><td>AC 380/220</td></tr>
<tr><td>控制电压</td><td>V</td><td>AC 220</td></tr>
<tr><td>允许电压变化范围</td><td></td><td>85%～110%</td></tr>
<tr><td colspan="2" rowspan="2">备用辅助触点</td><td>数量</td><td>对</td><td>8 常开触点，8 常闭触点</td></tr>
<tr><td>开断能力</td><td></td><td>DC 220V、1～2.5A/
DC 110V、1～5A</td></tr>
<tr><td>六</td><td colspan="5">电流互感器参数</td></tr>
</table>

表 1（续）

序号	名　　称		单位	标准参数值
1	型式或型号			电磁式
2	布置型式			内置/外置
3	额定电流比[2]			根据实际工程选择，0.2/0.2S 次级要求带中间抽头
4	准确级组合及额定容量[2]			主变进线、线路： TPY/TPY/0.2－断口－0.2S/5P/5P 15VA/15VA/15VA－断口－15VA/15VA/15VA 分段、母联： 5P/5P/5P/0.2－断口－5P/5P/5P 15VA/15VA/15VA/15VA－断口－15VA/15VA/15VA
5	对于 TPY 绕组的要求	K_{ssc}		（项目单位填写）
		时间常数	ms	60
		直流分量偏磁		100%
七	电压互感器参数			
1	型式或型号			电磁式
2	额定电压比			$\frac{330}{\sqrt{3}}/\frac{0.1}{\sqrt{3}}/\frac{0.1}{\sqrt{3}}/\frac{0.1}{\sqrt{3}}$kV
3	准确级			0.2/0.5（3P）/0.5（3P）
4	接线组别			Y/Y/Y
5	三相不平衡度		V	1
6	低压绕组 1min 工频耐压		kV	3
7	额定电压因数			1.2 倍连续，1.5 倍 30s
八	避雷器参数			
1	额定电压		kV	288/300/306/312/324
2	持续运行电压		kV	219/228/233/237/246
3	标称放电电流（8/20μs）		kA	10
4	陡波冲击电流下残压（1/10μs）		kV	782/814/831/847/880
5	雷电冲击电流下残压（8/20μs）		kV	698/727/742/760/789
6	操作冲击电流下残压（30/60μs）		kV	593/618/630/643/668
7	直流 1mA 参考电压		kV	≥408/425/433/442/459
8	75%直流 1mA 参考电压下的泄漏电流		μA	（投标人提供）

表 1（续）

序号	名　　称		单位	标准参数值
9	工频参考电压（有效值）		kV	（投标人提供）
10	工频参考电流（峰值）		mA	（投标人提供）
11	持续电流	全电流	mA	（投标人提供）
		阻性电流	μA	（投标人提供）
12	长持续时间冲击耐受电流	线路放电等级		3/4
		方波电流冲击	A	1000/1500
13	4/10μs 大冲击耐受电流		kA	100
14	动作负载			（投标人提供）
15	工频电压耐受时间特性			（投标人提供）
16	千伏额定电压吸收能力		kJ/kV	（投标人提供）
17	压力释放能力		kA/s	63/0.2
九	套管参数			
1	伞裙型式			大小伞
2	材质			瓷/复合绝缘
3	额定电流		A	5000
4	额定短时耐受电流及持续时间		kA/s	63/3
5	额定峰值耐受电流		kA	160
6	额定工频 1min 耐受电压（相对地）		kV	510
7	额定雷电冲击耐受电压峰值（1.2/50μs）（相对地）		kV	1175
8	额定操作冲击耐受电压峰值（250/2500μs）（相对地）		kV	950
9	爬电距离		mm	11 253k_{ad}（当平均直径 D_a＜300mm 时，$k_{ad}=1.0$；当平均直径 D_a≥300mm 时，$k_{ad}=0.000\ 5D_a+0.85$）
10	干弧距离		mm	≥2900
11	S/P			≥0.9
12	端子静负载	水平纵向	N	2000
		水平横向		1500
		垂直		1500
		安全系数		静态：≥2.75，动态：≥1.7
13	套管顶部金属带电部分的相间最小净距		mm	≥2800
十	环氧浇注绝缘子参数			
1	安全系数			大于 3 倍设计压力
2	2 倍额定相电压下泄漏电流		μA	50
3	1.1 倍额定相电压下最大场强		kV/mm	≤1.5

表 1（续）

序号	名　　称		单位	标准参数值
十一	主母线参数			
1	材质			铝或铝合金
2	额定电流		A	5000
3	额定短时耐受电流及持续时间		kA/s	63/3
4	额定峰值耐受电流		kA	160
5	导体直径（内径/外径）		mm	（投标人提供）
十二	外壳参数			
1	材质			钢、铸铝、铝合金
2	外壳破坏压力			铸铝和铝合金：5 倍的设计压力；焊接铝外壳和钢外壳：3 倍的设计压力
3	温升	试验电流	A	$1.1I_N$
		可以接触部位	K	≤30
		可能接触部位	K	≤40
		不可接触部位	K	≤65
4	外壳耐烧穿的能力	电流	kA	63
		时间	s	0.1
5	防爆膜的设置			（投标人提供）
6	感应电压			正常运行条件≤24V，故障条件≤100V
十三	伸缩节参数			
1	材质			不锈钢或铝合金
2	使用寿命			≥40 年或 10 000 次伸缩
十四	SF_6 气体参数			
1	湿度		μg/g	≤8
2	纯度		%	≥99.9
① 根据设计要求，也可不采用合闸电阻。				

注：本表适用于海拔 1000m 及以下地区户外正常使用条件，高海拔地区所用设备按照实际污区分布进行设备选型，并按照 Q/GDW 13001—2014《高海拔外绝缘配置技术规范》要求进行海拔修正，其他特殊适用条件根据工程实际情况进行修改。

[1] 国网公司反措要求：断路器合－分时间的设计取值应大于 60ms，推荐采用不大于 50ms。

[2] 表中给出电流互感器绕组类型，其额定电流比、负荷及准确级排列可根据工程实际情况确定。

5 组件材料配置表

组件材料配置表包括元件名称、规格形式参数、单位、数量和产地等信息，具体内容和格式根据招标项目情况进行编制。

6 使用环境条件表

363kV/5000A～63kA SF_6气体绝缘金属封闭开关设备使用环境条件见表2。特殊环境要求根据项目情况进行编制。

表2 使用环境条件表

<table>
<tr><th>序号</th><th colspan="2">名　称</th><th>单位</th><th>标准参数值</th><th>项目需求值</th></tr>
<tr><td rowspan="3">1</td><td rowspan="3">周围空气温度</td><td>最高气温</td><td rowspan="2">℃</td><td>+40</td><td></td></tr>
<tr><td>最低气温</td><td>−25</td><td></td></tr>
<tr><td>最大日温差</td><td>K</td><td>25</td><td></td></tr>
<tr><td>2</td><td colspan="2">海拔</td><td>m</td><td>≤1000</td><td></td></tr>
<tr><td>3</td><td colspan="2">太阳辐射强度</td><td>W/cm²</td><td>0.1</td><td></td></tr>
<tr><td>4</td><td colspan="2">污秽等级</td><td></td><td>e级</td><td></td></tr>
<tr><td>5</td><td colspan="2">覆冰厚度</td><td>mm</td><td>10</td><td></td></tr>
<tr><td>6</td><td colspan="2">风速/风压</td><td>m/s/Pa</td><td>34/700</td><td></td></tr>
<tr><td rowspan="2">7</td><td rowspan="2">湿度</td><td>日相对湿度平均值</td><td rowspan="2">%</td><td>≤95</td><td></td></tr>
<tr><td>月相对湿度平均值</td><td>≤90</td><td></td></tr>
<tr><td>8</td><td colspan="2">耐受地震能力（水平加速度）</td><td>m/s²</td><td>2</td><td></td></tr>
<tr><td>9</td><td colspan="2">由于主回路中的开合操作在辅助和控制回路上所感应的共模电压的幅值</td><td>kV</td><td>≤1.6</td><td></td></tr>
<tr><td>10</td><td colspan="2">系统中性点接地方式</td><td colspan="2">直接接地/不接地</td><td></td></tr>
<tr><td>11</td><td colspan="2">安装地点</td><td colspan="2">户内/户外</td><td></td></tr>
</table>

7 需提供的工程图纸

需提供的工程图纸有电气主接线图、设备平面布置图、断面布置图和SF_6系统图。

ICS 29.240

Q/GDW

国家电网有限公司企业标准

Q/GDW 13097.9 — 2018
代替 Q/GDW 13097.9 — 2014

126kV～550kV 气体绝缘金属封闭开关设备采购标准 第 9 部分：550kV/4000A～63kA 气体绝缘金属封闭开关设备专用技术规范

Purchasing standard of 126kV～550kV gas insulate metal-enclosed switchgear Part 9: special technical specification of 550kV/4000A～63kA gas insulate metal-enclosed switchgear (GIS)

2019-06-28发布 2019-06-28实施

国家电网有限公司 发布

目　　次

前　言

为规范 126kV～550kV 气体绝缘金属封闭开关设备的采购，制定本部分《126kV～550kV 气体绝缘金属封闭开关设备采购标准》分为 20 个部分：

——第 1 部分：通用技术规范；
——第 2 部分：126kV/2000A～40kA 气体绝缘金属封闭开关设备专用技术规范；
——第 3 部分：126kV/3150A～40kA 气体绝缘金属封闭开关设备专用技术规范；
——第 4 部分：252kV/3150A～50kA 气体绝缘金属封闭开关设备专用技术规范；
——第 5 部分：252kV/4000A～50kA 气体绝缘金属封闭开关设备专用技术规范；
——第 6 部分：363kV/3150A～50kA 气体绝缘金属封闭开关设备专用技术规范；
——第 7 部分：363kV/4000A～50kA 气体绝缘金属封闭开关设备专用技术规范；
——第 8 部分：363kV/5000A～63kA 气体绝缘金属封闭开关设备专用技术规范；
——第 9 部分：550kV/4000A～63kA 气体绝缘金属封闭开关设备专用技术规范；
——第 10 部分：550kV/5000A～63kA 气体绝缘金属封闭开关设备专用技术规范；
——第 11 部分：126kV/2000A～40kA 复合式气体绝缘金属封闭开关设备专用技术规范；
——第 12 部分：126kV/3150A～40kA 复合式气体绝缘金属封闭开关设备专用技术规范；
——第 13 部分：252kV/3150A～50kA 复合式气体绝缘金属封闭开关设备专用技术规范；
——第 14 部分：252kV/4000A～50kA 复合式气体绝缘金属封闭开关设备专用技术规范；
——第 15 部分：363kV/3150A～50kA 复合式气体绝缘金属封闭开关设备专用技术规范；
——第 16 部分：363kV/4000A～50kA 复合式气体绝缘金属封闭开关设备专用技术规范；
——第 17 部分：550kV/4000A～63kA 复合式气体绝缘金属封闭开关设备专用技术规范；
——第 18 部分：550kV/5000A～63kA 复合式气体绝缘金属封闭开关设备专用技术规范；
——第 19 部分：252kV/5000A～50kA 气体绝缘金属封闭开关设备专用技术规范；
——第 20 部分：363kV/5000A～63kA 复合式气体绝缘金属封闭开关设备专用技术规范。

本部分为《126kV～550kV 气体绝缘金属封闭开关设备采购标准》的第 9 部分。

本部分代替 Q/GDW 13097.9—2014，与 Q/GDW 13097.9—2014 相比，主要技术性差异如下：

——增加了零起打压时间和补压时间参数。
——修改了对外壳耐烧穿能力、操动机构型式、备用辅助触点、爬电距离、干弧距离、伸缩节使用寿命、污秽等级和工程图纸等的要求。

本部分由国家电网有限公司物资部提出并解释。

本部分由国家电网有限公司科技部归口。

本部分起草单位：国网浙江省电力有限公司、中国电力科学研究院有限公司、国网江苏省电力有限公司。

本部分主要起草人：徐华、王绍安、和彦淼、崔博源、陈允、周彪、陈孝信、王婷婷。

本部分 2014 年 9 月首次发布，2018 年 12 月第一次修订。

本部分在执行过程中的意见或建议反馈至国家电网有限公司科技部。

126kV～550kV 气体绝缘金属封闭开关设备采购标准 第 9 部分：550kV/4000A～63kA 气体绝缘金属封闭开关设备专用技术规范

1 范围

本部分规定了 550kV/4000A～63kA 气体绝缘金属封闭开关设备招标的标准技术参数、项目需求及投标人响应的相关内容。

本部分适用于 550kV/4000A～63kA 气体绝缘金属封闭开关设备招标。

2 规范性引用文件

下列文件对于本文件的应用是必不可少的。凡是注日期的引用文件，仅注日期的版本适用于本文件。凡是不注日期的引用文件，其最新版本（包括所有的修改单）适用于本文件。

Q/GDW 13097.1 126kV～550kV 气体绝缘金属封闭开关设备采购标准 第 1 部分：通用技术规范

Q/GDW 13001—2014 高海拔外绝缘配置技术规范

3 术语和定义

下列术语和定义适用于本文件。

3.1

招标人 bidder

依照《中华人民共和国招标投标法》的规定，提出招标项目，进行招标的法人或其他组织。

3.2

投标人 tenderer

响应招标、参加投标竞争的法人或者其他组织。

3.3

卖方（供方） seller（supplier）

提供本部分货物和技术服务的法人或其他组织，包括其法定的承继者。

3.4

买方（需方） buyer（purchaser）

购买本部分货物和技术服务的法人或其他组织，包括其法定的承继者和经许可的受让人。

4 标准技术参数

技术参数特性表是国家电网有限公司对采购设备的基础技术参数要求，在招投标过程中，投标人应依据招标文件，对技术参数特性表中标准参数值进行响应。550kV/4000A～63kA 气体绝缘金属封闭开关设备技术参数特性见表 1。物资应满足 Q/GDW 13097.1 的要求。

表 1 技术参数特性表

序号	名称			单位	标准参数值
一	GIS 共用参数				
1	额定电压			kV	550
2	额定电流		出线	A	4000
			进线		4000
			分段、主母线		4000/6300
3	额定工频 1min 耐受电压（相对地）			kV	740
4	额定雷电冲击耐受电压峰值（1.2/50μs）（相对地）			kV	1675
5	额定操作冲击耐受电压峰值（250/2500μs）（相对地）			kV	1300
6	额定短路开断电流			kA	63
7	额定短路关合电流			kA	160
8	额定短时耐受电流及持续时间			kA/s	63/2
9	额定峰值耐受电流			kA	160
10	辅助和控制回路短时工频耐受电压			kV	2
11	无线电干扰电压			μV	≤500
12	噪声水平			dB	≤110
13	SF_6 气体压力（20℃，表压）		断路器室	MPa	（投标人提供）
			其他隔室		（投标人提供）
14	每个隔室 SF_6 气体漏气率			%/年	≤0.5
15	SF_6 气体湿度	有电弧分解物隔室	交接验收值	μL/L	≤150
			长期运行允许值		≤300
		无电弧分解物隔室	交接验收值		≤250
			长期运行允许值		≤500
16	局部放电		试验电压	kV	$1.2 \times 550/\sqrt{3}$
			每个隔室	pC	≤5
			每单个绝缘件		≤3
			套管		≤5
			电流互感器		≤5
			电压互感器		≤10
			避雷器		≤10
17	供电电源		控制回路	V	DC 220/110
			辅助回路	V	AC 380/220
18	使用寿命			年	≥40
19	检修周期			年	≥20

表 1（续）

序号	名　　称			单位	标准参数值
20	设备质量	SF_6气体质量		kg	（投标人提供）
		总质量		kg	（投标人提供）
		最大运输质量		kg	（投标人提供）
		动荷载向下		kg	（投标人提供）
		动荷载向上		kg	（投标人提供）
21	设备尺寸	设备的整体尺寸		m	（投标人提供）
		设备的最大运输尺寸		m	（投标人提供）
		间隔尺寸（相邻间隔最小中心距）		m	（投标人提供）
22	结构布置	断路器			三相分箱
		母线			三相分箱
23	每间隔隔室数量			个/相	（投标人提供）
24	主母线的隔室最大长度			m	（投标人提供）
二	断路器参数				
1	型号				（投标人提供）
2	布置型式（立式或卧式）				（投标人提供）
3	断口数				1/2
4	额定电流	出线		A	4000
		进线			4000
		分段			4000/6300
5	主回路电阻			μΩ	（投标人提供）
6	温升试验电流			A	$1.1I_N$
7	额定工频 1min 耐受电压		断口	kV	740+315
			对地		740
	额定雷电冲击耐受电压峰值（1.2/50μs）		断口	kV	1675+450
			对地		1675
	额定操作冲击耐受电压峰值（250/2500μs）		断口	kV	1175+450
			对地		1300
8	额定短路开断电流		交流分量有效值	kA	63
			时间常数	ms	45
			开断次数	次	≥16
			首相开断系数		1.3
9	额定短路关合电流			kA	160
10	额定短时耐受电流及持续时间			kA/s	63/2
11	额定峰值耐受电流			kA	160

表 1（续）

<table>
<tr><th>序号</th><th colspan="2">名　　称</th><th>单位</th><th>标准参数值</th></tr>
<tr><td>12</td><td colspan="2">开断时间</td><td>ms</td><td>≤50</td></tr>
<tr><td>13</td><td colspan="2">合分时间</td><td>ms</td><td>≤50</td></tr>
<tr><td>14</td><td colspan="2">分闸时间</td><td>ms</td><td>≤30</td></tr>
<tr><td>15</td><td colspan="2">合闸时间</td><td>ms</td><td>≤100</td></tr>
<tr><td>16</td><td colspan="2">重合闸无电流间隙时间</td><td>ms</td><td>300</td></tr>
<tr><td rowspan="2">17</td><td rowspan="2">分、合闸速度</td><td>刚分速度</td><td rowspan="2">m/s</td><td>（投标人提供）</td></tr>
<tr><td>刚合速度</td><td>（投标人提供）</td></tr>
<tr><td rowspan="2">18</td><td rowspan="2">分闸不同期性</td><td>相间</td><td rowspan="2">ms</td><td>≤3</td></tr>
<tr><td>同相断口间</td><td>≤2</td></tr>
<tr><td rowspan="2">19</td><td rowspan="2">合闸不同期性</td><td>相间</td><td rowspan="2">ms</td><td>≤5</td></tr>
<tr><td>同相断口间</td><td>≤3</td></tr>
<tr><td>20</td><td colspan="2">机械寿命</td><td>次</td><td>≥3000</td></tr>
<tr><td>21</td><td colspan="2">额定操作顺序</td><td></td><td>O–0.3s–CO–180s–CO</td></tr>
<tr><td rowspan="4">22</td><td rowspan="4">现场开合空载变压器能力</td><td>空载变压器容量</td><td>MVA</td><td>750/1000/1200</td></tr>
<tr><td>空载励磁电流</td><td>A</td><td>0.5～15</td></tr>
<tr><td>试验电压</td><td>kV</td><td>550</td></tr>
<tr><td>操作顺序</td><td></td><td>10×O 和 10×（CO）</td></tr>
<tr><td rowspan="3">23</td><td rowspan="3">现场开合并联电抗器能力</td><td>电抗器容量</td><td>Mvar</td><td>120/150/180/210</td></tr>
<tr><td>试验电压</td><td>kV</td><td>550</td></tr>
<tr><td>操作顺序</td><td></td><td>10×O 和 10×（CO）</td></tr>
<tr><td rowspan="4">24</td><td rowspan="4">现场开合空载线路充电电流试验</td><td>试验电流</td><td>A</td><td>由实际线路长度决定</td></tr>
<tr><td>试验电压</td><td>kV</td><td>550</td></tr>
<tr><td>试验条件</td><td></td><td>线路原则上不得带有泄压设备，如电抗器、避雷器、电磁式电压互感器等。在直流分量比较大的情况下，应增加带电抗器的试验</td></tr>
<tr><td>操作顺序</td><td></td><td>10×（O–0.3s–CO）</td></tr>
<tr><td rowspan="3">25</td><td rowspan="3">容性电流开合试验（试验室）</td><td>试验电流</td><td>A</td><td>500</td></tr>
<tr><td>试验电压</td><td>kV</td><td>$1.2\times550/\sqrt{3}$</td></tr>
<tr><td>C1 级：LC1 和 CC1：24×O，LC2 和 CC2：24×CO；
C2 级：LC1 和 CC1：48×O，LC2 和 CC2：24×O 和 24×CO</td><td></td><td>C1 级/C2 级</td></tr>
</table>

表 1（续）

序号	名　　称		单位	标准参数值
26	近区故障条件下的开合能力	L90	kA	56.7
		L75	kA	47.3
		L60	kA	37.8（L75 的最小燃弧时间大于 L90 的最小燃弧时间 5ms 时）
		操作顺序		O－0.3s－CO－180s－CO
27	失步关合和开断能力	开断电流	kA	16
		试验电压	kV	$2.0\times550/\sqrt{3}$
		操作顺序		方式 1：O－O－O 方式 2：CO－O－O
28	合闸电阻	电阻值	Ω	400
		电阻值允许偏差	%	±5
		预投入时间	ms	8～11
		热容量		$1.3\times550/\sqrt{3}$ kV 下合闸操作 4 次，头两次操作间隔为 3min，后两次操作间隔也是 3min，两组操作之间时间间隔不大于 30min；或在 $2\times550/\sqrt{3}$ kV 下合闸操作 2 次，时间间隔为 30min
29	断口均压用并联电容器	每相电容器的额定电压	kV	$550/\sqrt{3}$
		每个断口电容器的电容量	pF	（投标人提供）
		每个断口电容器的电容量允许偏差	%	±5
		耐受电压	kV	2 倍相电压 2h
		局部放电	pC	≤5
		介质损耗值	%	≤0.25
30	SF_6气体压力（表压，20℃）	额定	MPa	（投标人提供）
		报警		（投标人提供）
		最低		（投标人提供）
		闭锁		（投标人提供）
31	操动机构型式或型号			液压（含液压弹簧）、弹簧
	零起打压时间		min	（投标人提供）
	补压时间		s	（投标人提供）
	操作方式			分相操作
	电动机电压		V	AC 380/220

表1（续）

序号	名　　称		单位	标准参数值
31	合闸操作电源	额定操作电压	V	DC 220/110
		操作电压允许范围		85%～110%额定操作电压范围内可靠动作，30%及以下额定电压不得动作
		每相线圈数量	只	1
		每只线圈涌流	A	（投标人提供）
		每只线圈稳态电流	A	DC 220V、2.5A 或 DC 110V、5A
	分闸操作电源	额定操作电压	V	DC 220/110
		操作电压允许范围		65%～110%额定操作电压范围内可靠动作，30%及以下额定电压不得动作
		每相线圈数量	只	2
		每只线圈涌电流	A	（投标人提供）
		每只线圈稳态电流	A	DC 220V、2.5A 或 DC 110V、5A
	操动机构工作压力	最高	MPa	（投标人提供）
		额定		（投标人提供）
		最低		（投标人提供）
		报警压力		（投标人提供）
	驱潮/加热器	电压	V	AC 220
		运行方式		常投/温湿自动投切
		每相功率（驱潮/加热）	W	（投标人提供）/（投标人提供）
	备用辅助触点	数量	对	10 常开触点，10 常闭触点（引出到相应汇控柜端子排）
		开断能力		DC 220V、2.5A 或 DC 110V、5A
	检修周期		年	≥20
	液压机构	重合闸闭锁压力时允许的操作		O–0.3s–CO 或 CO–180s–CO
		24h 打压次数	次	≤2
		油中最大允许水分含量	μL/L	（投标人提供）
	弹簧机构	储能时间	s	≤20
32	断路器的质量	断路器包括辅助设备的总质量	kg	（投标人提供）
		每相操动机构的质量	kg	（投标人提供）
		每相 SF_6 气体质量	kg	（投标人提供）
		运输总质量	kg	（投标人提供）

表 1（续）

<table>
<tr><th>序号</th><th colspan="2">名　　称</th><th>单位</th><th>标准参数值</th></tr>
<tr><td>33</td><td colspan="2">运输高度</td><td>m</td><td>（投标人提供）</td></tr>
<tr><td>34</td><td colspan="2">起吊高度</td><td>m</td><td>（投标人提供）</td></tr>
<tr><td>三</td><td colspan="4">隔离开关参数</td></tr>
<tr><td>1</td><td colspan="2">型式/型号</td><td></td><td>（投标人提供）</td></tr>
<tr><td rowspan="3">2</td><td rowspan="3">额定电流</td><td>出线</td><td>A</td><td>4000</td></tr>
<tr><td>进线</td><td>A</td><td>4000</td></tr>
<tr><td>分段</td><td>A</td><td>4000/6300</td></tr>
<tr><td>3</td><td colspan="2">主回路电阻</td><td>μΩ</td><td>（投标人提供）</td></tr>
<tr><td>4</td><td colspan="2">温升试验电流</td><td>A</td><td>$1.1I_N$</td></tr>
<tr><td rowspan="6">5</td><td rowspan="2">额定工频 1min 耐受电压</td><td>断口</td><td rowspan="2">kV</td><td>740＋315</td></tr>
<tr><td>对地</td><td>740</td></tr>
<tr><td rowspan="2">额定雷电冲击耐受电压峰值（1.2/50μs）</td><td>断口</td><td rowspan="2">kV</td><td>1675＋450</td></tr>
<tr><td>对地</td><td>1675</td></tr>
<tr><td rowspan="2">额定操作冲击耐受电压峰值（250/2500μs）</td><td>断口</td><td rowspan="2">kV</td><td>1175＋450</td></tr>
<tr><td>对地</td><td>1300</td></tr>
<tr><td>6</td><td colspan="2">额定短时耐受电流及持续时间</td><td>kA/s</td><td>63/2</td></tr>
<tr><td>7</td><td colspan="2">额定峰值耐受电流</td><td>kA</td><td>160</td></tr>
<tr><td rowspan="2">8</td><td rowspan="2">分、合闸时间</td><td>分闸时间</td><td rowspan="2">ms</td><td>（投标人提供）</td></tr>
<tr><td>合闸时间</td><td>（投标人提供）</td></tr>
<tr><td rowspan="2">9</td><td rowspan="2">分、合闸速度</td><td>刚分速度</td><td rowspan="2">m/s</td><td>（投标人提供）</td></tr>
<tr><td>刚合速度</td><td>（投标人提供）</td></tr>
<tr><td>10</td><td colspan="2">机械寿命</td><td>次</td><td>≥3000</td></tr>
<tr><td>11</td><td colspan="2">开合小电容电流值</td><td>A</td><td>1</td></tr>
<tr><td>12</td><td colspan="2">开合小电感电流值</td><td>A</td><td>0.5</td></tr>
<tr><td rowspan="3">13</td><td rowspan="3">开合母线转换电流能力</td><td>转换电流</td><td>A</td><td>1600</td></tr>
<tr><td>转换电压</td><td>V</td><td>40</td></tr>
<tr><td>开断次数</td><td>次</td><td>100</td></tr>
<tr><td rowspan="5">14</td><td rowspan="5">操动机构</td><td>型式或型号</td><td></td><td>电动并可手动</td></tr>
<tr><td>电动机电压</td><td>V</td><td>AC 380/220</td></tr>
<tr><td>控制电压</td><td>V</td><td>AC 220</td></tr>
<tr><td>允许电压变化范围</td><td></td><td>85%～110%</td></tr>
<tr><td>操作方式</td><td></td><td>三相机械联动/分相操作</td></tr>
</table>

表 1（续）

<table>
<tr><th>序号</th><th colspan="3">名　　称</th><th>单位</th><th>标准参数值</th></tr>
<tr><td rowspan="2">14</td><td colspan="2" rowspan="2">备用辅助触点</td><td>数量</td><td>对</td><td>10 常开触点，10 常闭触点（引出到相应汇控柜端子排）</td></tr>
<tr><td>开断能力</td><td></td><td>DC 220V、2.5A 或
DC 110V、5A</td></tr>
<tr><td>四</td><td colspan="5">快速接地开关参数</td></tr>
<tr><td>1</td><td colspan="3">额定短时耐受电流及持续时间</td><td>kA/s</td><td>63/2</td></tr>
<tr><td>2</td><td colspan="3">额定峰值耐受电流</td><td>kA</td><td>160</td></tr>
<tr><td>3</td><td colspan="3">额定短路关合电流</td><td>kA</td><td>160</td></tr>
<tr><td>4</td><td colspan="3">额定短路电流关合次数</td><td>次</td><td>≥2</td></tr>
<tr><td rowspan="2">5</td><td colspan="2" rowspan="2">分、合闸时间</td><td>分闸时间</td><td rowspan="2">ms</td><td>（投标人提供）</td></tr>
<tr><td>合闸时间</td><td>（投标人提供）</td></tr>
<tr><td rowspan="2">6</td><td colspan="2" rowspan="2">分、合闸速度</td><td>刚分速度</td><td rowspan="2">m/s</td><td>（投标人提供）</td></tr>
<tr><td>刚合速度</td><td>（投标人提供）</td></tr>
<tr><td>7</td><td colspan="3">机械寿命</td><td>次</td><td>≥3000</td></tr>
<tr><td rowspan="6">8</td><td rowspan="6">开合感应电流能力（A 类/B 类）</td><td rowspan="3">电磁感应</td><td>感性电流</td><td>A</td><td>80/200</td></tr>
<tr><td>开断次数</td><td>次</td><td>10</td></tr>
<tr><td>感应电压</td><td>kV</td><td>2/25</td></tr>
<tr><td rowspan="3">静电感应</td><td>容性电流</td><td>A</td><td>1.6/25</td></tr>
<tr><td>开断次数</td><td>次</td><td>10</td></tr>
<tr><td>感应电压</td><td>kV</td><td>8/25</td></tr>
<tr><td rowspan="6">9</td><td colspan="2" rowspan="4">操动机构</td><td>型式或型号</td><td></td><td>电动弹簧并可手动</td></tr>
<tr><td>电动机电压</td><td>V</td><td>AC 380/220</td></tr>
<tr><td>控制电压</td><td>V</td><td>AC 220</td></tr>
<tr><td>允许电压变化范围</td><td></td><td>85%～110%</td></tr>
<tr><td colspan="2" rowspan="2">备用辅助触点</td><td>数量</td><td>对</td><td>8 常开触点，8 常闭触点（引出到相应汇控柜端子排）</td></tr>
<tr><td>开断能力</td><td></td><td>DC 220V、2.5A 或
DC 110V、5A</td></tr>
<tr><td>五</td><td colspan="5">检修接地开关参数</td></tr>
<tr><td>1</td><td colspan="3">额定短时耐受电流及持续时间</td><td>kA/s</td><td>63/2</td></tr>
<tr><td>2</td><td colspan="3">额定峰值耐受电流</td><td>kA</td><td>160</td></tr>
<tr><td>3</td><td colspan="3">机械寿命</td><td>次</td><td>≥3000</td></tr>
<tr><td rowspan="4">4</td><td colspan="2" rowspan="4">操动机构</td><td>型式或型号</td><td></td><td>电动并可手动</td></tr>
<tr><td>电动机电压</td><td>V</td><td>AC 380/220</td></tr>
<tr><td>控制电压</td><td>V</td><td>AC 220</td></tr>
<tr><td>允许电压变化范围</td><td></td><td>85%～110%</td></tr>
</table>

表 1（续）

序号	名 称		单位	标准参数值
4	备用辅助触点	数量	对	8 常开触点，8 常闭触点
		开断能力		DC 220V、2.5A 或 DC 110V、5A
六	电流互感器参数			
1	型式或型号			电磁式
2	布置型式			内置/外置
3	额定电流比			根据实际工程选择，0.2/0.2S 次级要求带中间抽头
4	准确级组合及额定容量			边断路器：TPY/TPY/5P/0.2－断口－0.2S/TPY/TPY15VA/15VA/15VA/15VA－断口－5VA/15VA/15VA 中断路器：TPY/TPY/5P/0.2/0.2S－断口－0.2S/0.2/TPY/TPY15VA/15VA/15VA/15VA－断口－5VA/15VA/15VA
5	对于 TPY 绕组的要求	K_{ssc}		（项目单位填写）
		时间常数	ms	100
		直流分量偏磁		100%
七	电压互感器参数			
1	型式或型号			电磁式
2	额定电压比			$\frac{500}{\sqrt{3}}/\frac{0.1}{\sqrt{3}}/\frac{0.1}{\sqrt{3}}/\frac{0.1}{\sqrt{3}}$kV
3	准确级			0.2/0.5（3P）/0.5（3P）
4	接线组别			Y/Y/Y
5	三相不平衡度		V	1
6	低压绕组 1min 工频耐压		kV	3
7	额定电压因数			1.2 倍连续，1.5 倍 30s
八	避雷器参数			
1	额定电压		kV	420/444/468
2	持续运行电压		kV	318/324/330
3	标称放电电流（8/20μs）		kA	20
4	陡波冲击电流下残压（1/10μs）		kV	1170/1238/1306
5	雷电冲击电流下残压（8/20μs）		kV	1046/1106/1166
6	操作冲击电流下残压（30/60μs）		kV	858/907/956
7	直流 1mA 参考电压		kV	≥565/597/630

表 1（续）

<table>
<tr><th>序号</th><th colspan="2">名　　称</th><th>单位</th><th>标准参数值</th></tr>
<tr><td>8</td><td colspan="2">75%直流 1mA 参考电压下的泄漏电流</td><td>μA</td><td>（投标人提供）</td></tr>
<tr><td>9</td><td colspan="2">工频参考电压（有效值）</td><td>kV</td><td>（投标人提供）</td></tr>
<tr><td>10</td><td colspan="2">工频参考电流（峰值）</td><td>mA</td><td>（投标人提供）</td></tr>
<tr><td rowspan="2">11</td><td rowspan="2">持续电流</td><td>全电流</td><td>mA</td><td>（投标人提供）</td></tr>
<tr><td>阻性电流</td><td>μA</td><td>（投标人提供）</td></tr>
<tr><td rowspan="2">12</td><td rowspan="2">长持续时间冲击耐受电流</td><td>线路放电等级</td><td></td><td>4/5</td></tr>
<tr><td>方波电流冲击</td><td>A</td><td>1500/1800</td></tr>
<tr><td>13</td><td colspan="2">4/10μs 大冲击耐受电流</td><td>kA</td><td>100</td></tr>
<tr><td>14</td><td colspan="2">动作负载</td><td></td><td>（投标人提供）</td></tr>
<tr><td>15</td><td colspan="2">工频电压耐受时间特性</td><td></td><td>（投标人提供）</td></tr>
<tr><td>16</td><td colspan="2">千伏额定电压吸收能力</td><td>kJ/kV</td><td>（投标人提供）</td></tr>
<tr><td>17</td><td colspan="2">压力释放能力</td><td>kA/s</td><td>63/0.2</td></tr>
<tr><td>九</td><td colspan="4">套管参数</td></tr>
<tr><td>1</td><td colspan="2">伞裙型式</td><td></td><td>大小伞</td></tr>
<tr><td>2</td><td colspan="2">材质</td><td></td><td>瓷/复合绝缘</td></tr>
<tr><td>3</td><td colspan="2">额定电流</td><td>A</td><td>4000</td></tr>
<tr><td>4</td><td colspan="2">额定短时耐受电流及持续时间</td><td>kA/s</td><td>63/2</td></tr>
<tr><td>5</td><td colspan="2">额定峰值耐受电流</td><td>kA</td><td>160</td></tr>
<tr><td>6</td><td colspan="2">额定工频 1min 耐受电压（相对地）</td><td>kV</td><td>740</td></tr>
<tr><td>7</td><td colspan="2">额定雷电冲击耐受电压峰值
（1.2/50μs）（相对地）</td><td>kV</td><td>1675</td></tr>
<tr><td>8</td><td colspan="2">额定操作冲击耐受电压峰值（250/2500μs）（相对地）</td><td>kV</td><td>1300</td></tr>
<tr><td>9</td><td colspan="2">爬电距离</td><td>mm</td><td>17 050k_{ad}（当平均直径 D_a<300mm 时，k_{ad}=1.0；当平均直径 D_a≥300mm 时，k_{ad}=0.000 5D_a+0.85）</td></tr>
<tr><td>10</td><td colspan="2">干弧距离</td><td>mm</td><td>≥3800</td></tr>
<tr><td>11</td><td colspan="2">S/P</td><td></td><td>≥0.9</td></tr>
<tr><td rowspan="4">12</td><td rowspan="4">端子静负载</td><td>水平纵向</td><td rowspan="3">N</td><td>2000</td></tr>
<tr><td>水平横向</td><td>1500</td></tr>
<tr><td>垂直</td><td>1500</td></tr>
<tr><td>安全系数</td><td></td><td>静态：≥2.75，动态：≥1.7</td></tr>
<tr><td>13</td><td colspan="2">套管顶部金属带电部分的相间最小净距</td><td>mm</td><td>≥4300</td></tr>
<tr><td>十</td><td colspan="4">环氧浇注绝缘子参数</td></tr>
<tr><td>1</td><td colspan="2">安全系数</td><td></td><td>大于 3 倍设计压力</td></tr>
<tr><td>2</td><td colspan="2">2 倍额定相电压下泄漏电流</td><td>μA</td><td>50</td></tr>
</table>

表 1（续）

序号	名　　称		单位	标准参数值
3	1.1 倍额定相电压下最大场强		kV/mm	≤1.5
十一	主母线参数			
1	材质			铝合金/铜（额定电流大于 5000A 时）
2	额定电流		A	4000/6300
3	额定短时耐受电流及持续时间		kA/s	63/2
4	额定峰值耐受电流		kA	160
5	导体直径（内径/外径）		mm	（投标人提供）
十二	外壳参数			
1	材质			钢、铸铝、铝合金
2	外壳破坏压力			铸铝和铝合金：5 倍的设计压力；焊接铝外壳和钢外壳：3 倍的设计压力
3	温升	试验电流	A	$1.1I_N$
		可以接触部位	K	≤30
		可能接触部位	K	≤40
		不可接触部位	K	≤65
4	外壳耐烧穿的能力	电流	kA	63
		时间	s	0.1
5	防爆膜的设置			（投标人提供）
6	感应电压			正常运行条件≤24V，故障条件≤100V
十三	伸缩节参数			
1	材质			不锈钢或铝合金
2	使用寿命			≥40 年或 10 000 次伸缩
十四	SF_6 气体参数			
1	湿度		μg/g	≤8
2	纯度		%	≥99.9

注：本表适用于海拔 1000m 及以下地区户外正常使用条件，高海拔地区所用设备按照实际污区分布进行设备选型，并按照 Q/GDW 13001—2014《高海拔外绝缘配置技术规范》要求进行海拔修正，其他特殊适用条件根据工程实际情况进行修改。

5 组件材料配置表

组件材料配置表包括元件名称、规格形式参数、单位、数量和产地等信息，具体内容和格式根据招标项目情况进行编制。

6 使用环境条件表

550kV/4000A～63kA 气体绝缘金属封闭开关设备使用环境条件见表 2。特殊环境要求根据项目情况进行编制。

表2 使用环境条件表

序号	名称		单位	标准参数值	项目需求值
1	周围空气温度	最高气温	℃	+40	
		最低气温		−25	
		最大日温差	K	25	
2	海拔		m	≤1000	
3	太阳辐射强度		W/cm^2	0.1	
4	污秽等级			e级	
5	覆冰厚度		mm	10	
6	风速/风压		m/s/Pa	34/700	
7	湿度	日相对湿度平均值	%	≤95	
		月相对湿度平均值		≤90	
8	耐受地震能力（水平加速度）		m/s^2	2	
9	由于主回路中的开合操作在辅助和控制回路上所感应的共模电压的幅值		kV	≤1.6	
10	系统中性点接地方式		直接接地/不接地		
11	安装地点		户内/户外		

7 需提供的工程图纸

需提供的工程图纸有电气主接线图、设备平面布置图、断面布置图和 SF_6 系统图。

ICS 29.240

Q/GDW

国家电网有限公司企业标准

Q/GDW 13097.10 — 2018
代替 Q/GDW 13097.10 — 2014

126kV～550kV 气体绝缘金属封闭开关设备采购标准 第 10 部分：550kV/5000A～63kA 气体绝缘金属封闭开关设备专用技术规范

Purchasing standard of 126kV～550kV gas insulate metal-enclosed switchgear Part 10: special technical specification of 550kV/5000A～63kA gas insulate metal-enclosed switchgear (GIS)

2019-06-28 发布　　　　2019-06-28 实施

国家电网有限公司　发 布

目　　次

前　言

为规范126kV～550kV气体绝缘金属封闭开关设备的采购，制定本部分《126kV～550kV气体绝缘金属封闭开关设备采购标准》分为20个部分：

——第1部分：通用技术规范；
——第2部分：126kV/2000A～40kA气体绝缘金属封闭开关设备专用技术规范；
——第3部分：126kV/3150A～40kA气体绝缘金属封闭开关设备专用技术规范；
——第4部分：252kV/3150A～50kA气体绝缘金属封闭开关设备专用技术规范；
——第5部分：252kV/4000A～50kA气体绝缘金属封闭开关设备专用技术规范；
——第6部分：363kV/3150A～50kA气体绝缘金属封闭开关设备专用技术规范；
——第7部分：363kV/4000A～50kA气体绝缘金属封闭开关设备专用技术规范；
——第8部分：363kV/5000A～63kA气体绝缘金属封闭开关设备专用技术规范；
——第9部分：550kV/4000A～63kA气体绝缘金属封闭开关设备专用技术规范；
——第10部分：550kV/5000A～63kA气体绝缘金属封闭开关设备专用技术规范；
——第11部分：126kV/2000A～40kA复合式气体绝缘金属封闭开关设备专用技术规范；
——第12部分：126kV/3150A～40kA复合式气体绝缘金属封闭开关设备专用技术规范；
——第13部分：252kV/3150A～50kA复合式气体绝缘金属封闭开关设备专用技术规范；
——第14部分：252kV/4000A～50kA复合式气体绝缘金属封闭开关设备专用技术规范；
——第15部分：363kV/3150A～50kA复合式气体绝缘金属封闭开关设备专用技术规范；
——第16部分：363kV/4000A～50kA复合式气体绝缘金属封闭开关设备专用技术规范；
——第17部分：550kV/4000A～63kA复合式气体绝缘金属封闭开关设备专用技术规范；
——第18部分：550kV/5000A～63kA复合式气体绝缘金属封闭开关设备专用技术规范；
——第19部分：252kV/5000A～50kA气体绝缘金属封闭开关设备专用技术规范；
——第20部分：363kV/5000A～63kA复合式气体绝缘金属封闭开关设备专用技术规范。

本部分为《126kV～550kV气体绝缘金属封闭开关设备采购标准》的第10部分。

本部分代替Q/GDW 13097.10—2014，与Q/GDW 13097.10—2014相比，主要技术性差异如下：

——增加了零起打压时间和补压时间参数。
——修改了对外壳耐烧穿能力、操动机构型式、备用辅助触点、爬电距离、干弧距离、伸缩节使用寿命、污秽等级和工程图纸等的要求。

本部分由国家电网有限公司物资部提出并解释。

本部分由国家电网有限公司科技部归口。

本部分起草单位：国网浙江省电力有限公司、中国电力科学研究院有限公司、国网江苏省电力有限公司。

本部分主要起草人：徐华、王绍安、和彦淼、崔博源、陈允、周彪、陈孝信、王婷婷、孙萌。

本部分2014年9月首次发布，2018年12月第一次修订。

本部分在执行过程中的意见或建议反馈至国家电网有限公司科技部。

126kV～550kV 气体绝缘金属封闭开关设备采购标准 第 10 部分：550kV/5000A～63kA 气体绝缘金属封闭开关设备专用技术规范

1 范围

本部分规定了 550kV/5000A～63kA 气体绝缘金属封闭开关设备招标的标准技术参数、项目需求及投标人响应的相关内容。

本部分适用于 550kV/5000A～63kA 气体绝缘金属封闭开关设备招标。

2 规范性引用文件

下列文件对于本文件的应用是必不可少的。凡是注日期的引用文件，仅注日期的版本适用于本文件。凡是不注日期的引用文件，其最新版本（包括所有的修改单）适用于本文件。

Q/GDW 13097.1　126kV～550kV 气体绝缘金属封闭开关设备采购标准　第 1 部分：通用技术规范

Q/GDW 13001—2014　高海拔外绝缘配置技术规范

3 术语和定义

下列术语和定义适用于本文件。

3.1

招标人　bidder

依照《中华人民共和国招标投标法》的规定，提出招标项目，进行招标的法人或其他组织。

3.2

投标人　tenderer

响应招标、参加投标竞争的法人或者其他组织。

3.3

卖方（供方）　seller（supplier）

提供本部分货物和技术服务的法人或其他组织，包括其法定的承继者。

3.4

买方（需方）　buyer（purchaser）

购买本部分货物和技术服务的法人或其他组织，包括其法定的承继者和经许可的受让人。

4 标准技术参数

技术参数特性表是国家电网有限公司对采购设备的基础技术参数要求，在招投标过程中，投标人应依据招标文件，对技术参数特性表中标准参数值进行响应。550kV/5000A～63kA 气体绝缘金属封闭开关设备技术参数特性见表 1。物资应满足 Q/GDW 13097.1 的要求。

表1　技术参数特性表

<table>
<tr><th>序号</th><th colspan="3">名　　称</th><th>单位</th><th>标准参数值</th></tr>
<tr><td>一</td><td colspan="5">GIS 共用参数</td></tr>
<tr><td>1</td><td colspan="3">额定电压</td><td>kV</td><td>550</td></tr>
<tr><td rowspan="4">2</td><td rowspan="4" colspan="2">额定电流</td><td>出线</td><td rowspan="4">A</td><td>5000</td></tr>
<tr><td>进线</td><td>5000</td></tr>
<tr><td>分段、母联</td><td>5000/6300</td></tr>
<tr><td>主母线</td><td>5000/6300</td></tr>
<tr><td>3</td><td colspan="3">额定工频 1min 耐受电压（相对地）</td><td>kV</td><td>740</td></tr>
<tr><td>4</td><td colspan="3">额定雷电冲击耐受电压峰值（1.2/50μs）（相对地）</td><td>kV</td><td>1675</td></tr>
<tr><td>5</td><td colspan="3">额定操作冲击耐受电压峰值（250/2500μs）（相对地）</td><td>kV</td><td>1300</td></tr>
<tr><td>6</td><td colspan="3">额定短路开断电流</td><td>kA</td><td>63</td></tr>
<tr><td>7</td><td colspan="3">额定短路关合电流</td><td>kA</td><td>160</td></tr>
<tr><td>8</td><td colspan="3">额定短时耐受电流及持续时间</td><td>kA/s</td><td>63/2</td></tr>
<tr><td>9</td><td colspan="3">额定峰值耐受电流</td><td>kA</td><td>160</td></tr>
<tr><td>10</td><td colspan="3">辅助和控制回路短时工频耐受电压</td><td>kV</td><td>2</td></tr>
<tr><td>11</td><td colspan="3">无线电干扰电压</td><td>μV</td><td>≤500</td></tr>
<tr><td>12</td><td colspan="3">噪声水平</td><td>dB</td><td>≤110</td></tr>
<tr><td rowspan="2">13</td><td rowspan="2" colspan="2">SF_6 气体压力
（20℃，表压）</td><td>断路器室</td><td rowspan="2">MPa</td><td>（投标人提供）</td></tr>
<tr><td>其他隔室</td><td>（投标人提供）</td></tr>
<tr><td>14</td><td colspan="3">每个隔室 SF_6 气体漏气率</td><td>%/年</td><td>≤0.5</td></tr>
<tr><td rowspan="4">15</td><td rowspan="4">SF_6 气体湿度</td><td rowspan="2">有电弧分解物隔室</td><td>交接验收值</td><td rowspan="4">μL/L</td><td>≤150</td></tr>
<tr><td>长期运行允许值</td><td>≤300</td></tr>
<tr><td rowspan="2">无电弧分解物隔室</td><td>交接验收值</td><td>≤250</td></tr>
<tr><td>长期运行允许值</td><td>≤500</td></tr>
<tr><td rowspan="7">16</td><td rowspan="7" colspan="2">局部放电</td><td>试验电压</td><td>kV</td><td>$1.2 \times 550/\sqrt{3}$</td></tr>
<tr><td>每个间隔</td><td rowspan="6">pC</td><td>≤5</td></tr>
<tr><td>每单个绝缘件</td><td>≤3</td></tr>
<tr><td>套管</td><td>≤5</td></tr>
<tr><td>电流互感器</td><td>≤5</td></tr>
<tr><td>电压互感器</td><td>≤10</td></tr>
<tr><td>避雷器</td><td>≤10</td></tr>
<tr><td rowspan="2">17</td><td rowspan="2" colspan="2">供电电源</td><td>控制回路</td><td>V</td><td>DC 220/110</td></tr>
<tr><td>辅助回路</td><td>V</td><td>AC 380/220</td></tr>
<tr><td>18</td><td colspan="3">使用寿命</td><td>年</td><td>≥40</td></tr>
<tr><td>19</td><td colspan="3">检修周期</td><td>年</td><td>≥20</td></tr>
</table>

表 1（续）

序号	名称			单位	标准参数值
20	设备质量	SF_6气体质量		kg	（投标人提供）
		总质量		kg	（投标人提供）
		最大运输质量		kg	（投标人提供）
		动荷载向下		kg	（投标人提供）
		动荷载向上		kg	（投标人提供）
21	设备尺寸	设备的整体尺寸		m	（投标人提供）
		设备的最大运输尺寸		m	（投标人提供）
		间隔尺寸（相邻间隔最小中心距）		m	（投标人提供）
22	结构布置	断路器			三相分箱
		母线			三相分箱
23	每间隔隔室数量			个/相	（投标人提供）
24	主母线的隔室最大长度			m	（投标人提供）
二	断路器参数				
1	型号				（投标人提供）
2	布置型式（立式或卧式）				（投标人提供）
3	断口数				1/2
4	额定电流	出线		A	5000
		进线			5000
		分段			5000/6300
5	主回路电阻			μΩ	（投标人提供）
6	温升试验电流			A	$1.1I_N$
7	额定工频 1min 耐受电压		断口	kV	740+315
			对地		740
	额定雷电冲击耐受电压峰值（1.2/50μs）		断口	kV	1675+450
			对地		1675
	额定操作冲击耐受电压峰值（250/2500μs）		断口	kV	1175+450
			对地		1300
8	额定短路开断电流		交流分量有效值	kA	63
			时间常数	ms	45
			开断次数	次	≥16
			首相开断系数		1.3
9	额定短路关合电流			kA	160
10	额定短时耐受电流及持续时间			kA/s	63/2
11	额定峰值耐受电流			kA	160

表 1（续）

序号	名　称		单位	标准参数值
12	开断时间		ms	≤50
13	合分时间		ms	≤50
14	分闸时间		ms	≤30
15	合闸时间		ms	≤100
16	重合闸无电流间隙时间		ms	300
17	分、合闸速度	刚分速度	m/s	（投标人提供）
		刚合速度		（投标人提供）
18	分闸不同期性	相间	ms	≤3
		同相断口间		≤2
19	合闸不同期性	相间	ms	≤5
		同相断口间		≤3
20	机械寿命		次	≥3000
21	额定操作顺序			O–0.3s–CO–180s–CO
22	现场开合空载变压器能力	空载变压器容量	MVA	750/1000/1200
		空载励磁电流	A	0.5～15
		试验电压	kV	550
		操作顺序		10×O 和 10×（CO）
23	现场开合并联电抗器能力	电抗器容量	Mvar	120/150/180/210
		试验电压	kV	550
		操作顺序		10×O 和 10×（CO）
24	现场开合空载线路充电电流试验	试验电流	A	由实际线路长度决定
		试验电压	kV	550
		试验条件		线路原则上不得带有泄压设备，如电抗器、避雷器、电磁式电压互感器等。在直流分量比较大的情况下，应增加带电抗器的试验
		操作顺序		10×（O–0.3s–CO）
25	容性电流开合试验（试验室）	试验电流	A	500
		试验电压	kV	$1.2\times550/\sqrt{3}$
		C1 级：LC1 和 CC1：24×O，LC2 和 CC2：24×CO；C2 级：LC1 和 CC1：48×O，LC2 和 CC2：24×O 和 24×CO		C1 级/C2 级
26	近区故障条件下的开合能力	L90	kA	56.7
		L75	kA	47.3
		L60	kA	37.8（L75 的最小燃弧时间大于 L90 的最小燃弧时间 5ms 时）
		操作顺序		O–0.3s–CO–180s–CO

表 1（续）

<table>
<tr><th>序号</th><th colspan="2">名　称</th><th>单位</th><th>标准参数值</th></tr>
<tr><td rowspan="3">27</td><td rowspan="3">失步关合和开断能力</td><td>开断电流</td><td>kA</td><td>16</td></tr>
<tr><td>试验电压</td><td>kV</td><td>$2.0\times550/\sqrt{3}$</td></tr>
<tr><td>操作顺序</td><td></td><td>方式 1：O–O–O
方式 2：CO–O–O</td></tr>
<tr><td rowspan="4">28</td><td rowspan="4">合闸电阻</td><td>电阻值</td><td>Ω</td><td>400</td></tr>
<tr><td>电阻值允许偏差</td><td>%</td><td>±5</td></tr>
<tr><td>预投入时间</td><td>ms</td><td>8～11</td></tr>
<tr><td>热容量</td><td></td><td>$1.3\times550/\sqrt{3}$ kV 下合闸操作 4 次，头两次操作间隔为 3min，后两次操作间隔也是 3min，两组操作之间时间间隔不大于 30min；或在 $2\times550/\sqrt{3}$ kV 下合闸操作 2 次，时间间隔为 30min</td></tr>
<tr><td rowspan="6">29</td><td rowspan="6">断口均压用并联电容器</td><td>每相电容器的额定电压</td><td>kV</td><td>$550/\sqrt{3}$</td></tr>
<tr><td>每个断口电容器的电容量</td><td>pF</td><td>（投标人提供）</td></tr>
<tr><td>每个断口电容器的电容量允许偏差</td><td>%</td><td>±5</td></tr>
<tr><td>耐受电压</td><td>kV</td><td>2 倍相电压 2h</td></tr>
<tr><td>局部放电</td><td>pC</td><td>≤5</td></tr>
<tr><td>介质损耗值</td><td>%</td><td>≤0.25</td></tr>
<tr><td rowspan="4">30</td><td rowspan="4">SF_6 气体压力
（表压，20℃）</td><td>额定</td><td rowspan="4">MPa</td><td>（投标人提供）</td></tr>
<tr><td>报警</td><td>（投标人提供）</td></tr>
<tr><td>最低</td><td>（投标人提供）</td></tr>
<tr><td>闭锁</td><td>（投标人提供）</td></tr>
<tr><td rowspan="10">31</td><td colspan="2">操动机构型式或型号</td><td></td><td>液压（含液压弹簧）、弹簧</td></tr>
<tr><td colspan="2">零起打压时间</td><td>min</td><td>（投标人提供）</td></tr>
<tr><td colspan="2">补压时间</td><td>s</td><td>（投标人提供）</td></tr>
<tr><td colspan="2">操作方式</td><td></td><td>分相操作</td></tr>
<tr><td colspan="2">电动机电压</td><td>V</td><td>AC 380/220</td></tr>
<tr><td rowspan="5">合闸操作电源</td><td>额定操作电压</td><td>V</td><td>DC 220/110</td></tr>
<tr><td>操作电压允许范围</td><td></td><td>85%～110%额定操作电压范围内可靠动作，30%及以下额定电压不得动作</td></tr>
<tr><td>每相线圈数量</td><td>只</td><td>1</td></tr>
<tr><td>每只线圈涌流</td><td>A</td><td>（投标人提供）</td></tr>
<tr><td>每只线圈稳态电流</td><td>A</td><td>DC 220V、2.5A 或
DC 110V、5A</td></tr>
</table>

表 1（续）

序号	名　　称		单位	标准参数值
31	分闸操作电源	额定操作电压	V	DC 220/110
		操作电压允许范围		65%～110%额定操作电压范围内可靠动作，30%及以下额定电压不得动作
		每相线圈数量	只	2
		每只线圈涌电流	A	（投标人提供）
		每只线圈稳态电流	A	DC 220V、2.5A 或 DC 110V、5A
	操动机构工作压力	最高	MPa	（投标人提供）
		额定		（投标人提供）
		最低	MPa	（投标人提供）
		报警压力		（投标人提供）
	驱潮/加热器	电压	V	AC 220
		运行方式		常投/温湿自动投切
		每相功率（驱潮/加热）	W	（投标人提供）/（投标人提供）
	备用辅助触点	数量	对	10 常开触点，10 常闭触点（引出到相应汇控柜端子排）
		开断能力		DC 220V、2.5A 或 DC 110V、5A
	检修周期		年	≥20
	液压机构	重合闸闭锁压力时允许的操作		O－0.3s－CO 或 CO－180s－CO
		24h 打压次数	次	≤2
		油中最大允许水分含量	μL/L	（投标人提供）
	弹簧机构	储能时间	s	≤20
32	断路器的质量	断路器包括辅助设备的总质量	kg	（投标人提供）
		每相操动机构的质量	kg	（投标人提供）
		每相 SF_6 气体质量	kg	（投标人提供）
		运输总重量	kg	（投标人提供）
33	运输高度		m	（投标人提供）
34	起吊高度		m	（投标人提供）
三	隔离开关参数			
1	型式/型号			（投标人提供）
2	额定电流	出线	A	5000
		进线	A	5000
		分段	A	5000/6300

表 1（续）

序号	名　　称		单位	标准参数值
3	主回路电阻		μΩ	（投标人提供）
4	温升试验电流		A	1.1I_N
5	额定工频 1min 耐受电压	断口	kV	740＋315
		对地		740
	额定雷电冲击耐受电压峰值（1.2/50μs）	断口	kV	1675＋450
		对地		1675
	额定操作冲击耐受电压峰值（250/2500μs）	断口	kV	1175＋450
		对地		1300
6	额定短时耐受电流及持续时间		kA/s	63/2
7	额定峰值耐受电流		kA	160
8	分、合闸时间	分闸时间	ms	（投标人提供）
		合闸时间		（投标人提供）
9	分、合闸速度	刚分速度	m/s	（投标人提供）
		刚合速度		（投标人提供）
10	机械寿命		次	≥3000
11	开合小电容电流值		A	1
12	开合小电感电流值		A	0.5
13	开合母线转换电流能力	转换电流	A	1600
		转换电压	V	40
		开断次数	次	100
14	操动机构	型式或型号		电动并可手动
		电动机电压	V	AC 380/220
		控制电压	V	AC 220
		允许电压变化范围		85%～110%
		操作方式		三相机械联动/分相操作
	备用辅助触点	数量	对	10 常开触点，10 常闭触点（引出到相应汇控柜端子排）
		开断能力		DC 220V、2.5A 或 DC 110V、5A
四	快速接地开关参数			
1	额定短时耐受电流及持续时间		kA/s	63/2
2	额定峰值耐受电流		kA	160
3	额定短路关合电流		kA	160
4	额定短路电流关合次数		次	≥2

表 1（续）

序号	名　　称			单位	标准参数值
5	分、合闸时间		分闸时间	ms	（投标人提供）
			合闸时间		（投标人提供）
6	分、合闸速度		刚分速度	m/s	（投标人提供）
			刚合速度		（投标人提供）
7	机械寿命			次	≥3000
8	开合感应电流能力（A 类/B 类）	电磁感应	感性电流	A	80/200
			开断次数	次	10
			感应电压	kV	2/25
		静电感应	容性电流	A	1.6/50
			开断次数	次	10
			感应电压	kV	8/50
9	操动机构		型式或型号		电动弹簧并可手动
			电动机电压	V	AC 380/220
			控制电压	V	AC 220
			允许电压变化范围		85%～110%
	备用辅助触点		数量	对	8 常开触点，8 常闭触点（引出到相应汇控柜端子排）
			开断能力		DC 220V、2.5A 或 DC 110V、5A
五	检修接地开关参数				
1	额定短时耐受电流及持续时间			kA/s	63/2
2	额定峰值耐受电流			kA	160
3	机械寿命			次	≥3000
4	操动机构		型式或型号		电动并可手动
			电动机电压	V	AC 380/220
			控制电压	V	AC 220
			允许电压变化范围		85%～110%
	备用辅助触点		数量	对	8 常开触点，8 常闭触点
			开断能力		DC 220V、2.5A 或 DC 110V、5A
六	电流互感器参数				
1	型式或型号				电磁式
2	布置型式				内置/外置
3	额定电流比				根据实际工程选择，0.2/0.2S 次级要求带中间抽头

表 1（续）

序号	名　　称		单位	标准参数值
4	准确级组合及额定容量			边断路器：TPY/TPY/5P/0.2－断口－0.2S/TPY/TPY15VA/15VA/15VA/15VA－断口－5VA/15VA/15VA 中断路器：TPY/TPY/5P/0.2/0.2S－断口－0.2S/0.2/TPY/TPY15VA/15VA/15VA/15VA－断口－5VA/15VA/15VA
5	对于 TPY 绕组的要求	K_{ssc}		（项目单位填写）
		时间常数	ms	100
		直流分量偏磁		100%
七	电压互感器参数			
1	型式或型号			电磁式
2	额定电压比			$\frac{500}{\sqrt{3}}/\frac{0.1}{\sqrt{3}}/\frac{0.1}{\sqrt{3}}/\frac{0.1}{\sqrt{3}}$kV
3	准确级			0.2/0.5（3P）/0.5（3P）
4	接线组别			Y/Y/Y
5	三相不平衡度		V	1
6	低压绕组 1min 工频耐压		kV	3
7	额定电压因数			1.2 倍连续，1.5 倍 30s
八	避雷器参数			
1	额定电压		kV	420/444
2	持续运行电压		kV	318/324
3	标称放电电流（8/20μs）		kA	20
4	陡波冲击电流下残压（1/10μs）		kV	1170/1238
5	雷电冲击电流下残压（8/20μs）		kV	1046/1106
6	操作冲击电流下残压（30/60μs）		kV	858/907
7	直流 1mA 参考电压		kV	≥565/597
8	75%直流 1mA 参考电压下的泄漏电流		μA	（投标人提供）
9	工频参考电压（有效值）		kV	（投标人提供）
10	工频参考电流（峰值）		mA	（投标人提供）
11	持续电流	全电流	mA	（投标人提供）
		阻性电流	μA	（投标人提供）
12	长持续时间冲击耐受电流	线路放电等级		4/5
		方波电流冲击	A	1500/1800
13	4/10μs 大冲击耐受电流		kA	100
14	动作负载			（投标人提供）
15	工频电压耐受时间特性			（投标人提供）

表 1（续）

序号	名　称		单位	标准参数值
16	千伏额定电压吸收能力		kJ/kV	（投标人提供）
17	压力释放能力		kA/s	63/0.2
九	套管参数			
1	伞裙型式			大小伞
2	材质			瓷、复合绝缘
3	额定电流		A	5000
4	额定短时耐受电流及持续时间		kA/s	63/2
5	额定峰值耐受电流		kA	160
6	额定工频 1min 耐受电压（相对地）		kV	740
7	额定雷电冲击耐受电压峰值（1.2/50μs）（相对地）		kV	1675
8	额定操作冲击耐受电压峰值（250/2500μs）（相对地）		kV	1300
9	爬电距离		mm	17 050k_{ad}（当平均直径 D_a<300mm 时，$k_{ad}=1.0$；当平均直径 D_a≥300mm 时，$k_{ad}=0.000\ 5D_a+0.85$）
10	干弧距离		mm	≥3800
11	*S/P*			≥0.9
12	端子静负载	水平纵向	N	2000
		水平横向	N	1500
		垂直	N	1500
		安全系数		静态：≥22.75，动态：≥21.7
13	套管顶部金属带电部分的相间最小净距		mm	≥4300
十	环氧浇注绝缘子参数			
1	安全系数			大于 3 倍设计压力
2	2 倍额定相电压下泄漏电流		μA	50
3	1.1 倍额定相电压下最大场强		kV/mm	≤1.5
十一	主母线参数			
1	材质			铜合金或铜（额定电流≥6300A 时，可以采用铜质）
2	额定电流		A	5000/6300
3	额定短时耐受电流及持续时间		kA/s	63/2
4	额定峰值耐受电流		kA	160
5	导体直径（内径/外径）		mm	（投标人提供）
十二	外壳参数			
1	材质			钢、铸铝、铝合金

表 1（续）

<table>
<tr><th>序号</th><th colspan="2">名　称</th><th>单位</th><th>标准参数值</th></tr>
<tr><td>2</td><td colspan="2">外壳破坏压力</td><td></td><td>铸铝和铝合金：5 倍的设计压力；焊接铝外壳和钢外壳：3 倍的设计压力</td></tr>
<tr><td rowspan="4">3</td><td rowspan="4">温升</td><td>试验电流</td><td>A</td><td>$1.1I_N$</td></tr>
<tr><td>可以接触部位</td><td>K</td><td>≤30</td></tr>
<tr><td>可能接触部位</td><td>K</td><td>≤40</td></tr>
<tr><td>不可接触部位</td><td>K</td><td>≤65</td></tr>
<tr><td rowspan="2">4</td><td rowspan="2">外壳耐烧穿的能力</td><td>电流</td><td>kA</td><td>63</td></tr>
<tr><td>时间</td><td>s</td><td>0.1</td></tr>
<tr><td>5</td><td colspan="2">防爆膜的设置</td><td></td><td>（投标人提供）</td></tr>
<tr><td>6</td><td colspan="2">感应电压</td><td></td><td>正常运行条件≤24V，故障条件≤100V</td></tr>
<tr><td>十三</td><td colspan="4">伸缩节参数</td></tr>
<tr><td>1</td><td colspan="2">材质</td><td></td><td>不锈钢或铝合金</td></tr>
<tr><td>2</td><td colspan="2">使用寿命</td><td></td><td>≥40 年或 10 000 次伸缩</td></tr>
<tr><td>十四</td><td colspan="4">SF_6 气体参数</td></tr>
<tr><td>1</td><td colspan="2">湿度</td><td>μg/g</td><td>≤8</td></tr>
<tr><td>2</td><td colspan="2">纯度</td><td>%</td><td>≥99.9</td></tr>
</table>

注：本表适用于海拔 1000m 及以下地区户外正常使用条件，高海拔地区所用设备按照实际污区分布进行设备选型，并按照 Q/GDW 13001—2014《高海拔外绝缘配置技术规范》要求进行海拔修正，其他特殊适用条件根据工程实际情况进行修改。

5　组件材料配置表

组件材料配置表包括元件名称、规格形式参数、单位、数量和产地等信息，具体内容和格式根据招标项目情况进行编制。

6　使用环境条件表

550kV/5000A～63kA 气体绝缘金属封闭开关设备使用环境条件见表 2。特殊环境要求根据项目情况进行编制。

表 2　使用环境条件表

<table>
<tr><th>序号</th><th colspan="2">名　称</th><th>单位</th><th>标准参数值</th><th>项目需求值</th></tr>
<tr><td rowspan="3">1</td><td rowspan="3">周围空气温度</td><td>最高气温</td><td rowspan="2">℃</td><td>+40</td><td></td></tr>
<tr><td>最低气温</td><td>−25</td><td></td></tr>
<tr><td>最大日温差</td><td>K</td><td>25</td><td></td></tr>
<tr><td>2</td><td colspan="2">海拔</td><td>m</td><td>≤1000</td><td></td></tr>
<tr><td>3</td><td colspan="2">太阳辐射强度</td><td>W/cm^2</td><td>0.1</td><td></td></tr>
</table>

表 2（续）

<table>
<tr><th>序号</th><th colspan="2">名　　称</th><th>单位</th><th>标准参数值</th><th>项目需求值</th></tr>
<tr><td>4</td><td colspan="2">污秽等级</td><td></td><td>e 级</td><td></td></tr>
<tr><td>5</td><td colspan="2">覆冰厚度</td><td>mm</td><td>10</td><td></td></tr>
<tr><td>6</td><td colspan="2">风速/风压</td><td>m/s/Pa</td><td>34/700</td><td></td></tr>
<tr><td rowspan="2">7</td><td rowspan="2">湿度</td><td>日相对湿度平均值</td><td rowspan="2">%</td><td>≤95</td><td></td></tr>
<tr><td>月相对湿度平均值</td><td>≤90</td><td></td></tr>
<tr><td>8</td><td colspan="2">耐受地震能力（水平加速度）</td><td>m/s^2</td><td>2</td><td></td></tr>
<tr><td>9</td><td colspan="2">由于主回路中的开合操作在
辅助和控制回路上所感应
的共模电压的幅值</td><td>kV</td><td>≤1.6</td><td></td></tr>
<tr><td>10</td><td colspan="2">系统中性点接地方式</td><td colspan="2">直接接地/不接地</td><td></td></tr>
<tr><td>11</td><td colspan="2">安装地点</td><td colspan="2">户内/户外</td><td></td></tr>
</table>

7　需提供的工程图纸

需提供的工程图纸有电气主接线图、设备平面布置图、断面布置图和 SF_6 系统图。

ICS 29.240

Q/GDW

国家电网有限公司企业标准

Q/GDW 13097.11 — 2018
代替 Q/GDW 13097.11 — 2014

126kV～550kV 气体绝缘金属封闭开关设备采购标准 第 11 部分：126kV/2000A～40kA 复合式气体绝缘金属封闭开关设备专用技术规范

Purchasing standard of 126kV～550kV gas insulate metal-enclosed switchgear Part 11: special technical specification of 126kV/2000A～40kA hybrid gas insulate metal-enclosed switchgear (HGIS)

2019-06-28发布　　2019-06-28实施

国家电网有限公司　发布

目　次

前　　言

为规范 126kV～550kV 气体绝缘金属封闭开关设备的采购，制定本部分《126kV～550kV 气体绝缘金属封闭开关设备采购标准》分为 20 个部分：

——第 1 部分：通用技术规范；
——第 2 部分：126kV/2000A～40kA 气体绝缘金属封闭开关设备专用技术规范；
——第 3 部分：126kV/3150A～40kA 气体绝缘金属封闭开关设备专用技术规范；
——第 4 部分：252kV/3150A～50kA 气体绝缘金属封闭开关设备专用技术规范；
——第 5 部分：252kV/4000A～50kA 气体绝缘金属封闭开关设备专用技术规范；
——第 6 部分：363kV/3150A～50kA 气体绝缘金属封闭开关设备专用技术规范；
——第 7 部分：363kV/4000A～50kA 气体绝缘金属封闭开关设备专用技术规范；
——第 8 部分：363kV/5000A～63kA 气体绝缘金属封闭开关设备专用技术规范；
——第 9 部分：550kV/4000A～63kA 气体绝缘金属封闭开关设备专用技术规范；
——第 10 部分：550kV/5000A～63kA 气体绝缘金属封闭开关设备专用技术规范；
——第 11 部分：126kV/2000A～40kA 复合式气体绝缘金属封闭开关设备专用技术规范；
——第 12 部分：126kV/3150A～40kA 复合式气体绝缘金属封闭开关设备专用技术规范；
——第 13 部分：252kV/3150A～50kA 复合式气体绝缘金属封闭开关设备专用技术规范；
——第 14 部分：252kV/4000A～50kA 复合式气体绝缘金属封闭开关设备专用技术规范；
——第 15 部分：363kV/3150A～50kA 复合式气体绝缘金属封闭开关设备专用技术规范；
——第 16 部分：363kV/4000A～50kA 复合式气体绝缘金属封闭开关设备专用技术规范；
——第 17 部分：550kV/4000A～63kA 复合式气体绝缘金属封闭开关设备专用技术规范；
——第 18 部分：550kV/5000A～63kA 复合式气体绝缘金属封闭开关设备专用技术规范；
——第 19 部分：252kV/5000A～50kA 气体绝缘金属封闭开关设备专用技术规范；
——第 20 部分：363kV/5000A～63kA 复合式气体绝缘金属封闭开关设备专用技术规范。

本部分为《126kV～550kV 气体绝缘金属封闭开关设备采购标准》的第 11 部分。

本部分代替 Q/GDW 13097.11—2014，与 Q/GDW 13097.11—2014 相比，主要技术性差异如下：

——修改了对外壳耐烧穿能力、操动机构型式、备用辅助触点、爬电距离、干弧距离、伸缩节使用寿命、污秽等级和工程图纸等的要求。

本部分由国家电网有限公司物资部提出并解释。

本部分由国家电网有限公司科技部归口。本部分起草单位：国网浙江省电力有限公司、中国电力科学研究院有限公司、国网江苏省电力有限公司。

本部分主要起草人：徐华、王绍安、和彦淼、崔博源、陈允、周彪、陈孝信、王婷婷。

本部分 2014 年 9 月首次发布，2018 年 12 月第一次修订。

本部分在执行过程中的意见或建议反馈至国家电网有限公司科技部。

126kV～550kV 气体绝缘金属封闭开关设备采购标准 第 11 部分：126kV/2000A～40kA 复合式气体绝缘金属封闭开关设备专用技术规范

1 范围

本部分规定了 126kV/2000A～40kA 复合式气体绝缘金属封闭开关设备招标的标准技术参数、项目需求及投标人响应的相关内容。

本部分适用于 126kV/2000A～40kA 复合式气体绝缘金属封闭开关设备招标。

2 规范性引用文件

下列文件对于本文件的应用是必不可少的。凡是注日期的引用文件，仅注日期的版本适用于本文件。凡是不注日期的引用文件，其最新版本（包括所有的修改单）适用于本文件。

Q/GDW 13097.1 126kV～550kV 气体绝缘金属封闭开关设备采购标准 第 1 部分：通用技术规范

Q/GDW 13001—2014 高海拔外绝缘配置技术规范

3 术语和定义

下列术语和定义适用于本文件。

3.1

招标人 bidder

依照《中华人民共和国招标投标法》的规定，提出招标项目，进行招标的法人或其他组织。

3.2

投标人 tenderer

响应招标、参加投标竞争的法人或者其他组织。

3.3

卖方（供方） seller（supplier）

提供本部分货物和技术服务的法人或其他组织，包括其法定的承继者。

3.4

买方（需方） buyer（purchaser）

购买本部分货物和技术服务的法人或其他组织，包括其法定的承继者和经许可的受让人。

4 标准技术参数

技术参数特性表是国家电网有限公司对采购设备的基础技术参数要求，在招投标过程中，投标人应依据招标文件，对技术参数特性表中标准参数值进行响应。126kV/2000A～40kA 复合式气体绝缘金属封闭开关设备技术参数特性见表 1。物资应满足 Q/GDW 13097.1 的要求。

表1 技术参数特性表

<table>
<tr><th>序号</th><th colspan="3">名　　称</th><th>单位</th><th>标准参数值</th></tr>
<tr><td>一</td><td colspan="5">HGIS 共用参数</td></tr>
<tr><td>1</td><td colspan="3">额定电压</td><td>kV</td><td>126</td></tr>
<tr><td>2</td><td colspan="3">额定电流</td><td>A</td><td>2000</td></tr>
<tr><td>3</td><td colspan="3">额定工频 1min 耐受电压（相对地）</td><td>kV</td><td>230</td></tr>
<tr><td>4</td><td colspan="3">额定雷电冲击耐受电压峰值（1.2/50μs）（相对地）</td><td>kV</td><td>550</td></tr>
<tr><td>5</td><td colspan="3">额定短路开断电流</td><td>kA</td><td>40</td></tr>
<tr><td>6</td><td colspan="3">额定短路关合电流</td><td>kA</td><td>100</td></tr>
<tr><td>7</td><td colspan="3">额定短时耐受电流及持续时间</td><td>kA/s</td><td>40/3</td></tr>
<tr><td>8</td><td colspan="3">额定峰值耐受电流</td><td>kA</td><td>100</td></tr>
<tr><td>9</td><td colspan="3">辅助和控制回路短时工频耐受电压</td><td>kV</td><td>2</td></tr>
<tr><td>10</td><td colspan="3">无线电干扰电压</td><td>μV</td><td>≤500</td></tr>
<tr><td>11</td><td colspan="3">噪声水平</td><td>dB</td><td>≤90</td></tr>
<tr><td rowspan="2">12</td><td colspan="2" rowspan="2">SF_6气体压力
（20℃，表压）</td><td>断路器室</td><td rowspan="2">MPa</td><td>（投标人提供）</td></tr>
<tr><td>其他隔室</td><td>（投标人提供）</td></tr>
<tr><td>13</td><td colspan="3">每个隔室 SF_6 气体漏气率</td><td>%/年</td><td>≤0.5</td></tr>
<tr><td rowspan="4">14</td><td rowspan="4">SF_6 气体
湿度</td><td rowspan="2">有电弧分
解物隔室</td><td>交接验收值</td><td rowspan="4">μL/L</td><td>≤150</td></tr>
<tr><td>长期运行允许值</td><td>≤300</td></tr>
<tr><td rowspan="2">无电弧分
解物隔室</td><td>交接验收值</td><td>≤250</td></tr>
<tr><td>长期运行允许值</td><td>≤500</td></tr>
<tr><td rowspan="5">15</td><td colspan="2" rowspan="5">局部放电</td><td>试验电压</td><td>kV</td><td>$1.2\times126/\sqrt{3}$</td></tr>
<tr><td>每个间隔</td><td rowspan="4">pC</td><td>≤5</td></tr>
<tr><td>每单个绝缘件</td><td>≤3</td></tr>
<tr><td>套管</td><td>≤5</td></tr>
<tr><td>电流互感器</td><td>≤5</td></tr>
<tr><td rowspan="2">16</td><td colspan="2" rowspan="2">供电电源</td><td>控制回路</td><td>V</td><td>DC110/DC220/AC220</td></tr>
<tr><td>辅助回路</td><td>V</td><td>AC220/AC380</td></tr>
<tr><td>17</td><td colspan="3">使用寿命</td><td>年</td><td>≥40</td></tr>
<tr><td>18</td><td colspan="3">检修周期</td><td>年</td><td>≥20</td></tr>
</table>

表 1（续）

序号	名　称		单位	标准参数值
19	设备重量	SF_6气体重量	kg	（项目单位提供）
		总重量	kg	（项目单位提供）
		最大运输重量	kg	（项目单位提供）
		动荷载向下	kg	（项目单位提供）
		动荷载向上	kg	（项目单位提供）
20	设备尺寸	设备的整体尺寸	m	（项目单位提供）
		设备的最大运输尺寸	m	（项目单位提供）
		间隔尺寸	m	（项目单位提供）
21	结构布置	断路器		三相共箱/三相分箱
22	运输方式			解体/整体
二	断路器参数			
1	型号			（投标人提供）
2	布置型式			卧式
3	断口数			1
4	额定电流	出线	A	2000
		进线		2000
		分段、母联		2000/3150
5	主回路电阻		μΩ	（投标人提供）
6	温升试验电流		A	$1.1I_N$
7	额定工频 1min 耐受电压	断口	kV	230＋70
		对地		230
	额定雷电冲击耐受电压峰值（1.2/50μs）	断口	kV	550＋100
		对地		550
8	额定短路开断电流	交流分量有效值	kA	40
		时间常数	ms	45
		开断次数	次	≥20
		首相开断系数		1.5
9	额定短路关合电流		kA	100
10	额定短时耐受电流及持续时间		kA/s	40/3
11	额定峰值耐受电流		kA	100
12	开断时间		ms	≤60
13	合分时间		ms	≤60
14	分闸时间		ms	≤40
15	合闸时间		ms	≤100

表1（续）

序号	名　称		单位	标准参数值
16	重合闸无电流间隙时间		ms	300
17	分、合闸速度	刚分速度	m/s	（投标人提供）
		刚合速度		（投标人提供）
18	分闸不同期性		ms	≤3
19	合闸不同期性		ms	≤5
20	机械寿命		次	≥5000
21	额定操作顺序			O–0.3s–CO–180s–CO
22	现场开合空载变压器能力	空载变压器容量	MVA	31.5/40/50/63/80/100
		空载励磁电流	A	0.5～15
		试验电压	kV	126
		操作顺序		10×O 和 10×（CO）
23	现场开合空载线路充电电流试验	试验电流	A	由实际线路长度决定
		试验电压	kV	126
		试验条件		线路原则上不得带有泄压设备，如电抗器、避雷器、电磁式电压互感器等
		操作顺序		10×（O–0.3s–CO）
24	容性电流开合试验（试验室）	试验电流	A	线路：31.5，电缆：140
		试验电压	kV	$1.4\times126/\sqrt{3}$
		C1 级：LC1 和 CC1：24×O，LC2 和 CC2：24×CO；C2 级：LC1 和 CC1：48×O，LC2 和 CC2：24×O 和 24×CO		C1 级/C2 级
25	近区故障条件下的开合能力	L90	kA	36
		L75	kA	30
		L60	kA	24（L75 的最小燃弧时间长于 L90 的最小燃弧时间 5ms 时）
		操作顺序		O–0.3s–CO–180s–CO
26	失步关合和开断能力	开断电流	kA	10
		试验电压	kV	$2.5\times126/\sqrt{3}$
		操作顺序		方式 1：O–O–O 方式 2：CO–O–O

表 1（续）

序号	名称		单位	标准参数值
27	SF_6 气体压力（表压，20℃）	额定	MPa	（投标人提供）
		报警		（投标人提供）
		最低		（投标人提供）
		闭锁		（投标人提供）
28	报警压力（表压，20℃）		MPa	（投标人提供）
29	闭锁压力（表压，20℃）		MPa	（投标人提供）
30	操动机构型式或型号			
	操作方式			三相机械联动
	电动机电压		V	AC 380/220
	合闸操作电源	额定操作电压	V	DC 220/DC 110
		操作电压允许范围		85%～110%，30%不得动作
		每相线圈数量	只	1
		每只线圈涌流	A	（投标人提供）
		每只线圈稳态电流	A	DC 220V、2.5A 或 DC 110V、5A
	分闸操作电源	额定操作电压	V	DC 220/DC 110
		操作电压允许范围		65%～110%，30%不得动作
		每相线圈数量	只	1
		每只线圈涌流	A	（投标人提供）
		每只线圈稳态电流	A	DC 220V、2.5A 或 DC 110V、5A
	驱潮/加热器	电压	V	AC 220
		运行方式		常投/温湿自动投切
		每相功率（驱潮/加热）	W	（投标人提供）/（投标人提供）
	备用辅助触点	数量	对	10 常开触点，10 常闭触点（引出到相应汇控柜端子排）
		开断能力		DC 220V、2.5A 或 DC 110V、5A
	检修周期		年	≥20
	弹簧机构	储能时间	s	≤20
31	断路器的重量	断路器包括辅助设备的总重量	kg	（投标人提供）
		每相操动机构的重量	kg	（投标人提供）
		每相 SF_6 气体重量	kg	（投标人提供）
		运输总重量	kg	（投标人提供）
32	运输高度		m	（投标人提供）
33	起吊高度		m	（投标人提供）

表 1（续）

序号	名　　称		单位	标准参数值
三	隔离开关参数			
1	型式/型号			（投标人提供）
2	额定电流	出线	A	2000
		进线	A	2000
		分段、母联	A	2000/3150
3	主回路电阻		μΩ	（投标人提供）
4	温升试验电流		A	$1.1I_N$
5	额定工频 1min 耐受电压	断口	kV	230＋70
		对地		230
	额定雷电冲击耐受电压峰值（1.2/50μs）	断口	kV	550＋100
		对地		550
6	额定短时耐受电流及持续时间		kA/s	40/3
7	额定峰值耐受电流		kA	100
8	分、合闸时间	分闸时间	ms	（投标人提供）
		合闸时间		（投标人提供）
9	分、合闸速度	刚分速度	m/s	（投标人提供）
		刚合速度		（投标人提供）
10	机械寿命		次	≥3000
11	开合小电容电流值		A	1
12	开合小电感电流值		A	0.5
13	开合母线转换电流能力	转换电流	A	1600
		转换电压	V	100
		开断次数	次	100
14	操动机构	型式或型号		电动并可手动
		电动机电压	V	AC 380/220
		控制电压	V	AC 220
		允许电压变化范围		85%～110%
		操作方式		三相机械联动
	备用辅助触点	数量	对	10 常开触点，10 常闭触点（引出到相应汇控柜端子排）
		开断能力		DC 220V、2.5A 或 DC 110V、5A
四	快速接地开关参数			
1	额定短时耐受电流及持续时间		kA/s	40/3
2	额定峰值耐受电流		kA	100

表 1（续）

序号	名　　称			单位	标准参数值
3	额定短路关合电流			kA	100
4	额定短路电流关合次数			次	≥2
5	分、合闸时间		分闸时间	ms	（投标人提供）
			合闸时间		（投标人提供）
6	分、合闸速度		刚分速度	m/s	（投标人提供）
			刚合速度		（投标人提供）
7	机械寿命			次	≥3000
8	开合感应电流能力（A 类/B 类）	电磁感应	感性电流	A	50/80
			开断次数	次	10
			感应电压	kV	0.5/2
		静电感应	容性电流	A	0.4/2
			开断次数	次	10
			感应电压	kV	3/6
9	操动机构		型式或型号		电动弹簧并可手动
			电动机电压	V	AC 380/220
			控制电压	V	AC 220
			允许电压变化范围		85%～110%
	备用辅助触点		数量	对	8 常开触点，8 常闭触点（引出到相应汇控柜端子排）
			开断能力		DC 220V、2.5A 或 DC 110V、5A
五	检修接地开关参数				
1	额定短时耐受电流及持续时间			kA/s	40/3
2	额定峰值耐受电流			kA	100
3	机械寿命			次	≥3000
4	操动机构		型式或型号		电动并可手动
			电动机电压	V	AC 380/220
			控制电压	V	AC 220
			允许电压变化范围		85%～110%
	备用辅助触点		数量	对	8 常开触点，8 常闭触点
			开断能力		DC 220V、2.5A 或 DC 110V、5A
六	电流互感器参数				
1	型式或型号				电磁式
2	额定电流比				3000/1（5）

表 1（续）

<table>
<tr><th>序号</th><th colspan="2">名　称</th><th>单位</th><th>标准参数值</th></tr>
<tr><td rowspan="12">3</td><td rowspan="6">绕组 1</td><td>准确级</td><td></td><td>5P/0.2S</td></tr>
<tr><td>额定负荷</td><td>VA</td><td>15/15</td></tr>
<tr><td>中间抽头级次排列</td><td></td><td>0.2S</td></tr>
<tr><td>中间抽头额定电流比</td><td></td><td>1500/5（1）</td></tr>
<tr><td>中间抽头额定负荷</td><td></td><td>10</td></tr>
<tr><td>准确级</td><td></td><td>5P/5P/0.2S/0.2S</td></tr>
<tr><td rowspan="6">绕组 2</td><td>准确级</td><td></td><td>15/15/15/15</td></tr>
<tr><td>额定负荷</td><td>VA</td><td>0.2S/0.2S</td></tr>
<tr><td>中间抽头级次排列</td><td></td><td>1500/5（1）</td></tr>
<tr><td>中间抽头额定电流比</td><td></td><td>10/10</td></tr>
<tr><td>中间抽头额定负荷</td><td></td><td>5P/0.2S</td></tr>
<tr><td>准确级</td><td></td><td>15/15</td></tr>
<tr><td>七</td><td colspan="4">套管参数</td></tr>
<tr><td>1</td><td colspan="2">伞裙型式</td><td></td><td>大小伞</td></tr>
<tr><td>2</td><td colspan="2">材质</td><td></td><td>瓷、复合绝缘</td></tr>
<tr><td>3</td><td colspan="2">额定电流</td><td>A</td><td>2000/3150</td></tr>
<tr><td>4</td><td colspan="2">额定短时耐受电流及持续时间</td><td>kA/s</td><td>40/3</td></tr>
<tr><td>5</td><td colspan="2">额定峰值耐受电流</td><td>kA</td><td>100</td></tr>
<tr><td>6</td><td colspan="2">额定工频 1min 耐受电压（相对地）</td><td>kV</td><td>230</td></tr>
<tr><td>7</td><td colspan="2">额定雷电冲击耐受电压峰值（1.2/50μs）（相对地）</td><td>kV</td><td>550</td></tr>
<tr><td>8</td><td colspan="2">爬电距离</td><td>mm</td><td>3906k_{ad}（当平均直径 D_a＜300mm 时，k_{ad}＝1.0；当平均直径 D_a≥300mm 时，k_{ad}＝0.000 5D_a＋0.85）</td></tr>
<tr><td>9</td><td colspan="2">干弧距离</td><td>mm</td><td>≥900</td></tr>
<tr><td>10</td><td colspan="2">S/P</td><td></td><td>≥0.9</td></tr>
<tr><td rowspan="4">11</td><td rowspan="4">端子静负载</td><td>水平纵向</td><td rowspan="3">N</td><td>1250</td></tr>
<tr><td>水平横向</td><td>750</td></tr>
<tr><td>垂直</td><td>1000</td></tr>
<tr><td>安全系数</td><td></td><td>静态 2.75，动态 1. 7</td></tr>
<tr><td>12</td><td colspan="2">套管顶部金属带电部分的相间最小净距</td><td>mm</td><td>≥1000</td></tr>
<tr><td>八</td><td colspan="4">环氧浇注绝缘子参数</td></tr>
<tr><td>1</td><td colspan="2">安全系数</td><td></td><td>大于 3 倍设计压力</td></tr>
<tr><td>2</td><td colspan="2">2 倍额定相电压下泄漏电流</td><td>μA</td><td>50</td></tr>
<tr><td>3</td><td colspan="2">1.1 倍额定相电压下最大场强</td><td>kV/mm</td><td>≤1.5</td></tr>
</table>

表 1（续）

序号	名　　称		单位	标准参数值
九	外壳参数			
1	材质			钢、铸铝、铝合金
2	外壳破坏压力			铸铝和铝合金：5 倍的设计压力；焊接铝外壳和钢外壳：3 倍的设计压力
3	温升	试验电流	A	$1.1I_N$
		可以接触部位	K	≤30
		可能接触部位	K	≤40
		不可接触部位	K	65
4	外壳耐烧穿的能力	电流	kA	40
		时间	s	0.1
5	防爆膜的设置			投标人提供
6	感应电压			正常运行条件≤24V，故障条件≤100V
十	SF_6气体参数			
1	湿度		μg/g	≤8
2	纯度		%	≥99.9

注：本表适用于海拔 1000m 及以下地区户外正常使用条件，高海拔地区所用设备按照实际污区分布进行设备选型，并按照 Q/GDW 13001—2014《高海拔外绝缘配置技术规范》要求进行海拔修正，其他特殊适用条件根据工程实际情况进行修改。

5　组件材料配置表

组件材料配置表包括元件名称、规格形式参数、单位、数量和产地等信息，具体内容和格式根据招标项目情况进行编制。

6　使用环境条件表

126kV/2000A～40kA 复合式气体绝缘金属封闭开关设备使用环境条件见表 2。特殊环境要求根据项目情况进行编制。

表 2　使用环境条件表

序号	名　　称		单位	标准参数值	项目需求值
1	周围空气温度	最高气温	℃	+40	
		最低气温		−25	
		最大日温差	K	25	
2	海拔		m	≤1000	
3	太阳辐射强度		W/cm^2	0.1	

表 2（续）

<table>
<tr><th>序号</th><th colspan="2">名　　称</th><th>单位</th><th>标准参数值</th><th>项目需求值</th></tr>
<tr><td>4</td><td colspan="2">污秽等级</td><td></td><td>e 级</td><td></td></tr>
<tr><td>5</td><td colspan="2">覆冰厚度</td><td>mm</td><td>10</td><td></td></tr>
<tr><td>6</td><td colspan="2">风速/风压</td><td>m/s /Pa</td><td>34/700</td><td></td></tr>
<tr><td rowspan="2">7</td><td rowspan="2">湿度</td><td>日相对湿度平均值</td><td rowspan="2">%</td><td>≤95</td><td></td></tr>
<tr><td>月相对湿度平均值</td><td>≤90</td><td></td></tr>
<tr><td>8</td><td colspan="2">耐受地震能力（水平加速度）</td><td>m/s^2</td><td>2</td><td></td></tr>
<tr><td>9</td><td colspan="2">由于主回路中的开合操作在辅助和控制回路上所感应的共模电压的幅值</td><td>kV</td><td>≤1.6</td><td></td></tr>
<tr><td>10</td><td colspan="2">系统中性点接地方式</td><td colspan="2">直接接地/不接地</td><td></td></tr>
<tr><td>11</td><td colspan="2">安装地点</td><td colspan="2">户内/户外</td><td></td></tr>
</table>

7　需提供的工程图纸

需提供的工程图纸有电气主接线图、设备平面布置图、断面布置图和 SF_6 系统图。

ICS 29.240

Q/GDW

国家电网有限公司企业标准

Q/GDW 13097.12 — 2018
代替 Q/GDW 13097.12 — 2014

126kV～550kV 气体绝缘金属封闭开关设备采购标准 第12部分：126kV/3150A～40kA 复合式气体绝缘金属封闭开关设备专用技术规范

Purchasing standard of 126kV～550kV gas insulate metal-enclosed switchgear
Part 12: special technical specification of 126kV/3150A～40kA hybrid gas insulate metal-enclosed switchgear (HGIS)

2019-06-28发布 2019-06-28实施

国家电网有限公司 发布

目　　次

前　　言

为规范126kV～550kV气体绝缘金属封闭开关设备的采购，制定本部分《126kV～550kV气体绝缘金属封闭开关设备采购标准》分为20个部分：

——第1部分：通用技术规范；
——第2部分：126kV/2000A～40kA气体绝缘金属封闭开关设备专用技术规范；
——第3部分：126kV/3150A～40kA气体绝缘金属封闭开关设备专用技术规范；
——第4部分：252kV/3150A～50kA气体绝缘金属封闭开关设备专用技术规范；
——第5部分：252kV/4000A～50kA气体绝缘金属封闭开关设备专用技术规范；
——第6部分：363kV/3150A～50kA气体绝缘金属封闭开关设备专用技术规范；
——第7部分：363kV/4000A～50kA气体绝缘金属封闭开关设备专用技术规范；
——第8部分：363kV/5000A～63kA气体绝缘金属封闭开关设备专用技术规范；
——第9部分：550kV/4000A～63kA气体绝缘金属封闭开关设备专用技术规范；
——第10部分：550kV/5000A～63kA气体绝缘金属封闭开关设备专用技术规范；
——第11部分：126kV/2000A～40kA复合式气体绝缘金属封闭开关设备专用技术规范；
——第12部分：126kV/3150A～40kA复合式气体绝缘金属封闭开关设备专用技术规范；
——第13部分：252kV/3150A～50kA复合式气体绝缘金属封闭开关设备专用技术规范；
——第14部分：252kV/4000A～50kA复合式气体绝缘金属封闭开关设备专用技术规范；
——第15部分：363kV/3150A～50kA复合式气体绝缘金属封闭开关设备专用技术规范；
——第16部分：363kV/4000A～50kA复合式气体绝缘金属封闭开关设备专用技术规范；
——第17部分：550kV/4000A～63kA复合式气体绝缘金属封闭开关设备专用技术规范；
——第18部分：550kV/5000A～63kA复合式气体绝缘金属封闭开关设备专用技术规范；
——第19部分：252kV/5000A～50kA气体绝缘金属封闭开关设备专用技术规范；
——第20部分：363kV/5000A～63kA复合式气体绝缘金属封闭开关设备专用技术规范。

本部分为《126kV～550kV气体绝缘金属封闭开关设备采购标准》的第12部分。

本部分代替Q/GDW 13097.12—2014，与Q/GDW 13097.12—2014相比，主要技术性差异如下：

——修改了对外壳耐烧穿能力、操动机构型式、备用辅助触点、爬电距离、干弧距离、伸缩节使用寿命、污秽等级和工程图纸等的要求。

本部分由国家电网有限公司物资部提出并解释。

本部分由国家电网有限公司科技部归口。

本部分起草单位：国网浙江省电力有限公司、中国电力科学研究院有限公司、国网江苏省电力有限公司。

本部分主要起草人：徐华、王绍安、和彦淼、崔博源、陈允、周彪、陈孝信、王婷婷。

本部分2014年9月首次发布，2018年12月第一次修订。

本部分在执行过程中的意见或建议反馈至国家电网有限公司科技部。

126kV～550kV 气体绝缘金属封闭开关设备采购标准 第 12 部分：126kV/3150A～40kA 复合式气体绝缘金属封闭开关设备专用技术规范

1 范围

本部分规定了 126kV/3150A～40kA 复合式气体绝缘金属封闭开关设备招标的标准技术参数、项目需求及投标人响应的相关内容。

本部分适用于 126kV/3150A～40kA 复合式气体绝缘金属封闭开关设备招标。

2 规范性引用文件

下列文件对于本文件的应用是必不可少的。凡是注日期的引用文件，仅注日期的版本适用于本文件。凡是不注日期的引用文件，其最新版本（包括所有的修改单）适用于本文件。

Q/GDW 13097.1　126kV～550kV 气体绝缘金属封闭开关设备采购标准　第 1 部分：通用技术规范

Q/GDW 13001—2014　高海拔外绝缘配置技术规范

3 术语和定义

下列术语和定义适用于本文件。

3.1

招标人　bidder

依照《中华人民共和国招标投标法》的规定，提出招标项目，进行招标的法人或其他组织。

3.2

投标人　tenderer

响应招标、参加投标竞争的法人或者其他组织。

3.3

卖方（供方）　seller（supplier）

提供本部分货物和技术服务的法人或其他组织，包括其法定的承继者。

3.4

买方（需方）　buyer（purchaser）

购买本部分货物和技术服务的法人或其他组织，包括其法定的承继者和经许可的受让人。

4 标准技术参数

技术参数特性表是国家电网有限公司对采购设备的基础技术参数要求，在招投标过程中，投标人应依据招标文件，对技术参数特性表中标准参数值进行响应。126kV/3150A～40kA 复合式气体绝缘金属封闭开关设备技术参数特性见表 1。物资应满足 Q/GDW 13097.1 的要求。

表1 技术参数特性表

<table>
<tr><th>序号</th><th colspan="3">名 称</th><th>单位</th><th>标准参数值</th></tr>
<tr><td>一</td><td colspan="5">HGIS 共用参数</td></tr>
<tr><td>1</td><td colspan="3">额定电压</td><td>kV</td><td>126</td></tr>
<tr><td>2</td><td colspan="3">额定电流</td><td>A</td><td>3150</td></tr>
<tr><td>3</td><td colspan="3">额定工频 1min 耐受电压（相对地）</td><td>kV</td><td>230</td></tr>
<tr><td>4</td><td colspan="3">额定雷电冲击耐受电压峰值（1.2/50μs）（相对地）</td><td>kV</td><td>550</td></tr>
<tr><td>5</td><td colspan="3">额定短路开断电流</td><td>kA</td><td>40</td></tr>
<tr><td>6</td><td colspan="3">额定短路关合电流</td><td>kA</td><td>100</td></tr>
<tr><td>7</td><td colspan="3">额定短时耐受电流及持续时间</td><td>kA/s</td><td>40/3</td></tr>
<tr><td>8</td><td colspan="3">额定峰值耐受电流</td><td>kA</td><td>100</td></tr>
<tr><td>9</td><td colspan="3">辅助和控制回路短时工频耐受电压</td><td>kV</td><td>2</td></tr>
<tr><td>10</td><td colspan="3">无线电干扰电压</td><td>μV</td><td>≤500</td></tr>
<tr><td>11</td><td colspan="3">噪声水平</td><td>dB</td><td>≤90</td></tr>
<tr><td rowspan="2">12</td><td colspan="2" rowspan="2">SF_6 气体压力（20℃，表压）</td><td>断路器室</td><td rowspan="2">MPa</td><td>（投标人提供）</td></tr>
<tr><td>其他隔室</td><td>（投标人提供）</td></tr>
<tr><td>13</td><td colspan="3">每个隔室 SF_6 气体漏气率</td><td>%/年</td><td>≤0.5</td></tr>
<tr><td rowspan="4">14</td><td rowspan="4">SF_6 气体湿度</td><td rowspan="2">有电弧分解物隔室</td><td>交接验收值</td><td rowspan="4">μL/L</td><td>≤150</td></tr>
<tr><td>长期运行允许值</td><td>≤300</td></tr>
<tr><td rowspan="2">无电弧分解物隔室</td><td>交接验收值</td><td>≤250</td></tr>
<tr><td>长期运行允许值</td><td>≤500</td></tr>
<tr><td rowspan="5">15</td><td colspan="2" rowspan="5">局部放电</td><td>试验电压</td><td>kV</td><td>$1.2\times126/\sqrt{3}$</td></tr>
<tr><td>每个间隔</td><td rowspan="4">pC</td><td>≤5</td></tr>
<tr><td>每单个绝缘件</td><td>≤3</td></tr>
<tr><td>套管</td><td>≤5</td></tr>
<tr><td>电流互感器</td><td>≤5</td></tr>
<tr><td rowspan="2">16</td><td colspan="2" rowspan="2">供电电源</td><td>控制回路</td><td>V</td><td>DC110/DC220/AC220</td></tr>
<tr><td>辅助回路</td><td>V</td><td>AC 380/220</td></tr>
<tr><td>17</td><td colspan="3">使用寿命</td><td>年</td><td>≥40</td></tr>
<tr><td>18</td><td colspan="3">检修周期</td><td>年</td><td>≥20</td></tr>
<tr><td rowspan="5">19</td><td colspan="2" rowspan="5">设备重量</td><td>SF_6 气体重量</td><td>kg</td><td>（项目单位提供）</td></tr>
<tr><td>总重量</td><td>kg</td><td>（项目单位提供）</td></tr>
<tr><td>最大运输重量</td><td>kg</td><td>（项目单位提供）</td></tr>
<tr><td>动荷载向下</td><td>kg</td><td>（项目单位提供）</td></tr>
<tr><td>动荷载向上</td><td>kg</td><td>（项目单位提供）</td></tr>
</table>

表 1（续）

序号	名　　称		单位	标准参数值
20	设备尺寸	设备的整体尺寸	m	（项目单位提供）
		设备的最大运输尺寸	m	（项目单位提供）
		间隔尺寸	m	（项目单位提供）
21	结构布置	断路器		三相共箱/三相分箱
22	运输方式			解体/整体
二	断路器参数			
1	型号			（投标人提供）
2	布置型式			卧式
3	断口数			1
4	额定电流	出线	A	3150
		进线		3150
		分段、母联		3150
5	主回路电阻		μΩ	（投标人提供）
6	温升试验电流		A	$1.1I_N$
7	额定工频 1min 耐受电压	断口	kV	230＋70
		对地		230
	额定雷电冲击耐受电压峰值（1.2/50μs）	断口	kV	550＋100
		对地		550
8	额定短路开断电流	交流分量有效值	kA	40
		时间常数	ms	45
		开断次数	次	≥20
		首相开断系数		1.5
9	额定短路关合电流		kA	100
10	额定短时耐受电流及持续时间		kA/s	40/3
11	额定峰值耐受电流		kA	100
12	开断时间		ms	≤60
13	合分时间		ms	≤60
14	分闸时间		ms	≤40
15	合闸时间		ms	≤100
16	重合闸无电流间隙时间		ms	300
17	分、合闸速度	刚分速度	m/s	（投标人提供）
		刚合速度		（投标人提供）
18	分闸不同期性		ms	≤3
19	合闸不同期性		ms	≤5

表 1（续）

序号	名　　称		单位	标准参数值
20	机械寿命		次	≥5000
21	额定操作顺序			O–0.3s–CO–180s–CO
22	现场开合空载变压器能力	空载变压器容量	MVA	31.5/40/50/63/80/100
		空载励磁电流	A	0.5～15
		试验电压	kV	126
		操作顺序		10×O 和 10×（CO）
23	现场开合空载线路充电电流试验	试验电流	A	由实际线路长度决定
		试验电压	kV	126
		试验条件		线路原则上不得带有泄压设备，如电抗器、避雷器、电磁式电压互感器等
		操作顺序		10×（O–0.3s–CO）
24	容性电流开合试验（试验室）	试验电流	A	线路：31.5，电缆：140
		试验电压	kV	$1.4\times126/\sqrt{3}$
		C1 级：LC1 和 CC1：24×O，LC2 和 CC2：24×CO；C2 级：LC1 和 CC1：48×O，LC2 和 CC2：24×O 和 24×CO		C1 级/C2 级
25	近区故障条件下的开合能力	L90	kA	36
		L75	kA	30
		L60	kA	24（L75 的最小燃弧时间长于 L90 的最小燃弧时间 5ms 时）
		操作顺序		O–0.3s–CO–180s–CO
26	失步关合和开断能力	开断电流	kA	10
		试验电压	kV	$2.5\times126/\sqrt{3}$
		操作顺序		方式 1：O–O–O 方式 2：CO–O–O
27	SF_6 气体压力（表压，20℃）	额定	MPa	（投标人提供）
		报警		（投标人提供）
		最低		（投标人提供）
		闭锁		（投标人提供）
28	报警压力（表压，20℃）		MPa	（投标人提供）
29	闭锁压力（表压，20℃）		MPa	（投标人提供）
30	操动机构型式或型号			弹簧
	操作方式			三相机械联动
	电动机电压		V	AC 380/220

表 1（续）

<table>
<tr><th>序号</th><th colspan="2">名　称</th><th>单位</th><th>标准参数值</th></tr>
<tr><td rowspan="20">30</td><td rowspan="5">合闸操作电源</td><td>额定操作电压</td><td>V</td><td>DC 220/DC 110</td></tr>
<tr><td>操作电压允许范围</td><td></td><td>85%～110%，30%不得动作</td></tr>
<tr><td>每相线圈数量</td><td>只</td><td>1</td></tr>
<tr><td>每只线圈涌流</td><td>A</td><td>（投标人提供）</td></tr>
<tr><td>每只线圈稳态电流</td><td>A</td><td>DC 220V、2.5 或
DC 110V、5</td></tr>
<tr><td rowspan="5">分闸操作电源</td><td>额定操作电压</td><td>V</td><td>DC 220/DC 110</td></tr>
<tr><td>操作电压允许范围</td><td></td><td>65%～110%，30%不得动作</td></tr>
<tr><td>每相线圈数量</td><td>只</td><td>1</td></tr>
<tr><td>每只线圈涌流</td><td>A</td><td>（投标人提供）</td></tr>
<tr><td>每只线圈稳态电流</td><td>A</td><td>DC 220V、2.5A 或 DC 110V、5A</td></tr>
<tr><td rowspan="3">驱潮/加热器</td><td>电压</td><td>V</td><td>AC 220</td></tr>
<tr><td>运行方式</td><td></td><td>常投/温湿自动投切</td></tr>
<tr><td>每相功率（驱潮/加热）</td><td>W</td><td>（投标人提供）/（投标人提供）</td></tr>
<tr><td rowspan="2">备用辅助触点</td><td>数量</td><td>对</td><td>10 常开触点，10 常闭触点（引出到相应汇控柜端子排）</td></tr>
<tr><td>开断能力</td><td></td><td>DC 220V、2.5A 或
DC 110V、5A</td></tr>
<tr><td colspan="2">检修周期</td><td>年</td><td>≥20</td></tr>
<tr><td>弹簧机构</td><td>储能时间</td><td>s</td><td>≤20</td></tr>
<tr><td rowspan="4">31</td><td rowspan="4">断路器的质量</td><td>断路器包括辅助
设备的总质量</td><td>kg</td><td>（投标人提供）</td></tr>
<tr><td>每相操动机构的质量</td><td>kg</td><td>（投标人提供）</td></tr>
<tr><td>每相 SF_6 气体质量</td><td>kg</td><td>（投标人提供）</td></tr>
<tr><td>运输总质量</td><td>kg</td><td>（投标人提供）</td></tr>
<tr><td>32</td><td colspan="2">运输高度</td><td>m</td><td>（投标人提供）</td></tr>
<tr><td>33</td><td colspan="2">起吊高度</td><td>m</td><td>（投标人提供）</td></tr>
<tr><td>三</td><td colspan="4">隔离开关参数</td></tr>
<tr><td>1</td><td colspan="2">型式/型号</td><td></td><td>（投标人提供）</td></tr>
<tr><td rowspan="3">2</td><td rowspan="3">额定电流</td><td>出线</td><td>A</td><td>3150</td></tr>
<tr><td>进线</td><td>A</td><td>3150</td></tr>
<tr><td>分段、母联</td><td>A</td><td>3150</td></tr>
<tr><td>3</td><td colspan="2">主回路电阻</td><td>μΩ</td><td>（投标人提供）</td></tr>
<tr><td>4</td><td colspan="2">温升试验电流</td><td>A</td><td>$1.1I_N$</td></tr>
</table>

表 1（续）

序号	名　　称		单位	标准参数值
5	额定工频 1min 耐受电压	断口	kV	230＋70
		对地		230
	额定雷电冲击耐受电压峰值（1.2/50μs）	断口	kV	550＋100
		对地		550
6	额定短时耐受电流及持续时间		kA/s	40/3
7	额定峰值耐受电流		kA	100
8	分、合闸时间	分闸时间	ms	（投标人提供）
		合闸时间		（投标人提供）
9	分、合闸速度	刚分速度	m/s	（投标人提供）
		刚合速度		（投标人提供）
10	机械寿命		次	≥3000
11	开合小电容电流值		A	1
12	开合小电感电流值		A	0.5
13	开合母线转换电流能力	转换电流	A	1600
		转换电压	V	100
		开断次数	次	100
14	操动机构	型式或型号		电动并可手动
		电动机电压	V	AC 380/220
		控制电压	V	AC 220
		允许电压变化范围		85%～110%
		操作方式		三相机械联动
	备用辅助触点	数量	对	10 常开触点，10 常闭触点（引出到相应汇控柜端子排）
		开断能力		DC 220V、2.5A 或 DC 110V、5A
四	快速接地开关参数			
1	额定短时耐受电流及持续时间		kA/s	40/3
2	额定峰值耐受电流		kA	100
3	额定短路关合电流		kA	100
4	额定短路电流关合次数		次	≥2
5	分、合闸时间	分闸时间	ms	（投标人提供）
		合闸时间		（投标人提供）
6	分、合闸速度	刚分速度	m/s	（投标人提供）
		刚合速度		（投标人提供）
7	机械寿命		次	≥3000

表 1（续）

序号	名　　称			单位	标准参数值
8	开合感应电流能力（A 类/B 类）	电磁感应	感性电流	A	50/80
			开断次数	次	10
			感应电压	kV	0.5/2
		静电感应	容性电流	A	0.4/2
			开断次数	次	10
			感应电压	kV	3/6
9	操动机构		型式或型号		电动弹簧并可手动
			电动机电压	V	AC 380/220
			控制电压	V	AC 220
			允许电压变化范围		85%～110%
	备用辅助触点		数量	对	8 常开触点，8 常闭触点（引出到相应汇控柜端子排）
			开断能力		DC 220V、2.5A 或 DC 110V、5A
五	检修接地开关参数				
1	额定短时耐受电流及持续时间			kA/s	40/3
2	额定峰值耐受电流			kA	100
3	机械寿命			次	≥3000
4	操动机构		型式或型号		电动并可手动
			电动机电压	V	AC 380/220
			控制电压	V	AC 220
			允许电压变化范围		85%～110%
	备用辅助触点		数量	对	8 常开触点，8 常闭触点
			开断能力		DC 220V、2.5A 或 DC 110V、5A
六	电流互感器参数				
1	型式或型号				电磁式
2	额定电流比				3000/1（5）
3	绕组 1		准确级		5P/0.2S
			额定负荷	VA	15/15
			中间抽头级次排列		0.2S
			中间抽头额定电流比		1500/5（1）
			中间抽头额定负荷		10
			准确级		5P/0.2S
	绕组 2		准确级		5P/5P/0.2S/0.2S
			额定负荷	VA	15/15/15/15

表 1（续）

序号	名　　称		单位	标准参数值
3	绕组 2	中间抽头级次排列		0.2S/0.2S
		中间抽头额定电流比		1500/5（1）
		中间抽头额定负荷		10/10
		准确级		5P/5P/0.2S/0.2S
七	套管参数			
1	伞裙型式			大小伞
2	材质			瓷、复合绝缘
3	额定电流		A	3150
4	额定短时耐受电流及持续时间		kA/s	40/3
5	额定峰值耐受电流		kA	100
6	额定工频 1min 耐受电压（相对地）		kV	230
7	额定雷电冲击耐受电压峰值（1.2/50μs）（相对地）		kV	550
8	爬电距离		mm	$3906k_{ad}$（当平均直径 D_a<300mm 时，$k_{ad}=1.0$；当平均直径 D_a≥300mm 时，$k_{ad}=0.000\ 5D_a+0.85$）
9	干弧距离		mm	≥900
10	*S/P*			≥0.9
11	端子静负载	水平纵向	N	1250
		水平横向	N	750
		垂直	N	1000
		安全系数		静态 2.75，动态 1.7
12	套管顶部金属带电部分的相间最小净距		mm	≥1000
八	环氧浇注绝缘子参数			
1	安全系数			大于 3 倍设计压力
2	2 倍额定相电压下泄漏电流		μA	50
3	1.1 倍额定相电压下最大场强		kV/mm	≤1.5
九	外壳参数			
1	材质			钢、铸铝、铝合金
2	外壳破坏压力			铸铝和铝合金：5 倍的设计压力；焊接铝外壳和钢外壳：3 倍的设计压力

表 1（续）

序号	名　　称		单位	标准参数值
3	温升	试验电流	A	$1.1I_N$
		可以接触部位	K	≤30
		可能接触部位	K	≤40
		不可接触部位	K	65
4	外壳耐烧穿的能力	电流	kA	40
		时间	s	0.1
5	防爆膜的设置			（投标人提供）
6	感应电压			正常运行条件≤24V，故障条件≤100V
十	SF_6 气体参数			
1	湿度		μg/g	≤8
2	纯度		%	≥99.9

注：本表适用于海拔 1000m 及以下地区户外正常使用条件，高海拔地区所用设备按照实际污区分布进行设备选型，并按照 Q/GDW 13001—2014《高海拔外绝缘配置技术规范》要求进行海拔修正，其他特殊适用条件根据工程实际情况进行修改。

5 组件材料配置表

组件材料配置表包括元件名称、规格形式参数、单位、数量和产地等信息，具体内容和格式根据招标项目情况进行编制。

6 使用环境条件表

126kV/3150A～40kA 复合式气体绝缘金属封闭开关设备使用环境条件见表 2。特殊环境要求根据项目情况进行编制。

表 2　使用环境条件表

序号	名　　称		单位	标准参数值	项目需求值
1	周围空气温度	最高气温	℃	+40	
		最低气温		−25	
		最大日温差	K	25	
2	海拔		m	≤1000	
3	太阳辐射强度		W/cm^2	0.1	
4	污秽等级			e 级	
5	覆冰厚度		mm	10	
6	风速/风压		m/s /Pa	34/700	

表2（续）

序号	名　　称		单位	标准参数值	项目需求值
7	湿度	日相对湿度平均值	%	≤95	
		月相对湿度平均值		≤90	
8	耐受地震能力（水平加速度）		m/s^2	2	
9	由于主回路中的开合操作在辅助和控制回路上所感应的共模电压的幅值		kV	≤1.6	
10	系统中性点接地方式		直接接地/不接地		
11	安装地点		户内/户外		

7　需提供的工程图纸

需提供的工程图纸有电气主接线图、设备平面布置图、断面布置图和 SF_6 系统图。

ICS 29.240

Q/GDW

国家电网有限公司企业标准

Q/GDW 13097.13 — 2018
代替 Q/GDW 13097.13 — 2014

126kV～550kV 气体绝缘金属封闭开关设备采购标准 第 13 部分：252kV/3150A～50kA 复合式气体绝缘金属封闭开关设备专用技术规范

Purchasing standard of 126kV～550kV gas insulate metal-enclosed switchgear
Part 13: special technical specification of 252kV/3150A～50kA hybrid gas insulate metal-enclosed switchgear (HGIS)

2019-06-28发布　　2019-06-28实施

国家电网有限公司　发 布

目　次

前　言

为规范 126kV～550kV 气体绝缘金属封闭开关设备的采购，制定本部分《126kV～550kV 气体绝缘金属封闭开关设备采购标准》分为 20 个部分：

——第 1 部分：通用技术规范；
——第 2 部分：126kV/2000A～40kA 气体绝缘金属封闭开关设备专用技术规范；
——第 3 部分：126kV/3150A～40kA 气体绝缘金属封闭开关设备专用技术规范；
——第 4 部分：252kV/3150A～50kA 气体绝缘金属封闭开关设备专用技术规范；
——第 5 部分：252kV/4000A～50kA 气体绝缘金属封闭开关设备专用技术规范；
——第 6 部分：363kV/3150A～50kA 气体绝缘金属封闭开关设备专用技术规范；
——第 7 部分：363kV/4000A～50kA 气体绝缘金属封闭开关设备专用技术规范；
——第 8 部分：363kV/5000A～63kA 气体绝缘金属封闭开关设备专用技术规范；
——第 9 部分：550kV/4000A～63kA 气体绝缘金属封闭开关设备专用技术规范；
——第 10 部分：550kV/5000A～63kA 气体绝缘金属封闭开关设备专用技术规范；
——第 11 部分：126kV/2000A～40kA 复合式气体绝缘金属封闭开关设备专用技术规范；
——第 12 部分：126kV/3150A～40kA 复合式气体绝缘金属封闭开关设备专用技术规范；
——第 13 部分：252kV/3150A～50kA 复合式气体绝缘金属封闭开关设备专用技术规范；
——第 14 部分：252kV/4000A～50kA 复合式气体绝缘金属封闭开关设备专用技术规范；
——第 15 部分：363kV/3150A～50kA 复合式气体绝缘金属封闭开关设备专用技术规范；
——第 16 部分：363kV/4000A～50kA 复合式气体绝缘金属封闭开关设备专用技术规范；
——第 17 部分：550kV/4000A～63kA 复合式气体绝缘金属封闭开关设备专用技术规范；
——第 18 部分：550kV/5000A～63kA 复合式气体绝缘金属封闭开关设备专用技术规范；
——第 19 部分：252kV/5000A～50kA 气体绝缘金属封闭开关设备专用技术规范；
——第 20 部分：363kV/5000A～63kA 复合式气体绝缘金属封闭开关设备专用技术规范。

本部分为《126kV～550kV 气体绝缘金属封闭开关设备采购标准》的第 13 部分。

本部分代替 Q/GDW 13097.13—2014，与 Q/GDW 13097.13—2014 相比，主要技术性差异如下：

——增加了零起打压时间和补压时间参数。
——修改了对外壳耐烧穿能力、操动机构型式、备用辅助触点、爬电距离、干弧距离、伸缩节使用寿命、污秽等级和工程图纸等的要求。

本部分由国家电网有限公司物资部提出并解释。

本部分由国家电网有限公司科技部归口。

本部分起草单位：国网浙江省电力有限公司、中国电力科学研究院有限公司、国网江苏省电力有限公司。

本部分主要起草人：徐华、王绍安、和彦淼、崔博源、陈允、周彪、陈孝信、王婷婷、张萌。

本部分 2014 年 9 月首次发布，2018 年 12 月第一次修订。

本部分在执行过程中的意见或建议反馈至国家电网有限公司科技部。

126kV～550kV 气体绝缘金属封闭开关设备采购标准 第 13 部分：252kV/3150A～50kA 复合式气体绝缘金属封闭开关设备专用技术规范

1 范围

本部分规定了 252kV/3150A～50kA 复合式气体绝缘金属封闭开关设备招标的标准技术参数、项目需求及投标人响应的相关内容。

本部分适用于 252kV/3150A～50kA 复合式气体绝缘金属封闭开关设备招标。

2 规范性引用文件

下列文件对于本文件的应用是必不可少的。凡是注日期的引用文件，仅注日期的版本适用于本文件。凡是不注日期的引用文件，其最新版本（包括所有的修改单）适用于本文件。

Q/GDW 13097.1　126kV～550kV 气体绝缘金属封闭开关设备采购标准　第 1 部分：通用技术规范

Q/GDW 13001—2014　高海拔外绝缘配置技术规范

3 术语和定义

下列术语和定义适用于本文件。

3.1

招标人　bidder

依照《中华人民共和国招标投标法》的规定，提出招标项目，进行招标的法人或其他组织。

3.2

投标人　tenderer

响应招标、参加投标竞争的法人或者其他组织。

3.3

卖方（供方）　seller（supplier）

提供本部分货物和技术服务的法人或其他组织，包括其法定的承继者。

3.4

买方（需方）　buyer（purchaser）

购买本部分货物和技术服务的法人或其他组织，包括其法定的承继者和经许可的受让人。

4 标准技术参数

技术参数特性表是国家电网有限公司对采购设备的基础技术参数要求，在招投标过程中，投标人应依据招标文件，对技术参数特性表中标准参数值进行响应。252kV/3150A～50kA 复合式气体绝缘金属封闭开关设备技术参数特性见表 1。物资应满足 Q/GDW 13097.1 的要求。

表1 技术参数特性表

<table>
<tr><th>序号</th><th colspan="3">名　　称</th><th>单位</th><th>标准参数值</th></tr>
<tr><td>一</td><td colspan="5">HGIS 共用参数</td></tr>
<tr><td>1</td><td colspan="3">额定电压</td><td>kV</td><td>252</td></tr>
<tr><td>2</td><td colspan="3">额定电流</td><td>A</td><td>3150</td></tr>
<tr><td>3</td><td colspan="3">额定工频 1min 耐受电压（相对地）</td><td>kV</td><td>460</td></tr>
<tr><td>4</td><td colspan="3">额定雷电冲击耐受电压峰值（1.2/50μs）（相对地）</td><td>kV</td><td>1050</td></tr>
<tr><td>5</td><td colspan="3">额定短路开断电流</td><td>kA</td><td>50</td></tr>
<tr><td>6</td><td colspan="3">额定短路关合电流</td><td>kA</td><td>125</td></tr>
<tr><td>7</td><td colspan="3">额定短时耐受电流及持续时间</td><td>kA/s</td><td>50/3</td></tr>
<tr><td>8</td><td colspan="3">额定峰值耐受电流</td><td>kA</td><td>125</td></tr>
<tr><td>9</td><td colspan="3">辅助和控制回路短时工频耐受电压</td><td>kV</td><td>2</td></tr>
<tr><td>10</td><td colspan="3">无线电干扰电压</td><td>μV</td><td>≤500</td></tr>
<tr><td>11</td><td colspan="3">噪声水平</td><td>dB</td><td>≤110</td></tr>
<tr><td rowspan="2">12</td><td colspan="2" rowspan="2">SF_6 气体压力（20℃，表压）</td><td>断路器室</td><td rowspan="2">MPa</td><td>（投标人提供）</td></tr>
<tr><td>其他隔室</td><td>（投标人提供）</td></tr>
<tr><td>13</td><td colspan="3">每个隔室 SF_6 气体漏气率</td><td>%/年</td><td>≤0.5</td></tr>
<tr><td rowspan="4">14</td><td rowspan="4">SF_6 气体湿度</td><td rowspan="2">有电弧分解物隔室</td><td>交接验收值</td><td rowspan="4">μL/L</td><td>≤150</td></tr>
<tr><td>长期运行允许值</td><td>≤300</td></tr>
<tr><td rowspan="2">无电弧分解物隔室</td><td>交接验收值</td><td>≤250</td></tr>
<tr><td>长期运行允许值</td><td>≤500</td></tr>
<tr><td rowspan="5">15</td><td colspan="2" rowspan="5">局部放电</td><td>试验电压</td><td>kV</td><td>$1.1\times252/\sqrt{3}$</td></tr>
<tr><td>每个间隔</td><td rowspan="4">pC</td><td>≤5</td></tr>
<tr><td>每单个绝缘件</td><td>≤3</td></tr>
<tr><td>套管</td><td>≤5</td></tr>
<tr><td>电流互感器</td><td>≤5</td></tr>
<tr><td rowspan="2">16</td><td colspan="2" rowspan="2">供电电源</td><td>控制回路</td><td>V</td><td>DC110/DC220/AC220</td></tr>
<tr><td>辅助回路</td><td>V</td><td>AC220/AC380</td></tr>
<tr><td>17</td><td colspan="3">使用寿命</td><td>年</td><td>≥40</td></tr>
<tr><td>18</td><td colspan="3">检修周期</td><td>年</td><td>≥20</td></tr>
</table>

表 1（续）

序号	名　　称		单位	标准参数值
19	设备质量	SF_6气体质量	kg	（投标人提供）
		总质量	kg	（投标人提供）
		最大运输质量	kg	（投标人提供）
		动荷载向下	kg	（投标人提供）
		动荷载向上	kg	（投标人提供）
20	设备尺寸	设备的整体尺寸	m	（投标人提供）
		设备的最大运输尺寸	m	（投标人提供）
		间隔尺寸（相邻间隔最小中心距）	m	（项目单位提供）
21	外形尺寸	总长度	m	（项目单位提供）
		总高度	m	（项目单位提供）
22	每间隔隔室数量		个/相	（投标人提供）
二	断路器参数			
1	型号			（投标人提供）
2	布置型式（立式或卧式）			（投标人提供）
3	断口数			1
4	额定电流	出线	A	3150
		进线		3150
		分段、母联		3150/4000
5	主回路电阻		μΩ	（投标人提供）
6	温升试验电流		A	$1.1I_N$
7	额定工频 1min 耐受电压	断口	kV	460＋145
		对地		460
	额定雷电冲击耐受电压峰值（1.2/50μs）	断口	kV	1050＋200
		对地		1050
8	额定短路开断电流	交流分量有效值	kA	50
		时间常数	ms	45
		开断次数	次	20
		首相开断系数		1.3
9	额定短路关合电流		kA	125
10	额定短时耐受电流及持续时间		kA/s	50/3
11	额定峰值耐受电流		kA	125
12	开断时间		ms	≤50

表 1（续）

序号	名　　称		单位	标准参数值
13	合分时间		ms	≤60
14	分闸时间		ms	≤30
15	合闸时间		ms	≤100
16	重合闸无电流间隙时间		ms	300
17	分、合闸速度	刚分速度	m/s	（投标人提供）
		刚合速度		（投标人提供）
18	分闸不同期性		ms	3
19	合闸不同期性		ms	5
20	机械寿命		次	≥5000
21	额定操作顺序			O−0.3s−CO−180s−CO
22	现场开合空载变压器能力	空载变压器容量	MVA	120/150/180/240
		空载励磁电流	A	0.5～15
		试验电压	kV	三相 252，单相 $252/\sqrt{3}$
		操作顺序		10×O 和 10×（CO）
23	现场开合空载线路充电电流试验	试验电流	A	由实际线路长度决定
		试验电压	kV	252
		试验条件		线路原则上不得带有泄压设备，如电抗器、避雷器、电磁式电压互感器等，在直流分量较大的情况下应增加带电抗器的试验
		操作顺序		10×（O−0.3s−CO）
24	容性电流开合试验（试验室）	试验电流	A	线路：125，电缆：250
		试验电压	kV	$1.2\times252/\sqrt{3}$
		C1 级：LC1 和 CC1：24×O，LC2 和 CC2：24×CO； C2 级：LC1 和 CC1：48×O，LC2 和 CC2：24×O 和 24×CO		C1 级/C2 级
25	近区故障条件下的开合能力	L90	kA	45
		L75	kA	37.5
		L60	kA	30（L75 的最小燃弧时间大于 L90 的最小燃弧时间 5ms 时）
		操作顺序		O−0.3s−CO−180s−CO

表 1（续）

序号	名　　称		单位	标准参数值
26	失步关合和开断能力	开断电流	kA	12.5
		试验电压	kV	$2.0 \times 252/\sqrt{3}$
		操作顺序		方式 1：O–O–O 方式 2：CO–O–O
27	SF_6气体压力（表压，20℃）	额定	MPa	（投标人提供）
		报警		（投标人提供）
		最低		（投标人提供）
		闭锁		（投标人提供）
28	操动机构型式或型号			液压（含液压弹簧）、弹簧
	零起打压时间		（min）	（投标人提供）
	补压时间		（s）	（投标人提供）
	操作方式			三相机械联动（主变、分段、母联）；分相操作（线路）
	电动机电压		V	AC 380/220
	合闸操作电源	额定操作电压	V	DC 220/110
		操作电压允许范围		85%～110%，30%以下不得动作
		每相线圈数量	只	1
		每只线圈涌流	A	（投标人提供）
		每只线圈稳态电流	A	DC 220 V、2.5A 或 DC 110 V、5A
	分闸操作电源	额定操作电压	V	DC 220/110
		操作电压允许范围		65%～110%，30%以下不得动作
		每相线圈数量	只	2
		每只线圈涌电流	A	（投标人提供）
		每只线圈稳态电流	A	DC 220V、2.5 或 DC 110V、5
	操动机构工作压力	最高	MPa	（投标人提供）
		额定		（投标人提供）
		最低		（投标人提供）
		报警压力		（投标人提供）
	驱潮/加热器	电压	V	AC 220
		运行方式		常投/温湿自动投切
		每相功率（驱潮/加热）	W	（投标人提供）/（投标人提供）

表 1（续）

<table>
<tr><th>序号</th><th colspan="2">名　　称</th><th>单位</th><th>标准参数值</th></tr>
<tr><td rowspan="8">28</td><td rowspan="2">备用辅助触点</td><td>数量</td><td>对</td><td>10 常开触点，10 常闭触点（引出到相应汇控柜端子排）</td></tr>
<tr><td>开断能力</td><td></td><td>DC 220 V、2.5A 或
DC 110 V、5A</td></tr>
<tr><td colspan="2">检修周期</td><td>年</td><td>≥20</td></tr>
<tr><td rowspan="3">液压机构</td><td>油泵不启动时闭锁压力下允许的操作次数</td><td>次</td><td>O−0.3s−CO 或 CO−180s−CO</td></tr>
<tr><td>24h 打压次数</td><td>次</td><td>≤2</td></tr>
<tr><td>油中最大允许水分含量</td><td>μL/L</td><td>（投标人提供）</td></tr>
<tr><td>弹簧机构</td><td>储能时间</td><td>s</td><td>≤20</td></tr>
<tr><td rowspan="4">29</td><td rowspan="4">断路器的质量</td><td>断路器包括辅助设备的总质量</td><td>kg</td><td>（投标人提供）</td></tr>
<tr><td>每相操动机构的质量</td><td>kg</td><td>（投标人提供）</td></tr>
<tr><td>每相 SF_6 气体质量</td><td>kg</td><td>（投标人提供）</td></tr>
<tr><td>运输总质量</td><td>kg</td><td>（投标人提供）</td></tr>
<tr><td>30</td><td colspan="2">运输高度</td><td>m</td><td>（投标人提供）</td></tr>
<tr><td>31</td><td colspan="2">起吊高度</td><td>m</td><td>（投标人提供）</td></tr>
<tr><td>三</td><td colspan="4">隔离开关参数</td></tr>
<tr><td>1</td><td colspan="2">型式/型号</td><td></td><td>（投标人提供）</td></tr>
<tr><td rowspan="3">2</td><td rowspan="3">额定电流</td><td>出线</td><td>A</td><td>3150</td></tr>
<tr><td>进线</td><td>A</td><td>3150</td></tr>
<tr><td>分段、母联</td><td>A</td><td>3150/4000</td></tr>
<tr><td>3</td><td colspan="2">主回路电阻</td><td>μΩ</td><td>（投标人提供）</td></tr>
<tr><td>4</td><td colspan="2">温升试验电流</td><td>A</td><td>$1.1I_N$</td></tr>
<tr><td rowspan="4">5</td><td rowspan="2">额定工频 1min 耐受电压</td><td>断口</td><td rowspan="2">kV</td><td>460+145</td></tr>
<tr><td>对地</td><td>460</td></tr>
<tr><td rowspan="2">额定雷电冲击耐受电压峰值（1.2/50μs）</td><td>断口</td><td rowspan="2">kV</td><td>1050+200</td></tr>
<tr><td>对地</td><td>1050</td></tr>
<tr><td>6</td><td colspan="2">额定短时耐受电流及持续时间</td><td>kA/s</td><td>50/3</td></tr>
<tr><td>7</td><td colspan="2">额定峰值耐受电流</td><td>kA</td><td>125</td></tr>
<tr><td rowspan="2">8</td><td rowspan="2">分、合闸时间</td><td>分闸时间</td><td rowspan="2">ms</td><td>（投标人提供）</td></tr>
<tr><td>合闸时间</td><td>（投标人提供）</td></tr>
<tr><td rowspan="2">9</td><td rowspan="2">分、合闸速度</td><td>刚分速度</td><td rowspan="2">m/s</td><td>（投标人提供）</td></tr>
<tr><td>刚合速度</td><td>（投标人提供）</td></tr>
<tr><td>10</td><td colspan="2">机械寿命</td><td>次</td><td>≥3000</td></tr>
</table>

表 1（续）

<table>
<tr><th>序号</th><th colspan="3">名　称</th><th>单位</th><th>标准参数值</th></tr>
<tr><td>11</td><td colspan="3">开合小电容电流值</td><td>A</td><td>1</td></tr>
<tr><td>12</td><td colspan="3">开合小电感电流值</td><td>A</td><td>0.5</td></tr>
<tr><td rowspan="3">13</td><td colspan="2" rowspan="3">开合母线转换电流能力</td><td>转换电流</td><td>A</td><td>1600</td></tr>
<tr><td>转换电压</td><td>V</td><td>100</td></tr>
<tr><td>开断次数</td><td>次</td><td>100</td></tr>
<tr><td rowspan="7">14</td><td colspan="2" rowspan="5">操动机构</td><td>型式或型号</td><td></td><td>电动并可手动</td></tr>
<tr><td>电动机电压</td><td>V</td><td>AC 380/220</td></tr>
<tr><td>控制电压</td><td>V</td><td>AC110/AC220</td></tr>
<tr><td>允许电压变化范围</td><td></td><td>85%～110%</td></tr>
<tr><td>操作方式</td><td></td><td>三相机械联动/分相操作</td></tr>
<tr><td colspan="2" rowspan="2">备用辅助触点</td><td>数量</td><td>对</td><td>10 常开触点，10 常闭触点（引出到相应汇控柜端子排）</td></tr>
<tr><td>开断能力</td><td></td><td>DC 220 V、2.5A 或
DC 110 V、5A</td></tr>
<tr><td>四</td><td colspan="5">快速接地开关参数</td></tr>
<tr><td>1</td><td colspan="3">额定短时耐受电流及持续时间</td><td>kA/s</td><td>50/3</td></tr>
<tr><td>2</td><td colspan="3">额定峰值耐受电流</td><td>kA</td><td>125</td></tr>
<tr><td>3</td><td colspan="3">额定短路关合电流</td><td>kA</td><td>125</td></tr>
<tr><td>4</td><td colspan="3">额定短路电流关合次数</td><td>次</td><td>≥2</td></tr>
<tr><td rowspan="2">5</td><td colspan="2" rowspan="2">分、合闸时间</td><td>分闸时间</td><td rowspan="2">ms</td><td>（投标人提供）</td></tr>
<tr><td>合闸时间</td><td>（投标人提供）</td></tr>
<tr><td rowspan="2">6</td><td colspan="2" rowspan="2">分、合闸速度</td><td>刚分速度</td><td rowspan="2">m/s</td><td>（投标人提供）</td></tr>
<tr><td>刚合速度</td><td>（投标人提供）</td></tr>
<tr><td>7</td><td colspan="3">机械寿命</td><td>次</td><td>≥3000</td></tr>
<tr><td rowspan="6">8</td><td rowspan="6">开合感应电流能力（A 类/B 类）</td><td rowspan="3">电磁感应</td><td>感性电流</td><td>A</td><td>80/160</td></tr>
<tr><td>开断次数</td><td>次</td><td>10</td></tr>
<tr><td>感应电压</td><td>kV</td><td>1.4/15</td></tr>
<tr><td rowspan="3">静电感应</td><td>容性电流</td><td>A</td><td>1.25/10</td></tr>
<tr><td>开断次数</td><td>次</td><td>10</td></tr>
<tr><td>感应电压</td><td>kV</td><td>5/15</td></tr>
<tr><td rowspan="4">9</td><td colspan="2" rowspan="4">操动机构</td><td>型式或型号</td><td></td><td>电动弹簧并可手动</td></tr>
<tr><td>电动机电压</td><td>V</td><td>AC 380/220</td></tr>
<tr><td>控制电压</td><td>V</td><td>AC 220</td></tr>
<tr><td>允许电压变化范围</td><td></td><td>85%～110%</td></tr>
</table>

表 1（续）

序号	名　　称		单位	标准参数值
9	备用辅助触点	数量	对	8 常开触点，8 常闭触点（引出到相应汇控柜端子排）
		开断能力		DC 220 V、2.5A 或 DC 110 V、5A
五	检修接地开关参数			
1	额定短时耐受电流及持续时间		kA/s	50/3
2	额定峰值耐受电流		kA	125
3	机械寿命		次	≥3000
4	操动机构	型式或型号		电动并可手动
		电动机电压	V	AC 380/220
		控制电压	V	AC 220
		允许电压变化范围		85%～110%
	备用辅助触点	数量	对	8 常开触点，8 常闭触点
		开断能力		DC 220 V、2.5A 或 DC 110 V、5A
六	电流互感器参数			
1	型式或型号			电磁式
2	布置型式			制造厂提供
3	额定电流比			根据实际工程选择，0.2/0.2S 次级要求带中间抽头
4	准确级组合及额定容量			（1）500kV 变电站 电流互感器： 主变：TPY/TPY/0.2S－断口－5P/5P/0.2S15VA/15VA/15VA－断口－15VA/15VA/5VA； 出线、母联：数字量采样时，5P/5P/0.2S/0.2S15VA/15VA/15VA/5VA； 模拟量采样时，5P/5P/0.2S－断口－0.2S/5P/5P15VA/15VA/15VA－断口－5VA/15VA/15VA； 分段：数字量采样时，5P/5P/0.2S/0.2S15VA/15VA/15VA/5VA； 模拟量采样时，5P/5P/5P/0.2－断口－5P/5P/5P15VA/15VA/15VA/15VA－断口－15VA/15VA/15VA （2）220kV 变电站 电流互感器： 主变压器、出线、分段、母联：5P/5P/0.2S/0.2S15VA/15VA/15VA/5VA
七	套管参数			
1	伞裙型式			大小伞

表 1（续）

<table>
<tr><th>序号</th><th colspan="2">名　　称</th><th>单位</th><th>标准参数值</th></tr>
<tr><td>2</td><td colspan="2">材质</td><td></td><td>瓷、复合绝缘</td></tr>
<tr><td rowspan="3">3</td><td rowspan="3">额定电流</td><td>出线</td><td>A</td><td>3150</td></tr>
<tr><td>进线</td><td>A</td><td>3150</td></tr>
<tr><td>分段、母联</td><td>A</td><td>3150/4000</td></tr>
<tr><td>4</td><td colspan="2">额定短时耐受电流及持续时间</td><td>kA/s</td><td>50/3</td></tr>
<tr><td>5</td><td colspan="2">额定峰值耐受电流</td><td>kA</td><td>125</td></tr>
<tr><td>6</td><td colspan="2">额定工频 1min 耐受电压（相对地）</td><td>kV</td><td>460</td></tr>
<tr><td>7</td><td colspan="2">额定雷电冲击耐受电压峰值（1.2/50μs）（相对地）</td><td>kV</td><td>1050</td></tr>
<tr><td>8</td><td colspan="2">爬电距离</td><td>mm</td><td>7812k_{ad}（当平均直径 D_a＜300mm 时，$k_{ad}=1.0$；当平均直径 D_a≥300mm 时，$k_{ad}=0.000\,5D_a+0.85$）</td></tr>
<tr><td>9</td><td colspan="2">干弧距离</td><td>mm</td><td>≥1800</td></tr>
<tr><td>10</td><td colspan="2">S/P</td><td></td><td>≥0.9</td></tr>
<tr><td rowspan="4">11</td><td rowspan="4">端子静负载</td><td>水平纵向</td><td rowspan="3">N</td><td>1500</td></tr>
<tr><td>水平横向</td><td>1000</td></tr>
<tr><td>垂直</td><td>1250</td></tr>
<tr><td>安全系数</td><td></td><td>静态 2.75，动态 1.7</td></tr>
<tr><td>12</td><td colspan="2">套管顶部金属带电部分的相间最小净距</td><td>mm</td><td>≥2000</td></tr>
<tr><td>八</td><td colspan="4">环氧浇注绝缘子参数</td></tr>
<tr><td>1</td><td colspan="2">安全系数</td><td></td><td>大于 3 倍设计压力</td></tr>
<tr><td>2</td><td colspan="2">2 倍额定相电压下泄漏电流</td><td>μA</td><td>50</td></tr>
<tr><td>3</td><td colspan="2">1.1 倍额定相电压下最大场强</td><td>kV/mm</td><td>≤1.5</td></tr>
<tr><td>九</td><td colspan="4">外壳参数</td></tr>
<tr><td>1</td><td colspan="2">材质</td><td></td><td>钢、铸铝、铝合金</td></tr>
<tr><td>2</td><td colspan="2">外壳破坏压力</td><td></td><td>铸铝和铝合金：5 倍的设计压力；焊接铝外壳和钢外壳：3 倍的设计压力</td></tr>
<tr><td rowspan="4">3</td><td rowspan="4">温升</td><td>试验电流</td><td>A</td><td>1.1I_N</td></tr>
<tr><td>可以接触部位</td><td>K</td><td>≤30</td></tr>
<tr><td>可能接触部位</td><td>K</td><td>≤40</td></tr>
<tr><td>不可接触部位</td><td>K</td><td>≤65</td></tr>
<tr><td rowspan="2">4</td><td rowspan="2">外壳耐烧穿的能力</td><td>电流</td><td>kA</td><td>50</td></tr>
<tr><td>时间</td><td>s</td><td>0.1</td></tr>
<tr><td>5</td><td colspan="2">防爆膜的设置</td><td></td><td>（投标人提供）</td></tr>
</table>

表 1（续）

序号	名　　称	单位	标准参数值
6	感应电压		正常运行条件≤24V，故障条件≤100V
十	SF_6气体参数		
1	湿度	μg/g	≤8
2	纯度	%	≥99.9

注：本表适用于海拔 1000m 及以下地区户外正常使用条件，高海拔地区所用设备按照实际污区分布进行设备选型，并按照 Q/GDW 13001—2014《高海拔外绝缘配置技术规范》要求进行海拔修正，其他特殊适用条件根据工程实际情况进行修改。

5　组件材料配置表

组件材料配置表包括元件名称、规格形式参数、单位、数量和产地等信息，具体内容和格式根据招标项目情况进行编制。

6　使用环境条件表

252kV/3150A～50kA 复合式气体绝缘金属封闭开关设备使用环境条件见表 2。特殊环境要求根据项目情况进行编制。

表 2　使 用 环 境 条 件 表

序号	名　　称		单位	标准参数值	项目需求值
1	周围空气温度	最高气温	℃	+40	
		最低气温		−25	
		最大日温差	K	25	
2	海拔		m	≤1000	
3	太阳辐射强度		W/cm^2	0.1	
4	污秽等级			e 级	
5	覆冰厚度		mm	10	
6	风速/风压		m/s /Pa	34/700	
7	湿度	日相对湿度平均值	%	≤95	
		月相对湿度平均值		≤90	
8	耐受地震能力（水平加速度）		m/s^2	2	
9	由于主回路中的开合操作在辅助和控制回路上所感应的共模电压的幅值		kV	≤1.6	
10	系统中性点接地方式		直接接地		
11	安装地点		户内/户外		

7　需提供的工程图纸

需提供的工程图纸有电气主接线图、设备平面布置图、断面布置图和 SF_6 系统图。

ICS 29.240

Q/GDW

国家电网有限公司企业标准

Q/GDW 13097.14 — 2018
代替 Q/GDW 13097.14 — 2014

126kV～550kV 气体绝缘金属封闭开关设备采购标准 第 14 部分：252kV/4000A～50kA 复合式气体绝缘金属封闭开关设备专用技术规范

**Purchasing standard of 126kV～550kV gas insulate metal-enclosed switchgear
Part 14: special technical specification of 252kV/4000A～50kA hybrid
gas insulate metal-enclosed switchgear (HGIS)**

2019-06-28发布 2019-06-28实施

国家电网有限公司 发 布

目　次

前　言

为规范 126kV～550kV 气体绝缘金属封闭开关设备的采购，制定本部分《126kV～550kV 气体绝缘金属封闭开关设备采购标准》分为 20 个部分：

——第 1 部分：通用技术规范；

——第 2 部分：126kV/2000A～40kA 气体绝缘金属封闭开关设备专用技术规范；

——第 3 部分：126kV/3150A～40kA 气体绝缘金属封闭开关设备专用技术规范；

——第 4 部分：252kV/3150A～50kA 气体绝缘金属封闭开关设备专用技术规范；

——第 5 部分：252kV/4000A～50kA 气体绝缘金属封闭开关设备专用技术规范；

——第 6 部分：363kV/3150A～50kA 气体绝缘金属封闭开关设备专用技术规范；

——第 7 部分：363kV/4000A～50kA 气体绝缘金属封闭开关设备专用技术规范；

——第 8 部分：363kV/5000A～63kA 气体绝缘金属封闭开关设备专用技术规范；

——第 9 部分：550kV/4000A～63kA 气体绝缘金属封闭开关设备专用技术规范；

——第 10 部分：550kV/5000A～63kA 气体绝缘金属封闭开关设备专用技术规范；

——第 11 部分：126kV/2000A～40kA 复合式气体绝缘金属封闭开关设备专用技术规范；

——第 12 部分：126kV/3150A～40kA 复合式气体绝缘金属封闭开关设备专用技术规范；

——第 13 部分：252kV/3150A～50kA 复合式气体绝缘金属封闭开关设备专用技术规范；

——第 14 部分：252kV/4000A～50kA 复合式气体绝缘金属封闭开关设备专用技术规范；

——第 15 部分：363kV/3150A～50kA 复合式气体绝缘金属封闭开关设备专用技术规范；

——第 16 部分：363kV/4000A～50kA 复合式气体绝缘金属封闭开关设备专用技术规范；

——第 17 部分：550kV/4000A～63kA 复合式气体绝缘金属封闭开关设备专用技术规范；

——第 18 部分：550kV/5000A～63kA 复合式气体绝缘金属封闭开关设备专用技术规范；

——第 19 部分：252kV/5000A～50kA 气体绝缘金属封闭开关设备专用技术规范；

——第 20 部分：363kV/5000A～63kA 复合式气体绝缘金属封闭开关设备专用技术规范。

本部分为《126kV～550kV 气体绝缘金属封闭开关设备采购标准》的第 14 部分。

本部分代替 Q/GDW 13097.14—2014，与 Q/GDW 13097.14—2014 相比，主要技术性差异如下：

——增加了零起打压时间和补压时间参数。

——修改了对外壳耐烧穿能力、操动机构型式、备用辅助触点、爬电距离、干弧距离、伸缩节使用寿命、污秽等级和工程图纸等的要求。

本部分由国家电网有限公司物资部提出并解释。

本部分由国家电网有限公司科技部归口。

本部分起草单位：国网浙江省电力有限公司、中国电力科学研究院有限公司、国网江苏省电力有限公司。

本部分主要起草人：徐华、王绍安、和彦淼、颜湘莲、徐晓东、周彪、陈孝信、王婷婷。

本部分 2014 年 9 月首次发布，2018 年 12 月第一次修订。

本部分在执行过程中的意见或建议反馈至国家电网有限公司科技部。

126kV～550kV 气体绝缘金属封闭开关设备采购标准 第 14 部分：252kV/4000A～50kA 复合式气体绝缘金属封闭开关设备专用技术规范

1 范围

本部分规定了 252kV/4000A～50kA 复合式气体绝缘金属封闭开关设备招标的标准技术参数、项目需求及投标人响应的相关内容。

本部分适用于 252kV/4000A～50kA 复合式气体绝缘金属封闭开关设备招标。

2 规范性引用文件

下列文件对于本文件的应用是必不可少的。凡是注日期的引用文件，仅注日期的版本适用于本文件。凡是不注日期的引用文件，其最新版本（包括所有的修改单）适用于本文件。

Q/GDW 13097.1　126kV～550kV 气体绝缘金属封闭开关设备采购标准　第 1 部分：通用技术规范

Q/GDW 13001—2014　高海拔外绝缘配置技术规范

3 术语和定义

下列术语和定义适用于本文件。

3.1

招标人　bidder

依照《中华人民共和国招标投标法》的规定，提出招标项目，进行招标的法人或其他组织。

3.2

投标人　tenderer

响应招标、参加投标竞争的法人或者其他组织。

3.3

卖方（供方）　seller（supplier）

提供本部分货物和技术服务的法人或其他组织，包括其法定的承继者。

3.4

买方（需方）　buyer（purchaser）

购买本部分货物和技术服务的法人或其他组织，包括其法定的承继者和经许可的受让人。

4 标准技术参数

技术参数特性表是国家电网有限公司对采购设备的基础技术参数要求，在招投标过程中，投标人应依据招标文件，对技术参数特性表中标准参数值进行响应。252kV/4000A～50kA 复合式气体绝缘金属封闭开关设备技术参数特性见表 1。物资应满足 Q/GDW 13097.1 的要求。

表 1　技术参数特性表

<table>
<tr><th>序号</th><th colspan="3">名　称</th><th>单位</th><th>标准参数值</th></tr>
<tr><td>一</td><td colspan="5">HGIS 共用参数</td></tr>
<tr><td>1</td><td colspan="3">额定电压</td><td>kV</td><td>252</td></tr>
<tr><td>2</td><td colspan="3">额定电流</td><td>A</td><td>4000</td></tr>
<tr><td>3</td><td colspan="3">额定工频 1min 耐受电压（相对地）</td><td>kV</td><td>460</td></tr>
<tr><td>4</td><td colspan="3">额定雷电冲击耐受电压峰值（1.2/50μs）（相对地）</td><td>kV</td><td>1050</td></tr>
<tr><td>5</td><td colspan="3">额定短路开断电流</td><td>kA</td><td>50</td></tr>
<tr><td>6</td><td colspan="3">额定短路关合电流</td><td>kA</td><td>125</td></tr>
<tr><td>7</td><td colspan="3">额定短时耐受电流及持续时间</td><td>kA/s</td><td>50/3</td></tr>
<tr><td>8</td><td colspan="3">额定峰值耐受电流</td><td>kA</td><td>125</td></tr>
<tr><td>9</td><td colspan="3">辅助和控制回路短时工频耐受电压</td><td>kV</td><td>2</td></tr>
<tr><td>10</td><td colspan="3">无线电干扰电压</td><td>μV</td><td>≤500</td></tr>
<tr><td>11</td><td colspan="3">噪声水平</td><td>dB</td><td>≤110</td></tr>
<tr><td rowspan="2">12</td><td colspan="2" rowspan="2">SF_6 气体压力
（20℃，表压）</td><td>断路器室</td><td rowspan="2">MPa</td><td>（投标人提供）</td></tr>
<tr><td>其他隔室</td><td>（投标人提供）</td></tr>
<tr><td>13</td><td colspan="3">每个隔室 SF_6 气体漏气率</td><td>%/年</td><td>≤0.5</td></tr>
<tr><td rowspan="4">14</td><td rowspan="4">SF_6 气体湿度</td><td rowspan="2">有电弧分解物隔室</td><td>交接验收值</td><td rowspan="4">μL/L</td><td>≤150</td></tr>
<tr><td>长期运行允许值</td><td>≤300</td></tr>
<tr><td rowspan="2">无电弧分解物隔室</td><td>交接验收值</td><td>≤250</td></tr>
<tr><td>长期运行允许值</td><td>≤500</td></tr>
<tr><td rowspan="5">15</td><td colspan="2" rowspan="5">局部放电</td><td>试验电压</td><td>kV</td><td>$1.1\times252/\sqrt{3}$</td></tr>
<tr><td>每个间隔</td><td rowspan="4">pC</td><td>≤5</td></tr>
<tr><td>每单个绝缘件</td><td>≤3</td></tr>
<tr><td>套管</td><td>≤5</td></tr>
<tr><td>电流互感器</td><td>≤5</td></tr>
<tr><td rowspan="2">16</td><td colspan="2" rowspan="2">供电电源</td><td>控制回路</td><td>V</td><td>DC110/DC220/AC220</td></tr>
<tr><td>辅助回路</td><td>V</td><td>AC220/AC380</td></tr>
<tr><td>17</td><td colspan="3">使用寿命</td><td>年</td><td>≥40</td></tr>
<tr><td>18</td><td colspan="3">检修周期</td><td>年</td><td>≥20</td></tr>
</table>

表1（续）

序号	名称		单位	标准参数值
19	设备质量	SF_6气体质量	kg	（投标人提供）
		总质量	kg	（投标人提供）
		最大运输质量	kg	（投标人提供）
		动荷载向下	kg	（投标人提供）
		动荷载向上	kg	（投标人提供）
20	设备尺寸	设备的整体尺寸	m	（投标人提供）
		设备的最大运输尺寸	m	（投标人提供）
		间隔尺寸（相邻间隔最小中心距）	m	（项目单位提供）
21	外形尺寸	总长度	m	（项目单位提供）
		总高度	m	（项目单位提供）
22	每间隔隔室数量		个/相	（投标人提供）
二	断路器参数			
1	型号			（投标人提供）
2	布置型式（立式或卧式）			（投标人提供）
3	断口数			1
4	额定电流	出线	A	4000
		进线		4000
		分段、母联		4000
5	主回路电阻		μΩ	（投标人提供）
6	温升试验电流		A	$1.1I_N$
7	额定工频1min耐受电压	断口	kV	460+145
		对地		460
	额定雷电冲击耐受电压峰值（1.2/50μs）	断口	kV	1050+200
		对地		1050
8	额定短路开断电流	交流分量有效值	kA	50
		时间常数	ms	45
		开断次数	次	20
		首相开断系数		1.3
9	额定短路关合电流		kA	125
10	额定短时耐受电流及持续时间		kA/s	50/3
11	额定峰值耐受电流		kA	125
12	开断时间		ms	≤50

表1（续）

序号	名　　称		单位	标准参数值
13	合分时间		ms	≤60
14	分闸时间		ms	≤30
15	合闸时间		ms	≤100
16	重合闸无电流间隙时间		ms	300
17	分、合闸速度	刚分速度	m/s	（投标人提供）
		刚合速度		（投标人提供）
18	分闸不同期性		ms	3
19	合闸不同期性		ms	5
20	机械寿命		次	≥5000
21	额定操作顺序			O–0.3s–CO–180s–CO
22	现场开合空载变压器能力	空载变压器容量	MVA	120/150/180/240
		空载励磁电流	A	0.5～15
		试验电压	kV	252
		操作顺序		10×O 和 10×（CO）
23	现场开合空载线路充电电流试验	试验电流	A	由实际线路长度决定
		试验电压	kV	三相 252，单相 $252/\sqrt{3}$
		试验条件		线路原则上不得带有泄压设备，如电抗器、避雷器、电磁式电压互感器等，在直流分量较大的情况下应增加带电抗器的试验
		操作顺序		10×（O–0.3s–CO）
24	容性电流开合试验（试验室）	试验电流	A	线路：125，电缆：250
		试验电压	kV	$1.2\times252/\sqrt{3}$
		C1 级：LC1 和 CC1：24×O，LC2 和 CC2：24×CO；C2 级：LC1 和 CC1：48×O，LC2 和 CC2：24×O 和 24×CO		C1 级/C2 级
25	近区故障条件下的开合能力	L90	kA	45
		L75	kA	37.5
		L60	kA	30（L75 的最小燃弧时间大于 L90 的最小燃弧时间 5ms 时）
		操作顺序		O–0.3s–CO–180s–CO

表 1（续）

序号	名　称		单位	标准参数值
26	失步关合和开断能力	开断电流	kA	12.5
		试验电压	kV	$2.0\times252/\sqrt{3}$
		操作顺序		方式 1：O–O–O 方式 2：CO–O–O
27	SF_6 气体压力 （表压，20℃）	额定	MPa	（投标人提供）
		报警		（投标人提供）
		最低		（投标人提供）
		闭锁		（投标人提供）
28	操动机构型式或型号			液压（含液压弹簧）、弹簧
	零起打压时间		（min）	（投标人提供）
	补压时间		（s）	（投标人提供）
	操作方式			三相机械联动（主变、分段、母联）； 分相操作（线路）
	电动机电压		V	AC 380/220
	合闸操作电源	额定操作电压	V	DC 220/110
		操作电压允许范围		85%～110%，30% 以下不得动作
		每相线圈数量	只	1
		每只线圈涌流	A	（投标人提供）
		每只线圈稳态电流	A	DC 220 V、2.5A 或 DC 110 V、5A
	分闸操作电源	额定操作电压	V	DC 220/110
		操作电压允许范围		65%～110%，30% 以下不得动作
		每相线圈数量	只	2
		每只线圈涌电流	A	（投标人提供）
		每只线圈稳态电流	A	DC 220V、2.5A 或 DC 110V、5A
	操动机构工作压力	最高	MPa	（投标人提供）
		额定		（投标人提供）
		最低		（投标人提供）
		报警压力		（投标人提供）
	驱潮/加热器	电压	V	AC 220
		运行方式		常投/温湿自动投切
		每相功率（驱潮/加热）	W	（投标人提供）/（投标人提供）

表 1（续）

序号	名称		单位	标准参数值
28	备用辅助触点	数量	对	10 常开，10 常闭（引出到相应汇控柜端子排）
		开断能力		DC 220 V、2.5A 或 DC 110 V、5A
	检修周期		年	≥20
	液压机构	油泵不启动时闭锁压力下允许的操作次数	次	O－0.3s－CO 或 CO－180s－CO
		24h 打压次数	次	≤2
		油中最大允许水分含量	μL/L	（投标人提供）
	弹簧机构	储能时间	s	≤20
29	断路器的质量	断路器包括辅助设备的总质量	kg	（投标人提供）
		每相操动机构的质量	kg	（投标人提供）
		每相 SF_6 气体质量	kg	（投标人提供）
		运输总质量	kg	（投标人提供）
30	运输高度		m	（投标人提供）
31	起吊高度		m	（投标人提供）
三	隔离开关参数			
1	型式/型号			（投标人提供）
2	额定电流	出线	A	4000
		进线	A	4000
		分段、母联	A	4000
3	主回路电阻		μΩ	（投标人提供）
4	温升试验电流		A	$1.1I_N$
5	额定工频 1min 耐受电压	断口	kV	460＋145
		对地		460
	额定雷电冲击耐受电压峰值（1.2/50μs）	断口	kV	1050＋200
		对地		1050
6	额定短时耐受电流及持续时间		kA/s	50/3
7	额定峰值耐受电流		kA	125
8	分、合闸时间	分闸时间	ms	（投标人提供）
		合闸时间		（投标人提供）
9	分、合闸速度	刚分速度	m/s	（投标人提供）
		刚合速度		（投标人提供）
10	机械寿命		次	≥3000

表 1（续）

<table>
<tr><th>序号</th><th colspan="3">名　　称</th><th>单位</th><th>标准参数值</th></tr>
<tr><td>11</td><td colspan="3">开合小电容电流值</td><td>A</td><td>1</td></tr>
<tr><td>12</td><td colspan="3">开合小电感电流值</td><td>A</td><td>0.5</td></tr>
<tr><td rowspan="3">13</td><td colspan="2" rowspan="3">开合母线转换电流能力</td><td>转换电流</td><td>A</td><td>1600</td></tr>
<tr><td>转换电压</td><td>V</td><td>300</td></tr>
<tr><td>开断次数</td><td>次</td><td>100</td></tr>
<tr><td rowspan="7">14</td><td colspan="2" rowspan="5">操动机构</td><td>型式或型号</td><td></td><td>电动并可手动</td></tr>
<tr><td>电动机电压</td><td>V</td><td>AC 380/220</td></tr>
<tr><td>控制电压</td><td>V</td><td>AC110/AC220</td></tr>
<tr><td>允许电压变化范围</td><td></td><td>85%～110%</td></tr>
<tr><td>操作方式</td><td></td><td>三相机械联动/分相操作</td></tr>
<tr><td colspan="2" rowspan="2">备用辅助触点</td><td>数量</td><td>对</td><td>10 常开触点，10 常闭触点（引出到相应汇控柜端子排）</td></tr>
<tr><td>开断能力</td><td></td><td>DC 220 V、2.5A 或
DC 110 V、5A</td></tr>
<tr><td>四</td><td colspan="5">快速接地开关参数</td></tr>
<tr><td>1</td><td colspan="3">额定短时耐受电流及持续时间</td><td>kA/s</td><td>50/3</td></tr>
<tr><td>2</td><td colspan="3">额定峰值耐受电流</td><td>kA</td><td>125</td></tr>
<tr><td>3</td><td colspan="3">额定短路关合电流</td><td>kA</td><td>125</td></tr>
<tr><td>4</td><td colspan="3">额定短路电流关合次数</td><td>次</td><td>≥2</td></tr>
<tr><td rowspan="2">5</td><td colspan="2" rowspan="2">分、合闸时间</td><td>分闸时间</td><td rowspan="2">ms</td><td>（投标人提供）</td></tr>
<tr><td>合闸时间</td><td>（投标人提供）</td></tr>
<tr><td rowspan="2">6</td><td colspan="2" rowspan="2">分、合闸速度</td><td>刚分速度</td><td rowspan="2">m/s</td><td>（投标人提供）</td></tr>
<tr><td>刚合速度</td><td>（投标人提供）</td></tr>
<tr><td>7</td><td colspan="3">机械寿命</td><td>次</td><td>≥3000</td></tr>
<tr><td rowspan="6">8</td><td rowspan="6">开合感应电流能力（A 类/B 类）</td><td rowspan="3">电磁感应</td><td>感性电流</td><td>A</td><td>80/160</td></tr>
<tr><td>开断次数</td><td>次</td><td>10</td></tr>
<tr><td>感应电压</td><td>kV</td><td>1.4/15</td></tr>
<tr><td rowspan="3">静电感应</td><td>容性电流</td><td>A</td><td>1.25/10</td></tr>
<tr><td>开断次数</td><td>次</td><td>10</td></tr>
<tr><td>感应电压</td><td>kV</td><td>5/15</td></tr>
<tr><td rowspan="4">9</td><td colspan="2" rowspan="4">操动机构</td><td>型式或型号</td><td></td><td>电动弹簧并可手动</td></tr>
<tr><td>电动机电压</td><td>V</td><td>AC 380/220</td></tr>
<tr><td>控制电压</td><td>V</td><td>AC 220</td></tr>
<tr><td>允许电压变化范围</td><td></td><td>85%～110%</td></tr>
</table>

表 1（续）

序号	名　　称		单位	标准参数值
9	备用辅助触点	数量	对	8 常开触点，8 常闭触点（引出到相应汇控柜端子排）
		开断能力		DC 220 V、2.5A 或 DC 110 V、5A
五	检修接地开关参数			
1	额定短时耐受电流及持续时间		kA/s	50/3
2	额定峰值耐受电流		kA	125
3	机械寿命		次	≥3000
4	操动机构	型式或型号		电动并可手动
		电动机电压	V	AC 380/220
		控制电压	V	AC 220
		允许电压变化范围		85%～110%
	备用辅助触点	数量	对	8 常开，8 常闭
		开断能力		DC 220 V、2.5A 或 DC 110 V、5A
六	电流互感器参数			
1	型式或型号			电磁式
2	布置型式			制造厂提供
3	额定电流比			根据实际工程选择，0.2/0.2S 次级要求带中间抽头
4	准确级组合及额定容量			（1）500kV 变电站 电流互感器： 主变：TPY/TPY/0.2S－断口－5P/5P/0.2S15VA/15VA/15VA－断口－15VA/15VA/5VA； 出线、母联：数字量采样时，5P/5P/0.2S/0.2S15VA/15VA/15VA/5VA； 模拟量采样时，5P/5P/0.2S－断口－0.2S/5P/5P15VA/15VA/15VA－断口－5VA/15VA/15VA； 分段：数字量采样时，5P/5P/0.2S/0.2S15VA/15VA/15VA/5VA； 模拟量采样时，5P/5P/5P/0.2－断口－5P/5P/5P15VA/15VA/15VA/15VA－断口－15VA/15VA/15VA （2）220kV 变电站 电流互感器： 主变压器、出线、分段、母联：5P/5P/0.2S/0.2S15VA/15VA/15VA/5VA

表 1（续）

序号	名　称		单位	标准参数值
七	套管参数			
1	伞裙型式			大小伞
2	材质			瓷、复合绝缘
3	额定电流		A	4000
4	额定短时耐受电流及持续时间		kA/s	50/3
5	额定峰值耐受电流		kA	125
6	额定工频 1min 耐受电压（相对地）		kV	460
7	额定雷电冲击耐受电压峰值（1.2/50μs）（相对地）		kV	1050
8	爬电距离		mm	$7812k_{ad}$（当平均直径 D_a＜300mm 时，$k_{ad}=1.0$；当平均直径 D_a≥300mm 时，$k_{ad}=0.000\,5D_a+0.85$）
9	干弧距离		mm	≥1800
10	S/P			≥0.9
11	端子静负载	水平纵向	N	1500
		水平横向	N	1000
		垂直	N	1250
		安全系数		静态 2.75，动态 1.7
12	套管顶部金属带电部分的相间最小净距		mm	≥2000
八	环氧浇注绝缘子参数			
1	安全系数			大于 3 倍设计压力
2	2 倍额定相电压下泄漏电流		μA	50
3	1.1 倍额定相电压下最大场强		kV/mm	≤1.5
九	外壳参数			
1	材质			钢、铸铝、铝合金
2	外壳破坏压力			铸铝和铝合金：5 倍的设计压力，焊接铝外壳和钢外壳：3 倍的设计压力
3	温升	试验电流	A	$1.1I_N$
		可以接触部位	K	≤30
		可能接触部位	K	≤40
		不可接触部位	K	≤65
4	外壳耐烧穿的能力	电流	kA	50
		时间	s	0.1
5	防爆膜的设置			（投标人提供）

表 1（续）

序号	名　　称	单位	标准参数值
6	感应电压		正常运行条件≤24V，故障条件≤100V
十	SF_6气体参数		
1	湿度	μg/g	≤8
2	纯度	%	≥99.9

注：本表适用于海拔 1000m 及以下地区户外正常使用条件，高海拔地区所用设备按照实际污区分布进行设备选型，并按照 Q/GDW 13001—2014《高海拔外绝缘配置技术规范》要求进行海拔修正，其他特殊适用条件根据工程实际情况进行修改。

5 组件材料配置表

组件材料配置表包括元件名称、规格形式参数、单位、数量和产地等信息，具体内容和格式根据招标项目情况进行编制。

6 使用环境条件表

252kV/4000A～50kA 复合式气体绝缘金属封闭开关设备使用环境条件见表 2。特殊环境要求根据项目情况进行编制。

表 2 使用环境条件表

序号	名　　称		单位	标准参数值	项目需求值
1	周围空气温度	最高气温	℃	+40	
		最低气温		−25	
		最大日温差	K	25	
2	海拔		m	≤1000	
3	太阳辐射强度		W/cm^2	0.1	
4	污秽等级			e 级	
5	覆冰厚度		mm	10	
6	风速/风压		m/s /Pa	34/700	
7	湿度	日相对湿度平均值	%	≤95	
		月相对湿度平均值		≤90	
8	耐受地震能力（水平加速度）		m/s^2	2	
9	由于主回路中的开合操作在辅助和控制回路上所感应的共模电压的幅值		kV	≤1.6	
10	系统中性点接地方式		直接接地		
11	安装地点		户内/户外		

7 需提供的工程图纸

需提供的工程图纸有电气主接线图、设备平面布置图、断面布置图和 SF_6 系统图。

ICS 29.240

Q/GDW

国家电网有限公司企业标准

Q/GDW 13097.15 — 2018
代替 Q/GDW 13097.15 — 2014

126kV～550kV 气体绝缘金属封闭开关设备采购标准 第 15 部分：363kV/3150A～50kA 复合式气体绝缘金属封闭开关设备专用技术规范

Purchasing standard of 126kV～550kV gas insulate metal-enclosed switchgear Part 15: special technical specification of 363kV/3150A～50kA hybrid gas insulate metal-enclosed switchgear (HGIS)

2019-06-28 发布　　　　2019-06-28 实施

国家电网有限公司　发布

目　次

前　言

为规范 126kV～550kV 气体绝缘金属封闭开关设备的采购，制定本部分《126kV～550kV 气体绝缘金属封闭开关设备采购标准》分为 20 个部分：

——第 1 部分：通用技术规范；
——第 2 部分：126kV/2000A～40kA 气体绝缘金属封闭开关设备专用技术规范；
——第 3 部分：126kV/3150A～40kA 气体绝缘金属封闭开关设备专用技术规范；
——第 4 部分：252kV/3150A～50kA 气体绝缘金属封闭开关设备专用技术规范；
——第 5 部分：252kV/4000A～50kA 气体绝缘金属封闭开关设备专用技术规范；
——第 6 部分：363kV/3150A～50kA 气体绝缘金属封闭开关设备专用技术规范；
——第 7 部分：363kV/4000A～50kA 气体绝缘金属封闭开关设备专用技术规范；
——第 8 部分：363kV/5000A～63kA 气体绝缘金属封闭开关设备专用技术规范；
——第 9 部分：550kV/4000A～63kA 气体绝缘金属封闭开关设备专用技术规范；
——第 10 部分：550kV/5000A～63kA 气体绝缘金属封闭开关设备专用技术规范；
——第 11 部分：126kV/2000A～40kA 复合式气体绝缘金属封闭开关设备专用技术规范；
——第 12 部分：126kV/3150A～40kA 复合式气体绝缘金属封闭开关设备专用技术规范；
——第 13 部分：252kV/3150A～50kA 复合式气体绝缘金属封闭开关设备专用技术规范；
——第 14 部分：252kV/4000A～50kA 复合式气体绝缘金属封闭开关设备专用技术规范；
——第 15 部分：363kV/3150A～50kA 复合式气体绝缘金属封闭开关设备专用技术规范；
——第 16 部分：363kV/4000A～50kA 复合式气体绝缘金属封闭开关设备专用技术规范；
——第 17 部分：550kV/4000A～63kA 复合式气体绝缘金属封闭开关设备专用技术规范；
——第 18 部分：550kV/5000A～63kA 复合式气体绝缘金属封闭开关设备专用技术规范；
——第 19 部分：252kV/5000A～50kA 气体绝缘金属封闭开关设备专用技术规范；
——第 20 部分：363kV/5000A～63kA 复合式气体绝缘金属封闭开关设备专用技术规范。

本部分为《126kV～550kV 气体绝缘金属封闭开关设备采购标准》的第 15 部分。

本部分代替 Q/GDW 13097.15—2014，与 Q/GDW 13097.15—2014 相比，主要技术性差异如下：

——增加了零起打压时间和补压时间参数。
——修改了对外壳耐烧穿能力、操动机构型式、备用辅助触点、爬电距离、干弧距离、伸缩节使用寿命、污秽等级和工程图纸等的要求。

本部分由国家电网有限公司物资部提出并解释。

本部分由国家电网有限公司科技部归口。

本部分起草单位：国网浙江省电力有限公司、中国电力科学研究院有限公司、国网江苏省电力有限公司。

本部分主要起草人：徐华、王绍安、和彦淼、颜湘莲、徐晓东、周彪、陈孝信、王婷婷。

本部分 2014 年 9 月首次发布，2018 年 12 月第一次修订。

本部分在执行过程中的意见或建议反馈至国家电网有限公司科技部。

126kV～550kV 气体绝缘金属封闭开关设备采购标准 第 15 部分：363kV/3150A～50kA 复合式气体绝缘金属封闭开关设备专用技术规范

1 范围

本部分规定了 363kV/3150A～50kA 复合式气体绝缘金属封闭开关设备招标的标准技术参数、项目需求及投标人响应的相关内容。

本部分适用于 363kV/3150A～50kA 复合式气体绝缘金属封闭开关设备招标。

2 规范性引用文件

下列文件对于本文件的应用是必不可少的。凡是注日期的引用文件，仅注日期的版本适用于本文件。凡是不注日期的引用文件，其最新版本（包括所有的修改单）适用于本文件。

Q/GDW 13097.1 126kV～550kV 气体绝缘金属封闭开关设备采购标准 第 1 部分：通用技术规范

Q/GDW 13001—2014 高海拔外绝缘配置技术规范

3 术语和定义

下列术语和定义适用于本文件。

3.1

招标人 bidder

依照《中华人民共和国招标投标法》的规定，提出招标项目，进行招标的法人或其他组织。

3.2

投标人 tenderer

响应招标、参加投标竞争的法人或者其他组织。

3.3

卖方（供方） seller（supplier）

提供本部分货物和技术服务的法人或其他组织，包括其法定的承继者。

3.4

买方（需方） buyer（purchaser）

购买本部分货物和技术服务的法人或其他组织，包括其法定的承继者和经许可的受让人。

4 标准技术参数

技术参数特性表是国家电网有限公司对采购设备的基础技术参数要求，在招投标过程中，投标人应依据招标文件，对技术参数特性表中标准参数值进行响应。363kV/3150A～50kA 复合式气体绝缘金属封闭开关设备技术参数特性见表 1。物资应满足 Q/GDW 13097.1 的要求。

表1　技术参数特性表

<table>
<tr><th>序号</th><th colspan="3">名　　称</th><th>单位</th><th>标准参数值</th></tr>
<tr><td>一</td><td colspan="5">HGIS 共用参数</td></tr>
<tr><td>1</td><td colspan="3">额定电压</td><td>kV</td><td>363</td></tr>
<tr><td>2</td><td colspan="3">额定电流</td><td>A</td><td>3150</td></tr>
<tr><td>3</td><td colspan="3">额定工频 1min 耐受电压（相对地）</td><td>kV</td><td>510</td></tr>
<tr><td>4</td><td colspan="3">额定雷电冲击耐受电压峰值（1.2/50μs）（相对地）</td><td>kV</td><td>1175</td></tr>
<tr><td>5</td><td colspan="3">额定操作冲击耐受电压峰值（250/2500μs）（相对地）</td><td>kV</td><td>950</td></tr>
<tr><td>6</td><td colspan="3">额定短路开断电流</td><td>kA</td><td>50</td></tr>
<tr><td>7</td><td colspan="3">额定短路关合电流</td><td>kA</td><td>125</td></tr>
<tr><td>8</td><td colspan="3">额定短时耐受电流及持续时间</td><td>kA/s</td><td>50/3</td></tr>
<tr><td>9</td><td colspan="3">额定峰值耐受电流</td><td>kA</td><td>125</td></tr>
<tr><td>10</td><td colspan="3">辅助和控制回路短时工频耐受电压</td><td>kV</td><td>2</td></tr>
<tr><td>11</td><td colspan="3">无线电干扰电压</td><td>μV</td><td>≤500</td></tr>
<tr><td>12</td><td colspan="3">噪声水平</td><td>dB</td><td>≤110</td></tr>
<tr><td rowspan="2">13</td><td colspan="2" rowspan="2">SF_6气体压力
（20℃，表压）</td><td>断路器室</td><td rowspan="2">MPa</td><td>（投标人提供）</td></tr>
<tr><td>其他隔室</td><td>（投标人提供）</td></tr>
<tr><td>14</td><td colspan="3">每个隔室 SF_6 气体漏气率</td><td>%/年</td><td>≤0.5</td></tr>
<tr><td rowspan="4">15</td><td rowspan="4">SF_6气体
湿度</td><td rowspan="2">有电弧分
解物隔室</td><td>交接验收值</td><td rowspan="4">μL/L</td><td>≤150</td></tr>
<tr><td>长期运行允许值</td><td>≤300</td></tr>
<tr><td rowspan="2">无电弧分
解物隔室</td><td>交接验收值</td><td>≤250</td></tr>
<tr><td>长期运行允许值</td><td>≤500</td></tr>
<tr><td rowspan="5">16</td><td colspan="2" rowspan="5">局部放电</td><td>试验电压</td><td>kV</td><td>$1.2\times363/\sqrt{3}$</td></tr>
<tr><td>每个隔室</td><td rowspan="4">pC</td><td>≤5</td></tr>
<tr><td>每单个绝缘件</td><td>≤3</td></tr>
<tr><td>套管</td><td>≤3</td></tr>
<tr><td>电流互感器</td><td>≤5</td></tr>
<tr><td rowspan="2">17</td><td colspan="2" rowspan="2">供电电源</td><td>控制回路</td><td>V</td><td>DC 220 /110</td></tr>
<tr><td>辅助回路</td><td>V</td><td>AC 380/220</td></tr>
<tr><td>18</td><td colspan="3">使用寿命</td><td>年</td><td>≥40</td></tr>
<tr><td>19</td><td colspan="3">检修周期</td><td>年</td><td>≥20</td></tr>
</table>

表 1（续）

<table>
<tr><th>序号</th><th colspan="2">名　　称</th><th>单位</th><th>标准参数值</th></tr>
<tr><td rowspan="5">20</td><td rowspan="5">设备质量</td><td>SF_6气体质量</td><td>kg</td><td>（投标人提供）</td></tr>
<tr><td>总质量</td><td>kg</td><td>（投标人提供）</td></tr>
<tr><td>最大运输质量</td><td>kg</td><td>（投标人提供）</td></tr>
<tr><td>动荷载向下</td><td>kg</td><td>（投标人提供）</td></tr>
<tr><td>动荷载向上</td><td>kg</td><td>（投标人提供）</td></tr>
<tr><td rowspan="2">21</td><td rowspan="2">设备尺寸</td><td>设备的整体尺寸</td><td>m</td><td>（投标人提供）</td></tr>
<tr><td>设备的最大
运输尺寸</td><td>m</td><td>（投标人提供）</td></tr>
<tr><td rowspan="2">22</td><td rowspan="2">外形尺寸</td><td>总长度</td><td>m</td><td>（项目单位填写）</td></tr>
<tr><td>总高度</td><td>m</td><td>（项目单位填写）</td></tr>
<tr><td>23</td><td colspan="2">每间隔隔室数量</td><td>个/相</td><td>（投标人提供）</td></tr>
<tr><td>24</td><td colspan="2">主母线的隔室最大长度</td><td>m</td><td>（投标人提供）</td></tr>
<tr><td>二</td><td colspan="4">断路器参数</td></tr>
<tr><td>1</td><td colspan="2">型号</td><td></td><td>（投标人提供）</td></tr>
<tr><td>2</td><td colspan="2">布置型式（立式或卧式）</td><td></td><td>（投标人提供）</td></tr>
<tr><td>3</td><td colspan="2">断口数</td><td></td><td>1/2</td></tr>
<tr><td rowspan="2">4</td><td rowspan="2">额定电流</td><td>出线</td><td rowspan="2">A</td><td>3150</td></tr>
<tr><td>进线</td><td>3150</td></tr>
<tr><td>5</td><td colspan="2">主回路电阻</td><td>μΩ</td><td>（投标人提供）</td></tr>
<tr><td>6</td><td colspan="2">温升试验电流</td><td>A</td><td>$1.1I_N$</td></tr>
<tr><td rowspan="6">7</td><td rowspan="2">额定工频 1min 耐受电压</td><td>断口</td><td rowspan="2">kV</td><td>510+210</td></tr>
<tr><td>对地</td><td>510</td></tr>
<tr><td rowspan="2">额定雷电冲击耐受
电压峰值（1.2/50μs）</td><td>断口</td><td rowspan="2">kV</td><td>1175+295</td></tr>
<tr><td>对地</td><td>1175</td></tr>
<tr><td rowspan="2">额定操作冲击耐受
电压峰值（250/2500μs）</td><td>断口</td><td rowspan="2">kV</td><td>850+295</td></tr>
<tr><td>对地</td><td>950</td></tr>
<tr><td rowspan="4">8</td><td rowspan="4">额定短路开断电流</td><td>交流分量有效值</td><td>kA</td><td>50</td></tr>
<tr><td>时间常数</td><td>ms</td><td>45</td></tr>
<tr><td>开断次数</td><td>次</td><td>≥16</td></tr>
<tr><td>首相开断系数</td><td></td><td>1.3</td></tr>
<tr><td>9</td><td colspan="2">额定短路关合电流</td><td>kA</td><td>125</td></tr>
<tr><td>10</td><td colspan="2">额定短时耐受电流及持续时间</td><td>kA/s</td><td>50/3</td></tr>
<tr><td>11</td><td colspan="2">额定峰值耐受电流</td><td>kA</td><td>125</td></tr>
<tr><td>12</td><td colspan="2">开断时间</td><td>ms</td><td>≤50</td></tr>
</table>

表1（续）

序号	名　称		单位	标准参数值
13	合分时间		ms	≤50
14	分闸时间		ms	≤30
15	合闸时间		ms	≤100
16	重合闸无电流间隙时间		ms	300
17	分、合闸速度	刚分速度	m/s	（投标人提供）
		刚合速度		（投标人提供）
18	分闸不同期性	相间	ms	≤3
		同相断口间		≤2
19	合闸不同期性	相间	ms	≤5
		同相断口间		≤3
20	机械寿命		次	≥3000
21	额定操作顺序			O–0.3s–CO–180s–CO
22	现场开合空载变压器能力	空载变压器容量	MVA	240/360
		空载励磁电流	A	0.5～15
		试验电压	kV	363
		操作顺序		10×O 和 10×（CO）
23	现场开合并联电抗器能力	电抗器容量	Mvar	60/90
		试验电压	kV	363
		操作顺序		10×O 和 10×（CO）
24	现场开合空载线路充电电流试验	试验电流	A	由实际线路长度决定
		试验电压	kV	363
		试验条件		线路原则上不得带有泄压设备，如电抗器、避雷器、电磁式电压互感器等，在直流分量比较大的情况下，应增加带电抗器的试验
		操作顺序		10×（O–0.3s–CO）
25	容性电流开合试验（试验室）	试验电流	A	线路：315，电缆：355
		试验电压	kV	$1.3\times363/\sqrt{3}$
		C1 级：LC1 和 CC1：24×O，LC2 和 CC2：24×CO； C2 级：LC1 和 CC1：48×O，LC2 和 CC2：24×O 和 24×CO		C1 级/C2 级

表 1（续）

序号	名　　称		单位	标准参数值
26	近区故障条件下的开合能力	L90	kA	45
		L75	kA	37.5
		L60	kA	30（L75 的最小燃弧时间大于 L90 的最小燃弧时间 5ms 时）
		操作顺序		O–0.3s–CO–180s–CO
27	失步关合和开断能力	开断电流	kA	16
		试验电压	kV	$2.0\times363/\sqrt{3}$
		操作顺序		方式 1：O–O–O 方式 2：CO–O–O
28	合闸电阻	电阻值	Ω	400
		电阻值允许偏差	%	±5
		预投入时间	ms	8～11
		热容量		$1.3\times363/\sqrt{3}$ kV 下合闸操作 4 次，头两次操作间隔为 3min，后两次操作间隔也是 3min，两组操作之间时间间隔不大于 30min；或在 $2\times363/\sqrt{3}$ kV 下合闸操作 2 次，时间间隔为 30min
29	断口均压用并联电容器	每相电容器的额定电压	kV	$363/\sqrt{3}$
		每个断口电容器的电容量	pF	（投标人提供）
		每个断口电容器的电容量允许偏差	%	±5
		耐受电压	kV	2 倍相电压 2h
		局放	pC	≤10
		介损值	%	≤0.25
30	SF_6 气体压力（表压，20℃）	额定	MPa	（投标人提供）
		报警		（投标人提供）
		最低		（投标人提供）
		闭锁		（投标人提供）
31	操动机构型式或型号			液压（含液压弹簧）、弹簧
	零起打压时间		（min）	（投标人提供）
	补压时间		（s）	（投标人提供）
	操作方式			分相操作
	电动机电压		V	AC 380/220

表 1（续）

序号	名称		单位	标准参数值
31	合闸操作电源	额定操作电压	V	DC 220 /110
		操作电压允许范围		85%～110%，30% 以下不得动作
		每相线圈数量	只	1
		每只线圈涌流	A	（投标人提供）
		每只线圈稳态电流	A	DC 220 V、2.5A 或 DC 110 V、5A
	分闸操作电源	额定操作电压	V	DC 220/110
		操作电压允许范围		65%～110%，30% 以下不得动作
		每相线圈数量	只	2
		每只线圈涌电流	A	（投标人提供）
		每只线圈稳态电流	A	DC 220V、2.5A 或 DC 110V、5A
	操动机构工作压力	最高	MPa	（投标人提供）
		额定		（投标人提供）
		最低		（投标人提供）
		报警压力		（投标人提供）
	驱潮/加热器	电压	V	AC 220
		运行方式		常投/温湿自动投切
		每相功率（驱潮/加热）	W	（投标人提供）/（投标人提供）
	备用辅助触点	数量	对	10 常开触点，10 常闭触点（引出到相应汇控柜端子排）
		开断能力		DC 220 V、2.5A 或 DC 110 V、5A
	检修周期		年	≥20
	气动机构	重合闸闭锁压力时允许的操作		O－0.3s－CO 或 CO－180s－CO
		储气筒容积	m^3	（投标人提供）
	液压机构	重合闸闭锁压力时允许的操作		O－0.3s－CO 或 CO－180s－CO
		24h 打压次数	次	≤2
		油中最大允许水分含量	μL/L	（投标人提供）
	弹簧机构	储能时间	s	≤20

表 1（续）

序号	名　称		单位	标准参数值
32	断路器的质量	断路器包括辅助设备的总质量	kg	（投标人提供）
		每相操动机构的质量	kg	（投标人提供）
		每相 SF_6 气体质量	kg	（投标人提供）
		运输总质量	kg	（投标人提供）
33	运输高度		m	（投标人提供）
34	起吊高度		m	（投标人提供）
三	隔离开关参数			
1	型式/型号			（投标人提供）
2	额定电流	出线	A	3150
		进线	A	3150
3	主回路电阻		μΩ	（投标人提供）
4	温升试验电流		A	$1.1I_N$
5	额定工频 1min 耐受电压	断口	kV	510+210
		对地		510
	额定雷电冲击耐受电压峰值（1.2/50μs）	断口	kV	1175+295
		对地		1175
	额定操作冲击耐受电压峰值（250/2500μs）	断口	kV	850+295
		对地		950
6	额定短时耐受电流及持续时间		kA/s	50/3
7	额定峰值耐受电流		kA	125
8	分、合闸时间	分闸时间	ms	（投标人提供）
		合闸时间		（投标人提供）
9	分、合闸速度	刚分速度	m/s	（投标人提供）
		刚合速度		（投标人提供）
10	机械寿命		次	≥3000
11	开合小电容电流值		A	1
12	开合小电感电流值		A	0.5
13	开合母线转换电流能力	转换电流	A	1600
		转换电压	V	300
		开断次数	次	100

表 1（续）

<table>
<tr><th>序号</th><th colspan="3">名　称</th><th>单位</th><th>标准参数值</th></tr>
<tr><td rowspan="7">14</td><td colspan="2" rowspan="5">操动机构</td><td>型式或型号</td><td></td><td>电动并可手动</td></tr>
<tr><td>电动机电压</td><td>V</td><td>AC 380/220</td></tr>
<tr><td>控制电压</td><td>V</td><td>AC 220</td></tr>
<tr><td>允许电压变化范围</td><td></td><td>85%～110%</td></tr>
<tr><td>操作方式</td><td></td><td>分相操作</td></tr>
<tr><td colspan="2" rowspan="2">备用辅助触点</td><td>数量</td><td>对</td><td>10 常开触点，10 常闭触点（引出到相应汇控柜端子排）</td></tr>
<tr><td>开断能力</td><td></td><td>DC 220 V、2.5A 或
DC 110 V、5A</td></tr>
<tr><td>四</td><td colspan="5">快速接地开关参数</td></tr>
<tr><td>1</td><td colspan="3">额定短时耐受电流及持续时间</td><td>kA/s</td><td>50/3</td></tr>
<tr><td>2</td><td colspan="3">额定峰值耐受电流</td><td>kA</td><td>125</td></tr>
<tr><td>3</td><td colspan="3">额定短路关合电流</td><td>kA</td><td>125</td></tr>
<tr><td>4</td><td colspan="3">额定短路电流关合次数</td><td>次</td><td>≥2</td></tr>
<tr><td rowspan="2">5</td><td colspan="2" rowspan="2">分、合闸时间</td><td>分闸时间</td><td rowspan="2">ms</td><td>（投标人提供）</td></tr>
<tr><td>合闸时间</td><td>（投标人提供）</td></tr>
<tr><td rowspan="2">6</td><td colspan="2" rowspan="2">分、合闸速度</td><td>刚分速度</td><td rowspan="2">m/s</td><td>（投标人提供）</td></tr>
<tr><td>刚合速度</td><td>（投标人提供）</td></tr>
<tr><td>7</td><td colspan="3">机械寿命</td><td>次</td><td>≥3000</td></tr>
<tr><td rowspan="6">8</td><td rowspan="6">开合感应电流能力（A 类/B 类）</td><td rowspan="3">电磁感应</td><td>感性电流</td><td>A</td><td>80/200</td></tr>
<tr><td>开断次数</td><td>次</td><td>10</td></tr>
<tr><td>感应电压</td><td>kV</td><td>2/22</td></tr>
<tr><td rowspan="3">静电感应</td><td>容性电流</td><td>A</td><td>1.25/18</td></tr>
<tr><td>开断次数</td><td>次</td><td>10</td></tr>
<tr><td>感应电压</td><td>kV</td><td>5/22</td></tr>
<tr><td rowspan="6">9</td><td colspan="2" rowspan="4">操动机构</td><td>型式或型号</td><td></td><td>电动弹簧并可手动</td></tr>
<tr><td>电动机电压</td><td>V</td><td>AC 380/220</td></tr>
<tr><td>控制电压</td><td>V</td><td>AC 220</td></tr>
<tr><td>允许电压变化范围</td><td></td><td>85%～110%</td></tr>
<tr><td colspan="2" rowspan="2">备用辅助触点</td><td>数量</td><td>对</td><td>8 常开触点，8 常闭触点（引出到相应汇控柜端子排）</td></tr>
<tr><td>开断能力</td><td></td><td>DC 220 V、2.5A 或
DC 110 V、5A</td></tr>
<tr><td>五</td><td colspan="5">检修接地开关参数</td></tr>
<tr><td>1</td><td colspan="3">额定短时耐受电流及持续时间</td><td>kA/s</td><td>50/3</td></tr>
<tr><td>2</td><td colspan="3">额定峰值耐受电流</td><td>kA</td><td>125</td></tr>
</table>

表 1（续）

序号	名　　称		单位	标准参数值
3	机械寿命		次	≥3000
4	操动机构	型式或型号		电动并可手动
		电动机电压	V	AC 380/220
		控制电压	V	AC 220
		允许电压变化范围		85%～110%
	备用辅助触点	数量	对	8 常开触点，8 常闭触点
		开断能力		DC 220 V、2.5A 或 DC 110 V、5A
六	电流互感器参数			
1	型式或型号			电磁式
2	额定电流比			根据实际工程选择，0.2/0.2S 次级要求带中间抽头
3	准确级组合及额定容量			边断路器： TPY/TPY/5P/0.2－断口－0.2S/TPY/TPY 15VA/15VA/15VA/15VA－断口－15VA/15VA/15VA 中断路器：TPY/TPY/5P/0.2/0.2S－断口－0.2S/0.2/TPY/TPY 15VA/15VA/15VA/15VA－断口－15VA/15VA/15VA/15VA
七	套管参数			
1	伞裙型式			大小伞
2	材质			瓷/复合绝缘
3	额定电流		A	3150
4	额定短时耐受电流及持续时间		kA/s	50/3
5	额定峰值耐受电流		kA	125
6	额定工频 1min 耐受电压（相对地）		kV	510
7	额定雷电冲击耐受电压峰值（1.2/50μs，相对地）		kV	1175
8	额定操作冲击耐受电压峰值（250/2500μs，相对地）		kV	950
9	爬电距离		mm	11 253k_{ad}（当平均直径 D_a＜300mm 时，k_{ad}＝1.0；当平均直径 D_a≥300mm 时，k_{ad}＝0.000 5D_a＋0.85）
10	干弧距离		mm	≥2900
11	S/P			≥0.9
12	端子静负载	水平纵向	N	1500
		水平横向	N	1000
		垂直	N	1250
		安全系数		静态 2.75，动态 1. 7

表 1（续）

<table>
<tr><th>序号</th><th colspan="2">名　　称</th><th>单位</th><th>标准参数值</th></tr>
<tr><td>13</td><td colspan="2">套管顶部金属带电部分的相间最小净距</td><td>mm</td><td>≥2800</td></tr>
<tr><td>八</td><td colspan="4">环氧浇注绝缘子参数</td></tr>
<tr><td>1</td><td colspan="2">安全系数</td><td></td><td>大于 3 倍设计压力</td></tr>
<tr><td>2</td><td colspan="2">2 倍额定相电压下泄漏电流</td><td>μA</td><td>50</td></tr>
<tr><td>3</td><td colspan="2">1.1 倍额定相电压下最大场强</td><td>kV/mm</td><td>≤1.5</td></tr>
<tr><td>九</td><td colspan="4">外壳参数</td></tr>
<tr><td>1</td><td colspan="2">材质</td><td></td><td>钢、铸铝、铝合金</td></tr>
<tr><td>2</td><td colspan="2">外壳破坏压力</td><td></td><td>铸铝和铝合金：5 倍的设计压力；焊接铝外壳和钢外壳：3 倍的设计压力</td></tr>
<tr><td rowspan="4">3</td><td rowspan="4">温升</td><td>试验电流</td><td>A</td><td>$1.1I_N$</td></tr>
<tr><td>可以接触部位</td><td>K</td><td>≤30</td></tr>
<tr><td>可能接触部位</td><td>K</td><td>≤40</td></tr>
<tr><td>不可接触部位</td><td>K</td><td>≤65</td></tr>
<tr><td rowspan="2">4</td><td rowspan="2">外壳耐烧穿的能力</td><td>电流</td><td>kA</td><td>50</td></tr>
<tr><td>时间</td><td>s</td><td>0.1</td></tr>
<tr><td>5</td><td colspan="2">防爆膜的设置</td><td></td><td>（投标人提供）</td></tr>
<tr><td>6</td><td colspan="2">感应电压</td><td></td><td>正常运行条件≤24V，故障条件≤100V</td></tr>
<tr><td>十</td><td colspan="4">SF_6 气体参数</td></tr>
<tr><td>1</td><td colspan="2">湿度</td><td>μg/g</td><td>≤8</td></tr>
<tr><td>2</td><td colspan="2">纯度</td><td>%</td><td>≥99.9</td></tr>
</table>

注：本表适用于海拔 1000m 及以下地区户外正常使用条件，高海拔地区所用设备按照实际污区分布进行设备选型，并按照 Q/GDW 13001—2014《高海拔外绝缘配置技术规范》要求进行海拔修正，其他特殊适用条件根据工程实际情况进行修改。

5　组件材料配置表

组件材料配置表包括元件名称、规格形式参数、单位、数量和产地等信息，具体内容和格式根据招标项目情况进行编制。

6　使用环境条件表

363kV/3150A～50kA 复合式气体绝缘金属封闭开关设备使用环境条件见表 2。特殊环境要求根据项目情况进行编制。

表 2　使 用 环 境 条 件 表

<table>
<tr><th>序号</th><th colspan="2">名　　称</th><th>单位</th><th>标准参数值</th><th>项目需求值</th></tr>
<tr><td rowspan="3">1</td><td rowspan="3">周围空气温度</td><td>最高气温</td><td rowspan="2">℃</td><td>+40</td><td></td></tr>
<tr><td>最低气温</td><td>−25</td><td></td></tr>
<tr><td>最大日温差</td><td>K</td><td>25</td><td></td></tr>
</table>

表 2（续）

<table>
<tr><th>序号</th><th colspan="2">名　　称</th><th>单位</th><th>标准参数值</th><th>项目需求值</th></tr>
<tr><td>2</td><td colspan="2">海拔</td><td>m</td><td>≤1000</td><td></td></tr>
<tr><td>3</td><td colspan="2">太阳辐射强度</td><td>W/cm^2</td><td>0.1</td><td></td></tr>
<tr><td>4</td><td colspan="2">污秽等级</td><td></td><td>e 级</td><td></td></tr>
<tr><td>5</td><td colspan="2">覆冰厚度</td><td>mm</td><td>10</td><td></td></tr>
<tr><td>6</td><td colspan="2">风速/风压</td><td>m/s /Pa</td><td>34/700</td><td></td></tr>
<tr><td rowspan="2">7</td><td rowspan="2">湿度</td><td>日相对湿度平均值</td><td rowspan="2">%</td><td>≤95</td><td></td></tr>
<tr><td>月相对湿度平均值</td><td>≤90</td><td></td></tr>
<tr><td>8</td><td colspan="2">耐受地震能力（水平加速度）</td><td>m/s^2</td><td>2</td><td></td></tr>
<tr><td>9</td><td colspan="2">由于主回路中的开合操作在辅助和控制回路上所感应的共模电压的幅值</td><td>kV</td><td>≤1.6</td><td></td></tr>
<tr><td>10</td><td colspan="2">系统中性点接地方式</td><td colspan="2">直接接地</td><td></td></tr>
<tr><td>11</td><td colspan="2">安装地点</td><td colspan="2">户内/户外</td><td></td></tr>
</table>

7　需提供的工程图纸

需提供的工程图纸有电气主接线图、设备平面布置图、断面布置图和 SF_6 系统图。

ICS 29.240

Q/GDW

国家电网有限公司企业标准

Q/GDW 13097.16 — 2018
代替 Q/GDW 13097.16 — 2014

126kV～550kV 气体绝缘金属封闭开关设备采购标准 第 16 部分：363kV/4000A～50kA 复合式气体绝缘金属封闭开关设备专用技术规范

Purchasing standard of 126kV～550kV gas insulate metal-enclosed switchgear Part 16: special technical specification of 363kV/4000A～50kA hybrid gas insulate metal-enclosed switchgear (HGIS)

2019-06-28发布　　2019-06-28实施

国家电网有限公司　发 布

目　次

前　言

为规范 126kV～550kV 气体绝缘金属封闭开关设备的采购，制定本部分

《126kV～550kV 气体绝缘金属封闭开关设备采购标准》分为 20 个部分：

——第 1 部分：通用技术规范；

——第 2 部分：126kV/2000A～40kA 气体绝缘金属封闭开关设备专用技术规范；

——第 3 部分：126kV/3150A～40kA 气体绝缘金属封闭开关设备专用技术规范；

——第 4 部分：252kV/3150A～50kA 气体绝缘金属封闭开关设备专用技术规范；

——第 5 部分：252kV/4000A～50kA 气体绝缘金属封闭开关设备专用技术规范；

——第 6 部分：363kV/3150A～50kA 气体绝缘金属封闭开关设备专用技术规范；

——第 7 部分：363kV/4000A～50kA 气体绝缘金属封闭开关设备专用技术规范；

——第 8 部分：363kV/5000A～63kA 气体绝缘金属封闭开关设备专用技术规范；

——第 9 部分：550kV/4000A～63kA 气体绝缘金属封闭开关设备专用技术规范；

——第 10 部分：550kV/5000A～63kA 气体绝缘金属封闭开关设备专用技术规范；

——第 11 部分：126kV/2000A～40kA 复合式气体绝缘金属封闭开关设备专用技术规范；

——第 12 部分：126kV/3150A～40kA 复合式气体绝缘金属封闭开关设备专用技术规范；

——第 13 部分：252kV/3150A～50kA 复合式气体绝缘金属封闭开关设备专用技术规范；

——第 14 部分：252kV/4000A～50kA 复合式气体绝缘金属封闭开关设备专用技术规范；

——第 15 部分：363kV/3150A～50kA 复合式气体绝缘金属封闭开关设备专用技术规范；

——第 16 部分：363kV/4000A～50kA 复合式气体绝缘金属封闭开关设备专用技术规范；

——第 17 部分：550kV/4000A～63kA 复合式气体绝缘金属封闭开关设备专用技术规范；

——第 18 部分：550kV/5000A～63kA 复合式气体绝缘金属封闭开关设备专用技术规范；

——第 19 部分：252kV/5000A～50kA 气体绝缘金属封闭开关设备专用技术规范；

——第 20 部分：363kV/5000A～63kA 复合式气体绝缘金属封闭开关设备专用技术规范。

本部分为《126kV～550kV 气体绝缘金属封闭开关设备采购标准》的第 16 部分。

本部分代替 Q/GDW 13097.16—2014，与 Q/GDW 13097.16—2014 相比，主要技术性差异如下：

——增加了零起打压时间和补压时间参数。

——修改了对外壳耐烧穿能力、操动机构型式、备用辅助触点、爬电距离、干弧距离、伸缩节使用寿命、污秽等级和工程图纸等的要求。

本部分由国家电网有限公司物资部提出并解释。

本部分由国家电网有限公司科技部归口。

本部分起草单位：国网浙江省电力有限公司、中国电力科学研究院有限公司、国网江苏省电力有限公司。

本部分主要起草人：徐华、王绍安、和彦淼、颜湘莲、徐晓东、周彪、陈孝信、马达、王婷婷。

本部分 2014 年 9 月首次发布，2018 年 12 月第一次修订。

本部分在执行过程中的意见或建议反馈至国家电网有限公司科技部。

126kV～550kV 气体绝缘金属封闭开关设备采购标准
第 16 部分：363kV/4000A～50kA
复合式气体绝缘金属封闭开关设备专用技术规范

1 范围

本部分规定了 363kV/4000A～50kA 复合式气体绝缘金属封闭开关设备招标的标准技术参数、项目需求及投标人响应的相关内容。

本部分适用于 363kV/4000A～50kA 复合式气体绝缘金属封闭开关设备招标。

2 规范性引用文件

下列文件对于本文件的应用是必不可少的。凡是注日期的引用文件，仅注日期的版本适用于本文件。凡是不注日期的引用文件，其最新版本（包括所有的修改单）适用于本文件。

Q/GDW 13097.1　126kV～550kV 气体绝缘金属封闭开关设备采购标准　第 1 部分：通用技术规范

Q/GDW 13001—2014　高海拔外绝缘配置技术规范

3 术语和定义

下列术语和定义适用于本文件。

3.1

招标人　bidder

依照《中华人民共和国招标投标法》的规定，提出招标项目，进行招标的法人或其他组织。

3.2

投标人　tenderer

响应招标、参加投标竞争的法人或者其他组织。

3.3

卖方（供方）　seller（supplier）

提供本部分货物和技术服务的法人或其他组织，包括其法定的承继者。

3.4

买方（需方）　buyer（purchaser）

购买本部分货物和技术服务的法人或其他组织，包括其法定的承继者和经许可的受让人。

4 标准技术参数

技术参数特性表是国家电网有限公司对采购设备的基础技术参数要求，在招投标过程中，投标人应依据招标文件，对技术参数特性表中标准参数值进行响应。363kV/4000A～50kA 复合式气体绝缘金属封闭开关设备技术参数特性见表 1。物资应满足 Q/GDW 13097.1 的要求。

表1 技术参数特性表

序号	名 称			单位	标准参数值
一	HGIS 共用参数				
1	额定电压			kV	363
2	额定电流			A	4000
3	额定工频 1min 耐受电压（相对地）			kV	510
4	额定雷电冲击耐受电压峰值（1.2/50μs）（相对地）			kV	1175
5	额定操作冲击耐受电压峰值（250/2500μs）（相对地）			kV	950
6	额定短路开断电流			kA	50
7	额定短路关合电流			kA	125
8	额定短时耐受电流及持续时间			kA/s	50/3
9	额定峰值耐受电流			kA	125
10	辅助和控制回路短时工频耐受电压			kV	2
11	无线电干扰电压			μV	≤500
12	噪声水平			dB	≤110
13	SF_6 气体压力（20℃，表压）		断路器室	MPa	（投标人提供）
			其他隔室		（投标人提供）
14	每个隔室 SF_6 气体漏气率			%/年	≤0.5
15	SF_6 气体湿度	有电弧分解物隔室	交接验收值	μL/L	≤150
			长期运行允许值		≤300
		无电弧分解物隔室	交接验收值		≤250
			长期运行允许值		≤500
16	局部放电		试验电压	kV	$1.2\times363/\sqrt{3}$
			每个隔室	pC	≤5
			每单个绝缘件		≤3
			套管		≤3
			电流互感器		≤5
17	供电电源		控制回路	V	DC 220 /110
			辅助回路	V	AC 380/220
18	使用寿命			年	≥40
19	检修周期			年	≥20
20	设备质量		SF_6 气体质量	kg	（投标人提供）
			总质量	kg	（投标人提供）
			最大运输质量	kg	（投标人提供）
			动荷载向下	kg	（投标人提供）
			动荷载向上	kg	（投标人提供）

表 1（续）

序号	名　　称		单位	标准参数值
21	设备尺寸	设备的整体尺寸	m	（投标人提供）
		设备的最大运输尺寸	m	（投标人提供）
22	外形尺寸	总长度	m	（项目单位填写）
		总高度	m	（项目单位填写）
23	每间隔隔室数量		个/相	（投标人提供）
24	主母线的隔室最大长度		m	（投标人提供）
二	断路器参数			
1	型号			（投标人提供）
2	布置型式（立式或卧式）			（投标人提供）
3	断口数			1/2
4	额定电流	出线	A	4000
		进线		4000
5	主回路电阻		μΩ	（投标人提供）
6	温升试验电流		A	$1.1I_N$
7	额定工频 1min 耐受电压	断口	kV	510+210
		对地		510
	额定雷电冲击耐受电压峰值（1.2/50μs）	断口	kV	1175+295
		对地		1175
	额定操作冲击耐受电压峰值（250/2500μs）	断口	kV	850+295
		对地		950
8	额定短路开断电流	交流分量有效值	kA	50
		时间常数	ms	45
		开断次数	次	≥16
		首相开断系数		1.3
9	额定短路关合电流		kA	125
10	额定短时耐受电流及持续时间		kA/s	50/3
11	额定峰值耐受电流		kA	125
12	开断时间		ms	≤50
13	合分时间		ms	≤50
14	分闸时间		ms	≤30
15	合闸时间		ms	≤100
16	重合闸无电流间隙时间		ms	300
17	分、合闸速度	刚分速度	m/s	（投标人提供）
		刚合速度		（投标人提供）
18	分闸不同期性	相间	ms	≤3
		同相断口间		≤2

表 1（续）

序号	名　　称		单位	标准参数值
19	合闸不同期性	相间	ms	≤5
		同相断口间		≤3
20	机械寿命		次	≥3000
21	额定操作顺序			O－0.3s－CO－180s－CO
22	现场开合空载变压器能力	空载变压器容量	MVA	240/360
		空载励磁电流	A	0.5～15
		试验电压	kV	363
		操作顺序		10×O 和 10×（CO）
23	现场开合并联电抗器能力	电抗器容量	Mvar	60/90
		试验电压	kV	363
		操作顺序		10×O 和 10×（CO）
24	现场开合空载线路充电电流试验	试验电流	A	由实际线路长度决定
		试验电压	kV	363
		试验条件		线路原则上不得带有泄压设备，如电抗器、避雷器、电磁式电压互感器等，在直流分量比较大的情况下，应增加带电抗器的试验
		操作顺序		10×（O－0.3s－CO）
25	容性电流开合试验（试验室）	试验电流	A	线路：315，电缆：355
		试验电压	kV	$1.3\times363/\sqrt{3}$
		C1 级：LC1 和 CC1：24×O，LC2 和 CC2：24×CO；C2 级：LC1 和 CC1：48×O，LC2 和 CC2：24×O 和 24×CO		C1 级/C2 级
26	近区故障条件下的开合能力	L90	kA	45
		L75	kA	37.5
		L60	kA	30（L75 的最小燃弧时间大于 L90 的最小燃弧时间 5ms 时）
		操作顺序		O－0.3s－CO－180s－CO
27	失步关合和开断能力	开断电流	kA	16
		试验电压	kV	$2.0\times363/\sqrt{3}$
		操作顺序		方式 1：O－O－O 方式 2：CO－O－O
28	合闸电阻	电阻值	Ω	400
		电阻值允许偏差	%	±5
		预投入时间	ms	8～11

表 1（续）

序号	名　　称		单位	标准参数值
28	合闸电阻	热容量		1.3×363/ $\sqrt{3}$ kV 下合闸操作 4 次，头两次操作间隔为 3min，后两次操作间隔也是 3min，两组操作之间时间间隔不大于 30min；或在 2×363/ $\sqrt{3}$ kV 下合闸操作 2 次，时间间隔为 30min
29	断口均压用并联电容器	每相电容器的额定电压	kV	363/ $\sqrt{3}$
		每个断口电容器的电容量	pF	（投标人提供）
		每个断口电容器的电容量允许偏差	%	±5
		耐受电压	kV	2 倍相电压 2h
		局放	pC	≤10
		介损值	%	≤0.25
30	SF_6 气体压力（表压，20℃）	额定	MPa	（投标人提供）
		报警		（投标人提供）
		最低		（投标人提供）
		闭锁		（投标人提供）
31	操动机构型式或型号			液压（含液压弹簧）、弹簧或气动
	零起打压时间		（min）	（投标人提供）
	补压时间		（s）	（投标人提供）
	操作方式			分相操作
	电动机电压		V	AC 380/220
	合闸操作电源	额定操作电压	V	DC 220 /110
		操作电压允许范围		85%～110%，30%以下不得动作
		每相线圈数量	只	1
		每只线圈涌流	A	（投标人提供）
		每只线圈稳态电流	A	DC 220V、2.5 或 DC 110V、5
	分闸操作电源	额定操作电压	V	DC 220/110
		操作电压允许范围		65%～110%，30%以下不得动作
		每相线圈数量	只	2
		每只线圈涌电流	A	（投标人提供）
		每只线圈稳态电流	A	DC 220V、2.5 或 DC 110V、5
	操动机构工作压力	最高	MPa	（投标人提供）
		额定		（投标人提供）
		最低		（投标人提供）
		报警压力		（投标人提供）

表 1（续）

序号	名称		单位	标准参数值
31	驱潮/加热器	电压	V	AC 220
		运行方式		常投/温湿自动投切
		每相功率（驱潮/加热）	W	（投标人提供）/（投标人提供）
	备用辅助触点	数量	对	10 常开触点，10 常闭触点（引出到相应汇控柜端子排）
		开断能力		DC 220V、2.5A 或 DC 110V、5A
	检修周期		年	≥20
	气动机构	重合闸闭锁压力时允许的操作		O－0.3s－CO 或 CO－180s－CO
		储气筒容积	m^3	（投标人提供）
	液压机构	重合闸闭锁压力时允许的操作		O－0.3s－CO 或 CO－180s－CO
		24h 打压次数	次	≤2
		油中最大允许水分含量	μL/L	（投标人提供）
	弹簧机构	储能时间	s	≤20
32	断路器的质量	断路器包括辅助设备的总质量	kg	（投标人提供）
		每相操动机构的质量	kg	（投标人提供）
		每相 SF_6 气体质量	kg	（投标人提供）
		运输总质量	kg	（投标人提供）
33	运输高度		m	（投标人提供）
34	起吊高度		m	（投标人提供）
三	隔离开关参数			
1	型式/型号			（投标人提供）
2	额定电流	出线	A	4000
		进线	A	4000
3	主回路电阻		μΩ	（投标人提供）
4	温升试验电流		A	$1.1I_N$
5	额定工频 1min 耐受电压	断口	kV	510+210
		对地		510
	额定雷电冲击耐受电压峰值（1.2/50μs）	断口	kV	1175+295
		对地		1175
	额定操作冲击耐受电压峰值（250/2500μs）	断口	kV	850+295
		对地		950
6	额定短时耐受电流及持续时间		kA/s	50/3
7	额定峰值耐受电流		kA	125

表 1（续）

<table>
<tr><th>序号</th><th colspan="3">名　　称</th><th>单位</th><th>标准参数值</th></tr>
<tr><td rowspan="2">8</td><td colspan="2" rowspan="2">分、合闸时间</td><td>分闸时间</td><td rowspan="2">ms</td><td>（投标人提供）</td></tr>
<tr><td>合闸时间</td><td>（投标人提供）</td></tr>
<tr><td rowspan="2">9</td><td colspan="2" rowspan="2">分、合闸速度</td><td>刚分速度</td><td rowspan="2">m/s</td><td>（投标人提供）</td></tr>
<tr><td>刚合速度</td><td>（投标人提供）</td></tr>
<tr><td>10</td><td colspan="3">机械寿命</td><td>次</td><td>≥3000</td></tr>
<tr><td>11</td><td colspan="3">开合小电容电流值</td><td>A</td><td>1</td></tr>
<tr><td>12</td><td colspan="3">开合小电感电流值</td><td>A</td><td>0.5</td></tr>
<tr><td rowspan="3">13</td><td colspan="2" rowspan="3">开合母线转换电流能力</td><td>转换电流</td><td>A</td><td>1600</td></tr>
<tr><td>转换电压</td><td>V</td><td>300</td></tr>
<tr><td>开断次数</td><td>次</td><td>100</td></tr>
<tr><td rowspan="7">14</td><td colspan="2" rowspan="5">操动机构</td><td>型式或型号</td><td></td><td>电动并可手动</td></tr>
<tr><td>电动机电压</td><td>V</td><td>AC 380/220</td></tr>
<tr><td>控制电压</td><td>V</td><td>AC 220</td></tr>
<tr><td>允许电压变化范围</td><td></td><td>85%～110%</td></tr>
<tr><td>操作方式</td><td></td><td>分相操作</td></tr>
<tr><td colspan="2" rowspan="2">备用辅助触点</td><td>数量</td><td>对</td><td>10 常开触点，10 常闭触点
（引出到相应汇控柜端子排）</td></tr>
<tr><td>开断能力</td><td></td><td>DC 220V、2.5A 或 DC 110V、5A</td></tr>
<tr><td>四</td><td colspan="5">快速接地开关参数</td></tr>
<tr><td>1</td><td colspan="3">额定短时耐受电流及持续时间</td><td>kA/s</td><td>50/3</td></tr>
<tr><td>2</td><td colspan="3">额定峰值耐受电流</td><td>kA</td><td>125</td></tr>
<tr><td>3</td><td colspan="3">额定短路关合电流</td><td>kA</td><td>125</td></tr>
<tr><td>4</td><td colspan="3">额定短路电流关合次数</td><td>次</td><td>≥2</td></tr>
<tr><td rowspan="2">5</td><td colspan="2" rowspan="2">分、合闸时间</td><td>分闸时间</td><td rowspan="2">ms</td><td>（投标人提供）</td></tr>
<tr><td>合闸时间</td><td>（投标人提供）</td></tr>
<tr><td rowspan="2">6</td><td colspan="2" rowspan="2">分、合闸速度</td><td>刚分速度</td><td rowspan="2">m/s</td><td>（投标人提供）</td></tr>
<tr><td>刚合速度</td><td>（投标人提供）</td></tr>
<tr><td>7</td><td colspan="3">机械寿命</td><td>次</td><td>≥3000</td></tr>
<tr><td rowspan="6">8</td><td rowspan="6">开合感应
电流能力
（A 类/B 类）</td><td rowspan="3">电磁感应</td><td>感性电流</td><td>A</td><td>80/200</td></tr>
<tr><td>开断次数</td><td>次</td><td>10</td></tr>
<tr><td>感应电压</td><td>kV</td><td>2/22</td></tr>
<tr><td rowspan="3">静电感应</td><td>容性电流</td><td>A</td><td>1.25/18</td></tr>
<tr><td>开断次数</td><td>次</td><td>10</td></tr>
<tr><td>感应电压</td><td>kV</td><td>5/22</td></tr>
</table>

表 1（续）

序号	名　　称		单位	标准参数值
9	操动机构	型式或型号		电动弹簧并可手动
		电动机电压	V	AC 380/220
		控制电压	V	AC 220
		允许电压变化范围		85%～110%
	备用辅助触点	数量	对	8 常开触点，8 常闭触点（引出到相应汇控柜端子排）
		开断能力		DC 220V、2.5A 或 DC 110V、5A
五	检修接地开关参数			
1	额定短时耐受电流及持续时间		kA/s	50/3
2	额定峰值耐受电流		kA	125
3	机械寿命		次	≥3000
4	操动机构	型式或型号		电动并可手动
		电动机电压	V	AC 380/220
		控制电压	V	AC 220
		允许电压变化范围		85%～110%
	备用辅助触点	数量	对	8 常开触点，8 常闭触点
		开断能力		DC 220V、2.5A 或 DC 110V、5A
六	电流互感器参数			
1	型式或型号			电磁式
2	额定电流比			根据实际工程选择，0.2/0.2S 次级要求带中间抽头
3	准确级组合及额定容量			边断路器：TPY/TPY/5P/0.2－断口－0.2S/TPY/TPY 15VA/15VA/15VA/15VA－断口－15VA/15VA/15VA 中断路器：TPY/TPY/5P/0.2/0.2S－断口－0.2S/0.2/TPY/TPY 15VA/15VA/15VA/15VA－断口－15VA/15VA/15VA/15VA
七	套管参数			
1	伞裙型式			大小伞
2	材质			瓷/复合绝缘
3	额定电流		A	4000
4	额定短时耐受电流及持续时间		kA/s	50/3
5	额定峰值耐受电流		kA	125
6	额定工频 1min 耐受电压（相对地）		kV	510
7	额定雷电冲击耐受电压峰值（1.2/50μs）（相对地）		kV	1175
8	额定操作冲击耐受电压峰值（250/2500μs）（相对地）		kV	950

表 1（续）

序号	名　　称		单位	标准参数值
9	爬电距离		mm	11 253k_{ad}（当平均直径 D_a<300mm 时，k_{ad}=1.0；当平均直径 D_a≥300mm 时，k_{ad}=0.000 5D_a+0.85）
10	干弧距离		mm	≥2900
11	S/P			≥0.9
12	端子静负载	水平纵向	N	1500
		水平横向		1000
		垂直		1250
		安全系数		静态 2.75，动态 1.7
13	套管顶部金属带电部分的相间最小净距		mm	≥2800
八	环氧浇注绝缘子参数			
1	安全系数			大于 3 倍设计压力
2	2 倍额定相电压下泄漏电流		μA	50
3	1.1 倍额定相电压下最大场强		kV/mm	≤1.5
九	外壳参数			
1	材质			钢、铸铝、铝合金
2	外壳破坏压力			铸铝和铝合金：5 倍的设计压力；焊接铝外壳和钢外壳：3 倍的设计压力
3	温升	试验电流	A	1.1I_N
		可以接触部位	K	≤30
		可能接触部位	K	≤40
		不可接触部位	K	≤65
4	外壳耐烧穿的能力	电流	kA	50
		时间	s	0.1
5	防爆膜的设置			（投标人提供）
6	感应电压			正常运行条件≤24V，故障条件≤100V
十	SF_6 气体参数			
1	湿度		μg/g	≤8
2	纯度		%	≥99.9

注：本表适用于海拔 1000m 及以下地区户外正常使用条件，高海拔地区所用设备按照实际污区分布进行设备选型，并按照 Q/GDW 13001—2014《高海拔外绝缘配置技术规范》要求进行海拔修正，其他特殊适用条件根据工程实际情况进行修改。

5 组件材料配置表

组件材料配置表包括元件名称、规格形式参数、单位、数量和产地等信息，具体内容和格式根据招标项目情况进行编制。

6 使用环境条件表

363kV/4000A～50kA 复合式气体绝缘金属封闭开关设备使用环境条件见表 2。特殊环境要求根据项目情况进行编制。

表 2 使用环境条件表

<table>
<tr><th>序号</th><th colspan="2">名　称</th><th>单位</th><th>标准参数值</th><th>项目需求值</th></tr>
<tr><td rowspan="3">1</td><td rowspan="3">周围空气温度</td><td>最高气温</td><td rowspan="2">℃</td><td>+40</td><td></td></tr>
<tr><td>最低气温</td><td>–25</td><td></td></tr>
<tr><td>最大日温差</td><td>K</td><td>25</td><td></td></tr>
<tr><td>2</td><td colspan="2">海拔</td><td>m</td><td>≤1000</td><td></td></tr>
<tr><td>3</td><td colspan="2">太阳辐射强度</td><td>W/cm^2</td><td>0.1</td><td></td></tr>
<tr><td>4</td><td colspan="2">污秽等级</td><td></td><td>e 级</td><td></td></tr>
<tr><td>5</td><td colspan="2">覆冰厚度</td><td>mm</td><td>10</td><td></td></tr>
<tr><td>6</td><td colspan="2">风速/风压</td><td>m/s/Pa</td><td>34/700</td><td></td></tr>
<tr><td rowspan="2">7</td><td rowspan="2">湿度</td><td>日相对湿度平均值</td><td rowspan="2">%</td><td>≤95</td><td></td></tr>
<tr><td>月相对湿度平均值</td><td>≤90</td><td></td></tr>
<tr><td>8</td><td colspan="2">耐受地震能力（水平加速度）</td><td>m/s^2</td><td>2</td><td></td></tr>
<tr><td>9</td><td colspan="2">由于主回路中的开合操作在辅助和控制回路上所感应的共模电压的幅值</td><td>kV</td><td>≤1.6</td><td></td></tr>
<tr><td>10</td><td colspan="2">系统中性点接地方式</td><td colspan="2">直接接地</td><td></td></tr>
<tr><td>11</td><td colspan="2">安装地点</td><td colspan="2">户内/户外</td><td></td></tr>
</table>

7 需提供的工程图纸

需提供的工程图纸有电气主接线图、设备平面布置图、断面布置图和 SF_6 系统图。

ICS 29.240

Q/GDW

国家电网有限公司企业标准

Q/GDW 13097.17 — 2018
代替 Q/GDW 13097.17 — 2014

126kV～550kV 气体绝缘金属封闭开关设备采购标准 第 17 部分：550kV/4000A～63kA 复合式气体绝缘金属封闭开关设备专用技术规范

Purchasing standard of 126kV～550kV gas insulate metal-enclosed switchgear Part 17: special technical specification of 550kV/4000A～63kA hybrid gas insulate metal-enclosed switchgear (HGIS)

2019-06-28 发布　　2019-06-28 实施

国家电网有限公司　发布

目　　次

前　言

为规范 126kV～550kV 气体绝缘金属封闭开关设备的采购，制定本部分

《126kV～550kV 气体绝缘金属封闭开关设备采购标准》分为 20 个部分：

——第 1 部分：通用技术规范；

——第 2 部分：126kV/2000A～40kA 气体绝缘金属封闭开关设备专用技术规范；

——第 3 部分：126kV/3150A～40kA 气体绝缘金属封闭开关设备专用技术规范；

——第 4 部分：252kV/3150A～50kA 气体绝缘金属封闭开关设备专用技术规范；

——第 5 部分：252kV/4000A～50kA 气体绝缘金属封闭开关设备专用技术规范；

——第 6 部分：363kV/3150A～50kA 气体绝缘金属封闭开关设备专用技术规范；

——第 7 部分：363kV/4000A～50kA 气体绝缘金属封闭开关设备专用技术规范；

——第 8 部分：363kV/5000A～63kA 气体绝缘金属封闭开关设备专用技术规范；

——第 9 部分：550kV/4000A～63kA 气体绝缘金属封闭开关设备专用技术规范；

——第 10 部分：550kV/5000A～63kA 气体绝缘金属封闭开关设备专用技术规范；

——第 11 部分：126kV/2000A～40kA 复合式气体绝缘金属封闭开关设备专用技术规范；

——第 12 部分：126kV/3150A～40kA 复合式气体绝缘金属封闭开关设备专用技术规范；

——第 13 部分：252kV/3150A～50kA 复合式气体绝缘金属封闭开关设备专用技术规范；

——第 14 部分：252kV/4000A～50kA 复合式气体绝缘金属封闭开关设备专用技术规范；

——第 15 部分：363kV/3150A～50kA 复合式气体绝缘金属封闭开关设备专用技术规范；

——第 16 部分：363kV/4000A～50kA 复合式气体绝缘金属封闭开关设备专用技术规范；

——第 17 部分：550kV/4000A～63kA 复合式气体绝缘金属封闭开关设备专用技术规范；

——第 18 部分：550kV/5000A～63kA 复合式气体绝缘金属封闭开关设备专用技术规范；

——第 19 部分：252kV/5000A～50kA 气体绝缘金属封闭开关设备专用技术规范；

——第 20 部分：363kV/5000A～63kA 复合式气体绝缘金属封闭开关设备专用技术规范。

本部分为《126kV～550kV 气体绝缘金属封闭开关设备采购标准》的第 17 部分。

本部分代替 Q/GDW 13097.17—2014，与 Q/GDW 13097.17—2014 相比，主要技术性差异如下：

——增加了零起打压时间和补压时间参数。

——修改了对外壳耐烧穿能力、操动机构型式、备用辅助触点、爬电距离、干弧距离、伸缩节使用寿命、污秽等级和工程图纸等的要求。

本部分由国家电网有限公司物资部提出并解释。

本部分由国家电网有限公司科技部归口。

本部分起草单位：国网浙江省电力有限公司、中国电力科学研究院有限公司、国网江苏省电力有限公司。

本部分主要起草人：徐华、王绍安、和彦淼、颜湘莲、黄河、周彪、陈孝信、王婷婷。

本部分 2014 年 9 月首次发布，2018 年 12 月第一次修订。

本部分在执行过程中的意见或建议反馈至国家电网有限公司科技部。

126kV～550kV 气体绝缘金属封闭开关设备采购标准
第 17 部分：550kV/4000A～63kA
复合式气体绝缘金属封闭开关设备专用技术规范

1 范围

本部分规定了 550kV/4000A～63kA 复合式气体绝缘金属封闭开关设备招标的标准技术参数、项目需求及投标人响应的相关内容。

本部分适用于 550kV/4000A～63kA 复合式气体绝缘金属封闭开关设备招标。

2 规范性引用文件

下列文件对于本文件的应用是必不可少的。凡是注日期的引用文件，仅注日期的版本适用于本文件。凡是不注日期的引用文件，其最新版本（包括所有的修改单）适用于本文件。

Q/GDW 13097.1　126kV～550kV 气体绝缘金属封闭开关设备采购标准　第 1 部分：通用技术规范

Q/GDW 13001—2014　高海拔外绝缘配置技术规范

3 术语和定义

下列术语和定义适用于本文件。

3.1

招标人　bidder

依照《中华人民共和国招标投标法》的规定，提出招标项目，进行招标的法人或其他组织。

3.2

投标人　tenderer

响应招标、参加投标竞争的法人或者其他组织。

3.3

卖方（供方）　seller（supplier）

提供本部分货物和技术服务的法人或其他组织，包括其法定的承继者。

3.4

买方（需方）　buyer（purchaser）

购买本部分货物和技术服务的法人或其他组织，包括其法定的承继者和经许可的受让人。

4 标准技术参数

技术参数特性表是国家电网有限公司对采购设备的基础技术参数要求，在招投标过程中，投标人应依据招标文件，对技术参数特性表中标准参数值进行响应。550kV/4000A～63kA 复合式气体绝缘金属封闭开关设备技术参数特性见表 1。物资应满足 Q/GDW 13097.1 的要求。

表1　技术参数特性表

<table>
<tr><th>序号</th><th colspan="3">名　称</th><th>单位</th><th>标准参数值</th></tr>
<tr><td>一</td><td colspan="5">HGIS 共用参数</td></tr>
<tr><td>1</td><td colspan="3">额定电压</td><td>kV</td><td>550</td></tr>
<tr><td>2</td><td colspan="3">额定电流</td><td>A</td><td>4000</td></tr>
<tr><td>3</td><td colspan="3">额定工频 1min 耐受电压（相对地）</td><td>kV</td><td>740</td></tr>
<tr><td>4</td><td colspan="3">额定雷电冲击耐受电压峰值（1.2/50μs）（相对地）</td><td>kV</td><td>1675</td></tr>
<tr><td>5</td><td colspan="3">额定操作冲击耐受电压峰值（250/2500μs）（相对地）</td><td>kV</td><td>1300</td></tr>
<tr><td>6</td><td colspan="3">额定短路开断电流</td><td>kA</td><td>63</td></tr>
<tr><td>7</td><td colspan="3">额定短路关合电流</td><td>kA</td><td>160</td></tr>
<tr><td>8</td><td colspan="3">额定短时耐受电流及持续时间</td><td>kA/s</td><td>63/2</td></tr>
<tr><td>9</td><td colspan="3">额定峰值耐受电流</td><td>kA</td><td>160</td></tr>
<tr><td>10</td><td colspan="3">辅助和控制回路短时工频耐受电压</td><td>kV</td><td>2</td></tr>
<tr><td>11</td><td colspan="3">无线电干扰电压</td><td>μV</td><td>≤500</td></tr>
<tr><td>12</td><td colspan="3">噪声水平</td><td>dB</td><td>≤110</td></tr>
<tr><td rowspan="2">13</td><td colspan="2" rowspan="2">SF_6 气体压力（20℃，表压）</td><td>断路器室</td><td rowspan="2">MPa</td><td>（投标人提供）</td></tr>
<tr><td>其他隔室</td><td>（投标人提供）</td></tr>
<tr><td>14</td><td colspan="3">每个隔室 SF_6 气体漏气率</td><td>%/年</td><td>≤0.5</td></tr>
<tr><td rowspan="4">15</td><td rowspan="4">SF_6 气体湿度</td><td rowspan="2">有电弧分解物隔室</td><td>交接验收值</td><td rowspan="4">μL/L</td><td>≤150</td></tr>
<tr><td>长期运行允许值</td><td>≤300</td></tr>
<tr><td rowspan="2">无电弧分解物隔室</td><td>交接验收值</td><td>≤250</td></tr>
<tr><td>长期运行允许值</td><td>≤500</td></tr>
<tr><td rowspan="5">16</td><td colspan="2" rowspan="5">局部放电</td><td>试验电压</td><td>kV</td><td>$1.2\times550/\sqrt{3}$</td></tr>
<tr><td>每个隔室</td><td rowspan="4">pC</td><td>≤5</td></tr>
<tr><td>每单个绝缘件</td><td>≤3</td></tr>
<tr><td>套管</td><td>≤5</td></tr>
<tr><td>电流互感器</td><td>≤5</td></tr>
<tr><td rowspan="2">17</td><td colspan="2" rowspan="2">供电电源</td><td>控制回路</td><td>V</td><td>DC 220 /110</td></tr>
<tr><td>辅助回路</td><td>V</td><td>AC 380/220</td></tr>
<tr><td>18</td><td colspan="3">使用寿命</td><td>年</td><td>≥40</td></tr>
<tr><td>19</td><td colspan="3">检修周期</td><td>年</td><td>≥20</td></tr>
<tr><td rowspan="5">20</td><td colspan="2" rowspan="5">设备质量</td><td>SF_6 气体质量</td><td>kg</td><td>（投标人提供）</td></tr>
<tr><td>总质量</td><td>kg</td><td>（投标人提供）</td></tr>
<tr><td>最大运输质量</td><td>kg</td><td>（投标人提供）</td></tr>
<tr><td>动荷载向下</td><td>kg</td><td>（投标人提供）</td></tr>
<tr><td>动荷载向上</td><td>kg</td><td>（投标人提供）</td></tr>
</table>

表 1（续）

序号	名　　称		单位	标准参数值
21	设备尺寸	设备的整体尺寸	m	（投标人提供）
		设备的最大运输尺寸	m	（投标人提供）
22	外形尺寸	总长度	m	（项目单位填写）
		总高度	m	（项目单位填写）
23	每间隔隔室数量		个/相	（投标人提供）
二	断路器参数			
1	型号			（投标人提供）
2	布置型式（立式或卧式）			（投标人提供）
3	断口数			1/2
4	额定电流	出线	A	4000
		进线		4000
5	主回路电阻		μΩ	（投标人提供）
6	温升试验电流		A	$1.1I_N$
7	额定工频 1min 耐受电压	断口	kV	740+315
		对地		740
	额定雷电冲击耐受电压峰值（1.2/50μs）	断口	kV	1675+450
		对地		1675
	额定操作冲击耐受电压峰值（250/2500μs）	断口	kV	1175+450
		对地		1300
8	额定短路开断电流	交流分量有效值	kA	63
		时间常数	ms	45
		开断次数	次	≥16
		首相开断系数		1.3
9	额定短路关合电流		kA	160
10	额定短时耐受电流及持续时间		kA/s	63/2
11	额定峰值耐受电流		kA	160
12	开断时间		ms	≤50
13	合分时间		ms	≤50
14	分闸时间		ms	≤30
15	合闸时间		ms	≤100
16	重合闸无电流间隙时间		ms	300
17	分、合闸速度	刚分速度	m/s	（投标人提供）
		刚合速度		（投标人提供）
18	分闸不同期性	相间	ms	≤3
		同相断口间		≤2

表 1（续）

序号	名　　称		单位	标准参数值
19	合闸不同期性	相间	ms	≤5
		同相断口间		≤3
20	机械寿命		次	≥3000
21	额定操作顺序			O－0.3s－CO－180s－CO
22	现场开合空载变压器能力	空载变压器容量	MVA	750/1000/1200
		空载励磁电流	A	0.5～15
		试验电压	kV	550
		操作顺序		10×O 和 10×（CO）
23	现场开合并联电抗器能力	电抗器容量	Mvar	120/150/180/210
		试验电压	kV	550
		操作顺序		10×O 和 10×（CO）
24	现场开合空载线路充电电流试验	试验电流	A	由实际线路长度决定
		试验电压	kV	550
		试验条件		线路原则上不得带有泄压设备，如电抗器、避雷器、电磁式电压互感器等，在直流分量较大的情况下应增加带电抗器的试验
		操作顺序		10×（O－0.3s－CO）
25	容性电流开合试验（试验室）	试验电流	A	500
		试验电压	kV	$1.2\times550/\sqrt{3}$
		C1 级：LC1 和 CC1：24×O，LC2 和 CC2：24×CO；C2 级：LC1 和 CC1：48×O，LC2 和 CC2：24×O 和 24×CO		C1 级/C2 级
26	近区故障条件下的开合能力	L90	kA	56.7
		L75	kA	47.3
		L60	kA	37.8（L75 的最小燃弧时间大于 L90 的最小燃弧时间 5ms 时）
		操作顺序		O－0.3s－CO－180s－CO
27	失步关合和开断能力	开断电流	kA	16
		试验电压	kV	$2.0\times550/\sqrt{3}$
		操作顺序		方式 1：O－O－O 方式 2：CO－O－O
28	合闸电阻	电阻值	Ω	400
		电阻值允许偏差	%	±5
		预投入时间	ms	8～11

表 1（续）

序号	名　　称		单位	标准参数值
28	合闸电阻	热容量		1.3×550/$\sqrt{3}$ kV 下合闸操作 4 次，头两次操作间隔为 3min，后两次操作间隔也是 3min，两组操作之间时间间隔不大于 30min；或在 2×550/$\sqrt{3}$ kV 下合闸操作 2 次，时间间隔为 30min
29	断口均压用并联电容器	每相电容器的额定电压	kV	550/$\sqrt{3}$
		每个断口电容器的电容量	pF	（投标人提供）
		每个断口电容器的电容量允许偏差	%	±5
		耐受电压	kV	2 倍相电压 2h
		局放	pC	≤5
		介损值	%	≤0.25
30	SF_6 气体压力（表压，20℃）	额定	MPa	（投标人提供）
		报警		（投标人提供）
		最低		（投标人提供）
		闭锁		（投标人提供）
31	操动机构型式或型号			液压（含液压弹簧）或弹簧
	零起打压时间		（min）	（投标人提供）
	补压时间		（s）	（投标人提供）
	操作方式			分相操作
	电动机电压		V	AC 380/220
	合闸操作电源	额定操作电压	V	DC 220/110
		操作电压允许范围		85%～110%，30%以下不得动作
		每相线圈数量	只	1
		每只线圈涌流	A	（投标人提供）
		每只线圈稳态电流	A	DC 220V、2.5A 或 DC 110V、5A
	分闸操作电源	额定操作电压	V	DC 220/110
		操作电压允许范围		65%～110%，30%以下不得动作
		每相线圈数量	只	2
		每只线圈涌电流	A	（投标人提供）
		每只线圈稳态电流	A	DC 220V、2.5A 或 DC 110V、5A
	操动机构工作压力	最高	MPa	（投标人提供）
		额定		（投标人提供）
		最低		（投标人提供）
		报警压力		（投标人提供）

表 1（续）

序号	名　　称			单位	标准参数值
31	驱潮/加热器	电压		V	AC 220
		运行方式			常投/温湿自动投切
		每相功率（驱潮/加热）		W	（投标人提供）/（投标人提供）
	备用辅助触点	数量		对	10 常开，10 常闭 （引出到相应汇控柜端子排）
		开断能力			DC 220V、2.5A 或 DC 110V、5A
	检修周期			年	≥20
	液压机构	重合闸闭锁压力时允许的操作			O－0.3s－CO 或 CO－180s－CO
		24h 打压次数		次	≤2
		油中最大允许水分含量		μL/L	（投标人提供）
	弹簧机构	储能时间		s	≤20
32	断路器的质量	断路器包括辅助设备的总质量		kg	（投标人提供）
		每相操动机构的质量		kg	（投标人提供）
		每相 SF_6 气体质量		kg	（投标人提供）
		运输总质量		kg	（投标人提供）
33	运输高度			m	（投标人提供）
34	起吊高度			m	（投标人提供）
三	隔离开关参数				
1	型式/型号				（投标人提供）
2	额定电流	出线		A	4000
		进线		A	4000
3	主回路电阻			μΩ	（投标人提供）
4	温升试验电流			A	$1.1I_N$
5	额定工频 1min 耐受电压	断口		kV	740+315
		对地			740
	额定雷电冲击耐受电压峰值（1.2/50μs）	断口		kV	1675+450
		对地			1675
	额定操作冲击耐受电压峰值（250/2500μs）	断口		kV	1175+450
		对地			1300
6	额定短时耐受电流及持续时间			kA/s	63/2
7	额定峰值耐受电流			kA	160
8	分、合闸时间	分闸时间		ms	（投标人提供）
		合闸时间			（投标人提供）

表 1（续）

序号	名称			单位	标准参数值
9	分、合闸速度		刚分速度	m/s	（投标人提供）
			刚合速度		（投标人提供）
10	机械寿命			次	≥3000
11	开合小电容电流值			A	1
12	开合小电感电流值			A	0.5
13	开合母线转换电流能力		转换电流	A	1600
			转换电压	V	400
			开断次数	次	100
14	操动机构		型式或型号		电动并可手动
			电动机电压	V	AC 380/220
			控制电压	V	AC110/AC220
			允许电压变化范围		85%～110%
			操作方式		三相机械联动/分相操作
	备用辅助触点		数量	对	10 常开触点，10 常闭触点（引出到相应汇控柜端子排）
			开断能力		DC 220V、2.5A 或 DC 110V、5A
四	快速接地开关参数				
1	额定短时耐受电流及持续时间			kA/s	63/2
2	额定峰值耐受电流			kA	160
3	额定短路关合电流			kA	160
4	额定短路电流关合次数			次	≥2
5	分、合闸时间		分闸时间	ms	（投标人提供）
			合闸时间		（投标人提供）
6	分、合闸速度		刚分速度	m/s	（投标人提供）
			刚合速度		（投标人提供）
7	机械寿命			次	≥3000
8	开合感应电流能力（A 类/B 类）	电磁感应	感性电流	A	80/200
			开断次数	次	10
			感应电压	kV	2/25
		静电感应	容性电流	A	1.6/25
			开断次数	次	10
			感应电压	kV	8/25
9	操动机构		型式或型号		电动弹簧并可手动
			电动机电压	V	AC 380/220
			控制电压	V	AC 220
			允许电压变化范围		85%～110%

表 1（续）

序号	名　称		单位	标准参数值
9	备用辅助触点	数量	对	8 常开触点，8 常闭触点 （引出到相应汇控柜端子排）
		开断能力		DC 220V、2.5A 或 DC 110V、5A
五	检修接地开关参数			
1	额定短时耐受电流及持续时间		kA/s	63/2
2	额定峰值耐受电流		kA	160
3	机械寿命		次	≥3000
4	操动机构	型式或型号		电动并可手动
		电动机电压	V	AC 380/220
		控制电压	V	AC 220
		允许电压变化范围		85%～110%
	备用辅助触点	数量	对	8 常开触点，8 常闭触点
		开断能力		DC 220V、2.5A 或 DC 110V、5A
六	电流互感器参数			
1	型式或型号			电磁式
2	额定电流比			根据实际工程选择，0.2/0.2S 次级要求带中间抽头
3	准确级组合及额定容量			边断路器：TPY/TPY/5P/0.2－断口－0.2S/TPY/TPY15VA/15VA/15VA/15VA－断口－5VA/15VA/15VA 中断路器：TPY/TPY/5P/0.2/0.2S－断口－0.2S/0.2/TPY/TPY15VA/15VA/15VA/15VA－断口－5VA/15VA/15VA
七	套管参数			
1	伞裙型式			大小伞
2	材质			瓷/复合绝缘
3	额定电流		A	4000
4	额定短时耐受电流及持续时间		kA/s	63/2
5	额定峰值耐受电流		kA	160
6	额定工频 1min 耐受电压（相对地）		kV	740
7	额定雷电冲击耐受电压峰值（1.2/50μs）（相对地）		kV	1675
8	额定操作冲击耐受电压峰值（250/2500μs）（相对地）		kV	1300
9	爬电距离		mm	17050k_{ad}（当平均直径 D_a＜300mm 时，k_{ad}=1.0；当平均直径 D_a≥300mm 时，k_{ad}=0.000 5D_a+0.85）
10	干弧距离		mm	≥3800
11	S/P			≥0.9
12	端子静负载	水平纵向	N	2000
		水平横向		1500

表 1（续）

序号	名　　称		单位	标准参数值
12	端子静负载	垂直		1500
		安全系数		静态 2.75，动态 1. 7
13	套管顶部金属带电部分的相间最小净距		mm	≥4300
八	环氧浇注绝缘子参数			
1	安全系数			大于 3 倍设计压力
2	2 倍额定相电压下泄漏电流		μA	50
3	1.1 倍额定相电压下最大场强		kV/mm	≤1.5
九	外壳参数			
1	材质			钢、铸铝、铝合金
2	外壳破坏压力			铸铝和铝合金：5 倍的设计压力；焊接铝外壳和钢外壳：3 倍的设计压力
3	温升	试验电流	A	$1.1I_N$
		可以接触部位	K	≤30
		可能接触部位	K	≤40
		不可接触部位	K	≤65
4	外壳耐烧穿的能力	电流	kA	63
		时间	s	0.1
5	防爆膜的设置			（投标人提供）
6	感应电压			正常运行条件≤24V，故障条件≤100V
十	SF_6 气体参数			
1	湿度		μg/g	≤8
2	纯度		%	≥99.9

注：本表适用于海拔 1000m 及以下地区户外正常使用条件，高海拔地区所用设备按照实际污区分布进行设备选型，并按照 Q/GDW 13001—2014《高海拔外绝缘配置技术规范》要求进行海拔修正，其他特殊适用条件根据工程实际情况进行修改。

5　组件材料配置表

组件材料配置表包括元件名称、规格形式参数、单位、数量和产地等信息，具体内容和格式根据招标项目情况进行编制。

6　使用环境条件表

550kV/4000A～63kA 复合式气体绝缘金属封闭开关设备使用环境条件见表 2。特殊环境要求根据项目情况进行编制。

表2 使用环境条件表

序号	名称		单位	标准参数值	项目需求值
1	周围空气温度	最高气温	℃	+40	
		最低气温		−25	
		最大日温差	K	25	
2	海拔		m	≤1000	
3	太阳辐射强度		W/cm^2	0.1	
4	污秽等级			e 级	
5	覆冰厚度		mm	10	
6	风速/风压		m/s/Pa	34/700	
7	湿度	日相对湿度平均值	%	≤95	
		月相对湿度平均值		≤90	
8	耐受地震能力（水平加速度）		m/s^2	2	
9	由于主回路中的开合操作在辅助和控制回路上所感应的共模电压的幅值		kV	≤1.6	
10	系统中性点接地方式		直接接地		
11	安装地点		户内/户外		

7 需提供的工程图纸

需提供的工程图纸有电气主接线图、设备平面布置图、断面布置图和 SF_6 系统图。

ICS 29.240

Q/GDW

国家电网有限公司企业标准

Q/GDW 13097.18 — 2018
代替 Q/GDW 13097.18 — 2014

126kV～550kV 气体绝缘金属封闭开关设备采购标准 第 18 部分：550kV/5000A～63kA 复合式气体绝缘金属封闭开关设备专用技术规范

Purchasing standard of 126kV～550kV gas insulate metal-enclosed switchgear Part 18: special technical specification of 550kV/5000A～63kA hybrid gas insulate metal-enclosed switchgear (HGIS)

2019-06-28发布 2019-06-28实施

国家电网有限公司 发布

目　次

前　言

为规范126kV～550kV气体绝缘金属封闭开关设备的采购，制定本部分

《126kV～550kV气体绝缘金属封闭开关设备采购标准》分为20个部分：

——第1部分：通用技术规范；
——第2部分：126kV/2000A～40kA气体绝缘金属封闭开关设备专用技术规范；
——第3部分：126kV/3150A～40kA气体绝缘金属封闭开关设备专用技术规范；
——第4部分：252kV/3150A～50kA气体绝缘金属封闭开关设备专用技术规范；
——第5部分：252kV/4000A～50kA气体绝缘金属封闭开关设备专用技术规范；
——第6部分：363kV/3150A～50kA气体绝缘金属封闭开关设备专用技术规范；
——第7部分：363kV/4000A～50kA气体绝缘金属封闭开关设备专用技术规范；
——第8部分：363kV/5000A～63kA气体绝缘金属封闭开关设备专用技术规范；
——第9部分：550kV/4000A～63kA气体绝缘金属封闭开关设备专用技术规范；
——第10部分：550kV/5000A～63kA气体绝缘金属封闭开关设备专用技术规范；
——第11部分：126kV/2000A～40kA复合式气体绝缘金属封闭开关设备专用技术规范；
——第12部分：126kV/3150A～40kA复合式气体绝缘金属封闭开关设备专用技术规范；
——第13部分：252kV/3150A～50kA复合式气体绝缘金属封闭开关设备专用技术规范；
——第14部分：252kV/4000A～50kA复合式气体绝缘金属封闭开关设备专用技术规范；
——第15部分：363kV/3150A～50kA复合式气体绝缘金属封闭开关设备专用技术规范；
——第16部分：363kV/4000A～50kA复合式气体绝缘金属封闭开关设备专用技术规范；
——第17部分：550kV/4000A～63kA复合式气体绝缘金属封闭开关设备专用技术规范；
——第18部分：550kV/5000A～63kA复合式气体绝缘金属封闭开关设备专用技术规范；
——第19部分：252kV/5000A～50kA气体绝缘金属封闭开关设备专用技术规范；
——第20部分：363kV/5000A～63kA复合式气体绝缘金属封闭开关设备专用技术规范。

本部分为《126kV～550kV气体绝缘金属封闭开关设备采购标准》的第18部分。

本部分代替Q/GDW 13097.18—2014，与Q/GDW 13097.18—2014相比，主要技术性差异如下：

——增加了零起打压时间和补压时间参数。
——修改了对外壳耐烧穿能力、操动机构型式、备用辅助触点、爬电距离、干弧距离、伸缩节使用寿命、污秽等级和工程图纸等的要求。

本部分由国家电网有限公司物资部提出并解释。

本部分由国家电网有限公司科技部归口。

本部分起草单位：国网浙江省电力有限公司、中国电力科学研究院有限公司、国网江苏省电力有限公司。

本部分主要起草人：徐华、王绍安、和彦淼、颜湘莲、黄河、周彪、陈孝信、王婷婷、毛永健。

本部分2014年9月首次发布，2018年12月第一次修订。

本部分在执行过程中的意见或建议反馈至国家电网有限公司科技部。

126kV～550kV 气体绝缘金属封闭开关设备采购标准 第 18 部分：550kV/5000A～63kA 复合式气体绝缘金属封闭开关设备专用技术规范

1 范围

本部分规定了 550kV/5000A～63kA 复合式气体绝缘金属封闭开关设备招标的标准技术参数、项目需求及投标人响应的相关内容。

本部分适用于 550kV/5000A～63kA 复合式气体绝缘金属封闭开关设备招标。

2 规范性引用文件

下列文件对于本文件的应用是必不可少的。凡是注日期的引用文件，仅注日期的版本适用于本文件。凡是不注日期的引用文件，其最新版本（包括所有的修改单）适用于本文件。

Q/GDW 13097.1 126kV～550kV 气体绝缘金属封闭开关设备采购标准 第 1 部分：通用技术规范

Q/GDW 13001—2014 高海拔外绝缘配置技术规范

3 术语和定义

下列术语和定义适用于本文件。

3.1

招标人 bidder

依照《中华人民共和国招标投标法》的规定，提出招标项目，进行招标的法人或其他组织。

3.2

投标人 tenderer

响应招标、参加投标竞争的法人或者其他组织。

3.3

卖方（供方） seller（supplier）

提供本部分货物和技术服务的法人或其他组织，包括其法定的承继者。

3.4

买方（需方） buyer（purchaser）

购买本部分货物和技术服务的法人或其他组织，包括其法定的承继者和经许可的受让人。

4 标准技术参数

技术参数特性表是国家电网有限公司对采购设备的基础技术参数要求，在招投标过程中，投标人应依据招标文件，对技术参数特性表中标准参数值进行响应。550kV/5000A～63kA 复合式气体绝缘金属封闭开关设备技术参数特性见表 1。物资应满足 Q/GDW 13097.1 的要求。

表1 技术参数特性表

序号	名称			单位	标准参数值
一	HGIS 共用参数				
1	额定电压			kV	550
2	额定电流			A	5000
3	额定工频 1min 耐受电压（相对地）			kV	740
4	额定雷电冲击耐受电压峰值（1.2/50μs）（相对地）			kV	1675
5	额定操作冲击耐受电压峰值（250/2500μs）（相对地）			kV	1300
6	额定短路开断电流			kA	63
7	额定短路关合电流			kA	160
8	额定短时耐受电流及持续时间			kA/s	63/2
9	额定峰值耐受电流			kA	160
10	辅助和控制回路短时工频耐受电压			kV	2
11	无线电干扰电压			μV	≤500
12	噪声水平			dB	≤110
13	SF_6 气体压力（20℃，表压）		断路器室	MPa	（投标人提供）
			其他隔室		（投标人提供）
14	每个隔室 SF_6 气体漏气率			%/年	≤0.5
15	SF_6 气体湿度	有电弧分解物隔室	交接验收值	μL/L	≤150
			长期运行允许值		≤300
		无电弧分解物隔室	交接验收值		≤250
			长期运行允许值		≤500
16	局部放电		试验电压	kV	$1.2\times550/\sqrt{3}$
			每个间隔	pC	≤5
			每单个绝缘件		≤3
			套管		≤5
			电流互感器		≤5
17	供电电源		控制回路	V	DC 220 /110
			辅助回路	V	AC 380/220
18	使用寿命			年	≥40
19	检修周期			年	≥20
20	设备质量		SF_6 气体质量	kg	（投标人提供）
			总质量	kg	（投标人提供）
			最大运输质量	kg	（投标人提供）

表 1（续）

序号	名　　称		单位	标准参数值
20	设备质量	动荷载向下	kg	（投标人提供）
		动荷载向上	kg	（投标人提供）
21	设备尺寸	设备的整体尺寸	m	（投标人提供）
		设备的最大运输尺寸	m	（投标人提供）
22	外形尺寸	总长度	m	（项目单位填写）
		总高度	m	（项目单位填写）
23	每间隔隔室数量		个/相	（投标人提供）
二	断路器参数			
1	型号			（投标人提供）
2	布置型式（立式或卧式）			（投标人提供）
3	断口数			1/2
4	额定电流	出线	A	5000
		进线		5000
5	主回路电阻		μΩ	（投标人提供）
6	温升试验电流		A	$1.1I_N$
7	额定工频 1min 耐受电压	断口	kV	740+315
		对地		740
	额定雷电冲击耐受电压峰值（1.2/50μs）	断口	kV	1675+450
		对地		1675
	额定操作冲击耐受电压峰值（250/2500μs）	断口	kV	1175+450
		对地		1300
8	额定短路开断电流	交流分量有效值	kA	63
		时间常数	ms	45
		开断次数	次	≥16
		首相开断系数		1.3
9	额定短路关合电流		kA	160
10	额定短时耐受电流及持续时间		kA/s	63/2
11	额定峰值耐受电流		kA	160
12	开断时间		ms	≤50
13	合分时间		ms	≤50
14	分闸时间		ms	≤30
15	合闸时间		ms	≤100
16	重合闸无电流间隙时间		ms	300
17	分、合闸速度	刚分速度	m/s	（投标人提供）
		刚合速度		（投标人提供）

表 1（续）

序号	名　　称		单位	标准参数值
18	分闸不同期性	相间	ms	≤3
		同相断口间		≤2
19	合闸不同期性	相间	ms	≤5
		同相断口间		≤3
20	机械寿命		次	≥3000
21	额定操作顺序			O－0.3s－CO－180s－CO
22	现场开合空载变压器能力	空载变压器容量	MVA	750/1000/1200
		空载励磁电流	A	0.5～15
		试验电压	kV	550
		操作顺序		10×O 和 10×（CO）
23	现场开合并联电抗器能力	电抗器容量	Mvar	120/150/180/210
		试验电压	kV	550
		操作顺序		10×O 和 10×（CO）
24	现场开合空载线路充电电流试验	试验电流	A	由实际线路长度决定
		试验电压	kV	550
		试验条件		线路原则上不得带有泄压设备，如电抗器、避雷器、电磁式电压互感器等，在直流分量较大的情况下应增加带电抗器的试验
		操作顺序		10×（O－0.3s－CO）
25	容性电流开合试验（试验室）	试验电流	A	500
		试验电压	kV	$1.2\times550/\sqrt{3}$
		C1 级：LC1 和 CC1：24×O，LC2 和 CC2：24×CO； C2 级：LC1 和 CC1：48×O，LC2 和 CC2：24×O 和 24×CO		C1 级/C2 级
26	近区故障条件下的开合能力	L90	kA	56.7
		L75	kA	47.3
		L60	kA	37.8（L75 的最小燃弧时间大于 L90 的最小燃弧时间 5ms 时）
		操作顺序		O－0.3s－CO－180s－CO
27	失步关合和开断能力	开断电流	kA	16
		试验电压	kV	$2.0\times550/\sqrt{3}$
		操作顺序		方式 1：O－O－O 方式 2：CO－O－O

表 1（续）

序号	名　称		单位	标准参数值
28	合闸电阻	电阻值	Ω	400
		电阻值允许偏差	%	±5
		预投入时间	ms	8～11
		热容量		$1.3 \times 550/\sqrt{3}$ kV 下合闸操作 4 次，头两次操作间隔为 3min，后两次操作间隔也是 3min，两组操作之间时间间隔不大于 30min；或在 $2 \times 550/\sqrt{3}$ kV 下合闸操作 2 次，时间间隔为 30min
29	断口均压用并联电容器	每相电容器的额定电压	kV	$550/\sqrt{3}$
		每个断口电容器的电容量	pF	（投标人提供）
		每个断口电容器的电容量允许偏差	%	±5
		耐受电压	kV	2 倍相电压 2h
		局放	pC	≤5
		介损值	%	≤0.25
30	SF_6 气体压力（表压，20℃）	额定	MPa	（投标人提供）
		报警		（投标人提供）
		最低		（投标人提供）
		闭锁		（投标人提供）
31	操动机构型式或型号			液压（含液压弹簧）或弹簧
	零起打压时间		（min）	（投标人提供）
	补压时间		（s）	（投标人提供）
	操作方式			分相操作
	电动机电压		V	AC 380/220
	合闸操作电源	额定操作电压	V	DC 220/110
		操作电压允许范围		85%～110%，30%以下不得动作
		每相线圈数量	只	1
		每只线圈涌流	A	（投标人提供）
		每只线圈稳态电流	A	DC 220V、2.5A 或 DC 110V、5A
	分闸操作电源	额定操作电压	V	DC 220/110
		操作电压允许范围		65%～110%，30%以下不得动作
		每相线圈数量	只	1
		每只线圈涌电流	A	（投标人提供）
		每只线圈稳态电流	A	DC 220V、2.5A 或 DC 110V、5A

表 1（续）

<table>
<tr><th>序号</th><th colspan="2">名　　称</th><th>单位</th><th>标准参数值</th></tr>
<tr><td rowspan="15">31</td><td rowspan="4">操动机构工作压力</td><td>最高</td><td rowspan="4">MPa</td><td>（投标人提供）</td></tr>
<tr><td>额定</td><td>（投标人提供）</td></tr>
<tr><td>最低</td><td>（投标人提供）</td></tr>
<tr><td>报警压力</td><td>（投标人提供）</td></tr>
<tr><td rowspan="3">驱潮/加热器</td><td>电压</td><td>V</td><td>AC 220</td></tr>
<tr><td>运行方式</td><td></td><td>常投/温湿自动投切</td></tr>
<tr><td>每相功率（驱潮/加热）</td><td>W</td><td>（投标人提供）/（投标人提供）</td></tr>
<tr><td rowspan="2">备用辅助触点</td><td>数量</td><td>对</td><td>10 常开触点，10 常闭触点
（引出到相应汇控柜端子排）</td></tr>
<tr><td>开断能力</td><td></td><td>DC 220V、2.5A 或 DC 110V、5A</td></tr>
<tr><td colspan="2">检修周期</td><td>年</td><td>≥20</td></tr>
<tr><td rowspan="3">液压机构</td><td>重合闸闭锁压力时
允许的操作</td><td></td><td>O－0.3s－CO 或 CO－180s－CO</td></tr>
<tr><td>24h 打压次数</td><td>次</td><td>≤2</td></tr>
<tr><td>油中最大允许水分含量</td><td>μL/L</td><td>（投标人提供）</td></tr>
<tr><td>弹簧机构</td><td>储能时间</td><td>s</td><td>≤20</td></tr>
<tr><td rowspan="4">32</td><td rowspan="4">断路器的质量</td><td>断路器包括辅助
设备的总质量</td><td>kg</td><td>（投标人提供）</td></tr>
<tr><td>每相操动机构的质量</td><td>kg</td><td>（投标人提供）</td></tr>
<tr><td>每相 SF_6 气体质量</td><td>kg</td><td>（投标人提供）</td></tr>
<tr><td>运输总质量</td><td>kg</td><td>（投标人提供）</td></tr>
<tr><td>33</td><td colspan="2">运输高度</td><td>m</td><td>（投标人提供）</td></tr>
<tr><td>34</td><td colspan="2">起吊高度</td><td>m</td><td>（投标人提供）</td></tr>
<tr><td>三</td><td colspan="4">隔离开关参数</td></tr>
<tr><td>1</td><td colspan="2">型式/型号</td><td></td><td>（投标人提供）</td></tr>
<tr><td rowspan="2">2</td><td rowspan="2">额定电流</td><td>出线</td><td>A</td><td>5000</td></tr>
<tr><td>进线</td><td>A</td><td>5000</td></tr>
<tr><td>3</td><td colspan="2">主回路电阻</td><td>μΩ</td><td>（投标人提供）</td></tr>
<tr><td>4</td><td colspan="2">温升试验电流</td><td>A</td><td>$1.1I_N$</td></tr>
<tr><td rowspan="6">5</td><td rowspan="2">额定工频 1min 耐受电压</td><td>断口</td><td rowspan="2">kV</td><td>740+315</td></tr>
<tr><td>对地</td><td>740</td></tr>
<tr><td rowspan="2">额定雷电冲击耐受电压峰值
（1.2/50μs）</td><td>断口</td><td rowspan="2">kV</td><td>1675+450</td></tr>
<tr><td>对地</td><td>1675</td></tr>
<tr><td rowspan="2">额定操作冲击耐受电压峰值
（250/2500μs）</td><td>断口</td><td rowspan="2">kV</td><td>1175+450</td></tr>
<tr><td>对地</td><td>1300</td></tr>
<tr><td>6</td><td colspan="2">额定短时耐受电流及持续时间</td><td>kA/s</td><td>63/2</td></tr>
</table>

表 1（续）

序号	名　　称			单位	标准参数值
7	额定峰值耐受电流			kA	160
8	分、合闸时间		分闸时间	ms	（投标人提供）
			合闸时间		（投标人提供）
9	分、合闸速度		刚分速度	m/s	（投标人提供）
			刚合速度		（投标人提供）
10	机械寿命			次	≥3000
11	开合小电容电流值			A	1
12	开合小电感电流值			A	0.5
13	开合母线转换电流能力		转换电流	A	1600
			转换电压	V	400
			开断次数	次	100
14	操动机构		型式或型号		电动并可手动
			电动机电压	V	AC 380/220
			控制电压	V	AC110/AC220
			允许电压变化范围		85%～110%
			操作方式		分相操作
	备用辅助触点		数量	对	10 常开触点，10 常闭触点（引出到相应汇控柜端子排）
			开断能力		DC 220V、2.5A 或 DC 110V、5A
四	快速接地开关参数				
1	额定短时耐受电流及持续时间			kA/s	63/2
2	额定峰值耐受电流			kA	160
3	额定短路关合电流			kA	160
4	额定短路电流关合次数			次	≥2
5	分、合闸时间		分闸时间	ms	（投标人提供）
			合闸时间		（投标人提供）
6	分、合闸速度		刚分速度	m/s	（投标人提供）
			刚合速度		（投标人提供）
7	机械寿命			次	≥3000
8	开合感应电流能力（A 类/B 类）	电磁感应	感性电流	A	80/200
			开断次数	次	10
			感应电压	kV	2/25
		静电感应	容性电流	A	1.6/50
			开断次数	次	10
			感应电压	kV	8/50

表 1（续）

序号	名称		单位	标准参数值
9	操动机构	型式或型号		电动弹簧并可手动
		电动机电压	V	AC 380/220
		控制电压	V	AC 220
		允许电压变化范围		85%～110%
	备用辅助触点	数量	对	8 常开触点，8 常闭触点（引出到相应汇控柜端子排）
		开断能力		DC 220V、2.5A 或 DC 110V、5A
五	检修接地开关参数			
1	额定短时耐受电流及持续时间		kA/s	63/2
2	额定峰值耐受电流		kA	160
3	机械寿命		次	≥3000
4	操动机构	型式或型号		电动并可手动
		电动机电压	V	AC 380/220
		控制电压	V	AC 220
		允许电压变化范围		85%～110%
	备用辅助触点	数量	对	8 常开触点，8 常闭触点
		开断能力		DC 220V、2.5A 或 DC 110V、5A
六	电流互感器参数			
1	型式或型号			电磁式
2	额定电流比			根据实际工程选择，0.2/0.2S 次级要求带中间抽头
3	准确级组合及额定容量			边断路器：TPY/TPY/5P/0.2－断口－0.2S/TPY/TPY15VA/15VA/15VA/15VA－断口－5VA/15VA/15VA 中断路器：TPY/TPY/5P/0.2/0.2S－断口－0.2S/0.2/TPY/TPY15VA/15VA/15VA/15VA－断口－5VA/15VA/15VA
七	套管参数			
1	伞裙型式			大小伞
2	材质			瓷、复合绝缘
3	额定电流		A	5000
4	额定短时耐受电流及持续时间		kA/s	63/2
5	额定峰值耐受电流		kA	160
6	额定工频 1min 耐受电压（相对地）		kV	740
7	额定雷电冲击耐受电压峰值（1.2/50μs，相对地）		kV	1675
8	额定操作冲击耐受电压峰值（250/2500μs，相对地）		kV	1300

表 1（续）

序号	名称		单位	标准参数值
9	爬电距离		mm	17 050k_{ad}（当平均直径 D_a＜300mm 时，k_{ad}=1.0；当平均直径 D_a≥300mm 时，k_{ad}=0.000 5D_a+0.85）
10	干弧距离		mm	≥3800
11	S/P			≥0.9
12	端子静负载	水平纵向	N	2000
		水平横向		1500
		垂直		1500
		安全系数		静态 2.75，动态 1.7
13	套管顶部金属带电部分的相间最小净距		mm	≥4300
八	环氧浇注绝缘子参数			
1	安全系数			大于 3 倍设计压力
2	2 倍额定相电压下泄漏电流		μA	50
3	1.1 倍额定相电压下最大场强		kV/mm	≤1.5
九	外壳参数			
1	材质			钢、铸铝、铝合金
2	外壳破坏压力			铸铝和铝合金：5 倍的设计压力；焊接铝外壳和钢外壳：3 倍的设计压力
3	温升	试验电流	A	1.1I_N
		可以接触部位	K	≤30
		可能接触部位	K	≤40
		不可接触部位	K	≤65
4	外壳耐烧穿的能力	电流	kA	63
		时间	s	0.1
5	防爆膜的设置			（投标人提供）
6	感应电压			正常运行条件≤24V，故障条件≤100V
十	SF_6 气体参数			
1	湿度		μg/g	≤8
2	纯度		%	≥99.9

注：本表适用于海拔 1000m 及以下地区户外正常使用条件，高海拔地区所用设备按照实际污区分布进行设备选型，并按照 Q/GDW 13001—2014《高海拔外绝缘配置技术规范》要求进行海拔修正，其他特殊适用条件根据工程实际情况进行修改。

5 组件材料配置表

组件材料配置表包括元件名称、规格形式参数、单位、数量和产地等信息，具体内容和格式根据招标项目情况进行编制。

6 使用环境条件表

550kV/5000A～63kA 复合式气体绝缘金属封闭开关设备使用环境条件见表 2。特殊环境要求根据项目情况进行编制。

表2 使用环境条件表

序号	名称		单位	标准参数值	项目需求值
1	周围空气温度	最高气温	℃	+40	
		最低气温		−25	
		最大日温差	K	25	
2	海拔		m	≤1000	
3	太阳辐射强度		W/cm^2	0.1	
4	污秽等级			e 级	
5	覆冰厚度		mm	10	
6	风速/风压		m/s/Pa	34/700	
7	湿度	日相对湿度平均值	%	≤95	
		月相对湿度平均值		≤90	
8	耐受地震能力（水平加速度）		m/s^2	2	
9	由于主回路中的开合操作在辅助和控制回路上所感应的共模电压的幅值		kV	≤1.6	
10	系统中性点接地方式		直接接地		
11	安装地点		户内/户外		

7 需提供的工程图纸

需提供的工程图纸有电气主接线图、设备平面布置图、断面布置图和 SF_6 系统图。

ICS 29.240

Q/GDW

国家电网有限公司企业标准

Q/GDW 13097.19 — 2018

126kV～550kV 气体绝缘金属封闭开关设备采购标准 第 19 部分：252kV/5000A～50kA 气体绝缘金属封闭开关设备专用技术规范

Purchasing standard of 126kV～550kV gas insulate metal-enclosed switchgear Part 19: special technical specification of 252kV/5000A～50kA gas insulate metal-enclosed switchgear (GIS)

2019-06-28发布　　2019-06-28实施

国家电网有限公司　发 布

目　次

前　言

为规范 126kV～550kV 气体绝缘金属封闭开关设备的采购，制定本部分

《126kV～550kV 气体绝缘金属封闭开关设备采购标准》分为 20 个部分：

——第 1 部分：通用技术规范；

——第 2 部分：126kV/2000A～40kA 气体绝缘金属封闭开关设备专用技术规范；

——第 3 部分：126kV/3150A～40kA 气体绝缘金属封闭开关设备专用技术规范；

——第 4 部分：252kV/3150A～50kA 气体绝缘金属封闭开关设备专用技术规范；

——第 5 部分：252kV/4000A～50kA 气体绝缘金属封闭开关设备专用技术规范；

——第 6 部分：363kV/3150A～50kA 气体绝缘金属封闭开关设备专用技术规范；

——第 7 部分：363kV/4000A～50kA 气体绝缘金属封闭开关设备专用技术规范；

——第 8 部分：363kV/5000A～63kA 气体绝缘金属封闭开关设备专用技术规范；

——第 9 部分：550kV/4000A～63kA 气体绝缘金属封闭开关设备专用技术规范；

——第 10 部分：550kV/5000A～63kA 气体绝缘金属封闭开关设备专用技术规范；

——第 11 部分：126kV/2000A～40kA 复合式气体绝缘金属封闭开关设备专用技术规范；

——第 12 部分：126kV/3150A～40kA 复合式气体绝缘金属封闭开关设备专用技术规范；

——第 13 部分：252kV/3150A～50kA 复合式气体绝缘金属封闭开关设备专用技术规范；

——第 14 部分：252kV/4000A～50kA 复合式气体绝缘金属封闭开关设备专用技术规范；

——第 15 部分：363kV/3150A～50kA 复合式气体绝缘金属封闭开关设备专用技术规范；

——第 16 部分：363kV/4000A～50kA 复合式气体绝缘金属封闭开关设备专用技术规范；

——第 17 部分：550kV/4000A～63kA 复合式气体绝缘金属封闭开关设备专用技术规范；

——第 18 部分：550kV/5000A～63kA 复合式气体绝缘金属封闭开关设备专用技术规范；

——第 19 部分：252kV/5000A～50kA 气体绝缘金属封闭开关设备专用技术规范；

——第 20 部分：363kV/5000A～63kA 复合式气体绝缘金属封闭开关设备专用技术规范。

本部分为《126kV～550kV 气体绝缘金属封闭开关设备采购标准》的第 19 部分。

本部分由国家电网有限公司物资部提出并解释。

本部分由国家电网有限公司科技部归口。

本部分起草单位：国网浙江省电力有限公司、中国电力科学研究院有限公司、国网江苏省电力有限公司。

本部分主要起草人：徐华、王绍安、和彦淼、颜湘莲、黄河、周彪、陈孝信、邹慧安、王婷婷。

本部分首次发布。

本部分在执行过程中的意见或建议反馈至国家电网有限公司科技部。

126kV～550kV 气体绝缘金属封闭开关设备采购标准
第 19 部分：252kV/5000A～50kA
气体绝缘金属封闭开关设备专用技术规范

1 范围

本部分规定了 252kV/5000A～50kA 气体绝缘金属封闭开关设备招标的标准技术参数、项目需求及投标人响应的相关内容。

本部分适用于 252kV/5000A～50kA 气体绝缘金属封闭开关设备招标。

2 规范性引用文件

下列文件对于本文件的应用是必不可少的。凡是注日期的引用文件，仅注日期的版本适用于本文件。凡是不注日期的引用文件，其最新版本（包括所有的修改单）适用于本文件。

Q/GDW 13097.1 126kV～550kV 气体绝缘金属封闭开关设备采购标准 第 1 部分：通用技术规范

Q/GDW 13001—2014 高海拔外绝缘配置技术规范

3 术语和定义

下列术语和定义适用于本文件。

3.1

招标人 bidder

依照《中华人民共和国招标投标法》的规定，提出招标项目，进行招标的法人或其他组织。

3.2

投标人 tenderer

响应招标、参加投标竞争的法人或者其他组织。

3.3

卖方（供方） seller（supplier）

提供本部分货物和技术服务的法人或其他组织，包括其法定的承继者。

3.4

买方（需方） buyer（purchaser）

购买本部分货物和技术服务的法人或其他组织，包括其法定的承继者和经许可的受让人。

4 标准技术参数

技术参数特性表是国家电网有限公司对采购设备的基础技术参数要求，在招投标过程中，投标人应依据招标文件，对技术参数特性表中标准参数值进行响应。252kV/5000A～50kA 气体绝缘金属封闭开关设备技术参数特性见表 1。物资应满足 Q/GDW 13097.1 的要求。

表1　技术参数特性表

<table>
<tr><th>序号</th><th colspan="3">名　称</th><th>单位</th><th>标准参数值</th></tr>
<tr><td>一</td><td colspan="5">GIS 共用参数</td></tr>
<tr><td>1</td><td colspan="3">额定电压</td><td>kV</td><td>252</td></tr>
<tr><td rowspan="4">2</td><td colspan="2" rowspan="4">额定电流</td><td>出线</td><td rowspan="4">A</td><td>5000</td></tr>
<tr><td>进线</td><td>5000</td></tr>
<tr><td>分段、母联</td><td>5000</td></tr>
<tr><td>主母线</td><td>5000</td></tr>
<tr><td>3</td><td colspan="3">额定工频 1min 耐受电压（相对地）</td><td>kV</td><td>460</td></tr>
<tr><td>4</td><td colspan="3">额定雷电冲击耐受电压峰值（1.2/50 s）（相对地）</td><td>kV</td><td>1050</td></tr>
<tr><td>5</td><td colspan="3">额定短路开断电流</td><td>kA</td><td>50</td></tr>
<tr><td>6</td><td colspan="3">额定短路关合电流</td><td>kA</td><td>125</td></tr>
<tr><td>7</td><td colspan="3">额定短时耐受电流及持续时间</td><td>kA/s</td><td>50/3</td></tr>
<tr><td>8</td><td colspan="3">额定峰值耐受电流</td><td>kA</td><td>125</td></tr>
<tr><td>9</td><td colspan="3">辅助和控制回路短时工频耐受电压</td><td>kV</td><td>2</td></tr>
<tr><td>10</td><td colspan="3">无线电干扰电压</td><td>μV</td><td>≤500</td></tr>
<tr><td>11</td><td colspan="3">噪声水平</td><td>dB</td><td>≤90</td></tr>
<tr><td rowspan="2">12</td><td colspan="2" rowspan="2">SF_6 气体压力（20℃，表压）</td><td>断路器室</td><td rowspan="2">MPa</td><td>（投标人提供）</td></tr>
<tr><td>其他隔室</td><td>（投标人提供）</td></tr>
<tr><td>13</td><td colspan="3">每个隔室 SF_6 气体漏气率</td><td>%/年</td><td>≤0.5</td></tr>
<tr><td rowspan="4">14</td><td rowspan="4">SF_6 气体湿度</td><td rowspan="2">有电弧分解物隔室</td><td>交接验收值</td><td rowspan="4">μL/L</td><td>≤150</td></tr>
<tr><td>长期运行允许值</td><td>≤300</td></tr>
<tr><td rowspan="2">无电弧分解物隔室</td><td>交接验收值</td><td>≤250</td></tr>
<tr><td>长期运行允许值</td><td>≤500</td></tr>
<tr><td rowspan="7">15</td><td colspan="2" rowspan="7">局部放电</td><td>试验电压</td><td>kV</td><td>$1.2\times252/\sqrt{3}$</td></tr>
<tr><td>每个隔室</td><td rowspan="6">pC</td><td>≤5</td></tr>
<tr><td>每单个绝缘件</td><td>≤3</td></tr>
<tr><td>套管</td><td>≤5</td></tr>
<tr><td>电流互感器</td><td>≤5</td></tr>
<tr><td>电压互感器</td><td>≤10</td></tr>
<tr><td>避雷器</td><td>≤10</td></tr>
<tr><td rowspan="2">16</td><td colspan="2" rowspan="2">供电电源</td><td>控制回路</td><td>V</td><td>AC 220，DC 220/110</td></tr>
<tr><td>辅助回路</td><td>V</td><td>AC 380/220</td></tr>
<tr><td>17</td><td colspan="3">使用寿命</td><td>年</td><td>≥40</td></tr>
<tr><td>18</td><td colspan="3">检修周期</td><td>年</td><td>≥20</td></tr>
</table>

表 1（续）

序号	名　　称		单位	标准参数值
19	设备质量	SF_6气体质量	kg	（投标人提供）
		总质量	kg	（投标人提供）
		最大运输质量	kg	（投标人提供）
		动荷载向下	kg	（投标人提供）
		动荷载向上	kg	（投标人提供）
20	设备尺寸	设备的整体尺寸	m	（投标人提供）
		设备的最大运输尺寸	m	（投标人提供）
		间隔尺寸（相邻间隔最小中心距）	m	2/3
21	结构布置	断路器		三相分箱
		母线		三相分箱/三相共箱
22	每间隔隔室数量		个/相	（投标人提供）
23	主母线的隔室最大长度		m	（投标人提供）
二	断路器参数			
1	型号			（投标人提供）
2	布置型式（立式或卧式）			（投标人提供）
3	断口数			1
4	额定电流	出线	A	5000
		进线		5000
		分段、母联		5000
5	主回路电阻		μΩ	（投标人提供）
6	温升试验电流		A	$1.1I_N$
7	额定工频 1min 耐受电压	断口	kV	460+145
		对地		460
	额定雷电冲击耐受电压峰值（1.2/50μs）	断口	kV	1050+200
		对地		1050
8	额定短路开断电流	交流分量有效值	kA	50
		时间常数	ms	45
		开断次数	次	20
		首相开断系数		1.3
9	额定短路关合电流		kA	125
10	额定短时耐受电流及持续时间		kA/s	50/3
11	额定峰值耐受电流		kA	125
12	开断时间		ms	≤50
13	合分时间		ms	≤60

表 1（续）

序号	名　　称		单位	标准参数值
14	分闸时间		ms	≤30
15	合闸时间		ms	≤100
16	重合闸无电流间隙时间		ms	300
17	分、合闸速度	刚分速度	m/s	（投标人提供）
		刚合速度		（投标人提供）
18	分闸不同期性		ms	3
19	合闸不同期性		ms	5
20	机械寿命		次	≥5000
21	额定操作顺序			O－0.3s－CO－180s－CO
22	现场开合空载变压器能力	空载变压器容量	MVA	120/150/180/240
		空载励磁电流	A	0.5～15
		试验电压	kV	252
		操作顺序		10×O 和 10×（CO）
23	现场开合空载线路充电电流试验	试验电流	A	由实际线路长度决定
		试验电压	kV	252
		试验条件		线路原则上不得带有泄压设备，如电抗器、避雷器、电磁式电压互感器等，在直流分量比较大的情况下、应增加带电抗器的试验
		操作顺序		10×（O－0.3s－CO）
24	容性电流开合试验（试验室）	试验电流	A	线路：125，电缆：250
		试验电压	kV	$1.2\times252/\sqrt{3}$
		C1 级：LC1 和 CC1：24×O，LC2 和 CC2：24×CO；C2 级：LC1 和 CC1：48×O，LC2 和 CC2：24×O 和 24×CO		C1 级/C2 级
25	近区故障条件下的开合能力	L90	kA	45
		L75	kA	37.5
		L60	kA	30（L75 的最小燃弧时间大于 L90 的最小燃弧时间 5ms 时）
		操作顺序		O－0.3s－CO－180s－CO
26	失步关合和开断能力	开断电流	kA	12.5
		试验电压	kV	$2.0\times252/\sqrt{3}$
		操作顺序		方式 1：O–O–O 方式 2：CO–O–O

表 1（续）

序号	名　　称		单位	标准参数值
27	SF_6气体压力（表压，20℃）	额定	MPa	（投标人提供）
		报警		（投标人提供）
		最低		（投标人提供）
		闭锁		（投标人提供）
28	操动机构型式或型号			液压（含液压弹簧）、弹簧
	零起打压时间		min	（投标人提供）
	补压时间		s	（投标人提供）
	操作方式			三相机械联动（主变、分段、母联）；分相操作（线路）
	电动机电压		V	AC 380/220
	合闸操作电源	额定操作电压	V	DC 220/110
		操作电压允许范围		85%～110%，30%以下不得动作
		每相线圈数量	只	1
		每只线圈涌流	A	（投标人提供）
		每只线圈稳态电流	A	DC 220V、2.5 或 DC 110V、5
	分闸操作电源	额定操作电压	V	DC 220/110
		操作电压允许范围		65%～110%，30%以下不得动作
		每相线圈数量	只	2
		每只线圈涌电流	A	（投标人提供）
		每只线圈稳态电流	A	DC 220V、2.5 或 DC 110V、5
	操动机构工作压力	最高	MPa	（投标人提供）
		额定		（投标人提供）
		最低		（投标人提供）
		报警压力		（投标人提供）
	驱潮/加热器	电压	V	AC 220
		运行方式		常投/温湿自动投切
		每相功率（驱潮/加热）	W	（投标人提供）/（投标人提供）
	备用辅助触点	数量	对	10 常开，10 常闭（引出到相应汇控柜端子排）
		开断能力		DC 220V、2.5A 或 DC 110V、5A
	检修周期		年	≥20
	液压机构	油泵不启动时闭锁压力下允许的操作次数	次	O–0.3s–CO 或 CO–180s–CO
		24h 打压次数	次	≤2
		油中最大允许水分含量	μL/L	（投标人提供）
	弹簧机构	储能时间	s	≤20

表1（续）

序号	名　　称			单位	标准参数值
29	断路器的质量	断路器包括辅助设备的总质量		kg	（投标人提供）
		每相操动机构的质量		kg	（投标人提供）
		每相 SF_6 气体质量		kg	（投标人提供）
		运输总质量		kg	（投标人提供）
30	运输高度			m	（投标人提供）
31	起吊高度			m	（投标人提供）
三	隔离开关参数				
1	型式/型号				（投标人提供）
2	额定电流	出线		A	5000
		进线		A	5000
		分段、母联		A	5000
3	主回路电阻			μΩ	（投标人提供）
4	温升试验电流			A	$1.1I_N$
5	额定工频1min耐受电压		断口	kV	460+145
			对地		460
	额定雷电冲击耐受电压峰值（1.2/50μs）		断口	kV	1050+200
			对地		1050
6	额定短时耐受电流及持续时间			kA/s	50/3
7	额定峰值耐受电流			kA	125
8	分、合闸时间	分闸时间		ms	（投标人提供）
		合闸时间			（投标人提供）
9	分、合闸速度	刚分速度		m/s	（投标人提供）
		刚合速度			（投标人提供）
10	机械寿命			次	≥3000
11	开合小电容电流值			A	1
12	开合小电感电流值			A	0.5
13	开合母线转换电流能力	转换电流		A	1600
		转换电压		V	20
		开断次数		次	100
14	操动机构	型式或型号			电动并可手动
		电动机电压		V	AC 380/220
		控制电压		V	AC 220
15	操动机构	允许电压变化范围			85%～110%
		操作方式			三相联动（主变、分段、母联）；分相操作（线路）

表 1（续）

<table>
<tr><th>序号</th><th colspan="3">名　称</th><th>单位</th><th>标准参数值</th></tr>
<tr><td rowspan="2">15</td><td colspan="2" rowspan="2">备用辅助触点</td><td>数量</td><td>对</td><td>10 常开触点，10 常闭触点
（引出到相应汇控柜端子排）</td></tr>
<tr><td>开断能力</td><td></td><td>DC 220V、2.5A 或 DC 110V、5A</td></tr>
<tr><td>四</td><td colspan="5">快速接地开关参数</td></tr>
<tr><td>1</td><td colspan="3">额定短时耐受电流及持续时间</td><td>kA/s</td><td>50/3</td></tr>
<tr><td>2</td><td colspan="3">额定峰值耐受电流</td><td>kA</td><td>125</td></tr>
<tr><td>3</td><td colspan="3">额定短路关合电流</td><td>kA</td><td>125</td></tr>
<tr><td>4</td><td colspan="3">额定短路电流关合次数</td><td>次</td><td>≥2</td></tr>
<tr><td rowspan="2">5</td><td colspan="2" rowspan="2">分、合闸时间</td><td>分闸时间</td><td rowspan="2">ms</td><td>（投标人提供）</td></tr>
<tr><td>合闸时间</td><td>（投标人提供）</td></tr>
<tr><td rowspan="2">6</td><td colspan="2" rowspan="2">分、合闸速度</td><td>刚分速度</td><td rowspan="2">m/s</td><td>（投标人提供）</td></tr>
<tr><td>刚合速度</td><td>（投标人提供）</td></tr>
<tr><td>7</td><td colspan="3">机械寿命</td><td>次</td><td>≥3000</td></tr>
<tr><td rowspan="6">8</td><td rowspan="6">开合感应
电流能力
（A 类/B 类）</td><td rowspan="3">电磁感应</td><td>感性电流</td><td>A</td><td>80/160</td></tr>
<tr><td>开断次数</td><td>次</td><td>10</td></tr>
<tr><td>感应电压</td><td>kV</td><td>1.4/15</td></tr>
<tr><td rowspan="3">静电感应</td><td>容性电流</td><td>A</td><td>1.25/10</td></tr>
<tr><td>开断次数</td><td>次</td><td>10</td></tr>
<tr><td>感应电压</td><td>kV</td><td>5/15</td></tr>
<tr><td rowspan="6">9</td><td colspan="2" rowspan="4">操动机构</td><td>型式或型号</td><td></td><td>电动弹簧并可手动</td></tr>
<tr><td>电动机电压</td><td>V</td><td>AC 380/220</td></tr>
<tr><td>控制电压</td><td>V</td><td>AC 220</td></tr>
<tr><td>允许电压变化范围</td><td></td><td>85%～110%</td></tr>
<tr><td colspan="2" rowspan="2">备用辅助触点</td><td>数量</td><td>对</td><td>8 常开触点，8 常闭触点
（引出到相应汇控柜端子排）</td></tr>
<tr><td>开断能力</td><td></td><td>DC 220V、2.5A 或 DC 110V、5A</td></tr>
<tr><td>五</td><td colspan="5">检修接地开关参数</td></tr>
<tr><td>1</td><td colspan="3">额定短时耐受电流及持续时间</td><td>kA/s</td><td>50/3</td></tr>
<tr><td>2</td><td colspan="3">额定峰值耐受电流</td><td>kA</td><td>125</td></tr>
<tr><td>3</td><td colspan="3">机械寿命</td><td>次</td><td>≥3000</td></tr>
<tr><td rowspan="6">4</td><td colspan="2" rowspan="4">操动机构</td><td>型式或型号</td><td></td><td>电动并可手动</td></tr>
<tr><td>电动机电压</td><td>V</td><td>AC 380/220</td></tr>
<tr><td>控制电压</td><td>V</td><td>AC 220</td></tr>
<tr><td>允许电压变化范围</td><td></td><td>85%～110%</td></tr>
<tr><td colspan="2" rowspan="2">备用辅助触点</td><td>数量</td><td>对</td><td>8 常开触点，8 常闭触点</td></tr>
<tr><td>开断能力</td><td></td><td>DC 220V、2.5A 或 DC 110V、5A</td></tr>
</table>

表 1（续）

序号	名　　称	单位	标准参数值
六	电流互感器参数		
1	型式或型号		电磁式
2	额定电流比[1]		根据实际工程选择，0.2/0.2S 次级要求带中间抽头
3	准确级组合及额定容量[1]		（1）500kV 变电站 电流互感器： 主变：TPY/TPY/0.2S－断口－5P/5P/0.2S15VA/15VA/15VA－断口－15VA/15VA/5VA； 出线、母联：数字量采样时，5P/5P/0.2S/0.2S15VA/15VA/15VA/5VA；模拟量采样时，5P/5P/0.2S－断口－0.2S/5P/5P15VA/15VA/15VA－断口－5VA/15VA/15VA； 分段：数字量采样时，5P/5P/0.2S/0.2S15VA/15VA/15VA/5VA；模拟量采样时，5P/5P/5P/0.2－断口－5P/5P/5P15VA/15VA/15VA/15VA－断口－15VA/15VA/15VA （2）220kV 变电站 电流互感器： 主变压器、出线、分段、母联：5P/5P/0.2S/0.2S15VA/15VA/15VA/5VA
七	电压互感器参数		
1	型式或型号		电磁式
2	额定电压比		$\frac{220}{\sqrt{3}}/\frac{0.1}{\sqrt{3}}/\frac{0.1}{\sqrt{3}}$kV （单相） $\frac{220}{\sqrt{3}}/\frac{0.1}{\sqrt{3}}/\frac{0.1}{\sqrt{3}}/\frac{0.1}{\sqrt{3}}/0.1$kV $\frac{220}{\sqrt{3}}/\frac{0.1}{\sqrt{3}}/\frac{0.1}{\sqrt{3}}/\frac{0.1}{\sqrt{3}}$kV
3	容量	VA	10/10、10/10/10/10、10/10/10
4	准确级		0.5（3P）/0.5（3P）、0.2/0.5（3P）/0.5（3P）/6P、0.2/0.5（3P）/0.5（3P）
5	接线组别		－/－、Y/Y/Y/△、Y/Y/Y
6	三相不平衡度	V	1
7	低压绕组 1min 工频耐压	kV	3
8	额定电压因数		1.2 倍连续，1.5 倍 30s
八	避雷器参数		
1	额定电压	kV	204
2	持续运行电压	kV	159
3	标称放电电流（8/20μs）	kA	10
4	陡波冲击电流下残压（1/10μs）	kV	594

表 1（续）

<table>
<tr><th>序号</th><th colspan="2">名　称</th><th>单位</th><th>标准参数值</th></tr>
<tr><td>5</td><td colspan="2">雷电冲击电流下残压（8/20μs）</td><td>kV</td><td>532</td></tr>
<tr><td>6</td><td colspan="2">操作冲击电流下残压（30/60μs）</td><td>kV</td><td>452</td></tr>
<tr><td>7</td><td colspan="2">直流 1mA 参考电压</td><td>kV</td><td>≥296</td></tr>
<tr><td>8</td><td colspan="2">75%直流 1mA 参考电压下的泄漏电流</td><td>μA</td><td>（投标人提供）</td></tr>
<tr><td>9</td><td colspan="2">工频参考电压（有效值）</td><td>kV</td><td>（投标人提供）</td></tr>
<tr><td>10</td><td colspan="2">工频参考电流（峰值）</td><td>mA</td><td>（投标人提供）</td></tr>
<tr><td rowspan="2">11</td><td rowspan="2">持续电流</td><td>全电流</td><td>mA</td><td>（投标人提供）</td></tr>
<tr><td>阻性电流</td><td>μA</td><td>（投标人提供）</td></tr>
<tr><td rowspan="2">12</td><td rowspan="2">长持续时间冲击耐受电流</td><td>线路放电等级</td><td></td><td>2/3</td></tr>
<tr><td>方波电流冲击</td><td>A</td><td>600/1000</td></tr>
<tr><td>13</td><td colspan="2">4/10μs 大冲击耐受电流</td><td>kA</td><td>100</td></tr>
<tr><td>14</td><td colspan="2">动作负载</td><td></td><td>（投标人提供）</td></tr>
<tr><td>15</td><td colspan="2">工频电压耐受时间特性</td><td></td><td>（投标人提供）</td></tr>
<tr><td>16</td><td colspan="2">千伏额定电压吸收能力</td><td>kJ/kV</td><td>（投标人提供）</td></tr>
<tr><td>17</td><td colspan="2">压力释放能力</td><td>kA/s</td><td>50/0.2</td></tr>
<tr><td>九</td><td colspan="4">套管参数</td></tr>
<tr><td>1</td><td colspan="2">伞裙型式</td><td></td><td>大小伞</td></tr>
<tr><td>2</td><td colspan="2">材质</td><td></td><td>瓷/复合绝缘</td></tr>
<tr><td>3</td><td colspan="2">额定电流</td><td>A</td><td>5000</td></tr>
<tr><td>4</td><td colspan="2">额定短时耐受电流及持续时间</td><td>kA/s</td><td>50/3</td></tr>
<tr><td>5</td><td colspan="2">额定峰值耐受电流</td><td>kA</td><td>125</td></tr>
<tr><td>6</td><td colspan="2">额定工频 1min 耐受电压（相对地）</td><td>kV</td><td>460</td></tr>
<tr><td>7</td><td colspan="2">额定雷电冲击耐受电压峰值（1.2/50μs）（相对地）</td><td>kV</td><td>1050</td></tr>
<tr><td>8</td><td colspan="2">爬电距离</td><td>mm</td><td>7812k_{ad}（当平均直径 D_a＜300mm 时，k_{ad}=1.0；当平均直径 D_a≥300mm 时，k_{ad}=0.000 5D_a+0.85）</td></tr>
<tr><td>9</td><td colspan="2">干弧距离</td><td>mm</td><td>≥1800</td></tr>
<tr><td>10</td><td colspan="2">S/P</td><td></td><td>≥0.9</td></tr>
<tr><td rowspan="4">11</td><td rowspan="4">端子静负载</td><td>水平纵向</td><td rowspan="2">N</td><td>1500</td></tr>
<tr><td>水平横向</td><td>1000</td></tr>
<tr><td>垂直</td><td></td><td>1250</td></tr>
<tr><td>安全系数</td><td></td><td>静态 2.75，动态 1.7</td></tr>
<tr><td>12</td><td colspan="2">套管顶部金属带电部分的相间最小净距</td><td>mm</td><td>≥2000</td></tr>
<tr><td>十</td><td colspan="2">环氧浇注绝缘子参数</td><td></td><td></td></tr>
<tr><td>1</td><td colspan="2">安全系数</td><td></td><td>大于 3 倍设计压力</td></tr>
</table>

表 1（续）

<table>
<tr><td>序号</td><td colspan="2">名　　称</td><td>单位</td><td>标准参数值</td></tr>
<tr><td>2</td><td colspan="2">2 倍额定相电压下泄漏电流</td><td>μA</td><td>50</td></tr>
<tr><td>3</td><td colspan="2">1.1 倍额定相电压下最大场强</td><td>kV/mm</td><td>≤1.5</td></tr>
<tr><td>十一</td><td colspan="4">主母线参数</td></tr>
<tr><td>1</td><td colspan="2">材质</td><td></td><td>铝</td></tr>
<tr><td>2</td><td colspan="2">额定电流</td><td>A</td><td>5000</td></tr>
<tr><td>3</td><td colspan="2">额定短时耐受电流及持续时间</td><td>kA/s</td><td>50/3</td></tr>
<tr><td>4</td><td colspan="2">额定峰值耐受电流</td><td>kA</td><td>125</td></tr>
<tr><td>5</td><td colspan="2">导体直径（内径/外径）</td><td>mm</td><td>（投标人提供）</td></tr>
<tr><td>十二</td><td colspan="4">外壳参数</td></tr>
<tr><td>1</td><td colspan="2">材质</td><td></td><td>钢、铸铝、铝合金</td></tr>
<tr><td>2</td><td colspan="2">外壳破坏压力</td><td></td><td>铸铝和铝合金：5 倍的设计压力；
焊接铝外壳和钢外壳：
3 倍的设计压力</td></tr>
<tr><td rowspan="4">3</td><td rowspan="4">温升</td><td>试验电流</td><td>A</td><td>$1.1I_N$</td></tr>
<tr><td>可以接触部位</td><td>K</td><td>≤30</td></tr>
<tr><td>可能接触部位</td><td>K</td><td>≤40</td></tr>
<tr><td>不可接触部位</td><td>K</td><td>≤65</td></tr>
<tr><td rowspan="2">4</td><td rowspan="2">外壳耐烧穿的能力</td><td>电流</td><td>kA</td><td>50</td></tr>
<tr><td>时间</td><td>s</td><td>0.1</td></tr>
<tr><td>5</td><td colspan="2">防爆膜的设置</td><td></td><td>（投标人提供）</td></tr>
<tr><td>6</td><td colspan="2">感应电压</td><td></td><td>正常运行条件≤24V，
故障条件≤100V</td></tr>
<tr><td>十三</td><td colspan="4">伸缩节参数</td></tr>
<tr><td>1</td><td colspan="2">材质</td><td></td><td>不锈钢或铝合金</td></tr>
<tr><td>2</td><td colspan="2">使用寿命</td><td></td><td>≥40 年或 10 000 次伸缩</td></tr>
<tr><td>十四</td><td colspan="4">SF_6气体参数</td></tr>
<tr><td>1</td><td colspan="2">湿度</td><td>μg/g</td><td>≤8</td></tr>
<tr><td>2</td><td colspan="2">纯度</td><td>%</td><td>≥99.9</td></tr>
</table>

注：本表适用于海拔 1000m 及以下地区户外正常使用条件，高海拔地区所用设备按照实际污区分布进行设备选型，并按照 Q/GDW 13001—2014《高海拔外绝缘配置技术规范》要求进行海拔修正，其他特殊适用条件根据工程实际情况进行修改。

[1] 表中给出绕组类型，其额定电流比、负荷及准确级排列可根据工程实际情况确定。

5 组件材料配置表

组件材料配置表包括元件名称、规格形式参数、单位、数量和产地等信息，具体内容和格式根据招标项目情况进行编制。

6 使用环境条件表

252kV/5000A～50kA 气体绝缘金属封闭开关设备使用环境条件见表 2。特殊环境要求根据项目情况进行编制。

表 2 使用环境条件表

<table>
<tr><th>序号</th><th colspan="2">名　称</th><th>单位</th><th>标准参数值</th><th>项目需求值</th></tr>
<tr><td rowspan="3">1</td><td rowspan="3">周围空气温度</td><td>最高气温</td><td rowspan="2">℃</td><td>+40</td><td></td></tr>
<tr><td>最低气温</td><td>−25</td><td></td></tr>
<tr><td>最大日温差</td><td>K</td><td>25</td><td></td></tr>
<tr><td>2</td><td colspan="2">海拔</td><td>m</td><td>≤1000</td><td></td></tr>
<tr><td>3</td><td colspan="2">太阳辐射强度</td><td>W/cm²</td><td>0.1</td><td></td></tr>
<tr><td>4</td><td colspan="2">污秽等级</td><td></td><td>e 级</td><td></td></tr>
<tr><td>5</td><td colspan="2">覆冰厚度</td><td>mm</td><td>10</td><td></td></tr>
<tr><td>6</td><td colspan="2">风速/风压</td><td>m/s/Pa</td><td>34/700</td><td></td></tr>
<tr><td rowspan="2">7</td><td rowspan="2">湿度</td><td>日相对湿度平均值</td><td rowspan="2">%</td><td>≤95</td><td></td></tr>
<tr><td>月相对湿度平均值</td><td>≤90</td><td></td></tr>
<tr><td>8</td><td colspan="2">耐受地震能力（水平加速度）</td><td>m/s²</td><td>2</td><td></td></tr>
<tr><td>9</td><td colspan="2">由于主回路中的开合操作在辅助和控制回路上所感应的共模电压的幅值</td><td>kV</td><td>≤1.6</td><td></td></tr>
<tr><td>10</td><td colspan="2">系统中性点接地方式</td><td colspan="2">直接接地/不接地</td><td></td></tr>
<tr><td>11</td><td colspan="2">安装地点</td><td colspan="2">户内/户外</td><td></td></tr>
</table>

7 需提供的工程图纸

需提供的工程图纸有电气主接线图、设备平面布置图、断面布置图和 SF_6 系统图。

ICS 29.240

Q/GDW

国家电网有限公司企业标准

Q/GDW 13097.20 — 2018

126kV～550kV 气体绝缘金属封闭开关设备采购标准 第 20 部分：363kV/5000A～63kA 复合式气体绝缘金属封闭开关设备专用技术规范

Purchasing standard of 126kV～550kV gas insulate metal-enclosed switchgear Part 20: special technical specification of 363kV/5000A～63kA hybrid gas insulate metal-enclosed switchgear (HGIS)

2019-06-28发布　　2019-06-28实施

国家电网有限公司　发 布

目　次

前　言

为规范 126kV～550kV 气体绝缘金属封闭开关设备的采购，制定本部分

《126kV～550kV 气体绝缘金属封闭开关设备采购标准》分为 20 个部分：

——第 1 部分：通用技术规范；

——第 2 部分：126kV/2000A～40kA 气体绝缘金属封闭开关设备专用技术规范；

——第 3 部分：126kV/3150A～40kA 气体绝缘金属封闭开关设备专用技术规范；

——第 4 部分：252kV/3150A～50kA 气体绝缘金属封闭开关设备专用技术规范；

——第 5 部分：252kV/4000A～50kA 气体绝缘金属封闭开关设备专用技术规范；

——第 6 部分：363kV/3150A～50kA 气体绝缘金属封闭开关设备专用技术规范；

——第 7 部分：363kV/4000A～50kA 气体绝缘金属封闭开关设备专用技术规范；

——第 8 部分：363kV/5000A～63kA 气体绝缘金属封闭开关设备专用技术规范；

——第 9 部分：550kV/4000A～63kA 气体绝缘金属封闭开关设备专用技术规范；

——第 10 部分：550kV/5000A～63kA 气体绝缘金属封闭开关设备专用技术规范；

——第 11 部分：126kV/2000A～40kA 复合式气体绝缘金属封闭开关设备专用技术规范；

——第 12 部分：126kV/3150A～40kA 复合式气体绝缘金属封闭开关设备专用技术规范；

——第 13 部分：252kV/3150A～50kA 复合式气体绝缘金属封闭开关设备专用技术规范；

——第 14 部分：252kV/4000A～50kA 复合式气体绝缘金属封闭开关设备专用技术规范；

——第 15 部分：363kV/3150A～50kA 复合式气体绝缘金属封闭开关设备专用技术规范；

——第 16 部分：363kV/4000A～50kA 复合式气体绝缘金属封闭开关设备专用技术规范；

——第 17 部分：550kV/4000A～63kA 复合式气体绝缘金属封闭开关设备专用技术规范；

——第 18 部分：550kV/5000A～63kA 复合式气体绝缘金属封闭开关设备专用技术规范；

——第 19 部分：252kV/5000A～50kA 气体绝缘金属封闭开关设备专用技术规范；

——第 20 部分：363kV/5000A～63kA 复合式气体绝缘金属封闭开关设备专用技术规范。

本部分为《126kV～550kV 气体绝缘金属封闭开关设备采购标准》的第 19 部分。

本部分由国家电网有限公司物资部提出并解释。

本部分由国家电网有限公司科技部归口。

本部分起草单位：国网浙江省电力有限公司、中国电力科学研究院有限公司、国网江苏省电力有限公司。

本部分主要起草人：徐华、王绍安、和彦淼、颜湘莲、黄河、周彪、陈孝信、王婷婷、李英楠。

本部分首次发布。

本部分在执行过程中的意见或建议反馈至国家电网有限公司科技部。

126kV～550kV 气体绝缘金属封闭开关设备采购标准 第 20 部分：363kV/5000A～63kA 复合式气体绝缘金属封闭开关设备专用技术规范

1 范围

本部分规定了 363kV/5000A～63kA 复合式气体绝缘金属封闭开关设备招标的标准技术参数、项目需求及投标人响应的相关内容。

本部分适用于 363kV/5000A～63kA 复合式气体绝缘金属封闭开关设备招标。

2 规范性引用文件

下列文件对于本文件的应用是必不可少的。凡是注日期的引用文件，仅注日期的版本适用于本文件。凡是不注日期的引用文件，其最新版本（包括所有的修改单）适用于本文件。

Q/GDW 13097.1 126kV～550kV 气体绝缘金属封闭开关设备采购标准 第 1 部分：通用技术规范

Q/GDW 13001—2014 高海拔外绝缘配置技术规范

3 术语和定义

下列术语和定义适用于本文件。

3.1

招标人 bidder

依照《中华人民共和国招标投标法》的规定，提出招标项目，进行招标的法人或其他组织。

3.2

投标人 tenderer

响应招标、参加投标竞争的法人或者其他组织。

3.3

卖方（供方） seller（supplier）

提供本部分货物和技术服务的法人或其他组织，包括其法定的承继者。

3.4

买方（需方） buyer（purchaser）

购买本部分货物和技术服务的法人或其他组织，包括其法定的承继者和经许可的受让人。

4 标准技术参数

技术参数特性表是国家电网有限公司对采购设备的基础技术参数要求，在招投标过程中，投标人应依据招标文件，对技术参数特性表中标准参数值进行响应。363kV/5000A～63kA 复合式气体绝缘金属封闭开关设备技术参数特性见表 1。物资应满足 Q/GDW 13097.1 的要求。

表1 技术参数特性表

序号	名 称			单位	标准参数值
一	HGIS 共用参数				
1	额定电压			kV	363
2	额定电流			A	5000
3	额定工频 1min 耐受电压（相对地）			kV	510
4	额定雷电冲击耐受电压峰值（1.2/50μs）（相对地）			kV	1175
5	额定操作冲击耐受电压峰值（250/2500μs）（相对地）			kV	950
6	额定短路开断电流			kA	63
7	额定短路关合电流			kA	160
8	额定短时耐受电流及持续时间			kA/s	63/3
9	额定峰值耐受电流			kA	160
10	辅助和控制回路短时工频耐受电压			kV	2
11	无线电干扰电压			μV	≤500
12	噪声水平			dB	≤110
13	SF_6 气体压力（20℃，表压）		断路器室	MPa	（投标人提供）
			其他隔室		（投标人提供）
14	每个隔室 SF_6 气体漏气率			%/年	≤0.5
15	SF_6 气体湿度	有电弧分解物隔室	交接验收值	μL/L	≤150
			长期运行允许值		≤300
		无电弧分解物隔室	交接验收值		≤250
			长期运行允许值		≤500
16	局部放电		试验电压	kV	$1.2\times363/\sqrt{3}$
			每个隔室	pC	≤5
			每单个绝缘件		≤3
			套管		≤5
			电流互感器		≤5
17	供电电源		控制回路	V	DC 220 /110
			辅助回路	V	AC 380/220
18	使用寿命			年	≥40
19	检修周期			年	≥20
20	设备质量		SF_6 气体质量	kg	（投标人提供）
			总质量	kg	（投标人提供）
			最大运输质量	kg	（投标人提供）
			动荷载向下	kg	（投标人提供）
			动荷载向上	kg	（投标人提供）

表 1（续）

序号	名　称		单位	标准参数值
21	设备尺寸	设备的整体尺寸	m	（投标人提供）
		设备的最大运输尺寸	m	（投标人提供）
22	外形尺寸	总长度	m	（项目单位填写）
		总高度	m	（项目单位填写）
23	每间隔隔室数量		个/相	（投标人提供）
24	主母线的隔室最大长度		m	（投标人提供）
二	断路器参数			
1	型号			（投标人提供）
2	布置型式（立式或卧式）			（投标人提供）
3	断口数			1/2
4	额定电流	出线	A	5000
		进线		5000
5	主回路电阻		μΩ	（投标人提供）
6	温升试验电流		A	$1.1I_N$
7	额定工频 1min 耐受电压	断口	kV	510+210
		对地		510
	额定雷电冲击耐受电压峰值（1.2/50μs）	断口	kV	1175+295
		对地		1175
	额定操作冲击耐受电压峰值（250/2500μs）	断口	kV	850+295
		对地		950
8	额定短路开断电流	交流分量有效值	kA	63
		时间常数	ms	45
		开断次数	次	≥16
		首相开断系数		1.3
9	额定短路关合电流		kA	160
10	额定短时耐受电流及持续时间		kA/s	63/3
11	额定峰值耐受电流		kA	160
12	开断时间		ms	≤50
13	合分时间		ms	≤50
14	分闸时间		ms	≤30
15	合闸时间		ms	≤100
16	重合闸无电流间隙时间		ms	300
17	分、合闸速度	刚分速度	m/s	（投标人提供）
		刚合速度		（投标人提供）
18	分闸不同期性	相间	ms	≤3
		同相断口间		≤2

表 1（续）

<table>
<tr><th>序号</th><th colspan="2">名　　称</th><th>单位</th><th>标准参数值</th></tr>
<tr><td rowspan="2">19</td><td rowspan="2">合闸不同期性</td><td>相间</td><td rowspan="2">ms</td><td>≤5</td></tr>
<tr><td>同相断口间</td><td>≤3</td></tr>
<tr><td>20</td><td colspan="2">机械寿命</td><td>次</td><td>≥3000</td></tr>
<tr><td>21</td><td colspan="2">额定操作顺序</td><td></td><td>O－0.3s－CO－180s－CO</td></tr>
<tr><td rowspan="4">22</td><td rowspan="4">现场开合空载变压器能力</td><td>空载变压器容量</td><td>MVA</td><td>2100/1500/1000</td></tr>
<tr><td>空载励磁电流</td><td>A</td><td>0.5～15</td></tr>
<tr><td>试验电压</td><td>kV</td><td>363</td></tr>
<tr><td>操作顺序</td><td></td><td>10×O 和 10×（CO）</td></tr>
<tr><td rowspan="3">23</td><td rowspan="3">现场开合并联电抗器能力</td><td>电抗器容量</td><td>Mvar</td><td>60/90</td></tr>
<tr><td>试验电压</td><td>kV</td><td>363</td></tr>
<tr><td>操作顺序</td><td></td><td>10×O 和 10×（CO）</td></tr>
<tr><td rowspan="4">24</td><td rowspan="4">现场开合空载线路充电电流试验</td><td>试验电流</td><td>A</td><td>由实际线路长度决定</td></tr>
<tr><td>试验电压</td><td>kV</td><td>363</td></tr>
<tr><td>试验条件</td><td></td><td>线路原则上不得带有泄压设备，如电抗器、避雷器、电磁式电压互感器等，在直流分量比较大的情况下，应增加带电抗器的试验</td></tr>
<tr><td>操作顺序</td><td></td><td>10×（O－0.3s－CO）</td></tr>
<tr><td rowspan="3">25</td><td rowspan="3">容性电流开合试验（试验室）</td><td>试验电流</td><td>A</td><td>线路：315，电缆：355</td></tr>
<tr><td>试验电压</td><td>kV</td><td>$1.2\times363/\sqrt{3}$</td></tr>
<tr><td>C1 级：LC1 和 CC1：24×O，LC2 和 CC2：24×CO；
C2 级：LC1 和 CC1：48×O，LC2 和 CC2：24×O 和 24×CO</td><td></td><td>C1 级/C2 级</td></tr>
<tr><td rowspan="4">26</td><td rowspan="4">近区故障条件下的开合能力</td><td>L90</td><td>kA</td><td>56.7</td></tr>
<tr><td>L75</td><td>kA</td><td>47.3</td></tr>
<tr><td>L60</td><td>kA</td><td>37.8（L75 的最小燃弧时间大于 L90 的最小燃弧时间 5ms 时）</td></tr>
<tr><td>操作顺序</td><td></td><td>O－0.3s－CO－180s－CO</td></tr>
<tr><td rowspan="3">27</td><td rowspan="3">失步关合和开断能力</td><td>开断电流</td><td>kA</td><td>16</td></tr>
<tr><td>试验电压</td><td>kV</td><td>$2.0\times363/\sqrt{3}$</td></tr>
<tr><td>操作顺序</td><td></td><td>方式 1：O－O－O
方式 2：CO－O－O</td></tr>
<tr><td rowspan="3">28</td><td rowspan="3">合闸电阻</td><td>电阻值</td><td>Ω</td><td>400</td></tr>
<tr><td>电阻值允许偏差</td><td>%</td><td>±5</td></tr>
<tr><td>预投入时间</td><td>ms</td><td>8～11</td></tr>
</table>

表 1（续）

序号	名称		单位	标准参数值
28	合闸电阻	热容量		1.3×363/$\sqrt{3}$ kV 下合闸操作 4 次，头两次操作间隔为 3min，后两次操作间隔也是 3min，两组操作之间时间间隔不大于 30min；或在 2×363/$\sqrt{3}$ kV 下合闸操作 2 次，时间间隔为 30min
29	断口均压用并联电容器	每相电容器的额定电压	kV	363/$\sqrt{3}$
		每个断口电容器的电容量	pF	（投标人提供）
		每个断口电容器的电容量允许偏差	%	±5
		耐受电压	kV	2 倍相电压 2h
		局放	pC	≤10
		介损值	%	≤0.25
30	SF_6 气体压力（表压，20℃）	额定	MPa	（投标人提供）
		报警		（投标人提供）
		最低		（投标人提供）
		闭锁		（投标人提供）
31	操动机构型式或型号			液压（含液压弹簧）、弹簧或气动
	零起打压时间		min	（投标人提供）
	补压时间		s	（投标人提供）
	操作方式			分相操作
	电动机电压		V	AC 380/220
	合闸操作电源	额定操作电压	V	DC 220 /110
		操作电压允许范围		85%～110%，30%以下不得动作
		每相线圈数量	只	1
		每只线圈涌流	A	（投标人提供）
	合闸操作电源	每只线圈稳态电流	A	DC 220V、2.5A 或 DC 110V、5A
	分闸操作电源	额定操作电压	V	DC 220/110
		操作电压允许范围		65%～110%，30%以下不得动作
		每相线圈数量	只	2
		每只线圈涌电流	A	（投标人提供）
		每只线圈稳态电流	A	DC 220V、2.5A 或 DC 110V、5A
	操动机构工作压力	最高	MPa	（投标人提供）
		额定		（投标人提供）
		最低		（投标人提供）
		报警压力		（投标人提供）

表 1（续）

序号	名　　称		单位	标准参数值
31	驱潮/加热器	电压	V	AC 220
		运行方式		常投/温湿自动投切
		每相功率（驱潮/加热）	W	（投标人提供）/（投标人提供）
	备用辅助触点	数量	对	10 常开触点，10 常闭触点（引出到相应汇控柜端子排）
		开断能力		DC 220V、2.5A 或 DC 110V、5A
	检修周期		年	≥20
	气动机构	重合闸闭锁压力时允许的操作		O－0.3s－CO 或 CO－180s－CO
		储气筒容积	m^3	（投标人提供）
	液压机构	重合闸闭锁压力时允许的操作		O－0.3s－CO 或 CO－180s－CO
		24h 打压次数	次	≤2
		油中最大允许水分含量	μL/L	（投标人提供）
	弹簧机构	储能时间	s	≤20
32	断路器的质量	断路器包括辅助设备的总质量	kg	（投标人提供）
		每相操动机构的质量	kg	（投标人提供）
		每相 SF_6 气体质量	kg	（投标人提供）
		运输总质量	kg	（投标人提供）
33	运输高度		m	（投标人提供）
34	起吊高度		m	（投标人提供）
三	隔离开关参数			
1	型式/型号			（投标人提供）
2	额定电流	出线	A	5000
		进线	A	5000
3	主回路电阻		μΩ	（投标人提供）
4	温升试验电流		A	$1.1I_N$
5	额定工频 1min 耐受电压	断口	kV	510+210
		对地		510
	额定雷电冲击耐受电压峰值（1.2/50μs）	断口	kV	1175+295
		对地		1175
	额定操作冲击耐受电压峰值（250/2500μs）	断口	kV	850+295
		对地		950
6	额定短时耐受电流及持续时间		kA/s	63/3
7	额定峰值耐受电流		kA	160

表 1（续）

序号	名　　称			单位	标准参数值
8	分、合闸时间		分闸时间	ms	（投标人提供）
			合闸时间		（投标人提供）
9	分、合闸速度		刚分速度	m/s	（投标人提供）
			刚合速度		（投标人提供）
10	机械寿命			次	≥3000
11	开合小电容电流值			A	1
12	开合小电感电流值			A	0.5
13	开合母线转换电流能力		转换电流	A	1600
			转换电压	V	300
			开断次数	次	100
14	操动机构		型式或型号		电动并可手动
			电动机电压	V	AC 380/220
			控制电压	V	AC 220
			允许电压变化范围		85%～110%
			操作方式		分相操作
	备用辅助触点		数量	对	10 常开触点，10 常闭触点（引出到相应汇控柜端子排）
			开断能力		DC 220V、2.5A 或 DC 110V、5A
四	快速接地开关参数				
1	额定短时耐受电流及持续时间			kA/s	63/3
2	额定峰值耐受电流			kA	160
3	额定短路关合电流			kA	160
4	额定短路电流关合次数			次	≥2
5	分、合闸时间		分闸时间	ms	（投标人提供）
			合闸时间		（投标人提供）
6	分、合闸速度		刚分速度	m/s	（投标人提供）
			刚合速度		（投标人提供）
7	机械寿命			次	≥3000
8	开合感应电流能力（A 类/B 类）	电磁感应	感性电流	A	80/200
			开断次数	次	10
			感应电压	kV	2/22
		静电感应	容性电流	A	1.25/18
			开断次数	次	10
			感应电压	kV	5/22

表 1（续）

序号	名　　称		单位	标准参数值
9	操动机构	型式或型号		电动弹簧并可手动
		电动机电压	V	AC 380/220
		控制电压	V	AC 220
		允许电压变化范围		85%～110%
	备用辅助触点	数量	对	8 常开触点，8 常闭触点（引出到相应汇控柜端子排）
		开断能力		DC 220V、2.5A 或 DC 110V、5A
五	检修接地开关参数			
1	额定短时耐受电流及持续时间		kA/s	63/3
2	额定峰值耐受电流		kA	160
3	机械寿命		次	≥3000
4	操动机构	型式或型号		电动并可手动
		电动机电压	V	AC 380/220
		控制电压	V	AC 220
		允许电压变化范围		85%～110%
	备用辅助触点	数量	对	8 常开触点，8 常闭触点
		开断能力		DC 220V、2.5A 或 DC 110V、5A
六	电流互感器参数			
1	型式或型号			电磁式
2	额定电流比			根据实际工程选择，0.2/0.2S 次级要求带中间抽头
3	准确级组合及额定容量			边断路器：TPY/TPY/5P/0.2－断口－0.2S/TPY/TPY 15VA/15VA/15VA/15VA－断口－15VA/15VA/15VA 中断路器：TPY/TPY/5P/0.2/0.2S－断口－0.2S/0.2/TPY/TPY 15VA/15VA/15VA/15VA－断口－15VA/15VA/15VA/15VA
七	套管参数			
1	伞裙型式			大小伞
2	材质			瓷/复合绝缘
3	额定电流		A	5000
4	额定短时耐受电流及持续时间		kA/s	63/3
5	额定峰值耐受电流		kA	160
6	额定工频 1min 耐受电压（相对地）		kV	510
7	额定雷电冲击耐受电压峰值（1.2/50μs）（相对地）		kV	1175

表 1（续）

<table>
<tr><th>序号</th><th colspan="2">名　称</th><th>单位</th><th>标准参数值</th></tr>
<tr><td>8</td><td colspan="2">额定操作冲击耐受电压峰值（250/2500μs）（相对地）</td><td>kV</td><td>950</td></tr>
<tr><td>9</td><td colspan="2">爬电距离</td><td>mm</td><td>11 253k_{ad}（当平均直径D_a＜300mm时，k_{ad}=1.0；当平均直径D_a≥300mm时，k_{ad}=0.000 5D_a+0.85）</td></tr>
<tr><td>10</td><td colspan="2">干弧距离</td><td>mm</td><td>≥2900</td></tr>
<tr><td>11</td><td colspan="2">S/P</td><td></td><td>≥0.9</td></tr>
<tr><td rowspan="4">12</td><td rowspan="4">端子静负载</td><td>水平纵向</td><td rowspan="3">N</td><td>2000</td></tr>
<tr><td>水平横向</td><td>1500</td></tr>
<tr><td>垂直</td><td>1500</td></tr>
<tr><td>安全系数</td><td></td><td>静态 2.75，动态 1. 7</td></tr>
<tr><td>13</td><td colspan="2">套管顶部金属带电部分的相间最小净距</td><td>mm</td><td>≥2800</td></tr>
<tr><td>八</td><td colspan="4">环氧浇注绝缘子参数</td></tr>
<tr><td>1</td><td colspan="2">安全系数</td><td></td><td>大于 3 倍设计压力</td></tr>
<tr><td>2</td><td colspan="2">2 倍额定相电压下泄漏电流</td><td>μA</td><td>50</td></tr>
<tr><td>3</td><td colspan="2">1.1 倍额定相电压下最大场强</td><td>kV/mm</td><td>≤1.5</td></tr>
<tr><td>九</td><td colspan="4">外壳参数</td></tr>
<tr><td>1</td><td colspan="2">材质</td><td></td><td>钢、铸铝、铝合金</td></tr>
<tr><td>2</td><td colspan="2">外壳破坏压力</td><td></td><td>铸铝和铝合金：5 倍的设计压力；焊接铝外壳和钢外壳：3 倍的设计压力</td></tr>
<tr><td rowspan="4">3</td><td rowspan="4">温升</td><td>试验电流</td><td>A</td><td>1.1I_N</td></tr>
<tr><td>可以接触部位</td><td>K</td><td>≤30</td></tr>
<tr><td>可能接触部位</td><td>K</td><td>≤40</td></tr>
<tr><td>不可接触部位</td><td>K</td><td>≤65</td></tr>
<tr><td rowspan="2">4</td><td rowspan="2">外壳耐烧穿的能力</td><td>电流</td><td>kA</td><td>63</td></tr>
<tr><td>时间</td><td>s</td><td>0.1</td></tr>
<tr><td>5</td><td colspan="2">防爆膜的设置</td><td></td><td>（投标人提供）</td></tr>
<tr><td>6</td><td colspan="2">感应电压</td><td></td><td>正常运行条件≤24V，故障条件≤100V</td></tr>
<tr><td>十</td><td colspan="4">SF_6气体参数</td></tr>
<tr><td>1</td><td colspan="2">湿度</td><td>μg/g</td><td>≤8</td></tr>
<tr><td>2</td><td colspan="2">纯度</td><td>%</td><td>≥99.9</td></tr>
</table>

注：本表适用于海拔 1000m 及以下地区户外正常使用条件，高海拔地区所用设备按照实际污区分布进行设备选型，并按照 Q/GDW 13001—2014《高海拔外绝缘配置技术规范》要求进行海拔修正，其他特殊适用条件根据工程实际情况进行修改。

5 组件材料配置表

组件材料配置表包括元件名称、规格形式参数、单位、数量和产地等信息，具体内容和格式根据招标项目情况进行编制。

6 使用环境条件表

363kV/5000A～63kA 复合式气体绝缘金属封闭开关设备使用环境条件见表 2。特殊环境要求根据项目情况进行编制。

表2 使用环境条件表

序号	名称		单位	标准参数值	项目需求值
1	周围空气温度	最高气温	℃	+40	
		最低气温		−25	
		最大日温差	K	25	
2	海拔		m	≤1000	
3	太阳辐射强度		W/cm^2	0.1	
4	污秽等级			e 级	
5	覆冰厚度		mm	10	
6	风速/风压		m/s/Pa	34/700	
7	湿度	日相对湿度平均值	%	≤95	
		月相对湿度平均值		≤90	
8	耐受地震能力（水平加速度）		m/s^2	2	
9	由于主回路中的开合操作在辅助和控制回路上所感应的共模电压的幅值		kV	≤1.6	
10	系统中性点接地方式		直接接地		
11	安装地点		户内/户外		

7 需提供的工程图纸

需提供的工程图纸有电气主接线图、设备平面布置图、断面布置图和 SF_6 系统图。

ICS 29.240

Q/GDW

国家电网有限公司企业标准

Q/GDW 13098.1 — 2018

代替 Q/GDW 13098.1 — 2014

800kV 气体绝缘金属封闭开关设备采购标准 第1部分：通用技术规范

Purchasing standard of 800kV gas insulate metal-enclosed switchgear
Part 1: General technical specification

2019-06-28发布 2019-06-28实施

国家电网有限公司 发布

目　　次

前　　言

为规范 800kV 气体绝缘金属封闭开关设备的采购，制定本部分

《800kV 气体绝缘金属封闭开关设备采购标准》分为 4 个部分：

——第 1 部分：通用技术规范；

——第 2 部分：800kV/5000A～50kA 气体绝缘金属封闭开关设备专用技术规范；

——第 3 部分：800kV/5000A～63kA 气体绝缘金属封闭开关设备专用技术规范；

——第 4 部分：800kV/5000A～63kA 复合式气体绝缘金属封闭开关设备专用技术规范。

本部分为《800kV 气体绝缘金属封闭开关设备采购标准》的第 1 部分。

本部分代替 Q/GDW 13098.1—2014，与 Q/GDW 13098.1—2014 相比，主要技术性差异如下：

——增加了第 2 章规范性引用文件，第 4 章中卖方资料、运输方式，第 5 章中观察窗、伸缩节、绝缘子、汇控柜、金属件材料、二次绝缘材料、防水胶、防爆膜、设备安装、母线布置、防雨措施等方面的有关内容；

——修改了耐压试验、外壳内燃弧试验，机械操作试验等试验项目的要求，修改了汇控柜、控制信号回路、紧固接地螺栓、接地引线等的性能参数或配置要求；

——删除了现场交接试验协商条款。

本部分由国家电网有限公司物资部提出并解释。

本部分由国家电网有限公司科技部归口。

本部分起草单位：国网浙江省电力有限公司、中国电力科学研究院有限公司、国网江苏省电力有限公司。

本部分主要起草人：徐华、王绍安、和彦淼、王承玉、孙云生、林一泓、王磊、周阳洋、杨勇、丁子轩、沈涛。

本部分 2014 年 9 月首次发布，2018 年 12 月第一次修订。

本部分在执行过程中的意见或建议反馈至国家电网有限公司科技部。

800kV 气体绝缘金属封闭开关设备采购标准
第 1 部分：通用技术规范

1 范围

本部分规定了 800kV 气体绝缘金属封闭开关设备（以下简称 GIS 或 HGIS）招标的总则、技术参数和性能要求、试验、包装、运输、交货及工厂检验和监造的一般要求。

本部分适用于 800kV GIS 或 HGIS 招标。

2 规范性引用文件

下列文件对于本文件的应用是必不可少的。凡是注日期的引用文件，仅注日期的版本适用于本文件。凡是不注日期的引用文件，其最新版本（包括所有的修改单）适用于本文件。

GB 1984 高压交流断路器

GB 1985 高压交流隔离开关和接地开关

GB 7674 额定电压 72.5kV 及以上气体绝缘金属封闭开关设备

GB/T 8287.1 标称电压高于 1000V 系统用户内和户外支柱绝缘子 第 1 部分：瓷或玻璃绝缘子的试验

GB/T 11022 高压开关设备和控制设备标准的共用技术要求

GB/T 12022 工业六氟化硫

GB/T 25096 交流电压高于 1000V 变电站用电站支柱复合绝缘子定义、试验方法及接收准则

GB 50150 电气装置安装工程 电气设备交接试验标准

DL/T 402 高压交流断路器订货技术条件

DL/T 486 高压交流隔离开关和接地开关

DL/T 593 高压开关设备和控制设备标准的共用技术要求

DL/T 617 气体绝缘金属封闭开关设备技术条件

Q/GDW 13001.1 高海拔外绝缘配置技术规范

Q/GDW 11716 气体绝缘金属封闭开关设备用伸缩节技术规范

3 术语和定义

下列术语和定义适用于本文件。

3.1

招标人 bidder

提出招标项目，进行招标的法人或其他组织。

3.2

投标人 tenderer

响应招标、参加投标竞争的法人或者其他组织。

3.3

卖方（供方） seller（supplier）

提供本部分货物和技术服务的法人或其他组织，包括其法定的承继者。

3.4

买方（需方） buyer（purchaser）

购买本部分货物和技术服务的法人或其他组织，包括其法定的承继者和经许可的受让人。

4 总则

4.1 一般规定

4.1.1 投标人应具备招标公告所要求的资质，具体资质要求详见招标文件的商务部分。

4.1.2 投标人须仔细阅读本部分（包括本部分通用和相关专用技术规范）的全部条款。

4.1.3 本部分提出的是最低限度的技术要求，并未对一切技术细节作出规定，也未充分引述有关标准的条文，投标人应提供符合本部分引用标准的最新版本和本技术规范技术要求的全新产品。如果所引用的标准之间不一致或本技术规范所使用的标准如与投标人所执行的标准不一致，按要求较高的标准执行。

4.1.4 如果投标人没有以书面形式对本技术规范的条文提出异议，则意味着投标人提供的设备完全符合本部分的要求。如有与本部分要求不一致的地方，应逐项在技术偏差表中列出。

4.1.5 本部分将作为订货合同的附件，与合同具有同等的法律效力。本部分未尽事宜，由合同签约双方在合同谈判时协商确定。

4.1.6 本部分中涉及有关商务方面的内容，如与招标文件的商务部分有矛盾时，以商务部分为准。

4.1.7 本部分中各条款如与专用部分有冲突，以专用部分为准。

4.2 投标人应提供的资格文件

投标人应提供下列资格文件：

a） 投标人或制造商投标产品的销售记录及相应的最终用户的使用情况证明。

b） 投标人或制造商应提供权威机关颁发的 ISO 9000 系列的认证书或等同的质量保证体系认证证书。

c） 投标人或制造商应提供履行合同所需的技术和主要设备等生产能力的文件资料。

d） 投标人或制造商应提供履行合同设备维护保养、修理及其他服务义务的文件。

e） 投标人或制造商应提供投标设备产品全部有效的型式试验报告。

f） 投标人或制造商应提供一份详细的投标产品中重要外购或配套部件供应商清单及检验报告。

g） 投标人或制造商应提供投标产品中进口关键元件供应商的供货承诺函。

h） 投标人或制造商应提供投标产品中组部件的供应商及原产地。

4.3 适用范围

4.3.1 本部分的适用范围仅限于招标产品的设计、安装、试验、调试及现场服务和技术服务。

4.3.2 中标人不应晚于签约后 4 周内，向买方提出一份详尽的生产进度计划表（见表 1），包括设备设计、材料采购、设备制造、厂内测试以及运输等项的详情，以确定每部分工作及其进度。

表 1 生产进度计划表

合同号：________________；项目名称：________________；设备名称：________________；

型号规格：____________；工作日期：________至________；制造商名称及地址：____________；

技术协议号：____________；工作号：____________；离岸日期：____________；

到岸日期：____________；到达交货地点日期：____________。

时间（年月日） 项　目				
图纸寄出				
图纸认可时间				

表 1（续）

时间（年月日） 项 目					
设计联络会	第一次				
	第二次				
材料及配套件采购					
材料及配套件进厂					
GIS 或 HGIS 部件生产及试验 GIS 或 HGIS 部件生产及试验	断路器				
	隔离开关				
	接地开关				
	电流互感器				
	电压互感器				
	避雷器				
	套管				
	绝缘子				
	母线				
	外壳				
	伸缩节				
	操动机构				
	其他部件				
工厂组装					
工厂试验					

4.3.3 工作进度如有延误，卖方应及时向买方说明原因、后果及采取的补救措施等。

4.4 设计图纸、说明书和试验报告要求

4.4.1 图纸及图纸的认可程序

应包括以下内容：

a） 所有需经买方确认的图纸和说明文件，均应由卖方在合同生效后的 4 周内提交给买方进行审定认可。这些资料包括 GIS 或 HGIS 的外形图、隔室分布图、布置图、组装图、基础图、电气原理图、运输尺寸、运输质量、重心、总质量及二次线布置图等。买方审定时有权提出修改意见。买方在收到需认可图纸 4 周后，将一套确认的或签有买方校定标记的图纸（买方负责人签字）返还给卖方。凡买方认为需要修改且经卖方认可的，不得对买方增加费用。在未经买方对图纸作最后认可前任何采购或加工的材料损失应由卖方单独承担。

b） 卖方在收到买方确认图纸（包括认可方修正意见）后，应于 2 周内向买方提供最终版的正式图纸和一套供复制用的底图及正式的光盘，正式图纸应加盖工厂公章或签字。

c） 完工后的产品应与最后确认的图纸一致。买方对图纸的认可并不减轻卖方关于其图纸的正确性的责任。设备在现场安装时，如卖方技术人员进一步修改图纸，卖方应对图纸重新收编成册，正式递交买方，并保证安装后的设备与图纸完全相符。

d） 图纸的格式：所有图纸均应有标题栏、相应编号、全部符号和部件标志，文字均用中文，并使用 SI 国际单位制。对于进口设备以中文为主，当买方对英文局部有疑问时，卖方应进行书面解释。卖方免费提供给买方全部最终版的图纸、资料及说明书。其中图纸应包括 4.4.1 中 a）款所涉及的图纸和卖方自带的电缆清册，并且应保证买方可按最终版的图纸资料对所供设备进行

维护，并在运行中进行更换零部件等工作。

e） GIS 或 HGIS 所需图纸：

1） 总体装配图：应表示设备总的装配情况，该图纸表明设备组装后的正视图、侧视图和俯视图并同时标出安装完后的组件，包括外形尺寸、设备重心位置与总质量、受风面积、运输尺寸和质量、体积和总装体积、控制柜位置、电缆入口位置、固有频率、端子尺寸和材料及其他附件。

2） 控制柜与设备间的相互连接图：应包括控制柜内全部端子情况，并标明电缆的识别编号及柜内设备的大致位置。

3） 电气原理图：应包括设备控制柜及操动机构的内部接线和远方操作的控制、信号、照明等交流和直流回路。如有多张电气原理图，还应标明各图之间的有关线路与接点相互对应编号。必要时，应提供所有特殊装置或程序的概要操作说明。

4） 基础图：应标注设备操作的动态负荷、静态负荷及其位置、进出线尺寸，基础螺栓的位置和尺寸，设备及其控制柜的尺寸，渠道排水沟等，应注明对基础的强度和水平度的要求。

5） SF_6 系统图：应标注每个单元中 SF_6 隔室的布置、仪表装设以及各隔室间的连接关系。

6） 设备的 SF_6 气体及油管路图：应包括管路的尺寸、布置和压力等。

7） 每台 SF_6 断路器控制柜上应附有 SF_6 气体压力与温度的关系曲线图的铭牌。

8） 套管图：包括端子详图，图上应标出套管外形尺寸、端子的允许拉力、破坏拉力、爬电距离等。

9） 操动机构系统图：对液压操动机构应标注管路尺寸、布置、压力等的详图。

10）系统连接图：应标注电气一、二次回路多个设备间的控制、继电器和联锁等。

11）铭牌图：应符合 GB 7674 的规定。

4.4.2 说明书的要求

应包括以下内容：

a） GIS 或 HGIS 结构、安装、调整、运行、维护、检修和全部附件的完整说明和技术数据。

1） 安装说明书上至少包括：

- 开箱和起吊。运输单元的质量、起吊和开箱的注意事项及专用的起吊用具等。
- 组装。不是整体运输的 GIS 或 HGIS，其运输单元应有清楚的标志和代号，并应提供注有运输单元号的组装示意图。
- 安装准备。基础施工的要求、外部接线端子的尺寸、电缆进入地点位置、接地，以及各种管道的连接方式、尺寸和布置等资料。
- 最后的安装验收。合同要求的在现场进行的试验项目及试验方法。

2） 维护：至少包括按相关标准的规定，提供主要元件的维护说明以及 GIS 或 HGIS 维修工作的分类、程序和范围。

3） 运行检修：提供运行中应注意的事项及控制指标，主要元件的检修周期和检修方案。

b） GIS 或 HGIS 各个元件和所有附件的技术数据。

c） 表示 GIS 或 HGIS 和操动机构的结构图及对基础的技术要求的说明。

d） 结构特征、设备及其元件的更详细的说明。

e） 操动机构特征的说明。

f） 备品备件、专用工具和专用仪器仪表的使用说明。

g） 说明书使用中文。

4.4.3 试验报告

卖方应提供下列试验报告：

a） GIS 或 HGIS 的型式试验和出厂试验报告。

b） GIS 或 HGIS 所有元件的型式试验和出厂试验报告。

c） 如果产品进行了局部改进或改变应补充提供相应的验证性试验报告。

4.4.4 图纸、说明书、试验报告等资料的交付时间、数量

应包括以下内容：

a） 卖方应向买方提供的资料、图纸、试验报告见表 2，但不限于表 2 的内容。

b） 卖方应提供详细的装箱清单。

表 2　卖方向买方提供的资料和图纸

序号	内　　容	序号	内　　容
1	图纸类	3	试验报告
1）	GIS 或 HGIS 土建、地基规定	1）	GIS 或 HGIS 全套型式试验报告
2）	GIS 或 HGIS 安装、维护、运行规定	2）	GIS 或 HGIS 全套出厂试验报告
3）	GIS 或 HGIS 通风规定	3）	合同要求的其他试验报告
4）	GIS 或 HGIS 单线图	4）	关键零部件试验报告（盆式绝缘子、绝缘拉杆、套管等）
5）	二次控制、测量、监控、信号回路、辅助设备回路主方案图	4	其他资料
6）	GIS 或 HGIS 布置图（平面、断面）	1）	GIS 或 HGIS 主要元件标准
7）	主要部件安装图，带外观尺寸、运输尺寸、质量	2）	高压容器标准
8）	GIS 或 HGIS 地基图	3）	GIS 或 HGIS 焊接标准
9）	SF_6 气体隔室分布图	4）	SF_6 气体标准
10）	安装、维修尺寸图	5）	GIS 或 HGIS 所用材料标准
11）	SF_6 气体监视系统图	6）	GIS 或 HGIS 检查、调试规定
2	安装使用说明书	7）	GIS 或 HGIS 包装、装船、储存规定
1）	GIS 或 HGIS 主要部件安装指南（断路器、隔离开关、接地开关、电流互感器等）	8）	现场高压试验规定和标准
2）	辅助设备安装指南（SF_6 气体系统、油系统、就地控制柜等）	9）	维修指南
3）	特殊工具、仪表介绍	10）	SF_6 气体质量证明
4）	运输和安装所需要专用设备的说明	11）	液压油质量证明
5）	现场试验和其他试验指南	12）	过滤器材料（吸附剂）证明
6）	全套安装图纸	13）	GIS 或 HGIS 外壳安全性证明
7）	全套接地系统图纸	14）	GIS 或 HGIS 高压气体释放装置证明
8）	全套地基图纸	15）	装箱清单
9）	低压电缆布置图纸	16）	包装说明
10）	元件安装图纸（就地控制柜、操作箱）（包括接线板清单、布置等）	17）	相对地稳态电压分布图
11）	SF_6/油套管交界面尺寸图	18）	设备中使用的润滑剂、油脂和液压油的清单
12）	变压器交界面尺寸图	19）	带电显示装置的规格、型式、厂家（如果采用）
13）	电缆交界面尺寸图	20）	伸缩节配置方案

c） 投标人在投标文件中应提供 GIS 或 HGIS 外形尺寸及隔室分布图，供评标时参考。

4.5 标准

4.5.1 合同中所有设备、备品备件，包括卖方从第三方获得的所有附件和设备，除本部分中规定的技术参数和要求外，其余均应遵照最新版本的国家标准（GB）、电力行业标准（DL）和 IEC 标准及国际单位制（SI），这是对设备的最低要求。卖方如果采用自己的标准或规范，应向买方提供中文和英文（若有）复印件并经买方同意后方可采用，但不能低于 GB、DL 和 IEC 的有关规定。

4.5.2 所有螺栓、螺纹、管螺纹、螺栓夹及螺母均应遵守国际标准化组织（ISO）和国际单位制（SI）标准的规定。

4.6 投标人应提交的技术数据和信息

应包括以下内容：

a） 技术参数特性表、技术偏差表及相关技术资料。

b） 投标产品的特性参数和特点。

c） 与其他设备配合所需的相关技术文件和信息。

4.7 备品备件

4.7.1 卖方应提供必备和推荐的备品备件，并分别列出其单价（商务部分填写）。

4.7.2 所有备品备件应为全新产品，与已经安装同型号设备的相应部件能够互换。

4.7.3 所有备品备件应单独装箱，包装应能防尘、防潮、防止损坏等，与主设备一并发运，并标注“备品备件”以区别本体。

4.8 专用工具和仪器仪表

4.8.1 卖方应提供必备和推荐的专用工具和仪器仪表，并列出其单价（商务部分填写）。

4.8.2 所有专用工具与仪器仪表应是全新的，且须附详细使用说明资料。

4.8.3 专用工具与仪器仪表应单独装箱，注明“专用工具”“仪器仪表”，并标明“防潮”“防尘”“易碎”“向上”“勿倒置”等字样，同主设备一并发运。

4.9 运输、储存、安装、调试、性能试验、试运行和验收

4.9.1 合同设备的安装、调试，将由买方根据卖方提供的技术文件和说明书的规定，在卖方技术人员指导下进行。

4.9.2 合同设备的性能试验、试运行和验收，根据本技术规范规定的标准、规程规范进行。

4.9.3 完成合同设备安装后，买方和卖方应检查和确认安装工作，并签署安装工作证明书，共两份，双方各执一份。

4.9.4 设备安装、调试和性能试验合格后方可投入试运行。试运行后买卖双方应签署合同设备的验收证明书（试运行时间在合同谈判中商定）。该证明书共两份，双方各执一份。

4.9.5 如果在安装、调试、性能试验、试运行及质保期内，技术指标一项或多项不能满足合同技术部分要求，买卖双方应共同分析原因、分清责任。如属制造方面的原因，或涉及索赔部分，按商务部分有关条款执行。

4.9.6 出厂包装运输应尽可能以完整的功能单元为基本运输单位，应在密封和充微正压（0.02~0.05MPa）干燥气体的情况下包装、运输和储存。设备运输时，应在断路器、隔离开关、电压互感器和避雷器运输单元上加装三维冲击记录仪（厂内运输时可仅加装震动指示器），其他运输单元加装震动指示器。运输中如出现冲击加速度大于 3g 或不满足产品技术文件要求的情况，产品运至现场后应打开相应隔室检查各部件是否完好，必要时可增加试验项目或返厂处理。

4.10 应满足的标准

装置至少应满足 GB 1984、GB 1985、GB 7674、GB/T 11022、GB/T 12022、GB 50150、DL/T 402、DL/T 486、DL/T 593、DL/T 617、Q/GDW 13001.1 、Q/GDW 11716 最新版本的要求，但不限于上述规范和标准。

4.11 应满足的文件

该类设备技术标准应满足国家电网有限公司标准化成果中相关条款要求。下列文件中相应的条款规定均适用于本文件，其最新版本（包括所有的修改单）适用于本文件。包括：

a)《国家电网有限公司十八项电网重大反事故措施（2018 修订版）》；

b)《国家电网有限公司输变电工程通用设备 35～750kV 变电站分册（2018 年版）》；

c)《国家电网有限公司输变电工程通用设计》。

5 技术参数和性能要求

5.1 GIS 或 HGIS 技术参数

GIS 或 HGIS 技术参数见专用部分的技术参数特性表。

5.2 通用要求

5.2.1 产品设计应能使设备安全地进行下述各项工作：正常运行、检查和维护性操作、引出电缆或其他设备的绝缘试验、消除危险的静电电荷、安装和（或）扩建后的相序校核、操作联锁和耐压试验等。

5.2.2 产品的设计应能在允许的基础误差和热胀冷缩的热效应下不致影响设备所保证的性能，并满足与其他设备连接的要求。

5.2.3 产品所有额定值和结构相同时，可更换的元件应具有互换性。

5.2.4 制造厂提供的产品维护手册中，应明确检修维护周期和内容。产品及其元部件应保证在检修维护周期内可靠运行。

5.2.5 各元件应符合各自的有关标准。

5.2.6 操动机构、盆式绝缘子、支撑绝缘子、绝缘拉杆、伸缩节等重要组部件具有唯一编号，并可追溯生产流程。

5.2.7 制造厂应对金属材料和部件材质进行质量检测，对罐体、传动杆、拐臂、轴承（销）等关键金属部件的材质按工程抽样进行金属成分检测、按批次进行金相试验抽检，并提供检测报告。

5.2.8 GIS 现场安装应在临时洁净间内进行。临时洁净间应根据产品的结构型式、主设备、主母线和分支母线的总体布置方式进行临时洁净间的设计。临时洁净间应便于现场拆装，移动灵活，防风、防雨、防尘。临时洁净间的长、宽、高应满足设备安装和调试工作的需求，对场地和基础的要求应提前告知施工单位。

5.2.9 用于严寒地区的设备应考虑 SF_6 防液化的措施。

5.3 具体要求

应包括以下内容：

a） 联锁。产品应设有机械或电气联锁装置，以防止带负荷拉、合隔离开关和带电误合接地开关。下列设备应有联锁，对于主回路应满足以下要求：
   1） 在维修时，用来保证隔离间隙的主回路上的高压隔离开关应确保不自合。
   2） 接地开关合闸后应确保不自分。
   3） 隔离开关要与相关的断路器实现电气联锁；隔离开关与接地开关之间应有可靠的电气联锁。其联锁逻辑的设置应根据电气主接线进行设计，应用图表表示清楚，并取得买方同意。
   4） 电气联锁应单独设置电源回路，且与其他回路独立。所有联锁回路的结点，不得使用拓展结点。

b） 接地。
   1） 每个气体隔室的壳体应互连并可靠接地，接地回路应满足额定短路电流的动、热稳定要求。
   2） 接地应防止外壳产生危险感应电压，外壳和支架上的感应电压，正常运行条件下不应大于 24V，故障条件下不应大于 100V。
   3） 接地点的接触面和接地连线的截面积应能保证安全地通过故障接地电流。

4） 每相断路器的基座上应有一个不油漆的、表面镀锡的直接接地处，并有接地标志。铜接地材料时紧固接地螺栓的直径不得小于 12mm。钢接地材料时紧固接地螺栓的直径不得小于 16mm。

5） 外壳应能接地。凡不属主回路或辅助回路的预定要接地的所有金属部分都应接地。

6） 外壳、框架等部件的相互电气连接，应采用紧固连接（螺栓连接或焊接），并以跨接方式保证电气连通。如采用跨接片，户外 GIS 罐体上应有专用跨接部位，禁止通过法兰螺栓直连。

7） 主回路应能接地，以保证维修工作的安全。另外在外壳打开后的维修期间，应能将主回路连接到接地极。

8） 电压互感器、避雷器、快速接地开关应各自独立设置引线接地。接地开关的接地端应通过绝缘套筒引至 GIS 外部接地，且应设置可拆卸接地连板。对温差较大地区接地引出端与接地引线线间应使用软铜叠片式导电带连接。

c） 外壳。

1） 为便于安装和安全运行，应装设外壳伸缩节。

2） 金属外壳应能承受在运行中出现的正常的和暂态的压力。

3） 外壳应符合 5.14.1 对壳体的要求，生产厂家应对 GIS 及罐式断路器罐体焊缝进行无损探伤检测，保证罐体焊缝 100%合格，并按设备投产后不能复查的条件要求进行设计、制造，以确保材料、结构、焊接工艺、检验等的安全可靠性。

4） 封闭外壳充以最低功能压力的气体时，能保证设备的绝缘水平。还应考虑振动和温度变化的作用以及气候条件的影响。

5） 外壳应能满足设计压力，并具备在规定时间内不产生电弧外部效应和不烧穿的能力，应符合 DL/T 617 标准的要求。

6） 不论焊接或铸造的外壳，其厚度和结构的计算方法应参照类似压力容器标准来选择。

7） 外壳的设计温度，通常是周围空气温度的上限加主回路导体流过额定电流时外壳的温升，并应考虑日照影响。

8） 外壳的设计压力，至少是在设计温度时外壳内能达到的压力上限。在确定外壳设计压力时，气体的温度应取通过额定电流时外壳温度上限和主回路导体温度上限平均值，对设计压力能从已有温升试验记录中确定的情况除外。

9） 外壳设计时应考虑如下因素：外壳充气前可能出现的真空度；外壳或绝缘隔板可能承受的全部压力差；相邻隔室具有不同运行压力的情况下，因隔室意外漏气时造成的压力升高；发生内部故障的可能性等。若外壳有设置观察窗，观察窗的透明板的机械强度应与外壳相当，确保气体不泄漏，且防紫外线措施完备。

10）外壳结构的材料性能，应具有已知的和经过鉴定的最低限度物理性能，这些性能是计算和/或验证试验的基础。制造商应对材料的选用负责，并根据材料合格证和进厂检验结果，对保持材料的最低性能负责。

11） 充气口保护封盖的材质应与充气口材质相同，以防发生电化学腐蚀。

12）户外 GIS 法兰对接面宜采用双密封，并在法兰接缝、安装螺孔、跨接片接触面周边、法兰对接面注胶孔、盆式绝缘子浇注孔等部位涂防水胶。

d） 绝缘隔板。

1） 产品应划分为若干隔室，以达到满足正常使用条件和限制隔室内部电弧影响的要求。因此绝缘隔板应能确保当相邻隔室内漏气或维修工作而使压力下降直至制造厂规定的负压时，本隔室的气体压力不发生任何变化。

2） 绝缘隔板通常由绝缘材料制成。为保证人身安全，应有接地及其他措施；应明示绝缘隔板机械安全性能数据，以验证可承受相邻隔室中仍然存在的正常气压能力。

3） 绝缘隔板应按制造商技术条件逐只进行压力试验、工频耐压试验、局部放电试验和 X 射线探伤试验，以保证质量。

4） 所有断路器隔室的 SF_6 气体压力报警、闭锁均应有信号输出，其他隔室的 SF_6 气体压力降低，应有报警信号输出，并在控制柜上指示。

5） 对双母线结构的 GIS，同一出线间隔的不同母线隔离开关应各自设置独立隔室，252kV 及以上 GIS 母线隔离开关不宜采用与母线共隔室的设计结构。

6） 长母线应有适当的气室分割，每个独立隔室长度不超过 15m，也可由买卖双方共同确定，应便于维修和气体管理。

7） SF_6 气体或操动液第一次灌注。应随断路器供给第一次灌注用的 SF_6 气体和任何所规定的操动液。供第一次充气用的 SF_6 气体应符合 GB/T 12022 的规定。在气体交货之前，应向买方提交气体通过毒性试验的合格证书，所用气体应经买方复检合格后方可使用。操动液应符合相应标准的要求。

8） SF_6 气体系统应便于安装和维修，保证最大气室的气体量不超过 8 个小时的气体处理设备的处理能力。

9） 各隔室的吸附剂。投标人在投标阶段提交一份解释文件，包括吸附剂的位置、种类和质量，吸附剂罩的材质应选用不锈钢或其他高强度材料，结构应设计合理，吸附剂罩开孔直径应小于吸附剂颗粒直径；吸附剂罩边沿不应有尖角、毛刺；安装后的吸附剂罩与 GIS 端盖内表面之间的间隙距离应小于吸附剂颗粒直径。吸附剂应选用不易粉化的材料并装于专用袋中，绑扎牢固。

10）可采用外延带金属法兰的盆式绝缘子，但应预留窗口且满足不拆卸进行特高频局放检测的要求，预留窗口防护片寿命应与设备本体寿命一致。采用此结构的盆式绝缘子可取消罐体对接处的短接排（跨接片），制造厂应提供型式试验依据。如需采用跨接片，户外 GIS 罐体上应有专用跨接部位，禁止通过法兰螺栓直连。

11）盆式绝缘子应尽量避免水平布置。

e） 限制并避免内部故障电弧。

1） 应采用限制和避免内部故障电弧的措施，如开关设备的联锁、气体泄漏限制及控制绝缘配合、高速保护、短接电弧的快速装置、远距离操作（遥控）、内部或外部压力释放、安装现场的工作质量检查等；产品在结构布置上，应使内部故障电弧对其继续工作能力的影响降至最小。电弧影响应限制在起弧的隔室内或故障段的另一些隔室（若该段的隔室之间有压力释放设施）之内。将故障隔室或故障段隔离以后，余下的设备应具有继续正常工作的能力。

2） 为了人身安全，应采取适当保护措施限制电弧的外部效应；发生电弧的外部效应时仅允许外壳出现穿孔或裂缝，不应发生任何固体材料不受控制地溅出。

3） 如装有压力释放装置，安装位置应保证气体逸出时不危及在现场执行正常运行任务人员的安全。

4） 卖方提供关于保护系统使用的完整资料及当短路电流不超过某一值时，在某一持续时间内不会发生电弧的外部效应的资料，并推荐故障定位的合适措施或建议。卖方应提供内部故障电弧试验数据和试验报告，并提供对内部电弧故障进行定位的适当措施和方法。

f） 断路器应每相设计成独立气室，并安装独立的密度继电器。每一个独立的母线气室均应装设独立的密度继电器，不允许多个母线气室或不同相母线气室通过管路连通共用一个密度继电器密度继电器与 GIS 本体间的连接方式应满足不拆卸校验要求。户外安装的密度继电器应设置防雨措施。密度继电器应装设在与被监测气室处于同一运行环境温度的位置。密度继电器应具备远传功能，就地指示压力值应与监控后台一致。对于严寒地区的设备，其密度继电器应满足环境温度在－40℃～－25℃时准确度不低于 2.5 级的要求。密度继电器表计应朝向巡视通道。

g） 应有补偿因基础沉降及温度变化产生的膨胀和收缩的缓冲措施，主要用于装配调整、吸收基础间的相对位移和热胀冷缩的伸缩量等。采用压力平衡型伸缩节时，每两个伸缩节间的母线筒长度不宜超过 40 米。制造厂应提供伸缩节配置方案，并经业主单位组织审核。伸缩节配置方案包括伸缩节的允许变化量和安装作业指导书、伸缩节配置计算书（X、Y、Z 三个方向的伸缩量、配置数量）、伸缩节配置图、伸缩节类型（普通安装型、压力平衡型和横向补偿型）、“伸缩节（状态）伸缩量－环境温度”对应明细表等相关材料。伸缩节配置应满足跨不均匀沉降部位（室外不同基础、室内伸缩缝等）的要求。用于轴向补偿的伸缩节应配备伸缩量计量尺，并在现场标明伸缩量、螺栓松紧情况等调整要求。伸缩节技术规范按照 Q/GDW 11716—2017《气体绝缘金属封闭开关设备用伸缩节技术规范》执行。

h） 对电缆的连接和绝缘试验的要求（对采用电缆连接的工程）。

1） 电缆终端箱与电缆终端的配合应符合相应标准的要求。

2） 进线电缆侧如装有带电显示装置，应在 A、B、C 三相分别装设。

3） 带电显示装置应结构设计合理，安装维护方便，性能可靠，具有自检功能；且应具有显示带电状态（灯光）和强制性闭锁的功能。带电显示装置应有联锁及信号输出接点，每相使用单独的放大器。

4） 应设置可取下的连接导体，以便电缆进行绝缘试验时使电缆和 GIS 隔离，并可根据要求提供对电缆和 GIS 进行绝缘试验的接口设备和试验套管。

5） GIS 电缆仓的结构和高度应设计成便于现场安装和拆卸的要求。

i） 隔离开关和接地开关。

1） 隔离开关和接地开关应有可靠的分、合闸位置指示装置。如需要可配制便于视察触头位置的观察窗。接地开关的接地触头应与本体外壳绝缘。对相间连杆采用转动传动方式设计的三相机械联动隔离开关，应在远离机构输出轴相安装分合闸指示器。

2） 隔离开关和接地开关不得因运行中可能出现的外力（包括短路而引起的力）而误分或误合。

3） 快速接地开关应具有开合感应电流的能力，隔离开关应具备开合母线充电电流以及小电容电流和小电感电流的能力。隔离开关开合母线充电电流时产生的特快瞬态过电压（VFTO）不得损坏设备，由此引起的外壳瞬态电压升高不应危及人身安全。

4） 双母线、单母线或桥形接线中，GIS 母线避雷器和电压互感器应设置独立的隔离开关。3/2 断路器接线中，GIS 母线避雷器和电压互感器不应装设隔离开关，宜设置可拆卸导体作为隔离装置。可拆卸导体应设置于独立的气室内。架空进线的 GIS 线路间隔的避雷器和线路电压互感器宜采用外置结构。

j） 汇控柜应满足以下要求。

1） 每个断路器间隔应装设汇控柜，汇控柜上应有一次设备的模拟接线图及断路器、隔离开关和接地开关的位置指示。

2） 汇控柜应有驱湿、加热装置，维持柜内的绝缘水平，户外汇控柜还应有顶部隔热层，加热装置宜采用温湿度控制，避免采用长投方式，防止造成设备温度过高。包含合并单元、智能终端的断路器汇控柜内应装设空调或其他降温设备。另外还要配置小型断路器、插座、照明等辅助设备。

3） 户外汇控柜、机构箱采用防锈性能不低于低碳 304 不锈钢的材料，厚度不小于 2mm，内部应有隔热和保温措施，防护等级不低于 IP45W。

4） 汇控柜除了实现就地控制、测量和信号显示外，还应有足够的辅助触点和试验端子，供用户远方测量、控制和信号使用。每面控制柜需设置“就地—远方”控制选择开关；对断路器、隔离开关和电动操作的接地开关，应实现就地和远方控制方式的切换。在选择远方控制时，就地控制无效；选就地控制时，远方控制（包括保护装置信息）无效。选择开关位置应能通过辅助触点送往远方控制中心。

5） 汇控柜、端子箱等的内部照明装置应采用 LED 灯，并装设防护罩。

k） 辅助电缆。

1） 由汇控柜至操动机构箱 TA、TV 接线盒，以及机构箱和接线盒至各设备之间的辅助电缆均与 GIS（HGIS）成套，由制造商供应并负责安装和连接。其截面积符合下列规定：

TA、TV 回路：大于或等于 $4mm^2$。

控制回路：大于或等于 $2.5mm^2$。

信号回路：大于或等于 $1.5\ mm^2$。

2） 电缆应采用电解铜导体、PVC 绝缘、铠装、阻燃的屏蔽电缆。电缆两端有标示牌，标明电缆编号及对端连接单元名称。

3） 沿本体敷设的二次电缆采用金属槽盒敷设，户外槽盒采用防锈性能不低于低碳 304 不锈钢的材料。垂直安装的二次电缆槽盒应从底部单独支撑固定，且通风良好，水平安装的二次电缆槽盒应有低位排水措施。GIS、HGIS 至各设备元件接线盒的电缆用非橡胶材质蛇形管加以过渡，蛇形管长度不宜超过 1 米。电缆槽盒过渡接头应密封良好，避免进水受潮。

4） 汇控柜至机构箱的交、直流回路不能共用同一根电缆，两套跳闸回路不能共用同一根电缆、控制和动力回路不能共用同一根电缆。

5） 汇控柜、端子箱等的内部照明装置应采用 LED 灯，并装设防护罩。

l） 端子排及回路：端子排上应有标明与制造商提供的回路图上一致的编号。每个端子上只能压接一根导线。汇控柜上 TA 回路的端子排，采用试验端子，应能满足运行状态下不断开电流回路串入或拆除测试仪表的要求。一般端子应能可靠地接入 $1.5mm^2$～$4mm^2$ 截面的导线；特殊需要的接入大截面电缆的端子，另行商定。

m） 对辅助和控制回路中二次配套元件的要求：卖方应明确标示辅助和控制回路中所采用的配套元件，如阀门、辅助和控制开关、压力表、密度继电器、保护继电器、接线端子、电动机、熔断器、接触器、低压开关、监视和测量仪表、二次电缆等元件的型号和制造商，或者按照买方要求的制造商和型号进行采购。断路器出厂试验应进行中间继电器、时间继电器、电压继电器动作特性校验。二次电缆及元件应采用阻燃材料，二次电缆阻燃等级应达到 C 级阻燃，二次元件阻燃等级应达到 V－0 等级。

n） 断路器、隔离开关、接地开关等操动机构的外壳及汇控柜等，均应满足 IP45W 的防护等级和 IK10 的防护机械撞击水平的要求，潮湿多雨地区防护等级为 IP55。箱体应设置可使箱内空气流通的迷宫式通风口，并具有隔热、防腐、防雨、防潮、防尘和防小动物进入的性能。

o） 安装在潮湿多雨、低温地区的 GIS，其机构箱、汇控柜应采用低功率常投加热器与手动投切加热器组合配置的方案，根据柜体容积合理设置通风孔，加热器电源和操作电源应分别独立设置，以保证切断操作电源后加热器仍能工作。

p） 出线连接：出线连接可以是架空线连接、电缆连接或与变压器直接连接，对于不同的出线连接方式由买方决定，技术要求与卖方商定。当采用与变压器直接连接方式时，由 GIS 制造商负责与变压器制造商协调。

q） 带电显示装置应结构设计合理，安装维护方便，性能可靠，具有显示带电状态（灯光）和强制性闭锁的功能，其传感器应为外置式。

r） 防锈：对户外使用设备的外壳、汇控柜、机构箱等，应采取有效的防腐、防锈措施，确保在使用寿命内不出现涂层剥落、表面锈蚀的现象。在户外的端子板、螺栓、螺母和垫圈应采取防腐措施，尤其应防止不同金属之间的电腐蚀，而且应防止水分进到螺纹中。

s） GIS 应设有必要的方便运行人员对设备进行巡视和操作的通道及固定平台。

t） 铭牌。

1） GIS 或 HGIS 及其辅助和控制设备、操动机构等主要元件均应有耐久和清晰易读的铭牌。

2） 对于户外设备的铭牌，应是不受气候影响和防腐的。

3） 铭牌应包括如下内容：

- 制造商名称或商标、制造年月、出厂编号。
- 产品型号。
- 采用的标准。
- 给出下列数据：额定电压、母线和支线的额定电流、额定频率、额定短路开断电流、额定短时耐受电流及持续时间、额定峰值耐受电流、用作绝缘介质的额定充入压力（密度）及其报警压力（密度）、用作操作介质的额定充入压力及其最低动作压力（密度）、外壳设计压力等。如果共用数据已在整体铭牌上做了说明，则各元件的铭牌可以简化。
- GIS 或 HGIS 中各元件的铭牌参照相应标准。

u） 机构箱内的所有二次元件的位置应便于拆装、接线、观察及操作，并有表明其用途的永久性标识。

v） 预留间隔的设备应装设密度继电器，并有气体压力报警和闭锁信号输出接点。

w） 温控器（加热器）、继电器等二次元件应取得 3C 认证（或 3C 认证同等性能试验），外壳绝缘材料阻燃等级应满足 V－0 等级，并提供第三方检测报告。

x） 装配前应检查并确认防爆膜是否受外力损伤，装配时应保证防爆膜泄压方向正确、定位准确，防爆膜泄压挡板的结构和方向应避免在运行中积水、结冰、误碰。防爆膜喷口不应朝向巡视通道。

5.4 断路器

5.4.1 技术参数

断路器技术参数见专用部分技术参数特性表。

5.4.2 操动机构

5.4.2.1 断路器应能远方和就地操作，其间应可以转换。断路器应设有两个相同而又各自独立的分闸回路，每一个分闸脱扣装置动作时或两个同时动作时，均应保证设备的机械特性。操动机构自身应具备防止跳跃、防止非全相合闸和保证合分时间的性能。操动机构应具备低压闭锁和高压保护装置。液压机构应具有防止失压后慢分慢合的装置。

5.4.2.2 断路器操动机构的设计应满足“分－0.3s－合分－3min－合分”操作顺序的要求。

5.4.2.3 对液压操动机构的要求（如果采用）：

a） 液压操动系统和检修周期。液压操动机构应装设全套的液压设备，包括泵，储压筒，必需的控制、管道和阀门，以及过压力释放装置（安全阀）。储压筒应有足够的容量，在最低操作压力下应能进行“分－0.3s－合分”或“合分－3min－合分”的操作。电动机和泵应能满足在 5min 内从零压充到额定压力和 1min 内从最低允许压力充到额定压力的要求。为维持正常的操作压力，液压泵应根据压力的变化实现自动控制。应有可靠的防止重新打压而慢分的机械和电气装置。液压操作系统的维修周期应与断路器相配合。

b） 电气布线和液压系统连接。油泵电动机电源电路及液压系统的报警和控制回路应接到控制柜端子排上，报警回路应包括两个电气上独立的接点。卖方应提供必需的导线、镀锌钢管、附件及其连接所需要的设备。卖方应提供操作系统所需要的全部控制设备、压力开关、压力调节器泵、电动机、操作计时器、阀门、管线和管道以及其他辅助设备及材料。全部液压系统的管线和管道应由制造商安装，需要在现场安装的管线和管道就由制造商加工，应达到现场装配不需要剪切、涨管或套丝等操作的要求。

c） 应装设用于监测液压机构油泵打压次数和打压时间的装置。

5.4.2.4 对弹簧操动机构的要求（如果采用）。当分闸操作完成后，合闸弹簧应在 20s 内完成储能。弹簧操动机构应能可靠防止发生空合操作，应设有方便观察的储能指示器。

5.4.3 控制和操作要求

应包括以下内容：

a） 卖方应提供用于断路器分闸和合闸所有必需的中间继电器、闭锁继电器，以及液压油的控制阀。

b） 防跳装置、防慢分装置、防非全相合闸装置。操动机构应装设防跳装置，防止断路器反复分闸和合闸；液压机构应配有电气和机械的防慢分装置，保证机构泄压后重新打压时不发生慢分；断路器发生非全相合闸时，应可实现已合闸相自分闸。新投的分相弹簧机构断路器的防跳继电器、非全相继电器不应安装在机构箱内，应装在独立的汇控箱内。

c） 控制电压为 DC 220V 或 DC 110V。合闸线圈在额定电压 85%～110%时应可靠动作，分闸线圈在额定电压 65%～110%时应可靠动作；分、合闸线圈在额定操作电压的 30%及以下时均不应发生分、合闸动作。

5.4.4 附件

应包括以下内容：

a） 必备的及推荐的附件。除卖方认为是对于可靠和安全运行所必备的附件之外，每台断路器宜配备推荐附件。

b） 位置指示器。分相操作的断路器每相均应装设一个机械式的分合闸位置指示器，三相机械联动的断路器可每相装设一个机械式的分合闸位置指示器，也可只装设一个位置指示器。机械式的分合闸位置指示器应动作准确、可靠，装设位置应清晰醒目，并便于运行人员观察。指示器的文字标示及颜色应如下：

文字	标示	颜色
开断位置	分（OPEN）	绿色
闭合位置	合（CLOSE）	红色

c） 计数器。分相操作的断路器每相均应装设不可复归的动作计数器，其位置应便于读数。

5.5 隔离开关

5.5.1 技术参数见专用部分技术参数特性表。

5.5.2 操动机构：

a） 配用手动操动机构的隔离开关，手柄总长度（包括横柄长度在内）不应大于 400mm，操作轻便，其机构的终点位置应有足够强度的定位和限位装置，且在手动分、合闸时能可靠闭锁电动回路。

b） 对于采配用电动操动机构的隔离开关和接地开关应能远方及就地操作，并应装设供就地操作用的手动分、合闸装置。

c） 电动操动机构处于任何动作位置时均应能取下或打开操动机构的箱门，以便检查或修理辅助开关和接线端子。

d） 汇控柜内应装设电动操动的小型断路器，用于控制分合闸操作回路。同一间隔内的多台隔离开关的电机电源，在端子（汇控柜）箱内必须分别设置独立的开断设备。

e） 电动操动机构中所采用的电动机和仪表应符合相应的标准。

f） 操动机构上应有能反映隔离开关分、合闸位置的指示器，并便于运行人员观察。指示器上应标明“分”“合”字样。

g） 隔离开关转动和传动部位应采取润滑措施和密封措施，在寒冷地区应采用防冻润滑剂。

h） 控制柜应配有足够的端子排，以供设备内配线及外部电缆端头连接用。端子排及终端板与夹头均安装在电缆进口上部，每块端子排应有 10%～15%的备用端子。端子排应有防护措施。

i） 所有辅助触点应在电气接线图上标明编号，并且连线至端子排，每只辅助开关及所有辅助触点的电气接线应编号。

j） 分、合闸操作：动力操动机构，当其电压在下列范围内时，应保证隔离开关可靠地分闸和合闸。

1） 电动操动机构的电动机接线端子的电压在其额定值的 85%～110%范围内时。

2） 二次控制线圈、电磁联锁装置，当其线圈接线端子的电压在其额定值的 85%～110%范围内时（线圈温度不超过 80℃）。

k） 操动机构内接线端子应为铜质。

5.6 快速接地开关

5.6.1 技术参数见专用部分技术参数特性表。

5.6.2 操动机构：应能电动和手动操作；能就地操作和远方操作，就地操作和远方操作之间应装设联锁装置。

5.6.3 每组快速接地开关应装设一个机械式的分/合位置指示器，并便于运行人员观察，根据要求可以装设观察窗，以便操作人员检查触头的开合状态。

5.6.4 接地开关的接地端子应与本体外壳绝缘。

5.7 检修接地开关

5.7.1 技术参数见专用部分技术参数特性表。

5.7.2 操动机构：

a） 可手动和电动操作，每组接地开关应装设一个机械式的分/合位置指示器，并便于运行人员观察。

b） 根据要求可以装设观察窗，以便操作人员检查触头的开合状态。

5.7.3 接地开关的接地端子应与本体外壳绝缘。

5.8 电流互感器（TA）

5.8.1 技术参数见专用部分技术参数特性表。

5.8.2 所有从电流互感器引出的每一分接头的引线引到控制柜的端子排上，引线截面为大于或等于 $4mm^2$ 的软线。每个端子均应有明确的标记并有接线图表明其接法、极性和变比。

5.8.3 对电流互感器应提供下列数据：励磁特性曲线、拐点电压、暂态特性、75℃时最大二次电阻值等。

5.8.4 对 TPY 型电流互感器的要求：

a） TPY 型套管电流互感器应设计和制造得使其剩磁不超过拐点电压对应磁密的 10%。

b） 在标准的一次系统时间常数和 100%的直流分量偏移的条件下，KSSC 暂态误差不应超过 10%。

5.8.5 所有电流互感器二次负载接线和信号线路应使用屏蔽的金属铠装电缆。

5.8.6 TA 二次回路 1min 工频耐压 3000V。

5.8.7 各组电流互感器相序排列应确保一致，电流互感器一次设计相位应与二次端子标示相符。

5.8.8 外置式电流互感器的二次线圈防护罩、二次接线端子盒应采取有效的防雨措施。

5.9 电压互感器（TV）

5.9.1 技术参数见专用部分技术参数特性表。

5.9.2 各组电压互感器相序排列应确保一致，电压互感器一次设计相位应与二次端子标示相符。电压互感器的一次线圈接地端应与二次分开。

5.10 避雷器

技术参数见专用部分技术参数特性表。

5.11 套管

5.11.1 技术参数见专用部分技术参数特性表。

5.11.2 瓷套管的伞裙应为不等径的大小伞，伞形设计应符合标准要求，两裙伸出之差 $P_1-P_2 \geqslant 15mm$。

5.11.3 瓷套管的相邻裙间距离（S）与裙伸出长度（P）之比不应小于 0.9。

5.11.4 瓷套管的有效爬电距离应考虑伞裙直径的影响。当平均直径大于 300mm 时，爬电距离增加 10%；当平均直径大于 500mm 时，爬电距离增加 20%。

5.11.5　应在绝缘子金属法兰与瓷件的胶装部位涂以性能良好的防水密封胶。

5.11.6　支柱瓷绝缘子应符合 GB/T 8287.1 的要求，支柱复合绝缘子应符合 GB/T 25096 的要求。

5.12　绝缘子

5.12.1　技术参数见专用部分技术参数特性表。

5.12.2　GIS 内绝缘件应逐只进行 X 射线探伤试验、工频耐压试验和局部放电试验，局部放电量不大于 3pC。

5.12.3　热性能试验应按每批不少于 5 个绝缘子，且每个进行 10 次热循环验证。

5.13　母线

技术参数见专用部分技术参数特性表。

GIS 母线宜采用低位布置方式，不宜采用高位布置方式。

5.14　壳体

5.14.1　技术参数见专用部分技术参数特性表。

5.14.2　壳体承受压力：能承受运行中正常的和内部故障时的压力。应包括以下情况：

a）对铸铝和铝合金外壳，型式试验压力为 5 倍的设计压力。

b）对焊接的铝外壳和焊接的钢外壳，型式试验压力为 3 倍的设计压力。

c）对隔板的型式试验压力应大于 3 倍的设计压力。

5.15　SF_6 气体

5.15.1　技术参数见专用部分技术参数特性表。

5.15.2　生物毒性试验：无毒。

5.15.3　其他项目应符合 GB/T 12022 标准的规定。

5.15.4　应提交 SF_6 气体生产厂的合格证书及分析报告。

5.15.5　应提供 110% SF_6 气体。

6　试验

6.1　概述

GIS 或 HGIS 中所用元件均应按各自的产品标准进行型式试验、出厂试验和现场交接试验，并应提供供货范围内各元件的型式试验和出厂试验报告。

6.2　型式试验

型式试验的目的在于验证 GIS 或 HGIS 装置、控制回路、控制设备及辅助设备的各种性能是否符合设计的要求。

6.2.1　各功能元件均应根据各自的标准在有代表性的布置间隔上进行完整的单相或三相试验。三相共箱型应按相应标准要求进行三相试验。

6.2.2　如果因条件限制，经卖方和买方协商同意，才允许型式试验在具有代表性的总装或分装设备上进行。

6.2.3　由于型式、参数及可能的组合方式的多样性，对所有布置方式都进行型式试验是不现实的。任一种特定布置方式的性能试验数据，可用具有可比性的布置方式的试验数据来证实。

6.2.4　型式试验和验证的内容包括：

a）验证设备绝缘水平的试验以及辅助回路的绝缘试验。

b）验证无线电干扰电压（RIV）水平的试验（如果适用）。

c）验证设备所有部件温升的试验以及主回路电阻测量。

d）验证主回路和接地回路承载额定峰值耐受电流和额定短时耐受电流能力的试验。

e）验证所包含的开关装置开断关合能力的试验。

f）验证所包含的开关装置机械操作和行程–时间特性测量。

g） 验证外壳强度的试验。
h） 外壳防护等级的验证。
i） 气体密封性试验和气体状态测量。
j） 电磁兼容性试验（EMC）。
k） 辅助和控制回路的附加试验。
l） 隔板的试验。
m） 验证在极限温度下机械操作的试验。
n） 验证热循环下性能的试验以及绝缘子的气体密封性试验。
o） 接地连接的腐蚀试验
p） 评估内部故障电弧效应的试验
q） 噪声试验。
r） 地震试验：可由卖方提供产品抗震性能计算书，该计算书应由国家认可的机构完成。

6.2.5 以下元件按各自标准提供试验报告：

a） 绝缘件（绝缘隔板和支撑绝缘子）。
b） 并联电容器。
c） 合闸电阻。
d） 互感器。
e） 绝缘件。
f） 套管。
g） 避雷器。
h） 伸缩节。
i） 与变压器的连接（如需要）。

6.3 出厂试验

6.3.1 GIS 或 HGIS 应在制造厂进行整体组装，对所有元件进行出厂试验。某些试验可在元件运输单元或完整的设施上进行。出厂试验应保证产品的性能与进行过型式试验的设备相符。产品在拆前应对关键的连接部位和部件做好标记。

6.3.2 出厂试验项目包括：

a） 主回路的绝缘试验。应在装配完整的间隔或尽量完整的间隔上进行，包括工频耐受电压试验；局部放电试验；雷电冲击耐受电压试验，正负极性各 3 次。
b） 辅助和控制回路绝缘试验。
c） 主回路电阻测量。
d） 气体密封性试验。
e） 机械试验。断路器、隔离开关和接地开关出厂试验时应进行不少于 200 次的机械操作试验（其中断路器每 100 次操作试验的最后 20 次应为重合闸操作试验），以保证触头充分磨合。200 次操作完成后应彻底清洁壳体内部，再进行其他出厂试验。断路器机械特性试验项目应包括时间、速度、合－分时间、速度行程曲线、辅助开关切换与主触头动作时间配合。
f） 合闸电阻测量、断口并联电容测量及合闸电阻预投入时间试验。
g） 电气和其他辅助装置试验。
h） 接线检查。
i） SF_6 气体湿度测量。
j） 外壳和绝缘隔板的压力试验。
k） 控制机构中辅助回路、设备和联锁试验。绝缘件和瓷绝缘子的试验要求：绝缘拉杆总装前应逐只进行工频耐压、局放试验，绝缘子应逐只进行工频耐压、局放试验和 X 射线探伤检测，瓷空心绝缘子应逐只进行超声纵波探伤检测。以上试验均应由 GIS 制造厂完成，并将试验结果随出厂试验报告提交用户。

6.4 现场交接试验

6.4.1 GIS 或 HGIS 安装之后，应进行现场交接试验。

6.4.2 试验项目包括：

a） 主回路绝缘试验。交流耐压值应为出厂值的 100%。在工频耐压过程中进行局部放电测试，需要时可进行冲击耐压试验。
b） 辅助回路绝缘试验。
c） 主回路电阻测量。
d） 气体密封性试验。
e） 现场机械特性试验，现场机械特性试验，卖方应提供断路器的速度定义和参考机械行程特性曲线，以及检测用传感器和安装附件。
f） 合闸电阻测量、断口并联电容测量及合闸电阻预投入时间试验。
g） SF_6气体验收（充入 GIS 前进行）。
h） SF_6气体湿度及纯度测量（充入 GIS 后进行）。
i） 外观检查与核实
j） 局部放电。
k） 各元件的现场试验。
l） 气体密度继电器及压力表、安全阀的校验。
m） 现场开合空载变压器试验（如果需要）。
n） 现场开合并联电抗器试验（如果需要）。
o） 现场开合空载线路充电电流试验（如果需要）。
p） 现场开合空载电缆充电电流试验（如果需要）。

7 技术服务、设计联络、工厂检验和监造

7.1 技术服务

7.1.1 概述

应包括以下内容：

a） 卖方应指定一名工地代表，配合买方及安装承包商的工作。卖方应指派有经验的安装指导人员和试验工程师，对合同设备的安装、调试和现场试验等进行技术指导。卖方指导人员应对所有安装工作的正确性负责，除非安装承包商的工作未按照卖方指导人员的意见执行，但是，卖方指导人员应立即以书面形式将此情况通知了买方。
b） 合同设备的安装工期为 2 周，买卖双方据此共同确认一份详尽的安装工序和时间表，作为卖方指导安装的依据，并列出安装承包商应提供的人员和工具的类型及数量。
c） 买卖双方应根据施工的实际工作进展，通过协商决定卖方技术人员的专业、人员数量、服务持续时间，以及到达和离开工地的日期。

7.1.2 任务和责任

应包括以下内容：

a） 卖方指定的工地代表，应在合同范围内与买方工地代表充分合作与协商，以解决有关的技术和工作问题。双方的工地代表，未经双方授权，无权变更和修改合同。
b） 卖方技术人员应按合同规定完成有关设备的技术服务，指导、监督设备的安装、调试和验收试验。
c） 卖方技术人员应对买方人员详细地解释技术文件、图纸、运行和维护手册、设备特性、分析方法和有关的注意事项等，以及解答和解决买方在合同范围内提出的技术问题。

d） 卖方技术人员有义务对买方的运行和维护人员进行必要的培训。

e） 卖方技术人员的技术指导应是正确的，如因错误指导而引起设备和材料的损坏，卖方应负责修复、更换和（或）补充，费用由卖方承担，该费用中还包括进行修补期间所发生的服务费。买方的有关技术人员应尊重卖方技术人员的技术指导。

f） 卖方代表应充分理解买方对安装、调试工作提出的技术和质量方面的意见和建议，使设备的安装、调试达到双方都满意的质量。如因卖方原因造成安装或试验工作拖期，买方有权要求卖方的安装监督人员或试验工程师继续留在工地服务，且费用由卖方自理。如因买方原因造成安装或试验拖期，买方根据需要有权要求卖方的安装监督人员或试验工程师继续留在工地服务，并承担有关费用。

7.2 设计联络会

7.2.1 为协调设计及其他方面的接口工作，根据需要买方与卖方应召开设计联络会。卖方应制订详细的设计联络会日程。签约后的 30 天内，卖方应向买方建议设计联络会方案，在设计联络会上买方有权对合同设备提出改进意见，卖方应按此意见作出改进。

7.2.2 联络会的主要内容：

a） 决定最终布置尺寸，包括外形、套管引出方向、其他附属设备的布置；确定汇控柜内控制回路的接线逻辑方式、二次元件的选择及内部布置等。

b） 复核投标产品的主要性能和参数，并进行确认。

c） 检查总进度、质量保证程序及质控措施。

d） 决定土建要求/运输尺寸和质量，以及工程设计的各种接口的资料要求。

e） 讨论交货程序。

f） 解决遗留问题。

g） 讨论监造、工厂试验及检验问题。

h） 讨论运输、安装、调试及验收试验。

7.2.3 其他需讨论的内容，如地点、日期、人数等在合同谈判时商定。

7.2.4 除上述规定的联络会议外，若遇重要事宜需双方进行研究和讨论，经各方同意可另召开联络会议解决。

7.2.5 每次会议均应签署会议纪要，该纪要作为合同的组成部分。

7.3 工厂检验和监造

7.3.1 买方有权派遣其检验人员到卖方及其分包商的车间场所，对合同设备的加工制造进行检验和监造。买方应将为此目的而派遣的代表人员名单以书面形式通知卖方。

7.3.2 卖方应积极配合买方的监造工作，并指定 1 名代表负责监造联系工作，及时向监造人员提供监造工作相关资料（包括但不限于此）：

a） 重要的原材料的物理、化学特性和型号，以及必要的工厂检验报告。

b） 重要外协零部件和附件的验收试验报告及重要零部件和附件的全部出厂例行试验报告。

c） 设备出厂试验方案、试验报告、半成品试验报告。

d） 型式试验报告。

e） 产品改进和完善的技术报告。

f） 与分包方的技术协议和分包合同副本。

g） 设备的生产进度表。

h） 设备制造过程中出现的质量问题的备忘录。

i） 设备制造过程中出现有关设备质量和进度变更的文件。

7.3.3 设备的监造范围、监造方式、监造内容等监造具体内容由买方及其派遣的监造人员根据国家电网有限公司统一下发的设备监造大纲最终确定。

7.3.4 监造人员有权到生产合同设备的车间和部门了解生产信息，并提出监造中发现的问题（如有）。

7.3.5 卖方应在开始进行工厂试验前 2 周，通知买方及监造人员其试验方案（包括日程安排）。根据这个试验方案，买方有权确定对合同设备的哪些试验项目和阶段进行见证，并将在接到卖方关于安装、试验和检验的日程安排通知后 1 周内通知卖方。然后买方将派出技术人员前往卖方和（或）其制造商生产现场，以观察和了解该合同设备工厂试验的情况及其运输包装的情况。若发现任一货物的质量不符合合同规定的标准，或包装不满足要求，买方代表有权发表意见，卖方应认真考虑其意见，并采取必要措施以确保待运合同设备的质量，见证检验程序由双方代表共同协商决定。

7.3.6 若买方不派代表参加上述试验，卖方应在接到买方关于不派员到卖方和（或）其分包商工厂的通知后，或买方未按时派遣人员参加的情况下，自行组织检验。

7.3.7 监造人员将不签署任何质量证明文件，买方人员参加工厂检验既不能解除卖方按合同应承担的责任，也不替代到货后买方的检验。

7.3.8 买方有合同货物运到买方目的地以后进行检验、试验和拒收（如果必要时）的权利，卖方不得因该货物在原产地发运以前已经由买方或其代表进行过监造和检验并已通过作为理由而进行限制。

7.3.9 买方人员参加工厂试验，包括会签任何试验结果，既不免除卖方按合同规定应负的责任，也不能代替合同设备到达目的地后买方对其进行的检验。

7.3.10 如有合同设备经检验和试验不符合技术规范的要求，买方可以拒收，卖方应更换被拒收的货物，或进行必要的改造使之符合技术规范的要求，买方不承担上述的费用。

8 一次、二次及土建接口要求

8.1 电气一次接口

800kV GIS 布置形式统一为“一”字形布置（户外）方案。800kV HGIS 布置形式统一为“3+0”布置（户外）方案。800kV 组合电器电气接口从结构型式、间隔中心距、进出线套管中心距、套管相间距离等进行了分类统一，并根据组合电器布置方案、应用场合的不同形成 2 种电气接口。其中，接口 1 对应户外 GIS“一”字形布置方案，接口 2 对应户外 HGIS 布置方案。

8.1.1 布置型式、外轮廓尺寸

800kV GIS 采用“一”字形布置方案，进、出线套管中心距按照不大于 44.5m 控制。同串内不同相断路器之间中心距按照不大于 20.6m 控制；一个完整串的长度按照不大于 61m 控制。1000m 海拔下，进（出）线间隔套管相间距离为 11m。具体尺寸示意详见 8.1.4 节图 1～图 3。高海拔修正详见表 3，高海拔尺寸示意详见图 4。

表 3　800kV 户外出线间隔套管高海拔修正表（海拔高度＞1000 m）

海拔（m） 符号	2000
L 出线套管相间距离（m）	11.9

800kV HGIS 采用“3+0”布置方案 800kV HGIS 套管相间距离为 10.75m。对于“3+0”布置方案，同串内边侧套管中心距按大于等于 49.05m 控制。具体尺寸示意详见 8.1.4 章节图 5、6 和 7。高海拔修正详见表 4，高海拔尺寸示意详见图 8 和图 9。

表 4　800kV 户外出线间隔套管高海拔修正表（海拔高度＞1000 m）

海拔（m） 符号	2000	3000
L 出线套管相间距离（m）	12.15	13.05
H 出线套管导体至地之间距离（m）	13.1	13.7

8.1.2 接地要求

应包括以下内容：

a） 接地方案可采用设备直接引下接地或预埋接地件。接地件由土建施工单位预埋，接地件以上的接地排及安装辅材均为厂家提供。

b） 每个气体隔室的壳体应互连并可靠接地，接地回路应满足短路电流的动、热稳定要求。外壳框架等的相互电气连接宜用紧固连接，以保证电气上连通，接地点应标以接地符号。

c） 接地点的接触面和接地连线的截面积应能安全地通过故障接地电流。

d） 紧固接地螺栓不少于 4 个 M12 螺栓或 2 个 M16 螺栓。接地点应标有接地符号。

e） GIS/HGIS 接地应防止外壳产生危险感应电压，应防止外壳环流造成局部过热。

8.1.3 安装基础

GIS/HGIS 底座建议采用焊接固定在水平预埋钢板的基础上，也可采用地脚螺栓或化学锚栓方式固定。GIS/HGIS 伸缩节要能够适应装配调整、吸收基础间的相对位移和热胀冷缩的伸缩量，GIS/HGIS 底座必须能够适应如下土建施工误差：

a） 每间隔基础预埋件水平最高和最低差不超过 2mm；

b） 间隔之间所有尺寸允许误差不超过 3mm；

c） 全部间隔所在区域尺寸允许偏差不超过 3mm；

d） 对于 GIS/HGIS 出线套管支架，其高度应能保证外绝缘体最低部位距地面不小于 2500mm。

8.1.4 安装示例图

800kV GIS 安装示例图详见图 1、图 2 和图 4。

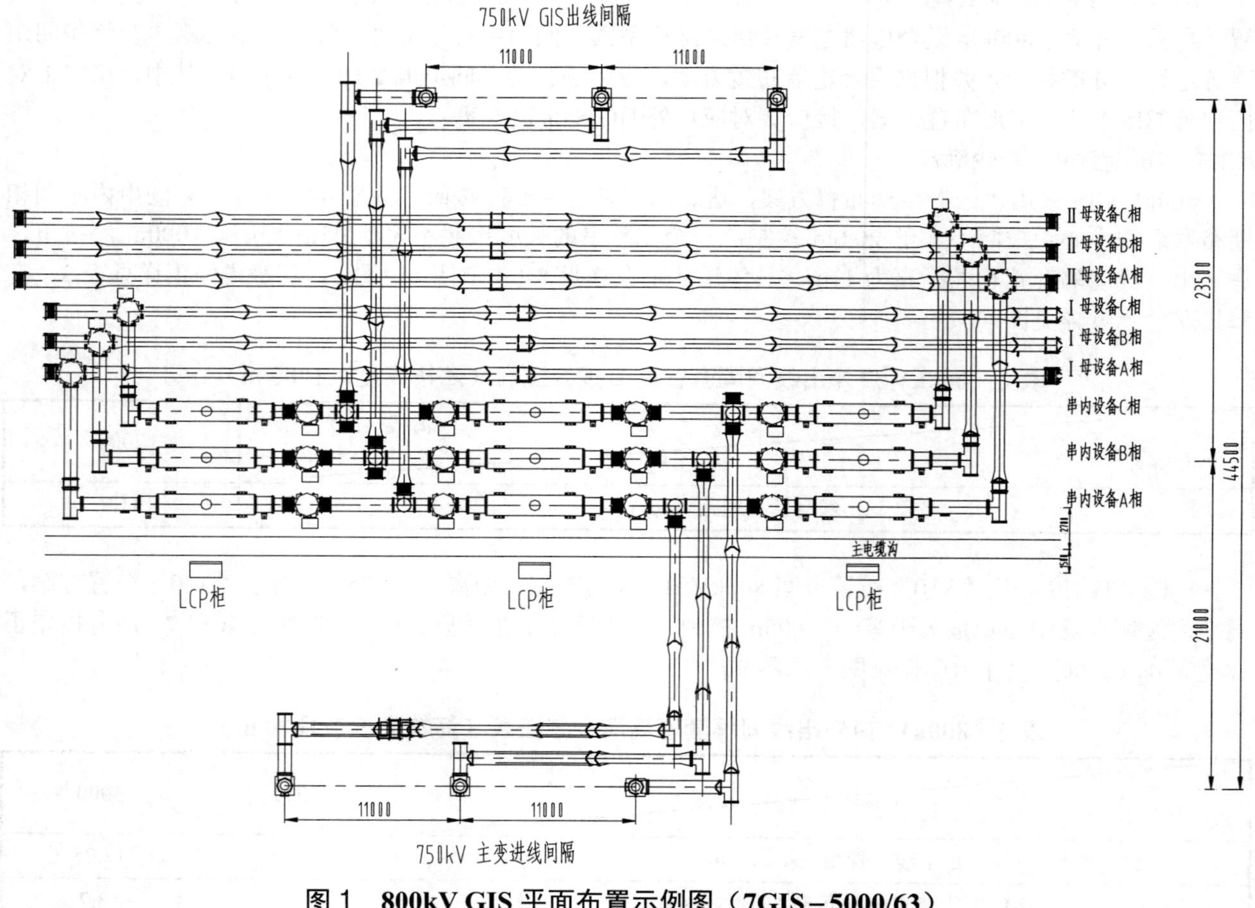

图 1 800kV GIS 平面布置示例图（7GIS－5000/63）

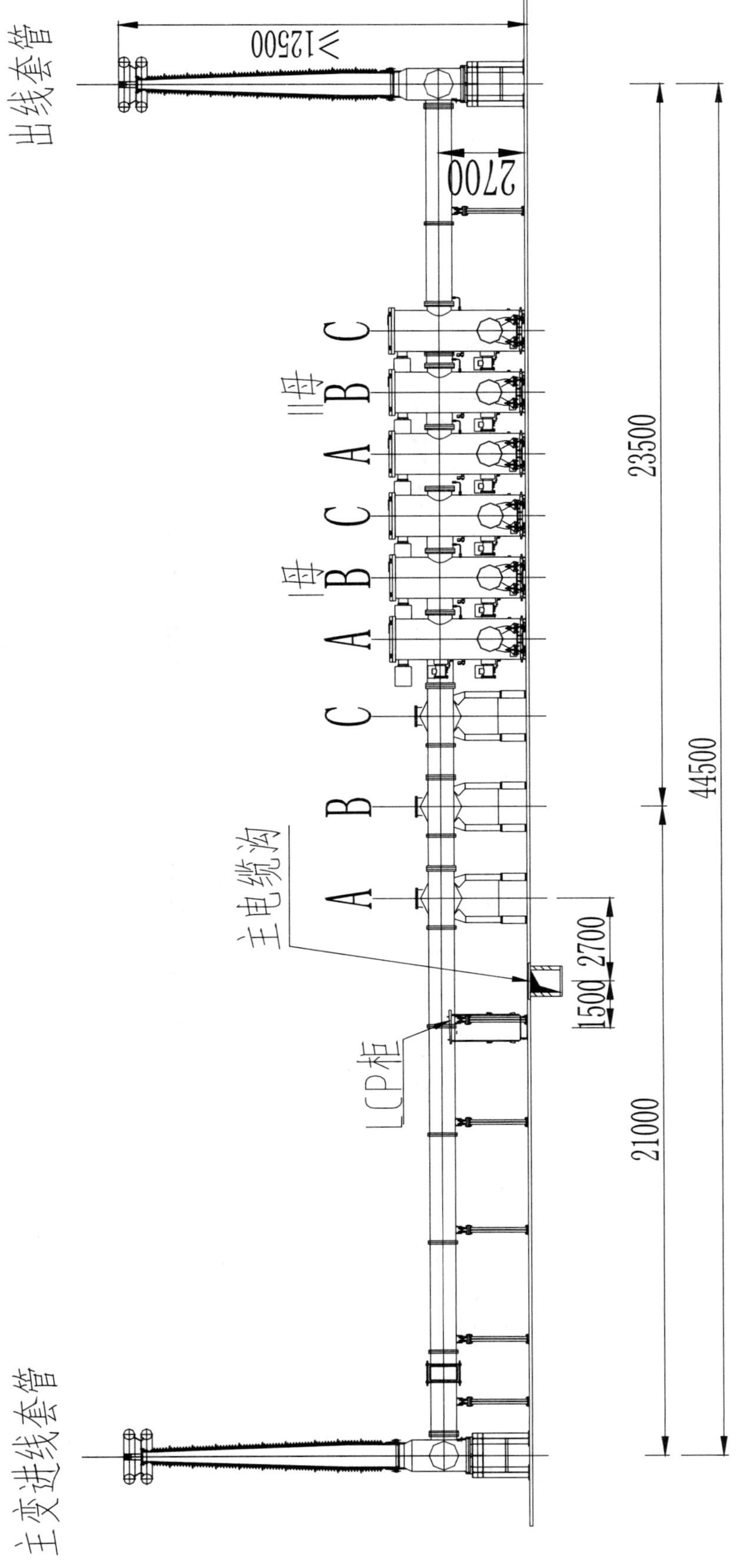

图 2　800kV GIS 横向断面示例图（7GIS－5000/63）

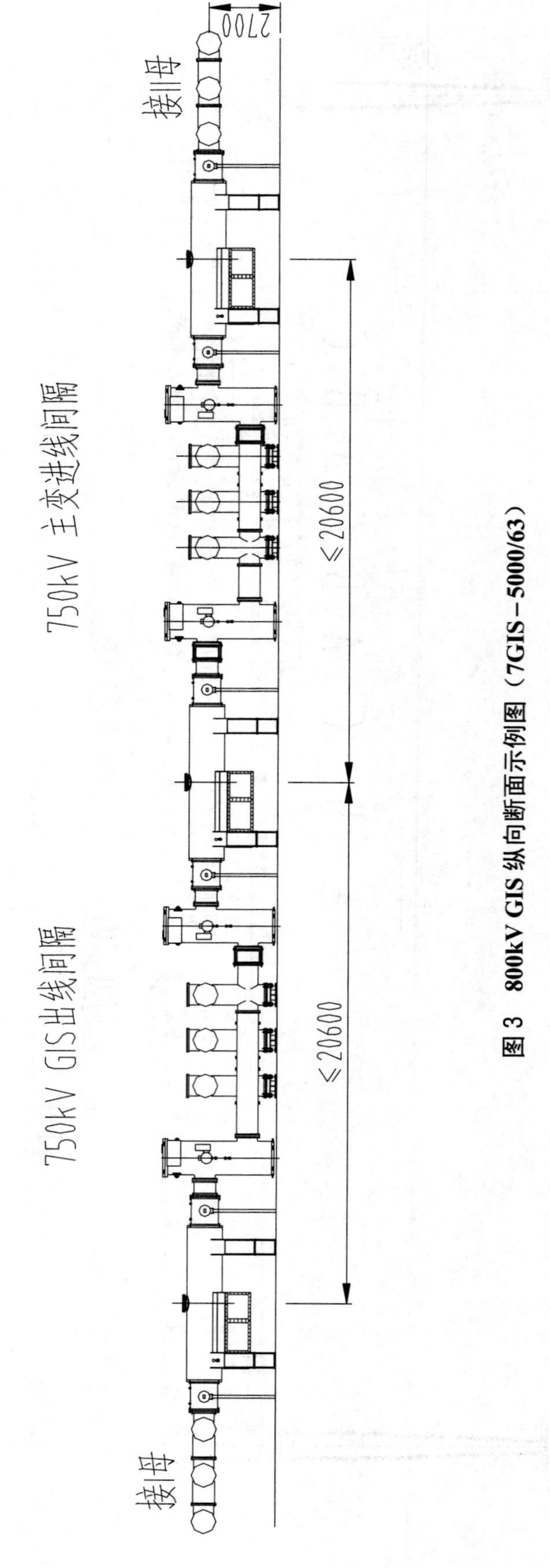

图 3　800kV GIS 纵向断面示例图（7GIS－5000/63）

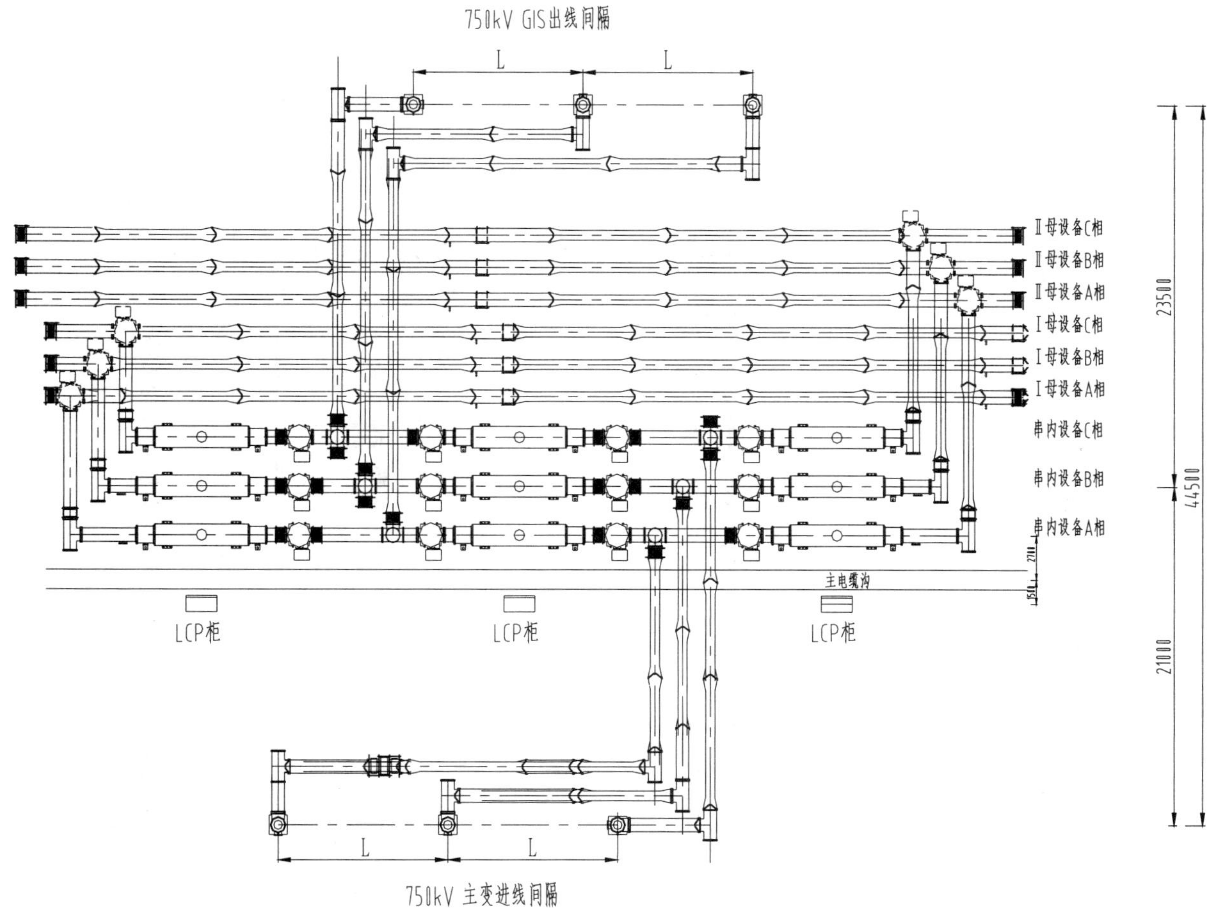

图 4　**800kV GIS** 方案高海拔修正示例图（**7GIS－5000/63**）

800kV HGIS 安装示例图详见图 5、图 6 和图 9。

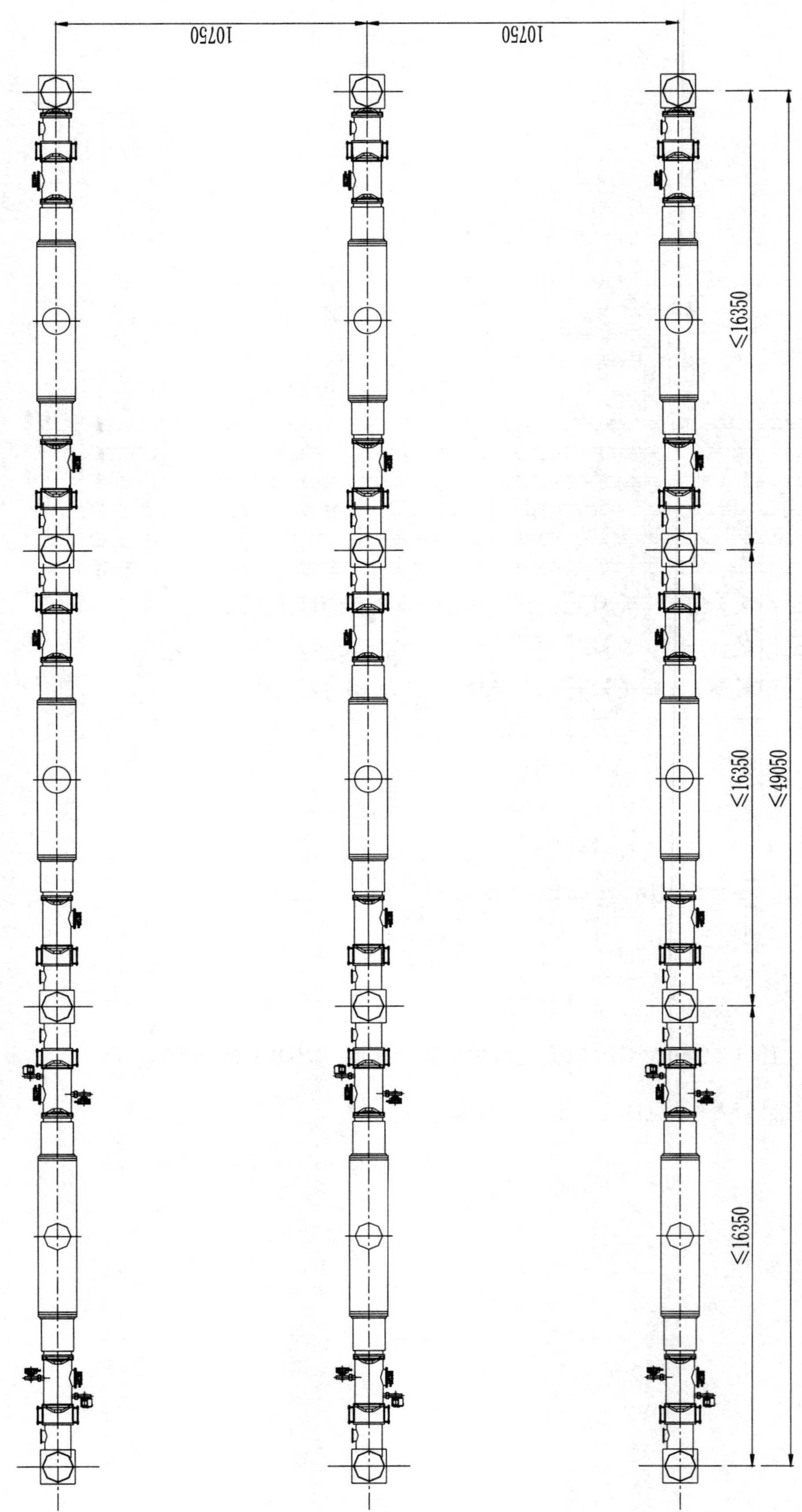

图 5 800kV HGIS 平面示例图（7HGIS－5000/63）

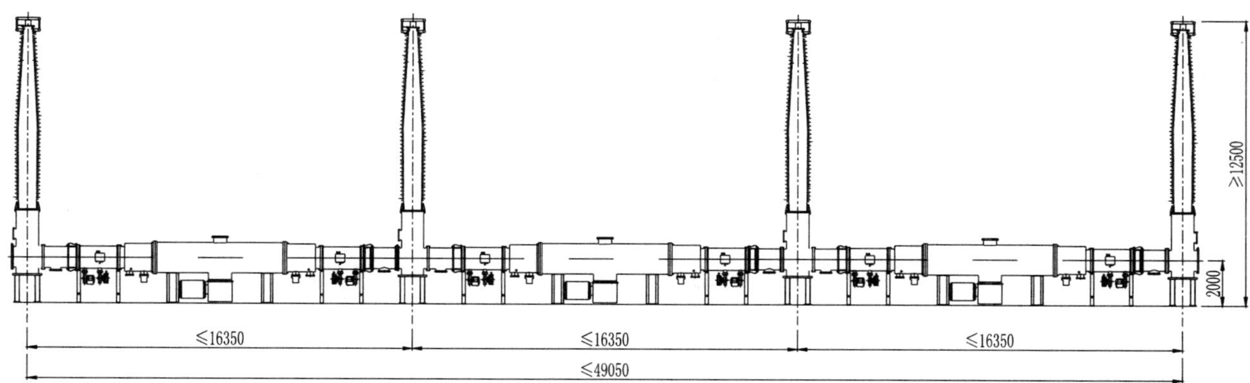

图 6　**800kV HGIS** 纵向断面示例图（**7HGIS－5000/63**）

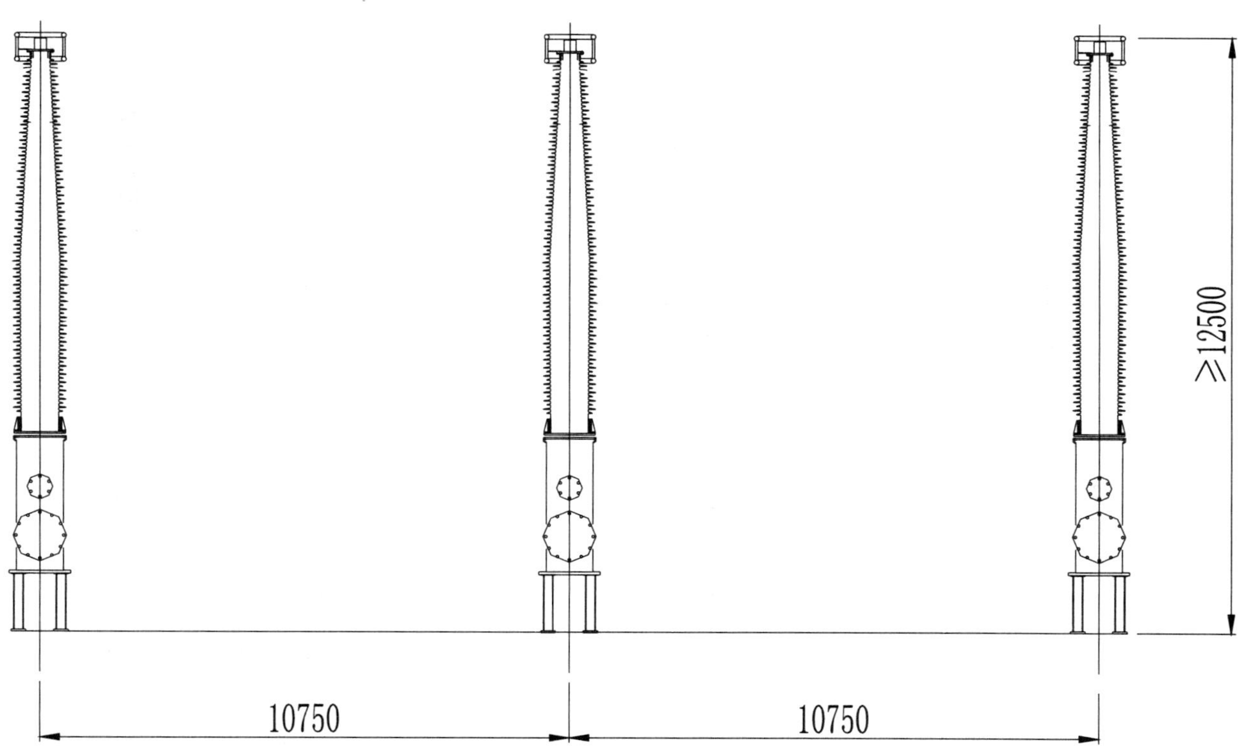

图 7　**800kV HGIS** 横向断面示例图（**7HGIS－5000/63**）

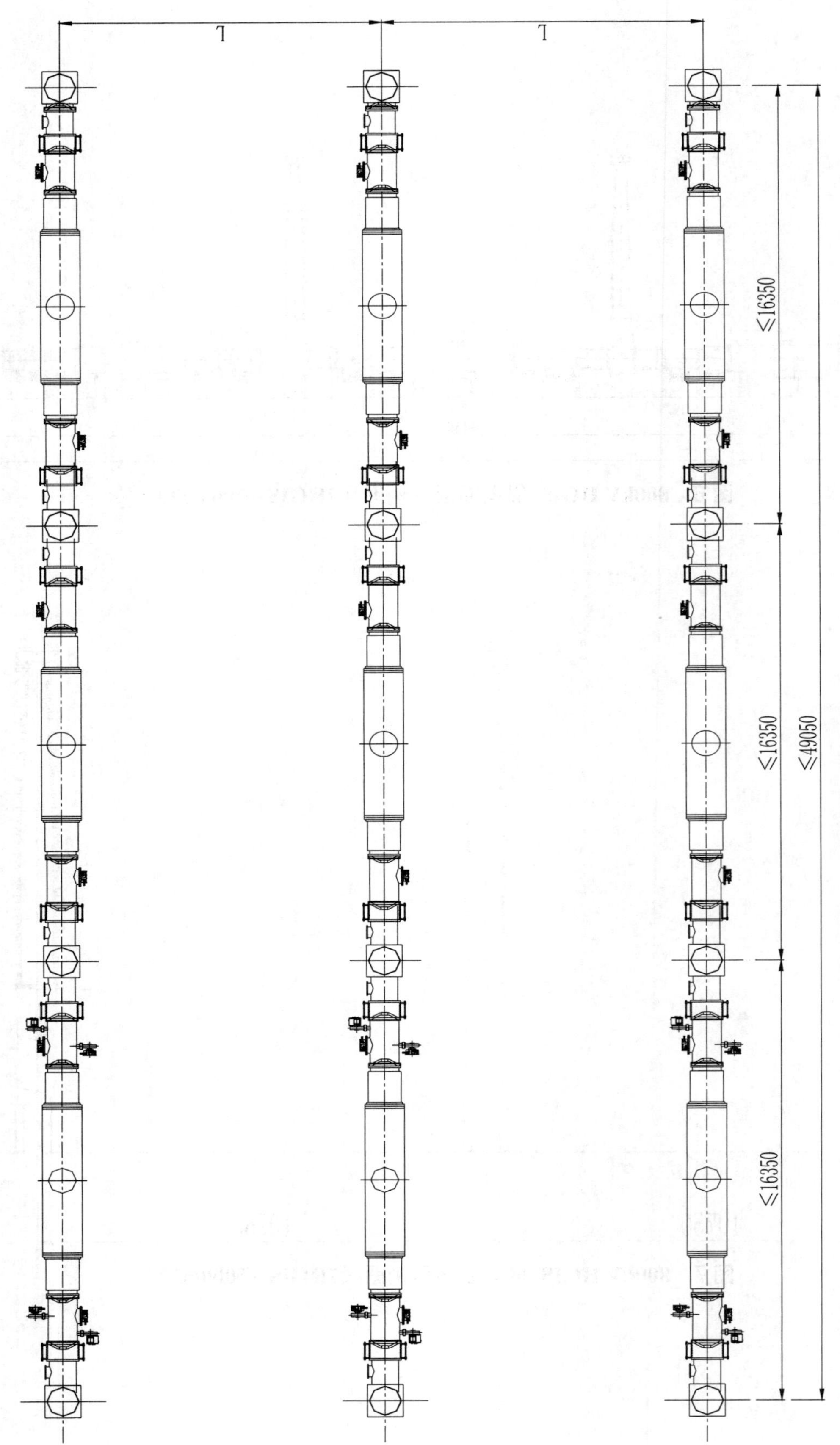

图 8　800kV HGIS 方案高海拔修正示例图（7HGIS－5000/63）

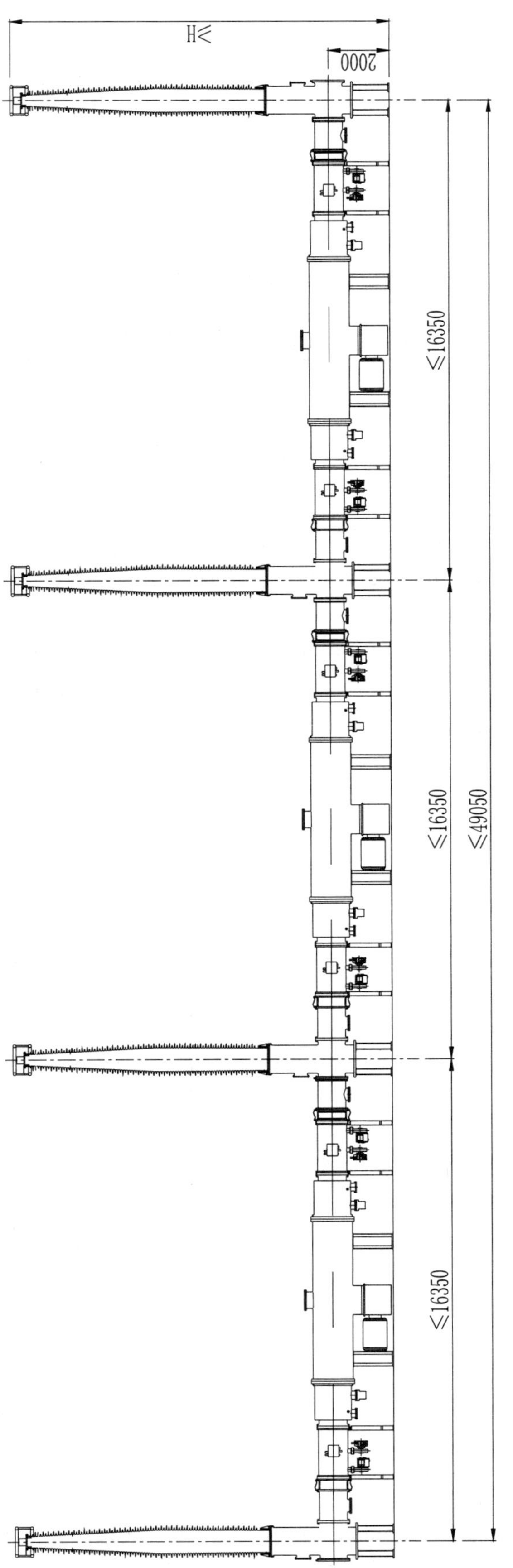

图 9　800kV HGIS 方案高海拔修正纵向面示例图（7HGIS－5000/63）

8.2 电气二次接口

根据一次设备的布置方案，电气二次接口统一为智能控制柜尺寸及设备布置、二次回路技术要求、电气二次安装接口技术要求、对外端子排接口、光回路接口及虚端子接口 6 个方面进行了统一，形成 1 个接口。

8.2.1 智能控制柜

8.2.1.1 技术参数及技术条件

智能控制柜技术参数及技术条件详见 Q/GDW 1430－2015《智能控制柜技术规范》。

8.2.1.2 柜内设备布置原则

智能控制柜宜采用就地布置，柜内元器件布置顺序见表 5。

表 5 屏（柜）正面元器件从上往下布置优先级顺序表

从上往下顺序	元器件名称
1	智能终端
2	监测主 IED
3	光纤配线架

注：1. 具体组柜时，应根据具体屏（柜）所需布置的装置类型，按照本表的优先级顺序从上往下依次排列布置。
2. 屏（柜）上安装的最高设备的中心线离屏（柜）顶为 200mm；最低设备的中心线离柜底不低于 350mm。

智能终端通用技术条件详见《国家电网公司输变电工程智能变电站通用设备（二次设备）》。

800kV 气体绝缘金属封闭开关设备应预留特高频传感器及测试接口；可选择配置 SF_6 气体压力和湿度监测、分合闸线圈电流监测、避雷器泄漏电流及放电次数监测，800kV 电压等级配置 1 套在线监测主 IED，布置与母线智能控制柜内。

8.2.1.3 柜体尺寸要求

断路器间隔智能控制柜（汇控柜）尺寸为 2400（宽度）×900（深度）×2000（高度）；母线设备间隔智能控制柜（汇控柜）尺寸为 1000（宽度）×900（深度）×2000（高度）。

智能控制柜尺寸图详见图 10。

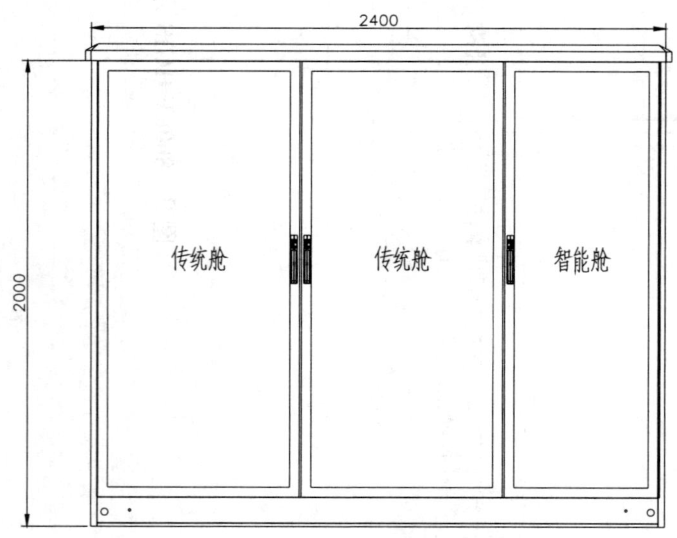

图 10 800kV GIS 智能控制柜（汇控柜）典型布置示例图（7GIS－5000/63、7HGIS－5000/63）

8.2.1.4 端子排，虚端子

根据通用互换的原则，汇控柜端子排按不同功能进行划分，端子排布置应考虑各插件的位置，避免接线相互交叉。端子排列应符合标准，正、负极之间应有间隔，断路器的跳闸和合闸回路、直流（+）电源和跳合闸回路不能接在相邻端子上，端子排应编号。

智能控制柜内的端子排按照“功能分段”的原则分别设置：交流回路、直流回路，TA 回路，TV 回路，断路器控制及遥信回路，隔离、接地开关控制及遥信回路，辅助触点及报警回路等。

本节对 GIS 智能控制柜对外接线端子排接口进行了统一，具体详见图 11～图 13。

a） 电流互感器部分端子排：图 11 示意了 800kV GIS 边、中两种类型间隔电流互感器端子排，边断路器 TA 端子排统一按照 8 个次级考虑，中断路器 TA 统一按照 10 个 CT 次级考虑，满足一个半接线的电流互感器采用 7－9－7 和 8－10－8 两种配置时的接口要求。

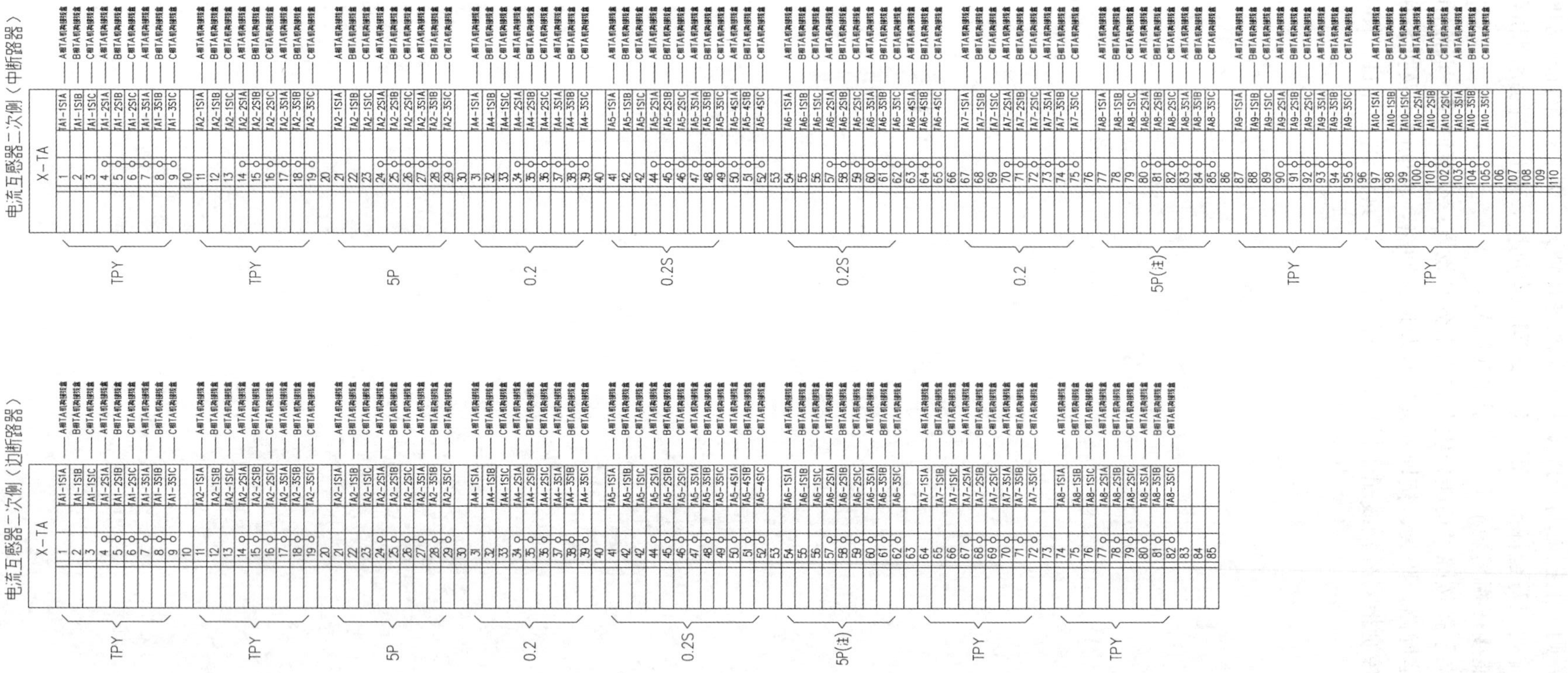

注：如工程实际未配置该二次绕组，该部分端子排作为预留端子，不接线。

图 11　电流互感器部分端子排 TA 回路端子接口图（7GIS－5000/63、7HGIS－5000/63）

b） 电压互感器部分端子排：图 12 所示端子排接口图适用于 GIS 母线电压互感器间隔。

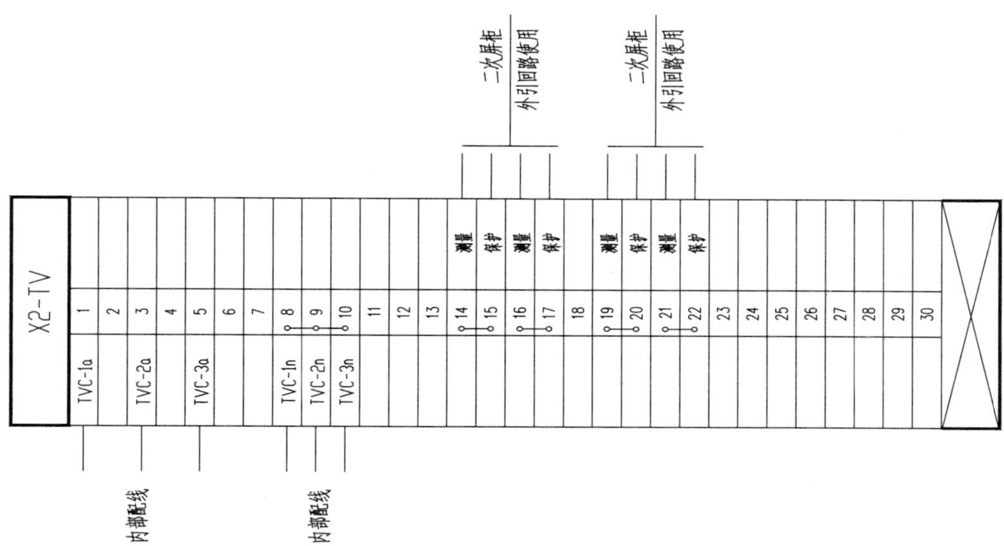

图 12　母线电压互感器部分端子排 TV 回路端子接口图（7GIS－5000/63、7HGIS－5000/63）

c） 交直流电源端子排：图 13 所示端子排接口图适用于断路器间隔，每个间隔按两路总交流进线、两路总直流进线设置，对于母线间隔直流总进线可按一路设置。

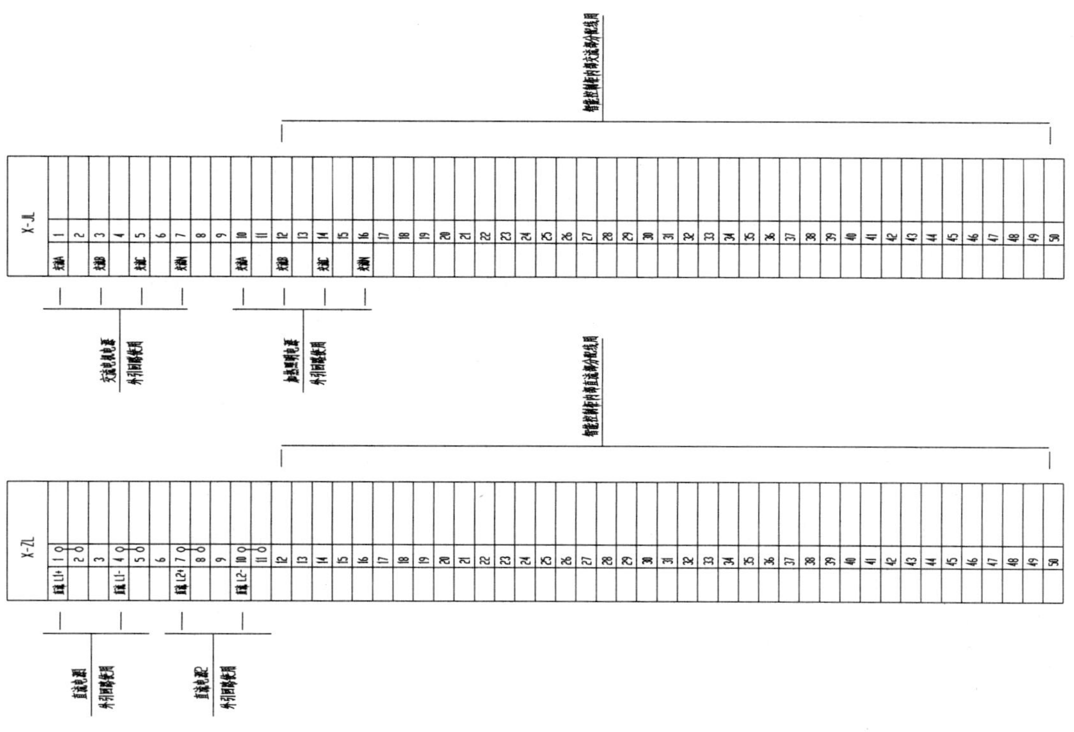

图 13　交直流电源端子接口图（7GIS－5000/63、7HGIS－5000/63）

8.2.1.5 光回路标准接口

双套保护的 GOOSE 跳闸控制回路等需要增强可靠性的两套系统，应采用各自独立的光缆及光纤插接盒。

800kV GIS/HGIS 断路器间隔应配置双套免熔接光纤插接盒，每套接口数量不宜小于 24 口；800kV GIS/HGIS 母线间隔配置单套免熔接光纤插接盒，接口数量不宜小于 6 口。

8.2.1.6 虚端子

智能终端虚端子图详见《国家电网公司输变电工程智能变电站通用设备（二次设备)》。

智能终端端子排图详见《国家电网公司输变电工程智能变电站通用设备（二次设备)》。

8.2.2 二次回路部分技术要求

应包括以下内容：

a） 断路器应能实现分相操作和三相电气联动操作。

b） 断路器要求配有两套独立的跳闸回路。两套回路中均应包含各自独立的三相不一致保护跳闸回路和压力闭锁回路。

c） 断路器、隔离开关、接地开关均应能实现远方和就地操作，远方和就地之间应能切换。断路器的远方/就地切换开关应单独配置，断路器两组跳闸回路均应经远方/就地切换开关切换。远方/就地切换开关应配置辅助触点，两组常开、两组常闭，并引至端子排。

d） 分相操作的断路器应设置两组电气上完全独立的三相不一致保护回路，分别作用于第一组跳闸和第二组跳闸。三相不一致保护出口处应设有连接片。

e） 断路器操动机构应配置内部电气防跳回路。近控、远控时均应通过断路器内部的防跳回路实现防跳功能。

f） 断路器应能实现 SF_6 压力低报警及闭锁功能。报警及闭锁功能应分别提供 1 组和 2 组完全独立的接点，其中压力低闭锁时每组各提供两副接点供用户使用。

g） 液压机构应能实现压力异常报警及闭锁功能，应能提供两组完全独立的压力低闭锁接点，且每组应至少各提供两副接点供用户使用。弹簧机构应能实现未储能闭锁合闸功能，还需提供至少两副接点供用户使用。

h） 断路器应提供监视分合闸回路完好性的对外接口。

i） 应具备完善的五防操作闭锁功能，符合国家相关的规程规范和标准要求。闭锁回路应留有接口以方便外部闭锁接点的引入。

j） 断路器、隔离开关、接地开关操作机构电动机电源以及隔离开关、接地开关的控制电源采用交流供电。加热及照明电源均匀分布在交流电源各相上。加热器、照明、操作及储能电源开关应独立设置。

k） GIS/HGIS 的断路器控制及就地信号电源均采用直流供电。

l） 除用于控制和其他辅助功能所需的辅助触点之外，每台断路器、隔离开关、接地开关应提供足够的辅助触点供用户使用，这些辅助触点均应是电气上独立的，并应引至端子排。

m） 同一间隔内的多台隔离开关、接地开关的电机电源，在汇控柜内必须分别设置独立的开断设备。

n） 交、直流回路不应共用同一根电缆，两套跳闸回路不应共用同一根电缆；控制和动力回路不应共用同一根电缆。

o） 时间继电器不应选用气囊式时间继电器。

8.2.3 电气二次安装接口技术要求

应包括以下内容：

a） GIS/HGIS 的智能控制柜应按断路器间隔进行配置，每个断路器间隔配置 1 面智能控制柜。

b） 智能控制柜为前后开门。智能控制柜内应设有横向及竖向导线槽，所有设备安装的位置都应方便外部电缆从智能控制柜的底部进入。

c） GIS/HGIS 本体至智能控制柜、智能控制柜之间的二次缆线均应采用屏蔽电缆。该部分缆线由制造厂提供，且制造厂应同时提供电缆明细清册及其敷设要求。
d） 应提供金属配线槽以便于固定电缆，GIS/HGIS 本体上的二次缆线应敷设在配线槽内。
e） 智能控制柜端子排的一侧为气体绝缘金属封闭开关设备机构到 GIS 端子排的接线，另一侧为 GIS 端子排到智能终端背板的接线。
f） 端子采用压接型端子，额定值为 1000V、10A，工频耐受电压为 2000V。TA 二次回路应提供标准的试验端子，便于断开或短接各装置的输入与输出回路；对所有装置的跳闸出口回路应提供各回路分别操作的试验部件或连接片，以便于必要时解除其出口回路。一个端子只允许接入一根导线。端子排间应有足够的绝缘，端子排应根据功能分段排列，并应至少留有 10%的备用端子，且可在必要时再增加。
g） 智能控制柜上跳合闸回路应采用能接 $4mm^2$ 截面电缆芯的端子，并且要求跳、合闸端子之间应有端子隔开。智能控制柜上电源回路应采用能接 $6mm^2$ 截面电缆芯的端子，并且要求正、负极之间应有端子隔开。TA 和 TV 回路应采用能压接 $6mm^2$ 截面电缆芯的端子。
h） 智能控制柜体内部下方应设置二次接地专用铜排，截面不小于 $100mm^2$，接地端子为压接型。
i） GIS/HGIS 电气设备本体与智能控制柜之间采用标准预制电缆连接，预制电缆选择可采用单端或双端预制型式。
j） 智能控制柜至保护室、智能控制柜之间采用标准预制光缆连接，预制光缆选择宜采用双端预制型式。

8.3 土建接口

针对 GIS“一”字形户外布置形式、HGIS“3+0”户外布置形式，土建接口统一为 2 种，接口 1 对应户外 GIS 基础接口，接口 2 对应户外 HGIS 基础接口。

户外设备土建接口统一了墩台基础预留插筋范围。大板基础根据不同设计条件确定，图中大板轮廓仅为示意。

断路器间隔智能控制柜（汇控柜）尺寸统一为 2400（宽度）×900（深度）×2000（高度）；母线设备间隔智能控制柜（汇控柜）尺寸统一为 1000（宽度）×900（深度）×2000（高度）。详见图 9。

8.3.1 户外设备

应包括以下内容：

a） 户外 GIS 基础：

GIS 布置时，应根据外部条件要求，整体规划整个 GIS 间隔的合理组合，结合通用设计方案开展施工图设计。户外布置包括场地上的建、构筑物、留孔槽、接地装置及主电缆沟等。

布置户外 GIS 间隔的位置应根据进出线位置和总体布置设想确定，土建设置整体大板基础，大板基础位于地面以下，大板基础上预留插筋。设备基础待设备资料确认后，根据设备资料确定支墩尺寸，并割掉或弯折多余插筋，再二次浇筑上部基础混凝土。针对目前 GIS 生产厂家不同的布置方式，按照最大的设备设计了通用基础方案。对于断路器”一”字布置的方案，每个大板基础顶面预留钢筋区域的尺寸为 61000mm×21500mm。

当 GIS 设备资料确认后，可根据预留插筋的定位，适当增大支墩面积，然后二次浇筑基础平台。具体见示例图 14 和图 15。

b） 户外 HGIS 基础：

根据 HGIS 的特点，通用基础按照单相设备考虑，单相 HGIS 的大板基础整体设计，大板基础位于地面以下，大板基础预留插筋（或植筋）。设备基础待设备资料确认后，根据设备资料确定支墩尺寸，并割掉或弯折多余插筋，再二次浇筑上部基础混凝土。HGIS 通用基础按照“3+0”布置方案设计。“3+0”方案每相基础面预留钢筋区域的尺寸为 4000mm×53 000mm，具体见示例图 16 和图 17。

8.3.2 智能控制柜（汇控柜）基础

断路器间隔智能控制柜（汇控柜）尺寸为 2400（宽度）×900（深度）×2000（高度）；母线设备间隔智能控制柜（汇控柜）尺寸为 1000（宽度）×900（深度）×2000（高度），当智能控制柜（汇控柜）不在 GIS 本体上时，下部利用 GIS 整体筏板基础，上层根据不同厂家要求，在整体筏板基础内预留插筋，进行智能控制柜（汇控柜）基础二次浇注。基础表面平整度误差应不大于 2mm。智能控制柜（汇控柜）与电缆沟之间设置电缆支沟或埋管。

智能控制柜（汇控柜）基础示例图见图 18 和图 19。

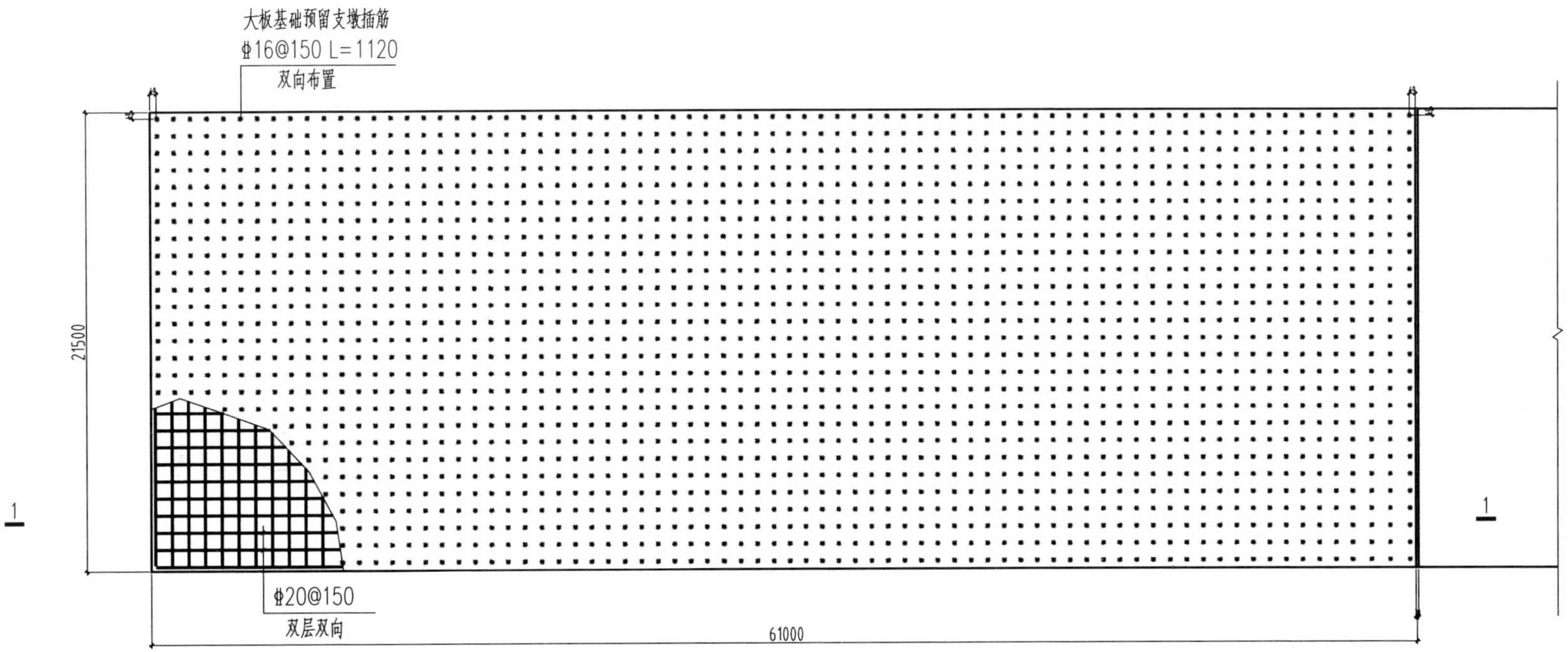

大板基础预留支墩插筋
ϕ16@150 L=1120
双向布置
21500
1
1
ϕ20@150
双层双向
61000

图 14　800kV GIS 基础平面示例图（7GIS－5000/63）

大板基础预留支墩插筋
ϕ16@150 L=1120
双向布置
二次浇筑墩台
设备确认后制作
设备确认后制作
设备基础平台
±0.00
−1.50
150
900
600
100
ϕ20@150
双向
ϕ20@150
双向
通用一次浇筑基础底板
61000
1-1

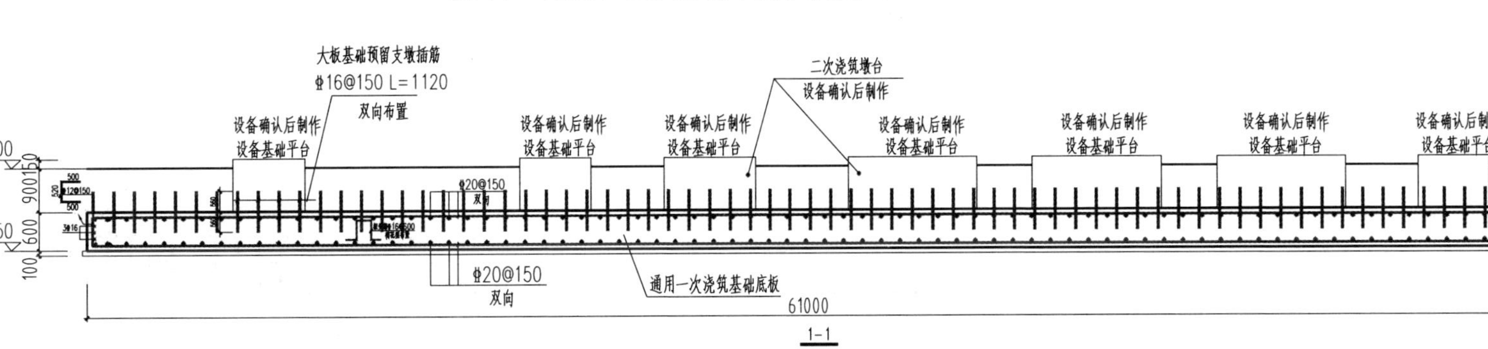

图 15　800kV GIS 基础支墩处剖面示例图（7GIS－5000/63）

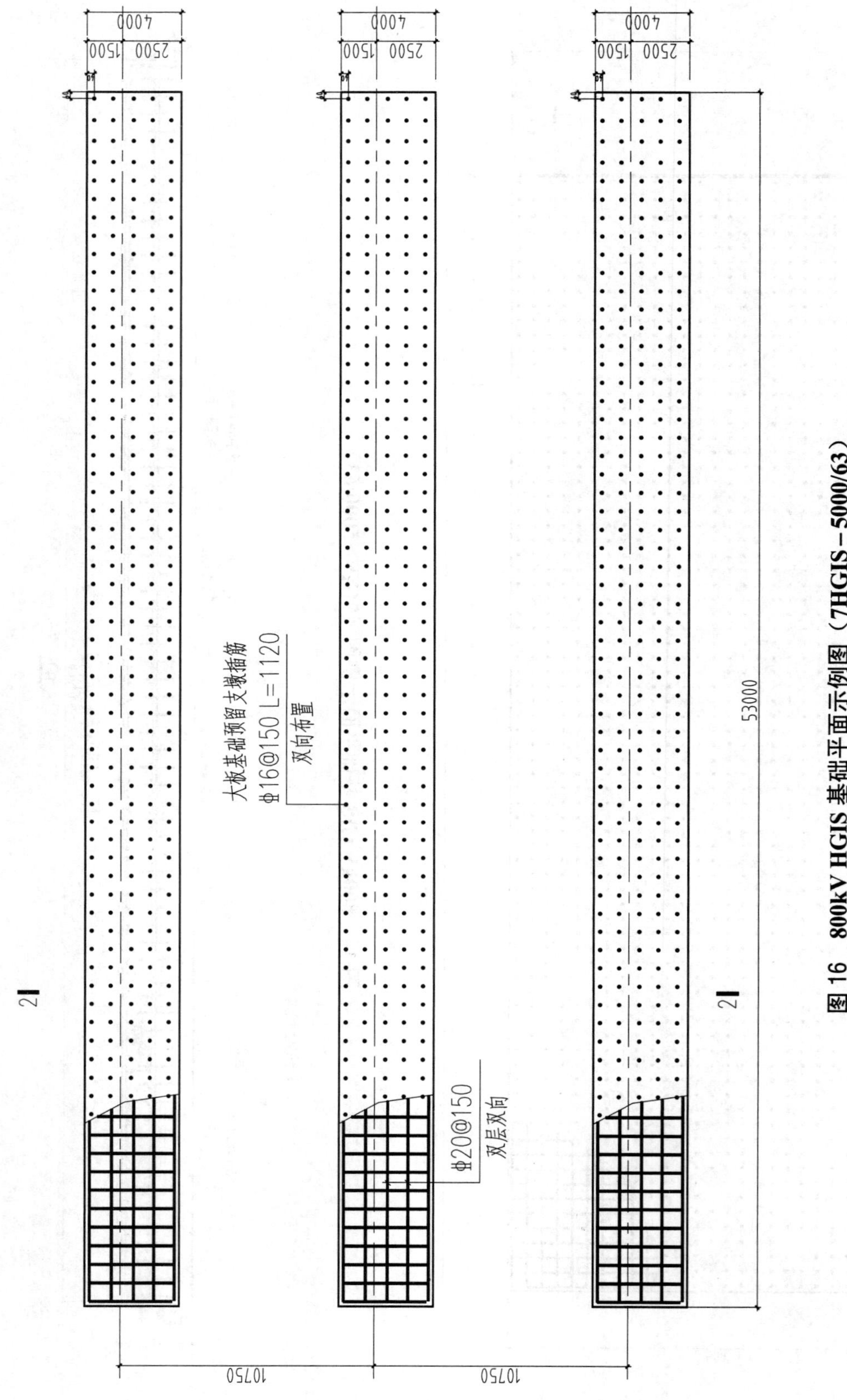

图 16　800kV HGIS 基础平面示例图（7HGIS－5000/63）

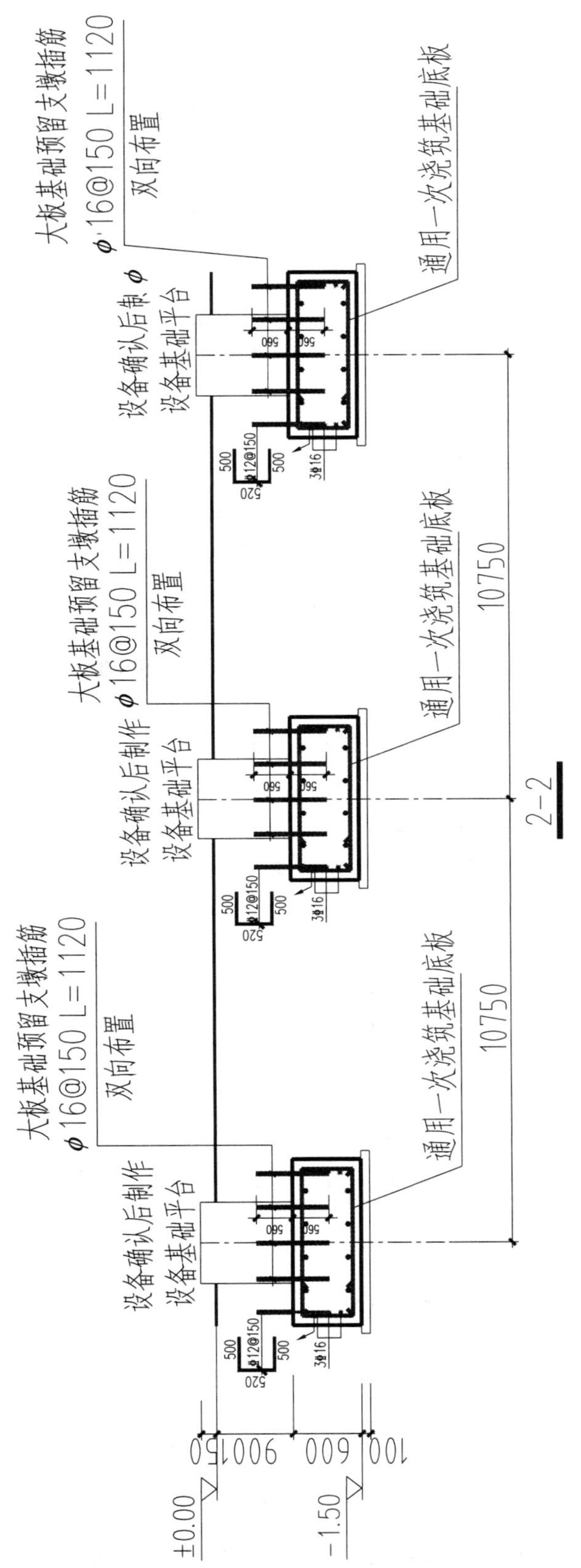

图 17　800kV HGIS 基础剖面示例图（7HGIS－5000/63）

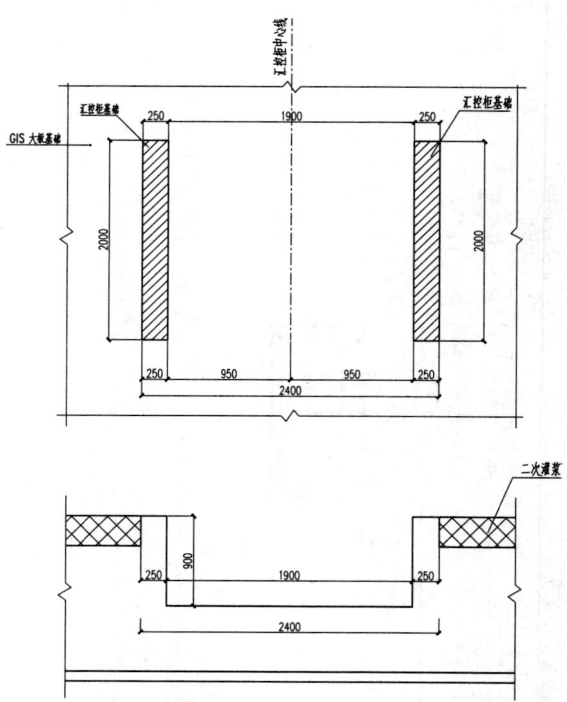

图 18　智能控制柜（汇控柜）基础图（断路器间隔）（7GIS－5000/63、7HGIS－5000/63）

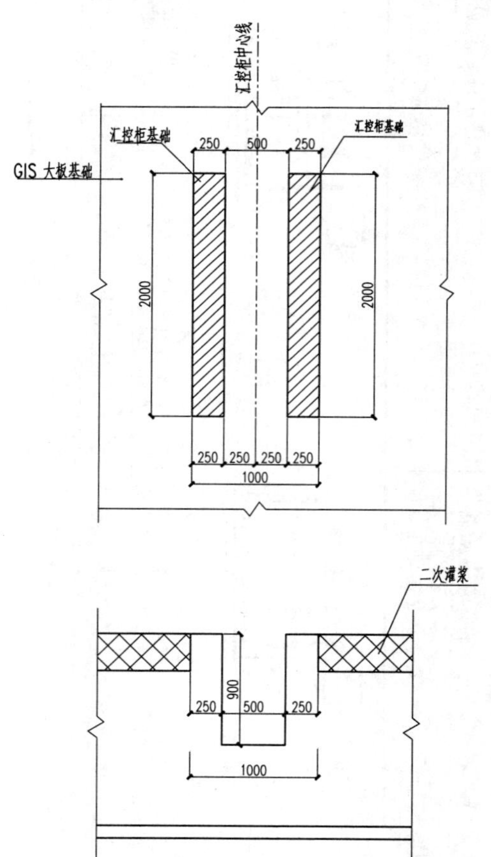

图 19　智能控制柜（汇控柜）基础图（母线设备间隔）（7GIS－5000/63、7HGIS－5000/63）

ICS 29.240

Q/GDW

国家电网有限公司企业标准

Q/GDW 13098.2 — 2018
代替 Q/GDW 13098.2 — 2014

800kV 气体绝缘金属封闭开关设备采购标准 第 2 部分：800kV/5000A～50kA 气体绝缘金属封闭开关设备专用技术规范

Purchasing standard of 800kV gas insulate metal-enclosed switchgear Part 2: special technical specification of 800kV/5000A～50kA gas insulate metal-enclosed switchgear (GIS)

2019-06-28发布　　2019-06-28实施

国家电网有限公司　发布

目　　次

前　　言

为规范 800kV 气体绝缘金属封闭开关设备的采购，制定本部分

《800kV 气体绝缘金属封闭开关设备采购标准》分为 4 个部分：

——第 1 部分：通用技术规范；

——第 2 部分：800kV/5000A～50kA 气体绝缘金属封闭开关设备专用技术规范；

——第 3 部分：800kV/5000A～63kA 气体绝缘金属封闭开关设备专用技术规范；

——第 4 部分：800kV/5000A～63kA 复合式气体绝缘金属封闭开关设备专用技术规范。

本部分为《800kV 气体绝缘金属封闭开关设备采购标准》的第 2 部分。

本部分代替 Q/GDW 13098.2—2014，与 Q/GDW 13098.2—2014 相比，主要技术性差异如下：

——增加了零起打压时间和补压时间参数。

——修改了对外壳耐烧穿能力、操动机构型式、备用辅助触点、爬电距离、干弧距离、伸缩节使用寿命、污秽等级和工程图纸等的要求。

本部分由国家电网有限公司物资部提出并解释。

本部分由国家电网有限公司科技部归口。

本部分起草单位：国网浙江省电力有限公司、中国电力科学研究院有限公司、国网江苏省电力有限公司。

本部分主要起草人：徐华、王绍安、和彦淼、王承玉、孙云生、林一泓、王磊、周阳洋、杨勇。

本部分 2014 年 9 月首次发布，2018 年 12 月第一次修订。

本部分在执行过程中的意见或建议反馈至国家电网有限公司科技部。

800kV 气体绝缘金属封闭开关设备采购标准
第 2 部分：800kV/5000A～50kA
气体绝缘金属封闭开关设备专用技术规范

1 范围

本部分规定了 800kV/5000A～50kA 气体绝缘金属封闭开关设备招标的标准技术参数、项目需求及投标人响应的相关内容。

本部分适用于 800kV/5000A～50kA 气体绝缘金属封闭开关设备招标。

2 规范性引用文件

下列文件对于本文件的应用是必不可少的。凡是注日期的引用文件，仅注日期的版本适用于本文件。凡是不注日期的引用文件，其最新版本（包括所有的修改单）适用于本文件。

Q/GDW 13098.1　800kV 气体绝缘金属封闭开关设备采购标准　第 1 部分：通用技术规范

Q/GDW 13001—2014　高海拔外绝缘配置技术规范

3 术语和定义

3.1

招标人　bidder

依照《中华人民共和国招标投标法》的规定，提出招标项目，进行招标的法人或其他组织。

3.2

投标人　tenderer

响应招标、参加投标竞争的法人或者其他组织。

3.3

卖方（供方）　seller（supplier）

提供本部分货物和技术服务的法人或其他组织，包括其法定的承继者。

3.4

买方（需方）　buyer（purchaser）

购买本部分货物和技术服务的法人或其他组织，包括其法定的承继者和经许可的受让人。

4 标准技术参数

技术参数特性表是国家电网有限公司对采购设备的基础技术参数要求，在招投标过程中，投标人应依据招标文件，对技术参数特性表中标准参数值进行响应。800kV/5000A～50kA 气体绝缘金属封闭开关设备技术参数特性见表 1。物资应满足 Q/GDW 13098.1 的要求。

表1 技术参数特性表

<table>
<tr><th>序号</th><th colspan="3">参 数 名 称</th><th>单位</th><th>标准参数值</th></tr>
<tr><td>一</td><td colspan="5">GIS 共用参数</td></tr>
<tr><td>1</td><td colspan="3">额定电压</td><td>kV</td><td>800</td></tr>
<tr><td rowspan="3">2</td><td colspan="2" rowspan="3">额定电流</td><td>出线</td><td rowspan="3">A</td><td>4000/5000</td></tr>
<tr><td>进线</td><td>4000/5000</td></tr>
<tr><td>主母线</td><td>5000/6300</td></tr>
<tr><td>3</td><td colspan="3">额定工频 1min 耐受电压（相对地）</td><td>kV</td><td>960</td></tr>
<tr><td>4</td><td colspan="3">额定雷电冲击耐受电压峰值（1.2/50μs）（相对地）</td><td>kV</td><td>2100</td></tr>
<tr><td>5</td><td colspan="3">额定操作冲击耐受电压峰值（250/2500μs）（相对地）</td><td>kV</td><td>1550</td></tr>
<tr><td>6</td><td colspan="3">额定短路开断电流</td><td>kA</td><td>50</td></tr>
<tr><td>7</td><td colspan="3">额定短路关合电流</td><td>kA</td><td>135</td></tr>
<tr><td>8</td><td colspan="3">额定短时耐受电流及持续时间</td><td>kA/s</td><td>50/2</td></tr>
<tr><td>9</td><td colspan="3">额定峰值耐受电流</td><td>kA</td><td>135</td></tr>
<tr><td>10</td><td colspan="3">辅助和控制回路短时工频耐受电压</td><td>kV</td><td>2</td></tr>
<tr><td>11</td><td colspan="3">无线电干扰电压</td><td>μV</td><td>≤500</td></tr>
<tr><td>12</td><td colspan="3">噪声水平</td><td>dB</td><td>≤110</td></tr>
<tr><td rowspan="2">13</td><td colspan="2" rowspan="2">SF_6气体压力
（20℃，表压）</td><td>断路器室</td><td rowspan="2">MPa</td><td>（投标人提供）</td></tr>
<tr><td>其他隔室</td><td>（投标人提供）</td></tr>
<tr><td>14</td><td colspan="3">每个隔室 SF_6 气体漏气率</td><td>年</td><td>≤0.5%</td></tr>
<tr><td rowspan="4">15</td><td rowspan="4">SF_6气体湿度</td><td rowspan="2">有电弧分解物隔室</td><td>交接验收值</td><td rowspan="4">μL/L</td><td>≤150</td></tr>
<tr><td>长期运行允许值</td><td>≤300</td></tr>
<tr><td rowspan="2">无电弧分解物隔室</td><td>交接验收值</td><td>≤250</td></tr>
<tr><td>长期运行允许值</td><td>≤500</td></tr>
<tr><td rowspan="7">16</td><td colspan="2" rowspan="7">局部放电</td><td>试验电压</td><td>kV</td><td>$1.2\times800/\sqrt{3}$</td></tr>
<tr><td>每个隔室</td><td rowspan="6">pC</td><td>≤5</td></tr>
<tr><td>每单个绝缘件</td><td>≤3</td></tr>
<tr><td>套管</td><td>≤5</td></tr>
<tr><td>电流互感器</td><td>≤5</td></tr>
<tr><td>电压互感器</td><td>≤10</td></tr>
<tr><td>避雷器</td><td>≤10</td></tr>
<tr><td rowspan="2">17</td><td colspan="2" rowspan="2">供电电源</td><td>控制回路</td><td>V</td><td>DC 220/DC 110/AC 220</td></tr>
<tr><td>辅助回路</td><td>V</td><td>AC 380/220</td></tr>
<tr><td>18</td><td colspan="3">使用寿命</td><td>年</td><td>≥40</td></tr>
<tr><td>19</td><td colspan="3">检修周期</td><td>年</td><td>≥20</td></tr>
<tr><td rowspan="2">20</td><td colspan="2" rowspan="2">设备重量</td><td>SF_6气体重量</td><td>kg</td><td>（投标人提供）</td></tr>
<tr><td>总重量</td><td>kg</td><td>（投标人提供）</td></tr>
</table>

表 1（续）

序号	参数名称		单位	标准参数值
20	设备重量	最大运输重量	kg	（投标人提供）
		动荷载向下	kg	（投标人提供）
		动荷载向上	kg	（投标人提供）
21	设备尺寸	设备的整体尺寸	m	（投标人提供）
		设备的最大运输尺寸	m	（投标人提供）
22	结构布置	断路器		三相分箱
		母线		三相分箱
二	断路器参数			
1	型号			（投标人提供）
2	布置型式（立式或卧式）			（投标人提供）
3	断口数		个	2
4	额定电流		A	4000/5000/6300
5	主回路电阻		μΩ	（投标人提供）
6	温升试验电流		A	1.1 倍额定电流
7	额定工频 1min 耐受电压	断口	kV	960+460
		对地		960
	额定雷电冲击耐受电压峰值（1.2/50μs）	断口	kV	2100+650
		对地		2100
	额定操作冲击耐受电压峰值（250/2500μs）	断口	kV	1425+650
		对地		1550
8	额定短路开断电流	交流分量有效值	kA	50
		时间常数	ms	75
		开断次数	次	16
		首相开断系数		1.3
9	额定短路关合电流		kA	135
10	额定短时耐受电流及持续时间		kA/s	50/2
11	额定峰值耐受电流		kA	135
12	开断时间		ms	≤50
13	合分时间		ms	≤50
14	分闸时间		ms	（投标人提供）
15	合闸时间		ms	（投标人提供）
16	重合闸无电流间隙时间		ms	300
17	分、合闸速度	刚分速度	m/s	（投标人提供）
		刚合速度		（投标人提供）
18	分闸不同期性	相间	ms	≤3
		同相断口间		≤2

表 1（续）

序号	参 数 名 称		单位	标准参数值
19	合闸不同期性	相间	ms	≤5
		同相断口间		≤3
20	机械寿命		次	5000
21	额定操作顺序			O－0.3s－CO－180s－CO
22	现场开合空载变压器能力	空载变压器容量	MVA	1000/1500/2100
		空载励磁电流	A	0.5～15
		试验电压	kV	800
		操作顺序		10×O 和 10×（CO）
23	现场开合并联电抗器能力	电抗器容量	Mvar	210/300/360
		试验电压	kV	800
		操作顺序		10×O 和 10×（CO）
24	现场开合空载线路充电电流试验	试验电流	A	由实际线路长度决定
		试验电压	kV	800
		试验条件		线路原则上不得带有泄压设备，如电抗器、避雷器、电磁式电压互感器等
		操作顺序		10×（O－0.3s－CO）
25	容性电流开合试验（试验室）	试验电流	A	900
		试验电压	kV	$1.2\times800/\sqrt{3}$
		C1 级：LC1 和 CC1：24×O，LC2 和 CC2：24×CO；C2 级：LC1 和 CC1：48×O，LC2 和 CC2：24×O 和 24×CO		C1 级/C2 级
26	近区故障条件下的开合能力	L90	kA	45
		L75	kA	37.5
		L60	kA	30（L75 的最小燃弧时间长于 L90 的最小燃弧时间 5ms 时）
		操作顺序		O－0.3s－CO－180s－CO
27	失步关合和开断能力	开断电流	kA	12.5
		试验电压	kV	$2.0\times800/\sqrt{3}$
		操作顺序		方式 1：O–O–O；方式 2：CO–O–O
28	合闸电阻	电阻值[1]	Ω	400～600
		电阻值允许偏差		±5%
		预投入时间	ms	8～11

表 1（续）

序号	参 数 名 称		单位	标准参数值
28	合闸电阻	热容量		1.3×800/$\sqrt{3}$ kV 下合闸操作 4 次，头两次操作间隔为 3min，后两次操作间隔也是 3min，两组操作之间时间间隔不大于 30min；或在 2×800/$\sqrt{3}$ kV 下合闸操作 2 次，时间间隔为 30min
29	断口均压用并联电容器	每相电容器的额定电压	kV	800/$\sqrt{3}$
		每个断口电容器的电容量	pF	（投标人提供）
		每个断口电容器的电容量允许偏差		±5%
		耐受电压	kV	2 倍相电压 2h
		局放	pC	≤5
		介损值		≤0.15%
30	SF_6 气体压力（表压，20℃）	额定	MPa	（投标人提供）
		报警		（投标人提供）
		最低		（投标人提供）
		闭锁		（投标人提供）
31	操动机构型式或型号			液压（含液压弹簧）
	零起打压时间		（min）	（投标人提供）
	补压时间		（s）	（投标人提供）
	操作方式			分相操作
	电动机电压		V	AC 380/220
	合闸操作电源	额定操作电压	V	DC 220/110
		操作电压允许范围		85%～110%，30%以下不得动作
		每相线圈数量	只	1
		每只线圈涌流	A	（投标人提供）
		每只线圈稳态电流	A	DC 220V、2.5/DC 110V、5
	分闸操作电源	额定操作电压	V	DC 220/110
		操作电压允许范围		65%～110%，30%以下不得动作
		每相线圈数量	只	2
		每只线圈涌电流	A	（投标人提供）
		每只线圈稳态电流	A	DC 220V、2.5/DC 110V、5
	操动机构工作压力	最高	MPa	（投标人提供）
		额定		（投标人提供）
		最低		（投标人提供）

表 1（续）

<table>
<tr><th>序号</th><th colspan="2">参　数　名　称</th><th>单位</th><th>标准参数值</th></tr>
<tr><td rowspan="12">31</td><td rowspan="3">驱潮/加热器</td><td>电压</td><td>V</td><td>AC 220</td></tr>
<tr><td>运行方式</td><td></td><td>常投/温湿自动投切</td></tr>
<tr><td>每相功率（驱潮/加热）</td><td>W</td><td>（投标人提供）/（投标人提供）</td></tr>
<tr><td rowspan="2">备用辅助触点</td><td>数量</td><td>对</td><td>常开触点≥10 对，常闭触点≥10 对（引出到相应汇控柜端子排）</td></tr>
<tr><td>开断能力</td><td></td><td>DC 220V、2.5A/DC 110V、5A</td></tr>
<tr><td colspan="2">检修周期</td><td>年</td><td>≥20</td></tr>
<tr><td rowspan="4">液压机构</td><td>重合闸闭锁压力时允许的操作</td><td></td><td>O–0.3s–CO 或 CO–180s–CO</td></tr>
<tr><td>24h 打压次数</td><td>次</td><td>≤2</td></tr>
<tr><td>油中最大允许水分含量</td><td>μL/L</td><td>（投标人提供）</td></tr>
<tr><td>弹簧储能时间</td><td>s</td><td>≤20</td></tr>
<tr><td rowspan="4">32</td><td rowspan="4">断路器的质量</td><td>断路器包括辅助设备的总质量</td><td>kg</td><td>（投标人提供）</td></tr>
<tr><td>每相操动机构的质量</td><td>kg</td><td>（投标人提供）</td></tr>
<tr><td>每相 SF_6 气体质量</td><td>kg</td><td>（投标人提供）</td></tr>
<tr><td>运输总质量</td><td>kg</td><td>（投标人提供）</td></tr>
<tr><td>33</td><td colspan="2">运输高度</td><td>m</td><td>（投标人提供）</td></tr>
<tr><td>34</td><td colspan="2">起吊高度</td><td>m</td><td>（投标人提供）</td></tr>
<tr><td>三</td><td colspan="4">隔离开关参数</td></tr>
<tr><td>1</td><td colspan="2">型式/型号</td><td></td><td>（投标人提供）</td></tr>
<tr><td>2</td><td colspan="2">合闸电阻</td><td>Ω</td><td>500</td></tr>
<tr><td>3</td><td colspan="2">额定电流</td><td>A</td><td>4000/5000/6300</td></tr>
<tr><td>4</td><td colspan="2">主回路电阻</td><td>μΩ</td><td>（投标人提供）</td></tr>
<tr><td>5</td><td colspan="2">温升试验电流</td><td>A</td><td>1.1 倍额定电流</td></tr>
<tr><td rowspan="6">6</td><td rowspan="2">额定工频 1min 耐受电压</td><td>断口</td><td rowspan="2">kV</td><td>960+460</td></tr>
<tr><td>对地</td><td>960</td></tr>
<tr><td rowspan="2">额定雷电冲击耐受电压峰值（1.2/50μs）</td><td>断口</td><td rowspan="2">kV</td><td>2100+650</td></tr>
<tr><td>对地</td><td>2100</td></tr>
<tr><td rowspan="2">额定操作冲击耐受电压峰值（250/2500μs）</td><td>断口</td><td rowspan="2">kV</td><td>1425+650</td></tr>
<tr><td>对地</td><td>1550</td></tr>
<tr><td>7</td><td colspan="2">额定短时耐受电流及持续时间</td><td>kA/s</td><td>50/2</td></tr>
<tr><td>8</td><td colspan="2">额定峰值耐受电流</td><td>kA</td><td>135</td></tr>
<tr><td rowspan="2">9</td><td rowspan="2">分、合闸时间</td><td>分闸时间</td><td rowspan="2">ms</td><td>（投标人提供）</td></tr>
<tr><td>合闸时间</td><td>（投标人提供）</td></tr>
<tr><td rowspan="2">10</td><td rowspan="2">分、合闸速度</td><td>刚分速度</td><td rowspan="2">m/s</td><td>（投标人提供）</td></tr>
<tr><td>刚合速度</td><td>（投标人提供）</td></tr>
</table>

表 1（续）

序号	参 数 名 称			单位	标准参数值
11	机械寿命			次	≥3000
12	开合小电容电流值			A	2
13	开合小电感电流值			A	1
14	开合母线转换电流能力	转换电流		A	1600
		转换电压		V	100
		开断次数		次	100
15	操动机构	型式或型号			电动并可手动
		电动机电压		V	AC 380/220
		控制电压		V	AC 380/220
		允许电压变化范围			85%～110%
		操作方式			分相操作
	备用辅助触点	数量		对	常开触点≥10 对，常闭触点≥10 对（引出到相应汇控柜端子排）
		开断能力			DC 220V、2.5A/DC 110V、5A
四	快速接地开关参数				
1	额定短时耐受电流及持续时间			kA/s	50/2
2	额定峰值耐受电流			kA	135
3	额定短路关合电流			kA	135
4	额定短路电流关合次数			次	≥2 次
5	分、合闸时间	分闸时间		ms	（投标人提供）
		合闸时间			（投标人提供）
6	分、合闸速度	刚分速度		m/s	（投标人提供）
		刚合速度			（投标人提供）
7	机械寿命			次	≥3000
8	开合感应电流能力（A 类/B 类）	电磁感应	感性电流	A	80/200
			感应电压	kV	2/25
			开断次数	次	10
		静电感应	容性电流	A	3/25
			感应电压	kV	12/100
			开断次数	次	10
9	操动机构	型式或型号			电动弹簧并可手动
		电动机电压		V	AC 380/220
10	操动机构	控制电压		V	AC 380/220
		允许电压变化范围			85%～110%
	备用辅助触点	数量		对	常开触点≥10 对，常闭触点≥10 对（引出到相应汇控柜端子排）
		开断能力			DC 220V、2.5A/DC 110V、5A

表 1（续）

序号	参 数 名 称		单位	标准参数值
五	检修接地开关参数			
1	额定短时耐受电流及持续时间		kA/s	50/2
2	额定峰值耐受电流		kA	135
3	机械寿命		次	≥3000
4	操动机构	型式或型号		电动并可手动
		电动机电压	V	AC 380/220
		控制电压	V	AC 380/220
		允许电压变化范围		85%～110%
	备用辅助触点	数量	对	常开触点≥8 对，常闭触点≥8 对
		开断能力		DC 220V、2.5A/DC 110V、5A
六	电流互感器参数			
1	型式或型号			电磁式
2	额定电流比			根据实际工程选择，0.2/0，2S 次级要求带中间抽头
3	准确级组合及额定容量			边断路器：TPY/TPY/5P/0.2 – 断口 – 0.2S/TPY/TPY15VA/15VA/15VA/15VA – 断口 – 5VA/15VA/15VA 中断路器：TPY/TPY/5P/0.2/0.2S – 断口 – 0.2S/0.2/TPY/TPY15VA/15VA/15VA/15VA/5VA – 断口 – 5VA/15VA/15VA
七	电压互感器参数			
1	型式或型号			电磁式
2	额定电压比		kV	$\frac{765}{\sqrt{3}}/\frac{0.1}{\sqrt{3}}/\frac{0.1}{\sqrt{3}}/\frac{0.1}{\sqrt{3}}$ kV
3	准确级			0.2/0.5（3P）/ 0.5（3P）
4	接线组别			Y/Y/Y
5	三相不平衡度		V	1
6	低压绕组 1min 工频耐压		kV	3
7	额定电压因数			1.2 倍连续，1.5 倍 30s
八	避雷器参数			
1	额定电压		kV	600
2	持续运行电压		kV	462
3	标称放电电流（8/20μs）		kA	20
4	陡波冲击电流下残压（1/10μs）		kV	≤1518
5	雷电冲击电流下残压（8/20μs）		kV	≤1380
6	操作冲击电流下残压（30/60μs）		kV	≤1142
7	直流 1mA 参考电压		kV	≤810

表 1（续）

<table>
<tr><th>序号</th><th colspan="2">参 数 名 称</th><th>单位</th><th>标准参数值</th></tr>
<tr><td>8</td><td colspan="2">75%直流 1mA 参考电压下的泄漏电流</td><td>μA</td><td>（投标人提供）</td></tr>
<tr><td>9</td><td colspan="2">工频参考电压（有效值）</td><td>kV</td><td>（投标人提供）</td></tr>
<tr><td>10</td><td colspan="2">工频参考电流（峰值）</td><td>mA</td><td>（投标人提供）</td></tr>
<tr><td rowspan="2">11</td><td rowspan="2">持续电流</td><td>全电流</td><td>mA</td><td>（投标人提供）</td></tr>
<tr><td>阻性电流</td><td>μA</td><td>（投标人提供）</td></tr>
<tr><td rowspan="2">12</td><td rowspan="2">长持续时间冲击耐受电流</td><td>线路放电等级</td><td></td><td>5</td></tr>
<tr><td>方波电流冲击</td><td>A</td><td>2500</td></tr>
<tr><td>13</td><td colspan="2">4/10μs 大冲击耐受电流</td><td>kA</td><td>100</td></tr>
<tr><td>14</td><td colspan="2">动作负载</td><td></td><td>（投标人提供）</td></tr>
<tr><td>15</td><td colspan="2">工频电压耐受时间特性</td><td></td><td>（投标人提供）</td></tr>
<tr><td>16</td><td colspan="2">千伏额定电压吸收能力</td><td>kJ/kV</td><td>（投标人提供）</td></tr>
<tr><td>17</td><td colspan="2">压力释放能力</td><td>kA/s</td><td>50/0.2</td></tr>
<tr><td>九</td><td colspan="4">套管参数</td></tr>
<tr><td>1</td><td colspan="2">伞裙型式</td><td></td><td>大小伞</td></tr>
<tr><td>2</td><td colspan="2">材质</td><td></td><td>瓷/复合绝缘</td></tr>
<tr><td>3</td><td colspan="2">额定电流</td><td>A</td><td>5000</td></tr>
<tr><td>4</td><td colspan="2">额定短时耐受电流及持续时间</td><td>kA/s</td><td>50/2</td></tr>
<tr><td>5</td><td colspan="2">额定峰值耐受电流</td><td>kA</td><td>135</td></tr>
<tr><td>6</td><td colspan="2">额定工频 1min 耐受电压（相对地）</td><td>kV</td><td>960</td></tr>
<tr><td>7</td><td colspan="2">额定雷电冲击耐受电压峰值（1.2/50μs）（相对地）</td><td>kV</td><td>2100</td></tr>
<tr><td>8</td><td colspan="2">额定操作冲击耐受电压峰值（250/2500μs）（相对地）</td><td>kV</td><td>1550</td></tr>
<tr><td>9</td><td colspan="2">爬电距离</td><td>mm</td><td>24 800k_{ad}（当平均直径 D_a＜300mm 时，k_{ad}=1.0；当平均直径 D_a≥300mm 时，k_{ad}=0.000 5D_a+0.85）</td></tr>
<tr><td>10</td><td colspan="2">干弧距离</td><td>mm</td><td>≥5500</td></tr>
<tr><td>11</td><td colspan="2">S/P</td><td></td><td>≥0.9</td></tr>
<tr><td rowspan="4">12</td><td rowspan="4">端子静负载</td><td>水平纵向</td><td rowspan="3">N</td><td>2000</td></tr>
<tr><td>水平横向</td><td>1500</td></tr>
<tr><td>垂直</td><td>1500</td></tr>
<tr><td>安全系数</td><td></td><td>静态 2.75，动态 1.7</td></tr>
<tr><td>13</td><td colspan="2">套管顶部金属带电部分的相间最小净距</td><td>mm</td><td>≥7200</td></tr>
<tr><td>十</td><td colspan="2">环氧浇注绝缘子参数</td><td></td><td></td></tr>
<tr><td>1</td><td colspan="2">安全系数</td><td></td><td>大于 3 倍设计压力</td></tr>
<tr><td>2</td><td colspan="2">2 倍额定相电压下泄漏电流</td><td>μA</td><td>≤50</td></tr>
</table>

表 1（续）

<table>
<tr><th>序号</th><th colspan="2">参 数 名 称</th><th>单位</th><th>标准参数值</th></tr>
<tr><td>3</td><td colspan="2">1.1 倍额定相电压下最大场强</td><td>kV/mm</td><td>≤1.5</td></tr>
<tr><td>十一</td><td colspan="4">主母线参数</td></tr>
<tr><td>1</td><td colspan="2">材质</td><td></td><td>铝</td></tr>
<tr><td>2</td><td colspan="2">额定电流</td><td>A</td><td>5000/6300</td></tr>
<tr><td>3</td><td colspan="2">额定短时耐受电流及持续时间</td><td>kA/s</td><td>50/2</td></tr>
<tr><td>4</td><td colspan="2">额定峰值耐受电流</td><td>kA</td><td>135</td></tr>
<tr><td>5</td><td colspan="2">导体直径（内径/外径）</td><td>mm</td><td>（投标人提供）</td></tr>
<tr><td>十二</td><td colspan="4">外壳参数</td></tr>
<tr><td>1</td><td colspan="2">材质</td><td></td><td>铸铝、铝合金、钢</td></tr>
<tr><td>2</td><td colspan="2">外壳破坏压力</td><td></td><td>铸铝和铝合金：5 倍的设计压力；焊接铝外壳和钢外壳：3 倍的设计压力</td></tr>
<tr><td rowspan="4">3</td><td rowspan="4">温升</td><td>试验电流</td><td>A</td><td>1.1 倍额定电流</td></tr>
<tr><td>可以接触部位</td><td>K</td><td>≤30</td></tr>
<tr><td>可能接触部位</td><td>K</td><td>≤40</td></tr>
<tr><td>不可接触部位</td><td>K</td><td>≤65</td></tr>
<tr><td rowspan="2">4</td><td rowspan="2">外壳耐烧穿的能力</td><td>电流</td><td>kA</td><td>50</td></tr>
<tr><td>时间</td><td>s</td><td>0.1</td></tr>
<tr><td>5</td><td colspan="2">防爆膜的设置</td><td></td><td>（投标人提供）</td></tr>
<tr><td>6</td><td colspan="2">感应电压</td><td></td><td>正常运行条件≤24V，故障条件≤100V</td></tr>
<tr><td>十三</td><td colspan="4">伸缩节参数</td></tr>
<tr><td>1</td><td colspan="2">材质</td><td></td><td>不锈钢或铝合金</td></tr>
<tr><td>2</td><td colspan="2">使用寿命</td><td></td><td>≥40 年或 10 000 次伸缩</td></tr>
<tr><td>十四</td><td colspan="4">SF_6 气体参数</td></tr>
<tr><td>1</td><td colspan="2">湿度</td><td>μg/g</td><td>8</td></tr>
<tr><td>2</td><td colspan="2">纯度</td><td>%</td><td>≥99.9</td></tr>
<tr><td>十五</td><td colspan="2">GIS 允许基础偏差</td><td>mm/100mm</td><td>（投标人提供）</td></tr>
<tr><td colspan="5">注：本表适用于海拔 1000m 及以下地区户外正常使用条件，高海拔地区所用设备按照实际污区分布进行设备选型，并按照 Q/GDW 13001—2014《高海拔外绝缘配置技术规范》要求进行海拔修正，其他特殊适用条件根据工程实际情况进行修改。
[1] 合闸电阻可根据工程实际情况进行选用，其数值可计算后确定。</td></tr>
</table>

5 组件材料配置表

组件材料配置表包括元件名称、规格形式参数、单位、数量和产地等信息，具体内容和格式根据招标项目情况进行编制。

6 使用环境条件表

800kV/5000A～50kA 气体绝缘金属封闭开关设备使用环境条件见表 2。特殊环境要求根据项目情况进行编制。

表 2 使用环境条件表

<table>
<tr><th>序号</th><th colspan="2">名　　称</th><th>单位</th><th>标准参数值</th><th>项目需求值</th></tr>
<tr><td rowspan="3">1</td><td rowspan="3">周围空气温度</td><td>最高气温</td><td rowspan="2">℃</td><td>+40</td><td></td></tr>
<tr><td>最低气温</td><td>−25</td><td></td></tr>
<tr><td>最大日温差</td><td>K</td><td>25</td><td></td></tr>
<tr><td>2</td><td colspan="2">海拔</td><td>m</td><td>≤1000</td><td></td></tr>
<tr><td>3</td><td colspan="2">太阳辐射强度</td><td>W/cm²</td><td>0.1</td><td></td></tr>
<tr><td>4</td><td colspan="2">污秽等级</td><td></td><td>e 级</td><td></td></tr>
<tr><td>5</td><td colspan="2">覆冰厚度</td><td>mm</td><td>10</td><td></td></tr>
<tr><td>6</td><td colspan="2">风速/风压</td><td>m/s/Pa</td><td>34/700</td><td></td></tr>
<tr><td rowspan="2">7</td><td rowspan="2">湿度</td><td>日相对湿度平均值</td><td rowspan="2">%</td><td>≤95</td><td></td></tr>
<tr><td>月相对湿度平均值</td><td>≤90</td><td></td></tr>
<tr><td>8</td><td colspan="2">耐受地震能力（水平加速度）</td><td>m/s²</td><td>2</td><td></td></tr>
<tr><td>9</td><td colspan="2">由于主回路中的开合操作在辅助和控制回路上所感应的共模电压的幅值</td><td>kV</td><td>≤1.6</td><td></td></tr>
<tr><td>10</td><td colspan="2">系统中性点接地方式</td><td colspan="2">直接接地</td><td></td></tr>
<tr><td>11</td><td colspan="2">安装地点</td><td colspan="2">户内/户外</td><td></td></tr>
</table>

7 需提供的工程图纸

需提供的工程图纸有电气主接线图、设备平面布置图、断面布置图和 SF_6 系统图。

ICS 29.240

Q/GDW

国家电网有限公司企业标准

Q/GDW 13098.3 — 2018

800kV 气体绝缘金属封闭开关设备采购标准 第3部分：800kV/5000A～63kA 气体绝缘金属封闭开关设备专用技术规范

Purchasing standard of 800kV gas insulate metal-enclosed switchgear Part 3: special technical specification of 800kV/5000A～63kA gas insulate metal-enclosed switchgear (GIS)

2019-06-28发布 2019-06-28实施

国家电网有限公司 发布

目　次

前　　言

为规范 800kV 气体绝缘金属封闭开关设备的采购，制定本部分

《800kV 气体绝缘金属封闭开关设备采购标准》分为 4 个部分：

——第 1 部分：通用技术规范；

——第 2 部分：800kV/5000A～50kA 气体绝缘金属封闭开关设备专用技术规范；

——第 3 部分：800kV/5000A～63kA 气体绝缘金属封闭开关设备专用技术规范；

——第 4 部分：800kV/5000A～63kA 复合式气体绝缘金属封闭开关设备专用技术规范。

本部分为《800kV 气体绝缘金属封闭开关设备采购标准》的第 3 部分。

本部分由国家电网有限公司物资部提出并解释。

本部分由国家电网有限公司科技部归口。

本部分起草单位：国网浙江省电力有限公司、中国电力科学研究院有限公司、国网江苏省电力有限公司。

本部分主要起草人：徐华、王绍安、和彦淼、王磊、周阳洋、杨勇、田欣雨。

本部分首次发布。

本部分在执行过程中的意见或建议反馈至国家电网有限公司科技部。

800kV 气体绝缘金属封闭开关设备采购标准 第 3 部分：800kV/5000A～63kA 气体绝缘金属封闭开关设备专用技术规范

1 范围

本部分规定了 800kV/5000A～63kA 气体绝缘金属封闭开关设备招标的标准技术参数、项目需求及投标人响应的相关内容。

本部分适用于 800kV/5000A～63kA 气体绝缘金属封闭开关设备招标。

2 规范性引用文件

下列文件对于本文件的应用是必不可少的。凡是注日期的引用文件，仅注日期的版本适用于本文件。凡是不注日期的引用文件，其最新版本（包括所有的修改单）适用于本文件。

Q/GDW 13098.1 800kV 气体绝缘金属封闭开关设备采购标准 第 1 部分：通用技术规范

Q/GDW 13001—2014 高海拔外绝缘配置技术规范

3 术语和定义

3.1

招标人 bidder

依照《中华人民共和国招标投标法》的规定，提出招标项目，进行招标的法人或其他组织。

3.2

投标人 tenderer

响应招标、参加投标竞争的法人或者其他组织。

3.3

卖方（供方） seller（supplier）

提供本部分货物和技术服务的法人或其他组织，包括其法定的承继者。

3.4

买方（需方） buyer（purchaser）

购买本部分货物和技术服务的法人或其他组织，包括其法定的承继者和经许可的受让人。

4 标准技术参数

技术参数特性表是国家电网有限公司对采购设备的基础技术参数要求，在招投标过程中，投标人应依据招标文件，对技术参数特性表中标准参数值进行响应。800kV/5000A～63kA 气体绝缘金属封闭开关设备技术参数特性见表 1。物资应满足 Q/GDW 13098.1 的要求。

表1 技术参数特性表

序号	参数名称			单位	标准参数值
一	GIS 共用参数				
1	额定电压			kV	800
2	额定电流		出线	A	5000
			进线		5000
			主母线		5000/6300
3	额定工频 1min 耐受电压（相对地）			kV	960
4	额定雷电冲击耐受电压峰值（1.2/50μs）（相对地）			kV	2100
5	额定操作冲击耐受电压峰值（250/2500μs）（相对地）			kV	1550
6	额定短路开断电流			kA	63
7	额定短路关合电流			kA	170
8	额定短时耐受电流及持续时间			kA/s	63/2
9	额定峰值耐受电流			kA	170
10	辅助和控制回路短时工频耐受电压			kV	2
11	无线电干扰电压			μV	≤500
12	噪声水平			dB	≤110
13	SF_6气体压力（20℃，表压）		断路器室	MPa	（投标人提供）
			其他隔室		（投标人提供）
14	每个隔室 SF_6 气体漏气率			年	≤0.5%
15	SF_6气体湿度	有电弧分解物隔室	交接验收值	μL/L	≤150
			长期运行允许值		≤300
		无电弧分解物隔室	交接验收值		≤250
			长期运行允许值		≤500
16	局部放电		试验电压	kV	$1.2\times800/\sqrt{3}$
			每个隔室	pC	≤5
			每单个绝缘件		≤3
			套管		≤5
			电流互感器		≤5
			电压互感器		≤10
			避雷器		≤10
17	供电电源		控制回路	V	DC 220/DC 110/AC220
			辅助回路	V	AC 380/220
18	使用寿命			年	≥40
19	检修周期			年	≥20
20	设备重量		SF_6气体重量	kg	（投标人提供）
			总重量	kg	（投标人提供）

表1（续）

序号	参数名称		单位	标准参数值
20	设备重量	最大运输重量	kg	（投标人提供）
		动荷载向下	kg	（投标人提供）
		动荷载向上	kg	（投标人提供）
21	设备尺寸	设备的整体尺寸	m	（投标人提供）
		设备的最大运输尺寸	m	（投标人提供）
22	结构布置	断路器		三相分箱
		母线		三相分箱
二	断路器参数			
1	型号			（投标人提供）
2	布置型式（立式或卧式）			（投标人提供）
3	断口数		个	2
4	额定电流		A	5000
5	主回路电阻		μΩ	（投标人提供）
6	温升试验电流		A	1.1倍额定电流
7	额定工频1min耐受电压	断口	kV	960+460
		对地		960
	额定雷电冲击耐受电压峰值（1.2/50μs）	断口	kV	2100+650
		对地		2100
	额定操作冲击耐受电压峰值（250/2500μs）	断口	kV	1425+650
		对地		1550
8	额定短路开断电流	交流分量有效值	kA	63
		时间常数	ms	75
		开断次数	次	16
		首相开断系数		1.3
9	额定短路关合电流		kA	170
10	额定短时耐受电流及持续时间		kA/s	63/2
11	额定峰值耐受电流		kA	170
12	开断时间		ms	≤50
13	合分时间		ms	≤50
14	分闸时间		ms	（投标人提供）
15	合闸时间		ms	（投标人提供）
16	重合闸无电流间隙时间		ms	300
17	分、合闸速度	刚分速度	m/s	（投标人提供）
		刚合速度		（投标人提供）
18	分闸不同期性	相间	ms	≤3
		同相断口间		≤2

表 1（续）

序号	参数名称		单位	标准参数值
19	合闸不同期性	相间	ms	≤5
		同相断口间		≤3
20	机械寿命		次	5000
21	额定操作顺序			O－0.3s－CO－180s－CO
22	现场开合空载变压器能力	空载变压器容量	MVA	1500/2100
		空载励磁电流	A	0.5～15
		试验电压	kV	800
		操作顺序		10×O 和 10×（CO）
23	现场开合并联电抗器能力	电抗器容量	Mvar	210/240/300/360
		试验电压	kV	800
		操作顺序		10×O 和 10×（CO）
24	现场开合空载线路充电电流试验	试验电流	A	由实际线路长度决定
		试验电压	kV	800
		试验条件		线路原则上不得带有泄压设备，如电抗器、避雷器、电磁式电压互感器等
		操作顺序		10×（O－0.3s－CO）
25	容性电流开合试验（试验室）	试验电流	A	900
		试验电压	kV	$1.2\times800/\sqrt{3}$
		C1 级：LC1 和 CC1：24×O，LC2 和 CC2：24×CO； C2 级：LC1 和 CC1：48×O，LC2 和 CC2：24×O 和 24×CO		C1 级/C2 级
26	近区故障条件下的开合能力	L90	kA	56.7
		L75	kA	47.3
		L60	kA	37.8（L75 的最小燃弧时间长于 L90 的最小燃弧时间 5ms 时）
		操作顺序		O－0.3s－CO－180s－CO
27	失步关合和开断能力	开断电流	kA	16
		试验电压	kV	$2.0\times800/\sqrt{3}$
		操作顺序		方式 1：O–O–O； 方式 2：CO–O–O
28	合闸电阻	电阻值[1]	Ω	400～600
		电阻值允许偏差		±5%
		预投入时间	ms	8～11

表 1（续）

序号	参数名称		单位	标准参数值
28	合闸电阻	热容量		1.3×800/$\sqrt{3}$ kV 下合闸操作 4 次，头两次操作间隔为 3min，后两次操作间隔也是 3min，两组操作之间时间间隔不大于 30min；或在 2×800/$\sqrt{3}$ kV 下合闸操作 2 次，时间间隔为 30min
29	断口均压用并联电容器	每相电容器的额定电压	kV	800/$\sqrt{3}$
		每个断口电容器的电容量	pF	（投标人提供）
		每个断口电容器的电容量允许偏差		±5%
		耐受电压	kV	2 倍相电压 2h
		局放	pC	≤5
		介损值		≤0.15%
30	SF_6 气体压力（表压，20℃）	额定	MPa	（投标人提供）
		报警		（投标人提供）
		最低		（投标人提供）
		闭锁		（投标人提供）
31	操动机构型式或型号			液压（含液压弹簧）
	零起打压时间		min	（投标人提供）
	补压时间		s	（投标人提供）
	操作方式			分相操作
	电动机电压		V	AC 380/220
	合闸操作电源	额定操作电压	V	DC 220/110
		操作电压允许范围		85%～110%，30%以下不得动作
		每相线圈数量	只	1
		每只线圈涌流	A	（投标人提供）
		每只线圈稳态电流	A	DC 220V、2.5/DC 110V、5
	分闸操作电源	额定操作电压	V	DC 220/110
		操作电压允许范围		65%～110%，30%以下不得动作
		每相线圈数量	只	2
		每只线圈涌电流	A	（投标人提供）
		每只线圈稳态电流	A	DC 220V、2.5/DC 110V、5
	操动机构工作压力	最高	MPa	（投标人提供）
		额定		（投标人提供）
		最低		（投标人提供）
	驱潮/加热器	电压	V	AC 220
		运行方式		常投/温湿自动投切
		每相功率（驱潮/加热）	W	（投标人提供）/（投标人提供）

表 1（续）

序号	参数名称		单位	标准参数值
31	备用辅助触点	数量	对	常开触点≥10 对，常闭触点≥10 对（引出到相应汇控柜端子排）
		开断能力		DC 220V、2.5A/ DC 110V、5A
	检修周期		年	≥20
	液压机构	重合闸闭锁压力时允许的操作		O–0.3s–CO 或 CO–180s–CO
		24h 打压次数	次	≤2
		油中最大允许水分含量	μL/L	（投标人提供）
		弹簧储能时间	s	≤20
32	断路器的质量	断路器包括辅助设备的总质量	kg	（投标人提供）
		每相操动机构的质量	kg	（投标人提供）
		每相 SF_6 气体质量	kg	（投标人提供）
		运输总质量	kg	（投标人提供）
33	运输高度		m	（投标人提供）
34	起吊高度		m	（投标人提供）
三	隔离开关参数			
1	型式/型号			（投标人提供）
2	合闸电阻		Ω	500
3	额定电流		A	5000
4	主回路电阻		μΩ	（投标人提供）
5	温升试验电流		A	1.1 倍额定电流
6	额定工频 1min 耐受电压	断口	kV	960+460
		对地		960
	额定雷电冲击耐受电压峰值（1.2/50μs）	断口	kV	2100+650
		对地		2100
	额定操作冲击耐受电压峰值（250/2500μs）	断口	kV	1425+650
		对地		1550
7	额定短时耐受电流及持续时间		kA/s	63/2
8	额定峰值耐受电流		kA	170
9	分、合闸时间	分闸时间	ms	（投标人提供）
		合闸时间		（投标人提供）
10	分、合闸速度	分闸速度	m/s	（投标人提供）
		合闸速度		（投标人提供）
11	机械寿命		次	≥3000

表 1（续）

<table>
<tr><th>序号</th><th colspan="3">参 数 名 称</th><th>单位</th><th>标准参数值</th></tr>
<tr><td>12</td><td colspan="3">开合小电容电流值</td><td>A</td><td>2</td></tr>
<tr><td>13</td><td colspan="3">开合小电感电流值</td><td>A</td><td>1</td></tr>
<tr><td rowspan="3">14</td><td colspan="2" rowspan="3">开合母线转换电流能力</td><td>转换电流</td><td>A</td><td>1600</td></tr>
<tr><td>转换电压</td><td>V</td><td>100</td></tr>
<tr><td>开断次数</td><td>次</td><td>100</td></tr>
<tr><td rowspan="7">15</td><td colspan="2" rowspan="5">操动机构</td><td>型式或型号</td><td></td><td>电动并可手动</td></tr>
<tr><td>电动机电压</td><td>V</td><td>AC 380/220</td></tr>
<tr><td>控制电压</td><td>V</td><td>AC 380/220</td></tr>
<tr><td>允许电压变化范围</td><td></td><td>85%～110%</td></tr>
<tr><td>操作方式</td><td></td><td>分相操作</td></tr>
<tr><td colspan="2" rowspan="2">备用辅助触点</td><td>数量</td><td>对</td><td>常开触点≥10 对，常闭触点≥10 对（引出到相应汇控柜端子排）</td></tr>
<tr><td>开断能力</td><td></td><td>DC 220V、2.5A/DC 110V、5A</td></tr>
<tr><td>四</td><td colspan="5">快速接地开关参数</td></tr>
<tr><td>1</td><td colspan="3">额定短时耐受电流及持续时间</td><td>kA/s</td><td>63/2</td></tr>
<tr><td>2</td><td colspan="3">额定峰值耐受电流</td><td>kA</td><td>170</td></tr>
<tr><td>3</td><td colspan="3">额定短路关合电流</td><td>kA</td><td>170</td></tr>
<tr><td>4</td><td colspan="3">额定短路电流关合次数</td><td>次</td><td>≥2 次</td></tr>
<tr><td rowspan="2">5</td><td colspan="2" rowspan="2">分、合闸时间</td><td>分闸时间</td><td rowspan="2">ms</td><td>（投标人提供）</td></tr>
<tr><td>合闸时间</td><td>（投标人提供）</td></tr>
<tr><td rowspan="2">6</td><td colspan="2" rowspan="2">分、合闸速度</td><td>刚分速度</td><td rowspan="2">m/s</td><td>（投标人提供）</td></tr>
<tr><td>刚合速度</td><td>（投标人提供）</td></tr>
<tr><td>7</td><td colspan="3">机械寿命</td><td>次</td><td>≥3000</td></tr>
<tr><td rowspan="6">8</td><td rowspan="6">开合感应电流能力（A 类/B 类）</td><td rowspan="3">电磁感应</td><td>感性电流</td><td>A</td><td>80/200</td></tr>
<tr><td>感应电压</td><td>kV</td><td>2/25</td></tr>
<tr><td>开断次数</td><td>次</td><td>10</td></tr>
<tr><td rowspan="3">静电感应</td><td>容性电流</td><td>A</td><td>3/50</td></tr>
<tr><td>感应电压</td><td>kV</td><td>12/32</td></tr>
<tr><td>开断次数</td><td>次</td><td>10</td></tr>
<tr><td rowspan="2">9</td><td colspan="2" rowspan="2">操动机构</td><td>型式或型号</td><td></td><td>电动弹簧并可手动</td></tr>
<tr><td>电动机电压</td><td>V</td><td>AC 380/220</td></tr>
<tr><td rowspan="4">10</td><td colspan="2" rowspan="2">操动机构</td><td>控制电压</td><td>V</td><td>AC 380/220</td></tr>
<tr><td>允许电压变化范围</td><td></td><td>85%～110%</td></tr>
<tr><td colspan="2" rowspan="2">备用辅助触点</td><td>数量</td><td>对</td><td>常开触点≥10 对，常闭触点≥10 对（引出到相应汇控柜端子排）</td></tr>
<tr><td>开断能力</td><td></td><td>DC 220V、2.5A/DC 110V、5A</td></tr>
</table>

表 1（续）

序号	参 数 名 称		单位	标准参数值
五	检修接地开关参数			
1	额定短时耐受电流及持续时间		kA/s	63/2
2	额定峰值耐受电流		kA	170
3	机械寿命		次	≥3000
4	操动机构	型式或型号		电动并可手动
		电动机电压	V	AC 380/220
		控制电压	V	AC 380/220
		允许电压变化范围		85%～110%
	备用辅助触点	数量	对	常开触点≥8 对，常闭触点≥8 对
		开断能力		DC 220V、2.5A/DC 110V、5A
六	电流互感器参数			
1	型式或型号			电磁式
2	额定电流比			根据实际工程选择，0.2/0，2S 次级要求带中间抽头
3	准确级组合及额定容量			边断路器：TPY/TPY/5P/0.2－断口－0.2S/TPY/TPY15VA/15VA/15VA/15VA－断口－5VA/15VA/15VA 中断路器：TPY/TPY/5P/0.2/0.2S－断口－0.2S/0.2/TPY/TPY15VA/15VA/15VA/15VA/5VA－断口－5VA/15VA/15VA
七	电压互感器参数			
1	型式或型号			电磁式
2	额定电压比		kV	$\frac{765}{\sqrt{3}}/\frac{0.1}{\sqrt{3}}/\frac{0.1}{\sqrt{3}}/\frac{0.1}{\sqrt{3}}$kV
3	准确级			0.2/0.5（3P）/ 0.5（3P）
4	接线组别			Y/Y/Y
5	三相不平衡度		V	1
6	低压绕组 1min 工频耐压		kV	3
7	额定电压因数			1.2 倍连续，1.5 倍 30s
八	避雷器参数			
1	额定电压		kV	600
2	持续运行电压		kV	462
3	标称放电电流（8/20μs）		kA	20
4	陡波冲击电流下残压（1/10μs）		kV	≤1518
5	雷电冲击电流下残压（8/20μs）		kV	≤1380
6	操作冲击电流下残压（30/60μs）		kV	≤1142
7	直流 1mA 参考电压		kV	≤810

表 1（续）

序号	参 数 名 称		单位	标准参数值
8	75%直流 1mA 参考电压下的泄漏电流		μA	（投标人提供）
9	工频参考电压（有效值）		kV	（投标人提供）
10	工频参考电流（峰值）		mA	（投标人提供）
11	持续电流	全电流	mA	（投标人提供）
		阻性电流	μA	（投标人提供）
12	长持续时间冲击耐受电流	线路放电等级		5
		方波电流冲击	A	2500
13	4/10μs 大冲击耐受电流		kA	100
14	动作负载			（投标人提供）
15	工频电压耐受时间特性			（投标人提供）
16	千伏额定电压吸收能力		kJ/kV	（投标人提供）
17	压力释放能力		kA/s	63/0.2
九	套管参数			
1	伞裙型式			大小伞
2	材质			瓷/复合绝缘
3	额定电流		A	5000
4	额定短时耐受电流及持续时间		kA/s	63/2
5	额定峰值耐受电流		kA	170
6	额定工频 1min 耐受电压（相对地）		kV	960
7	额定雷电冲击耐受电压峰值（1.2/50μs）（相对地）		kV	2100
8	额定操作冲击耐受电压峰值（250/2500μs）（相对地）		kV	1550
9	爬电距离		mm	24800k_{ad}（当平均直径 D_a＜300mm 时，k_{ad}=1.0；当平均直径 D_a≥300mm 时，k_{ad}=0.000 5D_a+0.85）
10	干弧距离		mm	≥5500
11	S/P			≥0.9
12	端子静负载	水平纵向	N	2000
		水平横向		1500
		垂直		1500
		安全系数		静态 2.75，动态 1.7
13	套管顶部金属带电部分的相间最小净距		mm	≥7200
十	环氧浇注绝缘子参数			
1	安全系数			大于 3 倍设计压力
2	2 倍额定相电压下泄漏电流		μA	≤50

表 1（续）

<table>
<tr><th>序号</th><th colspan="2">参 数 名 称</th><th>单位</th><th>标准参数值</th></tr>
<tr><td>3</td><td colspan="2">1.1 倍额定相电压下最大场强</td><td>kV/mm</td><td>≤1.5</td></tr>
<tr><td>十一</td><td colspan="4">主母线参数</td></tr>
<tr><td>1</td><td colspan="2">材质</td><td></td><td>铝</td></tr>
<tr><td>2</td><td colspan="2">额定电流</td><td>A</td><td>5000/6300</td></tr>
<tr><td>3</td><td colspan="2">额定短时耐受电流及持续时间</td><td>kA/s</td><td>63/2</td></tr>
<tr><td>4</td><td colspan="2">额定峰值耐受电流</td><td>kA</td><td>170</td></tr>
<tr><td>5</td><td colspan="2">导体直径（内径/外径）</td><td>mm</td><td>（投标人提供）</td></tr>
<tr><td>十二</td><td colspan="4">外壳参数</td></tr>
<tr><td>1</td><td colspan="2">材质</td><td></td><td>铸铝、铝合金、钢</td></tr>
<tr><td>2</td><td colspan="2">外壳破坏压力</td><td></td><td>铸铝和铝合金：5 倍的设计压力；
焊接铝外壳和钢外壳：3 倍的设计压力</td></tr>
<tr><td rowspan="4">3</td><td rowspan="4">温升</td><td>试验电流</td><td>A</td><td>1.1 倍额定电流</td></tr>
<tr><td>可以接触部位</td><td>K</td><td>≤30</td></tr>
<tr><td>可能接触部位</td><td>K</td><td>≤40</td></tr>
<tr><td>不可接触部位</td><td>K</td><td>≤65</td></tr>
<tr><td rowspan="2">4</td><td rowspan="2">外壳耐烧穿的能力</td><td>电流</td><td>kA</td><td>63</td></tr>
<tr><td>时间</td><td>s</td><td>0.1</td></tr>
<tr><td>5</td><td colspan="2">防爆膜的设置</td><td></td><td>（投标人提供）</td></tr>
<tr><td>6</td><td colspan="2">感应电压</td><td></td><td>正常运行条件≤24V，故障条件≤100V</td></tr>
<tr><td>十三</td><td colspan="4">伸缩节参数</td></tr>
<tr><td>1</td><td colspan="2">材质</td><td></td><td>不锈钢或铝合金</td></tr>
<tr><td>2</td><td colspan="2">使用寿命</td><td></td><td>≥40 年或 10 000 次伸缩</td></tr>
<tr><td>十四</td><td colspan="4">SF_6 气体参数</td></tr>
<tr><td>1</td><td colspan="2">湿度</td><td>μg/g</td><td>8</td></tr>
<tr><td>2</td><td colspan="2">纯度</td><td>%</td><td>≥99.9</td></tr>
<tr><td>十五</td><td colspan="2">GIS 允许基础偏差</td><td>mm/
100mm</td><td>（投标人提供）</td></tr>
<tr><td colspan="5">注：本表适用于海拔 1000m 及以下地区户外正常使用条件，高海拔地区所用设备按照实际污区分布进行设备选型，并按照 Q/GDW 13001—2014《高海拔外绝缘配置技术规范》要求进行海拔修正，其他特殊适用条件根据工程实际情况进行修改。
[1] 合闸电阻可根据工程实际情况进行选用，其数值可计算后确定。</td></tr>
</table>

5 组件材料配置表

组件材料配置表包括元件名称、规格形式参数、单位、数量和产地等信息，具体内容和格式根据招标项目情况进行编制。

6 使用环境条件表

800kV/5000A～63kA 气体绝缘金属封闭开关设备使用环境条件见表 2。特殊环境要求根据项目情况进行编制。

表 2 使用环境条件表

序号	名称		单位	标准参数值	项目需求值
1	周围空气温度	最高气温	℃	+40	
		最低气温		−25	
		最大日温差	K	25	
2	海拔		m	≤1000	
3	太阳辐射强度		W/cm^2	0.1	
4	污秽等级			e 级	
5	覆冰厚度		mm	10	
6	风速/风压		m/s/Pa	34/700	
7	湿度	日相对湿度平均值	%	≤95	
		月相对湿度平均值		≤90	
8	耐受地震能力（水平加速度）		m/s^2	2	
9	由于主回路中的开合操作在辅助和控制回路上所感应的共模电压的幅值		kV	≤1.6	
10	系统中性点接地方式		直接接地		
11	安装地点		户内/户外		

7 需提供的工程图纸

需提供的工程图纸有电气主接线图、设备平面布置图、断面布置图和 SF_6 系统图。

ICS 29.240

Q/GDW

国家电网有限公司企业标准

Q/GDW 13098.4 — 2018

800kV 气体绝缘金属封闭开关设备采购标准 第 4 部分：800kV/5000A～63kA 复合式气体绝缘金属封闭开关设备专用技术规范

Purchasing standard of 800kV gas insulate metal-enclosed switchgear Part 4: special technical specification of 800kV/5000A～63kA hybrid gas insulate metal-enclosed switchgear (HGIS)

2019-06-28发布 2019-06-28实施

国家电网有限公司 发 布

目　　次

前　　言

为规范 800kV 气体绝缘金属封闭开关设备的采购，制定本部分

《800kV 气体绝缘金属封闭开关设备采购标准》分为 4 个部分：

——第 1 部分：通用技术规范；

——第 2 部分：800kV/5000A～50kA 气体绝缘金属封闭开关设备专用技术规范；

——第 3 部分：800kV/5000A～63kA 气体绝缘金属封闭开关设备专用技术规范；

——第 4 部分：800kV/5000A～63kA 复合式气体绝缘金属封闭开关设备专用技术规范。

本部分为《800kV 气体绝缘金属封闭开关设备采购标准》的第 4 部分。

本部分由国家电网有限公司物资部提出并解释。

本部分由国家电网有限公司科技部归口。

本部分起草单位：国网浙江省电力有限公司、中国电力科学研究院有限公司、国网江苏省电力有限公司。

本部分主要起草人：徐华、王绍安、和彦淼、王承玉、孙云生、林一泓、王磊、周阳洋、杨勇。

本部分首次发布。

本部分在执行过程中的意见或建议反馈至国家电网有限公司科技部。

800kV 气体绝缘金属封闭开关设备采购标准 第 4 部分：800kV/5000A～63kA 复合式气体绝缘金属封闭开关设备专用技术规范

1 范围

本部分规定了 800kV/5000A～63kA 复合式气体绝缘金属封闭开关设备招标的标准技术参数、项目需求及投标人响应的相关内容。

本部分适用于 800kV/5000A～63kA 复合式气体绝缘金属封闭开关设备招标。

2 规范性引用文件

下列文件对于本文件的应用是必不可少的。凡是注日期的引用文件，仅注日期的版本适用于本文件。凡是不注日期的引用文件，其最新版本（包括所有的修改单）适用于本文件。

Q/GDW 13098.1　800kV 气体绝缘金属封闭开关设备采购标准　第 1 部分：通用技术规范

Q/GDW 13001—2014　高海拔外绝缘配置技术规范

3 术语和定义

下列术语和定义适用于本文件。

3.1

招标人　bidder

依照《中华人民共和国招标投标法》的规定，提出招标项目，进行招标的法人或其他组织。

3.2

投标人　tenderer

响应招标、参加投标竞争的法人或者其他组织。

3.3

卖方（供方）　seller（supplier）

提供本部分货物和技术服务的法人或其他组织，包括其法定的承继者。

3.4

买方（需方）　buyer（purchaser）

购买本部分货物和技术服务的法人或其他组织，包括其法定的承继者和经许可的受让人。

4 标准技术参数

技术参数特性表是国家电网有限公司对采购设备的基础技术参数要求，在招投标过程中，投标人应依据招标文件，对技术参数特性表中标准参数值进行响应。800kV/5000A～63kA 复合式气体绝缘金属封闭开关设备技术参数特性见表 1。物资应满足 Q/GDW 13098.1 的要求。

表1　技术参数特性表

<table>
<tr><th>序号</th><th colspan="3">名　　称</th><th>单位</th><th>标准参数值</th></tr>
<tr><td>一</td><td colspan="5">HGIS 共用参数</td></tr>
<tr><td>1</td><td colspan="3">额定电压</td><td>kV</td><td>800</td></tr>
<tr><td>2</td><td colspan="3">额定电流</td><td>A</td><td>5000</td></tr>
<tr><td>3</td><td colspan="3">额定工频 1min 耐受电压（相对地）</td><td>kV</td><td>960</td></tr>
<tr><td>4</td><td colspan="3">额定雷电冲击耐受电压峰值
（1.2/50μs）（相对地）</td><td>kV</td><td>2100</td></tr>
<tr><td>5</td><td colspan="3">额定操作冲击耐受电压峰值
（250/2500μs）（相对地）</td><td>kV</td><td>1550</td></tr>
<tr><td>6</td><td colspan="3">额定短路开断电流</td><td>kA</td><td>63</td></tr>
<tr><td>7</td><td colspan="3">额定短路关合电流</td><td>kA</td><td>170</td></tr>
<tr><td>8</td><td colspan="3">额定短时耐受电流及持续时间</td><td>kA/s</td><td>63/2</td></tr>
<tr><td>9</td><td colspan="3">额定峰值耐受电流</td><td>kA</td><td>170</td></tr>
<tr><td>10</td><td colspan="3">辅助和控制回路短时工频耐受电压</td><td>kV</td><td>2</td></tr>
<tr><td>11</td><td colspan="3">无线电干扰电压</td><td>μV</td><td>≤500</td></tr>
<tr><td>12</td><td colspan="3">噪声水平</td><td>dB</td><td>≤110</td></tr>
<tr><td rowspan="2">13</td><td colspan="2" rowspan="2">SF_6气体压力
（20℃，表压）</td><td>断路器室</td><td rowspan="2">MPa</td><td>（投标人提供）</td></tr>
<tr><td>其他隔室</td><td>（投标人提供）</td></tr>
<tr><td>14</td><td colspan="3">每个隔室 SF_6 气体漏气率</td><td>%/年</td><td>≤0.5</td></tr>
<tr><td rowspan="4">15</td><td rowspan="4">SF_6气体
湿度</td><td rowspan="2">有电弧分
解物隔室</td><td>交接验收值</td><td rowspan="4">μL/L</td><td>≤150</td></tr>
<tr><td>长期运行允许值</td><td>≤300</td></tr>
<tr><td rowspan="2">无电弧分
解物隔室</td><td>交接验收值</td><td>≤250</td></tr>
<tr><td>长期运行允许值</td><td>≤500</td></tr>
<tr><td rowspan="5">16</td><td colspan="2" rowspan="5">局部放电</td><td>试验电压</td><td>kV</td><td>$1.2\times800/\sqrt{3}$</td></tr>
<tr><td>每个间隔</td><td rowspan="4">pC</td><td>≤5</td></tr>
<tr><td>每单个绝缘件</td><td>≤3</td></tr>
<tr><td>套管</td><td>≤5</td></tr>
<tr><td>电流互感器</td><td>≤5</td></tr>
<tr><td rowspan="2">17</td><td colspan="2" rowspan="2">供电电源</td><td>控制回路</td><td>V</td><td>DC 220 /DC 110/ AC 220</td></tr>
<tr><td>辅助回路</td><td>V</td><td>AC 380/220</td></tr>
<tr><td>18</td><td colspan="3">使用寿命</td><td>年</td><td>≥40</td></tr>
<tr><td>19</td><td colspan="3">检修周期</td><td>年</td><td>≥20</td></tr>
<tr><td rowspan="5">20</td><td colspan="2" rowspan="5">设备质量</td><td>SF_6气体质量</td><td>kg</td><td>（投标人提供）</td></tr>
<tr><td>总质量</td><td>kg</td><td>（投标人提供）</td></tr>
<tr><td>最大运输质量</td><td>kg</td><td>（投标人提供）</td></tr>
<tr><td>动荷载向下</td><td>kg</td><td>（投标人提供）</td></tr>
<tr><td>动荷载向上</td><td>kg</td><td>（投标人提供）</td></tr>
</table>

表 1（续）

序号	名称		单位	标准参数值
21	设备尺寸	设备的整体尺寸	m	（投标人提供）
		设备的最大运输尺寸	m	（投标人提供）
22	外形尺寸	总长度	m	（项目单位填写）
		总高度	m	（项目单位填写）
23	每间隔隔室数量		个/相	（投标人提供）
二	断路器参数			
1	型号			（投标人提供）
2	布置型式（立式或卧式）			（投标人提供）
3	断口数			2
4	额定电流	出线	A	5000
		进线		5000
5	主回路电阻		μΩ	（投标人提供）
6	温升试验电流		A	$1.1I_N$
7	额定工频 1min 耐受电压	断口	kV	960+460
		对地		960
	额定雷电冲击耐受电压峰值（1.2/50μs）	断口	kV	2100+650
		对地		2100
	额定操作冲击耐受电压峰值（250/2500μs）	断口	kV	1425+650
		对地		1550
8	额定短路开断电流	交流分量有效值	kA	63
		时间常数	ms	75
		开断次数	次	≥16
		首相开断系数		1.3
9	额定短路关合电流		kA	170
10	额定短时耐受电流及持续时间		kA/s	63/2
11	额定峰值耐受电流		kA	170
12	开断时间		ms	≤50
13	合分时间		ms	≤60
14	分闸时间		ms	（投标人提供）
15	合闸时间		ms	（投标人提供）
16	重合闸无电流间隙时间		ms	300
17	分、合闸速度	刚分速度	m/s	（投标人提供）
		刚合速度		（投标人提供）
18	分闸不同期性	相间	ms	≤3
		同相断口间		≤2

表 1（续）

序号	名　　称		单位	标准参数值
19	合闸不同期性	相间	ms	≤5
		同相断口间		≤3
20	机械寿命		次	≥5000
21	额定操作顺序			O－0.3s－CO－180s－CO
22	现场开合空载变压器能力	空载变压器容量	MVA	1500/2100
		空载励磁电流	A	0.5～15
		试验电压	kV	800
		操作顺序		10×O 和 10×（CO）
23	现场开合并联电抗器能力	电抗器容量	Mvar	210/240/300/360
		试验电压	kV	800
		操作顺序		10×O 和 10×（CO）
24	现场开合空载线路充电电流试验	试验电流	A	由实际线路长度决定
		试验电压	kV	800
		试验条件		线路原则上不得带有泄压设备，如电抗器、避雷器、电磁式电压互感器等
		操作顺序		10×（O－0.3s－CO）
25	容性电流开合试验（试验室）	试验电流	A	900
		试验电压	kV	$1.2\times800/\sqrt{3}$
		C1 级：LC1 和 CC1：24×O，LC2 和 CC2：24×CO；C2 级：LC1 和 CC1：48×O，LC2 和 CC2：24×O 和 24×CO		C1 级/C2 级
26	近区故障条件下的开合能力	L90	kA	56.7
		L75	kA	47.3
		L60	kA	37.8（L75 的最小燃弧时间大于 L90 的最小燃弧时间 5ms 时）
		操作顺序		O－0.3s－CO－180s－CO
27	失步关合和开断能力	开断电流	kA	16
		试验电压	kV	$2.0\times800/\sqrt{3}$
		操作顺序		方式 1：O－O－O 方式 2：CO－O－O
28	合闸电阻	电阻值[1]	Ω	400~600
		电阻值允许偏差	%	±5
		预投入时间	ms	8～11

表 1（续）

<table>
<tr><th>序号</th><th colspan="2">名　称</th><th>单位</th><th>标准参数值</th></tr>
<tr><td>28</td><td>合闸电阻</td><td>热容量</td><td></td><td>1.3×800/$\sqrt{3}$ kV 下合闸操作 4 次，头两次操作间隔为 3min，后两次操作间隔也是 3min，两组操作之间时间间隔不大于 30min；或在 2×800/$\sqrt{3}$ kV 下合闸操作 2 次，时间间隔为 30min</td></tr>
<tr><td rowspan="6">29</td><td rowspan="6">断口均压用并联电容器</td><td>每相电容器的额定电压</td><td>kV</td><td>800/$\sqrt{3}$</td></tr>
<tr><td>每个断口电容器的电容量</td><td>pF</td><td>（投标人提供）</td></tr>
<tr><td>每个断口电容器的电容量允许偏差</td><td>%</td><td>±5</td></tr>
<tr><td>耐受电压</td><td>kV</td><td>2 倍相电压 2h</td></tr>
<tr><td>局放</td><td>pC</td><td>≤5</td></tr>
<tr><td>介损值</td><td>%</td><td>≤0.15</td></tr>
<tr><td rowspan="4">30</td><td rowspan="4">SF_6 气体压力（表压，20℃）</td><td>额定</td><td rowspan="4">MPa</td><td>（投标人提供）</td></tr>
<tr><td>报警</td><td>（投标人提供）</td></tr>
<tr><td>最低</td><td>（投标人提供）</td></tr>
<tr><td>闭锁</td><td>（投标人提供）</td></tr>
<tr><td rowspan="19">31</td><td colspan="2">操动机构型式或型号</td><td></td><td>液压（含液压弹簧）或弹簧</td></tr>
<tr><td colspan="2">零起打压时间</td><td>min</td><td>（投标人提供）</td></tr>
<tr><td colspan="2">补压时间</td><td>s</td><td>（投标人提供）</td></tr>
<tr><td colspan="2">操作方式</td><td></td><td>分相操作</td></tr>
<tr><td colspan="2">电动机电压</td><td>V</td><td>AC 380/220</td></tr>
<tr><td rowspan="5">合闸操作电源</td><td>额定操作电压</td><td>V</td><td>DC 220/110</td></tr>
<tr><td>操作电压允许范围</td><td></td><td>85%～110%，30%以下不得动作</td></tr>
<tr><td>每相线圈数量</td><td>只</td><td>1</td></tr>
<tr><td>每只线圈涌流</td><td>A</td><td>（投标人提供）</td></tr>
<tr><td>每只线圈稳态电流</td><td>A</td><td>DC 220V、2.5 或 DC 110V、5</td></tr>
<tr><td rowspan="5">分闸操作电源</td><td>额定操作电压</td><td>V</td><td>DC 220/110</td></tr>
<tr><td>操作电压允许范围</td><td></td><td>65%～110%，30%以下不得动作</td></tr>
<tr><td>每相线圈数量</td><td>只</td><td>2</td></tr>
<tr><td>每只线圈涌电流</td><td>A</td><td>（投标人提供）</td></tr>
<tr><td>每只线圈稳态电流</td><td>A</td><td>DC 220V、2.5 或 DC 110V、5</td></tr>
<tr><td rowspan="4">操动机构工作压力</td><td>最高</td><td rowspan="4">MPa</td><td>（投标人提供）</td></tr>
<tr><td>额定</td><td>（投标人提供）</td></tr>
<tr><td>最低</td><td>（投标人提供）</td></tr>
<tr><td>报警压力</td><td>（投标人提供）</td></tr>
</table>

表 1（续）

序号	名　　称		单位	标准参数值
31	驱潮/加热器	电压	V	AC 220
		运行方式		常投/温湿自动投切
		每相功率（驱潮/加热）	W	（投标人提供）/（投标人提供）
	备用辅助触点	数量	对	10 常开触点，10 常闭触点（引出到相应汇控柜端子排）
		开断能力		DC 220V、2.5A 或 DC 110V、5A
	检修周期		年	≥20
	液压机构	重合闸闭锁压力时允许的操作		O－0.3s－CO 或 CO－180s－CO
		24h 打压次数	次	≤2
		油中最大允许水分含量	μL/L	（投标人提供）
	弹簧机构	储能时间	s	≤20
32	断路器的质量	断路器包括辅助设备的总质量	kg	（投标人提供）
		每相操动机构的质量	kg	（投标人提供）
		每相 SF_6 气体质量	kg	（投标人提供）
		运输总质量	kg	（投标人提供）
33	运输高度		m	（投标人提供）
34	起吊高度		m	（投标人提供）
三	隔离开关参数			
1	型式/型号			（投标人提供）
2	额定电流	出线	A	5000
		进线	A	5000
3	主回路电阻		μΩ	（投标人提供）
4	温升试验电流		A	$1.1I_N$
5	额定工频 1min 耐受电压	断口	kV	960+460
		对地		960
	额定雷电冲击耐受电压峰值（1.2/50μs）	断口	kV	2100+650
		对地		2100
	额定操作冲击耐受电压峰值（250/2500μs）	断口	kV	1425+650
		对地		1550
6	额定短时耐受电流及持续时间		kA/s	63/2
7	额定峰值耐受电流		kA	170
8	分、合闸时间	分闸时间	ms	（投标人提供）
		合闸时间		（投标人提供）
9	分、合闸速度	刚分速度	m/s	（投标人提供）
		刚合速度		（投标人提供）

表 1（续）

序号	名称			单位	标准参数值
10	机械寿命			次	≥3000
11	开合小电容电流值			A	2
12	开合小电感电流值			A	1
13	开合母线转换电流能力		转换电流	A	1600
			转换电压	V	400
			开断次数	次	100
14	操动机构		型式或型号		电动并可手动
			电动机电压	V	AC 380/220
			控制电压	V	AC 380/220
			允许电压变化范围		85%～110%
			操作方式		分相操作
	备用辅助触点		数量	对	10 常开触点，10 常闭触点（引出到相应汇控柜端子排）
			开断能力		DC 220V、2.5A 或 DC 110V、5A
四	快速接地开关参数				
1	额定短时耐受电流及持续时间			kA/s	63/2
2	额定峰值耐受电流			kA	170
3	额定短路关合电流			kA	170
4	额定短路电流关合次数			次	≥2
5	分、合闸时间		分闸时间	ms	（投标人提供）
			合闸时间		（投标人提供）
6	分、合闸速度		刚分速度	m/s	（投标人提供）
			刚合速度		（投标人提供）
7	机械寿命			次	≥3000
8	开合感应电流能力（A 类/B 类）	电磁感应	感性电流	A	80/200
			开断次数	次	10
			感应电压	kV	2/25
		静电感应	容性电流	A	3/50
			开断次数	次	10
			感应电压	kV	12/32
9	操动机构		型式或型号		电动弹簧并可手动
			电动机电压	V	AC 380/220
			控制电压	V	AC 380/220
			允许电压变化范围		85%～110%
	备用辅助触点		数量	对	10 常开触点，10 常闭触点（引出到相应汇控柜端子排）
			开断能力		DC 220V、2.5A 或 DC 110V、5A

表 1（续）

序号	名　　称		单位	标准参数值
五	检修接地开关参数			
1	额定短时耐受电流及持续时间		kA/s	63/2
2	额定峰值耐受电流		kA	170
3	机械寿命		次	≥3000
4	操动机构	型式或型号		电动并可手动
		电动机电压	V	AC 380/220
		控制电压	V	AC 380/220
		允许电压变化范围		85%～110%
	备用辅助触点	数量	对	8 常开触点，8 常闭触点
		开断能力		DC 220V、2.5A 或 DC 110V、5A
六	电流互感器参数			
1	型式或型号			电磁式
2	额定电流比			根据实际工程选择，0.2/0.2S 次级要求带中间抽头
3	准确级组合及额定容量			边断路器：TPY/TPY/5P/0.2－断口－0.2S/TPY/TPY15VA/15VA/15VA/15VA－断口－5VA/15VA/15VA 中断路器：TPY/TPY/5P/0.2/0.2S－断口－0.2S/0.2/TPY/TPY15VA/15VA/15VA/15VA－断口－5VA/15VA/15VA
七	套管参数			
1	伞裙型式			大小伞
2	材质			瓷、复合绝缘
3	额定电流		A	5000
4	额定短时耐受电流及持续时间		kA/s	63/2
5	额定峰值耐受电流		kA	170
6	额定工频 1min 耐受电压（相对地）		kV	960
7	额定雷电冲击耐受电压峰值（1.2/50μs）（相对地）		kV	2100
8	额定操作冲击耐受电压峰值（250/2500μs）（相对地）		kV	1550
9	爬电距离		mm	24 800k_{ad}（当平均直径 D_a＜300mm 时，k_{ad}=1.0；当平均直径 D_a≥300mm 时，k_{ad}=0.000 5D_a+0.85）
10	干弧距离		mm	≥5500
11	*S/P*			≥0.9
12	端子静负载	水平纵向	N	2000
		水平横向		1500
		垂直		1500
		安全系数		静态 2.75，动态 1. 7

表 1（续）

序号	名　　称		单位	标准参数值
13	套管顶部金属带电部分的相间最小净距		mm	≥7200
八	环氧浇注绝缘子参数			
1	安全系数			大于 3 倍设计压力
2	2 倍额定相电压下泄漏电流		μA	50
3	1.1 倍额定相电压下最大场强		kV/mm	≤1.5
九	外壳参数			
1	材质			钢、铸铝、铝合金
2	外壳破坏压力			铸铝和铝合金：5 倍的设计压力；焊接铝外壳和钢外壳：3 倍的设计压力
3	温升	试验电流	A	$1.1I_N$
		可以接触部位	K	≤30
		可能接触部位	K	≤40
		不可接触部位	K	≤65
4	外壳耐烧穿的能力	电流	kA	63
		时间	s	0.1
5	防爆膜的设置			（投标人提供）
6	感应电压			正常运行条件≤24V， 故障条件≤100V
十	SF_6 气体参数			
1	湿度		μg/g	≤8
2	纯度		%	≥99.9

注：本表适用于海拔 1000m 及以下地区户外正常使用条件，高海拔地区所用设备按照实际污区分布进行设备选型，并按照 Q/GDW 13001—2014《高海拔外绝缘配置技术规范》要求进行海拔修正，其他特殊适用条件根据工程实际情况进行修改。

[1] 合闸电阻可根据工程实际情况进行选用，其数值可计算后确定。

5 组件材料配置表

组件材料配置表包括元件名称、规格形式参数、单位、数量和产地等信息，具体内容和格式根据招标项目情况进行编制。

6 使用环境条件表

800kV/5000A～63kA 复合式气体绝缘金属封闭开关设备使用环境条件见表 2。特殊环境要求根据项目情况进行编制。

表2 使用环境条件表

序号	名　　称		单位	标准参数值	项目需求值
1	周围空气温度	最高气温	℃	+40	
		最低气温		−25	
		最大日温差	K	25	
2	海拔		m	≤1000	
3	太阳辐射强度		W/cm^2	0.1	
4	污秽等级			e 级	
5	覆冰厚度		mm	10	
6	风速/风压		m/s/Pa	34/700	
7	湿度	日相对湿度平均值	%	≤95	
		月相对湿度平均值		≤90	
8	耐受地震能力（水平加速度）		m/s^2	2	
9	由于主回路中的开合操作在辅助和控制回路上所感应的共模电压的幅值		kV	≤1.6	
10	系统中性点接地方式		直接接地		
11	安装地点		户内/户外		

7　需提供的工程图纸

需提供的工程图纸有电气主接线图、设备平面布置图、断面布置图和 SF_6 系统图。